Enrique Krauze

Redentores

Historiador, ensayista y editor, Enrique Krauze es el autor de *Biografía del poder,* entre otros muchos libros. Ha escrito para *The New York Times, The New Republic, Dissent, The Washington Post* y *The New York Review of Books.* Durante más de veinte años colaboró con Octavio Paz en la revista *Vuelta,* de la que fue secretario de redacción y subdirector. En 1992 fundó la editorial Clío, de la que es director, mismo puesto que ocupa dentro de la revista cultural *Letras Libres,* que creó en 1999. Ha sido profesor invitado en el St. Anthony's College de Oxford y en The Wilson Center de Washington. Actualmente vive en México, D. F.

Redentores

PRIMERA EDICIÓN VINTAGE ESPAÑOL, MAYO 2012

Copyright © 2011 por Enrique Krauze

Todos los derechos reservados. Publicado en coedición con
Random House Mondadori, S. A., en los Estados Unidos de América
por Vintage Español, una división de Random House, Inc., Nueva York,
y en Canadá por Random House of Canada Limited, Toronto. Orginalmente
publicado en inglés en EE.UU. como *Redeemers: Ideas and Power in Latin
America* por HarperCollins*Publishers*, Nueva York, en 2011. Esta edición fue
originalmente publicada en España por Random House Mondadori,
S. A., Barcelona, en 2011. Copyright de la presente edición
en castellano para todo el mundo © 2011 por
Random House Mondadori, S. A. de C.V.

Vintage es una marca registrada y Vintage Español y
su colofón son marcas de Random House, Inc.

Agradecemos el permiso otorgado para reproducir las ilustraciones
a las siguientes instituciones y personas: fotos de José Martí de la p. 20 y
de Eva Perón de la p. 298: cortesía de Latinstock México/Corbis; foto de José
Enrique Rodó de la p. 40: cortesía de la Biblioteca Nacional de Uruguay
(archivo literario); foto de José Vasconcelos de la p. 64: cortesía de
Conaculta-INAH, México, reproducción autorizada por el Instituto
Nacional de Antropología e Historia; foto de Octavio Paz de la p. 134:
Cortesía de Ricardo Salazar; foto del Che Guevara de la p. 316: cortesía
de AFP/Roger Viollet; foto de Fidel Castro y Gabriel García Márquez de la
p. 360: cortesía de Rodrigo Castaño; foto de Mario Vargas Llosa de la p.390:
cortesía de Fiorella Battistini; foto de Samuel Ruiz de la p. 436: cortesía
de No-timex; foto del Subcomandante Marcos de la p. 460: cortesía
de AFP/José Uzón; foto de Hugo Chávez de la p. 478: cortesía de Reuters.

Información de catalogación de publicaciones disponible
en la Biblioteca del Congreso de los Estados Unidos.

Vintage ISBN: 978-0-345-80244-6

www.vintageespanol.com

Impreso en los Estados Unidos de América
10 9 8 7 6 5 4 3 2 1

Agradecimientos

Este libro debe mucho a la colaboración directa de Julio Hubard, Miruna Achim, Rafael Lemus, Fernando García Ramírez, Ricardo Cayuela Gally, Ramón Cota Meza, Alejandro Rosas, Mauricio Rodas y Humberto Beck. Gracias a Guillermo Sheridan y a Rodrigo Martínez Baracs tuve acceso a una parte de la invaluable correspondencia no publicada de Octavio Paz. A Juan Pedro Viquera le debo muchas sesiones iluminadoras sobre Chiapas. Mi visión de Venezuela debe mucho a cuatro historiadores (Simón Alberto Consalvi, Elías Pino Iturrieta, Germán Carrera Damas y el recientemente fallecido Manuel Caballero). A Mario Vargas Llosa le agradezco haber sugerido que este libro se titulara *Redentores*. Y a Gabriel Zaid, nuestra permanente conversación.

Redentores

Índice

Prefacio

Redentores es una historia de las ideas políticas en América Latina desde el fin del siglo XIX hasta nuestros días. Me inspiré en los libros de Isaiah Berlin sobre los pensadores rusos, y en *Hacia la estación de Finlandia*, obra en la que Edmund Wilson mezcló el análisis ideológico y la biografía. Mis protagonistas son las ideas, pero mi aproximación a ellas no es abstracta: las veo encarnadas en la vida de seres humanos concretos que —como los apasionados rusos de Berlín— las vivieron con intensidad religiosa y seriedad teológica. Mi elenco de personajes no es, por supuesto, exhaustivo, pero aspira a ser representativo de los temas políticos centrales en América Latina. No incluí a grandes políticos en su torre de control o a grandes hombres de letras en su torre de marfil. Entre los 11 hombres y una mujer que elegí hay obvias diferencias, pero esa variedad es en sí misma significativa de la diversidad de orígenes y experiencias en que han arraigado las principales ideas. Todas esas figuras vivieron apasionadamente el poder, la historia y la revolución, pero también el amor, la amistad y la familia. Vidas reales, no ideas andantes.

La alusión religiosa del título no es sólo metafórica, también es real. En América Latina el trasfondo religioso de la cultura católica ha permeado siempre la realidad política con sus categorías mentales y sus paradigmas morales. Hay una laica catolicidad en los profetas del primer apartado. Los cuatro Josés (el cubano Martí, el uruguayo Rodó, el mexicano Vasconcelos y el peruano Mariá-

13

tegui) perfilan la vocación revolucionaria del continente con un celo apostólico y un espíritu de sacrificio propio de una cultura fundada en el siglo XVI por frailes misioneros. Esa vocación es una antorcha que pasa de mano en mano: va de la perplejidad del republicano Martí (que había querido disuadir a Estados Unidos de su propósito imperial en los países de «Nuestra América») al nacionalismo hispanoamericano de Rodó (cuya obra *Ariel*, producto del trauma del año 1898, marca un quiebre múltiple en la historia intelectual y política de estos países), al caudillismo cultural de Vasconcelos (cruzada que irradió a América Latina desde México), a la original vanguardia marxista e indigenista de Mariátegui. Junto a la raigambre religiosa, todos los profetas creen en la comunión del autor y el lector a través de la palabra impresa. No son profesores: son escritores y editores de revistas y libros.

«Mi generación —señaló Paz— fue la primera que, en México, vivió como propia la historia del mundo, especialmente la del movimiento comunista internacional.» De joven quiso ser «redentor, héroe, suicida» y, como Mariátegui, creyó que el orden liberal y democrático, perdido irremisiblemente en la Gran Guerra, podía restablecerse sobre bases superiores, fraternales e igualitarias, en la Revolución socialista. Pero su abrazo al marxismo en 1930 (año de la muerte de Mariátegui) era el capítulo intermedio en la biografía colectiva de tres personas con el apellido Paz: el abuelo liberal Ireneo Paz, el padre «zapatista» Octavio Paz Solórzano y el propio Octavio Paz, poeta revolucionario. En los treinta, el repudio al fascismo y la admirable solidaridad con la República española en la Guerra de España ahondaron las simpatías de izquierda en un amplio sector de la *intelligentsia* latinoamericana, pero tuvo el efecto de descartar como «burguesa», «formal» y anacrónica la alternativa democrática y liberal, que quedó pendiente. En las últimas décadas de su vida (en las que tuve el privilegio de trabajar junto a él), Paz redescubriría esa tradición y lucharía como un cruzado para defenderla. Su vida personal y familiar es representativa de dos siglos mexicanos y, en cierta medida, latinoamericanos: va del liberalismo democrático decimonónico a la Revolución mexicana, de la Revolución mexicana a la Revolución soviética, de la soviética a la cubana, de la cubana a la mexicana, de la mexicana al liberalismo democrático original. Y aunque Paz mantuvo siempre posiciones anticlericales, el catolicismo es también una clave secreta para comprender su trayectoria.

La sombra de Plutarco y sus *Vidas paralelas* preside el siguiente apartado. En las vidas de todos los personajes resuenan ideas de los cuatro primeros profetas y temas de Octavio Paz. La primera pareja icónica corresponde a la vida, milagros (y horrores) de dos santos laicos que sobreviven a esta fecha en la memoria pública: la exaltada ex actriz Evita Perón y el furibundo guerrillero Ernesto Che Guevara. El segundo dueto lo integran nuestros dos mayores novelistas: el colombiano Gabriel García Márquez y el peruano Mario Vargas Llosa. En la vida y la obra de ambos late un tema antiguo en América Latina: el poder, sobre todo el poder encarnado en la persona del caudillo. Frente a este tema general, la actitud de ambos escritores no ha podido ser más distinta: en uno hay fascinación, en otro repulsa. La raíz, en ambos casos, podría hallarse en sus vidas tempranas, pero las consecuencias políticas y morales de esas actitudes no son banales: ante el público lector, legitiman o critican ese poder. El dueto final recrea las bodas de la Teología de la Liberación con el marxismo indigenista, representados en las vidas convergentes de dos «redentores» mexicanos: el obispo de Chiapas Samuel Ruiz y «Marcos», el guerrillero enmascarado.

Finalmente, aparece una extraña figura contemporánea en la que todo el redentorismo pasado encarna en una caricatura, un *mélange* posmoderno. Es un personaje extraído de la interpretación latinoamericana de Thomas Carlyle, el autor escocés precursor del fascismo, muy leído y aplicado por los hombres del poder (y sus intelectuales de cabecera) en la América Latina de principios del siglo XX. Es el presidente Hugo Chávez, que busca reducir la historia de su país a su biografía personal. Chávez no es un hombre de ideas, pero tampoco es un hombre sin ideas. No es, aunque lo parece, un caudillo vulgar; es un líder mediático, un predicador, un redentor por Twitter, un caudillo posmoderno.

¿Redención o democracia? Éste ha sido, hasta hace poco, el dilema central de América Latina. La mayor parte de nuestras naciones ha optado por la democracia, y por el retorno a los valores liberales y republicanos que les dieron origen. Pero para que la democracia se fortalezca y perdure, y para que a través de ella (con sus leyes, instrumentos e instituciones) nuestros pueblos puedan enfrentar los males del nuevo siglo, los gobiernos deben desplegar una efectiva vocación social. De no hacerlo, la región volverá a buscar la redención, con todo el sufrimiento que conlleva.

... la Revolución ha sido la gran
Diosa, la Amada eterna y la gran
Puta de poetas y novelistas.

Octavio Paz,
«La letra y el cetro»,
septiembre de 1972.

PRIMERA PARTE

Cuatro profetas

José Martí

La historia moderna de las ideas revolucionarias en América Latina comienza con la vida, obra y martirio de un *New Yorker* adoptivo llamado
José Martí. Nacido en 1853 en Cuba (junto con Puerto Rico y Filipinas, último bastión del Imperio español), de padres españoles (él, sargento valenciano; ella, de las Islas Canarias), Martí padeció una infancia
de penurias y vivió en el exilio desde su juventud. «He sabido sufrir»,
escribió a los 16 años a su inspirador maestro Rafael María de Mendive,
desde la prisión de La Criolla, donde los trabajos en las canteras le cau-
sarían una permanente lesión inguinal. Su defensa de la Independencia
cubana, causa indirecta de su encarcelamiento, había empezado meses
atrás con la escritura de *Abdala* (1869), drama en un acto, adolescente
en su estilo pero premonitorio en su contenido. En *Abdala*, un guerrero
nubio se enfrenta al imperio egipcio para redimir a su pueblo:

> ¡Soy nubio! El pueblo entero
> Por defender su libertad me aguarda:
> Un pueblo extraño nuestras tierras huella:
> Con vil esclavitud nos amenaza;
> Audaz nos muestra sus potentes picas,
> Y nos manda el honor y Dios nos manda
> Por la patria morir, ¡antes que verla
> Del bárbaro opresor cobarde esclava!

Abdala discute con Espirta, su madre, acerca del amor más profundo:

> Espirta: —¿Y es más grande ese amor que el que despierta en tu pecho tu madre?
>
> Abdala: —¿Acaso crees que hay algo más sublime que la patria?

Las palabras de Abdala resonarían a lo largo de la vida de Martí y formarían parte esencial de su mito sacrificial, pero ese mito ocultaría también la cara vital y luminosa de su vida: una prosa siempre atrevida, original y alerta, una energía y curiosidad sin límites, y un corazón rebosante de generosidad, alegría creativa y amor, sobre todo de amor.

Deportado a Madrid, se matricula en estudios de derecho, publica *El presidio político en Cuba* (confirmando que la libertad de expresión es distinta en el centro que en las colonias), compone un poema sobre el asesinato en Cuba de varios estudiantes de medicina acusados falsamente de subversión («A mis hermanos muertos el 27 de noviembre») y en 1873, al proclamarse en España la primera República, escribe «La República Española ante la revolución cubana» (referido a la fallida revolución de 1868), donde por primera vez aplica su idea de la república y su concepto de libertad a la crítica de la dominación imperial:

> Y si Cuba proclama su independencia por el mismo derecho que se proclama la República, ¿cómo ha de negar la República a Cuba su derecho de ser libre, que es el mismo que ella usó para serlo? ¿Cómo ha de negarse a sí misma la República? ¿Cómo ha de disponer de la suerte de un pueblo imponiéndole una vida en la que no entra su completa y libre y evidentísima voluntad?

Anticipación notable: esta idea de Martí es similar a las que en 1898, ante la guerra anexionista en Cuba y la ocupación de Filipinas, argumentarán los críticos estadounidenses del imperialismo: Carl Schurz, William James, Mark Twain: una república no puede ahogar a otra república sin contradecirse en su misma esencia. El republicanismo es la idea constante en la revolución martiana. Desde 1873 nunca dejará de ser un republicano clásico (la democracia es uno de los recursos de la República), un civilista (por contraposición al militarismo) y un enemigo jurado de la tiranía y el caudillismo personalista.

Su concepto de «revolución» es denominación heredada de la independencia norteamericana y de las posteriores guerras de independencia en la América española. Años más tarde, Martí se ocuparía ampliamente de los mártires de Chicago y lamentaría discretamente la muerte de Marx. Pero en ningún caso utiliza o avala acepciones posteriores (sociales, anarquistas, socialistas o marxistas) de la revolución. De hecho, evita usar la palabra y advierte en contra de la violencia. En el homenaje póstumo a Marx, en 1883 en Nueva York, escribe:

> Ved esta gran sala. Karl Marx ha muerto. Como se puso del lado de los débiles, merece honor. Pero no hace bien el que señala el daño, y arde en ansias generosas de ponerle remedio, sino el que enseña remedio blando al daño. Espanta la tarea de echar a los hombres sobre los hombres. Indigna el forzoso abestiamiento de unos hombres en provecho de otros. Mas se ha de hallar salida a la indignación, de modo que la bestia cese, sin que se desborde, y espante.

Antes de establecerse definitivamente en Nueva York (1882), Martí fue un cubano errante por las tierras de la «América grande». Pequeño de estatura, delgado, apasionado e hiperactivo, quiso arraigar en México (donde vivió de 1873 a 1876) y posteriormente en Guatemala. En ambos países colaboró en revistas, impartió conferencias, defendió los principios liberales, cosechó admiración y fama, dejó amigos perdurables, mujeres esquivas o enamoradas (alguna al extremo del suicidio). Y de ambos salió por disentir con el caudillo o dictador en turno o por el rechazo de las glorias municipales, incómodas ante la presencia de un hombre talentosísimo pero sin patria, que se proclamaba ciudadano de una patria mayor, la patria americana. Pensó ir a Honduras y a Perú. «Es muy duro, vagar así, de tierra en tierra, con tanta angustia en el alma», pero en esa misma alma «hervía» una certeza: «Llevo mi infeliz pueblo en mi cabeza y me parece que de un soplo mío dependerá un día su libertad».

Ya casado en México con la aristocrática cubana Carmen Zayas-Bazán, tras el fin de la primera (y frustrada) guerra de Independencia,

Martí intentó establecerse (con la mayor reticencia) en Cuba. Allí nace su hijo José Francisco, en noviembre de 1878. Pero el llamado moral lo arrastra de inmediato a actividades conspiratorias que se tradujeron en una nueva y brevísima deportación a España.

En 1880 llega a Nueva York, donde comienza a recaudar fondos para la segunda guerra, la llamada «Guerra Chiquita», también frustrada. El general Calixto García, con 26 expedicionarios, parte a Cuba. Martí permanece en Nueva York como presidente interino del Comité Revolucionario Cubano.

La familia que lo aloja en 51 East 29th Street se compone de Manuel Mantilla, un exilado cubano muy enfermo, que morirá pocos años después, su mujer, la venezolana María Miyares, y dos hijos: Carmen y Manuel. Al llegar la esposa y el hijo, Martí renta una casa en Brooklyn. Pero Carmen nunca se aviene ni comprende la pasión política de Martí (a quien el suegro llamaba «loco») y en octubre de ese año emprende la vuelta a Cuba. Un mes más tarde, María Miyares de Mantilla da a luz a María. No es hija de Manuel, sino de José Martí, quien la apadrina. Martí intenta por última vez arraigarse en tierras de la América española. Viaja a Venezuela, la patria de María, donde emprende una publicación efímera (la *Revista Venezolana)* y proclama: «De América hijo soy... Deme Venezuela en qué servirla; ella tiene en mí un hijo.» Pero el endiosado presidente Antonio Guzmán Blanco —quejoso de un discurso suyo en el que no lo menciona— ordena su expulsión. Martí regresa definitivamente a Nueva York. Su madre le pide y su esposa le exige que vuelva a Cuba. A Carmen escribe, con sutileza y claridad:

> Me dices que vaya; ¡Si por morir al llegar, daría alegre la vida! No tengo pues que violentarme para ir; sino para no ir: Si lo entiendes está bien. Si no ¿qué he de hacer yo? Que no lo estimas, ya lo sé. Pero no he de cometer la injusticia de pedirte que estimes una grandeza meramente espiritual, secreta e improductiva.

Se trata de una desavenencia conyugal insoluble: Carmen no entiende la misión de su marido ni la apoyará jamás.

Los contornos del drama están planteados: exiliado de su país para servir a la revolución libertaria, extraño para su mujer y huérfano del hijo que adora, consolado por el secreto amor de una mujer casada y los paseos con su «ahijada», Martí vivirá sólo 13 años más. Carmen y el pequeño Pepe se irán a Cuba por largos periodos y por momentos volverán para acompañarlo, hasta que en agosto de 1891 sobreviene la ruptura final. A lo largo de esa década, Martí mitigará su desgarramiento personal con la pasión de trabajar como activísimo estratega, ideólogo, orador, profeta y, a final de cuentas, caudillo moral de la independencia de Cuba. Escribirá breves pero preciosos libros de poesía; se empeñará en ser traductor de novelas y editor de libros y revistas; y se dejará llevar por la ambición voraz de conocer y dar a conocer los prodigios del extraño país y la ciudad de vértigo que lo acogían.

Nueva York era ahora su precario hogar fuera de Cuba. Enfrentado a un ambiente extraño y rudo, y «luchando por domar el hermoso y rebelde inglés», Martí inaugura en español el género de la carta-crónica en varios periódicos del continente. A Bartolomé Mitre, director de *La Nación*, el gran diario argentino, le detalla su proyecto. No pretendía hacer una columna de denuncia ni de elogio, sino un mirador vivaz e inteligente a una realidad cuyo conocimiento importaba a la América hispana.

Todo lo asombró. Sus riquísimas crónicas son una fuente primaria para el estudio de un decenio en la vida americana, no sólo del paso del monroísmo más o menos pacífico al imperialismo activo, sino de la vida cotidiana: el juicio al asesino del presidente Garfield, la inauguración del presidente Cleveland (y el ajuar de su novia), la inauguración del Puente de Brooklyn, el ajetreo de un domingo en Coney Island, las modas de la Quinta Avenida, las diversiones (bailes, trineos, regatas, boxeo, *baseball*), los rufianes y crímenes de Nueva York, la muerte de Jesse James, la *bouillabaisse* de madame Taurel en Hanover Square, las exposiciones de arte, los estrenos teatrales, el visible ascenso social de los negros, el cisma de los católicos, los detalles del *boom* de las tierras en Oklahoma, el ferrocarril elevado, los desastres naturales, las guerras de los sioux. Con el tiempo, Martí pensó recopilar en un libro a todos los personajes de los que había escrito: Longfellow, Whitman, Emerson, Grant, entre otros. Y en uno de aquellos largos despachos epistolares publicado en *La Nación* en 1886, Martí escribe de primera mano sobre la inauguración de la Estatua de la Libertad. Su texto expresa con la mayor elocuencia los sentimientos de generaciones de inmigrantes cuando sus barcos entraban a la bahía y divisaban la tierra de promisión:

> Vedlos: ¡todos revelan una alegría de resucitados! ¿No es este pueblo, a pesar de su rudeza, la casa hospitalaria de los oprimidos? De adentro vienen, fuera de a voluntad, las voces que impelen y aconsejan. Reflejos de bandera hay en los rostros: un dulce amor conmueve las entrañas: un superior sentido de soberanía saca la paz, y aun la belleza, a las facciones: y todos estos infelices, irlandeses, polacos, italianos, bohemios, alemanes, redimidos de la opresión o la miseria celebran el monumento de la Libertad porque en él les parece que se levantan y recobran a sí propios.

Con notable sensibilidad moral y sentido de equilibrio, vio los aciertos y las fallas de aquella sociedad. Cierto que «no le parecía buena raíz de pueblo, este amor exclusivo, vehemente y desasosegado de la fortuna material que malogra aquí, o pule sólo de un lado, las gentes, y les da a la par aires de colosos y de niños». Cierto que «un cúmulo de pensadores avariciosos» ansiaban expandirse a costa de las tierras de «nuestra América». Cierto que le parecería «cosa dolorosísima ver morir una tórtola a manos de un ogro». Pero no había que confundir un «cenáculo de ultra-aguilistas» con el pensar de «un pueblo heterogéneo, trabajador, conservador, entretenido en sí y por sus mismas fuerzas varias, equilibrado». Y frente a las inercias culturales de España en América, Martí creía urgente describir, entender y explicar la vida estadounidense, «sacar a la luz con todas sus magnificencias, y poner en relieve con todas sus fuerzas, esta espléndida lidia de los hombres».

Por una década, las crónicas de Martí aparecieron con regularidad semanal en *La Nación* y más tarde hasta en 20 diarios hispanoamericanos. Aunque era un orador electrizante, la oratoria casi no se deslizó en sus artículos. Una nota de 1881 explica por qué «La palabra descarnada, vigorosa, familiar, desenvuelta, pintoresca, la palabra sincera, cándida, llana, la palabra *yankee*, ésa es la de Henry Ward Beecher.» Esta revelación en el uso de la palabra es capital. En Nueva York, en efecto, Martí deja de apelar a la tradición hispana «dolorista y victimista»

—metáforas como «escribir con sangre la historia», etc.— para recurrir a la descripción y las formas de una lógica demostrativa. En la prensa y la literatura norteamericanas descubre una libertad sin miedos y sin la necesidad de la arenga: tomar la palabra, escribir y publicar dejan de ser formas de la rebeldía y se transforman en profesión, en «conversación vivaz, sencilla, útil, humana», en discusión pública. Martí ha dejado de pensar en términos abstractos o magisteriales y se dirige al lector. Es decir: vierte el vino viejo de la mejor tradición literaria del castellano (los poetas y dramaturgos del Siglo de Oro y el barroco que conocía al dedillo por su estancia en España) en el odre nuevo del periodismo norteamericano. En este sentido, es el primer escritor moderno de América Latina.

En ése y en otros. Entregado a la causa de la liberación cubana, Martí no tuvo la intención de renovar el idioma, pero eso fue justamente lo que hizo por partida triple: las crónicas, los poemarios y las cartas. «Su obra es periodismo —escribió el crítico dominicano Pedro Henríquez Ureña— pero periodismo elevado a un nivel artístico como jamás se ha visto en español [...] Ninguna línea insignificante salió de su pluma.» Enseguida, la renovación está en los poemas de *Ismaelillo* (1882), inspirados en el hueco que dejó la partida de su hijo Pepito («¡Hijo soy de mi hijo! / ¡Él me rehace!»). Según Henríquez Ureña, el libro «se anticipa en más de dieciséis años a las primeras corrientes del modernismo en España».

Los 15 poemas de *Ismaelillo* están inspirados en la pérdida y privación que Martí resintió tras la partida de su hijo Pepito a Cuba. El lenguaje es llano, elegante, libre de retórica romántica y decimonónica; tejido con imágenes súbitas, a veces sorprendentes, que ya avizoran el modernismo, pero sin olvidar a sus poetas del Siglo de Oro. Por sus versos pasa no sólo su hijo ausente y añorado, sino también su búsqueda de libertad política y expresiva:

> ¡De águilas diminutas
> Puéblase el aire:
> Son las ideas, que ascienden,
> Rotas sus cárceles!

Y por todos lados (quizás incluso eligiendo un adjetivo como «diminutas») el niño recordado permea todo el breve pero influyente poemario:

> ¿Son éstas que lo envuelven
> Carnes, o nácares?
> La risa, como en taza
> De ónice árabe,
> En su incólume seno
> Bulle triunfante:
> ¡Hete aquí, hueso pálido,
> Vivo y durable!
> ¡Hijo soy de mi hijo!
> ¡Él me rehace!

Y la renovación está también en las cartas a sus amigos y correligionarios políticos que se publicarían años después de su muerte. Unamuno, que lo veía como un nuevo Mazzini, y lo llamaba «sentidor tanto o más que pensador», vio en su genio epistolar la huella de dos antecesores españoles: Séneca y santa Teresa de Jesús: «Las cartas de Martí, donde a menudo se encuentran versos, abundan en frases poéticas, de una concentración grandísima.»

«Su labor —escribió Darío, refiriéndose a sus crónicas— aumentaba de instante en instante, como si activase más la savia de su energía aquel inmenso hervor metropolitano.» «Todo me ata a Nueva York por lo menos durante algunos años de mi vida: todo me ata a esta copa de veneno», confesaba Martí a su más frecuente corresponsal, el mexicano Manuel Mercado. «El horror de espíritu», la «muerte a retazos», el «fuego de fiebre ávido y seco» que sentía al tomar esa «copa de veneno» (en sus magros trabajos como empleado de casas comerciales y su repulsa a la vida galante y solitaria de la urbe, lejos de su familia) pareció mitigarse por unos meses cuando Martí discurrió la idea de volverse editor.

Era un acto de afirmación natural en un hombre que ponderaba la cultura de trabajo a su derredor: «Una buena idea siempre halla aquí terreno propicio, benigno, agradecido. Hay que ser inteligente; eso es todo. Dése algo útil y se tendrá todo lo que se quiera. Las puertas están cerradas para los torpes y perezosos; la vida está asegurada para los fieles a la ley del trabajo.» Martí, que se veía a sí mismo como un traductor de la cultura norteamericana para Latinoamérica y un puente de comprensión entre las dos Américas, se había sorprendido (igual que Sarmiento en su viaje a Estados Unidos en 1847) al ver que todo mundo leía, y pensó en alentar esa costumbre en los países hispanoamericanos. Aprovechando su breve experiencia como editor de una revista científica (*La América*, donde publicó sobre las ventajas de ciertos abonos y la excelencia de unos quesos), en 1886 planeó establecer con ayuda de algunos amigos mexicanos una «noble y extensa empresa americana» que publicase libros «baratos y útiles [...] humanos y palpitantes [...] que funden carácter y preparen a la tarea práctica».

Aquel intento de crear una oferta editorial para América Latina, comenzando por México, ocurrió en medio de su intensa actividad como cronista (acompañada de una intermitente representación consular en Uruguay) y coincidió también con un paréntesis en la premura (nunca en el compromiso) de su actividad política. A mediados de los años ochenta, tras el fracaso de las dos guerras sucesivas para la liberación de Cuba, Martí aconsejaba a sus seguidores esperar a que las condiciones internas maduraran para acoger con simpatía y eficacia a los revolucionarios, asegurar una guerra con el mínimo de dolor y un máximo de benevolencia, y preparar así el nacimiento de una república de libertad y concordia. Sobre todas las cosas, le preocupaba el caudillismo personalista de los líderes de las dos guerras recientes (Antonio Maceo y Máximo Gómez), a quienes había conocido en 1882 en Nueva York. En 1884 había escrito al segundo:

> Pero hay algo que está por encima de toda simpatía personal que Usted pueda inspirarme, y hasta de toda razón de oportunidad aparente; y es mi determinación de no contribuir en un ápice, por amor ciego a una idea en que me está yendo la vida, a traer a mi tierra a un régimen de despotismo personal, que sería más vergonzoso y funesto que el despotismo político que ahora soporta, y más grave y difícil de desarraigar, porque vendría excusado por algunas virtudes, embellecido por la idea encarnada en él, y legitimado por el triunfo... La patria no es de nadie: y si es de alguien,

será, y esto sólo en espíritu, de quien la sirva con mayor desprendimiento e inteligencia... Muy grande puede llegar a ser Ud. –y puede no llegar a serlo. Respetar a un pueblo que nos ama y espera de nosotros, es la mayor grandeza. Servirse de sus dolores y entusiasmos en provecho propio, sería la mayor ignominia.

Acto seguido escribió a Mercado: «¿Ni a qué echar abajo la tiranía ajena, para poner en su lugar, con todos los prestigios del triunfo, la propia? No vi, en suma, más que a dos hombres decididos a hacer, de esta guerra difícil a que tantos contribuyen, una empresa propia.»

El «gran quehacer» editorial que lo ocupa e ilusiona fracasa por falta de apoyo de sus amigos mexicanos, que simplemente no ven mercado para sus proyectos. En 1887 escribe a Mercado una carta sobre sus esperanzas fallidas de «redención» (material, personal, histórica) a través de la cultura:

Mi propósito era, aprovechando el cariño con que se ve ya mi nombre, lo que sé del negocio en su práctica, y cierta capacidad para él con que me encuentro, a más de serme oficio gratísimo, publicar libros, modestos y pocos primero, con sistema y propósito en seguida, adecuándolos a las necesidades y carácter de las tierras que amo, favoreciendo con la venta de libros amenos la de los de educación, hasta que pueda desenvolver sin imprudencia los planes que casi desde mi niñez he venido meditando en uno y otro país, y en materia como ésa son naturalmente vastos. Así, sirviendo a los demás, me salvo.

A medida que ve desdibujarse sus proyectos editoriales, Martí comienza a cerrar el paréntesis. Tampoco logra colocar en México, a pesar «de ser buen libro, y de tema mexicano», su traducción de la novela *Ramona* de Helen Hunt Jackson. El 10 de octubre (día en que los cubanos conmemoraban el inicio de la primera guerra en 1868) Martí –que en años anteriores se había rehusado– vuelve a pronunciar discursos que circulan entre la cubanía de Nueva York a Florida. Su oficina en 120 Front Street no sólo congrega a los cubanos, sino a los latinoamericanos: «Ha venido a ser como una bolsa de pueblos». En 1887 muere su padre, a quien Martí siente no haber comprendido. Al más viejo de sus amigos cubanos le escribe: «Aquí muero, Fermín, sin poder dar empleo, más que indirecto e infeliz, a esta actividad ardiente.» Se refería a su pasión libertaria: «La verdad es [...] que yo no vivo más que para mi tierra».

Martí se había deslumbrado muy temprano con la obra de Emerson y de Walt Whitman. Igual que Emerson, Martí era demasiado místico para pretender la construcción de un sistema filosófico; e igual que Whitman, era demasiado poeta para crear una visión articulada del mundo que lo rodeaba. No obstante, de ambos escribe y asimila una idea presente en él mismo, aunque no del todo enunciada: la libertad es un recurso que sólo existe en primera persona. La libertad no puede ser dada por alguien más: es algo que la persona misma debe tomar. Esta noción de libertad, como un orden que se conquista y se construye, aparece en el artículo que escribió en junio de 1883 a propósito de la develación de la estatua de Bolívar en Central Park (con ocasión del centenario de su natalicio): «Bolívar no defendió con tanto fuego el derecho de hombres a gobernarse por sí mismos, como el derecho de América a ser libre.» A él, en Cuba, le preocupaba, tanto o más que la liberación, la construcción de condiciones para que su país se gobernara a sí mismo. Y lo dice con toda claridad en su carta a Gonzalo de Quesada de octubre de 1889, a propósito de los móviles de José Ignacio Rodríguez, que promovía la idea de una independencia pacífica y negociada, con la mediación de Estados Unidos:

> Ama a su patria con tanto fervor como el que más, y la sirve según su entender, que en todo es singularmente claro, pero en estas cosas de Cuba y el Norte va guiado de la fe, para mí imposible, en que la nación que por geografía, estrategia, hacienda y política necesita de nosotros, nos saque con sus manos de las del gobierno español, y luego nos dé, para conservarla, una libertad que no supimos adquirir, y que podemos usar en daño de quien nos la ha dado. Esta fe es generosa; pero como racional, no la puedo compartir.

Ligada a esa convicción moral, se preguntaba: «Y una vez en Cuba los Estados Unidos, ¿quién los saca de ella?»

31

Para Martí hay cuatro problemas a resolver en su trayecto: el caudillismo cuyo objetivo es el poder, no la libertad (que había discutido en detalle en su carta a Máximo Gómez); las formas de independizarse de España; el anexionismo, tanto el norteamericano como el de los propios cubanos, y finalmente la actitud de Estados Unidos con respecto a la isla. Martí se ve obligado a discutir, analizar y mediar entre varias fuerzas que chocan entre sí. Los cubanos —sabía muy bien— enfrentaban un imperio español burocrático, avejentado y despótico, en cuyo orden no eran ciudadanos sino súbditos, pero Martí insiste que la guerra es de independencia, no contra los españoles: «Los cubanos empezamos la guerra, y los cubanos y los españoles la terminaremos. No nos maltraten, y no se les maltratará. Respeten, y se les respetará. Al acero responda el acero, y la amistad a la amistad.»

En la prensa norteamericana se comenzaban a discutir las conveniencias e inconveniencias de la anexión de Cuba. En la isla, muchos cubanos acomodados apoyan la idea: se transformarían en empresarios y sus tierras multiplicarían su valor (según imaginaban, por el caso de Texas: de yermos inútiles mexicanos a tierras de alto valor norteamericanas). Los rumores crecen (justo a la vez que surge el poderío de la prensa amarillista y de William Randolph Hearst, el empresario capaz de crear una guerra). Martí advierte de inmediato la importancia de la discusión pública. En una carta a *The Evening Post*, titulada «Vindicación de Cuba» (21 de marzo de 1889), defiende a los trabajadores cubanos que viven en Estados Unidos y aman su libertad:

> Admiran esta nación, la más grande de cuantas erigió jamás la libertad; pero desconfían de los elementos funestos que, como gusanos en la sangre, han comenzado en esta República portentosa su obra de destrucción. Han hecho de los héroes de este país sus propios héroes, y anhelan el éxito definitivo de la Unión Norte-Americana, como la gloria mayor de la humanidad; pero no pueden creer honradamente que el individualismo excesivo, la adoración de la riqueza, y el júbilo prolongado de una victoria terrible, estén preparando a los Estados Unidos para ser la nación típica de la libertad, donde no ha de haber opinión basada en el apetito inmoderado de poder, ni adquisición o triunfos contrarios a la bondad y a la justicia.

Frente a la nueva ideología expansionista («Somos los romanos de este continente»; Oliver Wendell Holmes), Martí, ponderado siempre, va dejando de lado su admiración original. Se halla primero extrañado, y luego herido, traicionado, atropellado por un monstruo. Y no sabe cómo conciliar lo irreconciliable: Estados Unidos lo había tomado como un par, un hombre libre dentro de la vida pública (todo ello eso siendo extranjero), pero la maquinaria del poder atropelló su sueño de patria (no a él, como persona) sin tomarlo en cuenta. Le concede una existencia en las cosas norteamericanas, pero lo ignora absolutamente en las cosas cubanas. «Lo que casi me ha sacado la tierra de los pies es el peligro en que veo a mi tierra de ir cayendo poco a poco en manos que la han de ahogar.» Y no sólo Cuba debía sentir esa pena, también «los pueblos del mismo origen y composición del mío».

En julio de 1889 apareció, dirigida por Martí, la notable revista mensual *La Edad de Oro*, dedicada a los niños de Hispanoamérica. Era su intento postrero de salvación por la vía de la cultura impresa. Contendría cuentos, leyendas, historias, apólogos y otras amenidades infantiles. Pero esa última ventana editorial también se cierra al cuarto número, cuando el magnate que la financia intenta imponerle temas religiosos. En 1890 y 1891, dos conferencias sucesivas con participación de los países americanos (la Internacional Americana y la Monetaria) sólo avivan su aprensión y perfilan con mayor claridad su examen de la realidad.

Martí se desespera de ver «cómo en los Estados Unidos [...] en vez de robustecerse la democracia y salvarse del odio y miseria de las monarquías, se corrompe y se aminora la democracia, y renacen, amenazantes, el odio y la miseria». Considera «de justicia, y de legítima ciencia social, reconocer que [...] el carácter norteamericano ha descendido desde la independencia, y es hoy menos humano y viril, mientras que el hispanoamericano, a todas luces, es superior hoy, a pesar de las confusiones y fatigas, a lo que era cuando empezó a surgir de la masa revuelta de clérigos logreros, imperitos ideólogos e ignorantes o silvestres indios». Y para probar su nueva valoración de las dos Américas, a principios de 1891 escribe «Nuestra América», piedra angular del hispanoamericanismo en el siglo XX.

En primer lugar, proclamaba el orgullo de pertenecer a «nuestras repúblicas dolorosas de América», que, con sus «masas mudas de indios», habían creado en un tiempo histórico corto «naciones adelantadas y compactas». En una oblicua referencia autocrítica habla del «soberbio que tiene la pluma fácil o la palabra de colores y acusa de incapaz e irremediable a su república nativa [pidiéndole] formas que se le acomoden y grandeza útil». Esas formas y esa grandeza que no se debían de emular ya eran las norteamericanas. «Con un decreto de Hamilton no se le para la pechada al potro del llanero. Con una frase de Sieyés no se desestanca la sangre cuajada de la raza india.» Martí predica un gobierno que nazca de la condiciones *naturales* de cada país. Y, refutando a Sarmiento (el gran liberal del siglo XIX en cuyo libro *Facundo* había visto años atrás «las causas inevitables de nuestras guerras de América»), Martí apunta que «no hay batalla entre la civilización y la barbarie, sino entre la falsa erudición y la naturaleza». Había que conocer, «conocer es resolver». No se podía aspirar a dirigir un pueblo desconocido usando «antiparras yanquis o francesas»[...] «ni el libro europeo ni el libro yanqui daban la clave del enigma hispanoamericano». Significativamente, Martí utiliza con un nuevo significado la palabra yanqui, y ahora es él quien critica las «ideas y formas importadas que han venido retardando, por su falta de realidad local, el gobierno lógico».

Siempre creyó que la república era el «gobierno lógico», pero ahora sostiene, crípticamente: «Si la república no abre los brazos a todos, y se adelanta a todos, muere la república.» Por «todos» se refería sobre todo a los indios irredentos y las mayorías pobres. ¿Había dejado de creer en la república? ¿Qué quiere entonces? No está claro, al menos en ese texto, pero las bases del Partido Revolucionario Cubano —redactadas por él, meses más tarde— no dejan lugar a duda:

El Partido Revolucionario Cubano lucha por la «independencia absoluta de Cuba», e incidir en la de Puerto Rico (artículo 1), y convoca la solidaridad de buena fe para evitar el caos y librar «una guerra generosa y breve, encaminada a asegurar en la paz y el trabajo la felicidad de los habitantes de la Isla» (artículo 2); la guerra debe seguir un «espíritu y métodos republicanos» en busca de «una nación capaz de asegurar la dicha durable de sus hijos y de cumplir, en la vida histórica del continente, los deberes difíciles que su situación geográfica le señala» (artículo 3); el partido no se propone perpetuar «el espíritu autoritario y la composición burocrática de la colonia, sino fundar en el ejercicio franco y cordial de las capacidades legítimas del hombre, un pueblo nuevo y de sincera democracia, capaz de vencer, por el orden del trabajo real y el equilibrio de las fuerzas sociales, los peligros de la libertad repentina en una sociedad compuesta para la esclavitud» (artículo 4).

En documentos posteriores Martí sigue hablando como un republicano clásico que busca expresamente la creación de una república independiente, libertades civiles y vida ciudadana, libre prensa, libre educación y libre comercio.

Su preocupación mayor no es el vecino del norte, sino el «desdén» del vecino del norte y su ignorancia de los pueblos de «Nuestra América». En la nueva circunstancia, Martí ha invertido los términos: ahora es Estados Unidos quien requiere conocer a sus vecinos porque sólo la ignorancia de su fuerza y carácter los haría «poner en ellos la codicia». De intentarlo, «por el respeto, luego de conocerla, sacaría las manos». Era mejor prevenir ese desenlace. Era mejor prevenir odios inútiles, era mejor decir a tiempo la verdad. Martí no abriga odio a Estados Unidos ni tiene contra éste un prejuicio ideológico. Porque lo conoce de cerca, tiene una idea concreta de él y escribe para advertirle. Su prédica es sencilla, intelectual, moral y política: conocer, respetar, no dominar.

Martí no ha cumplido 40 años, pero ya entonces sus cartas abundan en premoniciones mortales («yo ya me voy muriendo, toda la vida es deber») y hablan con mayor frecuencia de la «guerra que se viene encima». También sus poemas, como la carta-poema dirigida a su amigo y compañero de insurgencias Serafín Sánchez:

> Me entran como temporales
> De silencio −precursor
> De aquel silencio mayor
> Donde todos son iguales...
>
> Y luego de hacer el pan
> Con el dolor cotidiano,

Muerta la pluma en la mano,
Me envuelvo en el huracán...

Y de mí le he de decir
Que en seguirlo, sereno,
Sin miedo al rayo ni al trueno
Elaboro el porvenir.

En agosto de 1891, Carmen y Pepito (que habían llegado hacía tres meses) lo abandonan definitivamente. A espaldas de Martí, ella ha logrado que el cónsul autorice la salida sin la necesaria licencia de su marido. Sus reclamos son inútiles. Tras caer enfermo, la vida de Martí –ya casi sin ataduras– toma un irrevocable derrotero revolucionario.

Al proclamarse formalmente la creación del partido (abril de 1892), Martí había renunciado a todas sus labores (los consulados de Uruguay, Argentina y Paraguay, la presidencia de la Sociedad Literaria) y había comenzado a viajar para consolidar apoyos económicos y políticos, primero por los enclaves cubanos de Florida, luego en el Caribe, Centroamérica y México (Porfirio Díaz le da 20 000 pesos para la causa). A principios de 1895, un primer plan de alzamiento fracasa, pero en marzo firma, desde República Dominicana y junto con el general Gómez, el famoso «Manifiesto de Montecristi», más que una declaración de guerra, una formulación de un esquema de Constitución republicana. Al educador y escritor dominicano Federico Henríquez y Carvajal, escribe una carta que se considera su testamento político:

> Será nunca triunfo, sino agonía y deber. Ya arde la sangre. Ahora hay que dar respeto y sentido humano al sacrificio, hay que hacer viable e inexpurgable la guerra; si ella me manda, conforme a mi deseo único, quedarme, me quedo en ella; si me manda, clavándome el alma, irme lejos de los que mueren como yo sabría morir, también tendré ese valor. Yo alzaré el mundo. Pero mi único deseo sería pegarme allí, al último tronco, al último peleador: morir callado. Para mí ya es hora.

La inminencia de la acción, la proximidad de la patria amada, iluminan a Martí. «Se hace escritor fuera de su tierra –escribe Guillermo Cabrera

Infante– pero produce su obra maestra absoluta al regresar y recobrar su isla.» Se refiere al *Diario*: «según va a la muerte, la expedición guerrillera es su camino de perfección literaria». El encuentro de Martí con la añorada tierra cubana es una epifanía y el *Diario* es la expresión que la consagra. La naturaleza, el paisaje, las gentes, las costumbres que ve y nombra y recrea hasta la minucia son memorables.

Pero en sus cartas Martí se despide. A su hijo, apenas unas líneas: «Esta noche salgo para Cuba: salgo sin ti, cuando debieras estar a mi lado. Al salir, pienso en ti. Si desaparezco en el camino, recibirás con esta carta la leontina que usó en vida tu padre. Adiós. Sé justo.» A su esposa, ninguna. A su madre, una línea casi idéntica al final de su drama *Abdala*: «Usted se duele, en la cólera de su amor, del sacrificio de mi vida; y ¿por qué nací de usted como una vida que ama al sacrificio?» A su «muy buena Carmita», la hija mayor de María Miyares, le reitera que la quiere como hija y le pide que vea por su madre y su hermano. «A mi María» (su hija, de 14 años entonces) se da el tiempo para darle consejos de lectura científica, pensamientos sutiles sobre la esencia del amor, ideas prácticas para sus futuras vocaciones y le pide tener fe en la palabra: «Aprende de mí. Tengo la vida a un lado de la mesa y la muerte al otro, y mi pueblo a las espaldas: y ve cuantas páginas escribo.» Al final le pide sentirse «limpia y ligera, como la luz», y que sonría: «Y si no me vuelves a ver [...] pon un libro, el libro que te pido, sobre la sepultura. O sobre tu pecho, porque ahí estaré enterrado yo si muero donde no lo sepan los hombres. Trabaja. Un beso. Y espérame.» Un día antes de morir escribe a su queridísimo hermano, Manuel Mercado, una carta célebre:

Ya estoy todos los días en peligro de dar mi vida por mi país, y por mi deber –puesto que lo entiendo y tengo ánimos con que realizarlo– de impedir a tiempo con la independencia de Cuba que se extiendan por las Antillas los Estados Unidos y caigan, con esa fuerza más, sobre nuestras tierras de América. Cuanto hice hasta hoy, y haré, es para eso. En silencio ha tenido que ser, y como indirectamente, porque hay cosas que para lograrlas han de andar ocultas, y de proclamarse en lo que son, levantarían dificultades demasiado recias para alcanzar sobre ellas el fin. Las mismas obligaciones menores y públicas de los pueblos, –como ese de Vd., y mío, –más vitalmente interesados en impedir que en Cuba se abra, por la anexión de los imperialistas de allá y los españoles, el camino, que se ha de cegar, y con nuestra sangre estamos cegando, de la anexión de los pueblos de nuestra América al Norte revuelto y brutal q. los desprecia, —les habrían impedido la adhesión ostensible y ayuda patente a este sacrificio, que se hace en bien inmediato y de ellos. Viví en el monstruo, y le conozco las entrañas; —y mi honda es la de David.

José Martí no tenía que morir en las circunstancias en que murió. Pero él elegiría su hora. El general Gómez le había asignado a un soldado para cuidar su integridad. Se llamaba nada menos que Ángel de la Guardia. Una minúscula columna española pasaba por el paraje de Dos Ríos y Martí, sin dudarlo, se precipitó sobre ellos para recibir un tiro en el cuello y caer del caballo. Un mulato cubano, explorador de los españoles —refiere Cabrera—, «se acercó lo suficiente [...] y al reconocer a Martí exclamó: "Usted por aquí, Don Martí?" De seguida, levantó su rifle Remington y remató a Martí, cuyo cadáver cayó en manos enemigas y fue registrado, expoliado y finalmente escamoteado por los españoles». Había esperado y anunciado la muerte a lo largo de su vida. Es evidente que la ansiaba como el fin de su martirio y el principio de su redención.

Hacia 1900, en las calles de La Habana comenzó a escucharse una dolida clave:

> Martí, no debió de morir
> Ay de morir
> Si Martí no hubiera muerto,
> Otro gallo cantaría,
> La patria se salvaría
> Y Cuba sería feliz
> Martí no debió de morir
> Ay de morir.

En un sentido mítico, Martí no murió. Nunca murió. Antes de 1959, todos los cubanos lo recordaron como el redentor que dio su vida por la independencia, cumplida según algunos, parcial o frustrada según muchos más. Luego de 1959, los revolucionarios lo reclamaron como suyo porque se veían a sí mismos como la nueva «honda de David» y creían haber completado su obra. Por su parte, los cubanos del exilio –juzgando a su patria encadenada por quien «había echado abajo la tiranía ajena, para poner en su lugar, con todos los prestigios del triunfo, la propia»– se vieron también en el espejo de aquel exiliado permanente que trabajó por la independencia de Cuba. Redentores e irredentos, ¿de quien será Martí al final de la historia? De unos, de otros, y de la literatura española.

José Enrique Rodó

La homilía hispanoamericana

El primer ideólogo del nacionalismo hispanoamericano fue un taciturno hombre de letras uruguayo llamado José Enrique Rodó. Nacido en 1871, hijo de un comerciante catalán lo suficientemente acomodado para tener casa en el casco antiguo de Montevideo, Rodó se cultivó inicialmente en la buena biblioteca de clásicos latinos, españoles e hispanoamericanos formada por su padre, y en algún sentido nunca salió de ella. La eventual merma de la fortuna familiar y ciertos infortunios financieros de los que fue víctima en su madurez ahondaron el retraimiento en el que, según varios testimonios, vivió siempre: soltero empedernido, apartado y espectral, cercano siempre a su madre y a sus hermanos. Y aunque con el tiempo se mezcló en los afanes de la política, su estado ideal era lo que llamó «la divina religión del pensamiento».

Siendo estudiante del Liceo Elbio Fernández, Rodó publicó sus primeras contribuciones que delinearon temas perdurables en su obra como el culto a los héroes, encarnado entonces en Bolívar y, curiosamente, también en Benjamin Franklin. Tras la muerte del padre en 1885, siguieron años de zozobra en los que Rodó interrumpe sus estudios, trabaja como amanuense en el estudio de un escribano, trabaja en un banco de cobranzas, obtiene la máxima distinción en literatura, pero no se recibe de bachiller. En 1895 funda la *Revista Nacional de Literatura y Ciencias Sociales*, dedicada «a sacudir el marasmo en que yacen por el momento las fuerzas vivas» de la intelectualidad uruguaya. En la revista, Rodó hace crítica literaria, exhuma e interpreta a los clásicos españoles e iberoamericanos, y muestra las primeras inclinaciones estéticas en su pensamiento.

Las guerras civiles de su país palidecían frente a sus propias crisis emocionales: «Cuando la resonancia de la batalla sobrecogía de dolor o electrizaba de entusiasmo los corazones –escribió a un amigo en marzo de 1897–, el mío, embargado por inquietudes muy ajenas a la lucha de los partidos, apenas participaba del interés y la emoción de los demás.» Ese año desaparece la revista. «Cada uno de nosotros –escribe Rodó– es un pedazo de un gran cadáver. En cuanto a mí [...] los desengaños, las rudas experiencias, los sabores amargos de la vida, han tenido la virtud siempre de fortalecer mi culto por el refugio sagrado del arte y del estudio, adonde las cosas bajas y miserables no alcanzan.» Rodó parecía invadido por la melancolía. Su amigo Arturo Giménez Pastor lo recordaba lejano: «era, en cuanto a figura y actitud, el hombre a quien le sobra todo en el desairado juego de movimientos: brazos, piernas, ropa [...] Daba la mano entregándola como cosa ajena; la voluntad y el pensamiento no tomaban parte en este acto. La mirada diluíase imprecisa y corta tras la frialdad de los lentes». Según cuenta Emir Rodríguez Monegal, tuvo encuentros con algunas mujeres, pero vivió siempre en «una ausencia del amor como elemento erótico». En 1898, el triunfo del Partido Colorado le garantiza un empleo en la oficina de avalúos de guerra. Rodó acepta con resignación ese «recurso desesperado que llamamos en nuestro país un empleo público». Ese año es designado catedrático interino de literatura (dio un curso sobre historia intelectual que abarcó de Platón a Spencer) y ocupó también de manera interina la dirección de la Biblioteca Nacional. Rodó, según un retrato de la época, «era un joven alto, delgaducho, un sí es no es desgarbado que andaba ya con el cuerpo tieso, los brazos caídos, las manos abiertas –aquellas manos fláccidas y muertas que al ser estrechadas se escurrían frías como algo inanimado[...] y si había algo de reservado en su ser, ello estaba en la frente, una frente amplia, que aún más lo parecía, porque peinaba sus cabellos hacia atrás; una frente tersa, fría, detrás de la cual ya se anidaba un pensamiento propio, altivo, una voluntad de conquistador reflexivo y sereno».

De pronto, el año 1900 trajo consigo dos acontecimientos que lo marcaron: la herencia suficiente que le llegó de un tío materno y la derrota de España frente a Estados Unidos. La guerra lo indignó y entristeció. Hijo de un inmigrante catalán, Rodó amaba a España, pero como latinoamericano deseaba la liberación de Cuba. No obstante, hubiera querido que esa liberación fuese digna para España (sin humillaciones por parte de Estados Unidos) y que su desenlace no implicara la presencia de un nuevo amo en la isla. Ocurrió lo que temía, y esa crisis le inspiró la escritura de un opúsculo —en realidad, una homilía moral dedicada a los jóvenes— que se titularía *Ariel* y que cambiaría la historia ideológica de Hispanoamérica, al grado de seguir siendo lectura obligada en las escuelas secundarias de la América hispana en los años en que Fidel Castro (a su vez hijo de un soldado gallego derrotado en aquella guerra) entraba triunfante a La Habana para cerrar, en varios sentidos, el ciclo abierto en 1898.

Para el gobierno de Estados Unidos y para sectores amplios de su opinión pública, la escaramuza de fin de siglo pareció confirmar un Destino no sólo Manifiesto (el designio de expansión formulado en 1839) sino *manifestado*, primero a costa de México, en la guerra de 1846-1848, y vuelto a manifestar medio siglo después en la guerra con España. Del vetusto Imperio español no quedaban sino harapos y, con una facilidad en verdad humillante, Estados Unidos reordenó el mapa mundial: Filipinas, las islas de Guam, Cuba y Puerto Rico pasaron de la potencia naviera del siglo XVI a la potencia naviera del siglo XX. También pasaron de la condición de colonia a la de tutela. El nuevo papel no convenció a todos los estadounidenses. Ese mismo 1898, Mark Twain funda la Liga Antiimperialista de los Estados Unidos y combate con ironía la amenaza de ver a su país convertido en un imperio: «Y por bandera para la provincia de Filipinas, la solución es sencilla. Podemos tener una especial: nuestros estados la tienen: podríamos poner nuestra bandera usual, con las franjas blancas pintadas de negro y reemplazar las estrellas con la calavera y las tibias cruzadas.»

En cuanto a los hispanoamericanos, su reacción fue parecida a la de un sobreviviente de un terremoto. Estados Unidos, desdeñoso y desconocedor —como había apuntado Martí— de la realidad vivida y sentida en los países de habla hispana, no advirtió el efecto histórico que su acción tendría en ellos. *Ariel* fue producto natural de ese impacto. Llegó en el momento oportuno: expresó un desencuentro entre las dos

Américas que venía gestándose a lo largo del siglo XIX y profetizó otro que duraría casi todo el siglo XX.

★ ★ ★

El ciclo de admiración y desencanto venía de muy atrás. Deseosas de construir un orden constitucional republicano y secular distinto y opuesto a la monarquía absoluta y católica de la que se acababan de independizar (y cuya herencia vindicaron, con diversos matices, los grupos políticos, eclesiásticos, militares e intelectuales llamados «conservadores»), al menos tres generaciones liberales en Hispanoamérica voltearon hacia Estados Unidos con una admiración que en ciertos casos llegó al extremo de la asimilación completa. La Constitución mexicana de 1824, la primera en determinar que la nación mexicana sería una república federal, incluía una declaración previa donde los legisladores, encabezados por el brillante periodista, político e historiador liberal Lorenzo de Zavala, hallaban motivos de orgullo en su emulación de los norteamericanos. El Congreso, afirmaba, «felizmente tuvo un modelo que imitar en la República floreciente de nuestros vecinos del Norte». (Federalista coherente, Zavala terminó sus días como redactor de la Constitución de Texas y su primer vicepresidente.)

Mucho más receloso y precavido con respecto al país del norte que, a diferencia de Inglaterra, había permanecido neutral durante la lucha de independencia en Hispanoamérica, Simón Bolívar pensó que a las nuevas repúblicas convenía un acercamiento con la potencia naval de la época, Inglaterra. Para su orden interno, a diferencia del diseño americano, aconsejaba también un diseño europeo, un mejor equilibrio entre el orden y la libertad, con un ejecutivo fuerte y un gobierno centralizado. Pero no por eso dejó de admirar el «lisonjero» ejemplo de Estados Unidos:

> ¿Quién puede resistir el atractivo victorioso del goce pleno y absoluto de la soberanía, de la independencia, de la libertad? ¿Quién puede resistir al amor que inspira un gobierno inteligente que liga a un mismo tiempo los derechos particulares a los derechos generales; que forma de la voluntad común la ley suprema de la voluntad individual? ¿Quién puede resistir al imperio

de un gobierno bienhechor que con una mano hábil, activa y poderosa, dirige siempre y en todas partes, todos sus resortes hacia la perfección social, que es el fin único de las instituciones humanas?

Al promediar el siglo, la admiración por parte de los grupos liberales, llamados comúnmente «progresistas», era casi continental. En el extremo sur, Domingo Faustino Sarmiento, el brillante escritor que llegaría a ser presidente de la Argentina (y gustaba de llamarse a sí mismo «Franklincito»), no escatimaba elogios a la nación norteamericana, que recorrió por seis semanas en 1847, después de haber viajado por Europa. Constantemente compara y contrasta Francia y Estados Unidos:

> Estoi convencido de que los norte-americanos son el único pueblo culto que existe en la tierra, el último resultado obtenido de la civilización moderna [...] El único pueblo del mundo que lee en masa, que usa de la escritura para todas sus necesidades, donde 2,000 periódicos satisfacen la curiosidad pública, son los Estados-Unidos, i donde la educación como el bienestar están por todas partes difundidos, i al alcance de los que quieran obtenerlo. ¿Están uno i otro en igual caso en punto alguno de la tierra? La Francia tiene 270,000 electores, esto es entre treinta i seis millones de individuos de la nación mas antiguamente civilizada del mundo, los únicos que por la lei no están declarados bestias; puesto que no les reconoce razón para gobernarse.

En México, ni siquiera la pérdida de la mitad del territorio mermó la fe de los liberales en Estados Unidos. Ya en 1864, durante momentos difíciles, Walt Whitman se sorprendía: «¿No es de verdad extraño? México es el único país al que realmente hemos agredido, y ahora es el único que reza por nosotros y por nuestra victoria, con oración genuina.» La razón era doble. En primer lugar, política: en ese instante, los conservadores, que sustentaban el imperio de Maximiliano de Habsburgo y contaban con el apoyo de Francia y Austria-Hungría, deseaban el triunfo de los confederados. Pero también ideológica: Estados Unidos era la patria universal de las libertades y la democracia.

En 1867, tras la ejecución de Maximiliano y el triunfo definitivo de la República liberal presidida por Benito Juárez contra la intervención francesa, los presidentes Sebastián Lerdo de Tejada y Porfirio Díaz no dejaron de temer la reincidencia de una guerra. Durante su gobierno (1872-1876), el primero afirmó con certeza: «Entre la fuerza y la debilidad, el desierto»; en algún momento de su largo régimen (1876-1911), Díaz dijo (quizá): «Pobre México, tan lejos de Dios, tan cerca de los Estados Unidos.» Ambos libraron batallas diplomáticas para evitar lidiar con las exigencias (comerciales, militares, políticas) del vecino y prevenir así una pérdida adicional de territorio. Pero la actitud general seguía siendo de admiración y a veces de deslumbramiento. En Estados Unidos se habían refugiado los liberales a mediados del siglo para conspirar contra el dictador Santa Anna o para fortalecerse, tiempo después, ante la invasión francesa. En Nueva York se había desterrado Lerdo de Tejada tras el golpe de Estado de Porfirio Díaz en 1876. Y a Nueva York había ido en 1881 el propio Díaz, en circunstancias más gratas (su luna de miel). Díaz se avino a la «penetración pacífica» predicada por James Blaine, dejó que «entre la fuerza y la debilidad» mediara el ferrocarril construido por estadounidenses y —cuidando siempre el equilibrio con la participación europea— fincó una parte del notable progreso material de México en el fin de siglo en la inversión de mineros, agricultores y petroleros venidos de allá. Pero el ascenso del imperialismo cambió el cuadro.

Hacia 1897, un amigo de Martí en sus años mexicanos, el historiador, tribuno, periodista, jurista, educador Justo Sierra Méndez, viaja a Estados Unidos. De joven había escuchado al propio presidente Benito Juárez sostener —de acuerdo con el canon liberal puro— que México se beneficiaría mucho de la inmigración protestante, porque así el pueblo aprendería hábitos de frugalidad, educación y trabajo. Pero Sierra había ido abandonando el ideario puramente liberal no sólo para adoptar la concepción positivista y evolucionista de moda (primero la doctrina de Auguste Comte y más tarde la de Herbert Spencer), sino para desconfiar de la política exterior estadounidense con un nacionalismo cultural todavía embrionario pero que lo acercaba a la postura conservadora. (Los conservadores siempre habían rechazado, por motivos culturales, políticos y religiosos, al vecino anglófono, liberal y protestante.) De hecho, Sierra se consideraba ya a sí mismo un «liberal conservador». *En tierra yankee*, su diario de viaje, refleja el balance más bien negativo que el pensamiento liberal y positivista finisecular comenzaba a hacer de aquel país de Jano, democrático e imperial. Frente al Capitolio escribe:

Pertenezco a un pueblo débil, que puede perdonar pero que no debe olvidar la espantosa injusticia cometida contra él hace medio siglo; y quiero como mi patria tener ante los Estados Unidos, obra pasmosa de la naturaleza y de la suerte, la resignación orgullosa y muda que nos ha permitido hacernos dignamente dueños de nuestros destinos. Yo no niego mi admiración, pero procuro explicármela, mi cabeza se inclina pero no permanece inclinada; luego se yergue más, para ver mejor.

Por un lado, el recelo, el resentimiento ante aquella máquina ciega de la ambición y la fuerza; por otra parte, la admiración ante «la labor sin par del Capitolio [...] embebido de derecho constitucional hasta en su última celdilla [...] «¿Cómo no inclinarnos ante ella, nosotros, pobres átomos sin nombres, si la historia se inclina?»

Igual que en la conciencia de Justo Sierra (que en 1894 había intentado persuadir a José Martí de quedarse en México y dedicarse a la enseñanza), todo cambió en la América hispana con la derrota de España en 1898 (esa «pequeña guerra espléndida», como la llamó el secretario John Hay, uno de los primeros teóricos del imperialismo estadounidense). Los liberales mexicanos e hispanoamericanos como Sierra dejaron de «inclinarse». Fue el momento de quiebre en la historia del pensamiento hispanoamericano. Había que construir una alternativa. No había que *ser como ellos*, y menos *ser ellos*. No bastaba estar *lejos de ellos*, y parecía inútil buscar *acercarse a ellos*. Había que ser radicalmente *distintos a ellos*. Como había previsto Martí, muchos iberoamericanos se negaron a admitir una libertad impuesta por las armas y una independencia convertida en protectorado.

La situación de Cuba aclaró para muchos el sentido de varios episodios del siglo XIX: era el capítulo más reciente de una historia ya larga que incluía la anexión de Texas, la guerra con México, las acciones filibusteras en Centroamérica y hasta ciertos designios explícitos (por ejemplo de Henry Cabot Lodge) de hacer ondear la bandera de las barras y las estrellas desde el río Bravo hasta la Tierra del Fuego. Tras esa toma colectiva de conciencia, es natural que la admiración liberal por la democracia estadounidense —aunque nunca desapareciese del todo— pasara a segundo plano: lo que privaba ahora era el temor al siguiente zarpazo del *big stick* en el Caribe y Centroamérica. En ese contexto ocurrió un cambio profundo en la historia de las ideas políticas hispanoamericanas: los círculos liberales comenzaron a convergir respecto de Estados Unidos con sus antiguos rivales, los conservadores, y a concebir claramente un nacionalismo hispanoamericano de nuevo cuño, formulado en términos explícitamente antiestadounidenses. Su biblia fue *Ariel*, obra de un escritor que nunca pisó Estados Unidos, oriundo de un país pequeño y convulso pero educado y próspero, que podía sentirse, como su vecina Argentina, la Europa de América, único baluarte posible ante la arrogante potencia.

★ ★ ★

El golpe de 1898 para todo el orbe de la lengua española fue brutal: parecía desdecir, en su fundamento, el sentido mismo de la civilización. En 1898 el mundo se movía con una aceleración febril y España no había estado a la altura de los tiempos. En este sentido, son significativas las palabras de abatimiento que el filósofo y diplomático español Ángel Ganivet escribe a Miguel de Unamuno, quizás el autor más significativo del grupo intelectual español –la Generación del 98– que despertaba a una nueva realidad:

> La invención del vapor fue un golpe mortal para nuestro poder. Hasta hace poco no sabíamos construir un buque de guerra, y hasta hace poquísimo nuestros maquinistas eran extranjeros [...] Demos por vencida también la falta de estaciones propias para nuestros buques, y aún faltará algo importantísimo: dinero para costear las escuadras, el cual ha de ganarse explotando esas colonias que se trata de defender [...] Más lógico es dejarse derrotar «heroicamente».

Tan violenta fue la sacudida, que activó el sistema de supervivencia espiritual de la cultura española. Perdido ya el sueño imperial, España tuvo un consuelo no menor: tras casi un siglo de distanciamiento, la América hispana se reconcilió con la humillada «Madre Patria». Los dos componentes del orbe de la lengua española se reunían contra un mismo adversario y una misma lengua. Aparece entonces en España aquella extraordinaria «Generación del 98» (Ortega y Gasset, Ganivet, Unamuno,

Valle-Inclán, Machado, Baroja, Maeztu) como un despertar tras dos siglos de somnolencia intelectual. La derrota provocó un examen de conciencia que condujo a los escritores, entre otras cosas, a retomar «el genio de la raza», a «redescubrir» su propio país, a recorrer sus caminos y a reflexionar sobre el pasado y el destino de España. En términos prácticos, el planteamiento del problema parecía claro: no tenemos acceso a la tecnología y estamos fuera de esa competencia, pero tenemos el espíritu. Para España, el «despertar del alma» reencarnó en la obra de Cervantes: el Quijote, derrotado por la tecnología de los molinos, era inmortal en la cima del alma humana. Pero lo sorprendente del caso es que en la América hispana el dilema se planteó de modo más frontal y a propósito de los personajes de *The Tempest*, la última obra conocida de Shakespeare.

En efecto, el profundo malentendido entre las dos partes del continente se expresa, justamente en esos años, alrededor de una línea de *La tempestad*. Los nuevos imperialistas estadounidenses sintieron que los pueblos del orbe hispano que acababan de ocupar eran atrasados y bárbaros y, por lo mismo, requerían guía y tutela. Creyeron que se trataba, como el título del poema de Kipling, de arrostrar «The White Man's Burden»:

> Afrontad la carga del hombre blanco:
> Enviad lo mejor de vuestra estirpe,
> Ceñid vuestros hijos al exilio, a que suplan
> Las carencias de vuestros cautivos:
> Que aguarden, bajo el pesado yugo,
> Entre gentes agitadas y salvajes,
> A vuestros nuevos pueblos, cautivos y huraños,
> A medias diablos y a medias niños.

Este último verso recuerda el modo en que Próspero —el mago, el sabio y señor de la isla– describe y trata a Calibán, un monstruo deforme (al menos de acuerdo con la descripción que Shakespeare pone en boca de varios personajes), una criatura nativa de la isla donde Próspero y Miranda, su hija, han sido exiliados; desde ahí, Próspero hace naufragar un barco para dejar en las costas de la isla a varios otros personajes. Y, si bien Calibán pronuncia algunos parlamentos conmovedores, en realidad se presenta como un bruto (y peligroso, en tanto que intentó violar a Miranda). La obra misma, incluso el personaje de Calibán, está llena de complejidades, pero resulta claro que Calibán es una versión de lo que los racistas americanos (o ingleses, o europeos) podrían hallar como estereotipo del individuo de piel más oscura, presumiblemente de raza inferior, que resulta ser «la carga del hombre blanco».

Pero, en ese instante, los hispanoamericanos hacen una lectura inversa de la misma obra. Para ellos, la figura de Calibán (que en español adquiere el acento diacrítico) encarna el origen mismo del antiamericanismo. El personaje de Shakespeare fue retomado por el mayor poeta de la lengua española desde el siglo XVII, el nicaragüense Rubén Darío, en un artículo aparecido en *El Tiempo*, de Buenos Aires, el 20 de mayo de 1898, y reproducido ampliamente en muchos diarios de toda Latinoamérica:

No, no puedo, no quiero estar de parte de esos búfalos de dientes de plata. Son enemigos míos, son los aborrecedores de la sangre latina, son los Bárbaros. Así se estremece hoy todo noble corazón, así protesta todo digno hombre que algo conserve de la leche de la Loba [...] Y los he visto a esos *yankees*, en sus abrumadoras ciudades de hierro y piedra y las horas que entre ellos he vivido las he pasado con una vaga angustia. Parecíame sentir la opresión de una montaña, sentía respirar en un país de cíclopes, comedores de carne cruda, herreros bestiales, habitadores de casas de mastodontes. Colorados, pesados, groseros, van por sus calles empujándose y rozándose animalmente, a la caza del *dollar*. El ideal de esos calibanes está circunscrito a la bolsa y a la fábrica. Comen, comen, calculan, beben whisky y hacen millones. Cantan ¡*Home, sweet home!* y su hogar es una cuenta corriente, un *banjo*, un negro y una pipa. Enemigos de toda idealidad, son en su progreso apoplético, perpetuos espejos de aumento; pero su Emerson bien calificado está como luna de Carlyle; su Whitman con sus versículos a hacha, es un profeta demócrata, al uso del Tío Sam; y su Poe, su gran Poe, pobre cisne borracho de pena y de alcohol, fue el mártir de su sueño en un país en donde jamás será comprendido. En cuanto a Lanier, se salva de ser un poeta para pastores protestantes y para bucaneros y *cowboys*, por la gota latina que brilla en su nombre [...] No, no puedo estar de parte de ellos, no puedo estar por el triunfo de Calibán [...] ¡Miranda preferirá siempre a Ariel; Miranda es la gracia del espíritu; y todas las montañas de piedras, de hierros, de oros y de tocinos, no bastarán para que mi alma latina se prostituya a Calibán!

La identificación de Calibán con los demócratas capitalistas, carentes de espíritu y elegancia, era un tema antiguo en Darío (lo había invocado en una semblanza sobre Edgar Allan Poe en 1894), pero quizá se originó con Ernest Renan y su obra de teatro de ese mismo título: *Caliban*, uno de sus *Drames philosophiques*. Paul Groussac (historiador y crítico, especie de doctor Johnson francoargentino, director de la Biblioteca Nacional, a quien Martí conoció en la Conferencia Monetaria de Washington) retomó el tema en un acto hispanófilo realizado el 2 de mayo de 1898 en el Teatro Victoria de Buenos Aires: «Desde la guerra de Secesión y la brutal invasión del Oeste, se ha desprendido libremente el espíritu yankee del cuerpo informe y "calibanesco"; y el viejo mundo ha contemplado con inquietud y terror á la novísima civilización que pretende suplantar á la nuestra, declarada caduca». Groussac relaciona la barbarie con la democracia. En su texto «México», Groussac es aún más específico:

> Me temo á veces que la modernísima democracia consista en levantar cada pueblo sus moradas á la moda del día, arrasando las de sus predecesores, para que cada generación humana no deje más rastros en la tierra que los del ganado trashumante. Esa democracia niveladora, amante de las tablas rasas y gran fabricante de *self-made men*, la contemplaremos luego en su forma aguda, en esa ocupación anhelante y febril del Extremo Oeste que remeda, en medio de todas sus innovaciones prácticas, una regresión moral á los éxodos antiguos, al nomadismo asiático: la tienda del pastor alumbrada con luz eléctrica.

La voz de Groussac no es ya la de Martí. No hay ambivalencia en sus palabras: hay el rechazo integral a la cultura estadounidense. El discurso de Groussac fue parcialmente publicado en Montevideo, donde seguramente lo leyó Rodó.

No es casual que haya sido en el Cono Sur, más específicamente, entre Argentina y Uruguay, donde nació el antiamericanismo ideológico. En ambos países, la influencia francesa no es sólo una elección de gusto literario. Con Francia obtienen varias cosas a la vez: una tradición filosófica, literaria y política muy poderosa; una confrontación, desde un punto de vista de superioridad, con los norteamericanos, a quienes consideraban rudos y montaraces. Obtienen también (sobre todo Argentina) la idea, por completo ausente en Estados Unidos, de un socialismo que pugnaba por alzar la condición cultural, educativa y material de las clases pobres, a la vez que generaba un Estado nacionalista. La influencia de Ernest Renan es profundísima; su obra *¿Qué es una nación?* es determinante para la concepción de una raza, un espíritu, y un proyecto literario y político. Es un idealismo cuyos orígenes remotos pueden hallarse en la filosofía del periodo romántico alemán: los idealistas, sobre todo Johann Fichte, que en el origen de toda nación ven un espíritu particular, específico, y superior a los accidentes temporales y los cambios del progreso. A fin de cuentas, Alemania surgió de entre las brumas de la historia gracias al descubrimiento de esa idea de Espíritu (esto, en parte, influirá después en la simpatía latinoamericana, y especialmente del Sur, por la Alemania del Tercer Reich).

En la versión de Renan, una nación es «una gran solidaridad» cuya existencia se ratifica por «un diario plebiscito»; y el espíritu de una nación reside «en la conciencia ilustrada de sus habitantes», quienes han de fungir como guía y luz para el resto de los pobladores. Este idealismo requiere, desde luego, la capacidad de entendimiento y concordia entre todos los pobladores. Es decir: requiere una misma lengua, e incluye a todos los hablantes de esa lengua. Para sus lectores en español, para Rodó desde luego, esta determinación lingüística significaba, desde otro origen, lo mismo que habían propuesto Bolívar y Martí: toda la América Latina es una misma patria.

Dirigido a la «juventud de América», *Ariel* «insistió —según explicaba Henríquez Ureña— en la necesidad de proteger la totalidad de la personalidad humana contra los abusos de la especialización o cualquier otra forma de pobreza; en la lección de Grecia, con su plena humanidad, frente a Fenicia y Cartago; en la fe en el modo de vida democrático, que, rectamente interpretado, obra como salvaguardia de la libertad espiritual». Se trataba —agrega el dominicano— de una llamada de atención contra «el brote de nordomanía» que cundió en algunos sectores de la opinión hispanoamericana. Rodó logró y superó con creces sus objetivos.

Todos esos autores e influencias –Renan, Darío, Groussac– convergieron en *Ariel*, el opúsculo que postuló el contraste radical entre la cultura de Hispanoamérica y la de Angloamérica. Aunque la imagen de la democracia estadounidense en Rodó era matizada, rica y por momentos positiva, *Ariel* creó su propia mítica lectura: *ellos* son Calibán; *ellos* son los duros de entendimiento, insensibles y hasta carentes de espíritu. Nosotros somos *Ariel*, en la propia descripción de Rodó:

> Ariel, genio del aire, representa, en el simbolismo de la obra de Shakespeare, la parte noble y alada del espíritu. Ariel es el imperio de la razón y el sentimiento sobre los bajos estímulos de la irracionalidad.

El retrato del norteamericano como fiera ya no era solamente el de Darío, un poeta admirable pero iracundo y voluble que luego escribiría poemas amables sobre el vecino temible. La publicación de *Ariel* en 1900 abría el mismo debate con la suavidad didáctica del filósofo pausado y reflexivo. En resumen, si bien ya existían las proclamas unitarias de la América Latina, por una u otra razones (políticas, históricas, lingüísticas, raciales), el *Ariel* aportó la idea de la unidad cultural que, a la postre, sería la más activa, influyente y longeva. Y quizás la única que sigue viva.

★ ★ ★

El libro, pensado por Rodó como un intento de unir «los dos pedazos de una gran patria [...] que sobre el quebramiento de su unidad política debe conservar siempre su unidad espiritual», fue saludado con enorme entusiasmo en España. «Lo que Rodó pide a los americanos latinos es que sean siempre [...] españoles, hijos de la vida clásica y de la vida cristiana.» El historiador Rafael Altamira lo reproduce en la *Revista Crítica* (1901). En cambio, Unamuno (defensor de la autonomía cultural, vasco al fin, y admirador de las virtudes protestantes) fue más escéptico: lo entiende como una derivación de Renan y se niega a identificarse con el latinismo católico de Rodó. Pero su impacto mayor fue, desde luego, en el continente americano. En 1901 *Ariel* se publica en Santo Domingo y en Venezuela, en 1905 en Cuba, en 1908 aparece en México editado en 500 copias por el progresista general Bernardo Reyes, gobernador del estado de Nuevo León, con un prólogo de Pedro Henríquez Ureña, el joven crítico dominicano que para entonces vivía en México y cuyos amigos y discípulos llamaban «el Sócrates». «Su propósito —escribe Henríquez Ureña— es contribuir a formar un ideal en la clase dirigente, tan necesitada de ellos.» Alfonso Reyes, amigo y discípulo de Henríquez Ureña e hijo del gobernador, escribiría sobre Rodó: «a él, en un despertar de la conciencia, debemos algunos la noción exacta de la fraternidad americana». Reyes llegaría a ser, junto con José Vasconcelos, uno de los hombres de letras más distinguidos de México y América en la primera mitad del siglo XX. Ambos acogieron con entusiasmo el mensaje de «salvación» estética y cultural de *Ariel*.

Ese mensaje, además, no era contradictorio con el positivismo, esa otra vertiente del pensamiento francés —y católico— que desplazó al liberalismo clásico en los círculos intelectuales de la América hispana y prevaleció desde las décadas finales del siglo XIX hasta comienzos del XX. El positivismo era una «religión» del progreso. Reconocía el valor de la ciencia, pero la distinguía del utilitarismo anglosajón. De hecho, cabe decir que *Ariel* revitalizó el positivismo. Basados en las teorías raciales de moda, en el gozne del siglo varios pensadores positivistas hispanoamericanos (Carlos Octavio Bunge, Graça Aranha, Francisco Bulnes) habían escrito obras de sombrío pesimismo sobre el futuro de la raza hispanoamericana supuestamente lastrada por la mala mezcla de la molicie genética indígena y el intolerante legado psicológico de la raíz española. *Ariel* dio una salida idealista a ese pesimismo. Nuestra aparente debilidad era nuestra fuerza.

De las ideas expuestas en *Ariel* se desprendieron dos vertientes. En primer lugar, la superioridad de la cultura latina sobre el utilitarismo del Calibán del norte, pretensión que en algunos círculos se vuelve agresiva y militante: el hispanoamericanismo es también antiyanquismo. En segundo lugar, la idea de la juventud como fuerza de la patria y, por lo tanto, la necesidad de la educación como recurso indispensable para alcanzar la altura del ideal. (No hay que olvidar que el personaje que habla a lo largo de todo el ensayo es Próspero, un maestro.)

La primera corriente ideológica tuvo y tendría casi a todo lo largo del siglo XX un fuerte sustento literario. En 1904, Rubén Darío publica su famoso poema «A Roosevelt»:

Tened cuidado. ¡Vive la América española!,
hay mil cachorros sueltos del León Español.
Se necesitaría, Roosevelt, ser por Dios mismo,
el Riflero terrible y el fuerte Cazador,
para poder tenernos en vuestras férreas garras.

Y, pues contáis con todo, falta una cosa: ¡Dios!

Al poco tiempo Darío moderó su posición. En un principio, otros arielistas latinoamericanos como Pedro Henríquez Ureña y José Vasconcelos pusieron el acento en la afirmación de la cultura española (y sus troncos clásicos, latinos y griegos) más que en la arenga política o ideológica contra el yanqui. En cambio, en Argentina, tan cerca de Francia y tan lejos de Estados Unidos, el acento y la recepción de *Ariel* fue puesto en la beligerante oposición a Calibán.

En Argentina, las influencias francesas no se quedaron solamente en la filosofía o la literatura. Dos pensadores y políticos argentinos son representativos de esta actitud. El primero fue Alfredo Palacios (1880-1965), no un escritor sino un abogado, un político (el primer diputado socialista de Sudamérica y senador) y un hombre de Estado (fue también embajador). Es el fundador del Nuevo Derecho, un intento de renovación y modernización jurídica que buscaba un trato de pareja ciudadanía entre todas las clases sociales, es decir, combatía las herencias del derecho latino y los sedimentos de los fueros. Llevó a cabo una reforma al derecho laboral, que incluía varias leyes sociales (pago de los sueldos en efectivo, descanso dominical, leyes de accidentes laborales, de trabajo femenino, de los estatutos para docentes, por ejemplo). A Palacios lo distinguen tanto su socialismo moderado como su constante afán de justicia. En la entrada de su despacho había hecho imprimir la frase: «Dr. Alfredo Lorenzo Palacios atiende gratis a los pobres.» La crítica explícita de Palacios tenía que ver con asuntos políticos concretos, en particular (en los años veinte) su defensa de Plutarco Elías Calles, presidente de México, cuando pesaba la amenaza de una invasión norteamericana para defender intereses financieros. Palacios, hay que agregar, fue una de las simpatías más vivas en los orígenes ideológicos del Che Guevara e inspiración de su madre, Celia de la Serna.

Más claramente antiyanqui fue Manuel Ugarte (1875-1951). Escritor, diplomático y político socialista, nació en una familia acomodada y con privilegios; entre ellos, el de haber podido estudiar en París en 1897 y 1898, justamente en la época en que sucedía el caso Dreyfus. Entre las muchas voces que escuchó, lo impresionó especialmente la de Jaurès, que defendía a Alfred Dreyfus a pesar de que el marxismo francés se había negado a pronunciarse respecto de un asunto puramente «burgués». Este afán de justicia sin adjetivos, y el distanciamiento pacifista con respecto a los marxismos «duros» y ortodoxos, impresionó a Ugarte. Así, llegó por primera vez a la Argentina la influencia de Jaurès, autor de un socialismo moderado, ciudadanista y, sobre todo, defensor del pacifismo.

A Ugarte lo repugnó la guerra entre Estados Unidos y España. Bajo la influencia de Rodó llevó aún más lejos la animosidad contra Estados Unidos y en 1901 publica un artículo titulado «El peligro yanqui», que hace eco de Groussac, Darío y Rodó, además de incluir el reclamo contra la anterior anexión de territorio mexicano. Su prestigio de escritor y su situación holgada le permitieron viajar como «delegado» del socialismo argentino. Asiste, en Stuttgart, a la Segunda Internacional y entra en contacto con figuras como Lenin, Jean Jaurès, Karl Kautsky, Plejánov o Rosa Luxemburgo. (Significativamente, muchos años después, a todos estos autores los publicaría en México un hijo intelectual del arielismo socialista argentino, Arnaldo Orfila Reynal [1897-1997]. Su labor editorial fue fundamental en la formación y diseminación del pensamiento socialista en América Latina.)

«Aunque nos proclamemos argentinos, uruguayos o chilenos, ante todo somos americanos de habla española», escribió Ugarte en *El porvenir de la América Latina* (1911). Entre 1912 y 1914 lleva a cabo una gira por América Latina, con actos públicos notorios (conferencias, ofrendas en sitios significativos, etc.), cuyo propósito es enardecer el ánimo latinoamericanista y advertir del peligro norteamericano. En marzo de 1913, cuando Woodrow Wilson llega a la presidencia norteamericana, Ugarte hace publicar su «Carta abierta al Presidente de los Estados Unidos» que era, en cierto sentido, un palimpsesto que combinaba la larga tradición liberal latinoamericana, admiradora de los logros norteamericanos, con aquella aprensión y, en este caso, resentimiento contenido frente a su amenaza presente y futura:

Ustedes representan una civilización que nació de una selección; que sustituyó, como punto de partida, el derecho moral a la fuerza bruta; que floreció al calor de nuestros ideales, como una reacción contra los viejos errores del mundo; y no sería lógico que cometieran con nosotros atentados tan dolorosos como los que Europa ha cometido en Asia o en África, porque al obrar así declararían que sus más grandes próceres se equivocaron al pretender fundar una nueva nación sobre la justicia, y proclamarían las bancarrotas del perfeccionamiento humano y de la voluntad de Dios.

La labor de Ugarte fue nodal en varios aspectos. Estuvo en contacto epistolar constante con los dos líderes intelectuales de Perú en los años veinte (Víctor Raúl Haya de la Torre y José Carlos Mariátegui) e influyó directamente en el general nicaragüense Augusto César Sandino, caudillo del primer levantamiento guerrillero contra la presencia estadounidense en tierras latinoamericanas.

★ ★ ★

La segunda vertiente de *Ariel* fue una reacción espiritual al Destino Manifiesto. Casi todas las grandes teorías europeas de la historia y la política (Hegel, Marx, Lenin y, en la práctica, el imperialismo y el colonialismo) asumían que las grandes naciones desarrolladas terminarían por absorber a los países atrasados. En eso veían la marcha civilizatoria. Por eso Marx y Engels escribieron a favor de la guerra de Estados Unidos contra México. El anexionismo no era solamente una ideología norteamericana; el mundo europeo del siglo XIX y hasta principios del XX vivió bajo el mismo signo.

Pero en el pensamiento social y político de Latinoamérica –izquierdas y derechas, liberales y conservadores– confluye una teoría simétricamente opuesta: los países atrasados deben erguir su condición, dejar de ser presas. La vía: alzándose hasta sus mayores alturas intelectuales. La educación se convierte entonces (aunque ya lo era en el ideario liberal y positivista) en la mayor obsesión de los nacionalismos latinoamericanos. Y las universidades se colocan en la punta de la promesa histórica. Se les concibe como depositarias de la antigua hegemonía de la Iglesia y como la nueva fuente de legitimidad y de hombres preparados para asumir las responsabilidades y el poder. Cumplen una doble función. Por un lado, la educación debía ser el vehículo para levantar a los pueblos desde su lacerante pobreza; por otro, la distancia entre nuestras naciones y las poderosas no estaba tanto en la cantidad de recursos, sino en el conocimiento para utilizarlos, y la universidad era la gran vía para provocar el progreso. Así pues, la idea nacionalista debía incluir una política educativa como corazón mismo del concepto de nación.

Por todo el continente comienzan a surgir y reproducirse ministerios y secretarías encargadas específicamente de la política nacional de educación. La importancia de la educación había sido ya subrayada por muchos liberales (clásicos o positivistas) como Justo Sierra en México, el presidente de Chile Manuel Montt y, sobre todo, por el argentino Sarmiento quien, durante su presidencia, se vio inmerso en una serie de conflictos que le hacían casi imposible gobernar, pero jamás cejó en su proyecto de abrir escuelas y preparar maestros. Pero al doblar el siglo, las nuevas generaciones reclamaban un lugar nuevo: la universidad es un recurso de progreso moral y científico, es la promesa de la nación; el maestro ha de ser visto como el prototipo del intelectual, el abanderado de la redención moral y política. Pero el protagonista mayor, el esperado redentor de la América Latina era el joven estudiante universitario.

La frase de Marx: «Proletarios de todos los países, uníos» habría podido tener en la América hispana una variante idealista proveniente, en gran medida, de Rodó: «Estudiantes de todos los países, uníos.» La prueba de esa curiosa mímesis está en la famosa «Reforma Universitaria de 1918» en Córdoba, Argentina. Los estudiantes estallaron una huelga en una ciudad conservadora. Su objetivo no era otro que desmantelar las formas, las jerarquías y el clericalismo que permeaba la educación. Por primera vez perseguían la autonomía política para la universidad en Latinoamérica. (Esa condición, en la actualidad, se ha vuelto la norma común entre las universidades públicas latinoamericanas, excepto bajo las dictaduras.) La autonomía significaba, en esencia, que el poder armado del Estado quedaba impedido de invadir los espacios y recintos universitarios. Los estudiantes de Córdoba que luchaban por esa autonomía demandaban también el derecho de participar en el gobierno de la universidad. Vivieron aquellos días de lucha como si fueran los días de octubre de la Revolución rusa, ocurrida apenas el año anterior. Salieron victoriosos, y su triunfo dio inicio a un movimiento de reformas universitarias que cundió por todo el continente, encabezado por los estudiantes que tomaban las calles. Entre los arquitectos o inspiraciones de la reforma universitaria de 1918 se destacaban Alfredo Palacios, Manuel Ugarte y el joven Deodoro Roca, creador de la teoría del «hombre íntegro». Todos recogían el impulso del arielismo. Los países atrasados tecnológicamente no debían ser el alimento de las potencias. El antinorteamericanismo había logrado unir, al menos en este punto, a liberales, conservadores, católicos, librepensadores y a una izquierda socialista, anarquista y marxista que nacía apenas (a veces con influencia europea, a veces en cenáculos católicos influidos por la encíclica *Rerum novarum* del papa León XIII). El nacionalismo latinoamericano desarrolla, en suma, una apuesta continental, de raza y sangre, por encima de las fronteras. Y así fue concebida, como una hermandad irrenunciable.

★ ★ ★

Si bien las generaciones anteriores –Justo Sierra, en México; Domingo F. Sarmiento en Argentina y, sobre todo, el cubano José Martí– habían pugnado por sistemas democráticos, las nuevas generaciones no vieron en la democracia sino la eficacia política de «las hordas inevitables de la vulgaridad». No obstante, más allá de la retórica de algunas de sus páginas, José Enrique Rodó no era un adversario de la democracia. En el *Ariel* –cuyo tono es la alta reflexión profesoral, no la invectiva– hay varios pasajes que pueden leerse como un elogio de la democracia americana, vista como un avance que debe complementarse, pulirse, elevarse mediante la cultura. Rodó, por lo demás, dio en su posterior carrera parlamentaria (fue tres veces diputado) amplias muestras de coherencia democrática y sensibilidad social. Pero en *Ariel*, la concepción aristocrática prevalece. No se trata de una crítica política a la democracia, sino de una crítica «estética»:

> La oposición entre el régimen de la democracia y la alta vida del espíritu es una realidad fatal cuando aquel régimen significa el desconocimiento

de las desigualdades legítimas y la sustitución de la fe en el *heroísmo* –en el sentido de Carlyle– por una concepción mecánica de gobierno. Todo lo que en civilización es algo más que un elemento de superioridad material y de prosperidad económica, constituye un relieve que no tarda en ser allanado cuando la autoridad moral pertenece al espíritu de la medianía.

Si en su homilía cultural su inspiración fue Renan, en su pensamiento político su clásico fue, previsiblemente, Thomas Carlyle. En *El mirador de Próspero* (1913), Rodó hizo el retrato de varias figuras heroicas de América Latina. Entre ellas hay dos de relevancia para Uruguay (Garibaldi, «iluminado de la acción» que luchó por la libertad, y Juan Carlos Gómez, un periodista uruguayo representante de la tradición republicana clásica) y una del legendario periodista ecuatoriano Juan Montalvo (opositor liberal al gobierno teocrático de Gabriel García Moreno, cuyos escritos fueron tan eficaces que propiciaron su magnicidio). Pero, desde su mirador, Próspero elegía a su héroe principal: Bolívar.

En el ensayo «Bolívar», Rodó no necesita citar ya a Thomas Carlyle porque su inspiración es evidente. Si bien el estilo de Rodó no es torrencial como el del escocés, dentro de su suave prosa modernista aparece a menudo la sombra de su modelo. A la manera de *On Heroes and Hero-Worship*, Rodó hace un recorrido exegético por los episodios representativos de la vida de Bolívar. De las vidas humanas, escribe, pocas como la de Bolívar «subyugan con tan violento imperio las simpatías de la imaginación heroica». Su generación estaba «predestinada» a la Revolución y una «transfiguración por la gloria» lo haría héroe de América. Nada ilustra mejor el concepto de Rodó sobre Bolívar como *elegido* que la comparación que traza con otros líderes de las independencias americanas, en especial con San Martín. «Bolívar es *Héroe*; San Martín no es *Héroe*. San Martín es grande hombre, gran soldado, gran capitán, ilustre y hermosísima figura. Pero no es *Héroe*.» Tan profunda fue la huella de aquel texto, que casi 100 años más tarde lo recita de memoria Julio María Sanguinetti, dos veces presidente del Uruguay: «Grande en el pensamiento, grande en la acción, grande en la gloria, grande en el infortunio, grande para magnificar el lado impuro que cabe en el alma de los grandes y grande para sobrellevar, en el abandono y la muerte, la trágica expiación de su grandeza.»

Rodó no fue el único carlyleano de la historia intelectual latinoamericana. Un año antes de la publicación de *El mirador de Próspero*, Francisco García Calderón (a quien la escritora chilena Gabriela Mistral llamaría «heredero efectivo de Rodó») publicó en París *Les démocraties latines de l'Amérique*, con prólogo del futuro presidente de Francia Raymond Poincaré, un tratado de historia política latinoamericana basado en la convergencia de las teorías evolucionistas de moda y la reducción de la historia a biografía, propia de Carlyle. Siguiendo a Rodó, García Calderón se apartaba del viejo republicanismo clásico para comprender la política del continente. A diferencia de Sarmiento, que en su obra *Facundo* había decretado que el dilema fundamental de la América hispana era el choque «entre la civilización y la barbarie», el nuevo idealismo hispanoamericano disolvía la antinomia vindicando por igual a los civilizadores (como Sarmiento o Alberdi) y a los telúricos caudillos. El republicano clásico Bernardino Rivadavia había sido «el ardoroso forjador de utopías» (Groussac). Frente a él se había alzado el temible «califa» Facundo Quiroga, con su «mística barbarie»; finalmente, llegó Juan Manuel de Rosas. Su «despotismo fecundo», su «terrorismo necesario» —sostuvo García Calderón— acabó «con la guerra y el terror». La fórmula era casi dialéctica: Rivadavia la tesis, Facundo la antítesis, Rosas la síntesis. Con esa misma vara juzgó García Calderón a todos los presidentes fuertes y constructores (no a los meramente tiránicos) de la América hispana: al peruano Ramón Castilla («dictador necesario de una república inestable»), el boliviano Andrés de Santa Cruz (heredero del ideal unificador de Bolívar), el chileno Diego Portales, el mexicano Porfirio Díaz. Ellos eran los hombres representativos de las democracias latinas, democracias superiores, democracias del espíritu, no de la vulgaridad electoral. El culto a los héroes flotaba en el ambiente. Tanto así que un joven escritor argentino, que aprendió alemán llevado por la lectura de Carlyle, encontraba razonable la famosa frase: «La democracia es el caos provisto de urnas electorales.» Se llamaba Jorge Luis Borges.

★ ★ ★

En cuanto a Rodó, a pesar de su fama continental, su vida fue una lucha constante entre la desolación y la fe. «No considero el porvenir inme-

diato de estos países con el criterio pesimista de muchos», escribió a
Unamuno en 1904. Pero su crisis financiera del «año terrible» de 1905
lo sume en la desesperanza. Pese a resultar reelecto para el Parlamento,
presenta su renuncia. En una carta a Piquet explica su decisión:

> Aquí acabó la primera salida de don Quijote [...] Esto equivaldría a decir
> adiós al país, pues el país nuestro y su política son términos idénticos: no
> hay país fuera de la política. Todo lo demás es aquí epidérmico y artificial;
> lo único que realmente es propio y natural del país mismo, y lo preocupa
> de veras, y absorbe sus energías, es lo que por eufemismo patriótico tene-
> mos la benevolencia de apellidar política.

Deudas propias y deudas ajenas (se había ofrecido como fiador de algunos falsos amigos), la sensación de futilidad respecto de toda idea y todo
trabajo lo lleva al límite del sinsentido. El 3 de mayo de 1906, para sí
mismo escribe: «Hoy, día y hora aciagos [...] mi conciencia considera...
y no sabe qué hacer para que, aunque sea a costa de sangre de las venas,
esta [la vida] tenga un término». La dualidad es su signo, y él lo sabe:
«Cada uno de mis momentos esperanzados es la sanción de una previa e
intricada lucha interior con la desesperanza y el pesimismo. De manera
que los que ofrezco cuajados de admonición y arte son los momentos
excepcionales, no los momentos normales, que son, en mí como en todos, de duda y a veces, de desesperación.»

A Rodó no le gustaban los nuevos radicalismos de la época. Así, al
igual que censuró como un atropello jacobino el retiro de los crucifi-
jos de los hospitales, temió el ascenso del socialismo obrero, ese «gran
rugido que se levanta». Su vía era una liberal moderación: tolerancia religiosa y reformas sociales. Tampoco la política lo ayuda. Aunque es dos
veces diputado, su futuro se desdibuja por la rivalidad con el popular
presidente Batlle, que por momentos lo humilla. Su perfil de Montalvo,
en *El mirador de Próspero*, parece un autorretrato:

> Queda el aislamiento y el abandono espiritual, que es lo verdaderamente
> doloroso; queda la incomprensión común: desde la que se eriza con las púas
> de la inquina a la superioridad, pasión de democracias chicas, hasta la que se
> encoge de hombros con un zafio menosprecio de toda labor desinteresada

de estilo y de investigación, y la que, dentro mismo de estas actividades, ensordece a lo nuevo y personal, o afecta comprender y no comprende [...] quedan, en fin, aquellos resabios de la aldea, por los cuales, para las altas cosas del espíritu, toda esta América Española ha sido, en escala mayor, soledad de villorrio.

A principios de febrero concluye su tercera legislatura. Al estallar la guerra renuncia a la redacción del diario en que trabaja, por la disimulada germanofilia del periódico. Ahora la pesadumbre no es personal, sino universal. Rodó siente como propia la ruptura de Occidente, la destrucción del mundo clásico para el que había proyectado un futuro americano.

Entre algunas descripciones de la época, el pensador aparece aún más adusto y reservado: «su fisonomía era como una máscara sin emoción ni inteligencia». Un periodista argentino que lo ve en esos días escribiría en mayo de 1917, póstumamente: «fijó nuestra entrevista de seis a siete de la tarde; conversamos en una sala pequeña y sin luz; allí nos despedimos sin que él se asomara al vestíbulo iluminado, y sólo recuerdo haber visto, como en los sueños, entre las sombras que indeterminaban las aristas del moblaje, una alta figura encorvada y dos manos moviéndose en la niebla».

Su trayecto final, como siempre, había sido tortuoso: personificar «el alma volátil» sin más domicilio constante que el mundo, sin más nostalgia que la de los tiempos en que había «una Atenas viva en la tierra...» o «echar raíces [...] tener una choza propia; constituir una familia; esperar en santa paz el desvanecimiento de esta gran ilusión que llamamos vida». En julio de 1916 optó por el gran gesto de dejar el villorrio americano. Recorre Lisboa, Madrid, Barcelona. Va enfermo a Italia. Se detiene un mes en Florencia, donde escribe un diálogo de bronce y mármol. Pasa un tiempo por Roma, examina la estatua de Artigas (el héroe epónimo de su patria) encargada a un escultor por el gobierno uruguayo. En abril llega a Palermo. Muere de meningitis el 1º de mayo. Tenía pensado escribir un ensayo sobre Martí.

José Vasconcelos

El caudillo cultural

«El gran rugido que se levanta», tan temido por Rodó, se escuchó por primera vez en México, en noviembre de 1910. La Revolución mexicana sería recordada en Hispanoamérica como el asalto inicial al bastión del liberalismo en el siglo XX, pero lo curioso es que comenzó como una reivindicación liberal. Francisco I. Madero, un rico empresario del norte del país educado en California y Europa, practicante del espiritismo y tan imbuido de espíritu redentor como Martí, publicó en 1909 un libro en el que exigía una vuelta a la olvidada Constitución liberal de 1857 y la celebración de elecciones libres. Madero —que en su tiempo fue llamado el «Apóstol de la Democracia»— contendió por la presidencia; fue víctima de un fraude tras el cual se vio en la necesidad de convocar a una revolución que estalló en 1910. Entre sus más fervientes seguidores estaba el joven coeditor del periódico el *Anti-Reeleccionista*, vocero del partido político que lo había apoyado en la campaña. Era el joven abogado y filósofo José Vasconcelos.

Aunque el movimiento triunfó relativamente pronto (Díaz salió del país en mayo de 1911, tras casi 35 años de gobernarlo) y Madero llegó al poder en noviembre de 1911 (tras elecciones impecables), el país no conoció, por los siguientes nueve años, un solo momento de verdadera paz. El difícil pero meritorio periodo presidencial de Madero fue interrumpido en febrero de 1913 por un golpe militar perpetrado por una coalición de fuerzas conservadoras, alentadas y auxiliadas por el embajador estadounidense en México, Henry Lane Wilson. El asesinato de Madero y su vicepresidente desataría una revolución social mucho más complicada y violenta de lo que Madero hubiese imaginado jamás con su inocente lema liberal: «Sufragio efectivo. No reelección.» «Madero ha despertado al tigre», habría dicho al partir Porfirio Díaz. El «tigre» al que se refería era el viejo instinto levantisco de la historia mexicana, pero las «revoluciones» del siglo XIX (rebeliones indígenas, golpes de Estado, rebeliones contra gobiernos dictatoriales) tendrían poco que ver con la revolución social (profetizada y temida por Rodó) que se alzaría en el horizonte.

Las corrientes principales de la Revolución mexicana responderían –como en una involuntaria representación carlyleana– a los caudillos que las representaban: maderismo, villismo, zapatismo, carrancismo, obregonismo. Aunque el proceso no contó, en un principio, con grandes pensadores, al paso del tiempo comenzaron a distinguirse en él diversas corrientes ideológicas. Alrededor del «Centauro del Norte» Francisco Villa se congregaron algunos intelectuales de vaga tendencia socialista. El anarquismo prendió en algunos grupos anarcosindicalistas y sobre todo en el enclave campesino de Morelos, donde el caudillo Emiliano Zapata adoptó su lema «Tierra y libertad». Había una atracción mutua entre el anarquismo y el zapatismo. A aquél lo convencía el ideal autárquico y campesino de Zapata y su desconfianza del poder central (hubiera querido «quemar la silla presidencial, para acabar con las ambiciones», dijo una vez). Zapata, por su parte, acogió a varios jóvenes de la ciudad de México simpatizantes del anarquismo, los nombró representantes, utilizó sus servicios en la redacción de leyes. Más que una fuerza militar, el zapatismo era la voz del México indígena que exigía la devolución de las tierras usurpadas siglos atrás por las haciendas. El maderismo liberal no supo responder a tiempo a este reclamo campesino, pero el carrancismo ideó una ley agraria (6 de enero de 1915) que reconocía el derecho de los «pueblos» (vagamente definido) a la restitución y la dotación de tierra, e introdujo también un régimen de propiedad colectiva, inspirado en el de los aztecas (aunque tutelado por el Estado), llamado ejido.

Tras los álgidos años de 1914 a 1916, hacia 1917 la guerra civil revolucionaria estaba decidida a favor de la fracción carrancista, que ese año convocó al debate de una nueva Constitución. Los legisladores que la promulgaron introdujeron (además de los temas agraristas) varios artículos de carácter social y nacionalista que significaban una corrección del liberalismo, no tan radical como la que traería consigo la inminente Revolución bolchevique, pero no por ello menos significativa y profunda. Inspirados tanto por las corrientes socialistas de Europa (que tenían presencia intelectual en México desde mediados del siglo XIX) como por los movimientos sindicales católicos que surgieron a raíz de la encíclica *Rerum novarum*, los constituyentes (entre los que no faltaban antiguos seminaristas) votaron cuatro artículos centrales: el artículo 123, con las más modernas provisiones de legislación obrera; el artículo 27, que recuperaba para la nación la propiedad originaria del suelo y el subsuelo sometiendo la propiedad privada a los lineamientos que convinieran a aquella; y finalmente el 3° (que establecía como obligatoria la educación laica) y el 130, que negó la personalidad jurídica a la Iglesia y reglamentó severamente el ejercicio público de la fe. En términos políticos, aunque la Constitución confirmó el carácter de república representativa, democrática y federal que tenía el país y elevó a rango constitucional la «no reelección», concedió al presidente poderes mucho mayores que los que había tenido, al menos legalmente, Porfirio Díaz. Esta legislación presidencialista permitiría que el Estado mexicano, a partir de los años veinte (y más acusadamente en los treinta), adquiriera un perfil corporativista que mezclaba ciertos elementos de organización fascistas (partido único o hegemónico) con una ideología vagamente socialista.

Pero acaso la mayor legitimidad del régimen de «La Revolución Mexicana» (así, con mayúsculas, única e indivisible) provino de una fuente insospechada: su originalidad cultural. Aunque la Constitución incluía una gama amplia de corrientes ideológicas (agrarismo, sindicalismo, nacionalismo, socialismo, jacobinismo, y un embrionario corporativismo), que corregían, desde una óptica social y nacional, al liberalismo clásico, en términos culturales la Revolución nació y se nutrió, como la planta de maguey, de la tierra de México. Para encontrar su rostro no volteó hacia afuera y adelante, sino hacia adentro y atrás.

II

El aislamiento material de México durante los años de la Primera Guerra Mundial, y la propia guerra civil que azotó el país entre 1914 y 1915, había propiciado un proceso de recogimiento e introspección que muchos vivieron como un «descubrimiento de México». Manuel Gómez Morin, estudiante de aquella época, hacía recuerdos, en 1926, del año axial de 1915:

> Y con optimista estupor nos dimos cuenta de insospechadas verdades. Existía México. México como país, con capacidades, con aspiración, con vida, con problemas propios [...] Y los indios y los mestizos y los criollos, realidades vivas, hombres con todos los atributos humanos. El indio no mero material de guerra y de trabajo, ni el criollo, ni el mestizo, fruto ocasional con filiación inconfesable, de uniones morganáticas entre extranjeros superiores y nativos sin alma. ¡Existían México y los mexicanos!

Una nueva vitalidad cultural impregnaba el ambiente. En esos años, el pintor Saturnino Herrán comenzó a pintar a los tipos, estampas y costumbres populares, sobre todo indígenas, que se veían en las calles y los pueblos del país. El historiador Manuel Toussaint comenzó a publicar una serie de «Bocetos coloniales» sobre la catedral de México, la capilla del Pocito, las casas del siglo XVI. Manuel M. Ponce armonizó las canciones que se escuchaban en boca de los ciegos que mendigaban tocando el arpa. Y Ramón López Velarde escribió extraordinarios poemas modernistas sobre la vida de provincia, voces y sentimientos de «un México que todos ignorábamos viviendo en él». Todo, recordaba Gómez Morin, había ocurrido en 1915:

> El problema agrario, tan hondo, surgió entonces con un programa mínimo definido ya, para ser tema central de la Revolución. El problema obrero fue formalmente inscrito, también, en la bandera revolucionaria. Nació el propósito de reivindicar todo lo que pudiera pertenecernos: el petróleo y la canción, la nacionalidad y las ruinas. Y en un movimiento expansivo de vitalidad, reconocimos la sustantiva vitalidad iberoamericana extendiendo hasta Magallanes el anhelo.

Si no un descubrimiento sin precedentes, el de 1915 era al menos una nueva toma de conciencia. Durante los años de la guerra, centenares de miles de personas, hombres y mujeres, ancianos y niños, abandonaron por su propia voluntad o en contra de ella el «terruño», la hacienda o la «patria chica», y viajaron en ferrocarril por el país en una especie de turismo revolucionario, a un tiempo aterrador y alucinante. Como en un campamento gigante o en una interminable peregrinación, haciendo la Revolución o huyendo de ella, el pueblo de México invadió el escenario. Era natural que esta trashumancia se reflejara intensamente en los temas del arte. Los artistas comenzaron a mezclarse con el pueblo y a reflejar sus pasiones y conflictos. Así, a ras de suelo, los pintores descubrieron el verdadero paisaje de la vida mexicana.

Hacia 1921, en un ensayo titulado «Novedad de la patria», el poeta Ramón López Velarde había descrito a la Revolución en términos casi religiosos, como la revelación de una patria muy distinta de la porfiriana, una patria «nueva», «íntima», «castellana y morisca, rayada de azteca»: «El descanso material del país, en treinta años de paz, coadyuvó a la idea de una patria pomposa, multimillonaria, honorable en el presente, epopéyica en el pasado. Han sido precisos los años de sufrimiento para concebir una patria menos externa, más modesta y probablemente más preciosa.» López Velarde murió ese año (a sus 33 años) cuando apenas se vislumbraba lo que aquella «novedad de la patria» verdaderamente llegaría a significar: la creación del mito redentor más poderoso de la primera mitad del siglo xx: el mito de la Revolución mexicana. Y su creador fue aquel joven editor del periódico el *Anti-Reeleccionista*, que había escrito ardientes artículos a favor de Francisco I. Madero: se llamaba José Vasconcelos y se convertiría en el caudillo cultural de la Revolución mexicana.

III

Nacido en 1882 en Oaxaca (la Babel indígena que dio origen a Juárez y Porfirio Díaz), José Vasconcelos era hijo de una católica piadosísima a la que adoraba y de cuya muerte relativamente temprana en 1898 nunca se consoló suficiente. Se educó de niño en Eagle Pass (donde adquirió su perfecto inglés tejano), luego en el puerto de Campeche, más tarde en la Escuela Nacional Preparatoria y finalmente en la Escuela de Leyes, donde se recibió de abogado en 1905. De temperamento soberbio y orientado claramente hacia la especulación filosófica, lector de Schopenhauer y del hinduismo, se acercó a un grupo de jóvenes intelectuales encabezado por Pedro Henríquez Ureña, cuyo padre, Francisco Henríquez y Carvajal, había sido presidente de la República Dominicana, y a cuyo tío Federico había enviado Martí aquella carta de despedida. A la escucha del mensaje humanista de Rodó, el grupo, conocido como la generación del «Ateneo de la Juventud», abrió ventanas a las nuevas corrientes filosóficas y literarias:

> La literatura griega, los Siglos de Oro españoles, Dante, Shakespeare, Goethe, las modernas orientaciones artísticas de Inglaterra –recordaba Henríquez Ureña– comenzaban a reemplazar el espíritu de 1830 y 1867. Con apoyo en Schopenhauer y en Nietzsche, se atacaban ya las ideas de Comte y de Spencer.

En un famoso ciclo de conferencias organizado por el Ateneo, Henríquez Ureña habló de la significación de *Ariel*. Todos eran, a su manera, arielistas, no tanto en la vertiente antiyanqui (típica más bien del Cono Sur) como en la visión redentora que otorgaban a los libros, el arte y la cultura. En septiembre de 1910, durante las Fiestas del Centenario de la Independencia, Vasconcelos dio un discurso crítico sobre el positivismo que lo estableció como el pensador joven más original y poderoso. Dos meses después, los fuegos de artificio de la fiesta dieron paso a los fuegos de la Revolución. A Vasconcelos no lo sorprendió: venía trabajando por ella desde hacía varios meses.

Vasconcelos había sido un maderista de primera hora, pero al triunfo de su candidato en 1911 decidió volver a su lucrativo despacho como abogado de una compañía petrolera americana. En esos 15 meses de gobierno democrático, Vasconcelos no intervino mayormente en los trabajos académicos del Ateneo (como la creación de una Universidad Popular). Según cuenta en el primer tomo de sus memorias, dedicaba los días sobre todo al amor con la «Venus elástica» que había conocido en las jornadas revolucionarias. Aunque casado y con dos hijos, Vasconcelos entabló con ella una relación que duraría, entre encuentros y desencuentros, casi una década. Fue la primera de muchas amantes que tuvo en su vida, pero seguramente a la que más amó. Se llamaba Elena Arizmendi, y durante la primera etapa de la Revolución había trabajado en la Cruz Blanca Neutral.

El asesinato de Madero en febrero de 1913, y sobre todo la guerra civil que estalló a mediados de 1914 entre villistas y zapatistas contra carrancistas, dispersó al Ateneo. Muchos intelectuales (entre ellos el propio Henríquez Ureña y Alfonso Reyes, cuyo padre encabezó la revuelta contra Madero y murió el primer día) salieron al exilio; otros permanecieron en un «exilio interno», esperando a que la tormenta amainara; uno de ellos (Antonio Caso) mantuvo viva la pequeña flama de la cultura dando clases de filosofía y evocando, en plena lucha, la obra de Renán y el espíritu del cristianismo. «Vivimos en un desquiciamiento infernal —escribió Caso a Reyes— [...] los estudios superiores [...] nada tienen que ver con un país en el que la barbarie cunde como quizá nunca ha cundido en nuestra historia [...] Ser mexicano culto es una de las inadaptaciones más incuestionables del mundo, ¡qué remedio!»

Vasconcelos no vivió lo que vendría inmediatamente después del «desquiciamiento», aquel proceso cultural y artístico de introspección, similar al de España en 1898, que ocurrió en 1915. Tras el asesinato de Madero en febrero de 1913, había cerrado su despacho y, sin prescindir por entero de la familia, se incorporó con Elena al movimiento de oposición al gobierno de Huerta, sirviendo como agente en Estados Unidos. En la ruleta de la Revolución, le tocó el bando de la Convención de Aguascalientes (frágil alianza entre Villa y Zapata) a la que sirvió como asesor legal y a principios de 1915 como un efímero ministro de Instrucción Pública. (Es famosa la escena fotografiada y fílmica del banquete de Palacio Nacional en el que Vasconcelos aparece sonriendo feliz sentado junto a Villa y Zapata, éste receloso y desconfiado, aquél festivo y voraz.) La derrota de la Convención a mediados de ese año a manos de Obregón lo lanza al exilio: primero a Estados Unidos y luego a Perú.

Hasta Lima hace el trayecto con Elena. Allí habla ya de sí mismo como un nuevo «Ulises», figura que adoptará como título del primer tomo de su autobiografía: *Ulises criollo*. (Las memorias completas de

Vasconcelos —obra magistral e inigualada en México, y quizá en habla hispana— constarían finalmente de cuatro tomos: *Ulises criollo, La tormenta, El desastre* y *El Proconsulado*.) En Lima pronuncia el «Cuando el águila destroce a la serpiente» donde hace un recuento de la historia de México, sus eras oscuras y sus villanos: «La Colonia, cruel, mezquina, dolorosa, sombría», Iturbide, la dictadura porfirista, Huerta y, por último, el robo, la usurpación, la supuesta componenda del régimen de Carranza con los Estados Unidos. Pero junto a esta galería de «serpientes», Vasconcelos describe otro elenco, el suyo propio, el de las «águilas magníficas»: «los héroes fundadores, Hidalgo, Morelos, Mina, Guerrero... [La] docena heroica que se llama Ocampo, Lerdo, Prieto, Ramírez, Juárez, todos abnegados, firmes, buenos y libres». Su ideología hasta ese momento era impecablemente liberal, como la de Madero. «Danos —invocaba a Dios— otra legión de héroes... y ponlos a gobernar.» Era su programa de vida.

IV

Mientras llegaba el momento de volver a México a mostrar su vuelo de «águila magnífica», Vasconcelos rompe con Adriana. El amor entre ellos —tema central de *La tormenta*, segundo tomo de la autobiografía— es el más torturado y apasionado de la literatura mexicana. La historia contada por Vasconcelos, verosímil. Para él un divorcio era imposible. Desde un principio sabe que perderá a «Adriana» (llamada así en el libro) y sin embargo persiste. La contradicción es insuperable: «Sólo me conforma el infinito», dijo muchas veces y por eso no condesciende a un amor fragmentario (Vasconcelos —decía Octavio Paz— era un hombre tocado por el absoluto), pero su amor con Adriana estaba condenado a una existencia furtiva e imperfecta. Fue su compañera y amiga intelectual, su amante y su soldadera. «Era espantoso no poder darle toda la protección, todo el fervor que su naturaleza extraordinaria demandaba.» Adriana lo abandona en Lima a fines de 1916. Vasconcelos se repliega entonces a su antigua creencia en la autonomía del alma. Solo, exiliado, Vasconcelos escribe a Alfonso Reyes.

Qué hombre de una pieza voy a ser, si vivo desesperado y rugiendo interiormente, sin sombra de melancolía sino con puro humor que muerde el corazón: todos nosotros los de esta época que nos ha obligado a vivir trágicamente, vamos a morir jóvenes [...] y de ruptura de las venas del corazón pero déjalas que se rompan solas, que sea el cuerpo el que se raje, no el espíritu.

Se vio empujado hacia sus propios recursos internos y para apoyarse echó mano de una vieja idea, su creencia en la «autonomía» e invulnerabilidad de la parte más profunda del ser humano, su «alma». Ahí buscaría una verdad más alta, más allá de los reclamos del cuerpo. Necesitaba alcanzar una liberación absoluta que, como condición, retuviese el amor de Adriana en una esfera más profunda. Sus viejas lecturas lo ayudaron. Desde los años en el Ateneo había profesado filosofías inusitadas, distintas de la tradición occidental. En Lima las renueva: el yoga, la teosofía, el budismo, todos lo confirman: «El que sirve a la carne se inutiliza para el espíritu.» Esos afanes cristalizarían sobre todo en su libro *Estudios indostánicos*.

Publicado por vez primera en 1920, su libro resumía con brillantez y brevedad la obra de estudiosos notables. Vasconcelos estaba al tanto de la inabarcable visión india del mundo y de sus resonancias en Occidente (Madero, su gran amigo y guía, había sido también un devoto fervoroso de esa tradición), pero carecía del conocimiento vivo de India o de Oriente, lugares que nunca visitó. Es curioso que sus recapitulaciones muestren el desdén convencional (puritano, occidental) por las prácticas hinduistas (y del budismo tántrico) que buscan valorar y usar el cuerpo como un medio para una finalidad más alta. Un hombre con la vitalidad física y la arrogante personalidad de José Vasconcelos podría haber encontrado un hogar natural en esas ideas. Su raigambre católica se lo impedía. En teoría, su camino personal para escapar de la pasión por «Adriana» debía ser ascético: «El que sirve a la carne se inutiliza para el espíritu.» Pero la premisa de insustancialidad humana era difícil de asumir para un hombre con la vitalidad de Vasconcelos. Necesitaba encontrar *en este mundo* claves de redención. Leyó a Pitágoras y escribió un opúsculo en el que sostenía que cierto «ritmo está en la esencia de todas las cosas», un ritmo que asciende del orden material de la necesidad al orden espiritual de la belleza. Pero para atenuar la pérdida de Adriana, le hacía falta casi una religión. La encontró en Plotino. Sus evangelios fueron *Las Enéadas*.

Para Plotino (205-270 d.C.) el ser es una anhelante jerarquía de esferas. Cada esfera inferior deriva su existencia de una superior que la contiene en forma arquetípica y a la cual contempla en un anhelo reunificador. En la esfera límite —permanente, inmóvil y total— habita el *Uno*. A partir de él, en sucesivas emanaciones nostálgicas del origen, una realidad cada vez más imperfecta, fragmentaria y múltiple desciende como en cascada. El *Uno* produce el *Nous*, una suerte de inteligencia cósmica. Ésta se degrada en un alma universal que a su vez deriva en las almas humanas, huérfanas casi de realidad si no fuese por su potencia de contemplar la esfera superior hasta merecer su esencia. En un nivel aún más bajo está la materia: inerte, oscura, irreal.

Esta arquitectura del ser impone una ética purificadora. «La magnanimidad —escribe Plotino—, es el desprecio de las cosas de aquí abajo». Según las enseñanzas de Plotino, un ser humano puede ser capaz de alcanzar lo que queda de eterno dentro de sí a través de la contemplación (aunque es muy difícil conseguirlo) y así lograr elevarse a través de las diversas esferas del ser celestial hacia una experiencia de unión mística con el *Uno*, descrita —en la magnífica frase de *Las Enéadas*— como «el vuelo del solitario hacia el Solitario». Se trata de un proceso muy similar a lo que se enseñaba en los primeros *Upanishads* y más tarde en las filosofías más abstractas de Advaita Vedanta, aunque sin el énfasis en la geografía celestial. (Podría incluso derivarse en última instancia de la misma fuente, llevada a Occidente por Protágoras o algún otro pensador griego errante.)

Hay varias huellas de esta conversión a la doctrina de Plotino. En Lima proclamaba: «Vengo en línea recta de Plotino.» A Alfonso Reyes le informa —aun antes de la separación de Adriana— que trabaja en un ensayo sobre «la sinfonía como forma literaria», donde sostendría que el futuro de la literatura no estaba en el discurso, el ensayo o el tratado —formas de la razón y la pluralidad—, sino en el género sinfónico. Una literatura musical y de síntesis, acorde con la ley estética, como *Las*

Enéadas de Plotino. Es el primer momento en que su misticismo, vago e indeterminado, encuentra un cauce. Había transitado de Nietzsche y Schopenhauer al hinduismo, de los sermones de Buda a Pitágoras, pero Plotino lo convirtió en *monista estético*. Sus escritos de la época son variaciones obsesivas sobre la liberación por el ascenso contemplativo a una esfera superior. En «El monismo estético» (1918) propone el *pathos* de la belleza como camino místico alternativo, y de hecho preferible al amor cristiano. Es el camino de «los grandes inspirados», «los verdaderos Budas» que evocan y realizan, sienten y reproducen el aliento de belleza natural que aspira a la Divinidad. Su interpretación de la *Séptima sinfonía* de Beethoven revela la misma pauta vertical, desde la «angustia al deseo» y la «pasión dolorosa del amor particular» hasta el *pathos* desinteresado que triunfa sobre todas las desventuras. En la interpretación de esa obra por el ballet de Isadora Duncan, Vasconcelos imagina cómo «los pies extraen el jugo de la tierra y lo levantan [...] en pos de aventuras celestes». El tema final «avanza orgulloso [...] hiere y endereza, coordina y adapta sin gastarse como se gastó la vida en tanto esfuerzo inútil».

Es claro que una de las fuentes primordiales de la desmesurada síntesis filosófico-religiosa que intentó Vasconcelos, desde «El monismo estético» hasta la *Estética* (1935), se encuentra en *Las Enéadas*. Pero Plotino fue para Vasconcelos mucho más que una autoridad filosófica. Su propósito no era predicar la doctrina plotiniana para un público culto, sino traducirla en conducta práctica. Su primer paso fue proponerse escribir una obra filosófica como la de *Las Enéadas:* «El Bien, el Mal, la Dicha, la Inmortalidad, estudiados en tratados sucesivos según las luces de la época, según el plan del maestro neoplatónico [...] una sucesión de volúmenes, irregularmente espaciados. "*Las Enéadas* modernas de un neoplatónico americano."»

Otra derivación plotiniana fue la práctica de una literatura de contemplación. Al dejar Lima, y luego de romper definitivamente con Adriana en Nueva York, Vasconcelos viaja por el oeste norteamericano. Entonces escribe sus primeras estampas líricas, lecturas de la naturaleza con la partitura de Plotino. No son, quizá, sus mejores páginas, pero presagian las extraordinarias descripciones naturales que abundan en su autobiografía. Por momentos el paisaje no es más que una proyección biográfica o ideal de Vasconcelos: piedras que «en su seno llevan la discordia a semejanza de amores humanos deshechos», soles presos de su karma, confines redentores, «árboles que elevan su anhelo», panoramas en los que la naturaleza, a diferencia del hombre, «llena su misión sin fallas».

Además de buscar una integración contemplativa o proyectar su estado espiritual en los paisajes, imaginó, más directamente, paisajes del alma. Un ejemplo notable es «El fusilado», cuento en que lo decisivo no es la emboscada militar y la traición amorosa —la Revolución y Adriana—, sino la liberación del personaje inmediatamente después de morir, la vida nueva que se inicia en el «bendito instante que nos arranca el hombre [...] bestia que aspira a ser alma». El cuento puede leerse como una fantasía de metempsicosis. En realidad es una dramatización sobre algunos motivos, muy obvios, de *Las Enéadas*. El alma narra su viaje astral. No sufre cuando recuerda sus días terrenales ni la orfandad de sus hijos porque «el espíritu puro tan sólo conoce la alegría», los blandos de corazón alcanzan la beatitud, los infames reencarnarán en especies inferiores; el pasado se va apareciendo «vivo y hermoso», lo mismo que el futuro. Una muerte que justificaba una vida:

Y aquel mi apasionamiento excesivo que en el mundo me causaba martirios, y la censura de las gentes, aquí transformado en afán inmenso, me sirve para abarcar más eternidad [...] Al ir descubriendo estos prodigios comprendí que no andaba muy descaminado en el mundo cuando sostenía conmigo mismo la tesis de la conducta como parte de la estatuaria; es decir, resuelta, grande, de manera que pueda representarse en bloques; acción que merezca la eternidad. Porque lo ruin y lo mediocre no subsisten; el asco o la indiferencia los matan [...] Los eternos incrédulos alzarán los hombros diciendo: ¡Bah!, otra fantasía. Pero pronto, demasiado pronto, verán que tengo razón. Descubrirán, como he descubierto yo, que aquí no rigen las leyes corrientes sino la ley estética, la luz de la más elevada fantasía.

En 1920, tras el triunfo de la «Rebelión de Agua Prieta» (encabezada por los generales sonorenses fieles a Obregón contra Carranza), Ulises-Vasconcelos regresa a Ítaca-México para hacerse cargo, primero, de la rectoría de la Universidad de México y, tiempo después, de la nueva Secretaría de Educación Pública. La correspondencia con Reyes contiene una revelación sorprendente. El «afán místico» se resuelve y encuentra forma concreta:

> Ahora para mí el mundo no es más goce. Mi cuerpo todavía esclavo puede sufrir y a veces sufre, pero mi alma vive de fiesta. Esto, ya te digo, es la gracia que yo hallé por el triple camino del dolor, el estudio y la belleza. El dolor obliga a meditar; el pensamiento revela la inanidad del mundo y la belleza señala el camino de lo eterno. En los intervalos en que no es posible meditar ni gozar la belleza, es preciso cumplir una obra; una obra terrestre, una obra que prepare el camino para otros y que nos permita seguir a nosotros mismos.

La gran novedad está en el proyecto de la «obra terrestre» que le insinuaba a Reyes. Para sorpresa de su generación y su época, José Vasconcelos estaba por convertirse en el san Pablo de Plotino... en México. Plotino quiso construir una ciudad en memoria de Platón. Su extraño sucesor americano quiso crear una obra en memoria de Plotino. La obra que acababa de emprender aspiraba a ser una arquitectura espiritual: una *Enéada* educativa.

V

El rector Vasconcelos diseñó el emblema de la Universidad: un mapa de América desde el río Bravo hasta la Patagonia cuyo contorno recorre una frase de obvias resonancias arielistas: «Por mi raza hablará el espíritu». El mapa, a su vez, estaba protegido por dos «águilas magníficas» y tenía como fondo los volcanes del Valle de México. «No he venido —dijo— a gobernar a la Universidad sino a pedir a la Universidad que trabaje para el pueblo.»

Para que la institución «derrame sus tesoros y trabaje para el pueblo», una de sus ideas iniciales fue traducir libros clásicos y distribuirlos gratuitamente. Deslumbrada por Vasconcelos, la nueva generación acudía a su oficina para incorporarse a la nueva cruzada educativa que se anunciaba. Daniel Cosío Villegas fue uno de esos jóvenes: «Mire amigo —le dijo— yo no pienso gobernar la Universidad con el Consejo Universitario, ni me importa; yo voy a gobernar la Universidad de un modo directo y personal. Si usted tiene interés en participar en ese gobierno, véngase desde mañana y aquí [...] resolvemos los problemas de la Universidad.» Cosío Villegas se presentó a la cita y Vasconcelos le encomendó la traducción del francés al español de su libro de cabecera: *Las Enéadas* de Plotino.

En unos años, Vasconcelos publicó decenas de autores con el sello de la universidad. La colección, dirigida por el cultísimo ateneísta Julio Torri, estaba compuesta de hermosas ediciones empastadas en verde que se regalaban en sitios públicos, por ejemplo en la Fuente del Quijote del Bosque de Chapultepec. El presidente Obregón (que en octubre de 1921 lo llamaría a la Secretaría de Educación Pública) veía ese empeño con indulgencia irónica: ¿Qué sentido tenía para los campesinos analfabetos y miserables editar los *Diálogos* de Platón? Todo el sentido, pensaba Vasconcelos: «Para hacer una obra de verdadera cultura —apuntó en el prólogo a las *Lecturas clásicas para niños*, que editaría después, a la manera de Martí, en *La Edad de Oro*— es menester comenzar con los libros, ya sea escribiéndolos, ya sea editándolos, ya traduciéndolos.» Por primera vez los dirigentes de México se sintieron responsables de la producción masiva de libros y se plantearon la idea de crear una industria editorial. Era el viejo proyecto de Martí, la salvación de Hispanoamérica a través de la lectura, pero llevado a cabo por un gobierno revolucionario.

Tratándose de una labor de redención, es significativo que Vasconcelos no editara libros humanistas sino libros de revelación, de anunciación profética. No había lugar para los enciclopedistas. Montaigne y la genealogía grecolatina, a excepción de Plutarco, le parecían intrascendentes. Era inútil traducir, según su fórmula, «libros para leer sentado»; amenos, instructivos, pero ineficaces para elevarnos. Había que editar libros inmortales, «libros para leer de pie»: «En éstos no leemos; declamamos, alzamos el ademán y la figura, sufrimos una verdadera transfiguración.» «La verdad sólo se expresa en tono profético», y conforme a ese decreto diseñó el programa:

Se comienza con la *Ilíada* de Homero, que es la fuerte raíz de toda nuestra literatura, y se da lo principal de los clásicos griegos... Se incorpora después una noticia sobre la moral budista, que es como anunciación de la moral cristiana y se da enseguida el texto de los Evangelios, que representan el más grande prodigio de la historia y la suprema ley entre todas las que norman el espíritu; y *La Divina Comedia*, que es como una confirmación de los más importantes mensajes celestes. Se publicarán también algunos dramas de Shakespeare, por condescendencia con la opinión corriente, y varios de Lope, el dulce, el inspirado, el magnífico poeta de la lengua castellana, con algo de Calderón y el *Quijote* de Cervantes, libro sublime donde se revela el temperamento de nuestra estirpe. Seguirán después algunos volúmenes de poetas y prosistas hispanoamericanos y mexicanos [...] y libros sobre la cuestión social que ayuden a los oprimidos, y que serán señalados por una comisión técnica junto con libros sobre artes e industrias de aplicación práctica. Finalmente se publicarán libros modernos y renovadores, como el *Fausto* y los dramas de Ibsen y Bernard Shaw y libros redentores como los de Tolstói y los de Rolland.

El plan daba preeminencia a cinco autores. Dos «místicos» antiguos: Platón y Plotino, y tres «místicos» modernos: Tolstói, Rolland y —en el criterio de Vasconcelos— Benito Pérez Galdós. Mientras que de Shakespeare se publicarían (por «condescendencia con la opinión») sólo seis comedias; de los tres visionarios modernos se editaría la obra completa en 12 tomos cada uno. La de Galdós, por ser «el genio literario de nuestra raza... inspirado en un amplio y generoso concepto de la vida». La de Rolland, porque «en sus obras se advierte el impulso de las fuerzas éticas y sociales tendiendo a superarse, a integrarse en la corriente divina que conmueve al Cosmos». En cuanto a Tolstói, su obra se editaría porque representaba la genuina encarnación moderna del espíritu cristiano. Aquella fue, diría después Vasconcelos, «la primera inundación de libros que registra la historia de México». La labor se multiplicó en la Secretaría de Educación Pública.

Pese a su interés en las vertientes culturales no occidentales, en su personal (y dictatorial) criterio de editor, Vasconcelos se mantuvo de lleno dentro de la tradición cristiana, sin albergar dudas sobre su superioridad cultural y moral. Su actitud ante Shakespeare sugiere un rechazo instintivo (que se volvería mucho más marcado) hacia la tradición anglosajona. En cuanto a sus clásicos griegos, de la misma manera en que Plotino distorsiona a Platón, el Plotino de Vasconcelos es un Plotino trunco, con una hipertrofia de lo estético (que en realidad ocupa sólo una porción limitada de *Las Enéadas*). En última instancia, una figura mucho más equívoca y siniestra que Sócrates comienza a emerger como el *daimon* —el «espíritu primero» de Heráclito— que gobierna el carácter de Vasconcelos: el «rey filósofo» de la *República* de Platón.

Vasconcelos incluyó en su proyecto de publicación muchos «libros sobre la cuestión social que ayudan a los oprimidos, y que serán elegidos por un comité técnico junto con libros de aplicación práctica sobre artes e industria». Pero todas esas lecturas presuponían un vasto esfuerzo de alfabetización. Vasconcelos quería que la educación fuese tarea de «cruzados», de «fervorosos apóstoles» plenos de «celo de caridad» y «ardor evangélico». El apostolado —recordaba Cosío Villegas, uno de esos «apóstoles»— comenzaba por el alfabeto:

> Y nos lanzamos a enseñarles a leer... y había que ver el espectáculo que domingo a domingo daba, por ejemplo, el poeta Carlos Pellicer... llegaba a cualquier vecindad de barrio pobre, se plantaba en el centro del patio mayor, comenzaba a palmear ruidosamente, después hacía un llamamiento a voz en cuello, y cuando había sacado de sus escondrijos a todos, hombres, mujeres y niños, comenzaba su letanía: a la vista estaba ya la aurora del México nuevo, que todos debíamos construir, pero más que nadie ellos, los pobres, el verdadero sustento de toda sociedad... Y en seguida el alfabeto, la lectura de una buena prosa, y al final versos, demostración inequívoca de lo que se podía hacer con una lengua que se conocía y se amaba. Carlos nunca tuvo un público más atento, más sensible, que llegó a venerarlo.

Pedro Henríquez Ureña —el «Sócrates» del Ateneo de la Juventud— llegó de su exilio académico en la Universidad de Minnesota para hacerse cargo del Departamento de Intercambio y Extensión Universitaria. Con el escritor dominicano y Vasconcelos, Cosío Villegas recordaba haber ido a los estados de México, Michoacán y Puebla a obsequiar lotes de libros constituidos en buena medida por los clásicos. El Porfiriato había dejado un país con 80% de analfabetos. En el México de

1920 (país de 15 millones de habitantes) existían apenas 70 bibliotecas (39 de ellas públicas); en 1924 –cuando dejó el ministerio– había ya 1916 y se habían repartido por todo el país 297 103 libros. Había cinco tipos de bibliotecas: públicas, obreras, escolares, diversas y circulantes. La colección más sencilla se componía de 12 volúmenes, que además de las materias habituales (aritmética, física, biología, etc.) incluía *Los Evangelios, El Quijote* y la antología de *Las cien mejores poesías mexicanas.* A Vasconcelos le importaba mucho arraigar la biblioteca pública, tal como las había visto operar en sus largas temporadas de exilio y estudio en Estados Unidos, como un centro eficaz de vitalidad intelectual y conocimiento. «Entonces –escribió mucho después Cosío Villegas, con nostalgia– se sentía fe en el libro, y en el libro de calidad perenne; y los libros se imprimieron a millares y por millares se obsequiaron. Fundar una biblioteca en un pueblo pequeño y apartado parecía tener tanta significación como levantar una iglesia y poner en su cúpula brillantes mosaicos que anunciaran al caminante la proximidad de un lugar donde descansar y recogerse.»

El departamento que dirigió Henríquez Ureña fue el heredero de la Universidad Popular. Sólo durante los meses de julio a noviembre de 1922, los 35 profesores del departamento impartieron casi 3 000 conferencias a obreros: en la fábrica de calzado Excélsior, la Federación de Sociedades Ferrocarrileras, el Hospicio de Niños, el Sindicato de Mártires de Río Blanco, la Unión de Artes Gráficas, y muchos otros lugares. Los temas no podían ser más variados: patrióticos (los niños en nuestra historia patria), profilácticos (cómo atiende el Estado las necesidades de higiene), matemáticos, gramaticales, cívicos, geográficos, astronómicos, morales, vidas ejemplares, historia, división del trabajo, juegos infantiles. La Universidad Popular Mexicana mil veces amplificada.

Vasconcelos creía que «la biblioteca en muchos casos complementa a la escuela y en todos la sustituye». Es significativo que el «Maestro de América» dijera: «Las escuelas no son instituciones creadoras.» La labor del maestro, las escuelas rurales y urbanas y la enseñanza de toda índole (científica, técnica, elemental, normal, indígena) tenían una importancia menor. Los maestros que en verdad le importaban eran los «maestros misioneros» que recorrían el país llevando (como nuevos franciscanos o dominicos) la nueva de un gobierno preocupado por su población más necesitada y ansioso de darle las luces de la cultura universal. Esa buena nueva no era una prédica, sino un paquete de libros. Los maestros traían consigo «bibliotecas ambulantes» compuestas —según explicaba Jaime Torres Bodet, secretario particular de Vasconcelos— «de cincuenta volúmenes que se hacen circular en una caja de madera que puede ser acarreada a lomo de mula, a fin de que llegue a regiones a donde no alcanza el ferrocarril».

La palabra «misionero» tenía una deliberada connotación evangélica y se inspiraba en el apostolado espiritual de los frailes franciscanos y dominicos durante los primeros años de la Conquista. Pero la huella de la conquista espiritual estaba en todas partes. Un Ministerio de Educación que se limitara a fundar escuelas, pensaba Vasconcelos, sería «como un arquitecto que se conformase con construir las celdas sin pensar en las almenas, sin abrir las ventanas, sin elevar las torres de un vasto edificio». Por eso ordenó el rescate y conversión de antiguos recintos religiosos en bibliotecas.

El edificio que reconstruyó para albergar a la nueva Secretaría de Educación tenía —en sus palabras— una «unción como de templo» no sólo por haber alojado en su origen al Convento de las Religiosas de la Encarnación (fundado a fines del siglo XVI), sino por representar una vuelta a la tradición urbana del virreinato, con sus vastos corredores, sus columnas y arquerías. En el cuadrángulo principal, Vasconcelos dispuso cuatro figuras que expresaban su utopía de fusión universal:

Grecia, madre ilustre de la civilización europea de la que somos vástagos, está representada por una joven que danza y por el nombre de Platón que encierra toda su alma. España aparece en la carabela que unió este contingente con el resto del mundo, la cruz de su misión cristiana y el nombre de Las Casas [...] La figura azteca recuerda el arte refinado de los indígenas y el mito de Quetzalcóatl, el primer educador de esta zona del mundo. Finalmente, en el cuarto tablero aparece Buda envuelto en su flor de loto, como una sugestión de que en esta tierra y en esta estirpe indoibérica se han de juntar el Oriente y el Occidente, el Norte y el Sur [...] en una nueva cultura amorosa y sintética.

Mientras tanto, el selectivo discípulo de Plotino dedicó gran parte de su tiempo libre al cultivo de la belleza con una buena colección de amantes. Cuando Berta Singerman, la famosa declamadora argentina (una profesión muy valorada en ese entonces), visitó México, Vasconcelos rindió homenaje al «refinado arte de los indígenas» haciéndole el amor en algún sitio del antiguo complejo de templos de Teotihuacán.

VI

Como correspondía a este «Plotino americano», la otra palanca educativa eran las artes. Los exilios de Vasconcelos no habían sido sólo políticos o amorosos, sino intelectuales y sobre todo estéticos. Había recorrido con detalle los museos ingleses y norteamericanos. En sus ensayos filosóficos interpretaba el mundo como una danza del espíritu que se eleva hasta alcanzar una armonía musical, «pitagórica». Sin ser poeta, novelista o ensayista, era todo ello en una síntesis literaria muchas veces desvariada, pero siempre poderosa, apasionante y genuina. Amaba la escultura (como atestigua la simbología del edificio) y tenía la mirada de un constructor renacentista. Se veía a sí mismo como un restaurador estético. En cuanto al estilo arquitectónico, quiso volver a la vieja tradición colonial, sobre todo al siglo XVIII. A Diego Rivera le encomendó ciertas soluciones fundamentales para concluir el estadio que se edificó en la ciudad de México, junto a la escuela Benito Juárez. La palabra construcción era clave: «Hagamos que la educación nacional entre en el periodo de la arquitectura.»

La estética dominaba todo su proyecto. «El Departamento de Bellas Artes —escribe en *El desastre*— tomó a su cargo, partiendo de la enseñanza del canto, el dibujo y la gimnasia en las escuelas, todos los institutos de cultura artística superior, tal como la antigua Academia de Bellas Artes, el Museo Nacional y los Conservatorios de Música.» La pedagogía para párvulos incluía cantos, recitaciones, dramatizaciones y dibujo. Muy ligados a esta concepción estaban los conservatorios, orfeones, el teatro popular, los métodos indígenas para la enseñanza del dibujo. Dos ideas afines eran el aseo obligatorio de los niños en las escuelas —jabón y alfabeto— y la curiosa ocurrencia de que escucharan música de Palestrina en la escuela. El teatro al aire libre que se escenificaría en el nuevo estadio tendría un papel estelar. Vasconcelos imaginaba fastos romanos: «Un gran ballet, orquesta y coros de millares de voces», un arte colectivo que expresara las aspiraciones de redención estética de la humanidad. En esos días pensaba que la ópera —con algunas excepciones, perdone Wagner— tendía a desaparecer. La música y el baile —Isadora Duncan interpretando a Beethoven— serían el arte unificado del futuro.

Vasconcelos recogió el fermento artístico de 1915 y lo llevó a una dimensión insospechada en casi todas las artes, pero sobre todo en la pintura mural. El mérito de conjuntar a los pintores Rivera, Orozco, Siqueiros, etc., y darles los muros de edificios públicos para que reflejasen el renacimiento cultural del país fue indudablemente suyo. Hacia 1931, en el pequeño ensayo «Pintura mexicana», subtitulado «El mecenas», Vasconcelos pone nada menos que en boca de Dios estas palabras: «En el seno de toda esta humanidad anárquica aparecerán periódicamente los ordenadores: para imponer mi ley, olvidada por causa de la dispersión de las facultades paradisíacas. Serán mis hombres de unidad, jefes natos [...] ¡Por ellos vence el ritmo del espíritu! Budas iluminados unas veces, filósofos coordinadores otras, su misión será congregar las facultades dispersas para dar expresión cabal a las épocas, a las razas y al mundo.» Sin el *fiat* de su plan, de la doctrina religiosa que —como intermediario de Dios— les había transmitido, los muralistas —decía— habrían quedado en «medianías ruidosas».

Más allá de esas exageraciones, los pintores muralistas a los que convocó tuvieron su época de oro. Algunos hicieron vitrales, otros murales con figuras ocultistas. Para «decorar» los muros centenarios de la Escuela Nacional Preparatoria (edificio que había alojado al antiguo Colegio de los Jesuitas), Vasconcelos había contratado a José Clemente Orozco, poderoso pintor de temperamento anarquista que había sido testigo directo de la Revolución mexicana. Sus murales, casi libres de fe ideológica, reflejarían el dolor y la tragedia que Orozco había presenciado, dándole sólo por momentos un aire de redención puramente humanista. Para la «decoración» de los lienzos del corredor de la Secretaría, Vasconcelos necesitaba una visión festiva, esperanzada, y para eso había invitado a «nuestro gran artista, Diego Rivera». «La plástica —escribió en *De Ro-*

binson a Odiseo– no es un asunto sino una de las maneras de expresar asuntos; una de las voces del ser y no el ser. Esto hace indispensable que el mecenas no sólo dé más monedas, sino también el plan y el tema.» Inspirado por esas directrices, Rivera tenía ya dibujadas «figuras de mujeres con trajes típicos de cada estado de la República y había ideado para la escalinata un friso ascendente que, partiendo del nivel del mar con su vegetación tropical, se trasformaba en el paisaje de la altiplanicie y terminaba en los volcanes». Ésas pudieron haber sido las pautas iniciales, algo inocentes, que el «mecenas» había sugerido al artista.

Pero luego todo el escenario fue de Diego. Tras pintar el Anfiteatro Bolívar anexo a la Escuela Nacional Preparatoria, en detrimento de otros pintores, Diego absorbió la obra completa: 239 tableros que abarcan una superficie de 1 585 metros cuadrados. Los temas específicos que fue hilvanando, desde 1923 hasta la culminación del conjunto en 1928, no pudieron haber sido dictados por Vasconcelos por las razones que él mismo da en uno de sus opúsculos, *El pesimismo alegre*: «Las mejores épocas artísticas son aquellas en que el artista trabaja con libertad personal, pero sujeto a una doctrina filosófica o religiosa claramente definida.»

Esa doctrina era la Revolución mexicana, interpretada por Diego con una carga de idealismo social y materialismo estético (e histórico) que no correspondía al talante de Vasconcelos. El mundo del trabajo (la hilandería, la agricultura, la minería, la tintorería), las fiestas mexicanas con todo su estruendo y colorido, y aun la famosa pintura de la maestra rural, dando clases a sus niños al aire libre, mientras un soldado revolucionario –fusil en mano– vigila la escena, no eran temas afines al temple místico del ministro, que condescendía poco, aun en sus memorias, a la descripción de los escenarios sociales. Los suyos eran el cielo y la naturaleza, escenarios de Dios, intocados por el hombre. O un solo hombre, él mismo, tocado por la pasión y el absoluto. Con todo, entre Diego Rivera y José Vasconcelos existió una corriente de simpatía: ambos (el filósofo y el artista) creían en la redención social a través del arte.

Como arquitecto espiritual, Vasconcelos tocó una fibra profunda en la historia mexicana. La llamada «Conquista espiritual», la conversión de los indios, se había llevado a cabo en el siglo XVI no a través de sermones o libros sino a través de la vista. La pintura mural que los franciscanos y dominicos habían plasmado en tantos conventos de México fue una fuente explícita de inspiración para Vasconcelos. Sabía muy bien que los indígenas de México habían aprendido la historia sagrada en esas pinturas y posteriormente en las suntuosas fachadas y retablos del barroco. Vasconcelos no quería fundar, propiamente, una religión, pero sí pretendía llevar a todo el país el mensaje de la cultura universal (tanto occidental como oriental) complementándola con una extraordinaria valoración de la cultura mexicana junto a todos sus pasados: indígena, virreinal y liberal. La Revolución educativa representaba, por así decirlo, un orden nuevo, una catolicidad de la cultura.

«Que la luz de estos claros muros sea como la aurora de un México nuevo, de un México espléndido», concluyó José Vasconcelos aquella mañana de julio de 1922, cuando inauguró el edificio de la Secretaría de Educación. Lo cierto es que nunca sospechó la tremenda significación histórica y política que adquiriría esa obra. Los murales de Rivera, Orozco, Siqueiros fueron el evangelio pictórico que fundó el mito de la Revolución mexicana. La historia mexicana apareció por primera vez, sobre todo en la obra de Rivera, como una Sagrada Escritura, una Pasión nacional: el paraíso indígena, el trauma de la Conquista, los oscuros siglos virreinales, la primera redención de la Independencia con respecto a España, la segunda redención de la Reforma (contra la Iglesia), la dictadura de Porfirio Díaz y el advenimiento redentor de la Revolución. La interpretación de Orozco es menos lineal, más ambigua, profunda y pesimista. Pero en la rica floración material de Rivera, la Revolución se convierte no en lo que fue (bandos distintos de ideologías distintas, enfrentados entre sí, cientos de miles de muertos por hambre, enfermedad y guerra), sino en lo que hubiera querido ser, en lo que buscaba ser: un solo movimiento histórico, metahistórico, por encima de todas las diferencias, una epopeya en la que el pueblo mexicano había tomado en sus manos su destino para corregir los errores del pasado y construir un orden de justicia social en el campo y las ciudades, democracia, nacionalismo sano, educación universal y orgullo cultural por las raíces.

Lo que en aquellos tiempos se nos pedía *hacer* —explicaba Cosío Villegas refiriéndose a toda su generación, encabezada por el caudillo cultural Vasconcelos—:

Correspondía a toda una visión de la sociedad mexicana, nueva, justa, y en cuya realización se puso una fe encendida, sólo comparable a la fe religiosa. El indio y el pobre, tradicionalmente postergados, debían ser un soporte principalísimo, y además aparente, visible, de esa nueva sociedad; por eso había que exaltar sus virtudes y sus logros; su apego al trabajo, su mesura, su recogimiento, su sensibilidad revelada en danzas, música, artesanías y teatro.

Este mensaje redentor atrajo a intelectuales y artistas de toda América y aun de Europa que llegaron a México para fotografiar sus pueblos indígenas y coloniales, apreciar su paisaje, sus artes populares y su gastronomía, estudiar sus ruinas prehispánicas y sus conventos, traducir sus poemas y absorber su nacionalismo musical, admirar las escuelas indígenas o las de sus barrios pobres (inspiradas en John Dewey, que vino también) y, en no pocos casos (como el de D. H. Lawrence, que a raíz de su viaje escribió *The Plumed Serpent*), para adentrarse, participar y recrear en sus más sangrientos mitos. México, por unos años, fue el lugar de la utopía.

★ ★ ★

«Sólo fui un Cristiano Tolstoiano.» Así se definiría años después. «En México –le escribía a Reyes en 1920–, hay ahora una corriente tolstoiana. Desgraciadamente la mayor parte de nuestros amigos no la entiende; son otros y generalmente los de abajo los que procuran cumplirla». Ver por el prójimo era –como había dicho Tolstói– el mejor viaje a Tierra Santa. En la revista *El Maestro* hizo publicar en varias entregas una homilía de Tolstói: el evangelio del trabajo según el sabio campesino Bondareff. Para el anarquista y zapatista Antonio Díaz Soto y Gama, Vasconcelos es «un vidente», y los misioneros encarnaciones de Cristo, maestros en la «moral práctica». Las escuelas de indios, técnicas y rurales, y los maestros ambulantes que llevaban bajo el brazo el alfabeto, la aritmética, temas higiénicos, vidas ejemplares y canciones populares, parecieron ejemplos de virtud cristiana y tolstoiana: se trataba de ver por el prójimo, no de dominarlo o indoctrinarlo, sino de entregarle los instrumentos de su propia redención.

Vasconcelos usaba con frecuencia las palabras justicia, libertad, igualdad, pero lo hacía afectándolas con una consistencia ideal. En un ensayo publicado en 1924 que alcanzó cierta notoriedad, «La revulsión de la energía», retoma sus preocupaciones filosóficas y postula una interpretación estética y monista del ser al amparo −textualmente− de «nuestro padre Plotino». Hay en ella un párrafo que habría sublevado a cualquier cristiano, incluyendo a Tolstói: «El fenómeno ético no es definitivo, sino un periodo intermedio de la acción humana. Una actividad limitada al hospital, a la casa de locos, al valle de lágrimas de esta vida terrestre [...] "Ama a tu prójimo" no quiere decir precisamente "Socórrelo", quiere decir eso y algo más: quien sólo lo socorre practica la caridad, que es faena dudosa.» Pero Vasconcelos se vincula con Tolstói (con el viejo Tolstói) a través del asco (palabra clave en Vasconcelos) que le provoca lo humano. Por eso, como Tolstói −y como su propia madre, según narra al principio del *Ulises criollo*−, detesta a Shakespeare. En la República estética de Vasconcelos no había duda, celos, traición, sensualidad ni humor. Como Tolstói, en suma, Vasconcelos era un místico de los sentidos extraviado por caminos terrenales. En los años treinta, el ensayista Jorge Cuesta lo describió con claridad:

> La de Vasconcelos es la vida de un místico; pero de un místico que busca el contacto con la divinidad a través de las pasiones sensuales. Su camino a Dios no es la abstinencia, no es la renunciación del mundo. Por el contrario, tal parece que en Dios no encuentra sino una representación adecuada de sus emociones desorbitadas y soberbias, que no admiten que pertenecen a un ser hecho de carne mortal. Su misticismo es titánico.

De ahí su desgarramiento y el desgarramiento de quienes lo quisieron o lo siguieron. Una y otra vez antepondría sin misericordia −pero de un modo que ferozmente lo comprometía− las leyes de su insaciable afán de absoluto, belleza y plenitud a la vida de otros seres humanos, «demasiado humanos». Y a la suya propia.

VII

Martí y Rodó imaginaron en las ideas y trabajaron en las letras por una unión hispanoamericana. Vasconcelos fue un paso mas adelante: trajo a Hispanoamérica a México y llevó a México a Hispanoamérica. En septiembre de 1921 –siendo aún rector de la universidad– organizó el Primer Congreso Internacional de Estudiantes al que llegaron representantes de todos los países de América, incluso de Venezuela (gobernada por el dictador Juan Vicente Gómez). Vasconcelos pronunció un discurso feroz contra Gómez. Vasconcelos y los estudiantes se declararon partidarios de un nacionalismo hispanoamericano que, en su generosidad, abarcaría al mundo entero. Todos –incluso Vasconcelos– se sentían apóstoles, salvadores y «socialistas de la honradez». En su «Resolución» –firmada por el presidente del Congreso, Daniel Cosío Villegas– declaraban: «La juventud universitaria proclama que luchará por el advenimiento de una nueva humanidad, basada sobre los principios modernos de justicia económica, social e internacional.» Meses después llegarían a México muchos jóvenes de América Latina y no pocos escritores atraídos por el experimento social de Vasconcelos. Uno de aquellos, el joven idealista peruano Víctor Raúl Haya de la Torre, fundó en México el APRA, partido de larga trayectoria en la historia peruana, inspirado en los ideales hispanoamericanos. Entre los autores de renombre llegaría Gabriela Mistral (futura Premio Nobel de Literatura en 1945) a hacerse cargo de la colección «Lecturas para mujeres».

Entre agosto y diciembre de 1922, Vasconcelos llevó la buena nueva de la Revolución mexicana a Brasil, Argentina, Chile y Uruguay. Le acompañaron algunos viejos amigos del Ateneo (como Julio Torri) y jóvenes colaboradores (Carlos Pellicer), la cantante Fanny Anitúa, una banda militar, una orquesta típica con bailarinas vestidas de tehuanas y chinas poblanas, así como cadetes del colegio militar. En septiembre se les unió Pedro Henríquez Ureña. En cada paso encontró fragmentos estéticos del pasado y el presente que presagiaban un futuro común: en Río de Janeiro creyó hallar la huella de la civilización de «Iberia, la patria común» y «una unción religiosa derivada del solo poder de su belleza»); en Bahía encontró retablos «casi tan ricos como los de las iglesias de la Nueva España», en São Paulo fue recibido en la Escuela Normal con bailes y cantos ejecutados por alumnos; Ouro Preto le recordó a Guanajuato: «el mineral deja monumentos, edificios y, a poco tiempo, ruinas». Le satisface ver que en Brasil ningún individuo «encarna a la patria», como sí ocurría (con Juan Vicente Gómez, el dictador en turno) en Venezuela, ni a la Revolución, como en México. El 16 de septiembre de 1922 entrega el regalo especial de México al pueblo de Brasil: una estatua de Cuauhtémoc, réplica de la que se encuentra en el Paseo de la Reforma. En Uruguay, Vasconcelos lamenta el poder del ex presidente José Batlle y Ordóñez, pero reconoce su moderación. En Buenos Aires se queda un mes. Alfredo Palacios, a quien Vasconcelos llama «patriarca argentino del Iberoamericanismo» y «apóstol de toda causa noble», le ofrece en la Universidad de La Plata una gran recepción. Se deslumbra ante las escuelas normales fundadas por Sarmiento, y encarga a su amigo Pedro Henríquez Ureña el discurso la «Utopía de América». Su argumento: en el nacionalismo cultural, en su vuelta al origen, «a pesar de cuanto tiende a descivilizarlo, a pesar de las espantosas emociones que lo sacuden y revuelven hasta sus cimientos [...] México está creando una vida nueva». América Latina debía seguirlo.

En octubre visita las cataratas de Iguazú, y queda arrobado: «el nervio vital de América Latina y el centro propulsor de una civilización que no tiene precedente en la Historia... el pueblo que domine el Iguazú será el pueblo de América». En Chile lo recibe una multitud de estudiantes y se busca problemas al criticar el poder de los militares y hace una oblicua referencia a México: «La desgracia de México, la desgracia de Chile, la desgracia de América Latina consiste en que somos gobernados por la espada y no por la inteligencia.» De su viaje llegó convencido de tres cosas: el militarismo es el mal de la América hispana, el poder debe recaer en los intelectuales y América Latina será la cuna de una nueva civilización.

VIII

De vuelta a México, al ver aproximarse la elección presidencial de 1924, Vasconcelos quiso ser el candidato a la presidencia, pero los militares

Obregón y Calles tenían otros planes. Renunció a la secretaría, contendió y perdió en los comicios para gobernador en Oaxaca, y partió al exilio. Soñaba ya desde entonces con ser un «nuevo Sarmiento», presidente de Argentina cuyas fundaciones comprendían centenares de escuelas, bibliotecas, observatorios astronómicos, jardines botánicos y zoológicos, parques, ferrocarriles, barcos, líneas telegráficas y hasta nuevas ciudades. Un Sarmiento mexicano... En su discurso de despedida a los maestros, discurrió para sí un antecedente más significativo: nada menos que Quetzalcóatl, el mitológico y civilizatorio hombre-dios de la historia tolteca, que había sido expulsado por Huitzilopochtli. Y Vasconcelos prometió volver por donde salió, por el oriente: «¡Quetzalcóatl, el principio de civilización, el dios constructor, triunfará de Huitzilopochtli, el demonio de la violencia y el mal, que tantos siglos lleva de insolente y destructor poderío!»

En 1925 escribe su más desorbitada fantasía: *La raza cósmica*. Es el segundo momento profético en Vasconcelos, cuando el fundador plotiniano se transforma en visionario. Al leerlo, Unamuno dijo: «El gran fantaseador.» Junto con España —decretaba Vasconcelos—, la raza hispanoamericana había caído a abismos teológicos desde mucho antes de 1898, desde Trafalgar. Mientras parecía que Dios condujese los pasos del sajonismo, la raza ibérica fragmentaba su geografía en pequeñas repúblicas y perdía su espíritu en dos extremos: el dogma y el ateísmo. Pero el destino, según su visión, albergaba una sorpresa. Mediante una óptica racial típica de fin de siglo, Vasconcelos lleva el mensaje iberoamericano de *Ariel* a un extremo delirante y anuncia el designio divino: seremos la cuna de la quinta raza, la definitiva, que fundirá los cuatro fragmentos raciales que habitan el planeta. Cerca del Amazonas se levantará la ciudad eterna, Universópolis, allí los hombres vivirán transidos de amor y belleza. En el trópico, todos los aspectos de la vida se transformarán:

> La arquitectura abandonará la ojiva, la bóveda y en general, la techumbre, que responde a la necesidad de buscar abrigo; se desarrollará otra vez la pirámide; se levantarán columnatas en inútiles alardes de belleza, y quizá construcciones en caracol, porque la nueva estética tratará de amoldarse a

la curva sin fin de la espiral, que representa el anhelo libre; el triunfo del ser en la conquista del infinito. El paisaje lleno de colores y ritmos comunicará su riqueza a la emoción; la realidad será como la fantasía. La estética de los nublados y de los grises se verá como un arte enfermizo del pasado. Una civilización refinada e intensa responderá a los esplendores de una Naturaleza henchida de potencias, generosa de hábito, luciente de claridades.

Vasconcelos creía ver el futuro imperio estético. Funde la ley comtiana de las tres etapas históricas con el diseño ascendente del neoplatonismo y discurre su propia, exorbitante ley de los tres estados: el económico o guerrero, el intelectual o político y el espiritual o estético. El primero corresponde a la ley de la selva, trivial asunto para la balística y la economía (que Vasconcelos definió alguna vez como «la cocina de la inteligencia»). El segundo nivel corresponde —hay que suponer— al presente, la cultura occidental en su vertiente aristotélica: la tiranía de las reglas y la razón. El tercero no es otro que el alma plotiniana, cielo unánime donde la norma será la fantasía, la inspiración, el júbilo amoroso, el milagro de la belleza divina. «Los muy feos», advierte Vasconcelos con exclusión, quizá, de sí mismo, «no procrearán, no desearán procrear [...] El matrimonio —repite varias veces en clave autobiográfica— dejará de ser consuelo de desventuras [...] y se convertirá en una obra de arte.»

Hacia 1926 el místico parece ceder por un tiempo su lugar al político y Vasconcelos comenzó a trabajar para lanzar su candidatura a la presidencia en 1928. En una conferencia en Chicago, apela al gobierno y la opinión norteamericanos pidiendo un cese al apoyo de las dictaduras y una ayuda efectiva y respetuosa a los movimientos liberales y democráticos en el continente. Sin democracia —argumenta, por una vez *argumenta*, Vasconcelos— el resultado es la dictadura militar o burocrática: el caudillismo latinoamericano o el predominio de una casta burocrática, como en Rusia. En su conclusión habla de la necesidad de una regeneración moral, pero la asocia directamente a un proceso democrático: «Sólo es justo discutir y criticar a la democracia después de haberla instaurado.» Su mensaje democrático llega semana a semana a los lectores de *El Universal* en México, sobre todo a los jóvenes estudiantes que lo esperan con esperanzas mesiánicas. Vasconcelos regresaría para salvar a México.

Vasconcelos no contendió en las elecciones de 1928, pero el súbito asesinato del presidente electo Álvaro Obregón, en julio de ese año, desemboca en la designación de un presidente interino (Emilio Portes Gil) y la subsiguiente convocatoria a nuevas elecciones a fines de 1929. Para contender en ellas y embridar definitivamente la turbulenta vida política del país, el jefe máximo de la Revolución, general Plutarco Elías Calles, fundó el Partido Nacional Revolucionario que postuló como su candidato al general Pascual Ortiz Rubio. Es entonces cuando Vasconcelos ve su oportunidad y decide regresar.

Su vuelta a la capital, su Domingo de Ramos de 1929, culminó con un discurso desde un balcón en la Plaza de Santo Domingo. Todo el sentido de su campaña está en sus palabras finales. Recordó a Quetzalcóatl, sus empeños civilizadores y su ostracismo: «Quiso enseñar a trabajar, a construir, porque sólo de esta manera se vencen las actividades de la destrucción. Pero el profeta fue entonces hostilizado por los mercaderes, fue perseguido por los fuertes y finalmente arrojado de la patria; y su doctrina se echó en el olvido, y siguió el festín caníbal, y siguieron ufanándose de su poder todos aquellos que lograban matar más mexicanos.» Enseguida se refirió al «castigo» de la Conquista. Y a partir de aquella mítica gravitación, llegó al presente:

Pero entonces apareció por los mares el castigo de la conquista. Y así hoy, nosotros, amenazados por otra clase de invasores más poderosos que aquéllos, nos encontramos con el festín de Huitzilopochtli, una vez más después de tantas, desde que nuestra pobre nación se apartó de la doctrina limpia de Madero, y la revolución ha venido fracasando porque asesinó a su nuevo profeta, porque aniquiló a la nueva encarnación de Quetzalcóatl. «Yo siento en estos instantes como si la voz misma de Quetzalcóatl tratase de hablar por mi garganta y dijese a los mexicanos: Es necesario que no usemos las armas unos contra otros, que nos entreguemos a las lides de la paz y del trabajo, que cese la matanza, que conservemos esta pobre sangre nuestra.»

Con él, volvían los arquetipos del Prometeo mexicano: un Quetzalcóatl moderno, un Madero culto. Gracias al plebiscito que realizaba por el país, el pueblo volvería a reaccionar como lo hizo con Madero, sólo que ahora de un modo definitivo. Él representaba la posibilidad de «purificar a la Revolución», de volverla a su cauce. Vasconcelos se refiere a sí mismo, quizá por primera vez, como un profeta. Antonieta Rivas Mercado (la mujer apasionada que, como «Adriana» en la Revolución, lo acompañó en esta nueva aventura y a quien en sus memorias llama «Valeria») quiere ver en él a Prometeo. Pero en 1929 Vasconcelos había dejado atrás a Prometeo y a Plotino. «A veces —escribe Antonieta—, sacudido por cólera potente, cuyo ejemplo ha de irse a buscar en los profetas terribles del Antiguo Testamento, atacaba, no a la fruta podrida que se desprendía de la rama sino la tibieza, la inercia de sus partidarios, incapaces de convertir en acto fecundo el anhelo cierto.»

Uno a uno, conforme avanzan los signos de derrota, aparecen los tonos de profetismo hebreo: la violencia convulsiva, la sensibilidad al mal y la injusticia; indignación, agitación, angustia con los caminos equivocados de la sociedad. Isaías habla de la «filosa espada» de sus palabras. Para Valeria, las palabras de Vasconcelos caían en «frases desnudas, en ráfagas luminosas». Eran, según él mismo, «dinamita espiritual». No era sólo por un golpe retórico que Vasconcelos proclamaba: «Los Diez Mandamientos son mi programa por encima de la Constitución.» Lo eran en un sentido más profundo: su campaña era más admonitoria que programática: «Desgraciados los pueblos que no se cansan: desgraciados los pueblos que no saben volver cada día si es necesario a la defensa de sus derechos.»

Como en el Antiguo Testamento, su mensaje positivo es casi nulo. El crítico, en cambio, abarca muchos aspectos: el neolatifundismo de los generales enriquecidos por la Revolución, el saqueo a los bancos oficiales, la conspiración del embajador americano Dwight Morrow para hacer ganar al candidato oficial del Partido Nacional Revolucionario (antecedente del PRI). Vasconcelos se impacienta, por ejemplo, al confirmar que la misma gente que lo aplaude por la mañana acude en la tarde a una corrida donde torea un matador coludido con el gobierno. Porque sabe quizá que perderá las elecciones, ordena la reacción al fraude: la revolución armada, desde luego, y otras medidas contradictorias, semejantes a las de Gandhi: resistencia pacífica a pagar impuestos, a usar o manejar el transporte público, etc. Vasconcelos encarna entonces para sí mismo la conciencia de México. México tiene gracias a él una nueva y última oportunidad de salvación: «Se juega tu destino, México.» Vasconcelos o el abismo.

De nueva cuenta, su temple místico –fiero, magnánimo, inflexible– irrumpía en el destino de personas «demasiado humanas». Y ocurrió lo natural: la gente empezó a morirse por esa causa. Lo rodeaba una generación de mártires potenciales, sus jóvenes «apóstoles», los estudiantes: «Todos nos creíamos destinados al sacrificio –escribió uno de ellos– porque todos nos creíamos de limpio corazón inmaculado. Por eso abrazamos ardientemente el vasconcelismo; habíamos ido a esa lucha no a vivir ni a triunfar, sino a dejar en las barricadas de México y en el asfalto de México [...] aquella existencia que sólo alcanzaba sentido si la sacrificábamos por lo que hay de más entrañable en el mundo: la libertad, que creíamos amagada.»

Tras la derrota electoral se abrieron cuatro opciones. Dos improbables: la fundación de un partido (que Vasconcelos rechazó) y la resistencia armada (que no prendió). Dos imaginables: el exilio o el sacrificio personal. El destierro tendría un valor como aguijón histórico. «Prometeo encadenado» no por los celos de los dioses, sino por la apatía de su propio pueblo. Pero Plotino había dicho: «No ceses de esculpir tu propia estatua», y en la lógica de la estatuaria lo congruente no era el destierro sino la muerte incierta en la lucha, o al menos el desafío a la muerte. Había exigido siempre a los demás el absoluto. Algunos habían dado ya –y darían después– sus vidas. Un nuevo Madero debía ser, hasta el final, semejante a Madero. Y a Martí.

La evidencia de que Vasconcelos vivió este dilema como una *falta*, en el profundo sentido católico de la palabra, está en un párrafo de su joven amigo, el escritor oaxaqueño Andrés Henestrosa:

Llegamos a Mazatlán, y el plan era levantarnos en armas... durante un año, de noviembre de 28 a noviembre de 29, había predicado la rebelión de suerte que estaba en la obligación de tirarse al monte. Para eso no había hecho nada, no había comprado un cartucho, no había comprado una pistola [...] pero una noche, la del 13 de noviembre, pareció que todo estaba arreglado. Tuvimos lo que él llamó un «consejo de familia»... en el hotel Las

Olas Altas. «Por primera vez en la historia de este maldito país la inteligencia va a andar a caballo», repetía Vasconcelos. Yo estaba empeñado en que se muriera y le quise razonar la razón de que para él había llegado el momento. Me dijo: «Yo, Andrés, he gozado de la vida; he sido amante de la gloria, como dice D'Annunzio [...] y con la muerte, durante los años de la Revolución, he jugado. De modo que para mí ya es hora.»

«Para mí ya es hora.» La frase textual de Martí. Vasconcelos debió sentir el reclamo del sacrificio, única acción que en esa circunstancia, para usar sus palabras, «merecía eternidad». Si no como Martí, vencido por una bala anónima, hubiera querido morir quizá como el personaje de «El fusilado»: sin temor, risueño, desdeñando a la eterna mancornadora –la mujer o la política– y tras ella a toda la «evanescente realidad terrestre». Una muerte que dejaría como herencia una imagen final: «su temple altivo». Una muerte heroica.

En el contexto, y dado el futuro curso de la vida de Vasconcelos, resulta interesante que también citara a Gabriele D'Annunzio, el san Juan Bautista del fascismo italiano que sería honrado y finalmente relegado por el «salvador» Mussolini. (En más de un sentido, D'Annunzio fue un hombre similar a Vasconcelos: preocupado por la supremacía de la belleza, el poder y la seducción serial de mujeres.) Pero, llegado el momento, Vasconcelos faltó a su promesa. Si bien contaba con un pequeño grupo de hombres dispuestos a arriesgar sus vidas, se replegó. Henestrosa había despertado a las cinco de la mañana. A las siete fue a ver a Vasconcelos y, por toda respuesta, le escuchó decir: «Después que usted se durmió cambiamos los planes.»

En febrero de 1930, decenas de estudiantes fueron ahorcados por los militares en el poblado de Topilejo. Ellos no lo habían abandonado; era él quien, por omisión, los había sacrificado. Habían muerto por su causa democrática. Vasconcelos habría de cargar con esa cruz toda su vida.

Cuando Vasconcelos decidió vivir, México perdió un santo secular, pero ganó algo más duradero: un escritor inmortal. Fuera de México, viviendo en Argentina, Francia, España y luego, por largos años, en Austin, Texas (en el ombligo del monstruo al que detestaba), Vasconcelos escribiría los cuatro volúmenes de su insuperable autobiografía, y varias obras de filosofía, incluida su *Estética*, que él (aunque no la posteridad) consideró su obra más importante. También escribiría, entre otros libros, *Bolivarismo y monroísmo* (variante extrema del viejo tema arielista de la oposición entre el mundo latinoamericano y el sajón); una maniquea pero muy popular *Breve historia de México* (1937) en la que se desdecía por entero de sus antiguos valores liberales y democráticos y hacía el elogio de la vertiente hispana en la vida de México; y al menos dos panfletos ya plenamente identificados con la óptica fascista: *Qué es la Revolución* y *Qué es el comunismo*.

A lo largo de casi todo su trayecto en el exilio lo acompañaron su esposa, la sufrida y espectral Serafina, y sus hijos José Ignacio y Carmen.

IX

Porque nunca se perdonó a sí mismo no haber estado a la altura del absoluto, Vasconcelos nunca perdonó a México haberle «fallado». Salió al exilio y no volvió hasta 1938. Estando en París junto con la talentosa y atormentada Antonieta Rivas Mercado, a principios de la década de 1930 fundó *La Antorcha*, revista modesta que llevaba el mismo nombre de otra publicación similar pero mucho más lujosa que había dirigido entre 1924 y 1925. En 1931, para estupor de Vasconcelos y del ambiente cultural y político de México, Antonieta provocó un enorme escándalo cuando lacerada por el amor que profesaba hacia dos hombres casados —uno de ellos Vasconcelos— entró al recinto de la catedral de Notre Dame y se disparó mortalmente en el corazón, usando la pistola de Vasconcelos. Minutos antes le había pedido que la salvara, pero Vasconcelos le dijo que nadie necesitaba de otro para salvarse. Este episodio sería, por confesión de Vasconcelos, el momento más doloroso de su vida. Sólo comparable a la muerte de su madre.

Es difícil leer sin conmoverse esos 13 números de *La Antorcha*, con su pequeño formato, papel corriente, sus erratas en francés, los epígrafes continuos que son como lecciones de altivez: «A los que Dios ama, los castiga y los prueba», «La soledad es la patria de los fuertes y el silencio es su plegaria». En *La Antorcha* hasta los anuncios eran muestra de la nueva y absorbente pasión ideológica de Vasconcelos, pasión que

le duró hasta su muerte: el odio al yanqui, encarnado en el embajador
Morrow que había orquestado su derrota. *La Antorcha* quería «defender
los intereses morales y materiales de Hispanoamérica», removiendo la
«conciencia envilecida» de sus hombres. Admitía que los hispanoamericanos habían perdido el imperio terrenal. Pero quedaba el espiritual,
vacante por la inanidad del pensamiento sajón. Tenía que imitarse a los
hebreos o a los iberos, oprimidos por los romanos pero inmunes a su
filosofía. «Tomemos del yanqui la máquina, no la metafísica.»

La Antorcha es la monocorde escritura de un hombre que no olvida.
No había sido derrotado. Había ganado «todos los votos». Una y otra
vez repetía: «No fui yo quien desistió de la lucha sino todo un pueblo
fatigado que no pudo hacer bueno el compromiso de pelear para la
defensa del voto.» Si a 14 millones de mexicanos «se les olvidaba el
ultraje», Vasconcelos, para borrar toda huella del olvido, «pensó en llamas», publicó una antorcha. Es su último momento de profetismo. Su
tono ya no sólo recuerda a los profetas hebreos, sino que perfila a uno
en particular, el más sombrío: Amós. No es el hombre de 1925, como
Isaías, meditativo y visionario; ni el grave y doliente, como Jeremías, en
la campaña de 1929. Ahora es un pesimista inmisericorde. Se parece al
profeta Amós, único que profetiza contra su pueblo: «Escuchad esta palabra de Yahvé *contra* vosotros, hijos de Israel, contra toda la familia que
hice yo subir del país de Egipto.» Amós se ensaña en la desgracia: «Ha
caído, no volverá a levantarse la virgen de Israel.» En Amós no hay perdón ni ternura; hay repugnancia. Como en Vasconcelos.

Al finalizar la década de los treinta, aquella antigua melodía plotiniana que paulatinamente se había remontado hasta la Biblia calló para
siempre. Vasconcelos se acercaba a sus 60 años. Pero aún faltaba la derrota definitiva: el profeta contra sí mismo.

★ ★ ★

En su furia profética, en su mesiánica devoción a la idea del hombre
superior, del héroe sin mácula, del rey filósofo, Vasconcelos había dejado de ser un demócrata. Y sus gustos se vuelven sesgados e intole-
rantes. En 1933 –como lo demuestra una de sus breves historias sobre

una conspiración «rabínica» entre Wall Street y Moscú para dominar el mundo– aceptó como verdad revelada un turbio documento producido por la policía secreta zarista. Se trataba de *Los protocolos de los sabios de Sión*. (Afortunadamente, Vasconcelos no ocupaba ya el Ministerio de Educación para distribuir miles de copias gratuitas.) Pero apenas un año antes, ese documento había recibido la bendición del gobierno alemán. Y muy pronto Vasconcelos lo llenaría de elogios.

La Segunda Guerra Mundial avivó su pasión política e ideológica y fue una válvula de escape a su cósmica frustración política (frustración quizá inseparable de su culpa por los muertos de la campaña de 1929 y por no haber estado a la altura de Martí y de Madero). Como resultado de su nuevo entusiasmo bélico, el 22 de febrero de 1940 comenzó a circular, dirigida por él, la revista *Timón*. La patrocinaba la legación alemana. Ominosa o paradójicamente, la revista salió a la luz pública en un aniversario más de la muerte de Madero, día en que México había dejado ir la alternativa democrática. Pero Vasconcelos no creía ya en la democracia. *Timón* duraría 17 números. El gobierno mexicano, inclinado hacia la causa aliada, la clausuró el 14 de junio de 1940. Además de una insistente y violenta propaganda antisemita (dos artículos firmados por Vasconcelos mismo, y otros contratados por él), *Timón* publicó profusamente «informaciones» directas del Ministerio de Propaganda de Joseph Goebbels. Y entre sus joyas estaba un artículo de Vasconcelos sobre un tema conocido por sus lectores: cómo «se impone la inteligencia». En él habla del valor supremo de un libro en específico, *Mein Kampf*:

Hitler, aunque dispone de un poder absoluto, se halla a mil leguas del cesarismo. La fuerza no le viene a Hitler del cuartel, sino del libro que le inspiró su cacumen. El poder no se lo debe Hitler a las tropas, ni a los batallones, sino a sus propios discursos que le ganaron el poder en democrática competencia con los demás jefes y aspirantes a jefes que desarrolló la Alemania de la posguerra. Hitler representa, en suma, una idea, la idea alemana, tantas veces humillada antaño por el militarismo de los franceses y la perfidia de los ingleses.

En otras palabras, Hitler había ganado las elecciones tras desplegar una campaña similar a la de Vasconcelos. El pueblo alemán había tenido el mérito de responderle, no así el mexicano, ingrato e incapaz de apreciar la «inteligencia», es decir, el *cacumen*. En otro de sus artículos para *Timón*, al describir los beneficios que lloverían sobre América Latina con la victoria de la Alemania nazi sobre las democracias (especialmente, por supuesto, sobre los «pérfidos» anglosajones), apuntó:

> Y en esa nueva era los pueblos de América hallarán renovada oportunidad para organizarse conforme a su tradición y su sangre, y según sus antecedentes cristianos [...] Un desenlace que otorgara la victoria a los aliados sería la peor calamidad para los habitantes de este continente. Simplemente nos sumiría en un coloniaje odioso y esclavizante.

Cuando se inició la contraofensiva aliada en 1943, su decepción fue abismal. Tal vez por eso transfirió sus simpatías a otros regímenes dictatoriales. En la década de los cincuenta sería recibido por Franco en España, Perón en Argentina y Batista en Cuba. Invitado por Trujillo, a quien admiraba, escribió un prólogo para las poesías de su mujer. «¿Qué haría yo —declaró— si mañana un mago me convirtiese, por un año, en Dictador de la América española? Haría lo que Bolívar quiso hacer en la etapa final de su carrera, organizar la Federación Hispanoamericana sobre bases culturales hispánicas y de religión católica purificada.»

Vasconcelos negaría más de una vez haber simpatizado con los nazis: «¿Nazi, yo?, me río de los que me hacen ese cargo porque soy de los pocos mexicanos que toda su vida han combatido contra las dictaduras. La causa de Alemania me simpatizó porque tenía mucho de liberación de un gran pueblo después de las injusticias de Versalles.» Pero nada le impidió prologar de manera entusiasta (en 1955, cuatro años antes de su muerte) la segunda edición de *Derrota mundial*, una abierta justificación del nazismo (y una negación del Holocausto) escrita por el notorio nazi mexicano Salvador Borrego. El texto, ligeramente maquillado de revisionismo neonazi, no mostraba la menor duda sobre el valor que Vasconcelos adjudicaba a la nueva «información»: la «mentira» sobre los nazis, que había desmovilizado a poblaciones enteras, había sido «fabricada» por «la banda que controlaba las comunicaciones en el mundo», es decir, los judíos.

* * *

En México se le rendían honores por su pasado luminoso. En 1941 fue nombrado director de la Biblioteca Nacional y, años más tarde, se haría cargo de la Biblioteca de México. En 1943 fue –junto con sus viejos amigos del Ateneo de la Juventud: Antonio Caso, Pedro Henríquez Ureña y Alfonso Reyes– uno de los 15 miembros fundadores de El Colegio Nacional. Recibió el doctorado *honoris causa* por la Universidad Nacional Autónoma de México, de las universidades de Puerto Rico, Chile, Guatemala y El Salvador. Ingresó también a la Academia Mexicana de la Lengua. Su éxito editorial (y material, hasta cierto punto) no amainaba, pero no parecía representarle mayor consuelo. El pueblo mexicano había rehusado levantarse en armas para llevarlo a la silla presidencial. Y él no había muerto heroicamente, como Madero o Martí. Junto a su propia dignidad herida, lo mortificaba la memoria de quienes habían muerto en las calles durante su campaña. Pero sobre todas las cosas, quería ser reconocido, en retrospectiva, como el presidente legítimo de México:

> Está pendiente un acto de justicia con los que murieron en la campaña electoral de 1929 y con todos los otros. La conciencia nacional sabe, o debiera saber que ganamos las elecciones de 1929, y mientras esto no se reconozca públicamente y quizás oficialmente, no podría yo aceptar ningún honor sin sentir que traicionaba la verdad y la justicia... En consecuencia, si mi país no se decide a honrarme debidamente como político, por temor a reconocer la verdad, prefiero que no se ocupe de mí en ninguna otra forma...

Agraviado por una falta histórica a la democracia, la contradecía en actos y en sus escritos.

El desencanto final con el amor y la fascinación creciente por las dictaduras coincidieron (convergieron) en el retorno de Vasconcelos a la religiosidad de su niñez. En 1943 tomó el hábito de novicio de la «Venerable Orden Tercera de San Francisco». «Este país fue creado –decía Vasconcelos–, en lo que tenga de valioso para la cultura, por los monjes de la Orden Franciscana... La Orden Franciscana, reforzada oportunamente por dominicos y los jesuitas... tales fueron los factores que se combinaron para construir esto que fue la Nueva España y hoy es nuestra Patria Mexicana.» Pero también en su religiosidad hay un tránsito hacia el poder absoluto: deja de ser franciscano y se vuelve jesuita: «En un tiempo profesé el exclusivismo franciscano. Después he comprendido que para la brutalidad de la lucha que hay que desarrollar, es superior San Ignacio; de suerte que he acabado jesuita.» El regreso al catolicismo converge, en gran medida, con la doctrina espiritual que ejerció durante su época de ministro: «En realidad no hay diferencia entre mi posición de, por ejemplo, la época en que actué como Ministro de la Revolución y me declaré, una y otra vez, "cristiano a lo Tolstói", y mi posición anterior, de católico, lo cual equivale a ser mejor cristiano que Tolstói, y mi vuelta a la verdad ortodoxa.»

El 14 de marzo de 1942 falleció su esposa Serafina Miranda. Acabó así la dolorosísima relación de casi 40 años que se fincó sólo en el amor hacia los hijos y las convenciones de la época. Su hija Carmen recuerda: «Vasconcelos tuvo que alquilar dos camiones para trasladar a toda la gente que fue al velorio de Serafina Miranda. Ella siempre tuvo deseos de ser amada por la gente sencilla. Al descender el ataúd a la tierra Vasconcelos sollozó amargamente. En ese momento debió haber sabido y sentido a quién tenía por esposa; tal vez, esas fueron lágrimas de arrepentimiento tardío.» Ese mismo año, Vasconcelos contrajo matrimonio por segunda vez con una mujer mucho más joven que él, la joven pianista Esperanza Cruz. Tuvieron un hijo llamado Héctor. Este enlace fracasó al poco tiempo debido sobre todo a los celos feroces de Vasconcelos. Uno de los allegados al maestro le comentó alguna vez: «Pepe, te aferras a la Cruz como última Esperanza.» Años más tarde, los reporteros –lectores de su obra– preguntaban por las mujeres en su vida. «De las cuestiones del sexo –respondía Vasconcelos– he vivido huyéndolas [...] Como todo el que amó en exceso, he conocido la angustia del deseo, la dicha falsa y la pesadumbre de la desilusión.» Un amigo recordaría: «en los últimos años de su vida cambió de idea, y como que hubiera querido borrar muchos de "esos" nombres. Le oí decir una vez: "A mí me tocaron puras putas"».

Fue ferozmente antimarxista, pero días antes de morir reapareció su obsesión por la figura del caudillo. El triunfo de la Revolución cubana convocó viejos recuerdos: «No siga usted el ejemplo de debilidad de Madero —le escribió a Fidel Castro—, sea usted duro; porque si no se lo traga la realidad de un pueblo que no le va a responder.»

Pasó la última década de su vida en el jardín y la biblioteca de su casa en el sur de la ciudad de México, alternando la lectura y el dictado de artículos literarios con la convivencia familiar. Adoraba charlar con su pequeño hijo y con sus nietos. En ocasiones, repasaba las cuentas de su rosario bajo la mesa de su oficina y murmuraba oraciones. Su vida de relativa abnegación (recomendación plotiniana que siempre había ignorado) no se extendió a su gozo por la comida y la bebida. Amaba el vino tinto y le encantaban especialmente los platillos chinos, porque parecían requerir «mil años de preparación». La muerte llegó el 30 de junio de 1959. Un día antes había leído a Héctor un diálogo de Platón en las viejas ediciones que había publicado en sus días de gloria.

El recuerdo de 1929 lo persiguió hasta el final. Uno de sus libros postreros se tituló *La flama*: y era, en efecto, la inextinguible flama de su agravio. A la gente que lo visitaba solía recordarle que él era el verdadero presidente de México. Nunca, en su fuero interno, hubo reconciliación alguna entre Vasconcelos y su país. Un país que, a su juicio, había perdido tanto, perdiéndolo.

José Carlos Mariátegui

El marxismo indigenista

Durante la década de 1920, los jóvenes peruanos que buscaban modificar la inadmisible estratificación social y étnica de su país miraban hacia México. Los atraía la prestigiosa Revolución, la Constitución nacionalista y, sobre todo, los proyectos educativos y culturales que habían revalorado la presencia y la herencia de los indígenas. En la aurora mexicana, sobresalía la vocación creadora de una nueva generación (coetánea de la peruana) acaudillada por un brillante filósofo que en 1916 −durante uno de sus periodos de exilio− había causado una buena impresión y hecho amigos en Lima. Era el «Maestro de América», y así se le reconocía en Perú, pero en octubre de 1925 la admiración de los jóvenes peruanos por José Vasconcelos quedaría sellada con sangre.

José Santos Chocano (1875-1934), el representante del modernismo en Perú, era un hombrón de tupidos bigotes, dueño de un nombre famoso y un aura temible que él mismo arropaba en una celosa megalomanía. Llamado el «Cantor de América», tenía una idea descomunal de sí mismo («Walt Whitman tiene el norte, pero yo tengo el sur») y era un notorio promotor de las ideas militaristas y antidemocráticas que otro poeta modernista, el argentino Leopoldo Lugones, acababa de ensalzar meses atrás: «Ha sonado otra vez, para bien del mundo, la hora de la espada», había dicho Lugones en diciembre de 1924, con motivo de la celebración del centenario de la batalla de Ayacucho. En México, José Vasconcelos, que para entonces había roto con los militares, lo increpó severamente: «hemos perdido un poeta y hemos ganado un bufón». La polémica entre el «Cantor de América» y el «Maestro de la juventud» incide en las disputas ideológicas de todo el subcontinente. La Federación de Estudiantes del Perú defiende a Vasconcelos y publica un desplegado bajo el título de «Poetas y bufones»: «Los escritores y artistas que suscribimos sentimos el deber de declarar *nuestra solidaridad intelectual y espiritual* con José Vasconcelos y nuestra profunda estimación de su obra de pensador y maestro.» Entre los firmantes están Edwin Elmore y su amigo, el ya por entonces famoso José Carlos Mariátegui. Unos meses después, Mariátegui daría inicio a la publicación de *Amauta*, una de las más importantes revistas intelectuales y literarias de la historia latinoamericana.

Por propia cuenta, Elmore insistió y escribió un artículo contra Chocano y a favor de la democracia. Lo llevó a *La Crónica*, pero la redacción, lejos de publicarlo, lo entregó en secreto a Chocano, quien, lleno de ira, tomó el teléfono para insultar profusamente a Elmore, haciendo alusiones derogatorias contra su padre. El joven escribe un artículo más, relatando lo sucedido. Cuando lo lleva al diario *El Comercio* se topa con su enemigo. El «Cantor de América» había sido secretario de Pancho Villa (quien incluso le «prologó» un cuaderno de poemas) y *speechwriter* del dictador guatemalteco Manuel Estrada Cabrera. En 1922 fue coronado con los laureles de oro por el dictador peruano Augusto B. Leguía, a quien apoyaba desde las páginas de los diarios *La Crónica* y *El Comercio*. Por costumbre, llevaba siempre un revólver al cinto. El 31 de octubre de 1925, en el patio de *El Comercio*, José Santos Chocano y Edwin Elmore cruzan miradas sorprendidas; Elmore toma de la solapa a Chocano y lo abofetea; el poeta recula, saca un revólver y dispara contra el joven, hiriéndolo en el vientre. Dos días después, Edwin Elmore muere en el hospital.

El apologista de la dictadura militar termina con la vida del incipiente demócrata y socialista, seguidor de Vasconcelos, pero ni Elmore ni sus pocos escritos serían olvidados por sus amigos. Un año después del asesinato, José Carlos Mariátegui publica un ensayo de Elmore en el tercer número de *Amauta*:

México ha asumido –con una generación potente de hombres nuevos– la responsabilidad gloriosa de los ideales de hoy [...] La voz de Vasconcelos ha llenado de ecos la vastedad del Continente en menos de una década. Ya la escucha, como escuchara un día al lírico Rubén, el Cazador del Norte [...]

A la actual generación de mexicanos se debe el renacimiento de la altivez y de la dignidad en la política hispano-americana. México ha puesto veto al Dólar Imperial y corruptor; México le ha lanzado un NO rotundo al poder de Inglaterra; México ha demostrado a los países todos de nuestra América que pueden hablar en tono magistral e imponente a las más grandes potencias de la Tierra y que han llegado los días en que «por nuestra raza hablará el Espíritu».

Edwin Elmore, dice Mariátegui, debió haber sido ser uno de los colaboradores de *Amauta*. Murió defendiendo a Vasconcelos. No vivió para atestiguar la extraña conversión de su héroe a las ideas de Santos Chocano. Tampoco Mariátegui vivió lo suficiente para deplorarlo. Sin embargo, en esos pocos años produciría —como autor y editor— una de las obras de análisis y crítica social más amplias, profundas y perdurables del pensamiento latinoamericano. Porque si Vasconcelos (en línea con el nacionalismo hispanoamericano de Rodó) fue un poético y fantaseador Hegel de nuestros países, Mariátegui bajó las ideas a la tierra. Fue, en cierta forma, el necesario Marx de nuestras «repúblicas aéreas». Eso, y mucho más.

II

José Carlos Mariátegui La Chira nació en la pequeña ciudad de Moquegua el 14 de junio de 1894. Su nombre de pila fue José del Carmen Eliseo, pero nunca supo la verdad acerca del lugar ni la fecha exacta de su nacimiento. Aunque sabemos que el cambio de nombre comienza desde muy temprano y que él mismo llevaría a cabo los trámites legales para oficializarlo, el misterio sobre el sitio de su nacimiento lo acompañó toda la vida. Quizás el ocultamiento se debió a los temores maternos sobre desprestigio social en una sociedad lastrada por resabios coloniales. De hecho, la madre, María Amalia La Chira Ballejos, le había hecho creer que su lugar natal había sido Lima, la ciudad importante y principal donde residía su padre, Francisco Javier Mariátegui Requejo, descendiente de un prócer criollo de la independencia. El matrimonio Mariátegui-La Chira procreó tres hijos: José Carlos, Guillermina y Julio César. El padre abandona pronto el hogar conyugal y es posible que

José Carlos nunca lo conociera. La fantasmal identidad paterna se convirtió en una búsqueda constante y un motivo de dolor.

María Amalia era descendiente de *curacas*, un cargo de representación que detentaban indígenas o mestizos, pero de suyo un linaje insuficiente para ascender socialmente en la sociedad criolla de Lima. Algunos biógrafos sugieren que la propia María Amalia, católica devota, ignoraba las ideas anticlericales de su suegro y que, al descubrirlo, se llenó de vergüenza y silencio. Con la partida del padre, la situación económica se torna precaria y en 1899 la familia se ve forzada a emigrar de Lima a Huacho, donde residía la rama materna.

El drama humano está planteado, con todos sus complejos componentes étnicos, sociales, económicos y religiosos. Pero faltaba mucho más. En 1901, José Carlos ingresa a la escuela y, al año siguiente, sufre un grave accidente en la pierna izquierda que lo obliga a sobrellevar una convalecencia de cuatro años. Impedido a continuar sus estudios, se vuelve un lector voraz y obsesivo: historias de Moisés, de Cristo, Sigfrido y el Cid, y luego Anatole France, Manuel Beingolea, Francisco y Ventura García Calderón y, en fin, toda la pequeña biblioteca que había dejado el padre. En estas condiciones, el niño José Carlos intenta sus primeros pasos en las letras con poemas religiosos, impregnados de la catolicidad de la madre y de sus propias lecturas místicas.

Soledad, pobreza, melancolía, tristeza, misticismo y la constante presencia del dolor. Y, sin embargo, por encima de todo ello, perseverancia: pensar, leer, escribir. Toda su vida quedaría surcada por circunstancias adversas que su espíritu optimista –nunca ingenuo ni iluso– remontaría. La urdimbre de ideas renovadoras y la voluntad de acción –precisa, histórica, heroica incluso– serán las claves de su biografía.

III

Al despuntar el siglo xx, Lima era una prototípica ciudad criolla. En 1935, en la plaza central limeña se erigió una estatua ecuestre de Francisco Pizarro, muestra palpable del peso de la tradición. (En el otro extremo de la actitud histórica, un extremo igualmente sesgado, México no tiene siquiera una calle con el nombre de Hernán Cortés.) Y sin embargo, como muchas otras capitales de América Latina, Lima mostraba también signos evidentes de modernidad. Cuando el joven Mariátegui vuelve a Lima, se fascina con el alumbrado eléctrico, los tranvías, los aviones y el cine. La tecnología toda le resulta estimulante. También la cultura. Y cuenta ahora con un nuevo recurso para asimilar su contemporaneidad. Durante su convalecencia, que parecía eterna, por cuenta propia había aprendido francés. Siempre se sintió orgulloso de su corrección gramatical y su pronunciación.

En 1907 muere el padre y se desvanece la última posibilidad del reencuentro. Se hace necesario que el joven Mariátegui, a los 14 años, produzca algún ingreso. El diario *La Prensa* lo acoge en un puesto muy menor; algunos afirman que el trabajo era de «alcanzarrejones», ayudante de linotipista; otros hacen notar que aquel oficio requería un esfuerzo corporal (cargar cajas con tipos de plomo, por ejemplo), que habría sido extenuante para un muchacho frágil como él, y baldado para colmo de una pierna. De cualquier modo, José Carlos cuenta con la simpatía de un linotipista, el anarquista Juan Manuel Campos, quien terminaría presentándolo con la figura intelectual más prominente de aquel Perú. Era Manuel González Prada, precursor de una de las transformaciones políticas y conceptuales más importantes en la historia latinoamericana. En el lejano 1888, González Prada había pronunciado su célebre «discurso del Politeama» en que denunciaba la incapacidad y corrupción de la clase dominante y del ejército (su instrumento), y la sujeción de las masas campesinas a la ignorancia y la servidumbre. La suya era una voz original de disidencia social casi anarquista en tiempos de auge positivista. Y como un atisbo sobre el futuro ascenso estudiantil en el siglo XX en América Latina, González Prada hizo un llamado a la juventud para luchar contra la intolerable situación de injusticia. A partir de aquel famoso discurso, González Prada insistió en señalar la miserable condición del campesinado indígena, en su precaria lucha contra la expansión del latifundio gamonal (nombre dado al latifundista poderoso, ante el cual ni siquiera el Estado tenía fuerza coercitiva, de modo que funcionaba, según el análisis posterior de Mariátegui, como señor feudal).

Para el joven Mariátegui, González Prada representó un ejemplo de compromiso moral e intelectual. Pero él, José Carlos, era menos que un obrero con contrato. En el diario, una parte de su quehacer consistía en recoger los originales escritos por la planta de periodistas y colaboradores y llevarlos a las mesas de plomo, donde se componía la tipografía y se insertaban en su orden de publicación. En los breves respiros, el tiempo era suyo. Y lo aprovechó: en secreto introdujo un artículo propio, firmado con el seudónimo de Juan Croniqueur, y lo entregó a tipografía. Salió publicado al día siguiente. ¿Quién había sido?, indagaba el director. José Carlos Mariátegui recibió el regaño, pero también la oportunidad. El artículo estaba bien escrito y desplegaba una fresca inteligencia. Podría fungir entonces como ayudante, ya no de los talleres sino del quehacer periodístico, de los colaboradores y, sobre todo, se encargaría de atender el teletipo. Mariátegui quedó fascinado por ese aparato que producía información de todo el mundo.

Desde 1914 comienza a colaborar con *La Prensa*, con el seudónimo de Juan Croniqueur, y en 1915 es colaborador asiduo en algunas revistas: *Mundo Limeño*, *El Turf* (una revista hípica y de sociedad), *Lulú* (donde publica poemas, notas sociales y cuentos). Mariátegui describiría después este periodo como su «Edad de Piedra», cuando era un «literato inficionado de decadentismo y bizantinismo finisecular» que, pese a su inclinación por el esteticismo de D'Annunzio, había sin embargo incorporado la lección de González Prada y aprendido «a rechazar la presencia de la engolada mentalidad señorial y su academicismo».

Un año después, inicia sus tratos con el versátil Abraham Valdelomar (1888-1919), poeta moderno, narrador notable, artista plástico, discípulo de González Prada y activista político. Es por su influencia que Mariátegui recibe la mayor revelación de aquellos años: la idea de que el auténtico Perú es el Perú indígena. Valdelomar quería llevar el pasado inca —en la literatura, las artes plásticas y la música— a las alturas estilísticas de Pierre Louÿs (con su erotismo polivalente) o del más complejo y fino Gustave Flaubert, cuya obra había evolucionado de un «decadente» romanticismo hacia una nueva y precisa forma del realismo. Entre los amigos del grupo estaba Julio Baudouin, mejor conocido como Julio de la Paz, que había escrito el libreto para una zarzuela seria acerca de una trágica confrontación entre los trabajadores indios de una mina andina y sus jefes anglosajones. Su título fue *El cóndor pasa*. La música fue compuesta por Daniel Alomía Robles. La pieza final, inspirada en una canción de amor quechua, es mundialmente conocida con el nombre de la zarzuela (en 2004 fue declarada Patrimonio Cultural de la Nación).

En su crónica teatral del 3 de enero de 1915 en *La Prensa*, Mariátegui declara su entusiasmo: *El cóndor pasa* le conmueve «por la orientación que ha marcado en el sentido de explotar temas especialmente nacionales que son, sin que pueda discutirse, aquellos que nuestros escritores pueden tratar con mayor acierto y con mayor éxito en el público». Tras ese reencuentro con la raíz indígena, Mariátegui escucha a distancia el estallido de una nueva «onda sísmica» del pasado peruano: la rebelión de Rumi Maqui, «Mano de piedra», así apodado por sus huestes, los indios de Puno. Su verdadero nombre era Teodomiro Gutiérrez Cuevas. Había sido sargento mayor de Caballería del ejército peruano y, en 1913, había llegado a Puno enviado por el gobierno de Guillermo Billinghurst para investigar las masacres de indígenas en cuatro de sus distritos. Gutiérrez Cuevas elabora, entonces, un informe sobre la desoladora situación de la zona, pero no conforme con ello, al palpar el peso del agravio histórico, decide encabezar un movimiento para vengarlo. El propósito de su sublevación –como otras en la historia peruana– era la restauración del Tahuantinsuyo, orden que no quedaba fuera de la historia o relegado en el inicio de los tiempos, sino encarnado en unos gobernantes reales, los incas, una capital tangible, Cuzco, y un contenido vital que era preciso recobrar: el reino supuestamente exento de hambre y explotación de la cultura andina. La rebelión fue aplastada en 1916, tras su primera victoria significativa. Al escribir sobre Rumi Maqui, Mariátegui tiene una revelación, no muy distinta a la del zapatismo en muchos jóvenes revolucionarios mexicanos: lo antiguo puede ser lo nuevo, «la revolución ha reivindicado nuestra más antigua tradición».

Mariátegui tiene ingresos, se va haciendo de un nombre y escribe todo el tiempo: de caballos, del parlamento, crítica literaria, poemas, obras de teatro (sin éxito). La revista *Colónida* fue su vehículo de rebelión literaria. Era un poeta entusiasmado con las letras, un ensayista metafísico, místico incluso, un crítico de la realidad social y cultural. Tiene noticia, desde luego, de la guerra europea y ha seguido con interés el derrotero de la Revolución mexicana, pero no asomaba aún, con claridad, la pasión política que lo envolvería el resto de la vida.

Su creciente conciencia social lo llevó a la polémica. Desde las páginas de *La Prensa* entabla una discusión con el escritor José M. de la Riva

Agüero, amigo cercano de Vasconcelos y fundador, en 1915, del Partido Nacional Democrático. (Al igual que Vasconcelos, con el tiempo Riva Agüero exaltaría la tradición puramente hispana de Latinoamérica, y simpatizaría con el fascismo.) Para 1917, Mariátegui había dejado *La Prensa* y se incorporó a *El Tiempo* como jefe de redacción y cronista parlamentario. Paralelamente, se vuelve codirector de la revista *El Turf*, donde trata todavía temas religiosos y publica crónicas costumbristas. Pero poco a poco, el analista político va ganando su interés central. El periodismo se convierte en su vehículo de expresión más importante.

En noviembre de 1917, vinculados con Rusia, suceden dos hechos relevantes: el triunfo de la Revolución bolchevique, que llama su atención, y el episodio conocido como el «escándalo del cementerio». Un grupo de amigos convencen a una famosa bailarina rusa llamada Norka Ruskaya —de visita en Lima— de danzar en el cementerio al compás de la *Marcha fúnebre* de Chopin. Un violín ejecutó la pieza y la Ruskaya, en efecto, bailó a sus anchas. Esa misma noche se escucharon las primeras alarmas: «¡Profanación de las cenizas de nuestros venerados muertos!» Casi todos los involucrados fueron a dar a la cárcel. El episodio no fue sólo chusco, sino sintomático: según varios testimonios, el de Mariátegui incluido, los jóvenes no intentaban cometer profanación alguna, pero el acto supuestamente sacrílego puso a los artistas en la lupa de la policía.

La orientación de *El Tiempo* comienza a parecerles demasiado moderada. Junto con César Falcón y Félix del Valle, José Carlos Mariátegui funda entonces *Nuestra Época*, una revista socialista inspirada en el modelo de la revista *España*, que dirigía Luis Araquistáin, donde colaboraba buena parte de la Generación del 98, entre ellos Miguel de Unamuno. En el primer número, Mariátegui publica «Malas tendencias: el deber del Ejército y el deber del Estado». Un grupo de oficiales lo agrede buscando provocar un duelo.

Aunque Mariátegui se reconocía ya como un autor socialista, sus influencias no eran todavía las del marxismo ortodoxo, sino la idea general europea —no necesariamente ligada a la Revolución— de un movimiento social e intelectual afín a la clase obrera y al sindicalismo. Bajo esta idea acepta participar en la fundación del Comité de Propaganda y Organización Socialista, pero se separa pronto, junto con su amigo Falcón, por su desacuerdo con la transformación del comité en partido

político. Esta renuencia a participar en la lucha por el poder se vuelve
una convicción temprana y constante. Lo suyo no es, nunca sería, el acceso al poder. Su lugar fue la independencia crítica.

Mariátegui y Falcón fundan *La Razón*, primer diario de izquierda en
Perú. Desde sus páginas apoyan la huelga obrera por el horario de ocho
horas y el abaratamiento de la subsistencia. También celebran el movimiento estudiantil de Córdoba. Siempre fascinado con el pulso mundial,
Mariátegui sigue de cerca los acontecimientos en la Rusia revolucionaria, las políticas de Wilson, la Primera Guerra... No podía pasar mucho
tiempo sin que los jóvenes socialistas, enfrentados al gobierno de Leguía, se vieran obligados a elegir entre dos posibilidades: la prisión o un
exilio tolerado (dotado de un cierto estipendio oficial). La elección no
era tal: Mariátegui parte rumbo a Europa.

IV

Tras llegar a París, en noviembre de 1919, Mariátegui entra en contacto
con Henri Barbusse, escritor y militante comunista, así como con Romain Rolland y el grupo socialista de *Clarté*. En París descubre al proletariado real, amplio y activo, que en Perú era apenas embrionario. «Mis
mejores recuerdos —escribe— son los mítines de Belleville, donde sentí
en su más alta intensidad el calor religioso de las nuevas multitudes.»
Y, en efecto, la proclividad religiosa que mostró en sus poemas juveniles se reorientó definitivamente hacia los asuntos políticos. Nunca
más volvió a recurrir a la poesía para expresar su conciencia crítica. De
Barbusse, por ejemplo, recoge una lección: «Hacer política es pasar del
sueño a las cosas, de lo abstracto a lo concreto. La política es el trabajo
efectivo del pensamiento social; la política es la vida...»

En Europa se va operando una transformación profunda. No sólo deja
de escribir poesía, sino que publica mucho menos. Es tiempo para leer y
observar. Escribe y da a la luz sus *Cartas de Italia*, y casi nada más. Quizás era un respiro que preparaba la vertiginosa vida pública e intelectual
que le esperaba a su regreso a Perú. Apenas pisa Europa, intuye que algo
fundamental ha cambiado en la historia. Entiende que «la victoria tocó a
aquellos pueblos que creyeron batirse porque esta guerra fuese la última:

Se ha inaugurado un periodo de decadencia de la guerra y de decadencia del heroísmo bélico, por lo menos en la historia del pensamiento y del arte. Ética y estéticamente, la guerra ha perdido mucho terreno en los últimos años. La humanidad ha cesado de considerarla bella [...] Los artistas contemporáneos prefieren un tema opuesto y antitético: los sufrimientos y los horrores bélicos.

En esta reflexión hay un eco de sus lecturas de Lenin y Rosa Luxemburgo, que después, en 1924, reproducirá en Perú, en una conferencia sobre Lenin.

En diciembre parte a Italia. Algunos mencionan motivos de salud; otros suponen la influencia de la cultura italiana en el Perú de inicios del siglo. El núcleo de intelectuales y la cultura proletaria que vio en Francia habría de consolidarse en Italia, y específicamente en Turín, una ciudad de intensas contradicciones. Por un lado, un acelerado desarrollo industrial; por el otro, una miseria extendida. Todo sucede ahí: el sindicalismo obrero católico, el comunista, el socialista, los anarquistas, los «consejos de fábrica», el ascenso de Benito Mussolini y el fascismo, el trasfondo de la guerra y la esperanza modernista y, más aun, la creación artística de los «futuristas», que consideraban a la tecnología moderna y el ambiente urbano como medios hacia la redención material del mundo (con una fe en la energía y la vitalidad que los llevaría al fascismo).

Mariátegui sigue el proceso con avidez, y se dará tiempo para hacer sus primeros análisis de la política y las letras de Oriente. Reconoce a Gandhi como un «idealista práctico»; percibe que, en Turquía, Mustafá Kemal (después conocido como Atatürk) encabeza un movimiento de liberación social y política; se da cuenta de que, en el congreso que fundó la Tercera Internacional, en 1919, asisten delegados de China y Corea.

El teletipo lo había preparado para absorber cuanta influencia se le presenta. Lee al liberal Benedetto Croce, al socialista Antonio Gramsci y al que pronto sería el oficial «filósofo del fascismo», Giovanni Gentile. Había llegado a Europa con la sensación de que la teoría marxista era «confusa, pesada, fría», pero en Italia había alcanzado a «ver su verdadera luz y [...] su revelación». La clave futura del enfoque histórico de Mariátegui —observó Richard M. Morse— está en «la visión a un tiempo vitalista y voluntarista del marxismo» que absorbió bajo la influencia de Croce. El filósofo idealista italiano había tenido solamente un acercamiento con el marxismo como tal, pero se oponía decididamente a todo lo que significara leyes rígidas e inmutables. Y Mariátegui concordaba con esta visión. Se convirtió, pues, en un marxista romántico, siempre pendiente de que la realidad no se redujera a conformarse bajo esquemas, descreyendo en el supuesto destino ineluctable de la historia. Su marxismo queda teñido de espiritualidad, pero no de ensueños, sino de una noción básica del hegelianismo, según la cual la historia y la transformación del mundo son, de suyo, un proceso de la voluntad y del espíritu.

Lo impresiona que, en la Italia de la posguerra, los intelectuales más importantes y diversos mantienen contacto a pesar de sus hondas diferencias. Croce había sido maestro tanto de Antonio Gramsci –la figura principal del Partido Comunista Italiano– como del fascista Giovanni Gentile, lo cual no significaba una comunión, pero mostraba la posibilidad de un debate incesante y abierto que Mariátegui celebraba. Pero siempre se mantuvo atento al mundo circundante, y ante todo a su propia circunstancia italiana. Antes de que el fascismo tomara el poder (en octubre de 1922), sus *squadristi* andaban por la calle con sus garrotes y puñales y sus ánforas de aceite de ricino. Mariátegui entendió lo que las lealtades de Gentile representaban y supo igualmente el peligro que entrañaba el fascismo para el futuro de la libertad intelectual:

Ya un filósofo liberal como Benedetto Croce –verdadero filósofo y verdadero liberal– ha abierto ese proceso [el proceso de colocar a Marx como el filósofo que juzga a la filosofía contemporánea], en términos de inapelable justicia antes de que otro filósofo, idealista y liberal también, y continuador y exégeta del pensamiento hegeliano, Giovanni Gentile, aceptase un puesto en las brigadas del fascismo, en promiscua sociedad con los más dogmáticos neo tomistas y los más incandescentes anti-intelectualistas.

Respeta a Croce, pero no puede estar de acuerdo con él en su apreciación del Estado liberal, refutado aquí y allá por la debacle de la Gran Guerra que fue, en realidad, el fin del siglo XIX. Frente al ejemplo italiano, supuso que las democracias liberales de su tiempo eran una presa fácil para la voluntad dictatorial de las derechas.

Quiso evaluar el fenómeno de Mussolini. Pudo haber percibido el estilo épico y heroico de Mussolini como cercano a su propia concepción romántica de la existencia, sobre todo porque todavía se suponía influido por Vasconcelos. Pero, de haber sido así, no fue sino cosa pasajera:

> El «fascismo» es la acción ilegal de las clases conservadoras, temerosas de la insuficiencia de la acción legal del Estado, en defensa de la subsistencia de éste. Es la acción ilegal burguesa contra la posible acción ilegal socialista: la revolución.

A los ojos de Mariátegui, la marcha fascista sobre Roma representó «la quiebra de la respuesta capitalista a las perspectivas revolucionarias» y seguramente le trajo ecos de los generales latinoamericanos y las botas de sus soldados.

Europa no sólo ensancharía sus horizontes políticos, sino también estéticos. Los futuristas italianos daban voz a un presente urbano, pero también al culto de la acción incontrolada. Muchos de ellos eran veteranos a quienes la guerra había desgastado mucho más que a sus contrapartes, la «generación perdida» de artistas norteamericanos, los franceses e ingleses. Atraídos por París, éstos producirían la más importante literatura de los años veinte. Mariátegui advirtió el peligro que entrañaban aquellas imperiosas actitudes futuristas en una Italia plena de hombres violentos y resentidos por las ínfimas ganancias de su país tras la victoria en la Primera Guerra.

Mariátegui nunca cedió al marxismo reduccionista, que juzgaba la literatura conforme a normas ideológicas. A despecho del papel político y hasta militar que desempeñó D'Annunzio como inspiración para el fascismo, admiró siempre su poesía. Sin embargo, lo que más lo atrajo fue la poderosa literatura francesa. La valoraba como recurso de liberación de la mente humana. Más tarde, en 1928, describiría su percepción del surrealismo: «El superrealismo es una etapa de preparación para el realismo verdadero [...] Había que soltar la fantasía, libertar la ficción de todas sus viejas amarras, para descubrir la realidad.» Muchos importantes autores latinoamericanos tardarían una o dos décadas en compartir esas ideas.

Italia le daría mucho más. Limitado por su condición física (que empeoraba) y el frenético ritmo que sostenía como escritor —al principio, como medio para salir de la pobreza y, luego, por hacerse de un lugar propio en el mundo de las letras–, Mariátegui no era un hombre mundano ni experimentado en el arte de la seducción. Durante un viaje por Génova, en un restaurante campestre del pueblo de Nervi, Mariátegui conoce a Anna Chiappe, con quien comienza una relación amorosa. (En su casa conocerá a Croce.) Sabe que pronto dejará de ser un soltero más o menos becado y, para ayudarse en su manutención, comienza un ciclo de colaboraciones epistolares en el diario limeño *El Tiempo*. Honesto y franco siempre, en sus cartas describe el «descubrimiento» de la mujer. En 1921 celebra su boda con Anna y ve nacer en Roma a Sandro, el primero de sus hijos.

«Desposé mujer y algunas ideas», comenta, y dedica varias de sus cartas italianas a explorar ese hallazgo de la mujer como par, en igualdad de circunstancias intelectuales. No es un feminista, pero quizás sea de los primeros intelectuales latinoamericanos en reconocer el lugar de la mujer en una sociedad moderna. Y junto con la mujer descubre también la obra de Sigmund Freud (que equipara a la de Marx) e incorpora ese hallazgo a su visión política. Ya en Lima, tiempo después, Anna le dará tres hijos más: Sigfrido (como el héroe de sus lecturas infantiles), José Carlos y Javier. Durante sus últimos años, intensamente productivos aunque siempre transidos de dolor físico, disfrutará de una amorosa vida familiar.

Como marxista heterodoxo, Mariátegui fue proclive a opiniones y actitudes que los dogmáticos calificaban como «errores». Eligió el comunismo, pero siempre fue un individualista, intolerante con la intolerancia, actitudes que le acarrearían censura y pleitos con los emisarios de la Tercera Socialista (la Komintern). Ha leído y admirado a Gramsci, y, en 1921, estuvo presente en el congreso del Partido Socialista Italiano en Livorno, donde los socialistas de izquierda –guiados por Gramsci– viven la famosa escisión que dio origen al Partido Comunista. No obstante, su percepción de la cultura como instrumento de la revolución se debió, sobre todo, a Georges Sorel, de quien asimiló la necesidad de un «nuevo lenguaje» y el reconocimiento del «valor perenne del Mito en la formación de los grandes movimientos populares». Sorel lo describía como la «creación de fantasía concreta que opera sobre un pueblo disperso y pulverizado para suscitar y organizar su voluntad colectiva».

Hace amistad con Piero Gobetti, seguidor de Croce y liberal radicalizado que, sin embargo, colaboraba frecuentemente en la revista *L'Ordine Nuovo,* publicación comunista de la que Gramsci fue cofundador. Esta capacidad de los italianos para conjuntar en las mismas páginas posturas distintas, antagónicas incluso, dejará su marca, más adelante, en la empresa cultural más importante de Mariátegui: la revista *Amauta.* (Esta misma tendencia reviviría en Italia décadas más tarde, tras la derrota del fascismo.)

En 1922 asiste a la Conferencia Internacional convocada por el Consejo Supremo de la Sociedad de las Naciones, y junto con César Falcón, Carlos Roe y Palmiro Macchiavello funda la primera célula comunista peruana. Antes de volver a Perú recorre Francia, Alemania, Austria, Hungría, Checoslovaquia y Bélgica, y estudia los movimientos revolucionarios que convulsionan el continente tras la guerra. Finalmente, la familia emprende la vía de vuelta. Europa le había regalado la experiencia única de contemplar un orden occidental que parecía morir y un orden nuevo que apuntaba desde Oriente. En Europa –escribe Morse– Mariátegui «observó la forja y la prueba de ideologías en el crisol de la acción». Y sólo en Europa Mariátegui se descubrió americano:

Por los caminos de Europa, encontré el país de América que yo había dejado y en el que había vivido casi extraño y ausente. Europa me reveló hasta qué punto pertenecía yo a un mundo primitivo y caótico; y al mismo tiempo me impuso, me esclareció el deber de una tarea americana.

V

De vuelta en Lima en marzo de 1923, con su esposa y su hijo Sandro, Mariátegui debe sortear su vida material. Entra en contacto con la otra gran figura del pensamiento político peruano en esa generación: Víctor Raúl Haya de la Torre. Tenían la misma edad, pero no podían ser más distintos en complexión física y extracción social. Hombre fornido, apuesto, alto de estatura, de cuna, educación y oratoria, Haya de la Torre era amigo de César Vallejo, visitante asiduo a la casa de González Prada, corresponsal de José Enrique Rodó, Miguel de Unamuno, José Vasconcelos. Como Mariátegui, Haya de la Torre era marxista, pero su ascenso fulgurante se había dado desde la universidad. Fue presidente de la Federación de Estudiantes del Perú. En 1919, se había involucrado activamente en la revuelta obrera que reclamaba la jornada de ocho horas y el abaratamiento de las subsistencias, además de organizar una serie de protestas estudiantiles (inspiradas por la revuelta universitaria de Córdoba) en busca de una reforma universitaria. Cuando conoce personalmente a Mariátegui (tenían noticia uno del otro por sus publicaciones en periódicos y revistas), Haya de la Torre había fundado y dirigido las universidades populares González Prada. Una figura de tales dimensiones no podía dejar en el olvido a un brillante camarada que volvía a la patria. Haya de la Torre acogió a Mariátegui. Le da cabida en la revista *Claridad* (eco de *Clarté*, de Barbusse y Rolland) y organiza para él, dentro de las universidades González Prada, un ciclo de conferencias bajo el título de «Historia de la crisis mundial».

De pronto, el ostensible apoyo oficial del presidente Leguía a la Iglesia católica cambia la vida de ambos. En mayo de 1923, el presidente Leguía quiere llevar a cabo una ceremonia para encomendar la nación peruana al Sagrado Corazón de Jesús; Haya de la Torre se indigna ante la violación de la libertad de cultos y participa en las protestas públicas. Su presencia y oratoria lo colocan como la figura más visible del movimiento. La eficacia de las protestas obliga a la suspensión de la ceremonia, pero Haya de la Torre tiene que salir exiliado. A su salida deja la dirección de *Claridad* en manos de Mariátegui y emprende un recorrido internacional que lo llevará a México, en donde José Vasconcelos le entrega la bandera que funda la Alianza Popular Revolucionaria Americana (la A.P.R.A.), un programa político para actuar sobre toda Latinoamérica. (Se establecen, en efecto, comités de la alianza en Buenos Aires, México y La Paz.) Haya sale de México rumbo a la Rusia soviética. Tras su visita, queda convencido de la enorme distancia que existía entre su país y la realidad europea: dado el muy pobre desarrollo industrial de Perú no tenía ningún caso hablar de «proletariado» donde no había más que campesinos. Haya modifica desde entonces su movimiento, alejándose del comunismo hacia una ideología nacionalista y un socialismo moderado.

En sus conferencias de la Universidad Popular, Mariátegui trató una asombrosa amplitud de temas contemporáneos: la crisis mundial, el caso del proletariado peruano, la presentación y análisis de las distintas revoluciones europeas, los tropiezos de las políticas de paz, las perplejidades económicas del capitalismo, la crisis de la democracia, la Revolución mexicana, y un final «Elogio de Lenin», donde desarrolla su posición acerca de la violencia revolucionaria: hay una violencia destructora (la de la guerra entre las potencias occidentales) y una nueva violencia creativa y revolucionaria: «Si [...] estallase la guerra, los trabajadores tienen el deber de intervenir para hacerla cesar lo más pronto posible y utilizar con todas sus fuerzas la crisis económica y política creada por ella para agitar a las capas populares más profundas y precipitar la caída del régimen capitalista.» Quedaba claro que había afinado sus ideas sobre el socialismo y la revolución. De Sorel aprendió la validez de la violencia legítima, no de la crueldad viciosa. Es decir: la victoria justa de un espíritu comunitario, no el ejercicio del odio y el terror. Era también una respuesta al uso despectivo que solía darse a la palabra «bolchevique», y era, en fin, el doble propósito de recuperar a Lenin y, sin embargo, pensar de modo libre e independiente. Los periódicos, particularmente *La Crónica*, daban cuenta puntual de lo expuesto. Las conferencias fueron un éxito, y contribuyeron a solidificar su prestigio como pensador y como surtidor de ideas; pero también su lugar de intelectual incómodo.

Mientras tanto, Mariátegui continúa su actividad al frente de *Claridad*, identificada como publicación crítica del régimen y de cuño socialista (el número 5 de la revista está dedicado a Lenin). Va a dar a la cárcel brevemente en enero de 1924 debido a su involucramiento con los movimientos obreros. En marzo, lleva a cabo su primer intento empresarial: la Editorial Obrera Claridad. A poco de iniciar, su precaria salud empeora y los médicos se ven obligados a amputarle la pierna derecha, la «buena». Pasará el resto de su vida en una silla de ruedas. Pero en unos meses ha vuelto a la carga.

Aunque ha comenzado a decepcionarse de la Revolución mexicana, hasta el final de la década publicará su diagnóstico final: si bien reconocía los méritos de la Revolución como movimiento democrático burgués, criticaba su aceptación de principios capitalistas y los pactos que, en detrimento de los obreros, habían establecido los caudillos triunfantes y la pequeña burguesía con los capitales norteamericanos y la Iglesia. Para colmo, la propiedad de la tierra permanecía intacta. Mariátegui no veía la transformación social que imprimió al país Lázaro Cárdenas, al impulsar a partir de 1937 una profunda reforma agraria con claros contenidos socialistas e indigenistas.

VI

Tras la amputación de su pierna, Mariátegui publicó una serie de artículos en la revista *Mundial* titulada *Peruanicemos al Perú*. Esa serie marca el inicio de su vertiginoso pensamiento de madurez, ya no como un brillante comentarista, sino como un teórico de valía y de ideas propias.

¿Peruanizar? ¿Hacer de una nación una nación más auténtica? La idea no es extraña en Latinoamérica. Desde su origen, las naciones de «Nuestra América» tienen la intuición de vivir una vida de dobleces. La lengua oficial, los poderes, los estados, las instituciones provienen de la cultura europea occidental. Pero las poblaciones autóctonas y originarias que conforman la mayoría de la población han quedado en una notoria inferioridad social, económica y política. América Latina vive, tras su siglo de independencia, un paulatino descubrimiento de una realidad dividida. Las diversas respuestas a este fenómeno privilegian una posición sobre la otra. Unos afirman la autenticidad excluyente de las poblaciones indígenas y consideran la influencia occidental como una imposición y una injusticia; otras han supuesto que la cultura europea es claramente superior, más racional y más justa y, por lo tanto, represente un avance histórico. Otros más —y es la gran esperanza de Martí, de Rodó, del joven Vasconcelos— imaginan una unión fructífera entre las culturas. De acuerdo con la idea progresista de las primeras décadas del siglo XX, la gran confluencia se habría de dar en el ámbito de las razas y de su mestizaje final.

Mariátegui, en cambio, intuye que algo falla en estas explicaciones. Le resultan académicas, literarias, artificiosas: «en el Perú hemos tenido un nacionalismo mucho menos intelectual, mucho más rudimentario e instintivo que los nacionalismos occidentales que así definen la Nación». Y lo inquietan esos vuelos intelectuales que no saben leer la realidad histórica porque suelen suponer una homogeneidad donde, de hecho, no existe más que división y fragmentaciones.

A principios del siglo XX, la división racial en el Perú se acentuaba por la intrincada geografía (hacia el este, el desierto se alza en una escarpada cordillera, para después dar paso a la selva) y una red vial más que deficiente. Los indios vivían en las montañas, junto con una pequeña proporción de mestizos. Los criollos, ya sea por sangre o por cultura, vivían en las partes bajas, sobre todo en las ciudades de la costa. Para las ciudades resultaba más rentable traer peones desde la lejana China que desde el interior, o llevar trigo por barco desde Chile o California. Con ello sobrevino la decadencia y desaparición de los *ayllus* (palabra quechua que designa una forma de comunidad familiar extensa, con trabajo y propiedad de la tierra comunes, con un linaje donde cada *ayllu* se suponía descendiente de algún antepasado mítico; el *curaca* era el jefe del *ayllu*, y no era cargo hereditario sino seleccionado por un ritual religioso, o por nombramiento desde el Cuzco).

A fines del siglo XVIII, aplastada la insurrección indígena del caudillo Túpac Amaru (la más famosa, pero no la única en su género), fueron suprimidos los títulos de «curaca», como el de la familia materna de Mariátegui. Surge entonces, abominada por Mariátegui en sus análisis, la clase social del gamonalismo, forma de control y poder sobre las poblaciones indígenas dispersas. Ante esa realidad sociopolítica, dice Mariátegui, los intelectuales universitarios han fantaseado un país que no existe y los políticos han discurrido una ideología hueca:

> La política peruana –burguesa en la costa, feudal en la sierra– se ha caracterizado por su desconocimiento del valor del capital humano. Su rectificación, en este plano como en todos los demás, se inicia con la asimilación de una nueva ideología. La nueva generación siente y sabe que el progreso del Perú será ficticio, o por lo menos no será peruano, mientras no constituya la obra y no signifique el bienestar de la masa peruana, que en sus cuatro quintas partes es indígena y campesina.

La mayoría de los marxistas ha tendido a creer que el sujeto *pertenece,* de modo determinante, a un tiempo y lugar específicos (y eso es fundamental para formar la ideología del sujeto). Mariátegui quiere decir que el sujeto *es esencialmente historia.* Por una razón que –por su lectura da Marx, de Croce, de Sorel– le parece evidente: la historia es un proceso de la voluntad, y nosotros, los seres humanos, *somos* esencialmente seres históricos. De este modo, el ser no es un dato dado, sino un proceso histórico constante:

> El Perú es todavía una nacionalidad en formación. Lo están construyendo, sobre los inertes estratos *indígenas*, los aluviones de la civilización occidental. La conquista española aniquiló la cultura incaica. Destruyó el Perú autóctono. Frustró la única peruanidad que ha existido [...] Una política realmente nacional no puede prescindir del indio, no puede ignorar al indio. El indio es el cimiento de nuestra nacionalidad en formación.

Más aun, sin el indio no puede haber progreso: es el productor, el verdadero elemento de progreso. Sin el indio no podría existir la peruanidad. Pero Mariátegui no está proponiendo un indigenismo ingenuo o folklorista que, en Latinoamérica, ha querido sustituir a la realidad, pero enmascara una suerte de condescendencia vacía y bondadosa que relega al indio al nivel de mero entretenimiento y a una perpetua tutela. Mariátegui quiere un progreso real, intelectual, espiritual y material:

> Aquellos que dicen que el Perú, y América en general, viven muy distantes de la revolución europea, no tienen noción de la vida contemporánea, ni tienen una comprensión, aproximada siquiera, de la historia. Esa gente se sorprende de que lleguen al Perú los ideales más avanzados de Europa; pero no se sorprende en cambio de que lleguen el aeroplano, el trasatlántico, el telégrafo sin hilos, el radio; todas las expresiones más avanzadas, en fin, del progreso material de Europa. La misma razón para ignorar el movimiento socialista habría para ignorar, por ejemplo, la teoría de la relatividad de Einstein.

Tardará un par de años en redondear su idea. Pero aquí está ya toda la intuición concurrente de su madurez final. De pronto, aquel niño debilucho, fascinado por la luz eléctrica y el tranvía, se había transformado en un formidable intelectual, de salud precaria pero vivamente entusiasmado con los aviones y la teoría de la relatividad (¿sabría que Einstein tuvo su visión genial, precisamente, a bordo de un tranvía?). Del mismo modo, los héroes de sus lecturas infantiles eran ahora el indio peruano y la masa revolucionaria. Un entusiasmo intacto, pese al dolor, la adversidad, la incertidumbre. Y en la reivindicación del indio, quizá, podía advertirse un sutil tema personal: la reivindicación de su madre, la *curaca* abandonada.

VII

Tras las conferencias de la Universidad Popular, los estudiantes, impresionados por Mariátegui, acudieron con el rector para pedir que se le diera una plaza, una cátedra. El rector se negó: a fin de cuentas, Mariátegui carecía de toda credencial académica. Nunca más volvería a tener un ingreso seguro. Vivía del producto directo de su trabajo, pero no era nada sencillo conseguir empleo. Además, la independencia formaba parte de su naturaleza. La solución es la empresa cultural. Funda la Editorial Minerva cuyo propósito es ofrecer una serie de libros, nacionales y extranjeros, destinados a desarrollar la atmósfera cultural de los peruanos y romper así la influencia ideológica que pesaba sobre la nueva generación de intelectuales y artistas. Con notable anticipación, busca destinar una buena parte de la producción editorial a libros de economía, no sólo por ser materia fundamental en Europa, sino para dejar atrás la improvisación y subjetividad con que se abordaban en el Perú los temas sociales. (Con esta misma idea, 10 años después, Daniel Cosío Villegas crearía el Fondo de Cultura Económica, que desde México irradió por décadas a toda América Latina.)

El primer libro publicado por Minerva, en 1925, fue *La escena contemporánea*. Ahí quedaban sus primeras reflexiones sobre el fascismo, la crisis de la democracia, la Revolución rusa, la crisis del socialismo, la relación entre la revolución y la inteligencia, ensayos sobre Oriente y una intuición notable: su tratamiento del semitismo y antisemitismo anticipa los horrores del nazismo. Los autores que abordaba —con independencia crítica y una prosa sobria, escueta y precisa— no eran ya los admirados de la generación pasada, sino una panoplia de hombres vivos. «Todo lo humano es nuestro», dirá Mariátegui unos meses después. Era evidente que había surgido —tomando ahora la futura expresión de Octavio Paz— un «contemporáneo de todos los hombres». Nada le resultaba ajeno.

En febrero de 1926, Editorial Minerva había lanzado una revista de modesto formato y producción: *Libros y Revistas*. Mariátegui quería generar recursos para sus grandes proyectos editoriales y recurre a la publicidad. Anuncios de automóviles, de bancos, de otras editoriales y hasta de sombrererías se intercalaban entre las páginas de tipografía legible y muy ceñida. Un trabajo digno de alguien formado en talleres de linotipia. Pero era sólo el principio.

«Yo vine de Europa con el propósito de fundar una revista», dijo en alguna ocasión. En septiembre de 1926 aparece el primer número de *Amauta* («sabio» o «maestro» en quechua). La revista de Mariátegui se volvió casi legendaria; en primera instancia, por la belleza material de su producción: un formato amplio, espléndido diseño tipográfico, modernos dibujos de tinta, xilografías de inspiración andina e incaica, todo muy bien impreso, eran elementos que hacían muy atractiva la revista. En su primer editorial, escribió Mariátegui: «Esta revista, en el campo intelectual, no representa a un grupo. Representa, más bien, un movimiento, un espíritu», lleno de diferencias y discrepancias, pero, por encima de las diferencias, una voluntad común: «crear un Perú nuevo dentro de un mundo nuevo». Supo perfectamente qué clase de obra emprendía: «habrá que ser muy poco perspicaz para no darse cuenta de que al Perú le nace en este momento una revista histórica».

En efecto, todo está ahí, inmerso en su perspectiva socialista: las bravatas del literato de vanguardia y el desafío del revolucionario; el compromiso ideológico, la militancia y la libertad de criterio; la conciencia histórica, la conciencia de estar haciendo la historia, y la intuición de que la historia es también espiritual; el cosmopolitismo y el incaísmo (que él siempre prefirió escribir «inkaísmo»): lo antiguo es nuevo, la universalidad de lo local. Y todo presentado con un nuevo concepto visual. No se trata de una revista bien presentada, sino de una propuesta plástica integral. El arte y el diseño no son ornamentales sino esenciales; avanzar por las páginas de *Amauta* no es hojear sino ir hallando ideas, literatura, ilustraciones, de pronto alguna joya sorpresiva, como alguna partitura o algún dibujo modernista, o la xilografía de un rostro indio de toscos trazos poderosos, semejante a la obra que, por entonces, desarrollaban los expresionistas alemanes antes de la tragedia de su República de Weimar. Mariátegui ideó incluso un formato especial, con distinto papel, impresión muy fina, distinto color de tinta, para dar a las artes plásticas una categoría propia: las artes eran un elemento vital de su concepto revolucionario. *Amauta* no es solamente un recurso de la teoría; es un acto, una acción revolucionaria en su sentido más nítido: una transformación del mundo.

La revista tenía dos secciones: una para artículos, ensayos y poemas, otra para las reseñas de libros. Excepto por un sutil cambio de tipografía en los encabezados, las páginas siguen una secuencia natural, bajo el único criterio de la creatividad. Para su época, resultó muy innovadora. Los periódicos y revistas publicaban sus secciones culturales con una división marcada o incluso por separado (de hecho, solían considerar las culturales como páginas «para señoritas»). Mariátegui cambia los cánones: para él, la acción revolucionaria (y los argumentos que la sostienen) no pueden ser tratadas de modo distinto al arte y la cultura. Desde la publicación de su libro *La escena contemporánea*, había defendido explícitamente la centralidad de la imaginación como parte integral de la política y de la revolución. *Amauta* dio cuerpo a esa generosa concepción.

A la larga, pocos entendieron su amplitud de criterio. Los marxistas «ortodoxos» se llamaban a escándalo por la irreparable herejía de hallar, a la par, páginas de Lenin y Trotski, la propuesta de Bernard Shaw sobre su socialismo fabiano, el manifiesto futurista de Marinetti, la confrontación de ensayos de André Breton, Miguel de Unamuno y Waldo Frank, entre otros, acerca de la existencia de una literatura proletaria. Dos cosas resaltan de modo eminente: *Amauta* era revolucionaria, no doctrinaria; y Mariátegui fue un editor, jamás un censor. Entendió el valor de la convivencia de los adversarios en un mismo espacio polémico y supo ver, en la Italia fascista, lo que sucede cuando una parte suprime la opinión de la otra.

En *Amauta,* Mariátegui reunía la fascinación por el teletipo (que daba noticias de todo el mundo) con la literatura, la filosofía, las artes. En la revista pudo dar sustento y madurez a sus ideas originales. Pero aunque él considerara un solo impulso su trabajo editorial, su labor de escritor y su participación política, no hay forma de referirse a todo ello sino efectuando una separación. Por un lado, entonces, el editor y el escritor han comenzado a difundir y defender el vínculo peculiar entre el *inkaísmo* y el comunismo, ambos con un marxismo espiritualista. Por otro lado, Mariátegui es un personaje activo en las organizaciones obreras, en las células comunistas y en la A.P.R.A.

VIII

La irrupción de *Amauta* en la vida pública fue mal vista por el gobierno de Leguía. Apenas en junio de 1927, el gobierno denuncia la existencia de un supuesto «complot comunista» y desata la represión contra los núcleos obreros e intelectuales. Mariátegui sufre arresto y es recluido en el Hospital Militar de San Bartolomé. Le clausuran tanto *Amauta* como la Editorial Minerva. Aunque considera seriamente desplazarse a Montevideo o a Buenos Aires, elige perseverar. Su decisión de permanecer en Perú obedece al compromiso adquirido con su filosofía del indio y con el socialismo peruano. En diciembre de ese mismo año, *Amauta* aparece de nuevo.

En 1926 Mariátegui colabora en la conformación de las primeras células clandestinas de la A.P.R.A. bajo el liderazgo de Haya de la Torre. Al año siguiente, Haya, que había vuelto de su exilio tras romper con la Tercera Internacional, transforma su institución (de alcance iberoamericano, originalmente) en el APRA, un partido político que se proponía integrar a las clases medias, abandonar el socialismo revolucionario y buscar el poder por vía electoral. La nueva legislación peruana, que prohibía la actividad política de cualquier grupo que no fuera exclusivamente peruano, precipitó esa decisión. Mariátegui se opone a convertir la A.P.R.A. en el APRA, es decir, en un partido político que, aceptando las reglas de una decadente democracia burguesa, abandonara las ideas revolucionarias. Se abre una polémica entre ellos. En una carta a Moisés Arroyo, Mariátegui comenta que «Haya se ha obstinado en imponernos sin condiciones su caudillaje [...] Abrí a Haya, atenido a sus protestas revolucionarias marxistas –he averiguado después que en materia de marxismo no ha aprendido nada– un crédito de confianza quizá excesivo».

Habían compartido convicciones profundas. Ambos mantenían el antiimperialismo en la raíz de su programa político y ambos imaginan un comunismo inca. Sobre ese orden, Mariátegui escribe: «La más avanzada organización comunista, primitiva, que registra la historia, es la incaica.» Y Haya de la Torre: «Reivindiquen el Perú incásico para la gloria y la eternidad del poder civilizador del más avanzado Estado comunista de la antigüedad...» Pero hay diferencias: Mariátegui concibe indigenismo material más que espiritual, en cambio Haya aborda la cuestión indígena con una retórica metafísica que recuerda la «raza cósmica» de Vasconcelos. Y no hay que descartar, en fin, un conflicto de clases entre ellos. Haya de la Torre guardó siempre una idea aristocrática de sí mismo y es posible que percibiera la independencia de Mariátegui –pobre, inválido, sin preparación universitaria y surgido de la clase trabajadora– como una ingratitud. En suma, aunque ambos tuvieran a la política como centro vital, Haya de la Torre buscaba el poder. Mariátegui, por su parte, perseguía el saber aplicado a la acción, perseguía las ideas.

Mariátegui rompió con Haya de la Torre porque preveía, no sin cierta razón, el futuro «burgués» del APRA. Pero no por ello cohonestó las degradaciones vulgares del marxismo ni consintió las rigideces de la ortodoxia sancionada por la Unión Soviética. Los defensores de la pureza comunista vieron siempre con recelo su «heterodoxia» porque no seguía los dictados del partido. A aquellos materialistas científicos les producía repulsión herética el que Mariátegui se refiera al espíritu y, sobre todo, que se dejara fascinar por el mito. Pero la fascinación estaba ahí, como un aporte original (destinado a encontrar ecos perdurables) en el pensamiento revolucionario en América Latina:

Ni la Razón ni la Ciencia pueden satisfacer toda la necesidad de infinito que hay en el hombre. La propia Razón se ha encargado de demostrar a los hombres que ella no les basta. Que únicamente el Mito posee la preciosa virtud de llenar su yo profundo [...] La fuerza de los revolucionarios no está en su ciencia, está en su fe, en su pasión, en su voluntad. Es una fuerza religiosa, mística, espiritual. Es la fuerza del Mito.

En el corazón de sus ideas y su concepción de la realidad late un hondo, y nada convencional, impulso religioso. Quizás debe su fuerza a la religiosidad católica de su infancia y a la influencia devocional de su madre. Pero en él se transformó en algo más ancho. Al criticar a su mentor, González Prada, por sus convicciones antirreligiosas (que no tenían tanto que ver con el comunismo, sino con las posiciones anticlericales de los liberales del siglo XIX), Mariátegui dio su puntual y concisa opinión: «poco importa que los soviets escriban en sus afiches de propaganda que "la religión es el opio de los pueblos". El comunismo es esencialmente religioso».

Su obra más importante, los *7 ensayos de interpretación de la realidad peruana*, publicado en 1928, es una suerte de testamento, aunque todavía viviría dos años más y volvería sobre sus ideas en nuevos escritos. En este libro, Mariátegui se encarga de desmontar y refutar los prejuicios convencionales; subraya la primordial importancia del problema de la tierra y se extiende sobre su interpretación de un socialismo estético, míticamente indigenista, económicamente analítico, práctico y espiritual. Juzga racista e imperialista cualquier propuesta que sostuviera que el indio peruano debía, antes que otra cosa, elevarse moralmente a sí mismo y ser «educado» para salir de su sojuzgada y depauperada condición. El primer punto no debe ser enfrentado con educación, sino con la propiedad de la tierra. Ni los indios, ni los latinoamericanos en general, necesitan ninguna mistificación que sugiera «una raza destinada a la victoria». «Descartemos, inexorablemente, todas estas caricaturas y simulacros de ideologías y hagamos las cuentas, seria y francamente, con la realidad.» Hay que olvidarse de Rodó, olvidarse de las pontificaciones de Vasconcelos de una «raza cósmica». Mariátegui ve en su «comunismo inka» el modelo a seguir: un regreso a las raíces comunales. Pero no propone un retorno imposible a una antigua sociedad agraria. Debemos vivir en el mundo moderno, industrializado. Se trata, más bien, de un valor que hay que rescatar del pasado, la responsabilidad comunal, para producir el fin de la tiranía gamonal.

Con respecto a Estados Unidos, aquí y en muchos otros escritos, insiste en que el enemigo es el imperialismo norteamericano, no la persona, el individuo, el pueblo norteamericano, ni lo mejor de su cultura: «Roosevelt es el depositario del espíritu del Imperio; pero Thoreau es el depositario del espíritu de la Humanidad». El socialismo global es el futuro indispensable. De otro modo, «el destino de estos países, dentro del orden capitalista, es de simples colonias». Y sostiene que el arte y la literatura «no es una diversión ni un juego de intelectuales puros: profesa una idea histórica».

IX

La mítica dualidad indigenismo-socialismo, con todo su inmenso poder de seducción, con toda su belleza moral, con toda su nobleza utópica, fue refutada por la historia, sobre todo en su primer elemento, el indigenista. Luis Alberto Sánchez previó, en una polémica con Mariátegui, el curso de los hechos:

> Dígame, ¿usted cree que en la oposición entre costa y sierra, y en la comunidad indígena, está el camino de la solución, y que la comunidad es una organización autóctona? ¿Usted no ve en ella el rastro colonialista que tanto vitupera usted? ¿No involucra en el movimiento al cholo? ¿No podría acordar un movimiento de reivindicación total y no exclusivista?

Sánchez rechazaba el racismo (incluso el del indígena) que separaba ancestralmente a los grupos étnicos del Perú. Naturalmente, reivindicaba al mestizo y se proclamaba cholo. Pero Mariátegui, fascinado con su propia concepción mitológica, no estaba dispuesto a aceptar la tesis inclusiva, abierta, del mestizaje. Había descrito la utopía vasconceliana de las razas mezcladas como una «vehemente profecía» que «suprime e ignora el presente», una idea ajena a «la crítica de la realidad contemporánea, en la cual busca exclusivamente los elementos favorables a su profecía». Pero Mariátegui murió demasiado joven para ver que su tesis era también una «vehemente profecía», tan especulativa y utópica como la de Vasconcelos. En este punto, al menos, la afirmación vasconcelista del «mestizo» —haciendo a un lado sus absurdos derroteros— ha venido a ser más certera, no sólo culturalmente sino en términos económicos y demográficos. México, con todos sus problemas, ha mitigado la confrontación étnica original a través de un lento y complejo proceso de mestizaje, que ha reducido hasta cierto punto la exclusión y el odio racial. Por lo demás, la reforma agraria que llevó a cabo el presidente Lázaro Cárdenas en los años treinta hubiese podido representar (incluso para Mariátegui, que no vivió para verla) una solución más práctica que el comunismo indígena. Y, en fin, más allá de ideas e ideologías, las etnias en Perú comenzarían de propia cuenta un proceso de recomposición y convergencia. El indigenismo de Mariátegui.

El segundo término de aquella mítica ecuación, el socialismo, tendría un destino aún triste. En la obra de Mariátegui, los intelectuales latinoamericanos tuvieron una de las más inteligentes, generosas y elaboradas contribuciones al pensamiento socialista. Sin embargo, mucho antes del colapso del comunismo europeo, la indescifrable idiosincrasia del Komintern decidió prescindir de las dos vertientes peruanas: Haya de la Torre y Mariátegui. El socialismo electoral del APRA no sufrió demasiado con ese ostracismo. Había elegido navegar otras aguas, y enfrentaría las formas comunes de la corrupción política de los partidos. Pero el silencio ante el mariateguismo fue, a la postre, mucho más dañino para la historia del socialismo en Iberoamérica. Al prescindir de Mariátegui, los filosoviéticos prescindieron de una de las inteligencias más originales de «Nuestra América». Y no hay modo de reparar la historia. Todavía en los años ochenta, los escritores afines al PCUS seguían denostando a Mariátegui.

Pero la peor vejación al pensamiento y al recuerdo de Mariátegui estaba por venir medio siglo después: fue el intento perpetrado por el dogmático y brutal movimiento Sendero Luminoso de utilizar su imagen y distorsionar sus ideas. El mito, para Mariátegui, era un poder espiritual, no un arma de propaganda que él hubiera despreciado. Una de las inteligencias más altas de América Latina significó algo muy lejano y distinto de la rabiosa e irreductible crueldad cuando escribió: «el marxismo-leninismo abrirá el sendero luminoso hacia la revolución».

En 1930, el destino que había evadido desde niño cerró finalmente su círculo. Debido a un tumor maligno en su muslo izquierdo, Mariátegui fue internado en la Clínica Villarán. No se libró del dolor durante sus últimas semanas. Murió el 16 de abril. Es conmovedor constatar que aquel hombre, cojo desde niño, que pasó sus últimos y fértiles años en una silla de ruedas; que se formó y educó a sí mismo; que creó empresas editoriales e instituciones culturales; que produjo libros brillantísimos, escritos en una prosa límpida, generadora de amplitudes teóricas, siguiera esperando por décadas a los lectores que merecía. Pero la historia preparaba su sorpresa. A poco más de 60 años de su muerte, su marxismo indigenista (e indígena) aparecería, no en Perú, sino en el país mestizo por excelencia: en el lejano México.

Octavio Paz

Canción mexicana

Mi abuelo, al tomar el café,
me hablaba de Juárez y de Porfirio,
los zuavos y los plateados.
Y el mantel olía a pólvora.

Mi padre, al tomar la copa,
me hablaba de Zapata y de Villa,
Soto y Gama y los Flores Magón.
Y el mantel olía a pólvora.

Yo me quedo callado:
¿de quién podría hablar?

En París a mitad del siglo, el poeta Octavio Paz escribe un libro sobre México. Tiene 35 años de edad y un largo itinerario de experiencias poéticas y políticas tras de sí. Luego de cumplir con sus labores diplomáticas (era segundo secretario de la embajada de México en París), dedica a su obra las tardes de los viernes y los fines de semana. Lleva seis años lejos de su país, y aunque echa de menos «el sabor, el olor de las fiestas religiosas mexicanas, los indios, las frutas, los atrios soleados de las iglesias, los cirios, los vendedores», no lo mueve sólo la nostalgia. Siempre ha sabido que su familia era un árbol que hunde sus raíces en el pasado de México. Y sabe que también en México hay «un pasado enterrado pero vivo, un universo de imágenes, deseos e impulsos sepultados». Quiere desenterrar ambos pasados entrelazados, verlos con claridad, expresarlos y liberarlos. Desde el principio de los años cuarenta se había propuesto, como otros escritores y filósofos, «encontrar la mexicanidad, esa invisible sustancia que está en alguna parte. No sabemos en qué consiste ni por qué camino llegaremos a ella; sabemos, oscuramente, que aún no se ha revelado [...] ella brotará, espontánea y naturalmente, del fondo de nuestra intimidad cuando encontremos la verdadera autenticidad, la llave de nuestro ser [...] la verdad de nosotros mismos». Él en París está en proceso de encontrarla. Para él esa verdad, esa llave, tiene un nombre: soledad. Aquel libro se titularía *El laberinto de la soledad*.

Nadie en México, salvo Octavio Paz, había visto en la palabra soledad un rasgo constitutivo, esencial digamos, del país y sus hombres, de su cultura y su historia. México —su historia, su identidad, su papel en el mundo, su destino— había sido, desde la Revolución, una idea fija para los mexicanos. México como lugar histórico de un encuentro complejo, trágico, creativo de dos civilizaciones, la indígena y la española, radicalmente ajenas; México como el sitio de una promesa incumplida de justicia social, progreso material y libertad; México como tierra condenada por los dioses o elegida por la Virgen de Guadalupe; México, en fin, como una sociedad maniatada por sus complejos de inferioridad. Todo eso y más, pero no un pueblo en estado de soledad. El título mismo del libro de Paz es en verdad extraño. A simple vista, comparado con un norteamericano típico, el mexicano de todas las latitudes y épocas, incluso el emigrante que vive en Estados Unidos —heredero del «pachuco» que estudió Paz en aquel libro—, ha sido un ser particularmente gregario, un «nosotros» antes que un «yo», no un átomo sino una constelación: el pueblo, la comunidad, la vecindad, la cofradía, el compadrazgo y, sobre todo, deslavada, pero sólida como las masas montañosas, la familia. Nada más remoto al mexicano común y corriente que la desolación de los cuadros de Hopper. La imagen del mexicano, hoy como hace siglos, se aproxima a un domingo de convivencia familiar en el Bosque de Chapultepec.

No para Octavio Paz. Desde muy temprano lo embargaba un agudo y permanente sentimiento de soledad y una duda sobre la propia identidad: «la angustia de no saber lo que se es exactamente». De pronto, pensó que su biografía confluía en la historia colectiva, la expresaba y se expresaba en ella. Por eso ha querido «romper el velo y ver»: «Me sentí solo y sentí también que México era un país solo, aislado, lejos de la corriente central de la historia... Al reflexionar sobre la extrañeza que es ser mexicano, descubrí una vieja verdad: cada hombre oculta un desconocido [...] Quise penetrar en mí mismo y desenterrar a ese desconocido, hablar con él.»

Con el tiempo, aquel libro revelador de mitos llegaría a ser en sí mismo un mito, algo así como el espejo histórico-poético o la piedra filosofal de la cultura mexicana. Tan deslumbrantes fueron sus hallazgos sobre México, su identidad y su historia, y tan liberadores, que ocultaron su carácter de «confesión», de «confidencia», y a los ojos del lector enterraron al desconocido. Es el secreto personaje de *El laberinto de la soledad*, autobiografía tácita, laberinto de *su* soledad.

II

El tiempo comienza en los años veinte, en una gran casona de campo en Mixcoac, antiguo pueblo prehispánico y colonial al sur de la ciudad de México. Ahí se había refugiado la familia Paz desde 1914, cuando las facciones revolucionarias en pugna (por un lado los seguidores de Venustiano Carranza; por otro los de Emiliano Zapata y Pancho Villa) empezaron a ocupar de manera intermitente la capital. Han pasado varios años desde aquellos hechos. La Revolución ha terminado. Salvo Álvaro Obregón, el caudillo invicto que ocupa la presidencia entre 1920 y 1924, todos los grandes caudillos han muerto ya de manera violenta: Madero, Zapata, Carranza, Villa. La Revolución, que ha costado al país un millón de muertos, ha entrado en la llamada fase «constructiva», poniendo en marcha un generoso programa de educación creado y encabezado por el filósofo José Vasconcelos. Tímidamente, el gobierno instrumenta las reformas sociales que se habían plasmado en la Constitución de 1917: reparto agrario, leyes de protección al obrero, mayor dominio sobre los recursos naturales. Ahora, en la mesa familiar en Mixcoac, un Settembrini y un Naphta mexicanos disputan sobre el pasado y el destino del país, ligados dramáticamente al de sus propias vidas.

No un joven Castorp, sino un niño de nueve o 10 años, el futuro poeta Octavio Paz, es mudo testigo de las posturas encontradas. «El mantel olía a pólvora», recordaría medio siglo después. Y es que aquellos hombres no eran sólo figuras emblemáticas o tutelares. Eran su abuelo Ireneo Paz y su padre Octavio Paz Solórzano. El viejo liberal y el revolucionario zapatista representaban las dos caras atávicas del poder y la autoridad: «figura que se bifurca en la dualidad de patriarca y de macho. El patriarca protege, es bueno, poderoso, sabio. El macho (el caudillo) es el hombre terrible, el chingón, el padre que se ha ido, que ha abandonado mujer e hijos».

Ireneo Paz, el patriarca, había nacido en 1836, en Jalisco. A partir de 1851 hasta 1876, su vida había sido una interminable campaña por la libertad política, llevada a cabo con la pluma y con la espada. Su medio de combate favorito era el periódico de oposición. Practicaba el género satírico con verdadero genio. Fundó el primero a los 15 años (contra el dictador Santa Anna) y defendió con otro la Constitución liberal de 1857. En 1863, graduado de abogado, sale de su natal Guadalajara hacia Colima, donde deja a su joven esposa Rosa Solórzano y a su hija Clotilde, de sólo tres meses, para incorporarse a los ejércitos de resistencia. La niña muere durante esa ausencia. Amnistiado en 1865, Paz publica en Guadalajara *El Payaso*, diario mordaz contra el Imperio cuyo ingenio divierte al mismísimo Maximiliano. La quietud le dura poco. Al poco tiempo sufre el primero de varios confinamientos, logra la primera de sus muchas escapatorias novelescas, se incorpora a las guerrillas republicanas y termina ejerciendo labores de secretario de Gobierno en Sinaloa. Allí se entera del fusilamiento de Maximiliano y la entrada triunfal del presidente Benito Juárez a la ciudad de México (15 de julio de 1867). Era la restauración del orden republicano y liberal combatido desde 1858 por los conservadores y desde 1862 por los invasores franceses. Parecía el momento de deponer las armas, pero para el inquieto Ireneo era sólo el comienzo.

Entre 1867 y 1876, México tenía ante sí la oportunidad de ensayar en paz una vida democrática, pero los 10 años de guerra habían creado en la juventud un espíritu aventurero y levantisco. Ireneo Paz es el emblema de esa actitud. En el fondo, el problema político era la lucha entre dos generaciones. Por un lado estaban los letrados que habían rodeado a Juárez en su largo peregrinar durante la Guerra de Reforma (1858-1861) y la de Intervención (1862-1867); por otro los jóvenes militares que en esas guerras habían vencido a los conservadores y a las tropas francesas. El caudillo más notable de estos últimos era precisamente Porfirio Díaz, que en 1867 tenía en su haber 37 años y 37 batallas. Con ese historial, Díaz no se avino a esperar pacientemente su turno a la presidencia. Su principal lugarteniente intelectual en esa rebeldía sería Ireneo Paz, quien en 1867 funda dos periódicos (*La Palanca de Occidente* y *El Diablillo Colorado*) para oponerse a la tercera reelección del presidente Juárez y adherirse a Díaz. Ambos pierden la contienda: Díaz se retira a una hacienda en Oaxaca y Paz funda un nuevo periódico que haría época: *El Padre Cobos*. El gobierno no tarda en apresarlo, y Paz debe purgar 11 meses en la cárcel de Tlatelolco, en la ciudad de México. Desde allí escribe sus jocosos y envenenados textos y «prepara a los amigos en el terreno de la Revolución». Porque ésa era la palabra mágica utilizada en México por todo movimiento político que recurría a las armas contra un gobierno que consideraba autoritario o ilegítimo. No revuelta, no rebelión: Revolución.

En 1869, apenas salido de la cárcel, Paz es un «revolucionario reincidente». El plan de un levantamiento en Zacatecas contra Juárez es obra suya. En 1870 se le confina en la cárcel en Monterrey con la intención de fusilarlo, pero escapa disfrazado de cura, se exilia en Texas y se acoge a una nueva amnistía. En 1871, vuelve a las andadas, reinicia la publicación de *El Padre Cobos*, y ya en la antesala de las elecciones presidenciales (en las que Juárez se postula nuevamente) publica contra el presidente sonetos como éste:

> ¿Por qué si acaso fuiste tan patriota
> estás comprando votos de a peseta?
> ¿Para qué admites esa inmunda treta
> de dar dinero al que en tu nombra vota?

¿No te conmueve, di, la bancarrota
ni el hambre que a tu pueblo tanto aprieta?
Si no te enmiendas, yo sin ser profeta
te digo que saldrás a la picota.

Sí, san Benito, sigue ya otra ruta;
no te muestres, amigo, tan pirata;
mira que la gente ya no es tan bruta.

Suéltanos por piedad, querido tata,
ya fueron catorce años de cicuta...
¡Suéltanos, presidente garrapata!

Tras la cuarta reelección de Juárez, *El Padre Cobos* es bandera de una nueva Revolución. El Plan de la Noria de noviembre de 1871, con el que Porfirio Díaz se levanta por primera vez en armas contra su mentor Juárez, es obra de Paz, quien deja otra vez a su familia, marcha al norte para cerrar la pinza de la Revolución, mientras Porfirio Díaz, desde Oaxaca, debía tomar el centro. Pero Díaz fracasa, y llega de incógnito a la Sierra de Álica, en el occidente de México, donde se encuentra a su amigo Paz. Son los dominios de uno de los personajes más misteriosos de la historia mexicana, el cacique Manuel Lozada, que asolaba con sus huestes indígenas a la ciudad criolla de Guadalajara. Allí, conspirando con Lozada, en julio de 1872 sorprende a ambos la súbita muerte del presidente Juárez. Paz y Díaz se acogen a una nueva amnistía.

En 1873 *El Padre Cobos* da inicio a una tercera época de oposición radical al gobierno de los letrados. Es su época dorada. Una fiesta de maledicencia y crítica. El ambiente político es de plena libertad (fueron los años felices de José Martí en México), pero ninguna libertad sacia a Paz. Además de sus sátiras implacables y su diálogos desternillantes, a cada número lo presidía un soneto mordaz de Ireneo y una caricatura del pícaro «Padre Cobos» —su *alter ego*— apretando el pescuezo del pobre presidente Sebastián Lerdo de Tejada, que manotea desesperado hasta sacar la lengua. Dueño ya para entonces de una imprenta propia, Paz ha publicado su primera novela histórica (sobre la Conquista), así como un exitoso *Álbum de Hidalgo*, comedias, juguetes teatrales, poesías. Al aproximarse el tiempo de las nuevas elecciones (1876), como era su costumbre, Paz vuelve a conspirar. Las caricaturas son motivo de cárcel: «en un oscuro calabozo alumbrado por la poca luz que penetra por la pequeña claraboya abierta en la puerta, yace nuestro compañero Paz, enfermo ya por tan duro tratamiento...». Pero los dardos no cesan. Y el ciclo revolucionario se repite en casi todos los puntos. Acompañando de nueva cuenta a su caudillo Porfirio, Paz es el autor de la versión original del Plan de Tuxtepec, soporta 57 días de cárcel y un destierro en Brownsville y La Habana, pero esta vez la Revolución triunfa. A fines de 1876, Porfirio Díaz entra a la capital, convoca a elecciones que por supuesto gana. Con el breve paréntesis de 1880 a 1884, Porfirio Díaz permanecería en el poder hasta 1911. Por su parte, tras 13 años ininterrumpidos de andar en el tiroteo, y en «consonancia con la época en que todo estaba por reconstruir», su fiel amigo Ireneo depondría también las armas. Había alcanzado el título de coronel.

Comparadas con la que estaba por iniciar Porfirio Díaz, las «dictaduras» de Juárez y Lerdo habían sido un juego de niños. Paz justificaría su adhesión al régimen por la obra material que presidiría su amigo. México dejaba atrás la era de las revoluciones, las guerras civiles, las intervenciones extranjeras, para entrar en una larga y sostenida época de «Paz, orden y progreso»: tendido de miles de kilómetros de ferrocarriles, construcción de puertos, explotación de minas y yacimientos petroleros, desarrollo agrícola e industrial, crecimiento del comercio exterior, todo en el marco de una especie de monarquía absoluta con ropajes republicanos. Igual que México, Ireneo sentó cabeza e introdujo en su vida orden y progreso. En 1877 funda el diario *La Patria*, que, con suplementos ilustrados y un famoso almanaque anual, aparecería ininterrumpidamente hasta agosto de 1914. Un solo elemento de aquella nueva etapa faltó en la vida del aguerrido Paz: justamente el inscrito en su apellido, la paz. En 1880, al acercarse las elecciones presidenciales, como si su historia revolucionaria le pasara la cuenta, entabló un duelo con el joven poeta Santiago Sierra. El coronel mató al poeta y el hecho de sangre le pesaría siempre: «Usted no sabe lo que es llevar a cuestas un cadáver toda la vida», dijo alguna vez a unos jóvenes que intentaban liarse a duelo.

Aquel episodio atenuó en él todo vestigio de belicosidad y lo orientó definitivamente hacia la labor editorial y la literatura. En vez de hacer la guerra, Ireneo se dedicó a «hacer patria» a través de la letra impresa. Su ambición, no del todo lograda, fue convertirse en el Benito Pérez Galdós de México. Tras publicar en 1884 *Algunas campañas* (sus amenas memorias revolucionarias), comenzó una serie de *Leyendas históricas* que arrancaron con la Conquista, siguieron con los personajes políticos del siglo XIX (Santa Anna, Juárez, Maximiliano, Lozada, Díaz) y culminarían con los perfiles de algunos revolucionarios en el siglo XX. Su trabajo era paralelo al de los autores de la magna colección *México a través de los siglos* (1884): afianzar la conciencia histórica de México mediante la construcción de su panteón cívico. En un momento obtuvo la concesión de imprimir el *Diario de Debates* del (más que obsecuente) Congreso. El éxito de sus libros y proyectos editoriales se reflejó en su vida familiar y su prosperidad material. Aunque viudo y ensombrecido por la muerte de su primogénito Carlos, le sobrevivían dos hijas (Rosita y la sensible Amalia, soltera y amante de la literatura, que lo acompañó toda la vida) y sus hijos Arturo y Octavio, el menor de todos, nacido en 1883. No dudaba en apoyar a Díaz, el «gobernante que ha sabido sacar, de entre los escombros casi, una nacionalidad respetable».

Hacia 1910 el patriarca presintió la vuelta del pasado telúrico, el del país y el suyo propio. Aunque su primera reacción fue reprobar la «estúpida revolución» que anunciaba el líder antirreeleccionista Francisco I. Madero, el recuerdo de sus propias campañas al lado de Porfirio Díaz contra Juárez y Lerdo, y la memoria de los años en que dejó trabajo y familia para lanzarse a la aventura política, despertaron al rebelde que había sido. ¿No había sido suya la frase: «Sufragio efectivo, no reelección», enarbolada por Porfirio en la Revuelta de la Noria? *La Patria* tomó sus distancias del dictador y acentuó sus ataques a la arrogante élite política que lo rodeaba, conocida como «los Científicos». Por esas posturas, a sus 75 años, don Ireneo fue a parar a la cárcel de Belén. El 7 de junio de 1911, día de la entrada de Francisco I. Madero a la ciudad de México, *La Patria* —dirigida interinamente por su hijo, Octavio Paz

Solórzano– anunciaba en un gran titular, con la foto del líder triunfante: «ECCE HOMO, tenía que triunfar y triunfó».

Pero una cosa era la libertad electoral y otra, muy distinta, la amenaza de la revolución encabezada por Emiliano Zapata, lucha que no cesó con el triunfo político de Madero. Acaso don Ireneo la vinculaba en su memoria con las huestes indígenas de aquel «Tigre de Álica», protagonistas de una guerra étnica en el occidente de México. *La Patria* fustigó a Emiliano Zapata llamándolo el «tristemente célebre Atila del Sur», y a sus soldados «chusmas alzadas», «gruesas bandas de endemoniados» de las que el «suelo patrio» debía «purgarse». Al sobrevenir el asesinato de Madero (23 de febrero de 1913), sus páginas editoriales llegaban a una convicción escéptica: «el pueblo mexicano no comprendió la libertad, ni acertó a disciplinar su carácter». Sólo la educación liberal resolvería en el largo plazo el problema político del país. Entre tanto, no tuvo empacho en apoyar al régimen militar del general Victoriano Huerta, que mediante un golpe de Estado había depuesto a Madero.

★ ★ ★

A comienzos del siglo XX, la gran casa de campo de Ireneo Paz en Mixcoac era un fiel reflejo de la paz porfiriana: tenía frontón, boliche, alberca, billar, quioscos y hasta un jardín japonés. La vida activa transcurría en México. Su imprenta ocupaba la planta baja de su casa en la calle del Relox, muy cerca del Palacio Nacional, y en ella (en sus prensas y su redacción) se adiestraba el joven estudiante Octavio Paz Solórzano mientras terminaba el bachillerato y se matriculaba en la Escuela de Leyes. La perspectiva, abierta por Porfirio Díaz en 1908, de no reelegirse y permitir el surgimiento de partidos y la realización de elecciones libres, había orientado las simpatías del joven Paz (y acaso del propio Ireneo) hacia la figura del prestigiado general Bernardo Reyes, que finalmente decepcionó a sus seguidores aceptando una comisión de Díaz en Europa. El joven Paz celebraría la revolución política de Madero, pero había otra revolución que lo atraía más. La que le permitiría ser más revolucionario que su padre.

En abril de 1911, cuando ascendía apenas la estrella de Emiliano Zapata, «el Güero» Paz viajaba por la zona de Zumpango, en el estado de Guerrero, para ver la acción. Aunque la revuelta inicial había terminado, Paz toma buena nota de los hechos en aquella etapa temprana de la Revolución del sur para narrarlos muchos años después. Es el primer anuncio de su próxima incorporación a la revolución zapatista. Tras la renuncia de Díaz (25 de mayo de 1911), Octavio organiza la recepción estudiantil a Madero en la ciudad de México y un fugaz Centro Liberal de Estudiantes, que en las elecciones de agosto buscaba apoyar de nueva cuenta a Bernardo Reyes. En agosto de ese año, las elecciones más limpias de la historia mexicana dan el triunfo a Madero. Por su parte, Paz Solórzano se recibe de abogado con una tesis sobre la libertad de prensa, tema íntimamente ligado a la vida de Ireneo.

El triunfo de la democracia parecía el presagio de una vida tranquila para el joven abogado: en 1911 publica un «Novísimo manual del elector», consolida su despacho, se casa con Josefina Lozano («Pepita», la joven y hermosa hija de un viñatero andaluz que había conocido en Mixcoac) y con ella viaja al puerto de Ensenada, Baja California, donde ocupa puestos dependientes del Ministerio de Justicia, encabezado por Jesús Flores Magón, hermano del gran luchador anarquista Ricardo Flores Magón. Pero ni los tiempos ni el carácter del joven abogado propician la vida pacífica. Ha tenido pleitos casi a muerte con el prefecto porfirista de Mixcoac y volverá a tenerlos con algún cacique de Ensenada. Igual que su padre, es hombre de armas tomar.

En 1914 la joven pareja ha vuelto a la ciudad de México. El 31 de marzo de 1914, mientras en la ciudad de Torreón luchan encarnizadamente las fuerzas federales de Victoriano Huerta contra los ejércitos villistas, en la ciudad de México corren rumores sobre la «muerte casi segura del feroz Emiliano Zapata», la redacción de *La Patria* recibe una noticia que anunciará el día siguiente «con toda felicidad»: el «primer alumbramiento de la esposa del Lic. Octavio Paz, hijo de nuestro director, dando a luz un robusto infante». Se llamaría Octavio, como su padre, y pasaría su infancia al lado del octogenario patriarca, porque, repitiendo el destino de don Ireneo, a los pocos meses el padre dejaría a su mujer y su hijo y «se iría a la Revolución». El niño ha nacido entre las llamas: en Europa estalla la Gran Guerra y México vive los prolegómenos de una feroz guerra civil entre las fuerzas revolucionarias que habían apoyado a Carranza y los ejércitos populares de Villa y Zapata. Siguiendo los pasos de su amigo y maestro Antonio Díaz Soto y Gama (abogado anarquista y consejero de Zapata), el licenciado Paz llega a pie hasta el campamento zapatista en el estado de Morelos. No regresaría a su hogar sino hasta seis años después.

El 5 de agosto de 1914, don Ireneo condesciende —seguramente a instancias de su hijo— a publicar un «gran documento para la historia»: nada menos que el «Plan de Ayala», programa de restitución de tierras a los campesinos que era casi un evangelio para Zapata. Tres semanas más tarde, las tropas del general Pablo González (poderoso militar de la fracción carrancista) irrumpen en la imprenta y la confiscan. El 26 de agosto de 1914 aparece el último número de *La Patria*, el 11 767. Don Ireneo, que desde mayo había advertido a sus lectores sobre sus penurias económicas, sufre un derrame cerebral, pero convalece en la finca de Mixcoac, al cuidado de su hija Amalia. Lo acompañarán muy pronto su nuera «Pepita» y su pequeño nieto Octavio.

★ ★ ★

A partir de 1915 la Revolución encendió al país, pero no volvió a violentar a la ciudad de México. Riguroso, ordenado, atlético, sarcástico, resignado, don Ireneo —llamado por los niños «Papa Neo»— vivió 10 años más. Al sonoro rugir de un clarín, congregaba a su familia (su hija Amalia; su hijo Arturo, con mujer e hijos; su nuera Josefina y el niño Octavio) para comer. Aunque cultivaba hortalizas, inquieto siempre, a veces se ausentaba. Su nieto lo acompañaba en algunas de esas campañas: una visita semanal a casa de la madre de la actriz de moda, Mimí Derba, que lo mimaba; o el cobro de algunas rentas. Otro lugar de encuentro era la biblioteca, que contenía joyas de literatura e historia francesa, en particular sobre la Revolución, y álbumes con imágenes de sus héroes políticos y literarios: Mirabeau, Danton, Lamartine, Victor Hugo y Balzac. Tal vez fue en ese altar cívico, entre retratos de Napoleón y de liberales españoles como el general Prim y Emilio Castelar, donde el nieto lo escuchó hablar de sus campañas en las guerras de Reforma e Intervención y sus sublevaciones contra Juárez y Lerdo de Tejada. Era un conversador prodigioso.

Murió sin agonía la noche del 4 de noviembre de 1924. Su hijo Octavio, que para entonces tenía un puesto en el gobierno de Morelos, no alcanzó a llegar al sepelio. El duelo, dicen las crónicas, tuvo que presidirlo su nieto, Octavio Paz Lozano, «joven» de sólo diez años. Del abuelo le quedarían muchos recuerdos: las caminatas de su mano por Mixcoac, sus «chaquetas de terciopelo oscuro suntuosamente bordadas», sus anécdotas y leyendas. Todo ello permanecería fijo en la memoria, como las estampas de Gustave Doré, que ojeaba con él.

> [...] Al primer muerto nunca lo olvidamos,
> aunque muera de rayo, tan aprisa
> que no alcance la cama ni los óleos...

La casa de Mixcoac se volvió espectral. Vivían en ella el padre casi siempre ausente, la madre Josefina y la tía Amalia que guió los primeros pasos de aquel niño de ojos azules, retraído y tímido aunque juguetón, y particularmente sensible a las resonancias de las palabras. («¿Por qué calcetín no es el nombre de una campanita?», preguntó de niño.) A la soledad del hijo único, abandonado en su primera infancia por el padre revolucionario y ahora abandonado para siempre por el patriarca «que se fue en unas horas / y nadie sabe en qué silencio entró», se sumarían las «crepusculares cofradías de los ausentes»: «En mi casa los muertos eran más que los vivos.»

Con el transcurso de los años su refugio fue la biblioteca de «Papa Neo», donde rodeado de retratos leyó sus novelas, poemas y leyendas históricas y guardó sus álbumes, libros, manuscritos, obras inéditas. La libertad política había sido el tema central de don Ireneo, el motivo de todas sus campañas revolucionarias. Su labor como escritor y editor —sus periódicos, sus sonetos y sus libros— había sido, a fin de cuentas, su mejor arma de combate y su forma de «hacer patria». Terminó sus días pensando que «la Revolución había sustituido la dictadura de uno, el caudillo Díaz, por la dictadura anárquica de muchos: jefes y jefecillos».

En los obituarios, la prensa lo recordó como lo que era, «el decano del periodismo», «uno de los más esforzados paladines del liberalismo». Había vivido el siglo XIX de punta a punta: de la guerra a la paz, de la paz a la guerra. Fue el último sobreviviente de su época, el último liberal.

III

Pasada la Revolución, en aquellas discusiones de sobremesa, Octavio Paz Solórzano se quejaba de que su padre Ireneo Paz «no entendía a la Revolución». Y es que para él la Revolución no era un asunto meramente político o una inocente reivindicación de la libertad. La Revolución era otra cosa: una expresión festiva y violenta del subsuelo de México, una exigencia armada de justicia e igualdad. Y la verdadera Revolución era aquella a la que él, Octavio Paz Solórzano, le había entregado los seis años decisivos de su vida: la Revolución del jefe Zapata.

Se había incorporado hacia septiembre de 1914 trabajando como enlace entre las fuerzas villistas y zapatistas. Llegó fugazmente a ver acción en la zona del sur de la ciudad de México, incluida la de Mixcoac, que tan bien conocía. Durante la ocupación de la capital por la Convención dirige un periódico que luego le es arrebatado por los villistas. A principios de 1915 abandona la ciudad junto con el gobierno trashumante de Eulalio Gutiérrez, que más tarde, bajo el mando de Francisco Lagos Cházaro, se establece en Cuernavaca y Jojutla. En los diarios locales discurre la idea de una Comisión para representar al zapatismo en Estados Unidos y contrarrestar su mala prensa internacional. La Convención acepta el proyecto. En abril de 1917, Paz visita al «jefe Zapata» en su cuartel general de Tlaltizapán para concretar su nombramiento. Zapata lo recibe comiendo sandías (que solía cortar de un tajo, con un machete), y comparte anécdotas que el joven abogado retiene en la memoria para escribirlas después en su biografía del héroe.

Tiene fe en su encomienda, pero lo cierto es que era tarde para la causa. Su primer y largo despacho, escrito a salto de mata, es un compendio de estoicismo, entusiasmo y candidez: «me quedé sin comer en varias ocasiones e hice el recorrido a pie [...] no me desanimé un solo instante [... iba] casi solo, desarrapado, pues la ropa que llevaba yo estaba hecha girones, y hambriento...», escribía a Zapata desde Chautzinca, en el estado de Puebla:

> Con todas las poblaciones del tránsito, vine haciendo propaganda en diferentes formas, y a muchos Jefes Militares les hice manifiestos, para que dieran a conocer al pueblo, la traición de los Carrancistas y la razón que nos asiste, también procuré inculcar a todos los campesinos con quienes hablé, el derecho que tienen a la tierra, y me cabe la satisfacción de decirle, que en Guerrero y Puebla casi está repartida la tierra, pues si bien es cierto, que no se ha hecho de una manera perfecta, sí muchos pueblos, han entrado en posesión de las tierras que les pertenecen, conforme al artículo sexto del Plan de Ayala...

Y como para convencerse a sí mismo, agrega con inocencia: «La situación militar es muy favorable a nosotros, pues los carrancistas sólo tienen en su poder las vías férreas, los puertos y las capitales... se anuncia por todas partes que salen Carranza, Obregón y Luis Cabrera [...] Wilson no sabe qué hacer y está dando palos de ciego [...] se aproxima nuestro anhelado triunfo».

Volvería a vivir las peripecias, los riesgos y privaciones de don Ireneo, pero nunca tuvo su buena fortuna. En San Antonio conspiró inútilmente por un año. Sus cartas trasminaban frustración, desconcierto, amargura, casi desamparo. No faltó quien informara al cuartel general de su caída en el alcoholismo, mal que lo aquejaría agudamente hasta su muerte. Todos los planes de apoyar a la Revolución del Sur desde Los Ángeles habían fracasado. Su conspiración para atacar Baja California había sido descubierta. Su cargamento de armas, confiscado. Poco después de la muerte de Zapata (10 de abril de 1919), estableció junto con su amigo el doctor Ramón Puente (biógrafo de Villa) la compañía O. Paz y Cia. Editores, que dio a la luz el periódico *La Semana*, donde publicaron los más notables exilados mexicanos, entre ellos el filósofo José Vasconcelos. Por un breve tiempo, recibió la visita de su mujer y del pequeño Octavio, que había dejado a los tres meses de edad. La labor editorial lo animaba, pero su tono no deja de ser sombrío: «Yo he estado en este país, enteramente solo y sin recursos de ninguna clase y en varias ocasiones atado de pies y manos», escribía a su compañero de armas Jenaro Amezcua. Y, sin embargo, seguía empeñado en buscar la unidad de los exiliados y quiso sacar de la cárcel a Ricardo Flores Magón. En mayo de 1920, el periódico deja de aparecer por falta de financiamiento. Paz vive inmerso en la incertidumbre. Al estallar la rebelión de Agua Prieta, en la que los generales sonorenses comandados por Obregón desconocieron a Carranza, no puede echar las campanas a vuelo. ¿Por qué se omitía toda idea de reivindicación agraria? ¿Por qué no aparecía ningún «elemento suriano»? ¿Cómo sería la alianza de la revolución con los generales que habían combatido a Zapata? «El triunfo de la revolución, de la verdadera revolución, va para largo...» Por fin, en junio de 1920, tras seis años de *revolucionar*, el licenciado Paz vuelve a la casa paterna en Mixcoac.

Durante los dos cuatrienios de la llamada «Dinastía sonorense», Álvaro Obregón (1920-1924) y Plutarco Elías Calles (1924-1928), Paz intentó construir una carrera política. Por fidelidad a su jefe Zapata (cuyo tercer aniversario mortal en abril de 1922 recordó con un largo escrito biográfico), fue fundador del Partido Nacional Agrarista. Como diputado de esa agrupación promovió legislaciones protectoras de campesinos y obreros y compiló atropellos de los hacendados a los campesinos en todo el país. Más tarde fue secretario de Gobierno y encargado del despacho en el estado de Morelos. Pero a la postre todas sus apuestas políticas resultaron equivocadas. En julio de 1928, el general Álvaro Obregón, ya reelecto, se enfilaba a un nuevo periodo de cuatro años, pero fue asesinado. Junto con él cayó en desgracia el Partido Nacional Agrarista, que era su principal brazo político. Y cayó también Octavio Paz Solórzano, uno de sus dirigentes.

Entre 1929 y 1934, México tuvo tres presidentes pero un solo «Jefe Máximo», el general Plutarco Elías Calles. Sin deseos ni posibilidades de reelegirse, Calles —que había fundado el Banco de México, el Banco de Crédito Agrícola— creó en 1929 el PNR, el partido hegemónico que transformado en el PRM (1938) y el PRI (1946) gobernaría al país hasta fines del siglo XX. Paz Solórzano no encontró ya sitio en ese orden. Decepcionado de la política, retomó francamente la vocación periodística y editorial que había aprendido de don Ireneo: en 1929 publicó en diarios, suplementos dominicales y revistas las historias y anécdotas de *su* revolución, la zapatista, bosquejos literarios e históricos que representaban una fuente de primera mano para el conocimiento del zapatismo, sobre todo en su etapa inicial, antes de 1915. Por sus páginas desfilan vívidamente personajes, actitudes, episodios, anécdotas significativas; se escuchan diálogos, dichos, lenguajes, tiroteos, corridos. Y aquí y allá aparece Zapata, milagrosamente cerca:

> Zapata se divertía grandemente invitando para que se bajaran a torear [...] a individuos remilgosos... siendo por lo regular revolcados, lo que producía a Zapata gran hilaridad. Lo hacía para ponerlos en ridículo: comprendía que no sentían la Revolución...

Él sí la había sentido. Por eso su tema central siguió siendo muy distinto al de Ireneo: no la libertad sino la justicia social. Y en el fondo de la justicia social veía una justicia histórica con el México indígena: «los postulados básicos de la Revolución —escribió entonces—, especialmente en materia agraria, datan desde los primeros pobladores de México».

Entre 1930 y 1931, Paz Solórzano compila con mucho trabajo y poco éxito un *Álbum de Juárez* (inspirado en el que Ireneo había editado sobre Hidalgo) y continúa también la tradición del abuelo al escribir una *Historia del periodismo en México*. Su pasión era ser el «abogado del pueblo». Por eso en su bufete, recién abierto luego de dos décadas, se empeñó en defender —muchas veces sin cobrarles— a los campesinos de los pueblos de Santa María Aztahuacán, Santa Martha Acatitla y Los Reyes, todos en el poniente de la ciudad de México. Quiso seguir con ellos la fiesta, la borrachera interminable de la Revolución, subirse de nuevo al tren de la Revolución, «hombrearse» con la muerte y quizá morir entre ellos, como se moría en la Revolución. La Revolución lo había arrebatado en 1914, ¿había vuelto alguna vez?

★ ★ ★

150

La firma del poeta Octavio Paz se parece a la de su padre: la misma O abierta y sin remate, el mismo ritmo, la misma inclinación. ¿Cuántas veces habría visto esa rúbrica en los papeles de O. Paz y Cia. Editores? Pero lo cierto es que la presencia intermitente del padre no alivió la experiencia de la soledad. El primer encuentro real entre ambos había ocurrido en Los Ángeles. Nuevo rostro de la soledad, la soledad como extrañeza en un país y un idioma ajenos. De vuelta a México, inscrito en los buenos colegios confesionales y después laicos de Mixcoac y México, otra vuelta a la tuerca de la extrañeza. Por su aspecto físico, los otros niños lo confundían con extranjero: «yo me sentía mexicano pero ellos no me dejaban serlo». El propio Antonio Díaz Soto y Gama, protagonista del zapatismo y compañero de su padre, exclamó al verlo: «Caramba, no me habías dicho que tenías un hijo visigodo.» Todos menos él se rieron de la ocurrencia.

A su madre Josefina —que a menudo dejaba escuchar los cantos del terruño andaluz— la tuvo presente hasta su muerte, ya muy anciana, en 1980: ella mitigaba el desamparo, el hueco, la carencia. No sólo su madre, también su tía Amalia, quien lo inició en la literatura. (Amalia había sido amiga del mayor escritor del modernismo mexicano, el poeta y cronista Manuel Gutiérrez Nájera.) Años más tarde, las mujeres que amó —a menudo de manera intensa y atormentada— le abrieron la puerta hacia su temprana vocación, la poesía.

El padre, en cambio, no era puerta de salida sino muro de silencio. El hijo hubiera querido compartir su soledad, comulgar con él, poner la vida en claro. «Casi me era imposible hablar con él —confesó medio siglo después— pero yo le quería y siempre busqué su compañía. Cuando él escribía, yo me acercaba y procuraba darle mi auxilio. Varios de los artículos suyos yo los puse en limpio, a máquina, antes de que él los llevara a la redacción. Ni siquiera se daba cuenta de mi afecto, y me volví distante. La falla de mi padre, si es que la tuvo, es que no se dio cuenta de ese afecto que yo le daba. Y es muy probable que tampoco se diera cuenta de que yo escribía. Pero nada le reprocho.»

Los textos que el hijo ponía «en limpio» eran precisamente aquellos artículos zapatistas del padre. Aunque no reconocido por futuros estudiosos del zapatismo, Paz Solórzano fue el primer historiador del zapatismo y el primer guardián de su memoria. Ahí, en la devoción por el zapatismo se fincó, en silencio, un vínculo permanente. Ahí sí había sido testigo y compañero de su vida. Fue su padre quien lo acercó al «verdadero México», el de los campesinos zapatistas, y quien lo inició en el conocimiento de la *otra* historia de México, enterrada pero viva: «Cuando yo era niño visitaban mi casa muchos viejos líderes zapatistas y también muchos campesinos a los que mi padre, como abogado, defendía en sus pleitos y demandas de tierras. Recuerdo a unos ejidatarios que reclamaban unas lagunas que están —o estaban— por el rumbo de la carretera de Puebla. Los días del santo de mi padre comíamos un plato precolombino extraordinario, guisado por ejidatarios que él defendía y que reclamaban unas lagunas que antaño estaban por el rumbo de la carretera de Puebla: era "pato enlodado", rociado con pulque curado de tuna.»

Pero todo aquello tenía su lado oscuro: «mi padre tuvo una vida exterior agitada: amigos, mujeres, fiestas, todo eso que de algún modo me lastimaba aunque no tanto como a mi madre». Medio siglo después, los campesinos de Santa Martha Acatitla, a quienes el abogado Paz defendía en sus querellas por la tierra, lo recordaban como un «santo varón»: «¡Claro que me acuerdo del licenciado Octavio Paz! Hasta parece que lo estoy viendo llegar por allá. Sonriendo y con una hembra colgada en cada brazo [...] sí le digo que don Octavio era buen gallo. Le encantaban las hembras y los amigos no le escaseaban.» Para aquel «abogado del pueblo», visitar cotidianamente Acatitla —«lugar de carrizo o carrizal»— era volver al origen, «revolucionar», tocar de nuevo la verdad indígena de México, comer chichicuilotes, atopinas, tlacololes, acociles, atepocates, cuatecones —dieta de siglos—, andar con la palomilla, brindar por Zapata, oír corridos «que todos repetían con gusto y con gritos», buscar «un buen trago de caña y beber el garrafón con mucha alegría», ir de cacería de patos en la laguna, llevárselos a sus queridas, a sus «veteranas». Y, sobre todo, andar en las fiestas: «a don Octavio le entusiasmaban las fiestas de pueblo donde corría el buen pulque —recordaba el hijo de Cornelio Nava, el amigo de Paz—. Y qué pulque, señor. Espeso y sabroso... Con Octavio Paz Solórzano anduvieron por aquí personajes (famosos como) Soto y Gama [...] Ah, y casi lo olvidaba: su hijo, el escritor que lleva su nombre. Él era entonces un niño, pero aquí anduvo».

En el fondo de su memoria yacía, sepultado, el recuerdo más terrible. Los hechos ocurrieron el 8 de marzo de 1935. Era, claro, «el día de fiesta en Los Reyes-La Paz –recordaba Leopoldo Castañeda– y ahí llegó el licenciado directamente. Dicen que cuando el percance, alguien lo acompañaba». Un tren del Ferrocarril Interoceánico le quitó la vida. «Tan espantosamente fue despedazado el cuerpo que los restos [...] recogidos piadosamente [...] fueron traídos en un costal a su domicilio en las calles del Licenciado Ireneo Paz 79 en Mixcoac.» *El Universal* daba cuenta del rico archivo histórico que tenía el abogado, además del de su padre, y anotaba la existencia de un valioso diario histórico que llevaba. El joven Paz llegó a pensar que se trató de un crimen. Las autoridades citaron a aquel acompañante, pero nunca se presentó. No faltaría quien creyera que se trató de un suicidio. Se decía que unos indios habían recogido la cabeza a 500 metros del cuerpo. Poco tiempo después, Octavio se enteró de que tenía una hermana.

Así, «hombreada con la muerte», se acalló la borrachera mexicana, la fiesta mexicana de Octavio Paz Solórzano, ese licenciado «tan simpático que hasta sin quererlo hacía reír», pero tan sombrío en sus fotos finales. «Lo relegué al olvido –confesaba Paz medio siglo después, corrigiéndose de inmediato–, aunque olvido no es la palabra exacta. En realidad siempre lo tuve presente pero aparte, como un recuerdo doloroso.» En 1936 apareció una *Historia de la Revolución Mexicana* cuyos capítulos sobre el zapatismo eran obra de Paz Solórzano. El zapatismo había sido la pasión redentora en su vida. Y a 10 años de su muerte, el hijo lo recordó con dolor en su «Elegía interrumpida», como un alma errante:

> De sobremesa, cada noche,
> la pausa sin color que da al vacío
> o la frase sin fin que cuelga a medias
> del hilo de la araña del silencio
> abren un corredor para el que vuelve:
> suenan sus pasos, sube, se detiene...

Y alguien entre nosotros se levanta
y cierra bien la puerta.
Pero él, allá del otro lado, insiste.
Acecha en cada hueco, en los repliegues,
vaga entre los bostezos, las afueras.
Aunque cerremos puertas, él insiste.

IV

El legado estaba implícito: si el patriarca liberal y el caudillo zapatista habían sido revolucionarios, el nieto debía ser más revolucionario que ambos. La aventura comenzó en 1929, a sus 15 años, sumándose a las manifestaciones (y encarcelamientos) de los estudiantes mayores que apoyaban la autonomía universitaria y veían con simpatía la candidatura presidencial de un amigo de su padre, el filósofo y educador José Vasconcelos. Vasconcelos era el ídolo de la juventud. Como secretario de Educación Pública (1921-1924) había sido el caudillo cívico de una memorable verdadera cruzada que había llevado el alfabeto, el arte y los libros a todo el país. En 1929 la juventud apoyó su candidatura, hecha sobre una plataforma sencilla: la purificación moral de la Revolución mexicana, corroída por el militarismo y la corrupción. Vasconcelos fue derrotado debido al primer fraude electoral del partido oficial en su larga historia. Los jóvenes quedaron devastados. Uno de ellos, José Alvarado, recordaría: «México vivía entonces horas dramáticas. La Revolución detenida y traicionada, un aire de confusión en todos los ámbitos y su juventud vencida con malas artes en la contienda de 1929, desesperada y oprimida. Todas las voces superiores quedaron dispersas y disueltos los mejores propósitos. El mundo aparecía gris, con los ecos de la crisis norteamericana, el triunfo del fascismo en Italia, los vientos precursores de Hitler y las disputas de las grandes potencias.» Los estudiantes se radicalizaron a la izquierda.

En 1930, Octavio Paz Lozano ingresa a la más prestigiosa escuela pública de México, la misma que había educado a su padre, la Escuela Nacional Preparatoria. En aquel edificio noble y emblemático, sede del antiguo colegio jesuita de San Ildefonso, Diego Rivera y José Clemente Orozco habían pintado –por iniciativa de Vasconcelos– sus célebres murales: el *Evangelio* y el *Apocalipsis*, respectivamente, de la Revolución mexicana. Algunos amigos los recuerdan discutiendo acaloradamente con sus maestros sobre la injusticia rural y la desdicha campesina. (Acababa de «pasar en limpio» sus artículos zapatistas.) Junto a un estudiante anarquista, el catalán José Bosch, lleva a cabo protestas académicas, asiste a manifestaciones antiimperialistas y sufre alguna detención, de la que los salva el abogado Paz Solórzano. Bakunin, Fourier y los anarquistas españoles son sus primeros maestros. Pero pronto es «recuperado» (como se decía entonces) por el marxismo. El estudiante Paz se afilia a la Unión de Estudiantes Pro Obreros y Campesinos, cuyo objetivo era establecer misiones educativas en el campo y la ciudad. (Frida Kahlo participa también en la UEPOC, al tiempo que Diego Rivera pinta cuadros con la hoz y el martillo en la Secretaría de Educación Pública.) Paz es también vocal de un efímero Partido Radical Preparatoriano.

En 1931, la librería Pedro Robredo –la principal en la ciudad de México, situada a una calle de la Escuela Nacional Preparatoria– ofrecía a la venta una veintena de novedades, casi todas rusas: *Anarquismo y socialismo* de Plejánov, *El manifiesto comunista* de Marx y Engels, *Escritores de la Rusia revolucionaria*, *Rusia en 1931* de César Vallejo, *El Estado y la Revolución* de Lenin, etc. Paz y sus amigos leyeron algunos de esos libros y, como casi toda su generación estudiantil en América Latina, se identificaron con *Sachka Yegulev*, el estudiante heroico de la novela de Leonidas Andreiev, que ofrece su vida por la Revolución.

Se llaman a sí mismos *tovarich* o camaradas y algunos hasta visten a la usanza bolchevique, pero muy pocos entre ellos se incorporan verdaderamente a la militancia comunista, que el gobierno del «Jefe Máximo» –luego de una breve luna de miel con la URSS– ha proscrito. El más radical de esos muchachos parecía predestinado: había nacido el 20 de noviembre de 1914 (día del inicio de la Revolución mexicana) y llevaba el designio en su apellido: se llamaba José Revueltas. Entre 1930, cuando se afilia al Partido Comunista, y 1935, cuando visita la URSS como delegado al VII Congreso del Partido, Revueltas sufriría gustosamente dos confinamientos en la prisión de Islas Marías en el Pacífico. Seguirían muchos otros a lo largo de su vida. Revueltas asumió su militancia con un fervor religioso. Su espíritu de sacrificio y su disposición a reconocer el dolor ajeno y soportar el propio se trasmutaron, en su momento, en novelas estremecedoras. Su vida se entrelazaría muchas veces con la de su amigo Paz.

Otro amigo de Paz, el poeta Efraín Huerta, evocaría así la atmósfera de esos años febriles: «Nos juntaba una luz, algo semejante a una comunión»:

> [...] Éramos como estrellas iracundas:
> llenos de libros, manifiestos, amores desolados.
>
> [...] Después,
> dimos venas y arterias,
> lo que se dice anhelos,
> a redimir al mundo cada tibia mañana;
> vivimos
> una lluvia helada de bondad.
> Todo alado, musical, todo guitarras
> y declaraciones, murmullos del alba,
> vahos y estatuas, trajes raídos, desventuras.
> Estaban todos —y todos construían su poesía.

Paz participa del fervor, pero su vía hacia la Revolución no desembocó —como Revueltas y Huerta— en una militancia comunista formal. Nacido entre libros y prensas, se inicia muy pronto en la vida editorial y las letras combatientes. En agosto de 1931 da a luz la revista literaria *Barandal*, que comprendió siete números, de agosto de 1931 a marzo de 1932. Allí publica sus primeros poemas que oscilan entre el juego y la desolación. «Fuimos espectadores alucinados de *Barandal*», escribe Huerta. «Todos teníamos la ilusión de poseer una revista nuestra —recuerda otro joven, Rafael Solana— [...] nos quedamos paralizados de admiración, de estupor cuando un amigo, Octavio Paz, sacó la suya... pequeña, de poco cuerpo, pero limpia, joven, nueva.»

En diciembre, Paz tiene apenas 17 años pero publica en su revista una «Ética del artista», en la que formula una profecía absolutamente seria sobre su vocación. Entre el arte puro y el arte comprometido (tópico de la época) opta por el segundo, pero no de manera escolar ni simple. Ha leído a Nietzsche, el teatro griego, la novela española, los marxistas rusos y los románticos alemanes, y cree que la literatura debe ser «mística y combativa», elevada y eterna, «poseída por la verdad». Mucho más importante, se declara responsable de una construcción cultural que abarca a toda América: «es indispensable pensar que formamos parte de un continente cuya historia la hemos de hacer nosotros. Que hay un destino manifiesto a través de todos los tiempos, que obliga al hombre a realizar la voluntad de la vida y de Dios». La obra editorial y literaria de su abuelo y su padre había incidido, en diversa forma y medida, en la historia mexicana. La suya se desplegaría en un ámbito mayor.

El joven Paz tiene claro que el radicalismo político debía compaginarse con la modernidad cultural. El primero se respiraba en todas partes —la prensa, los partidos, los mítines, los libros, los cafés, los periódicos, las aulas—, pero la modernidad no era fácil de conquistar. En ese aspecto, la generación anterior (nacida entre 1890 y 1905) había puesto la vara muy alta. Casi indiferente a la política pero perfectamente atenta a la vanguardia literaria y artística, y activa en ella, esa generación precedente se congregaba —como usualmente había ocurrido en México desde mediados del siglo XIX— alrededor de una revista, en su caso la revista *Contemporáneos* (1928-1931). En el grupo destacaban sobre todo sus poetas y dramaturgos (Xavier Villaurrutia, Carlos Pellicer, José Gorostiza, Salvador Novo, etc.) y un ensayista notable, Jorge Cuesta. Coetáneos de la «Generación española del 27» (Alberti, Altolaguirre, Diego) y admiradores de Juan Ramón Jiménez y Antonio Machado, publicaron a los autores de la *Nouvelle Revue Française* (Gide, Morand, Maurois, Larbaud), tradujeron *The Waste Land* de Eliot, *Mornings in Mexico* de Lawrence y *Anábasis* de Saint-John Perse. Los «Contemporáneos» habían hecho la crítica del muralismo mexicano que para entonces se había vuelto repetitivo y pedagógico. Al desaparecer *Contemporáneos*, *Barandal* quiso seguir con modestia sus pasos; se ocupó de Valéry, Huizinga, Marinetti, fue algo irreverente e hizo valiosos rescates en el terreno de las artes plásticas.

Pero ante todo Paz era un poeta. Su maestro Andrés Iduarte lo recordaba: «Tímido, o más bien ya refrenado, con explosiones pronto suavizadas por la mucha y la mejor lectura, inteligencia penetrante hasta la duda y sensibilidad doliente hasta la desolación, espontáneo y confidencial en la entrega de su corazón y en seguida torturado y distante hasta la hosquedad.» Su amigo José Alvarado ha dejado otra sutil estampa del joven editor de *Barandal* «recargado en el barandal del último piso» de San Ildefonso, viendo la luz del Valle de México: «más allá de sus ojos desconcertados se advertían ya desde entonces una inquebrantable voluntad poética y una sed de inventar el mundo, Octavio que no quería ser, simplemente, uno de tantos poetas, sino un dueño verdadero de la poesía y no confiaba sólo a la razón su identidad con el mundo, sino a todas las sensaciones, las emociones y los juicios posibles...»

En 1932, siguiendo de nueva cuenta la tradición familiar, Octavio Paz ingresa a la Escuela de Leyes. Hace un viaje al más radical de los estados, Veracruz, para apoyar a grupos campesinos alentados por el gobernador Adalberto Tejeda. Como miembro de una Federación de Estudiantes Revolucionarios acude a una manifestación en honor del líder comunista cubano Julio Antonio Mella, asesinado en México en enero de 1929. Los jóvenes van a dar a la cárcel, de donde los saca una vez más su padre. Bosch es expulsado de México. El ascenso de Hitler (enero 1933) alienta a los fascistas y la posterior política del Frente Popular (1935) reabre la vida pública a los comunistas. Se forman grupos de choque, «Camisas rojas» y «Camisas doradas», que tiempo después se matarán en las calles de la capital. El filósofo Antonio Caso aconseja a su alumno Paz imitar a Vicente Lombardo Toledano: «es socialista pero también cristiano». Pero a partir de 1933, los dos maestros de Paz –Caso, el católico liberal, y Lombardo Toledano, converso al marxismo– entablan una larga polémica sobre la libertad de cátedra en la universidad. Caso había fracasado en acercar a Paz al cristianismo, pero Lombardo no lo convierte propiamente a la dura ortodoxia.

Paz reserva siempre un sitio al cultivo de su obra personal. En 1933 publica una primera colección de poemas, la *plaquette Luna silvestre*. Pero los vientos son cada vez más ideológicos. En septiembre de ese año, dirigida por un colectivo que incluye a Paz, aparece la revista *Cuadernos del Valle de México.* Publicó sólo dos números: el segundo en enero de 1934). Si bien tradujo un fragmento del *Ulises* de Joyce, se inclinó más decididamente por la política. Publicó, por ejemplo, el poema de Rafael Alberti «Un fantasma recorre Europa» y Rafael López Malo, otro de los editores, le da la bienvenida: «Ha llegado a Rusia y ha empezado a dar valor a los mitos contemporáneos. [En su poesía] se presiente un Lenin esperando una corona humilde, real, de los poetas nuevos...» Enrique Ramírez y Ramírez escribe sobre la Unión Soviética: «estado transitorio hacia etapas superiores». José Alvarado critica a los intelectuales que practican una «invención de juegos novedosos y atracciones lógicas» y propone en cambio una «misión superior»: «la política rebelde es la única actividad creadora de los hombres, el único trabajo que podemos hacer temblorosos y alegres». El propio Alvarado recordaría la torturada atmósfera dostoievskiana que vivía su generación:

> Uno de esos muchachos, de familia calvinista, había entrado y salido del comunismo para convertirse en católico después de una larga crisis espiritual. Otro, inteligente y sensible, salía de prisión después de un homicidio desventurado que lo había de llevar después a la violencia y a una muerte misteriosa e ingrata... Escolásticos y marxistas, anarquistas buena parte de ellos... coléricos contra la simulación y la perversidad, habían sido tocados por el aceite vasconcelista y por las prédicas de justicia social. El lirismo era político y políticos eran el amor, la poesía, la metafísica.

También Paz recordaría siempre las vidas malogradas, los suicidios y las conversiones súbitas de su generación, tocada por el misticismo político. Su amigo Enrique Ramírez y Ramírez, colaborador en 1930 de *El Hombre Libre* —diario de derecha hispanista, xenófobo y antisemita—, había pasado de la noche a la mañana de la crítica a la «retórica colectivista» al comunismo. Y Rubén Salazar Mallén —escritor algo mayor, que sería adversario permanente de Paz— había recorrido el camino inverso. Pero Octavio Paz no era un converso: su camino a la Revolución había sido un paso natural de radicalización a partir de la saga familiar.

A fines de 1933 surge la candidatura presidencial del general Lázaro Cárdenas, quien desde un inicio manifiesta claras intenciones de llevar a la práctica las reformas sociales que han quedado pendientes en el programa de la Revolución mexicana. Cárdenas gobernaría al país de diciembre de 1934 a noviembre de 1940. Como casi todos sus amigos, Paz veía con simpatía el sesgo oficial hacia la izquierda, pero su adhesión nunca se traduce en militancia partidista. Es un radical en política, pero un vanguardista en cultura. Por eso ha hecho amistad con varios de los «Contemporáneos» y con el tiempo (en 1935) se haría amigo de Jorge Cuesta, el pensador más lúcido de la época. En un mundo polarizado, casi no había espacio para el pensamiento liberal. La excepción más notoria era precisamente Cuesta. Ensayista cuyo amplio espectro intelectual y pasión crítica anticipan al futuro Paz, Cuesta se adelantó en México a la crítica filosófica del marxismo. Desde 1933, descubre un elemento central de la cultura política mexicana: la permanencia del viejo dogmatismo del clero católico en las nuevas estructuras políticas e ideológicas del Estado mexicano. Y del mismo modo desnuda la contradictoria introducción, por parte del gobierno, de una «Educación socialista» en el marco de una sociedad capitalista.

★ ★ ★

En algún momento de 1934, Octavio Paz había conocido a una joven estudiante dos años menor que él, estudiante del último año de preparatoria y coreógrafa del teatro universitario: la bella, inquieta, difícil y enigmática Elena Garro. Era una mujer brava e independiente, a quien su abuelo llamaba «La Generala» y provenía de una familia que, en cierta forma, era el espejo de la de Paz: padre español, madre mexicana, abuelo de Jalisco. La familia había perdido dos tíos luchando en las filas de Pancho Villa. Tiempo atrás se había enamorado fugazmente de una mujer que lo enceló. Para curarse no halló mejor camino que la lectura completa de Marcel Proust. Tras la espantosa tragedia del padre, Paz comenzó a vivir su amor como un personaje de D. H. Lawrence (que siempre fue su biblia en temas de amor) y llegó a sentirse el joven Werther («Te amo desesperadamente, con angustia. Si no te amara me moriría»). Sus cartas casi diarias a Elena (a quien rebautizó como Helena) se leen como el diario de un joven a un tiempo inspirado y torturado por un amor elusivo. Pero no es difícil entender la raíz de esa desesperación. Aquel amor era producto directo de su duelo. Una carta fechada ofrece un raro atisbo de su vida a los 21 años:

> Estoy aquí, en la biblioteca, en medio de mis muertos, de mis amadas y amargas lágrimas y soledad, y me siento un poco alejado de ellos, como si su voluntad no fuera la mía, como si yo no fuera la sangre de mi padre y de mi abuelo, que me ataban a un destino solitario. Porque te digo a ti, Helena, en esta casa me he sentido atado a una serie de cosas oscuras y decadentes, a un designio de muerte y amargura, como si sólo fuera depositario de palabras ásperas.

Para no sentirse «atado» al destino familiar, tras la muerte brutal de su padre, Paz había saltado al vacío profesional abandonando la Escuela de Leyes; aunque le faltaba una sola materia para recibirse de abogado. Comenzó a trabajar en el Archivo General de la Nación. Entonces leía a *El ABC del comunismo* de Bujarin y *El origen de la familia, la propiedad privada y el Estado* de Engels. En sus vigilias escribía textos plenamente marxistas sobre la vacuidad del trabajo y la abstracción del dinero en el decadente mundo capitalista. Y trazaba la esperanza de un mundo nuevo, interpretando a su manera la frase de Engels («Del reino de la necesidad al reino de la libertad»): «mañana nadie escribirá poemas, ni soñará músicas, porque nuestros actos, nuestro ser, en libertad, serán como poemas». De pronto, el mañana toca a su puerta, la Historia le corresponde y lo invita a participar.

Julio de 1936. Ha estallado la Guerra Civil española. Paz —recuerda Alvarado— había defendido la revolución agraria con la misma pasión empleada después para exaltar a la República española. Ahora esa república estaba en peligro. Era claramente su oportunidad de participar en la historia, como Ireneo con Porfirio u Octavio con Zapata. En octubre de 1936, Paz publica el largo poema «¡No pasarán!», inspirado en el célebre llamado de Dolores Ibárruri, «La Pasionaria», durante el cerco a Madrid en ese mismo año. De pronto, sus palabras no son ásperas sino indignadas, exaltadas, esperanzadas:

[...] Como la seca espera de un revólver
o el silencio que precede a los partos,
escuchamos el grito;
habita en las entrañas,
se detiene en el pulso,
asciende de las venas a las manos:
No pasarán.
Yo veo las manos frutos
y los vientres feraces,
oponiendo a las balas
su ternura caliente y su ceguera.

Yo veo los cuellos naves
y los pechos océanos
naciendo de las plazas y los campos
en reflujos de sangre respirada,
en poderosos vahos,
chocando ante las cruces y el destino
en marejadas lentas y terribles:
No pasarán...

El gobierno de Cárdenas imprime 3 500 copias para regalarlas al pueblo español y Paz adquiere una instantánea celebridad. Alberti lo considera autor «de la poesía más revolucionaria que se hace en México». Para su amigo Efraín Huerta, Paz es «fervor puro, inquietud pura; era un alucinado, un impetuoso, un hombre ardiendo, un poeta en llamas. Era un hombre animado por la pasión, consumido por la pasión».

En 1937, a contracorriente de la retórica comprometida, Paz resguarda su vertiente más personal y publica su primer libro de poemas *Raíz del hombre*. El tema no es la pasión revolucionaria, sino su complemento: la pasión amorosa. Una pasión cuidadosamente trabajada en sus cartas a Helena y sus pensamientos y vigilias que publicará unos años después. Siente como Werther pero actúa como Goethe: es un curioso universal, un filósofo de día y de noche, en las aulas, los cafés y el tranvía que lo lleva y trae de Mixcoac a México, y sobre todo en la biblioteca familiar. No hay en él sombra de ligereza –tampoco, aparentemente, de humor–, sino más bien gravedad, rigor, pasión intelectual y poética. En broma, por su vocación, su romanticismo y su apostura física, sus amigos le dicen: «El Lord Byron de Mixcoac». Pero Paz dialoga sobre todo consigo mismo. Su paso es paciente y firme: «soledad que me irás revelando la forma del espíritu, la lenta maduración de mi ser». Cuesta lo reconoce al reseñar su libro: posee «una inteligencia y una pasión tan raras como sensibles... la nota más característica de su poesía es una desesperación, que no tardará en precisarse en una metafísica... no en un puro ocio psicológico del artista». Con esa obra, Paz «confirma en su poesía el dominio de un destino sobre él. Ahora estoy seguro de que Octavio Paz tiene un porvenir».

Sus dioses tutelares son Lawrence y Marx: el comunismo –como el amor carnal– le parecía una especie de «religión» que «busca la fraternidad, la comunión activa de los desesperados tanto como de los desheredados». Muchos de sus amigos se incorporan a la LEAR (Liga de Escritores y Artistas Revolucionarios, creada en México a partir de su homóloga francesa, presidida por Gide, Barbusse y Malraux). Paz asistió al Congreso fundador en enero de 1937, escuchó los anatemas contra la cultura «arte purista», «burguesa», «extranjerizante» y la solitaria defensa que hizo un poeta guatemalteco, Luis Cardoza y Aragón, de la poesía, no como servidora de la Revolución sino como expresión de «la perpetua subversión humana». Escuchó también a los más radicales abjurar del tibio «nacionalismo revolucionario», abrazar el internacionalismo proletario y repudiar el asilo a Trotski (que acababa de llegar a México). Paz, que para entonces ya frecuentaba y desde luego leía a Cuesta, estaba al tanto de esas tensiones, así como de las polémicas europeas sobre la represión de disidentes en la URSS y los ataques de la III Internacional contra los anarquistas y trotskistas. No ignoraba tampoco el caso de André Gide, cuyo *Retour de l'U.R.S.S.* había aparecido en traducción en México a fines de 1936. «La dictadura del proletariado –había escrito Gide–, es la dictadura de un solo hombre sobre el proletariado». El libro revelaba el culto estalinista a la personalidad, las carestías, la manipulación propagandística, el terror, el vasallaje, la delación y el ahogo de la libertad intelectual. El recuento abrió los ojos de muchos creyentes.

No los de Paz. Cuesta había criticado desde 1932 la conversión de Gide al comunismo y previsto su posterior desencanto. Pero no había logrado convencer a su joven amigo, que seguía firmemente convencido en la justicia de su *causa*: «Yo estaba del lado de los comunistas —recordaría Paz—, eran tiempos en que afirmaba de buena gana que las revueltas en el mundo, incluida la mexicana, hallarían su realización en el comunismo.»

★ ★ ★

El nuevo presidente Lázaro Cárdenas rebasaba a la izquierda por la izquierda. Su reforma agraria abarcaría el país entero y repartiría 17 millones de hectáreas entre tres millones de campesinos. El 4 de agosto de 1937 *El Nacional* anunciaría a ocho columnas: «La Revolución hará el reparto de las haciendas henequeneras». No era fácil ni muy necesario ser comunista en el México cardenista. Era mejor apoyar al presidente. El complemento natural de aquella gigantesca transferencia de propiedad que comenzaba a ocurrir en 1937 era la educación. Y con ese espíritu misionero, Octavio Paz partió a Yucatán en marzo de 1937 para dirigir una escuela secundaria federal.

Ahora Paz es un *narodniki* y trabaja con campesinos, exactamente como su padre en tierra de Zapata. La «ciudad blanca» de Mérida —desde siempre un enclave de la «casta divina» de hacendados en medio de un océano de indios mayas— despierta su sensibilidad para ver el subsuelo de la historia y su indignado marxismo poético. Piensa que «"ver las cosas como son" es, en cierta forma, no verlas», por eso en Mérida comienza a *ver* poéticamente la realidad, a ver debajo: «el subsuelo social está profundamente penetrado por lo maya; en todos los actos de la vida brota de pronto: en una costumbre tierna, en un gesto cuyo origen se desconoce, en la predilección por un color o por una forma [...] la dulzura del trato, la sensibilidad, la amabilidad, la cortesía pulcra y fácil, es maya». Todo parece apacible en la bella ciudad provinciana, pero «en un instante la ciudad se despoja de su máscara y, desnuda, deja ver sus vivas entrañas, valientes y calladas [...] los grandes días de las huelgas y los mítines». El subsuelo indígena y mestizo, y la Revolución, los viejos temas de su padre zapatista. Sin embargo, Paz no es todavía un minero del alma mexicana. Es sólo un poeta con una *causa*. «Se cumple aquí, como en todo régimen capitalista, aquello de que el hombre vive de la muerte del hombre. A veces, en la noche, uno se despierta como sobre escombros y sangre. El henequén, invisible y diario, preside el despertar.» Precisamente sobre ese tema escribe un largo poema, inspirado en *The Waste Land*. Lo tituló «Entre la piedra y la flor». Fue su primera tentativa de insertar la poesía en la historia, de hacer poesía revolucionaria, no panfletaria. Muchos años después, recordaba: «quise demostrar la relación que, como un verdadero nudo estrangulador, ataba la vida concreta de los campesinos a la estructura impersonal, abstracta, de la economía capitalista: una comunidad de hombres y mujeres dedicada a la satisfacción de necesidades materiales básicas y ritos y preceptos tradicionales, sometida a un remoto mecanismo. Ese mecanismo los trituraba pero ellos ignoraban no sólo su funcionamiento sino su existencia misma».

> En el alba de callados venenos
> amanecemos serpientes.
>
> Amanecemos piedras,
> raíces obstinadas,
> sed descarnada, labios minerales.
> [...]
>
> ¡El mágico dinero!
> Sobre los huesos se levanta,
> sobre los huesos de los hombres se levanta.
>
> Pasas como una flor por este infierno estéril,
> hecho sólo del tiempo encadenado,
> carrera maquinal, rueda vacía
> que nos exprime y deshabita,
> y nos seca la sangre,
> y el lugar de las lágrimas nos mata.
> Porque el dinero es infinito y crea desiertos infinitos...

En Yucatán, Paz imparte clases de literatura a obreros y campesinos, publica artículos y da conferencias sobre la Guerra Civil española. La pasión en América Latina por la guerra es más profunda que en Europa: como en 1898, los intelectuales latinoamericanos vuelven a identificarse con España. Aquella vez contra el imperialismo en Cuba, ahora contra el fascismo en España. Paz la viviría como su primer gran pasión. Y es precisamente en Yucatán donde lo sorprende una invitación para asistir al Segundo Congreso Internacional de Escritores para la defensa de la cultura, que tendría lugar en Valencia a principios de julio de 1937. Su poema «¡No pasarán!» lo había vuelto famoso. Tenía que actuar con la mayor premura: había que raptar (casi) a la renuente Elena, casarse con ella (25 de mayo de 1937), volver juntos por un momento a Yucatán y tomar el barco de la Historia. Escribir con actos y palabras la poesía de la Historia. Amor y revolución hermanados. Un poeta romántico más, enrolado en la salvación de un pueblo heroico. Fue exactamente lo que hizo.

V

Llegan a España a principios de julio de 1937. La delegación mexicana incluye al poeta Carlos Pellicer −amigo y maestro de Paz desde la preparatoria−, el novelista Juan de la Cabada y el historiador José Mancisidor (ambos miembros activos de la LEAR) y el gran músico Silvestre Revueltas, hermano mayor de José. La Generación española del 98, que a través de sus revistas, poemas y ensayos había educado a la de Paz, estaba ya casi ausente: Ortega y Gasset se había exiliado en Buenos Aires, Unamuno había muerto tras condenar el grito de «Viva la Muerte», Machado languidecía en su casa. Pero las siguientes generaciones seguían activas, sobre todo en la revista *Hora de España*, que congregaba a una notable generación de poetas, dramaturgos, filósofos y ensayistas paralela en edad y horizontes a la de los «Contemporáneos» en México. Paz se acercó a ellos (Manuel Altolaguirre, Luis Cernuda, María Zambrano, Rafael Dieste) y a los más radicales de entre ellos (Rafael Alberti, José Bergamín). Conoció −entre una multitud de escritores− a varios poetas mayores de América Latina (Pablo Neruda, Vicente Huidobro,

César Vallejo, Nicolás Guillén), vio a Hemingway, Dos Passos, Silone, y al presidente del Congreso, André Malraux.

En el Congreso, José Bergamín introduce una moción condenatoria a André Gide, que acababa de publicar unos *Retouches* a su polémico *Retour de l'U.R.S.S.* Los escritores de *Hora de España*, inscritos en la tradición humanista, se niegan a apoyarla. Uno de ellos, el poeta y dramaturgo gallego Rafael Dieste, se declara «frente popular, izquierdista, liberal, no sectario». La representación latinoamericana –salvo Pellicer y Paz– la aprueba. Pero ninguno de los dos hace una protesta pública. Paz se reprocharía siempre ese silencio. Malraux se niega en definitiva a pasarla. En la sesión de clausura, Antonio Machado (a quien la pareja visitaría en su desolada casa de Valencia) advierte contra el uso de la palabra «masa». (Ya su heterónimo Juan de Mairena había escrito: «Por muchas vueltas que le doy, no hallo manera de sumar individuos.»)

En España, Paz entabla una amistad que duraría toda la vida con el poeta inglés Stephen Spender, a quien George Orwell calificaría entonces (junto a Auden) como un «Parlour Bolshevik» («Bolchevique de salón»). La crítica de Orwell a Spender –afinada en 1940, en *Inside the Whale*– ¿era aplicable a los escritores del Congreso? Entre Orwell y Spender había una sola diferencia: la participación real en la guerra. «Adolescentes permanentes» –les llamaba Orwell–, los intelectuales de clase media podían hablar con entusiasmo de la guerra porque vivían en países libres y no participaban en ella: «las purgas, la policía secreta, las ejecuciones sumarias, el encarcelamiento sin juicio, eran demasiado remotas para volverse aterradoras». A Orwell, el comunismo occidental le parecía un fenómeno casi exclusivamente intelectual, con poca participación obrera. Los intelectuales se habían afiliado a él como conversos a una nueva religión. ¿Qué atractivo podían tener en esos días –se preguntaba– las vocaciones u oficios tradicionales? Ninguno. ¿Y qué sentido conservaban las palabras patriotismo, religión, imperio, familia, matrimonio, honor, disciplina? Ninguno. El «"comunismo" del intelectual inglés es el patriotismo de los desarraigados».

Algo en este sentido percibió Elena Garro. En las *Memorias de España 1937* –libro extrañamente irreverente, divertido y no exento de indignación ante las confusiones ideológicas y morales–, escribe:

En Minglanilla, en donde hubo otro banquetazo en la alcaldía, nos rodearon mujeres del pueblo para pedirnos que les diéramos algo de lo que iba a
sobrar del banquete. Me quedé muy impresionada. Allí, a pesar de la prohibición de los compatriotas de hacernos notables, Stephen Spender y otros
escritores nos invitaron a salir del balcón de la Alcaldía. Desde allí vi a las
mujeres enlutadas y a los niños que pedían pan y me puse a llorar. Me sentí cansada y con ganas de irme a mi casa... durante el banquete, Nordahl
Grieg pidió que se regalaran al pueblo las viandas que estaban en la mesa.
Sin ningún éxito...

En sus *Memorias*, el poeta Stephen Spender le había dado la razón:

Había algo grotesco en aquel circo de intelectuales a quienes se trataba
como príncipes o ministros: se nos transportaba en Rolls Royce a lo largo de cientos de millas y a través de hermosos escenarios, escuchando los
vítores de la gente que vivía en pueblos desgarrados por la guerra. Se nos
ofrecían banquetes, fiestas, canciones, danzas, fotografías. Pero un súbito y
pequeño incidente podía revelar la verdad detrás de aquella escenografía.
Uno de esos incidentes ocurrió en el pequeño pueblo de Minglanilla [...]
En el banquete que habitualmente se nos ofrecía, comeríamos arroz a la va-
lenciana seguido de dulces y un magnífico vino. Mientras esperábamos mirando el paisaje desde un balcón del ayuntamiento, en la ardiente plaza los
niños de Minglanilla bailaban y cantaban para nosotros. De pronto, la señora Paz –la hermosa mujer del no menos hermoso y joven poeta Octavio
Paz– estalló en un llanto histérico. Fue un momento revelador de la verdad.
[*World Within World. The Autobiography of Stephen Spender*, pp. 241-242.]

También Octavio Paz era, en cierta medida, un desarraigado. Pero no
había ido a España como un turista, sino como un valeroso agitador poético. Así lo verían sus amigos españoles: «Los cantos españoles de Octavio
Paz [...] salen hoy a la luz, a todos los vientos, para que sean repetidos
con fervor por nuestros valerosos combatientes.» La experiencia duró casi
cuatro meses y en ella nada faltó, salvo el enrolamiento definitivo en la
guerra (que Paz intentó seriamente): fraternidad revolucionaria, aparición
en estaciones de radio, temerarias visitas al frente, escenas desgarradoras de

niños y familias, racionamiento, bombardeos aéreos y marinos, «tempestad de obuses» y «morterazos» frente a los que Elena se aterraba, pero Octavio exclamaba: «¡Esto es magnífico!» Y aunque no participó en batallas ni tenía cicatrices (como Siqueiros) quiso enlistarse como comisario político en el frente de Teruel. Sus amigos españoles lo disuadieron: servía mejor a la causa con la pluma que con el fusil. Vivió en una continua exaltación: lee y escribe poemas combativos, imparte una conferencia sobre Silvestre Revueltas, y en la Casa de la Cultura de Valencia proclama la aparición de un *hombre nuevo*: «anhelamos un hombre que, de su propia ceniza, revolucionariamente, renazca cada vez más vivo». Se iba creyendo en la Revolución como una «nueva creación humana», surtidor de «vida nueva», un «fenómeno total», el advenimiento de un «mundo de poesía capaz de contener lo que nace y lo que está muriendo».

En Barcelona, Paz lee su «Elegía a un compañero muerto en el frente de Aragón», poema escrito desde México, que había contribuido mucho a su fama:

> Has muerto, camarada,
> en el ardiente amanecer del mundo.
>
> Y brotan de tu muerte
> tu mirada, tu traje azul,
> tu rostro suspendido en la pólvora,
> tus manos, ya sin tacto.
>
> Has muerto. Irremediablemente.
> Parada está tu voz, tu sangre en tierra.
> ¿Qué tierra crecerá que no te alce?
> ¿Qué sangre correrá que no te nombre?
> ¿Qué palabra diremos que no diga
> tu nombre, tu silencio,
> el callado dolor de no tenerte?...

El compañero al que hacía referencia era José Bosch, aquel anarquista de la preparatoria, de cuya muerte habían corrido versiones fidedignas. Para su perplejidad, Paz descubre a Bosch entre el público. Al terminar lo oye narrar una guerra muy distinta a la que creía haber visto, la guerra a muerte de los comunistas contra los anarquistas del POUM. «¡Han matado a mis compañeros! [...] ¡Ellos, ellos los comunistas!» Es la misma incómoda verdad que Orwell había atestiguado en sus meses en el frente, como miembro de las milicias del POUM. De hecho, habían pasado apenas tres meses desde que el POUM y los comunistas luchaban en esas mismas calles y dos desde el arresto y misteriosa desaparición de Andrés Nin, el líder histórico del POUM. Por esos mismos días la NKVD fabricaba testimonios sobre la «colaboración» de los poumistas y los trotskistas con el fascismo, versiones que los diarios de Occidente tomaban como buenas y Orwell (que dejó Barcelona en junio de 1937 y comenzó a escribir *Homage to Catalonia*) desmintió. En cuanto a Bosch, sólo quería un pasaporte a México. Pero era imposible conseguirlo. A decir de Elena, Paz vivió el episodio «muy angustiado». No se le ocultaba el clima de espionaje, el lenguaje inquisitorial de muchos «camaradas», la presencia apenas disfrazada de espías y agentes de la Cheka, las noticias de la reciente ejecución del mariscal Tujachevski, héroe de la vieja guardia (12 de junio de 1937). Pero ante las versiones encontradas, su resolución era viajar a la URSS para «ver con sus propios ojos –en palabras de Elena– ese país en el que se jugaba la suerte del mundo». No lo logró.

A fines de octubre su barco pasó por Cuba, donde los dos líderes históricos del PC cubano (Juan Marinello y el joven Carlos Rafael Rodríguez) le presentaron a Juan Ramón Jiménez. Elena escribe: «Tuve la impresión de que estaba desplazado, era como ver un Greco en una playa llena de sol.»

Compañeros de aquella experiencia fueron el poeta León Felipe y su esposa, la mexicana Bertha Gamboa, «Bertuca». A sus 53 años, León Felipe era ya un viejo venerado en España. Boticario de profesión y de oficio peregrino, había sido profesor en México y en Estados Unidos, amigo de García Lorca y traductor de Whitman, Eliot y Blake. Sus largos poemas tenían una extraña impregnación religiosa, a veces ingenua, otras grave: eran oraciones, invectivas, salmos, parábolas y alegorías. «Santo profeta enfurecido», lo había llamado Rafael Alberti. Tenía razón: siempre hubo algo de profeta bíblico en la ronca y sonora voz, la estampa, la pasión moral, la indignación y la feroz ternura de León Felipe.

El estallido de la guerra lo había sorprendido en Panamá, pero había vuelto a España. Neruda lo encontraba nietzscheano y encantador: «entre sus atractivos, el mejor era un anárquico sentido de la indisciplina y de burlona rebeldía... Concurría frecuentemente a los frentes anarquistas, donde exponía sus pensamientos y leía sus poemas iconoclastas. Éstos reflejaban una ideología vagamente ácrata, anticlerical, con invocaciones y blasfemias». Ahora él y Bertuca convivían con Octavio y Elena. Octavio «estaba pálido, con las manos cruzadas sobre el mango de su cachava y la barbilla apoyada sobre ellas. –¿Qué pasa, León Felipe?, preguntó Elena. –Me duele España, chiquilla, me duele...» A Paz le dolería también. España era la patria de la Revolución y la tierra de su madre. En «Oda a España», poema de 1937, escribió:

> [...] No es el amor, no, no es.
> Mas tu clamor, oh, Tierra,
> trabajadora España,
> universal tierra española,
> conmueve mis raíces,
> la tierra elemental que me sostiene,
> y tu invasora voz penetra mi garganta
> y tu aliento recóndito mis huesos...

No es exagerado decir que aquella guerra marcaría para siempre su conciencia política. También la de muchos mexicanos que de jóvenes recitábamos de memoria los versos de «Piedra de sol» (1957) que evocaban el momento de doble comunión (amorosa e histórica) que vivió Paz en España:

> Madrid, 1937,
> en la Plaza del Ángel las mujeres
> cosían y cantaban con sus hijos,
> después sonó la alarma y hubo gritos,
> casas arrodilladas en el polvo,
> torres hendidas, frentes escupidas
> y el huracán de los motores, fijo:
> los dos se desnudaron y se amaron

por defender nuestra porción eterna,
nuestra ración de tiempo y paraíso...

Por un lado, había visto la «espontaneidad creadora y revolucionaria» y la «intervención directa y diaria del pueblo». Había visto la esperanza, y no la olvidaría. Pero había visto también, había visto sin ver, el *otro* lado de la Revolución. Y pasado el tiempo, su silencio ante esa realidad entrevista pero negada lo atormentaría.

VI

De vuelta en México a principios de 1938, Paz participa en actos públicos en los que habla con exaltación de la cultura, la juventud y la poesía en la guerra de España. Siente aquella *esperanza* como un sucedáneo de la virtud teologal católica: una confianza en alcanzar el mundo de fraternidad, justicia e igualdad inscrito en la palabra Revolución. Pero de pronto, el sucedáneo de otra virtud teologal, la fe, comienza a flaquear en él. Atisbos de esa fisura habían asomado en España, donde no se le escapó el ambiente de persecución y espionaje al que él mismo se sintió sometido. Según su amigo el pintor Juan Soriano, «Paz regresó de la Guerra Civil desilusionadísimo de las izquierdas. Algo había en ellas que no funcionaba, puro dogmatismo, fanatismo puro». No hay trazas publicadas de ese proceso, pero a mediados de marzo —refiere Garro— ocurre un golpe inesperado: «vi que Octavio Paz, a la hora del desayuno, exclamó con lágrimas: "¡Bujarin...! ¡No! ¡Bujarin, no!" En el periódico —dice Garro— leí que le habían dado un tiro en la nuca». Era la tercera purga estalinista. En efecto, la edición dominical del 13 de marzo de *El Nacional* incluía la «confesión» de «Boukharine» y su sentencia. Ante esos hechos, una visión disidente germinaba en Paz, pero quedó sin expresarse. Y aunque años después confesaría su admiración de entonces por Trotski, no dejó testimonios públicos en ese sentido. A pesar de ser un lector voraz de textos sobre la Revolución rusa y de autores que, como Bujarin, habían sido compañeros de Trotski, nunca intentó conocer al protagonista mayor del bolchevismo que vivía en la misma ciudad.

Cuando André Breton –el padre del surrealismo, crítico abierto de Stalin– llegó a México para ver a Trotski, el joven Paz sólo asistió «a escondidas» a alguna de sus conferencias. Escoltado por Diego Rivera y Frida Kahlo y un puñado de simpatizantes trotskistas, Breton permaneció en el país entre abril y agosto de 1938. Viajó por el país y firmó con Trotski el famoso «Manifiesto por un Arte Independiente» que se publicó en *Partisan Review*, pero sus actividades fueron objeto de duras críticas no sólo por parte de los comunistas de línea dura, sino por los amigos de Paz. Uno de ellos, Alberto Quintero Álvarez, que había sido coeditor de *Barandal*, condenó «la oscuridad indescifrable» del «procedimiento automático» del surrealismo, cuyas «experimentaciones» le parecían «vacías de ternura, palpitación, de todo lo que nosotros queremos retrotraer a nuestro acto mágico, inexplicable: nuestro acto creativo, empeñado y secreto».

El texto de Quintero Álvarez apareció en *El Popular*, el periódico que acababa de fundar el máximo líder de los obreros de México, Vicente Lombardo Toledano. Católico en los años veinte, marxista converso en los treinta, Lombardo había viajado en 1936 a la URSS y tras publicar un libro titulado *Un viaje al mundo del porvenir*, rodeado de un grupo de jóvenes discípulos, fundó el diario. Octavio Paz no pertenecía propiamente a ese círculo cercano, pero comenzó a trabajar en el periódico como uno de los encargados de la página editorial: recibía textos, escribía algunas editoriales anónimas y firmaba otras. En esa posición era imposible e impensable buscar a Breton y mucho menos a Trotski, porque para el diario –alineado con la óptica de Moscú– Trotski era un aliado abierto de Hitler. *El Popular* no dio cobertura a la Comisión Dewey que desmintió los mitos colaboracionistas de Trotski, y lo atacó de manera persistente. Éste, a su vez, acusó a Lombardo de ser un agente de Stalin. Pero la generación de Paz optó por la ortodoxia.

Era explicable. El enemigo era Hitler, que avanzaba día tras día hacia la confrontación mundial y a quien no le faltaban simpatizantes en México. Ésa era la batalla natural. Y el país vivía en el límite de la exaltación nacionalista: el 18 de marzo de 1938 Cárdenas había expropiado a las compañías petroleras inglesas, holandesas y estadounidenses. En esos meses, además, comenzaron a llegar los primeros escritores exiliados de

El *poeta* y *la* Revolución

«hombre solo, el pueblo solo, en la última y definitiva soledad». El camarada José Mancisidor lo reprendió: «Su ejemplo puede ser funesto. Su pesimismo peligroso.» Pero al poco tiempo, José Revueltas se referiría del mismo modo a España: «la Historia elige a sus pueblos, sus pueblos mesiánicos, sus pueblos proféticos. España es hoy ese pueblo. ¡Cuán difícil se ha hecho entender esta verdad, que me atrevo a llamar sagrada!»

A fines de 1938, Paz dio un primer paso sólido para orientar materialmente su vida como lo había hecho su abuelo (y hasta cierto punto su padre): fundó la revista *Taller*. Sus 12 números bimensuales aparecieron entre diciembre de 1938 y febrero de 1941. Costaba un peso, tiraba 1 000 ejemplares, contaba con unos cuantos anuncios de entidades dependientes de la Hacienda Pública, casas editoriales e instituciones académicas. La financiaba principalmente Eduardo Villaseñor, un mecenas generoso, sagaz en los negocios, poeta aficionado y amante de la literatura, que entre 1938 y 1940 ocupó la Subsecretaría de Hacienda y de 1940 a 1946 fue director del Banco de México. Las finanzas de la revista eran tan exiguas, que en noviembre de 1939 Paz consiguió de Alfonso Reyes (junto con Vasconcelos, el mayor escritor de México en la primera mitad del siglo) la cantidad 150 pesos, que Paz prometió «devolver a la primera oportunidad».

El 31 de marzo de 1939 –junto el día del cumpleaños 25 de Paz– se anunció la caída de la República española. Paz la seguiría defendiendo, y no sólo con palabras. De hecho, el 10 de abril se lio a golpes en un restaurante del centro contra unos comensales que gritaban: «¡Viva Franco!» «Varios gendarmes –decía la nota– sacaron a las mujeres sangrando, y a otros con las ropas destrozadas.» Octavio, su esposa, cuñada y concuño fueron a dar a la delegación. Una foto desafiante de Elena acompañaba el reportaje: «dos bravas hembras encarceladas por el mismo mitote».

En el número dos de *Taller*, correspondiente a abril, Paz publicó un educado pero firme deslinde de la generación de los «Contemporáneos» y un programa para su propia generación. Lo tituló «Razón de ser». Refiriéndose a sus maestros, escribió: «su inteligencia fue su mejor instrumento, pero jamás lo usaron para penetrar lo real o construir lo ideal, sino para, ligeramente, fugarse de los cotidiano [...] Crearon hermosos poemas, que raras veces habitó la poesía». La joven generación les debía un «instrumento» formal, pero debía aplicarlo nada menos que a la salvación del hombre:

> Llevar a sus últimas consecuencias la revolución, dotándola de [...] coherencia lírica, humana y metafísica... conquistar, con nuestra angustia, una tierra viva y un hombre vivo... construir un orden humano, justo y nuestro... un lugar en que se construye el mexicano y se le rescata de la injusticia, la incultura, la frivolidad y la muerte.

Aunque algunos textos como «El quebranto», estrujante capítulo de una novela de Revueltas sobre su estancia en un reformatorio, correspondieron a ese espíritu, la creciente inmigración española convirtió poco a poco a *Taller* en algo más modesto y sereno: la continuación en papel de las tertulias del Café París, una animada conversación en la que participaban, junto con los jóvenes (Efraín Huerta, Alberto Quintero Álvarez, Rafael Vega Albela), algunos «Contemporáneos» (Villaurrutia, Pellicer), los exiliados españoles que habían llegado (León Felipe, José Bergamín, José Moreno Villa), los que seguían llegando (María Zambrano, Juan Gil-Albert, Rafael Dieste, Ramón Gaya, Sánchez Barbudo). Era la secuela mestiza de *Hora de España* en México. De hecho, a partir de septiembre, el director fue Octavio Paz y el secretario de redacción Juan Gil-Albert. La revista mostró sensibilidad histórica: las dos figuras mayores del barroco mexicano –Sor Juana Inés de la Cruz y Juan Ruiz de Alarcón– aparecieron en esas páginas, en espléndidas antologías y estudios introductorios. No menos vanguardista que la revista *Contemporáneos*, *Taller* publicó una amplio «Dossier» de T. S. Eliot, con traducciones de Cernuda, León Felipe, Usigli, Juan Ramón Jiménez, etc. Y para desplegar su temple romántico, publicó por primera vez en español *Una temporada en el infierno* de Rimbaud, así como a Hölderlin y Baudelaire.

Si bien la revista quiso ser revolucionaria, muchos factores externos atenuaron ese espíritu. Para sus autores, españoles y mexicanos, el estallido de la Segunda Guerra Mundial fue menos sorpresivo que el pacto Hitler-Stalin que la antecedió unos días, el 23 de agosto de 1939. Aunque el acuerdo se desharía con la invasión de Rusia por Hitler, en junio de 1941, el efecto fue letal. Pocos marxistas lograron justificarlo o entenderlo. Y sin embargo, *El Popular* lo defendió con ahínco. «Resonante triunfo de la URSS en beneficio de la paz mundial», decían las ocho columnas del 23 de agosto. «Golpe magistral», anunciaba la editorial del 25 de agosto, alabando la audacia, la coherencia, la transparencia y el pacifismo de Stalin: «Pueblo que no codicia territorios, nación que no agrede a pueblos débiles, la URSS está demostrando al mundo que sólo un régimen socialista, proletario, rechaza la guerra como medio de vida, como recurso de engrandecimiento...» A raíz de los hechos, Paz dejó *El Popular*. Después de todo, debió pensar, Trotski habría tenido alguna razón en sus advertencias. Tiempo después, en mayo de 1940, sobrevino el atentado del pintor David Alfaro Siqueiros contra Trotski y, finalmente, en agosto, el asesinato. A la vera de Trotski estaba un joven y desconocido escritor americano (Saul Bellow) y desde lejos lamentaron la muerte muchos socialistas norteamericanos reunidos alrededor de *Partisan Review*, pero *Taller*, la principal revista literaria e intelectual de México, no hizo referencia a estos hechos. Tampoco Paz escribió sobre ellos.

Su silencio ante el comportamiento de la URSS pudo ser reflejo de una perplejidad. Durante la guerra, su fe en la URSS flaqueaba, pero no la esperanza en la Revolución. ¿Hacia dónde voltear? La vuelta a la religión (la vía de Auden o Eliot) era imposible. Paz se había inclinado siempre por el jacobinismo liberal de su abuelo y padre, no por el piadoso catolicismo de su madre. La vía de Pound y Vasconcelos hubiese sido imposible: Paz detestaba al fascismo que había destruido a la República española y abjuraba del nazismo, al que criticó por su trato a los judíos y por considerarlo —desde su óptica marxista— un hijo del capitalismo y el imperialismo: «Se podrían enumerar las diversas causas que han hecho posible a Hitler, pero todas ellas están contenidas en dos palabras: capitalismo e imperialismo. Hitler es su último fruto.»

Por eso también ni «la Pérfida Albión» (frase española del siglo XVIII, recogida con frecuencia por León Felipe) ni las otras democracias liberales representaban para él una opción: habían dejado morir a España y volteado la espalda a su origen popular y revolucionario. «La hipócrita retórica de los pseudodemócratas burgueses» había olvidado «rejuvenecerse» en «las aguas del pueblo de donde nació, profundamente popu-

«Nuestra defensa de la libertad del arte y de la poesía –concluyó– habría sido intachable a no ser por una falla moral y política que ahora me ruboriza. En *Taller* se podían profesar todas las ideas y expresarlas pero, por una prohibición no por tácita menos rigurosa, no se podía criticar a la Unión Soviética.»

VII

A principios de 1941, *Taller* desapareció y Paz tenía un trabajo ingrato en el Banco de México: contaba billetes fuera de circulación con las manos enfundadas para luego quemarlos. No podía escapársele la paradoja: en alguna de sus «Vigilias» escritas en 1935 y publicadas luego en *Taller*, había escrito «el dinero no tiene fin ni objeto, es, simplemente, un mecanismo infinito, que no conoce más ley que la del círculo... No tiene ningún sabor terrenal. No sirve para nada, puesto que no se dirige a nada». Y en Yucatán había compuesto el poema contra el dinero que movía los hilos de la esclavitud henequenera. Ahora el dinero se había vuelto contra él, movía sus hilos.

Además del desaliento que siguió a la derrota de la República española, en la desaparición de *Taller* en febrero de 1941 incidieron otros factores como el cansancio de unos y el encono –no exento de incomprensión y celos– entre mexicanos y españoles. (Efraín Huerta recordaba con malicia que la revista había muerto de «Influencia española».) Pero quizá lo decisivo fue un cambio en la estructura material y la orientación en la cultura mexicana. En el México de principios de los cuarenta, una pequeña revista como *Taller* competía por el mecenazgo (casi siempre oficial) con nuevas instituciones, revistas e iniciativas culturales de corte más académico. La cultura abandonaba su vocación revolucionaria y se volvía institucional. Pasaba de la imprenta a la academia; de los libros, las revistas y los diarios a las aulas y las grandes editoriales. Algunas de estas instituciones como La Casa de España o el Fondo de Cultura Económica eran de excelencia, pero su financiamiento era estatal.

Este cambio en la cultura institucional correspondía a una transformación más amplia de la política y la economía mexicanas. Los años treinta habían sido ideológicos, polarizados, revolucionarios. Habían comenzado con la caída de Wall Street y terminado con el estallido de la Segunda Guerra Mundial y el Pacto Hitler-Stalin. El México de los cuarenta (aunque le declara la guerra al Eje en 1942) se volvió un apacible y atractivo puerto de abrigo para los refugiados del conflicto. Aunque el nuevo presidente Manuel Ávila Camacho (1940-1946) había sido lugarteniente de Cárdenas, su talante era más conciliador. De común acuerdo con su antecesor, «el Presidente Caballero» suavizó desde el poder la lucha de clases, se declaró creyente en materia religiosa, detuvo el reparto en el campo, y se concentró en la construcción y consolidación de instituciones públicas como el Seguro Social y Petróleos Mexicanos. El país se beneficiaba económicamente de la guerra y arrancaba su incipiente proceso de industrialización. Sobrevino un auge del turismo.

Se empezaba a hablar del «fin de la Revolución» y algunos bautizaban ya la nueva era como un «neoporfirismo»: no por nada comenzaban a aparecer películas que idealizaban la vida del campo en las haciendas anteriores a la Revolución y nostálgicas remembranzas sobre «los tiempos de Don Porfirio». El cine mexicano entró en su «época de oro»: sus películas, canciones y artistas se volvieron famosos en toda América Latina y aun en España. Octavio Paz, urgido de dinero, no lograría sustraerse a la corriente y en 1943 llegó a colaborar en algunos diálogos y letras de canciones para *El rebelde*, película del famoso actor Jorge Negrete. El libreto era una decorosa adaptación de una novela de Pushkin hecha por el escritor trotskista, amigo muy cercano de Gide, Jean Malaquais, con quien Paz había entablado una reciente amistad. En una escena, Negrete canta desde el balcón una furtiva canción a su amada que lo escucha en secreto, sin poder verlo. La letra es inconfundiblemente paciana:

> No te miro con los ojos,
> cuando los cierro te miro
> y en mi pecho te aprisiono
> con cerrojos de suspiro.
>
> Nunca mis labios te nombran,
> tu nombre son los latidos

y sus sílabas la sangre
de mi corazón partido.

El estilo, y la angustia casi masoquista del amante, revelaban la marca poética de Paz.

Pero Paz no estaba hecho para una nueva versión de «la paz, el orden y el progreso». El aburguesamiento de México le repugnaba. Lo vivía como una traición histórica. Él seguía arraigado sentimentalmente en la revolución campesina y zapatista, e ideológicamente a la Revolución mundial profetizada por Marx, que debía advenir en Europa al final de la guerra. Para Paz, el marxismo no sólo formaba parte de «nuestra sangre y nuestro destino», sino que era un pensamiento abierto que había que desarrollar. En lo personal, su horizonte era incierto. Profesionalmente seguía siendo un desarraigado. Su vida —como la de su abuelo y su padre— era inseparable de la imprenta y la vida pública, de la escritura y el lector. Lo suyo era la edición de revistas, no en un sentido académico sino de combate político y poético, pero las posibilidades de hacerlo se estrechaban.

En esas circunstancias, nunca abandonó su obra personal. Paz siguió publicando en las revistas mexicanas que sobrevivían como *Letras de México*, la meritoria aunque ecléctica y apolítica revista cultural que desde 1937 publicaba Octavio Barreda, y *Tierra Nueva*, una efímera y apolítica revista de los jóvenes José Luis Martínez y Alí Chumacero (allí aparece, como un suplemento a mediados de 1941, su libro *Bajo tu clara sombra*). En 1942 publica *A la orilla del mundo*. José Luis Martínez —que desde entonces apuntaba como el más destacado crítico e historiador de la literatura— lo saludó así: «Un acento personalísimo e intenso, una riqueza poética inusitada y una plenitud lírica sólo equiparable a la de algunos de los grandes nombres de la poesía mexicana, patentiza Octavio Paz en su reciente obra con la que da un firme paso en una carrera poética que sin duda llegará muy lejos.» Adicionalmente, Paz no descuidó publicar en *Sur*, la mejor revista literaria de esas décadas, dirigida en Buenos Aires por Victoria Ocampo y cuyo secretario de redacción, José Bianco, se convirtió en un gran amigo suyo.

Pero la falta de una revista propia lo torturaba. Era, junto a la poesía, su forma de hacer la Revolución, de estar en el mundo. No fue casual que en el último número de *Taller* (enero-febrero 1941) se hubiese preguntado: «¿cuándo podremos publicar sin angustia, libres de cualquier resentido burócrata metido a dictador de la cultura, supremo dispensador de los "premios a la virtud perruno-literaria"? ¿Cuándo —¡oh México!—, país de licenciados, generales y muertos de hambre?» Era difícil porque, como apuntaba Martínez a fines de 1942, «aún no ha sido posible organizar en México un público para la literatura». En noviembre de ese año, Paz vuelca su desazón en un recuerdo del poeta español Miguel Hernández, recientemente fallecido en una cárcel de su pueblo natal. Escuchándolo cantar canciones populares en Valencia en 1937 había compartido la «pasión verdadera». Ahora prefería dejar atrás todo eso: «déjame que te olvide porque el olvido de lo que fue puro y de lo verdadero, el olvido de lo mejor, nos da fuerzas para seguir viviendo en este mundo de compromisos y reverencias, de saludos y ceremonias, maloliente y podrido».

★ ★ ★

¿Dónde orientar la rebeldía? No es casual que en esos días se haya hecho amigo de Juan Soriano, un jovencísimo pintor jalisciense a quien por sus excesos y excentricidades, sus borracheras y tormentos, llamaban «el Rimbaudcito». Era difícil encontrar un personaje menos convencional y más libre. Soriano se destacó entonces como retratista, un género que hundía sus antiguas raíces populares en el occidente de México. En un artículo publicado en *Tierra Nueva* en 1941, Paz retrató a su amigo retratista como un niño «permanente, sin años, amargo, cínico, ingenuo, malicioso, endurecido, desamparado, viejo; petrificado, apasionado, inteligente, fantástico, real». ¿«Qué infancia triste, qué lágrimas o que soledad» —se preguntaba Paz, en 1941— había detrás de la pintura de Juan Soriano? En la desamparada infancia de Soriano —«barandales y corredores por los que corren niños solitarios, siempre a punto de caer en el patio»—, Paz vio un espejo de la suya propia. Esa pintura revelaba:

Una infancia, un paraíso, púa y flor, perdido para los sentidos y para la inteligencia, pero que mana siempre, no como el agua de una fuente, sino como la sangre de una entraña. Nos revela, y se revela a sí mismo, una parte de nuestra intimidad, de nuestro ser. La más oculta, mínima y escondida; quizá la más poderosa.

Convivieron mucho en el Café París y en fiestas y borracheras memorables. Los unió algo más. La vida paralela de sus padres, ambos alcohólicos y disipados. Paz había recogido los restos de su padre en una estación de ferrocarril, pero no pudo siquiera velarlo. El duelo quedó allí, postergado, opresivo, hasta que la muerte del padre de su amigo lo liberó. «Cuando Octavio vio a mi padre enfermo —recordaría Soriano— se sintió aludido porque revivía recuerdos tristes y se portó excelente.» En esa agonía «no dejó de ir un solo día a verlo... Al morir mi padre, el poeta me acompañó y cargó el cajón en hombros en el cementerio, porque para él su padre y su abuelo habían sido esenciales».

Juan Soriano vivió de cerca la relación de Octavio y Elena. «¡Pocas mujeres de la época más deslumbrantes!», apuntó. (Soriano, por aquel entonces, pintaba sobre todo mujeres, y su idea platónica era capturar el alma irrepetible de cada una.) Por esos años pintó un retrato perturbador de Elena. «El retrato de Elena Garro —escribió— seduce a quien lo conoce.» Y en efecto, allí está como debió de ser, una belleza áurea, enigmática y cerebral. Sentada en una terraza, tras ella se advierte una puerta cerrada, acaso la misma que —como evocaba Soriano— se cerró muchas noches para Octavio Paz. Su poema sobre este retrato («A un retrato») fluye entre imágenes de ternura y deseo y toques de amenaza, casi de horror:

> [...] Los pálidos reflejos de su pelo
> son el otoño sobre un río.
> Sol desolado en un desierto pasillo,
> ¿de quién huye, a quién espera,
> indecisa, entre el terror y el deseo?
> ¿Vio al inmundo brotar de su espejo?
> ¿Se enroscó entre sus muslos la serpiente?...

En el recuerdo de Juan, ella lo martirizaba: «De por sí era muy competitiva pero con él tiraba a matar. ¡Qué impresión tremenda!» Paz en cambio, «reconocía su inteligencia», la alimentaba y procuraba. Soriano los visitaba con frecuencia. «En esos años nació "la Chatita", Laura Elena; la recuerdo muy chiquita. Ambos la adoraban.»

★ ★ ★

En los primeros meses de 1943, Paz convence a Octavio Barreda, editor de la revista *Letras de México*, a embarcarse en la publicación de una revista «de categoría». Se llamaría *El Hijo Pródigo*. Fue, mucho más que *Taller*, un lugar de encuentro entre generaciones, tradiciones, géneros. Una ingeniosa división en cuatro tiempos sugerida seguramente por Paz (Tiempo, Destiempo, Contratiempo, Pasatiempo) normaba el índice. Se publicaron poemas de autores españoles y mexicanos, algunos cuentos, ensayos célebres («La música en la poesía» de T. S. Eliot); se recordaron autores intemporales (John Donne, san Juan de la Cruz, Lulio, Plotino, Plutarco); no se rehuyó la agria polémica con los acartonados practicantes del nacionalismo cultural y el «realismo socialista». Muy atractiva en su diseño de viñetas y reproducciones, la revista ejerció crítica de libros con una seriedad sin precedentes. Se publicó mucho teatro (como la célebre obra *El gesticulador*, de Rodolfo Usigli) y se dio un lugar primordial a las artes plásticas. *El Hijo Pródigo* contaba con una buena cantidad de anuncios de entidades públicas y empresas privadas. Aunque desde un inicio Paz apareció sólo como uno de los redactores, en los hechos dirigió la revista hasta octubre de 1943. Publicó sus poemas, críticas de poesía y un ensayo fundamental en su biografía: «Poesía de soledad y poesía de comunión». Hizo más: buscó activamente, sin lograrlo, la colaboración de los grandes autores de *Sur*, como Adolfo Bioy Casares y Jorge Luis Borges.

Al paso del tiempo, Paz recordaría *El Hijo Pródigo* con afecto pero con menos pasión que *Taller*, que había sido su auténtica trinchera. Él le había tratado de imprimir una «política intelectual definida», que con su ausencia se desdibujaría. Por eso le gustaba citar un editorial suyo, de agosto de 1943: «El escritor, el poeta, el artista, no son instrumentos ni su obra puede ser ese proyectil ciego que muchos suponen. La única manera de derrotar a Hitler y a lo que significa como mal universal es

rescatar en el campo de la cultura la libertad de crítica y denuncia [...]
El totalitarismo no es fruto de la maldad ingénita de este o aquel pueblo: allí donde el hombre es simplemente un *medio*, un *instrumento* o un
objeto de especulación, allí germina el totalitarismo.»

El escrito tuvo un contexto significativo porque, al menos tácitamente, Paz comenzaba a entrever que el totalitarismo podía no ser
privativo de Alemania. El mundillo literario de México, pequeño pero
rijoso, acababa de cimbrarse con un pleito entre Neruda y Paz que se
volvería legendario. Desde 1940, Neruda era cónsul de Chile en México. Paz y él se frecuentaban. Pero surgió la manzana de la discordia: la
publicación de *Laurel*, una antología de poesía española en la que Paz
no se ajustó a los patrones que hubieran satisfecho a Neruda. El chileno detestaba a los «poetas celestes, los gidistas, intelectualistas, rilkistas
miserizantes, amapolas surrealistas». La querella verbal en un restaurante
llegó a los golpes. Poco después, antes de partir de México, Neruda
hizo declaraciones sobre la «absoluta desorientación» y la «falta de moral
civil» que imperaba en la poesía mexicana. Paz y sus jóvenes amigos
de *Tierra Nueva* respondieron con textos durísimos. En su «Respuesta al
cónsul», Paz escribió:

> El señor Pablo Neruda, cónsul y poeta de Chile, también es un destacado
> político, un crítico literario y un generoso patrón de ciertos lacayos que
> se llaman «sus amigos». Tan dispares actividades nublan su visión y tuercen
> sus juicios: su literatura está contaminada por la política, su política por la
> literatura y su crítica es con frecuencia mera complicidad amistosa. Y así,
> muchas veces no se sabe si habla el funcionario o el poeta, el amigo o el
> político.

Este rompimiento definitivo en el orden estético lo alejaba un paso más
de la corriente ideológica afín a la URSS. Seguiría abrazando el marxismo y admirando a Lenin, pero en la nueva perspectiva del mundo y el
país no estaba del todo claro lo que esa adhesión, en concreto, significaba para él.

★ ★ ★

La cultura en los cuarenta no sólo había cambiado de estructura institucional y material: había cambiado de foco. El interés colectivo no estaba ya en la palabra «Revolución», sino en la palabra «México». Igual que en 1915, cuando la Primera Guerra Mundial aisló a México y favoreció un primer momento de introspección, durante la Segunda Guerra Mundial la cultura mexicana se volcaba una vez más sobre sí misma. Un término comenzó a ponerse de moda: «autognosis». De hecho, fue utilizado por primera vez en 1934 por el filósofo Samuel Ramos que en su libro seminal, *El perfil del hombre y la cultura en México*, diagnosticó (con actitud de terapeuta social; era lector de Adler) que la cultura mexicana sufría de un innato complejo de inferioridad. Esta corriente de introspección tuvo un impulso mayor en los españoles transterrados. Ya los filósofos, historiadores y escritores de la Generación del 98 –Unamuno, Ortega, Machado, Azorín– habían publicado famosas «meditaciones» sobre el ser español. Ahora sus sucesores importan y transfieren ese género de reflexión a su nuevo hogar. Quizá el primero es el poeta y pintor José Moreno Villa, que en 1940 publicó un pequeño y precioso volumen *Cornucopia de México* sobre los gestos, ademanes, costumbres, actitudes y palabras idiosincrásicas que había ido recogiendo en sus viajes por su nueva patria. Una presencia decisiva en esos años es el filósofo José Gaos, ex rector de la Universidad de Madrid y discípulo de Ortega y Gasset. Arraigado de manera permanente en el país desde 1938, Gaos alienta las primeras revisiones sobre «historia de las ideas» en México. Dos discípulos descuellan en ese proyecto: Leopoldo Zea, que publica su famoso libro sobre *El positivismo en México*, y Edmundo O'Gorman, que escribe *La idea de América*. El ambiente introspectivo es tal que Alfonso Reyes, el viejo de la tribu, se atreve por primera vez a revisar la trayectoria de su generación y publica su ensayo «Pasado inmediato».

Pero cuando la cultura mexicana iba en busca de sí misma, el joven Paz –a pesar de su desarraigo, o debido a él– se había adelantado al menos en dos vertientes: la reflexión poética y la crítica artística. En su primera colaboración en la revista *Sur* (agosto de 1938), Paz interpretó el libro *Nostalgia de la muerte* de Xavier Villaurrutia como un espejo del «espíritu mexicano», de lo «específicamente nuestro»:

Iluminando –o ensombreciendo, poéticamente– todas estas conquistas, yo encuentro, palpo, lo mexicano. Lo mexicano que en él, como en todos nosotros, circula invisible e invenciblemente: como el aire impalpable y cálido de nuestros labios o el color, levemente triste y danzante, tímido, de nuestras palabras. De nuestras dulces palabras mexicanas, esas mismas que se hacen plásticas en una boca castellana y que en nosotros pierden todo su cuerpo, todo su iluminado contorno.

Otro texto sobre el mismo tema apareció en *El Popular*, el 28 de octubre de 1941. Se tituló «Sobre literatura mexicana». Las preguntas que se hacía Paz no eran en absoluto académicas: ¿Cuándo encontró y cuándo perdió su expresión (vale decir, su sentido, su *ser*) el pueblo mexicano? ¿Cómo recuperarla? ¿Quién la recuperará? Paz formula entonces, quizá por primera vez, su visión de la Revolución mexicana como el momento de *encuentro* del mexicano consigo mismo. Mantener vivo ese encuentro debía haber sido el empeño de los escritores y los políticos, pero todos habían abandonado al pueblo:

Ellos hicieron hermético, insensible al pueblo mexicano, que por primera vez en su historia había despertado. Ahora todos hemos vuelto a la soledad y el diálogo está roto, como están rotos y quebrados los hombres [...] Y sin embargo, habrá que reanudar ese diálogo. Porque debe haber alguna manera, alguna forma que abra los oídos y desate las lenguas.

El encargado de «abrir los oídos y desatar las lenguas» era el poeta. En aquel texto Paz comenzó a vislumbrar una «ética del poeta» tan «mística y combativa» como la que había delineado en *Barandal*, pero ya no centrada en la Revolución mundial sino en México, en los misterios de México. «Tanto como alimentarse de un pueblo, la poesía alimenta al pueblo. Se trata de un doloroso intercambio. Si el pueblo le da substancia a la poesía, la poesía le da voz al pueblo. ¿Qué hacer con un pueblo silencioso, que ni quiere oír ni quiere hablar? Y ¿qué hacer con una poesía que se alimenta de aire y soledad?» Para salir de ese laberinto, el poeta contaba con el rico instrumento del español: «un idioma maduro [...] que ha sufrido todos los contactos, todas las experiencias de Occidente». Con él había que expresar «lo más nebuloso: un pueblo amaneciendo».

Expresar al pueblo era «hacerlo»: «porque nuestro país está deshecho o aún no nace totalmente». El poeta debía literalmente *hacer* a México. Para ello, la literatura mexicana, siempre ávida y curiosa por lo universal, debía mirar «hacia nosotros mismos, no para buscar la novedad ni la originalidad, sino algo más profundo: la autenticidad». Esa «mexicanidad» buscada por todos no era una estampa nacionalista, «alevosa y preconcebida». ¿Qué era? Sólo el poeta, consubstanciado con el pueblo, podía encontrarla. ¿Cómo? Dejando operar al «misterio» y al sueño: «cuando soñamos que soñamos está próximo el despertar». La «mexicanidad», esa «invisible substancia», estaba en alguna parte:

No sabemos en qué consiste, ni por qué camino llegaremos a ella; sabemos, oscuramente, que aún no se ha revelado y que hasta ahora su presencia, en los mejores, sólo ha sido una especie de aroma, leve y agrio sabor. Cuidemos que el exceso de vigilancia no la ahuyente; ella brotará, espontánea y naturalmente, del fondo de nuestra intimidad cuando encontremos la verdadera autenticidad, llave de nuestro ser. El amor está hecho de sueños y celo, de abandono y exigencia. Soñemos despiertos.

★ ★ ★

Para emprender la búsqueda de aquella «sustancia invisible», el bagaje de Paz era insuperable. Su «mexicanidad» tenía diversas raíces: una filiación probada y ganada en el árbol de la cultura mexicana; una impecable genealogía revolucionaria –los Paz en las guerras mexicanas–; lúcidas, exhaustivas y puntuales lecturas críticas de los escritores mexicanos remotos y recientes; y hasta una indeleble topografía grabada en la memoria.

Aquel hombre de 30 años comenzó a entender el milagro cifrado en su biografía: no sólo hundía sus raíces en el tiempo de México, sino en sus espacios sagrados. Todo comenzó a parecerle una escritura cifrada. Mixcoac –el pueblo y la palabra– era una miniatura mexicana, una metáfora de los siglos detenida en el tiempo, y la pequeña Plaza de San Juan, frente a la casona de don Ireneo, era el centro espiritual de esa miniatura. A lado estaba la casa del gran liberal del siglo XIX, Valentín Gómez Farías, enterrado en su jardín porque la Iglesia le había negado el derecho a la cristiana sepultura. No lejos, seis escuelas laicas y religiosas para niños y niñas, la plaza Jáuregui, sede del poder civil donde se conmemoraba la Independencia, y justo enfrente, la pequeña iglesia del siglo XVII, en cuyo atrio se festejaba el día de la Virgen:

> En las torres las campanas tocaban. Minuto a minuto
> brotaban, no se sabía de dónde, serpientes voladoras,
> raudos cohetes que, al llegar al corazón de la sombra,
> se deshacían en un abanico de luces... los vendedores
> pregonaban sus dulces, frutas y refrescos... A media
> fiesta, la iglesia resplandecía, bañada por la luz
> blanca, de otro mundo: eran los fuegos artificiales.
> Silbando apenas, giraban en el atrio las ruedas... Un
> murmullo sacudía la noche: y siempre, entre el rumor
> extático, había alguna voz, desgarrada, angustiosa,
> que gritaba: «¡Viva México, hijos de...!»

El texto de Paz es de 1943, pero las imágenes corresponden a su infancia y juventud.

Y pasmosamente, no sólo el pasado colonial había seguido vivo e intocado en el Mixcoac del joven Paz. También el prehispánico. A Ifigenia, la cocinera indígena de la casa, Paz la recordaría «bruja y curandera, me contaba historias, me regalaba amuletos y escapularios, me hacía salmodiar conjuros contra los diablos y fantasmas...» Con ella se inició en los misterios del *temazcal*, «no era un baño sino un renacimiento». Por si fuera poco, el niño que había sido no sólo convivía con la cultura indígena viva, sino que desenterraba —literalmente— a la muerta o, mejor dicho, a la cultura indígena subterránea, latente, presente. En sus andanzas por las afueras del pueblo con sus primos mayores —entre ellos el astrónomo Guillermo Haro Paz—, Octavio vivió un episodio realmente prodigioso: el grupo de niños descubrió un montículo prehispánico (que

189

ahora está a la vista al lado del «Anillo periférico»). Notificado de él, don Manuel Gamio –fundador de la moderna antropología mexicana en tiempos de Vasconcelos, y amigo de la familia– testificó su autenticidad. ¡Un verdadero descubrimiento! ¡Un templo dedicado a Mixcóatl, la deidad fundadora del pueblo!

Ése era el orden perdido, la «unidad del principio del principio», el «Gran Todo» al que alguna vez tendría que volver poéticamente. En permanente vigilia, en la soledad de su laberinto, Paz soñaba despierto, soñaba su propia obra futura.

★ ★ ★

Entre abril y noviembre de 1943 publicó en el diario *Novedades* una serie de artículos sobre «lo mexicano». No contienen aún la revelación de *El laberinto de la soledad*, pero son anticipaciones de lo que años más tarde escribiría en París. En esos textos –libres, crueles, perspicaces–, el poeta hace un amplio rastreo psicológico del mexicano. Su mirada es sobre todo moral: quiere penetrar en las actitudes típicas del mexicano para liberarlo de ellas. Escudriña en el sentido profundo de palabras populares como el «vacilón» o el «ninguneo». En «El arte de vestir pulgas» explica el genio mexicano por la miniatura como una compensación a la volcánica monumentalidad del paisaje. Hace una cruda fenomenología de los personajes que pululan en la política mexicana («el agachado», «el mordelón», «el coyote», «el lambiscón») y una profilaxis del vocabulario político y social («coyotaje», «mordida», «borregada», «enjuague»). Y como una advertencia irónica contra la facilidad de los análisis «mexicanistas», una frase: «Montaigne sabía más sobre el alma de los mexicanos que la mayor parte de los novelistas de la Revolución.» Él encontraría el equilibrio justo para revelar esa alma desde una perspectiva universal: un Montaigne mexicano.

★ ★ ★

En aquellos años de crisis personal e incubación poética, Paz amplió el abanico de artistas mexicanos sobre los que escribió artículos y ensayos

animados por una mirada crítica y original. Esta atención exhaustiva sobre los exponentes históricos y contemporáneos de la cultura mexicana sería una constante en su obra. A sabiendas de que era ya una sólida rama del árbol de la cultura mexicana, Paz se sentía obligado a recoger esa tradición. Recogerla para valorarla y situarse en ella. Así escribió un obituario de su amigo Silvestre Revueltas, fallecido en octubre de 1940. Así también publicó una viñeta desgarrada y tierna sobre Juan Soriano, así leyó al poeta Pellicer e interpretó al paisajista del Valle de México José María Velasco. En cada perfil, Paz dejó un trazo del arte al que él mismo aspiraba: él también —como Revueltas— «no amaba el desorden ni la bohemia; era, por el contrario, un espíritu ordenado, puntual y exacto». Soriano, en su rebeldía y orfandad, era su casi hermano. De Pellicer había aprendido a escuchar y ver la poesía de la naturaleza, presencia constante en su obra. Y aun en el frío Velasco, águila desdeñosa que desde su atalaya porfiriana había pintado paisajes desolados, vacíos de humanidad, Paz rescataba la importancia «del rigor, la reflexión, la arquitectura [su obra] nos advierte de los peligros de la pura sensibilidad y de la sola imaginación». Y no sólo se veía en el espejo de los autores mexicanos, sino de los poetas españoles que admiraba. Sobre Cernuda: «no encontramos en sus páginas las ingeniosidades, las complicaciones pseudofilosóficas, el opulento y hueco barroquismo [...] Transparencia, equilibrio, objetividad, claridad de pensamiento y de palabras son las virtudes externas de [su] prosa».

Pero entre todas aquellas lecturas sobresale la que dedicó, en el número final de *Taller* (enero-febrero de 1941), a una reciente edición de las *Páginas escogidas* de José Vasconcelos. Paz no ignoraba ni menos condonaba el vuelco ideológico atroz de Vasconcelos, que desde febrero de 1940 dirigía la revista *Timón*, pagada por la embajada alemana. Pero Paz encontraba extraordinario su ímpetu romántico y sobre todo la *encarnizada* polémica que su obra y su persona provocaban en México. A sus ojos, Vasconcelos había sido «fiel a su tiempo y a su tierra, aunque le hayan desgarrado las entrañas las pasiones». Ante todo, le parecía un gran artista, «un gran poeta de América; es decir, el gran creador o recreador de la naturaleza y los hombres de América». Su obra era «la única, entre las de sus contemporáneos, que tiene ambición de grandeza y de monumentalidad». Vasconcelos había querido «hacer de su vida y de su obra un gran monumento clásico»:

> Palpita en él, al propio tiempo que el arrebato, la pasión del orden, la pasión del equilibrio; sus mejores páginas sobre estética son aquéllas en que habla del ritmo y de la danza: entiende el orden, la proporción, como armonía, como música o ritmo. Hay en su obra una como nostalgia de la arquitectura musical... Pasará el tiempo y de su obra quedarán, quizá, unas enormes ruinas, que muevan el ánimo a la compasión de la grandeza y, ¿por qué no?, alguna humilde, pequeña veta, linfa de agua pura, viviente, eterna: la de su ternura, la de su humanidad. Su autenticidad, tanto como su grandeza, son testimonios de su viril, tierna, apasionada condición, y esta condición es lo que amamos en él, por encima de todo.

Dos años más tarde, en una conferencia en Oaxaca, estado natal de Vasconcelos, Paz afina aún más su propia vocación de «grandeza» que no es exagerado llamar «vasconceliana». Como en un espejo titánico, en las primeras páginas de *Ulises criollo*, Vasconcelos lo había prefigurado:

> Toda la odisea vasconceliana es una odisea espiritual: la del viajero que regresa, no tanto para administrar su hogar, como el griego, sino para redescubrirlo... No importa que Vasconcelos, por un espejismo de precursor, se haya detenido a la mitad del viaje, en las formas hispánicas de la nacionalidad; su obra es una aurora. No nos importa tanto su hallazgo como su dirección. Por eso es, también, una lección. Él nos muestra que no es necesario esperar a la plena madurez de México para atreverse a expresarlo.

Ahora tocaba a Paz el turno de reanudar ese camino, de trascender la aurora, de llegar al mediodía, de expresar a México:

> Y quizás el poeta que logre condensar y concentrar todos los conflictos de nuestra nación en un héroe mítico no sólo exprese a México sino, lo que es más importante, contribuya a crearlo.

La obra de Vasconcelos era una «aurora», pero Vasconcelos se había perdido. Ahora él, Paz, sería el sol de mediodía: «¿Por qué en donde tantos han fracasado no ha de acertar la poesía, develando el secreto de México, mostrando la verdad de su destino y purificando ese destino?»

Paz avanzaba en definir su propio perfil. El poeta debía ser un profeta visionario del ser nacional que, al revelarlo, lo redimía y, más aún, lo creaba. El poeta no buscaría «la imitación de una realidad informe y deshecha cuanto la invención, la creación, mejor dicho, de esa realidad». El poeta seguiría la consigna de Rimbaud: «la poesía no pondrá ritmo a la acción: se le adelantará». El poeta hallaría «el mito que no sólo expresa a la realidad sino que, representándola en una acción imaginativa y hermética, también la prefigura y la modela; al revelarla, la obliga a seguir los dictados de su misteriosa inspiración: la constriñe a alcanzar las metas que se propone [...] a modelarse conforme a lo más alto y, mejor, a lo más original y auténtico». En «Poesía de soledad y poesía de comunión», Paz sintetizaba su misión:

> Entre estos dos polos de inocencia y conciencia, de soledad y comunión, se mueve toda poesía. Los hombres modernos, incapaces de inocencia, nacidos en una sociedad que nos hace naturalmente artificiales y que nos ha despojado de nuestra substancia humana para convertirnos en mercancías, buscamos en vano al hombre perdido, al hombre inocente. Todas las tentativas valiosas de nuestra cultura, desde fines del siglo XVIII, se dirigen a recobrarlo, a soñarlo. Rousseau lo buscó en el pasado, como los románticos; algunos poetas modernos, en el hombre primitivo; Carlos Marx, el más profundo, dedicó su vida a construirlo, a rehacerlo.

Expresamente reivindicaba la tradición romántica y revolucionaria: «El poeta expresa el sueño del hombre y del mundo... En la noche soñamos y nuestro destino se manifiesta porque soñamos lo que podríamos ser. Somos ese sueño y sólo nacimos para realizarlo. Y el mundo —todos los hombres que ahora sufren o gozan— también sueña y conspira y anhela vivir a plena luz su sueño. La poesía, al expresar estos sueños, nos invita a la rebelión, a vivir despiertos nuestros sueños. Ella nos señala la futura edad de oro y nos llama a la libertad.» Muy pocos escritores mexicanos, tal vez sólo Vasconcelos, Paz y Revueltas, a pesar de sus diferencias ideológicas, habían pensado y pensarían así.

★ ★ ★

Una visión así tenía que chocar necesariamente con el «neoporfirismo» circundante. A pesar de sus hallazgos, su bagaje poético y personal y su ambición heroica, para Paz el lustro 1938-1943 había sido de crisis. El país se le estaba volviendo inhabitable. No sólo lo incomodaban la ostentosa y retórica cultura oficial, la orientación económica y el *Termidor* de la política revolucionaria. También su desarraigo profesional. No quería incorporarse al aparato cultural dependiente del Estado ni a la academia, pero fuera de esas instituciones —a menos de poseer fortuna personal, que no era su caso— no había posibilidades reales de ganarse la vida. Otra alternativa siempre abierta para los escritores mexicanos era la diplomacia, pero quizá Paz en ese momento no la vislumbraba. Para colmo, lo torturaba su vida íntima. Se sentía rodeado de «un mundo de mentiras»:

La mentira inunda la vida mexicana: ficción en nuestra política electoral; engaño en nuestra economía, que sólo produce billetes de banco; mentira en los sistemas educativos; farsa en el movimiento obrero (que todavía no ha logrado vivir sin la ayuda del Estado); mentira otra vez en la política agraria; mentira en las relaciones amorosas; mentira en el pensamiento y en el arte; mentira en todas partes y en todas las almas. Mienten los reaccionarios tanto como nuestros revolucionarios; somos gesto y apariencia y nada, ni siquiera el arte se enfrenta a su verdad.

Con ese mismo tono publicó otros textos en 1943. Uno particularmente feroz fue «La jauría». Allí dirigió sus baterías a la crisis cultural. México era el país de la *inautenticidad*. Nada escapó a su crítica lúcida e implacable. Cada crítica tenía un destinatario. Era la crítica de un revolucionario desencantado de sus contemporáneos que utilizaban la revolución para prosperar y trepar. El cine mexicano —tan alabado internacionalmente— «especulaba groseramente con los sentimientos religiosos y con las mejores emociones del pueblo». Los periódicos preferían el chisme a la crítica, el rumor a la polémica. La simulación había llegado a la literatura: «Incapaces de realizar una crítica creadora y honrada», los nuevos «críticos» ofendían e injuriaban a quienes disentían de los nuevos «caudillos o jefecillos literarios». «Las divagaciones místico-indigenistas se visten con el ropaje de la novela y hasta del marxismo; los pintores prefieren redactar artículos a pintar cuadros.» La academia había desnaturalizado también a la cultura auténtica y libre. En una velada alusión a la escuela historicista de José Gaos, muy en boga, escribió: «los señoritos y las señoritas de la clase media disfrazan su cobardía de imparcialidad, su beatería de narcisismo, su ocio de literatura, y nos quieren vender otra vez su vieja mercancía colonialista, ahora ungida por rótulos filosóficos que compran en el expendio de la Facultad de Filosofía y Letras».

«Poesía de soledad y poesía de comunión» culminaba con una verdadera epístola contra los poetas:

¿Y qué decir de los discursos políticos, de las arengas de los editoriales de periódico que se enmascaran con el rostro de la poesía? ¿Y cómo hablar sin vergüenza de toda esa literatura de erotómanos que confunden sus manías o sus desdichas con el amor? Imposible enumerarlos a todos: a los que se fingen niños y lloriquean porque la tierra es redonda; a los fúnebres y resecos enterradores de la alegría; a los juguetones, novilleros, cirqueros y equilibristas, a los jorobados de la pedantería; a los virtuosos de la palabra, pianolas del verso, y a los organilleros de la moral; a los místicos onanistas; a los neocatólicos que saquean los armarios de los curas para ataviar sus desnudas estrofas con cíngulos y estolas; a los papagayos y culebras nacionalistas, que cantando y silbando expolian a la triste Revolución Mexicana; a los vates de ministerio y los de falansterio; a los hampones que se creen revolucionarios sólo porque gritan y se emborrachan; a los profetas de fuegos de artificio y a los prestigiadores que juegan al cubilete, con dados marcados, en un mundo de cuatro dimensiones; a los golosos panaderos, pasteleros y reposteros; a los perros de la poesía, con alma de repórter, a los pseudosalvajes de parque zoológico; olorosos a guanábana y mango, panamericanos e intercontinentales; a los búhos y buitres solitarios; a los contrabandistas de la Hispanidad...

Aquello no era sólo una crítica: era una feroz sociología literaria. El problema, en el fondo, era que México comenzaba a volverse un país desembozadamente capitalista, y Paz detestaba ese tránsito. Ahí, en el «exceso de dinero, cabarets, espectáculos, industria y negocios», se había perdido el nervio revolucionario, la inspiración poética y la pasión crítica. La atmósfera contagiaba a la cultura y a la literatura de autocomplacencia, simulación, mediocridad y mentira. Por eso Paz necesitaba salir y logró su propósito. En noviembre de 1943, gracias a una beca Guggenheim, dejaría México. Su primer destino fue San Francisco. En un principio el viaje apuntaba para ser breve, pero resultó definitivo. Con el breve paréntesis de unos años en la década de los cincuenta, su estancia en el exterior se prolongaría por poco más 30 años, hasta 1976. Partió solo a San Francisco. Su esposa e hija lo alcanzarían en unos meses. Al menos un amigo de juventud –Rafael Vega Albela– se había suicidado. El crítico Jorge Cuesta también. «Me fui –confesó alguna vez a David Huerta, hijo de Efraín, su amigo de juventud– porque no quería que me atrapara ni el periodismo ni el alcoholismo.»

★ ★ ★

En San Francisco, además de enamorarse de una linda cantante de jazz, Paz da comienzo –casi involuntariamente– a una carrera diplomática que será su principal fuente de ocupación profesional hasta 1968. Esa inserción en el servicio exterior era una vieja tradición en la cultura mexicana. En el papel (algo vago) de relator para la cancillería mexicana, Paz asiste a la Conferencia de San Francisco y redacta informes oficiales y artículos de prensa.

En las calles, Paz se enfrenta de nuevo con la extrañeza de ser mexicano. Viendo a los «pachucos» (mexicanos americanizados) y «viéndose en ellos», tuvo los primeros atisbos del libro liberador que escribiría: «Yo soy ellos. ¿Qué nos ha pasado? ¿Qué ha ocurrido con mi país, con México en el mundo moderno? Porque lo que les pasa a ellos nos pasa a nosotros.» El ensayo que escribe a partir de esas observaciones sería el primer capítulo. La actividad revolucionaria (en el sentido en que la había practicado en su juventud) parecía cada vez más lejana y desdibujada. Obviamente, era incompatible con un empleo oficial. Pero cabía derivarla a la escritura de aquel texto esencial –profético y visionario y, en cierta forma, revolucionario– sobre México.

Una carta dirigida a Víctor Serge refleja su búsqueda, común por lo demás a los grandes poetas de la época. Fechada en Berkeley en octubre de 1944, en ella Paz lamenta la persecución de Serge por parte del aparato cultural ligado a la URSS (Orwell, en su «Diario de guerra», defendía también a Serge, por el mismo motivo) y decía compartir su pesimismo sobre la posguerra («vamos hacia una Santa Alianza, no sé si bendecida o no por el Papa, pero desde luego por Stalin».) Pero sobre todo le interesaban las actitudes de los escritores y artistas europeos. Le recordaban quizá el zigzagueo religioso e ideológico de México en los años treinta:

> Las noticias no pueden ser más desalentadoras: no bastaba con saber que Giono, para citar un caso conocido, había sido colaboracionista (y con él muchos pintores y escritores); *Time* anuncia el ingreso de Picasso al Partido Comunista. Un fenómeno semejante (rendición del espíritu...) se puede observar aquí: W. H. Auden, el más incitante de los nuevos poetas ingleses, acaba de publicar un libro que niega toda su obra anterior. Cogido entre la revolución traicionada y el mundo «dirigido» que nos preparan, se ha acogido al clavo ardiente de la Iglesia Anglicana; su caso no es el único, aunque sí el más notable, por su talento y por su prestigio. Lo curioso es que cuando esa gente «renuncia al mundo» es cuando más éxito mundano alcanza. Por lo demás, y en otro sentido, el libro de Auden posee intensidad y me parece el fruto de una auténtica experiencia. No intento negar su sinceridad y aun su valentía moral.

Él no pensaba «rendir su espíritu», alinearse a la militancia comunista ni volverse un ingenuo liberal. Debía haber otras opciones. El tránsito por San Francisco –su primera entrada plena a la cultura anglosajona– le ayudó a atisbarlas. Leyó por fin *Partisan Review*, órgano de una izquierda plural y democrática (que incidentalmente en 1944 publicaba una reseña de Eliot sobre un libro de su amigo Malaquais) y se entusiasmó con sus contemporáneos, Karl Shapiro y Muriel Rukeyser:

Los poetas jóvenes, influidos casi siempre por Eliot y en menor grado por Stevens, intentan una poesía más directa y libre, pero desgraciadamente no siempre sus intenciones se transforman en arte verdadero. Es impresionante, de cualquier modo, ver cómo todos estos nuevos valores se atreven a usar un lenguaje vivo, popular, que no retrocede ante el *slang*, y que me parece más efectivo que el que usan los poetas franceses y españoles de nuestros días.

Era «estimulante» –decía Paz– vivir en ese país, «porque la crisis de la inteligencia americana no se resuelve en la retórica domesticidad de México. Siempre es preferible la Iglesia o el vacío a la Secretaría de Educación Pública». Pero seguía sintiéndose responsable de la literatura mexicana:

> Si lo que escribimos está escrito en otro lenguaje y muchas veces en otro planeta, es porque nada nos une al pueblo. No basta recoger su lenguaje, usar su ropa y ni siquiera profesar ideas progresistas, como piensan algunos. Es necesario una fe común. Creo que lo mismo pasa en casi todos los países (en este por lo menos)... Muertos los ideales católicos, que constituían una fe común, y fracasada o corrompida la revolución liberal, los pueblos de los países latinoamericanos viven una vida ciega y mineral; sus intelectuales, en cambio, giran en el vacío. Aquí la distancia no es tan grande, pero existe. Me parece que nunca habían estado tan aisladas las formas culturales (y en primer término las políticas) de las necesidades y de los sueños populares como ahora. ¡Cuántas cosas sin expresar! Y lo terrible es que apenas si acertamos a expresar nuestra propia angustia, nuestra propia impotencia...

Y al final de la carta, de puño y letra, agregó: «nuestra soledad». Cinco años después, en París, acertaría finalmente a expresarlas.

En su ascenso por la diplomacia, lo ayuda –¿quién lo diría?– el legado amistoso de su padre. Un viejo amigo suyo de 1911, Francisco Castillo Nájera, logra su traslado a Nueva York. Otro ángel tutelar que desde entonces lo protegería de las telarañas burocráticas fue el admirable poeta José Gorostiza. Paz imparte clases en los cursos de verano en Middlebury College y entrevista para *Sur* a Robert Frost. Mientras

Elena trabaja a regañadientes para el American Jewish Committee, Paz se presta a hacer algún doblaje en una película y hasta planea alistarse en la marina mercante. Pero en octubre de 1945, el propio Castillo Nájera —providencialmente designado ministro de Relaciones— logra su traslado a París con un puesto formal.

VIII

«París era una fiesta», también para Octavio Paz. En París lleva una vida compuesta de varias vidas. Una vida personal difícil: una relación ruda y tormentosa con su mujer y un vínculo estrecho con su hija, a la que envía por entregas (durante una estancia de ella en Suiza) una novela sobre unos niños penetrando en el pasado maya a través de un cenote sagrado. Ahora en París, esa idea casi surrealista de arqueología literaria se convertiría en un libro de ensayos orgánicamente trabados sobre el tema que ya había explorado en sus textos de *Novedades*. Una vida diplomática intensa, que cumple con sólidos informes a la cancillería sobre política internacional, europea y francesa. Una vida de amistades mexicanas y cosmopolitas; y una tertulia de artistas, filósofos e intelectuales, algunos célebres (Camus, Sartre, Breton), otros cercanos, como el filósofo griego Kostas Papaioannou, con quien habla de la Revolución rusa y la mexicana. Esas vidas no afectaron su vida literaria. En 1949, Paz publica su colección de poemas *Libertad bajo palabra*. A José Bianco, uno de sus amigos más cercanos de esa época, el escritor y secretario de redacción de *Sur*, le confiesa en mayo de 1948: «Los momentos que he dedicado a escribirlos, a corregirlos, a pasarlos en limpio y a ordenarlos, han sido de los más plenos de mi vida.» Su vida como editor no tiene más remedio que esperar, pero Bianco no deja de recibir sus consejos como si Paz, a la distancia, fuese un redactor más de *Sur*. También descansa en él su vida política, domesticada, si se quiere, por la diplomacia.

Su vida amorosa que es un campo de combate. Desde San Francisco, Paz había tenido relaciones extramaritales que no ocultaba a su esposa y aun le sugería, por coherencia, buscar amantes. En la fiesta cultural de París, con las ventajas materiales del servicio diplomático, la pareja no dejó de compartir una vida social divertida, fugaces vacaciones y momentos de dicha con la «Chatita». Pero los Paz no hallaron paz, armonía ni amor. Elena no encontraba vías para derivar sus talentos y –«Generala» siempre– culpaba a Paz y competía con él. Octavio, al parecer, podía ser impaciente e irascible. Elena, en su diario inédito, lo consideraba controlador,ególatra y confesaba tenerle repugnancia física. Él, recordando unas palabras de su suegro, pensaba seriamente que estaba loca. A menudo hablaban de divorcio. A mediados de 1949, mientras *the revolutionary poet is working on a collection of essays*, ella escribe en su diario: «Ese 17 de junio (de 1935) Octavio me besó por primera vez [...] Este 17 de junio de 1949 es definitivo en mi vida: se acabó Octavio.» Un «amor loco» había entrado en su vida, el amor por el escritor argentino Adolfo Bioy Casares.

Pero el poeta revolucionario (el de aquella apasionada promesa de 1943) trabaja a mediados de 1949 en una colección de ensayos. Trataban de «un tema que está un poco de moda» –describía, con aparente desdén, a Alfonso Reyes, otro ángel guardián que lo cuidaba desde México–. «Un librito», «un librejo sobre algunos temas mexicanos». Ese librito, ese librejo, que se publicaría en 1950 por la editorial de la revista *Cuadernos Americanos* era *El laberinto de la soledad*.

Se ha hablado y escrito mucho de sus influencias. Paz ha referido la lectura de *Moisés y el monoteísmo* de Freud y la presencia de D. H. Lawrence, sobre quien había escrito: «buscaba, con más desesperación que nadie, las fuentes secretas de la espontaneidad y de la unidad en lo más oscuro, antiguo e inefable del hombre, en aquello que no admite explicación sino intuición, comunión y no comunicación: la sangre, el misterio de la naturaleza». Pero las fuentes primordiales de ese libro primordial no eran externas, eran íntimas.

Búsqueda de sí mismo en México y de México en sí mismo. Entrada –y, en ese mismo instante, salida– del laberinto de *su* soledad, *El laberinto de la soledad* puede leerse como la piedra roseta de su biografía. ¿Quién es el hombre que en el capítulo «Máscaras mexicanas» «se encierra y se preserva»? ¿El que «plantado en su arisca soledad, espinoso y cortés al mismo tiempo, celoso de su intimidad, no sólo no se abre: tampoco se derrama»? Lo caracteriza «la desconfianza [...] la reserva cortés que cierra el paso al extraño». Es el mexicano del altiplano o el mestizo atado al disimulo, al disfraz de español en una tez morena que delata su origen sospechoso. Es el político o el funcionario público mexicano gesticulador y tramposo. Pero ese hombre también es Octavio Paz, que en estas páginas busca remover la máscara y ver su imagen real, la propia, pero también y sobre todo la del «mexicano». Liberarlo de la duplicidad, la simulación, el hermetismo, la mentira. Ser él mismo. Ser uno, ser auténtico.

La fiesta que describe –la que iguala a los hombres, la permisiva y liberadora, el estallido fugaz de alegría– es, en primera instancia, un fenómeno universal: la evoca Antonio Machado en los pueblos de Andalucía. Pero si miramos más de cerca, desde el título del capítulo, la de Paz es una fiesta distinta, es una fiesta mortal. El pueblo «silba, grita, bebe y se sobrepasa». Hay un «regreso al caos o la libertad original». Una comunión seguida por una explosión, un estallido. ¿Qué fiestas resuenan detrás de las palabras? Las fiestas multicolores de Mixcoac, sus propias fiestas. Pero también resuenan las otras fiestas, las fiestas feroces, las del pulque y los balazos, las de Santa Martha Acatitla, las de aquel «santo varón», Octavio Paz Solórzano. Las fiestas sin amanecer, las fiestas de la muerte.

El mexicano no es el único pueblo fascinado con la muerte; los pueblos mediterráneos comparten ese hechizo. Tampoco ha sido una y la misma la actitud mexicana ante la muerte. Y sin embargo, el poeta reveló un rostro compartido de la muerte: el mexicano, en efecto, aún el día de hoy, frecuenta a la muerte, «la burla, la acaricia, duerme con ella, la festeja, es uno de sus juguetes favoritos y su amor permanente». La muerte propia y la ajena. Es significativo que pocos años antes de *El laberinto de la soledad*, otro escritor (Malcolm Lowry, autor de *Bajo el volcán*) haya recobrado como Paz –en carne propia y en un libro memorable– ese paraíso infernal de la fiesta, borrachera y la muerte en México, y más sorprendente aún que lo haya hecho en tierra zapatista.

«Nuestra indiferencia ante la muerte –escribe Paz– es la otra cara de nuestra indiferencia ante la vida.» *Alguien* encarna en esta frase. Para *alguien* la muerte no es lo *otro* de la vida sino lo mismo. *Alguien* «se la buscó», alguien cerca de él «se buscó la mala muerte que nos mata». Por eso el poeta modifica el refrán popular y remata: «dime cómo mueres y

en la tierra, alimenta sus esperanzas y justifica su vida y su muerte.» De la soledad, el poema de la historia mexicana había pasado a la comunión. En el concepto de Paz, la persistencia religiosa en México se explica también por su fondo precortesiano: «nada ha trastornado la relación filial del mexicano con lo sagrado. Fuerza constante que da permanencia a nuestra nación y hondura a la vida afectiva de los desposeídos». No es un hispanista quien ha escrito estas frases: es el nieto de don Ireneo Paz, el jacobino creador de «el Padre Cobos», último de los grandes liberales del siglo XIX. De allí, el mérito de una visión que en su búsqueda se atreve a rozar la *otra* ortodoxia (católica) para corregir la ortodoxia oficial (liberal). No es casual que en una reseña inmediata del libro, el mismísimo José Vasconcelos elogiara al hijo y nieto de esa «estirpe de intelectuales combatientes», que «ha tenido la valentía de escribir líneas de una justicia resplandeciente». Paz no dejaba de lado que los tres siglos coloniales tenían su cara oscura, sobre todo en el enclaustramiento intelectual y religioso, pero en ellos México había encontrado su rostro, su filiación, su *autenticidad*.

Orfandad de la Conquista, orden de la Colonia, ruptura en la Independencia. Paz ve en el siglo XIX, el lugar histórico de un desvío, casi un desvarío. En términos biográficos, lo significativo es el pasaje final del capítulo, que da pie a la segunda parte de *El laberinto de la soledad*, en la que Paz, por primera vez, proyecta sus categorías de introspección poética y su experiencia personal a la historia mexicana:

La Reforma es la gran Ruptura con la madre. Esta separación era un acto fatal y necesario, porque toda vida verdaderamente autónoma se inicia como ruptura con la familia y el pasado. Pero nos duele todavía esa separación. Aún respiramos por la herida. De ahí que el sentimiento de orfandad sea el fondo constante de nuestras tentativas políticas y nuestros conflictos internos. México está solo como cada uno de sus hijos. El mexicano y la mexicanidad se definen como viva conciencia de la soledad, histórica y personal.

Con la Independencia, el orden colonial estalla en fragmentos. La comunión, insostenible, se disuelve en soledad. A partir de entonces, con el advenimiento del liberalismo, «la mentira se instaló en nuestros pueblos casi constitucionalmente». Años más tarde, la «triple negación» de la Reforma (con respecto al mundo indígena, católico y español) «funda a México». Paz no le escatima «grandeza», pero agrega, en una línea decisiva: «Lo que afirmaba esa negación –los principios del liberalismo europeo– eran ideas de una hermosura precisa, estéril y, a la postre, vacía». La era de don Porfirio no sería sino la continuación extrema de esa tendencia: una máscara de inautenticidad, la simulación convertida en segunda naturaleza. Y la filosofía oficial, el positivismo, «mostró con toda su desnudez a los principios liberales: hermosas palabras inaplicables. Habíamos perdido nuestra filiación histórica». En esas líneas, acaso inadvertidamente, Paz volteaba la espalda a su abuelo Ireneo: «La permanencia del programa liberal, con su división clásica de poderes –inexistentes en México–, su federalismo teórico y su ceguera ante nuestra realidad, abrió nuevamente la puerta a la mentira y la inautenticidad. No es extraño, por lo tanto, que buena parte de nuestras ideas políticas sigan siendo palabras destinadas a ocultar y oprimir nuestro verdadero ser.» Pero justo enseguida Paz rescataba a un ser más frágil y acaso más amado: su propio padre. Porque la filiación que México había perdido en el siglo liberal, se recuperaría en la Revolución, esa que se levanta «alborotando los gallineros femeninos y arrancando a los jóvenes de su casa paterna: es la Revolución la palabra mágica, la palabra que va a cambiarlo todo y que nos va a dar una alegría inmensa y una muerte rápida».

No sólo Octavio Paz pensó siempre que México había encontrado su propio camino en la Revolución mexicana. Lo pensó todo el México intelectual, salvo el porfiriano. Pero una cosa era encontrar el camino y otra la *filiación*, palabra clave en el libro de Paz. De allí que la revolución auténtica en Paz fuese sólo *una* de las revoluciones mexicanas: la revolución que había arrebatado al padre, la que «va a cambiarlo todo y que nos va a dar una alegría inmensa y una muerte rápida», la revolución zapatista.

Las páginas más intensas y apasionadas del libro son las que el poeta dedica al evangelio del zapatismo –el Plan de Ayala– con su reivindicación de las tierras y los derechos comunales y de la «porción más antigua, estable y duradera de nuestra nación: el pasado indígena». Con

Kostas Papaioannou, el filósofo griego con quien trabó una profunda amistad en París, Paz hablaba de Marx y Trotski, pero antes que de ellos hablaba de «Zapata y su caballo», como en una de las narraciones de su padre que él había ayudado a «pasar en limpio». Zapata había sido el héroe histórico de su padre. Era también el suyo:

> El tradicionalismo de Zapata muestra la profunda conciencia histórica de ese hombre, aislado en su pueblo y en su raza. Su aislamiento [...] soledad de la semilla encerrada, le dio fuerzas y hondura para tocar la simple verdad. Pues la verdad de la Revolución era muy simple y consistía en la insurgencia de la realidad mexicana, oprimida por los esquemas del liberalismo tanto por los abusos de conservadores y neoconservadores.

El apartado final de ese capítulo es el cenit del libro: la Revolución es el lugar histórico de una comunión. En ella caben todas las palabras de alivio, orden y reconciliación: la que desentierra, desenmascara, vuelve, expresa, cura y libera. El lector casi escucha el latido exaltado del autor que escribe las últimas líneas:

> La Revolución es una súbita inmersión de México en su propio ser [...] Es un estallido de la realidad: una revuelta y una comunión, un trasegar viejas sustancias dormidas, un salir al aire muchas ferocidades, muchas ternuras y muchas finuras ocultas por el miedo a ser. ¿Y con quien comulga México en esta sangrienta fiesta? Consigo mismo, con su propio ser. La explosión revolucionaria es una portentosa fiesta en la que el mexicano, borracho de sí mismo, conoce al fin, en abrazo mortal, a otro mexicano.

¿Y con quién comulga Octavio Paz Lozano? ¿A quién abraza, en esa descripción casi teofánica? Comulga con Octavio Paz Solórzano, «el que se fue por unas horas / y nadie sabe en qué silencio entró». Abraza a Octavio Paz, el otro, el mismo. La cifra es ya clara: la fiesta mexicana, la borrachera de sí mismo y el abrazo mortal que por un momento los vincula, ocurre entre dos hombres, padre e hijo, con el mismo nombre: Octavio Paz.

IX

Para Paz, México era un texto sagrado en histórica espera de que un héroe literario lo descifrara, lo revelara. Era un minero, un alquimista, un redentor poético de la identidad mexicana. Había querido, en sus propias palabras, «romper el velo y ver»: rasgar el velo y ver. En esas obras, muchas generaciones de lectores rasgaron el velo también y vieron una preciada porción de la identidad mexicana. En esa medida, el poeta había cumplido su promesa heroica. Había emulado y aun rebasado a José Vasconcelos.

Significativamente, a mediados de 1950, el propio Vasconcelos publicó una reseña sobre *El laberinto de la soledad*. En ella recordaba el «abolengo intelectual» de Paz: «su padre fue periodista de oposición y factor revolucionario dentro del grupo zapatista: hombre de acción y de pensamiento. En el padre de Octavio se reprodujeron los rasgos más sobresalientes de don Ireneo Paz, el abuelo... Bajo el régimen del porfirismo fue don Ireneo periodista de oposición. Ya se presume con esto la calidad del hombre que vivió haciendo frente a órdenes de aprehensión y duelos en que solía haber sangre de por medio. De tal estirpe de intelectuales combatientes procede Octavio Paz, el más brillante poeta de su generación y por ahora diplomático en París, dedicado a la reflexión y al estudio de lo mexicano, pero desde una atalaya universal».

En su reseña, Vasconcelos ponderaba el paso de Paz de la poesía a la prosa y elogiaba su «cordura y acierto» al haber reivindicado la autenticidad, profundidad y permanencia del orden español y católico de México frente a la ruptura que significó la ideología liberal y jacobina del siglo XIX. Vasconcelos —hispanista recalcitrante para ese momento— advertía, con asombro: «Es preciso recordar que Octavio Paz pertenece a la actual juventud revolucionaria, cargada de prejuicio antiespañol.» Y sin embargo, había tenido la valentía de escribir aquellas líneas sobre la Colonia y la Iglesia que le parecían de «una Justicia resplandeciente».

Pero la crítica que Vasconcelos le hacía enseguida no era menos sorprendente: le reprochaba el haber olvidado el mensaje democrático original de la Revolución mexicana, el ideario y el ejemplo de Francisco

I. Madero: «la Revolución de 1910 no comenzó con un "grito", sino que la había preparado un libro y la había determinado un programa, escritos ambos por Madero». No era un liberal quien escribía esas líneas, era un simpatizante del fascismo y de las dictaduras latinoamericanas que de pronto, contradictoriamente, como tantos momentos de su vida, recordó con nostalgia la pasión que de joven lo había llevado a incorporarse en 1910 a la Revolución democrática de Madero y a encabezar él mismo, en 1929, un segundo impulso por la democracia mexicana.

Paz comenzaría a entender el sentido de esa crítica en 1968. Tiempo después, se convertiría en un defensor de la democracia mexicana. Sus ideas y su labor editorial contribuyeron mucho al futuro advenimiento de la democracia en el año 2000 que Paz, desdichadamente, no pudo ver con sus propios ojos.

Para Paz, *El laberinto de la soledad* tuvo un efecto liberador, sobre todo en su obra personal. Una vez concluido, confiesa a Alfonso Reyes que el tema de la *mexicanidad* «comenzaba a cargarlo»:

> Un país borracho de sí mismo (en una guerra o una revolución) puede ser un país sano, pletórico de sustancia o en busca de ella. Pero esa obsesión en la paz revela un nacionalismo torcido, que desemboca en la agresión si se es fuerte y en un narcisismo y masoquismo si se es miserable, como ocurre con nosotros. Una inteligencia enamorada de sus particularismos [...] empieza a no ser inteligente. O para decirlo más claramente, temo que para algunos ser mexicano consiste en algo tan exclusivo que nos niega la posibilidad de ser hombres.

No obstante, tras el abrazo tácito con su padre, el hallazgo personal de la *mexicanidad* lo llevó a celebrarla en los pocos artistas en cuya obra descubría la misma veta. El más grande de ellos fue Rufino Tamayo. Con ocasión de la exitosa Exposición de Arte Mexicano en París, hacia noviembre de 1950, escribió un ensayo sobre pintura mexicana que era, a un tiempo, un ajuste de cuentas con los tres muralistas y una vindicación del pintor proveniente de Oaxaca, el estado más hondamente indígena de México. Paz admiraba la floración «materialista» de Rivera, pero criticaba la arenga «dialéctica» de su obra. Si el riesgo de Rivera era el «estatismo», el de Siqueiros –pintor del movimiento y el contraste– era el «efectismo teatral», la «literatura pintada». De los tres, el más cercano a su sensibilidad moral era Orozco, el menos ideológico, el más rebelde y solitario. Pero frente a todos ellos destacaba la obra colectiva de su propia generación (María Izquierdo, Agustín Lazo, Jesús Reyes, Carlos Mérida y aun Frida Kahlo, entre otros), artistas que no buscaban ya predicar al pueblo su propia epopeya social o anunciar la inminente utopía socialista, sino desentrañar sus mitos, sus sueños, sus modos específicos (colores, tonos, intensidades, gestos) de la ferocidad, la ternura, la fiesta y la muerte. Esa pintura, en su interpretación, correspondía al empeño de *autognosis* de *El laberinto de la soledad*, y ningún artista la representaba más cumplidamente que Tamayo. Su obra, nada neutra sino sutilmente crítica sobre la realidad de la época y las presiones de la Historia, parecía a sus ojos «un sitio de comunión», una consagración llevada a cabo –como la suya propia– al contacto de las aguas más profundas del pasado mexicano:

> Tamayo no necesita reconquistar la inocencia; le basta descender al fondo de sí para encontrar al antiguo sol, surtidor de imágenes... si hay antigüedad e inocencia en la pintura de Tamayo, es porque se apoya en un pueblo: en un presente que es asimismo un pasado sin fechas.

No obstante, más allá del particularismo implícito en esa búsqueda de identidad, Paz sentía la necesidad de abrirse a «la posibilidad de ser hombres», «ser contemporáneo de todos los hombres» (frase final del *Laberinto*). Para ello, se identificaría en París ya sin ninguna reserva con el movimiento surrealista que había rechazado en su juventud, pero que su propia obra había prefigurado desde los años treinta. Entonces, conquistó definitivamente la amistad de André Breton y estrechó un viejo vínculo con otro surrealista, Benjamin Péret, a quien había tratado desde México. Paz terminó por persuadirse de que el surrealismo, con su énfasis en el acceso directo a las emociones a través del inconsciente (y su interés por las culturas no europeas), podía ser el vehículo ideal para confrontar, en la poesía, en el arte y el pensamiento, la compleja realidad mexicana. Con esa clave (prefigurada en muchos poemas de los años treinta y cuarenta), Paz comenzó a explorar las imágenes y ritos del México antiguo, a cribar en los deseos y mitos del pueblo mexicano, y de esa nueva aventura nació *Águila o sol*, libro de poemas en prosa que es un antecedente directo del realismo mágico en América Latina. A partir de entonces, su obra no conoció un momento de reposo ni dejó de expandirse, con extraordinaria libertad de imaginación y experimentación, por diversas tradiciones y culturas.

En abril de 1951, al estrenarse en el festival de Cannes *Los olvidados* de Luis Buñuel, Paz decide defender la película de las críticas nacionalistas. «Estoy orgulloso de pelear por usted y su película», escribía a Buñuel, que vivía en México exilado de la España franquista. Quizá recordó con remordimiento las burlas y críticas que sus propios amigos infligieron a *La Edad de Oro* durante la visita de Breton a México en 1938, pero también evocó su propia, apasionada experiencia en la Guerra Civil española: «Vuelven un poco, gracias a *Los olvidados* –le dice a Buñuel– los tiempos heroicos.» Para lograr una «atmósfera de expectación» en torno a la película y favorecer así el posible otorgamiento a Buñuel del Premio de la Crítica (que se logró), Paz no escatimó apoyos y enlaces (habló con Prévert, Cocteau, Chagall y Picasso), «movilizó las infanterías» de periodistas, y en hojas sueltas escribió un texto sobre «El poeta Buñuel» que repartió personalmente 24 horas antes de la función:

> *Los olvidados* es algo más que un film realista. El sueño, el deseo, el horror, el delirio, el azar, la porción nocturna de la vida, también tienen su parte. Y el peso de la realidad que nos muestra es de tal modo atroz, que acaba por parecernos imposible, insoportable. Y así es: la realidad es *insoportable*; y por eso, porque no la soporta, el hombre mata y muere, ama y crea.

Quizá la soledad infantil del protagonista le recordó la suya propia. Quizá la tragedia de la madre sola, desamparada, abandonada, «chingada», le evocó secretamente sus propias páginas sobre el tema en *El laberinto de la soledad*. En cualquier caso, la obra maestra de Buñuel había tocado, con una fuerza estética y moral perdurable, fibras esenciales de la realidad social mexicana.

También al doblar el siglo y en París, a raíz de las revelaciones del escritor francés David Rousset sobre la existencia de campos de concentración en la URSS, Paz comenzó a liberarse en un sentido ideológico. Calumniado por *Les Lettres Françaises* por una supuesta falsificación de textos sobre el controvertido tema, Rousset había entablado un sonado juicio contra ellos. «Los periódicos no hablan [...] de otra cosa», comentaba Paz a Bianco:

> Acaso sea *oportuno también* publicar algo en *Sur* de esta terrible acusación contra lo que todavía algunos llaman «la patria del proletariado». ¿Sabes que entre los testigos presentados por Rousset se encuentra «El Campesino», aquel general al que Alberti y otros poetas de corte de Stalin dedicaron poemas y homenajes? Ahora tendrán que vomitar, una vez más, sus cánticos.

Valentín González González, «El Campesino», había inspirado parcialmente un personaje de *L'espoir*, de André Malraux. Se le consideraba un héroe de la República española. Había sido uno de los más exitosos e implacables comandantes. Exilado en la URSS, Stalin lo había enviado a un campo de concentración por haberse atrevido a criticar, en su cara, el culto de la personalidad. De acuerdo con el testimonio de su hija, Elena Garro trabó una amistad con El Campesino, acudió puntualmente a las sesiones del juicio de Rousset contra *Les Lettres Françaises* y reunió toda la información pertinente. Apoyado en esos datos y en los testimonios de Rousset, Paz escribió su primer texto abiertamente crítico sobre el estalinismo. En México no encontró editores, pero Bianco lo publicó en *Sur*. Paz se colocó así en una posición tan incómoda como infrecuente en América Latina, sobre todo en los albores de la Guerra Fría: la de un socialista libertario. (El único otro caso conspicuo en la región fue un coetáneo exacto de Paz, Ernesto Sabato, con su libro *Hombres y engranajes*.)

La existencia de los campos –explicaba Paz– no tenía un carácter correctivo o penal: era consustancial al régimen burocrático soviético, ponía en entredicho su carácter socialista y su capacidad para ofrecer una alternativa al capitalismo. «Los crímenes del régimen burocrático son suyos, y bien suyos –concluyó–, son muy suyos y no del socialismo.»

Meses después, en un discurso en memoria de Antonio Machado en el decimoquinto aniversario de la Guerra Civil española, Paz reafirmó su esperanza en la capacidad «revolucionaria y creadora de los pueblos», su posibilidad de «salvarse» siempre y cuando se pudiese «eliminar» a los «salvadores de profesión». Su convicción socialista, en suma, seguía firme, pero no tanto como para pasar por alto las opiniones de Sartre, a quien el matrimonio Paz Garro solía frecuentar en su bar de Pont Royal. Sartre recomendaba pasar por alto las verdades de Rousset, porque hacían el juego al imperialismo. Paz optó por el camino inverso. Su posición se acercaba al trotskismo. De hecho, coincidió con la renuncia que Natalia Sedova, la viuda de Trotski, hizo a la Cuarta Internacional sobre la base de negar que el Estado soviético fuese ya un Estado obrero: «quien quiera que defienda este régimen opresivo y bárbaro, abandona, independientemente de sus motivos, los principios del socialismo y del internacionalismo». La carta, fechada en México el 9 de mayo de 1951, fue publicada en la *Quatrième Internationale*, número 57, mayo-julio de ese año. Paz, con toda certeza, la leyó.

★ ★ ★

Paz hizo una carrera discreta y eficaz en el servicio exterior. A partir de 1952 fue segundo secretario de la embajada mexicana en la India, abrió la embajada mexicana en Japón, fue secretario de la legación mexicana en Suiza y encargado de la Delegación Permanente de México ante Organismos Internacionales en Ginebra. Hacia 1954 se estableció por cinco años en México, donde llegó a ser director general de Organismos Internacionales de la cancillería. En esa posición abogó por el asilo a los refugiados húngaros tras la represión rusa a la revuelta de 1956. En 1959 fue transferido a Francia como encargado de Negocios y ministro adscrito a esa embajada, hasta convertirse, en 1962, en embajador de México en la India. Cada estación fue una inmersión intelectual significativa. En Japón comenzó a asomarse a la literatura oriental, que había explorado desde su breve estancia en Nueva York. En Ginebra conoció a Ortega y Gasset, que le aconsejó «aprender alemán y póngase a pensar. Olvide lo demás». De haber escuchado esas palabras María

Zambrano, amiga de Paz y discípula preferida de Ortega, habría reconvenido a su maestro: «esa cabecita de Octavio, siempre pensando, siempre pensando», solía decir. Y sobre la lectura de su libro escribió: «para que el pensamiento se realice hace falta una actitud poética más que filosófica. Descender a los infiernos exige una inteligencia en estado de gracia. Así, esa pura transparencia que nos ofrece *El laberinto de la soledad*».

En esos años de formidable liberación creativa, muy a su pesar, Paz dejaría latente su vocación de editor de revistas. José Bianco recibía con frecuencia sus sugerencias y consejos sobre autores, textos, enfoques: atraer para *Sur* a los escritores de *Orígenes*, la excelente revista cubana; publicar a Rodolfo Usigli, el dramaturgo mexicano autor de *El gesticulador*; hacer un número dedicado a la nueva literatura italiana. Al llegar a México, Paz le escribe: «Tengo la sensación de que sólo si hago algo concreto podré escaparme del penoso sentimiento de que mi presencia aquí es inútil. Naturalmente, no se me ha ocurrido nada mejor que una revista. (Cuando los escritores quieren salvar al mundo, siempre se les ocurre fundar una revista.) Pero ni siquiera tuve éxito en eso». Con todo, durante su lustro de estancia en México Paz fue el eje de la actividad literaria de la ciudad de México, animando varias iniciativas culturales (grupos de teatro, el proyecto «Poesía en Voz Alta») y descubriendo él mismo a los nuevos talentos en el país. Ante el ocaso final de las generaciones precedentes (la de Vasconcelos y Reyes, y la de los «Contemporáneos»), la estrella de Paz, hombre de sólo 40 años pero rodeado ya de un cierto prestigio internacional, comenzaba a brillar sobre todas.

Alrededor suyo se congregaba una nueva generación de escritores, filósofos y artistas nacidos en los años veinte y treinta que compartían su temple crítico, su libertad creativa y su disposición a experimentar. Paz influyó en varios de ellos. En los poetas y novelistas, hartos de la retórica nacionalista, por el horizonte abierto y cosmopolita de su obra. En los filósofos husserlianos que en los años cincuenta comenzaron a buscar una «filosofía del mexicano», por los caminos abiertos en *El laberinto de la soledad*. En los artistas plásticos, por su ruptura con las rígidas tradiciones del muralismo. Muchos de los jóvenes escritores colaboraron a partir de 1955 en la *Revista Mexicana de Literatura*, dirigida inicialmente por

Carlos Fuentes, sin duda el joven escritor más cercano a Paz y el más influido por su persona y sus temas. Aunque el público lector era exiguo (los tirajes de libros no pasaban de 3 000 ejemplares, y *El laberinto de la soledad* no se reeditó sino hasta 1959), la actividad cultural en México era vivaz e intensa, y estaba al día de las corrientes de vanguardia. Paz había volteado siempre a Francia, los nuevos novelistas, a Estados Unidos. Fruto de esta tendencia (y de una biografía no menos anclada en la historia y la violencia, pero del occidente católico de México) fue la sorprendente aparición de Juan Rulfo. Los cuentos de *El llano en llamas* (1953) y la novela *Pedro Páramo* (1955) combinaban el expresionismo y el surrealismo —corrientes preferidas por Paz— con una perfección y hondura que el poeta reconoció, pero quizá no debidamente.

★ ★ ★

Mientras el nieto de Ireneo Paz —editor de cepa— esperaba el momento para fundar una revista, el hijo de Octavio Paz Solórzano aprovechaba la primera oportunidad para desplegar, así fuera simbólicamente, sus impulsos revolucionarios. El escritor José de la Colina recuerda una escena:

> Fue en 1956. Una manifestación en apoyo a los estudiantes que protestaban por el aumento a las tarifas de camiones marchaba por el cruce de Paseo de la Reforma y Bucareli, avenida Juárez y Ejido. Yo iba muy exaltado, haciendo arengas en tono de anarquista romántico. Paz bajó de su oficina que estaba frente a «El Caballito», y se unió a esa manifestación.

El episodio fue significativo pero excepcional. Su trabajo en el servicio público le impedía externar con plena libertad sus críticas de política interna. También existían limitaciones materiales. Paz, que inventaría en 1978 la fórmula *El ogro filantrópico* para referirse al Estado mexicano, fue, como la mayoría de los intelectuales, testigo y beneficiario de la filantropía estatal. Aparte de su salario en la Secretaría de Relaciones Exteriores, los amigos literatos (Alfonso Reyes como presidente de El Colegio de México, y José Luis Martínez como funcionario de Ferrocarriles Mexicanos) apoyaban al poeta con becas que lo ayudaron a escribir sus obras del periodo: *El arco y la lira*, que el filósofo José Gaos (otro discípulo predilecto de Ortega, autoridad mayor en su campo en México desde 1938 hasta su muerte en 1969) consideraba «uno de los frutos más granados [...] de la filosofía, a secas, en nuestra lengua»; *Sendas de Oku* (la primera traducción del poeta clásico japonés Basho a una lengua de Occidente), y la colección de ensayos sobre artistas, escritores y literaturas clásicos y contemporáneos titulada *Las peras del olmo*.

Los ensayos de Paz en esa época son siempre asertivos e informados, pero, puestos en contexto, adolecen de dos problemas: son casi ajenos a la crítica inglesa al marxismo (Russell, Orwell, Popper); adolecen de una marcada tendencia a la abstracción. Les faltaba anclaje. ¿Qué camino quedaba? A su juicio, quedaba la búsqueda de un camino propio y original que México pudiese compartir con los otros países latinoamericanos, un proyecto que permitiera el crecimiento y el desarrollo, pero que –a diferencia del modelo soviético– lograse «liberar al hombre», única justificación de una revolución. Habiéndose formado en el marxismo, Paz atravesaba por una zona de perplejidad. Su única convicción firme seguía siendo el perdido edén del zapatismo campesino, recobrado poéticamente en su libro. Y desde esa óptica, a pesar del crecimiento urbano, a pesar de las cifras de estabilidad, no podía engañarse sobre el estado del México rural. En algunos poemas memorables expresó su desolación y su esperanza.

En 1955, Paz escribió uno de sus poemas más memorables: «El cántaro roto». Una década más tarde, en tiempos de pasión y rebelión, el poema tendría repercusiones fascinantes, pero en los años cincuenta, en medio de la paz, orden y progreso del régimen del PRI, el poema rompió el consenso, cimbró muchas conciencias satisfechas y levantó críticas por su contenido «comunista». Lo inspiró un viaje de conferencias por los estados de San Luis Potosí y Nuevo León, en el norte de México. No es una interpretación política ni sociológica del presente mexicano. En la línea de *El laberinto de la soledad*, es una interpretación mítica. Con el tiempo, Paz reprobaría «los excesos verbales» del poema, pero no su sustancia. Familiarizado ya entonces con la poesía náhuatl, el poeta sueña el esplendor del pasado mexica:

[...] ¡viento, galope de agua entre los muros interminables de una garganta
    de azabache,
caballo, cometa, cohete que se clava justo en el corazón de la noche,
                                   plumas,
    surtidores,
plumas, súbito florecer de las antorchas, velas, alas, invasión
    de lo blanco,
pájaros de las islas cantando bajo la frente del que sueña!

Pero al abrir los ojos, el paisaje es otro. México, el otro México, es un
erial:

Sólo el llano: cactus, huizaches, piedras enormes que estallan
    bajo el sol.
No cantaba el grillo,
había un vago olor a cal y semillas quemadas,
las calles del poblado eran arroyos secos
y el aire se habría roto en mil pedazos si alguien hubiese gritado:
    ¿quién vive?

El azoro que se vierte en una cascada de preguntas lastimeras:

El dios-maíz, el dios-flor, el dios-agua, el dios-sangre, la Virgen,
¿todos se han muerto, se han ido, cántaros rotos al borde de la fuente
    cegada?
¿Sólo está vivo el sapo,
sólo reluce y brilla en la noche de México el sapo verduzco,
sólo el cacique gordo de Cempoala es inmortal?

Ese erial es la obra del presente o, más bien, del pasado que pesa en el
presente. Es obra de los que han mandado y siguen mandando; es obra
del poder personificado en la figura histórica del «cacique gordo de
Cempoala», el aliado de Cortés, pero reencarnado, a través de la historia,
en el sacerdote azteca, el obispo católico o el inquisidor, el caudillo del
siglo XIX, el general revolucionario o el banquero:

Tendido al pie del divino árbol de jade regado con sangre,
    mientras dos esclavos jóvenes lo abanican,
en los días de las grandes procesiones al frente del pueblo,
    apoyado en la cruz: arma y bastón,
en traje de batalla, el esculpido rostro de sílex aspirando
    como un incienso precioso el humo de los fusilamientos,
los fines de semana en su casa blindada junto al mar, al lado
    de su querida cubierta de joyas de gas neón,
¿sólo el sapo es inmortal?

Quedaba esperar a que «surja al fin la chispa, el grito, la palabra». Quedaba la poesía:

[...] hay que desenterrar la palabra perdida, soñar hacia dentro
    y también hacia fuera,
descifrar el tatuaje de la noche y mirar cara a cara al mediodía
    y arrancarle su máscara,
bañarse en luz solar y comer los frutos nocturnos, deletrear
    la escritura del astro y la del río,
recordar lo que dicen la sangre y la marea, la tierra y el cuerpo,
    volver al punto de partida.

Tiempo después escribió «Piedra de sol», uno de sus más célebres poemas. A juicio del propio Paz, representó el fin de un ciclo comenzado en 1935. Ya no era sólo México el erial. Erial era el mundo, preso de la historia y el mito. E igual que en «El cántaro roto», quedaba la esperanza en la palabra, el sueño, la fraternidad y el amor.

X

Más allá de esta visión sombría, lo cierto es que, a lo largo de los casi cuatro periodos presidenciales en los que sirvió (Miguel Alemán, 1946-1952; Adolfo Ruiz Cortines, 1952-1958; Adolfo López Mateos, 1958-1964; y con Gustavo Díaz Ordaz de 1964 a 1968), Paz pensó que el rumbo general del país (a pesar de la desigualdad social, la servidumbre sindical con el Estado, la pobreza en el campo y la dependencia creciente del capital norteamericano) era muy meritorio. Gracias al legado nacionalista de la Revolución y a la intervención del Estado en la economía, «nuestra evolución es una de las más rápidas y constantes de América», escribió en 1959, en la segunda edición de *El laberinto de la soledad*. Paz no era el único intelectual maduro que en esos tiempos de optimismo se congratulaba de la marcha del país. Incluso el historiador, editor y ensayista Daniel Cosío Villegas –el crítico liberal más incisivo del siglo XX– pensaba de modo semejante y suavizó las opiniones que había vertido en su célebre ensayo «La crisis de México» (1947). Formado como economista en universidades de Estados Unidos e Inglaterra, fundador y director del Fondo de Cultura Económica, estudioso de los liberales del siglo XIX, Cosío Villegas creyó siempre (como Paz) que la Revolución mexicana había sido un movimiento histórico justificado y genuino, y que su modesto ideario social y nacionalista (cumplido en cierta medida en el periodo de Cárdenas) se había desviado en los años cuarenta hacia un modelo predominantemente capitalista, ajeno a la vocación social original y a la atención prioritaria a los campesinos. Pero igual que Paz no podía cerrar los ojos ante los evidentes avances económicos e institucionales del país.

Con todo, en aquel momento había diferencias importantes entre Cosío Villegas y Paz: el primero era, según su propia definición, un «liberal de museo»; el segundo, un trotskista moderado en transición hacia un socialismo libertario. Para Cosío Villegas, la «llaga mayor» de México era la concentración de poder en manos del presidente, entre otras muchas razones porque impedía toda maduración democrática. Paz, en cambio, seguía (y por largo tiempo seguiría) empleando un herramental marxista. «El marxismo –escribiría en su libro *Corriente alterna*, (1967)– es apenas un punto de vista, pero es nuestro punto de vista. Es irrenunciable porque no tenemos otro.» Ese «punto de vista» fue perdurable. Paz siguió utilizando la categorización de clases, descartó como una «reliquia» a «la libre empresa», criticó con insistencia al imperialismo, desdeñó por muchos años la herencia del liberalismo político, no dejó de creer (ni entonces ni nunca) en la posibilidad de edificar una comunidad igualitaria de los hombres (la edad de oro del zapatismo) y, ante la decepción de la URSS, vio con cierta simpatía (y desconocimiento) la Revolución Cultural china, elogió los ensayos de autogestión yugoslavos. Sobre todo, confió en la revuelta nacionalista de los pueblos en la periferia del mundo occidental.

¿Por qué entonces no se adhirió a la Revolución cubana? Las jóvenes generaciones intelectuales y universitarias de México –incluidos amigos suyos, como Fuentes– no tuvieron dudas. Para ellos, la Revolución mexicana estaba muerta, y la «verdadera» revolución era la Revolución cubana. Casi todos la recibieron con inmenso entusiasmo. El liberal Cosío Villegas –que en ensayos notables achacó a Estados Unidos la mayor responsabilidad en la «lamentable» transición de Cuba al comunismo– tomó distancias desde un principio. Paz, menos escéptico, escribió a Roberto González Retamar, con sutil reticencia: «tengo unas ganas inmensas de ir a Cuba para ver su cara nueva y también la antigua, su mar y su gente, sus poetas y sus árboles». Pero las «ganas inmensas» se le quitaron al poco tiempo, como prueba una carta dirigida a José Bianco (que se separaría de *Sur* por sus simpatías con Cuba). Está fechada el 26 de mayo de 1961, después de la frustrada invasión de Playa Girón:

Aunque comprendo tu entusiasmo (y hasta lo envidio) no lo comparto del todo. A mí no me agrada el lenguaje de los enemigos de Castro –ni sus actos, ni su moral, ni lo que representan y son. Pero tampoco me agrada la revolución de Castro. No es lo que yo quería (y quiero) para nuestros países... Nuestros países escogerán, como los de África y Asia, el camino de Castro. No les queda (no les dejan) otro recurso. Aparte de las guerras y calamidades que esto desencadenará, los resultados no pueden ser sino dictadores de derecha, si se aplasta a los movimientos populares o, si triunfan, dictaduras totalitarias como la de Castro. La ausencia de revolución socialista en los países avanzados es la causa de esta evolución paradójica de la sociedad mundial. El fracaso de la profecía marxista sobre la misión revolucionaria de la clase obrera de los países «desarrollados» (los únicos en los que puede haber realmente socialismo) ha convertido al marxismo en una «ideología» (en el sentido que daba Marx a esta palabra). Creo que nuestro siglo verá el triunfo de la «ideología marxista»; lo que no verá (por lo menos nuestra generación) es el triunfo del socialismo.

Invitado tres veces a la isla como jurado de Casa de las Américas, nunca acudió. En 1964 rechaza colaborar en un homenaje al surrealismo proyectado por Casa de las Américas, y escribe a Retamar:

> No tardé en darme cuenta que existía una oposición radical entre los regímenes de Europa Oriental (extendida hoy a los que imperan en China y otras partes) y las pretensiones liberadoras de la poesía. Esta oposición no es sólo imputable a la pesadilla que fue el estalinismo para mi generación (en Hispanoamérica: para unos cuantos de mi generación) sino que pertenece a la naturaleza de las cosas. No diré más, no quiero decirte más. Quiero demasiado a Cuba [...] y a Latinoamérica como para encender ahora una vieja polémica.

Todavía en 1967, en otra carta a Retamar se declaraba amigo de la Revolución cubana por lo que tiene de Martí, no de Lenin. Su rompimiento público tardó algunos años en expresarse.

XI

Era casi universalmente querido, seguido, leído, respetado en México y, de manera creciente, en Francia, donde sus principales libros se habían traducido. Pero no era feliz. Por un lado, su situación profesional era inestable. En los primeros días del sexenio de López Mateos (1958-1964) su destino en el servicio exterior había estado en entredicho. ¿Lo enviarían a París, como él deseaba? ¿le confiarían la misión en la UNESCO? Para colmo, sus artículos no tenían mercado en América Latina y llegó a considerar mudarse a Argentina o Venezuela. A punto de cumplir los 45 años, en marzo de 1959, había escrito a Bianco:

> Mi vida también ha sido bastante triste (¡qué *self pity*!) en los últimos años. Aunque es posible que siempre haya sido igual; sólo que ahora [...] la veo con más claridad y con menos esperanzas. He vivido los últimos quince años haciendo lo que no me gusta, aplazando o matando mis deseos (aun los más legítimos como escribir o no hacer nada o enamorarme) y esperando que todo, un buen día, iba a cambiar. El único que ha cambiado soy

yo: mi vida sigue igual: (trabajo muchas horas en una oficina absurda, con el pomposo título de Director General de Organismos Internacionales), me pagan muy mal y estoy sujeto a la rutina de un reglamento y a su caprichosa aplicación por remotos burócratas...

Había sobrevivido gracias a una «saludable estupidez innata –hecha de confianza en la vida, resignación (campesino andaluz, sin duda) y disponibilidad permanente». Por fortuna, su incertidumbre laboral cesó al poco tiempo, cuando finalmente fue transferido a París. Había pensado jubilarse e incorporarse a la academia. En París permaneció dos años, en los cuales publicó *Salamandra*, una nueva colección de poemas. Ese año fue nombrado embajador en la India. Jaime Torres Bodet (escritor de «Contemporáneos», funcionario público en varias administraciones, ministro de Educación) le recomendaba seguir en la diplomacia: «tendrá el 60% de tiempo para escribir».

Para escribir, y resolver su vida íntima. «¿Por qué se separaron Octavio Paz y Elena Garro? –escribió María Zambrano, que había convivido con ellos en París–. Habían obtenido lo más difícil: el infierno en la tierra.» Vivían separados, y Paz, con frecuencia, pensaba en el divorcio, pero lo posponía. En 1959 le confiesa a Bianco que la situación ha llegado a un límite. Se divorciará en breve y le desliza una razón de peso: «Creo que estoy –estuve, estaré– enamorado. Eso me hace más desdichado pero me da vitalidad. O por lo menos alimenta mis planes, mi avidez de futuro.» La mujer a la que sin mencionar aludía Paz era la hermosa pintora Bona Tibertelli de Pisis, *estranged wife* de André Pieyre de Mandiargues. Los Paz habían entablado una amistad con aquel «matrimonio abierto» desde París. La edición francesa de *¿Águila o sol?* apareció en 1957 con cinco aguafuertes de Bona. En 1958, André y Bona viajaron por las costas y los pueblos coloniales de México (Taxco, Tepoztlán) y fueron testigos de las antiquísimas fiestas populares acompañados por el mejor guía: el autor de *El laberinto de la soledad*.

El atormentado vínculo matrimonial de 22 años entre Octavio y Elena se rompía al fin. «Helena –confiesa a Bianco– es una herida que nunca se cierra, una llaga, un vicio, una enfermedad, una idea fija.» No obstante, a pesar de la animosidad, Paz lograba rescatar para sí su admiración intelectual por Elena (a quien seguía llamando Helena). Animada por él, en la década de los cincuenta había alcanzado éxito en obras de teatro y relatos emparentados con el universo onírico y espiritual de Juan Rulfo. Pero con la novela *Los recuerdos del porvenir* su prestigió se consolidó. Paz escribe a Bianco un testimonio de genuino reconocimiento acompañado de un tono de íntima hostilidad:

> ¿Recibiste el libro de Helena? ¿Qué te parece? A mí me sorprende y maravilla; ¡cuánta vida, cuánta poesía, cómo todo parece una pirueta, un cohete, una flor mágica! Helena es una *ilusionista*. Vuelve ligera la vida. Es hada (y también bruja: Artemisa, la cazadora, la siempre Virgen dueña del cuchillo, enemiga del hombre). Ahora la puedo juzgar con objetividad.

La novela de Garro le había asombrado. Tiempo después, al confirmar la buena opinión de Bianco, agrega: «En eso, por lo menos, no me equivoqué.» Siempre había creído en «su sensibilidad y penetración espiritual, en la mirada del verdadero creador, del poeta y nunca, ni siquiera en los momentos peores y en las circunstancias más sórdidas renegué de ella». Y concluía: «¡Haberla conocido, amado y convivido tantos años para ahora terminar con un elogio sobre su capacidad de escritora! ¿Sólo queda de nosotros lo que llaman "la obra"?» Y agregó una coda sorprendente: «me digo: puedes dormir tranquilo: conociste a un ser en verdad prodigioso».

En 1960, las cosas con Bona habían evolucionado al extremo de que Paz —tras obtener un divorcio por poder con Elena— anunciaba a Bianco su próxima boda: «Bona es sobrina de De Pisis, aquel pintor italiano de la generación de Chirico y al que, quizás, conoces. Sobre Bona y su pintura han escrito, entre otros, Ungaretti, Ponge, Mandiargues, etc. Finalmente, Bona será en breve mi mujer. Vamos a casarnos.» Pero en 1962, ya en la India, el vínculo con Bona desembocó en un nuevo desencanto.

La pauta parecía fatal: todas las bendiciones (creatividad, reconocimiento, solidez) salvo una: el amor. En 1963, por iniciativa del fiel e incansable José Luis Martínez, Paz obtiene en Bélgica el Premio Internacional de Poesía. La prensa mexicana lo colma de elogios. Sus artículos en la revista de la universidad (que reunirá en *Corriente alterna*) son objeto de culto. El filósofo José Gaos le escribe: «preveo que el nuevo Premio Nobel de lengua española va a ser usted». Lo mismo anticipa su viejo compañero, Efraín Huerta, que escribe con ternura: «Así es este Octavio, su rigor no conoce límites... todo lo enaltece y todo lo multiplica —hombre que multiplica el pan de la poesía— [...] el más poeta entre todos los poetas de su tiempo.» Pero Paz, a sus cincuenta años de edad, ha vuelto a su estado original: la soledad. En un pasaje conmovedor escrito desde París en julio de 1964, hace un valeroso recuento de su vida sentimental:

> Elena fue una enfermedad... si hubiese seguido con ella, habría muerto, habría enloquecido. Pero no he encontrado la «salud». Tal vez ahora... ¿No será demasiado tarde? En los últimos años, después de ciertos golpes y sorpresas brutales (no la lenta y exasperante disgregación psíquica que fue mi enfermedad amorosa con Elena sino el hachazo, la puñalada trapera —el rayo [de Bona...]), aspiro a cierta sabiduría. No resignación sino desesperación tranquila —no la muerte sino aprender a ver cara a cara la muerte y la mujer. El erotismo me aburre y me espanta (es como la religión: o se es devoto o se es santo —y yo no soy ni Casanova ni Sade, ni beato ni místico). Creo en lo más hondo: en el amor. *On ne peut pas prouver ce que l'on croit. On no se peut pas nom plus, croire ce que l'on prouve* (Jünger).

★ ★ ★

En el momento de escribir esa carta los cielos estaban a punto de despejarse de manera milagrosa y permanente. Cumplidos los cincuenta años, en la India conoció por fin a una mujer muy joven («muchacha» la llama en un poema), tan extraordinariamente bella y talentosa como alegre, providente y fiel, que lo acompañaría por fin, en un amor vital y pleno, para toda la vida. Era corsa y se llamaba Marie José Tramini. Estaba casada con un diplomático francés. Los caminos de Octavio y Marie Jo se habían cruzado fugazmente. Cruzado y separado. De pronto (y la fórmula «de pronto» recurría con frecuencia en Paz como onomatopeya del azar) la poesía surrealista se apoderó de sus vidas generando uno de esos momentos de «azar objetivo» que Paz había descrito en una remota conferencia sobre el surrealismo en 1954: «ese encuentro capital, decisivo, destinado a marcarnos para siempre con su garra dorada, se llama: amor, persona amada». De no haber coincidido en ese sitio de París, en ese instante, acaso no se hubiesen vuelto a ver. «Lo encontré entonces y no lo dejé más», recuerda Marie Jo. Volvieron juntos a la India. Se casaron en Nueva Delhi el 20 de enero de 1966. «Conocerla es lo mejor que me ha ocurrido además de nacer», declaró Paz.

«Debe ser muy encantador estar tan enamorado», comentó la esposa del escritor Agustín Yáñez cuando los vio juntos en la India. Fue un periodo de gran productividad para Paz, que incluyó sus poemas publicados en *Ladera este* y *Hacia el comienzo*. Dispersos a lo largo de los poemas hay momentos de su embelesado amor de mediana edad en el aire caluroso de la India:

> Gira el espacio
> arranca sus raíces el mundo
> No pesan más que el alba nuestros cuerpos
> > tendidos
> [De "Viento entero"]

> Tú estás vestida de rojo
> > eres
> el sello del año abrasado
> el tizón carnal
> > el astro frutal
> En ti como sol
> > [De "Cima y gravedad"]

O en el largo poema "Maithuna" (una palabra técnica del sánscrito para el acto sacralizado del amor), donde Paz se mueve a través del cuerpo de su amada:

> Dormir dormir en ti
> o mejor despertar

abrir los ojos
en tu centro
negro blanco negro
blanco
Ser sol insomne
que tu memoria quema
(y
la memoria de mí en tu memoria)

Para Paz, quien tan a menudo era un poeta del deseo, «la mujer es la puerta de la reconciliación con el mundo». Tras décadas de amores marcados en parte por la angustia y la incertidumbre, el dolor y la sequía, amoríos fugaces e insustanciales, Marie Jo abrió su «puerta de la reconciliación». Ella fue su constante inspiración. Ella lo salvó del laberinto de su soledad.

★ ★ ★

Aquellos años con Marie Jo en la India fueron —acaso por primera vez en su vida— absolutamente dichosos. Pero Paz era fiel a su memoria y desde tiempos de *Barandal* tenía un pendiente consigo mismo. Algo faltaba en su vida. Entonces comenzó a sondear la posibilidad de publicar una revista literaria y crítica de alcance latinoamericano. En 1967 en México, Arnaldo Orfila Reynal, el célebre editor argentino de la editorial de izquierda Siglo XXI, vio con simpatía el proyecto pero le advirtió que su presencia sería imprescindible. A principios de 1968, se frustró también un posible apoyo que Paz y Fuentes gestionaban con el gobierno francés, representado por el ministro de Cultura André Malraux.

Y algo quizá más profundo faltaba también. El advenimiento mayor, no la revolución íntima sino la histórica. Paz, que buscó incansablemente a la Revolución, la encontró, recreó y retuvo en un solo campo: la subversión incesante y la libre experimentación de su creación poética. Con menos fortuna, pero con nobleza y entusiasmo, la buscó en la vida: trabajó como maestro rural en el erial henequero de Yucatán, escribió para diarios revolucionarios mexicanos, se incorporó a la Guerra Civil española porque veía en ella la cara inolvidable de la esperanza de una posible fraternidad, la «espontaneidad creadora y la intervención diaria y directa del pueblo». Pero sobre todo la buscó en el pensamiento: en los poseídos de la literatura rusa, en los textos canónicos del marxismo, en los textos heréticos de Trotski, en las polémicas de Camus y Sartre. Por todo ello, no podía renunciar a ella. Todavía en *Corriente alterna* reservó las páginas más inspiradas y poéticas al mito central de su época, a la Revolución:

> Ungida por la luz de la idea, es filosofía en acción, crítica convertida en acto, violencia lúcida. Popular como la revuelta y generosa como la rebelión, las engloba y las guía. Revolución designa a la nueva virtud: la justicia. Todas las otras –fraternidad, igualdad, libertad– se fundan en ella... Universal como la razón, no admite excepciones e ignora por igual la arbitrariedad y la piedad. Revolución: palabra de los justos y de los justicieros. Para los revolucionarios el mal no reside en los excesos del orden constituido sino en el orden mismo.

En una «Intermitencia del Oeste» en su Nirvana, escribió su «Canción mexicana», el poema donde recordó con nostalgia a su abuelo y a su padre, y se sintió huérfano de historia, huérfano de Revolución. Ellos, al tomar el café y la copa, le hablaban de grandes episodios nacionales, de héroes de verdad, «y el mantel olía a pólvora»:

> Yo me quedo callado:
> ¿de quién podría hablar?

XII

Y «de pronto», los vientos de Occidente trajeron olor a pólvora. En el verano de 1968, en un hotel en los Himalayas, con «emoción increíble» Paz escuchó junto con Marie Jo las noticias sobre la rebelión de los estudiantes parisienses y vio en la posible fusión del movimiento estudiantil y la clase obrera el esperado cumplimiento de la profecía de Marx, el principio de la Revolución en Occidente. Por fin, creyó ver a la Revolución alzarse en la «espléndida actitud» de los jóvenes de Occidente, nuevos nómadas de la era industrial, reinventores del neolítico, desdeñosos del futuro, idólatras del instante, y en la no menos promisoria de los jóvenes del Este, no sólo desengañados sino hastiados del marxismo. El 6 de junio, desde Kasauli (India) escribe a José Luis Martínez: «La revuelta juvenil es uno de los signos más seguros de la mutación de nuestra sociedad —a veces me parece que regreso a los treinta.» Y seis días después, Charles Tomlinson (poeta inglés que había conocido meses antes en el festival de poesía de Spoletto) recibe una carta apasionada en la que Paz —inminente protagonista de su propia canción— reafirma la sensación de una vuelta a sus orígenes primeros, sus conversaciones con el amigo anarquista Bosch, sus lecturas anteriores a su profesión marxista, una vuelta que era también un recomienzo y una corrección de rumbo:

Se bambolea el mediocre orden del mundo «desarrollado». Me emociona y exalta la reaparición de mis antiguos maestros: Bakunin, Fourier, los anarquistas españoles. Y con ellos el regreso de los videntes poéticos. Blake, Rimbaud, etc. La gran tradición que va del romanticismo alemán e inglés al surrealismo. Es mi tradición, Charles: *la poesía entra en acción.* Creo que estamos a punto de salir del túnel, ese túnel que empezó con la caída de España, los procesos de Moscú, el ascenso de Hitler, el túnel cavado por Stalin y que los Eisenhowers, Johnson y las tecnocracias capitalistas y comunistas nos dijeron que era el camino del progreso y el bienestar. Cualquiera que sea el resultado inmediato de la crisis francesa, estoy seguro de que en París ha comenzado algo que cambiará decisivamente la historia de Europa y, quizá, la del mundo. La verdadera revolución socialista, en esto Marx tenía razón, sólo puede realizarse en los países desarrollados. Lo que no dijo (aunque al final de su vida, después de la comuna de París, lo aceptó a medias) es que la revolución sería socialista y *libertaria*. Lo que empieza ahora no es únicamente la crisis del capitalismo y de las caricaturas sombrías de socialismo que son la URSS y sus satélites y rivales (la delirante China de Mao) —es la crisis del más viejo y sólido instrumento de opresión que conocen los hombres desde el fin del neolítico: el Estado.

El 28 de julio de 1968 estalló el movimiento estudiantil mexicano. Un incidente menor entre estudiantes provocó la represión de la policía en la ciudad de México y de allí el movimiento escaló hasta alcanzar proporciones nacionales. El ejército, en una acción insensata, lanzó un «bazucazo» que derribó la puerta centenaria de la Escuela Nacional Preparatoria. Hubo heridos, y las autoridades universitarias, en defensa de la autonomía, encabezaron la primera de varias marchas en las que cientos de miles de personas se manifestaban en las calles (por primera vez en décadas) contra el régimen que veían anquilosado, corrupto, demagógico y autoritario. Cierto, el sistema político mexicano no tenía campos de concentración ni una ideología de Estado. Pero ejercía el poder absoluto gracias a la convergencia de un partido casi único, el PRI (que funcionaba como agencia centralizada de empleos, corrupción y prebendas y como máquina electoral), y un presidente-monarca con poderes omnímodos sobre las arcas públicas, los recursos naturales, las empresas estatales, el Ejército, el Congreso, la Corte, los gobernadores, los alcaldes y los medios masivos de comunicación, y cuyo único límite de poder era temporal: la imposibilidad de reelegirse al cabo del mandato de seis años.

El sistema político mexicano no mantenía campos de concentración ni profesaba una ideología de Estado, pero ejercía un poder casi absoluto fincado en paradigmas de dominación indígenas y españoles opuestos a toda libertad crítica. Tradicionalmente, los intelectuales habían vivido integrados al Estado, colaborando en la llamada «construcción nacional» como ideólogos, educadores, consejeros o embajadores. Cuando por excepción intentaron convertirse en filósofos-reyes, crear partidos de oposición o ejercer la crítica independiente, la maquinaria del PRI aplastó sus esfuerzos. Pero a raíz del movimiento estudiantil, uno de los intelectuales más respetados —el historiador, editor y ensayista Daniel Cosío Villegas— dio fin, a sus 70 años de edad, a su carrera en el servicio público y comenzó a publicar en el diario *Excélsior* artículos semanales, en los que retomaba una vocación crítica que había quedado adormecida en él desde la publicación, en 1947, de un célebre ensayo titulado «La crisis de México». Igual que Paz, Cosío Villegas había acompañado como diplomático y asesor hacendario a los sucesivos gobiernos del PRI; y reconocía que, con todas sus fallas, México había alcanzado un desarrollo material apreciable: crecimiento sostenido del 7%, sin inflación y tipo de cambio estable. No era gratuito que, premiando su larga estabilidad y desarrollo, la comunidad internacional hubiese premiado al país con la celebración, en octubre de 1968, de los Juegos Olímpicos. Pero, para Cosío Villegas, la intolerancia de las autoridades con los estudiantes resultó intolerable. Ante ella, la responsabilidad del intelectual era «hacer de veras pública la vida pública»; su lugar no era ya la integración al poder, sino la crítica del poder, actividad que cobraba más sentido en la medida en que el público lector había crecido notablemente. Aunque Paz había peleado alguna vez con Cosío Villegas a propósito de la cancelación de la beca que recibía de El Colegio de México, esta vez sus caminos convergieron. La salida de ambos fue la libertad crítica.

Desde Nueva Delhi, el embajador Paz sigue los sucesos con creciente desasosiego y considera seriamente presentar su renuncia. El 3 de agosto escribe a Tomlinson:

> Parece que la represión en México «es severa, brutal»... Temo que estos disturbios fortifiquen aún más a la derecha. La herencia revolucionaria se disipa... Desde hace bastante tiempo proyecto renunciar a mi puesto y lo que ahora ocurre contribuye o disipa mis últimas dudas. Iré a México en noviembre y allá arreglaré definitivamente mi situación. Tal vez consiga algo en la Universidad o en El Colegio de México.

Un mes más tarde, tras la «manifestación del silencio» que congregó a 400 000 personas, y el informe presidencial del 1° de septiembre en el que Díaz Ordaz amenazó claramente con el uso de la fuerza para ahogar las protestas, Paz escribe al secretario de Relaciones Exteriores, Antonio Carrillo Flores:

> Aunque a veces la fraseología de los estudiantes [...] recuerde a la de otros jóvenes franceses, norteamericanos y alemanes, el problema es absolutamente distinto. No se trata de una revolución social –aunque muchos de los dirigentes sean revolucionarios radicales– sino de realizar una *reforma* en nuestro sistema político. Si no se comienza ahora, la próxima década de México será violenta.

El 18 de septiembre el Ejército ocupó con violencia la Universidad Nacional Autónoma de México. Díaz Ordaz, en el clímax de la Guerra

Fría, estaba persuadido de que el país podía caer en manos comunistas. El 27 de septiembre de 1968, Paz confiesa a Tomlinson su agudo remordimiento por no haber actuado antes:

> Es incongruente –desde un punto de vista moral tanto como sentimental– mi permanencia en el Servicio exterior mexicano. Precisamente había ya iniciado el trámite para obtener mi retiro. Lo que pasa ahora me revela que lo debería haber hecho *antes*. Todo esto me tiene apenado, avergonzado y furioso –con los otros y, sobre todo, conmigo mismo.

El 2 de octubre de 1968 el gobierno de Gustavo Díaz Ordaz masacró a centenares de estudiantes en la Plaza de Tlatelolco. El 3 de octubre Paz escribe sobre el crimen colectivo un poema de vergüenza y furia: «México: Olimpiada de 1968». Tras hacer un «examen de conciencia», el 4 de octubre envía a Carrillo Flores una larga carta reprobatoria de la política gubernamental y presenta su renuncia: «No estoy de acuerdo en absoluto con los métodos empleados para resolver (en realidad: reprimir) las demandas y problemas que ha planteado nuestra juventud.» Bien visto, era su primer acto en la política después de la Guerra Civil española. Pero esta vez la rebelión era *suya*: hija de su biografía y de su libertad. Porque en ese acto Paz cumplía también con un ciclo íntimo, la promesa inscrita en su linaje: irse a la Revolución. En comunión con la revuelta estudiantil, Paz se iba a *su* revolución en el acto de romper con una revolución petrificada. Con un poema y una renuncia, Octavio Paz comenzó a convertirse en protagonista de su propia «Canción mexicana». Fue su hora mejor, un gesto sin precedente en la historia mexicana. Ese acto de libertad tendría repercusiones extraordinarias en la vida política y cultural de México y, hasta cierto punto también, en América Latina.

Para explicarse el crimen, Paz busca el mito o el pasado histórico que lo explique. *Atrás* y *debajo* de los hechos una realidad mítica mueve los hilos. Se ha cometido nada menos que un sacrificio humano. Así lo bosqueja a Tomlinson el 6 de octubre, aludiendo a su visión del poder arcaico en «El cántaro roto»: «Los viejos dioses andan sueltos otra vez, y nuestro presidente se ha convertido en el Gran Sacerdote de Huitzilopochtli.» Y agrega: «Decidí no continuar como representante del Gran Moctezuma (el primero), famoso por el número de víctimas que sacrificó en el Teocalli.»

Octavio y Marie Jo Paz no tardan en encontrar abrigo, primero en la Universidad de Cambridge, Inglaterra, y más tarde en la de Texas, en Austin, donde pasarán el resto del sexenio de Díaz Ordaz. En esos meses, Paz escribe su libro *Posdata*, titulado así en clara alusión a *El laberinto de la soledad*. Sorprendentemente afirma que México no tiene «una esencia sino una historia». No renunciará, sin embargo, a hurgar en los mitos vivientes la esencia de la historia. Hará un balance del movimiento estudiantil, ponderando sobre todo su reclamo de democratización. Pero en un largo y controversial capítulo, acude al universo azteca para reafirmar y ampliar su visión de la matanza como un acto atávico, casi dictado, mágica y fatalmente, por los dioses. El recurso le sirve también para dar con un hallazgo más convincente: ver al PRI como una *pirámide* –a un tiempo «realidad tangible y premisa subconsciente»– en cuya cúspide se encontraba el presidente de México (Díaz Ordaz o sus antecesores), que no era ya el típico caudillo carismático del siglo XIX, sino una figura cuya legitimidad provenía de una fuente externa a su persona. El presidente era una figura *institucional*, con poderes casi teocráticos, como el *tlatoani* azteca. El país se supeditaba a él –en la estructura política y las vías de ascenso social– piramidalmente. Esa invención política, pensaba Paz, había librado al país de la anarquía y la dictadura, pero en 1968 se había vuelto opresiva y asfixiante. Paz creyó advertir en la petrificación burocrática del PRI un paralelo con la URSS. Su conclusión: «En México no hay más dictadura que la del PRI y no hay más peligro de anarquía que el que provoca la antinatural prolongación de su monopolio político [...] Cualquier enmienda o transformación que se intente –apuntó– exige, ante todo y como condición previa, la reforma democrática del régimen».

★ ★ ★

Mientras Paz escribe su libro, en la cárcel de Lecumberri un viejo camarada suyo purga una vez más un cargo de sedición: haber sido uno de los líderes intelectuales del movimiento. Es José Revueltas, que a sus

55 años de edad tiene fuerza y fe para creer en la Revolución, pero ha tenido también el valor de denunciar los crímenes del estalinismo y oponerse a la invasión soviética a Checoslovaquia. Era el mayor de los presos políticos. Llevaba nueve meses en la cárcel y nada le aseguraba que alguna vez saldría. Lo rodeaban muchos jóvenes del movimiento. Compartía su celda con un joven maestro llamado Martín Dozal. En agosto de 1969, en un «mensaje» a su amigo y camarada Paz, Revueltas tiende un puente poético de fraternidad entre los presos y el poeta que había renunciado a su puesto en gesto de solidaridad con el sufrimiento de los jóvenes.

Escribe Revueltas: «Martín Dozal lee tus poemas, Octavio, tus ensayos, los lee, los repasa y luego medita largamente, te ama largamente, te reflexiona, aquí en la cárcel todos reflexionamos a Octavio Paz, todos estos jóvenes de México te piensan, Octavio, y repiten los mismos sueños de tu vigilia.» ¿Quién es Martín Dozal? Un joven cuyo destino estaba inscrito en «El cántaro roto»: «tiene 24 años [...] enseñaba poesía o matemáticas e iba de un lado para otro, con su iracunda melena, con sus brazos, entre las piedras secas de este país, entre los desnudos huesos que machacan otros huesos, entre los tambores de piel humana, en el país ocupado por el siniestro cacique de Cempoala». ¿Quiénes eran los jóvenes presos que leían a Octavio Paz? «No son los jóvenes ya obesos y solemnes de allá afuera [...] los futuros caciques gordos de Cempoala, el sapo inmortal.» Son «el otro rostro de México, del México verdadero, y ve tú, Octavio Paz, míralos prisioneros, mira a nuestro país encarcelado con ellos». El hecho sencillo de que Dozal y los jóvenes prisioneros leyeran a Octavio Paz infunde en Revueltas una «profunda esperanza»:

No, Octavio, el sapo no es inmortal, a causa, tan sólo, del hecho vivo, viviente, mágico de que Martín Dozal, este maestro, en cambio, sí lo sea, este muchacho preso, este enorme muchacho libre y puro. Y así en otras celdas y otras crujías, Octavio Paz, en otras calles, en otras aulas, en otros colegios, en otros millones de manos, cuando ya creíamos perdido todo, cuando mirabas a tus pies con horror el cántaro roto.

Ésa era la esperanza, pero México en 1969 atravesaba una larga noche. No sólo el poder, la opinión se había desentendido de los presos. Los últimos meses del gobierno de Díaz Ordaz fueron, en efecto, una noche de silencio, complicidad, miedo, mentira y muerte. La noche antevista en «El cántaro roto», poema que los jóvenes habían leído y releían, como una profecía implacable, cumplida en sus propias vidas:

> Ay, la noche de México, la noche de Cempoala, la noche de Tlatelolco, el esculpido rostro de sílex que aspira el humo de los fusilamientos. Este grandioso poema tuyo, ese relámpago, Octavio, y el acatamiento hipócrita, la falsa consternación y el arrepentimiento vil de los acusados, de los periódicos, de los sacerdotes, de los editoriales, de los poetas-consejeros, acomodados, sucios, tranquilos, que gritaban al ladrón y escondían rápidamente sus monedas, su excremento, para conjurar lo que se había dicho, para olvidarlo, para desentenderse, mientras Martín Dozal −entonces de quince años, de dieciocho, no recuerdo− lo leía y lloraba de rabia y nos hacíamos todos las mismas preguntas del poema: «¿Sólo el sapo es inmortal?»

Ni siquiera en la Guerra Civil de España la poesía de Paz había cumplido su vocación revolucionaria como en esa lectura colectiva de «El cántaro roto» en la Cárcel Preventiva de Lecumberri, que Revueltas recreaba para su amigo:

> Hemos aprendido desde entonces que la única verdad, por encima y en contra de todas las miserables y pequeñas verdades de partidos, de héroes, de banderas, de piedras, de dioses, que la única verdad, la única libertad es la poesía, ese canto lóbrego, ese canto luminoso.

El presidente Gustavo Díaz Ordaz, en una entrevista para la televisión, había desdeñado a Paz como poeta. A esa calumnia alude el párrafo final de Revueltas:

> Vino la noche que tú anunciaste, vinieron los perros, los cuchillos, «el cántaro roto caído en el polvo», y ahora que la verdad te denuncia y te desnuda, ahora que compareces en la plaza contigo y con nosotros, para el trémulo cacique de Cempoala has dejado de ser poeta. Ahora, a mi lado, en la misma celda de Lecumberri, Martín Dozal lee tu poesía.

La poesía había entrado en acción.

★ ★ ★

El 1° de diciembre de 1970 tomó posesión un nuevo presidente, Luis Echeverría. Aunque Díaz Ordaz se había responsabilizado personalmente de los hechos del 2 de octubre, pocos dudan de la responsabilidad que había tenido en ellos Echeverría, el hombre de todas las confianzas de Díaz Ordaz, el ungido por él para sucederlo. Ya en la campaña presidencial (llevada a cabo en el primer semestre de 1969), Echeverría había mostrado la intención de dar un viraje drástico a la política mexicana, para lo cual comenzó a hablar de «autocrítica» y acuñó el término «apertura democrática». Los estudiantes universitarios que habían simpatizado con el movimiento de 1968 recibieron invitaciones para acompañarlo en su campaña. Al tomar posesión, la composición de su gabinete fue indicio de un cambio generacional y un giro a la izquierda, en consonancia con el ascenso de la Unidad Popular chilena. Echeverría, en esencia, quería ser un «nuevo Cárdenas» (Lázaro Cárdenas había muerto meses antes, en octubre de 1970). Predicaba una vuelta a la Revolución mexicana: repartir tierras, dividir latifundios embozados, alentar un sindicalismo independiente, enfrentar a la «derecha» empresarial, subir de tono la retórica antiimperialista, afiliarse al movimiento de los no alineados, ampliar la cobertura educativa, multiplicar los presupuestos de la universidades (sobre todo de la UNAM) y, para coronar el giro, entablar un acercamiento directo y franco con todos los intelectuales, sobre todo los de su propia generación, pero también los más influyentes en el público, como Daniel Cosío Villegas y Octavio Paz.

Por unos meses el acercamiento funcionó. Paz regresó a México (había pasado fugazmente en 1967, para dar su discurso de ingreso a El Colegio Nacional), elogió los propósitos de «autocrítica» del nuevo gobierno, así como la decisión de liberar a los presos políticos de 1968, entre ellos a su amigo Revueltas, con quien entabla conversaciones para la fundación de un partido político. En el mundo cultural y literario, concentrado sobre todo en tres publicaciones (el suplemento semanal *La Cultura en México* de la revista *Siempre!*, el suplemento dominical del diario *Excélsior* y la *Revista de la Universidad*), también se espera la vuelta de Paz para dirigir el primero de esos órganos y así tomar su sitio como pontífice de la literatura.

Pero un acontecimiento inesperado nubla el horizonte: el 10 de junio de 1971, los presos políticos de 1968, recién liberados por el gobierno, organizan una manifestación que es brutalmente reprimida por el gobierno utilizando a un misterioso grupo paramilitar denominado «Los Halcones». Se trata de un *encore* menor pero sangriento del 2 de octubre. Los estudiantes son acribillados en los hospitales y en la Cruz Roja. Hay decenas de muertos. Esa misma noche, Echeverría aparece en los medios y promete una pronta investigación para encontrar y juzgar a los culpables. Al día siguiente, Paz lo respalda con un artículo en el que sostiene que Echeverría le había «devuelto la transparencia a las palabras». Pero lo cierto era que, como él mismo había previsto en su carta a Tomlinson, la década que se abría sería violenta. A partir de ese nuevo agravio, muchos impacientes jóvenes universitarios pertenecientes a la generación de 1968 (nacidos aproximadamente entre 1935 y 1950) radicalizan sus posiciones ideológicas, optando muchos de ellos por la guerrilla urbana o rural para emular al Che Guevara y acelerar la Revolución social «aquí y ahora». En cambio, las figuras más representativas de la generación anterior (la llamada de Medio Siglo) deciden respaldar al gobierno diciéndose convencidos de que son «las fuerzas oscuras de la derecha» quienes han orquestado la represión para acorralar a un gobierno progresista. Un lema, acuñado por el influyente periodista y editor Fernando Benítez, se hace famoso: «No apoyar a Echeverría es un crimen histórico.» Carlos Fuentes acuñaría otro, no menos memorable: «Echeverría o el fascismo.»

Pero la investigación prometida por Echeverría no llega, nunca llegó. El cese del regente de la ciudad de México, acusado de la matanza, no convence a los jóvenes. Años después se sabría que aquel funcionario había actuado obedeciendo órdenes superiores. Los campos están deslindados con claridad. La izquierda juvenil —en las aulas universitarias, en los cafés, los diarios, las editoriales y muchas veces en la acción guerrillera— es revolucionaria; los intelectuales de la generación anterior (la del propio Echeverría) cierran filas con el régimen, lo apoyan sin cortapisa y eventualmente se incorporan a él. Daniel Cosío Villegas, el viejo de la tribu, recibe de manos del presidente el Premio Nacional de Literatura en el otoño de 1971, pero no tarda en deslindarse, criticando la política inflacionaria, los actos populistas y lo que llamó «el estilo personal de Echeverría». Sus libros se venderían por decenas de miles. ¿Qué haría Octavio Paz?

XIII

Igual que muchos escritores latinoamericanos, Paz podía vivir de sus libros y sus conferencias. Podía incorporarse a la academia en México. Podía residir permanentemente en el extranjero. Tras su paso por Cambridge y Austin, no le faltaban invitaciones a universidades en Estados Unidos e Inglaterra. Harvard lo invitaba para dar las Norton Lectures. Pero Octavio Paz llevaba en las entrañas la necesidad de fundar de nueva cuenta una revista, de seguir el ciclo de *Barandal, Taller, El Hijo Pródigo*. Era la mejor manera de volver a su raíz familiar y volver también, eventualmente, a residir en México. El proyecto no era fácil. Ninguna revista literaria podía sostenerse en México sólo con sus ventas, y los anunciantes privados eran reacios —para decir lo menos— a la cultura. Entonces, surgió la invitación por parte del aguerrido periodista Julio Scherer —director de *Excélsior*— de alojar y financiar en ese periódico a una revista que llegaría a sus suscriptores y a los puestos de periódicos. Paz (sin ingresos fijos en ese momento, dado que ni la UNAM ni El Colegio de México lo habían invitado a incorporarse a su planta académica) acogió la idea con entusiasmo. El diario era una cooperativa y las perspectivas de una revista «elitista" no gustaban a los trabajadores, pero Scherer los persuadió, y ese gesto ancló a Paz en México, impidiendo que buscara refugio en alguna universidad del extranjero. Scherer prometió a Paz libertad plena, y cumplió siempre.

Su hermoso nombre en castellano, acuñado por Paz, reflejaba el espíritu que el poeta reclamaba en la vida pública y la vida cultural de México: se llamó *Plural*. Aparecería mensualmente a partir del 1° de octubre de 1971 hasta su súbito final, en julio de 1976. Paz invitó al consejo de redacción al poeta y ensayista Tomás Segovia, con quien sentía desde hacía años la mayor afinidad intelectual, estética y literaria. Tiempo después, el puesto fue ocupado por Kazuya Sakai, escritor y notable artista conceptual, que diseñó buena parte de las portadas tipográficas, y finalmente por el joven ensayista uruguayo Danubio Torres Fierro. El consejo de redacción estuvo compuesto por varios de los antiguos editores de la *Revista Mexicana de Literatura* (José de la Colina, Salvador Elizondo, Juan García Ponce, Alejandro Rossi, Tomás Segovia y Gabriel Zaid). Por un tiempo, su tamaño fue similar al de *The New York Review of Books*.

Su cuerpo de colaboradores nacionales y extranjeros era, de entrada, excepcional, porque recogía la amplia red de contactos que Paz había tejido a través de dos décadas. Avecindado por largos periodos en Harvard, Paz enviaba a las oficinas de *Plural* en México las colaboraciones de los amigos que reencontraba o hacía. En esa época publicaron los americanos Bellow, Howe, Bell, Galbraith, Chomsky, Sontag; los europeos Grass, Eco, Lévi-Strauss, Jakobson, Michaux, Cioran, Barthes, Aron; los españoles Gimferrer y Goytisolo; los europeos del Este Miłosz, Kołakowski, Brodsky; los latinoamericanos Borges, Bianco, Vargas Llosa, Cortázar. Quizá el único gran nombre ausente fue García Márquez. Pero la presencia mayor fue, desde luego, mexicana. En *Plural* publicó su última serie de artículos Daniel Cosío Villegas. La generación de Paz –muy menguada, es verdad, pero aún activa– apareció poco en esas páginas. Los iracundos jóvenes de 1968 casi no tuvieron representación. Pero la «Generación de Medio Siglo» tuvo en *Plural* su momento de mayor participación y creatividad. Prácticamente todos los escritores mexicanos nacidos entre 1920 y 1935 estaban ahí. En primer lugar, desde luego, Carlos Fuentes, pero también Fernando del Paso, José Emilio Pacheco, Ramón Xirau, Luis Villoro, Julieta Campos, Elena Poniatowska. Uno de los casos literarios más notables de *Plural* fue el del filósofo Alejandro Rossi. Su sección fija, «Manual del distraído», apareció mensualmente a partir de octubre de 1973: textos inclasificables, sutiles y originalísimos en los que la filosofía analítica se trasmutaba en una literatura de la cotidianidad con resonancias borgianas que se volvieron, en las generaciones literarias siguientes, tanto en México como en Latinoamérica, objetos de culto.

Plural respondió a su nombre, también, en punto a géneros, pero todos reflejaban el amplio espectro intelectual del director. Su cuerpo principal estaba dedicado a la literatura: poesía, cuento, crítica, teoría y ensayo literario, rescate de figuras emblemáticas para Paz (Mallarmé) y antologías de literaturas que le interesaban: japonesa, española y la joven literatura mexicana. No menos importante fue su atención (mediante ensayos o mesas redondas) a un conjunto de disciplinas ligadas sobre todo a la academia: ciencias sociales, economía, demografía, educación, antropología, filosofía y lingüística. La revista incluyó por un tiempo un rico suplemento de artes plásticas, además de crónicas y críticas de exposiciones. La revista contenía una no muy nutrida sección de libros y otra de comentarios al paso («Letras, letrillas, letrones») en las que Paz, como un joven impetuoso, publicaba textos punzantes, a veces sin firma.

Paz era el director de la revista y como tal imponía sus gustos y criterios, pero *Plural* no buscaba ser un monopolio intelectual, ni siquiera un órgano de hegemonía, sino de disidencia. Disidencia —desde luego— frente a la ortodoxia del PRI (su cultura burocrática, su mentira ideológica, su exaltada visión de sí misma y de la historia), pero disidencia también —y allí residía su novedad y su arrojo— frente a la cultura de izquierda predominante en México. Paz era, siempre fue, un hombre de izquierda. Su revista, igual que su formación y su pensamiento, eran de izquierda. Pero, ante la historia del socialismo en el siglo XX, Paz pensó que la izquierda necesitaba una reforma intelectual y moral. Otras revistas, suplementos literarios y publicaciones mexicanos pensaban distinto. *Plural* no buscó atraerlas, sino debatir con ellas. Si Paz criticaba el monopolio de la política en México, no podía abrazarlo en la cultura. Era mejor poner casa aparte. *Plural* tuvo el mérito de romper una larga tradición de unanimidad cultural de México.

★ ★ ★

Los 58 números de *Plural* (octubre de 1971-julio de 1976) marcan una etapa de profunda trasformación en el pensamiento político de Paz. En una «Carta a Adolfo Gilly» (*Plural*, febrero de 1972), a propósito de su reciente libro *La revolución interrumpida* (Gilly era un trotskista argentino que había participado en el movimiento estudiantil y continuaba preso), Paz deja testimonio de sus posturas. Tiene con él más convergencias que divergencias. Coinciden en la vena socialista: Paz cree también en la imprescindible vuelta al cardenismo, la defensa del ejido (la propiedad comunal de la tierra) y la necesidad de formar un movimiento popular independiente con obreros, campesinos, sectores de clase media e intelectuales disidentes. Pero difieren en el espíritu libertario. Paz no puede llamar «estados obreros» a la URSS y sus países satélites y lo invita a imaginar proyectos alternativos que muy bien podían encontrarse en una tradición de crítica a la sociedad capitalista anterior a Marx. Paz tiene en mente a Fourier, cuya obra precursora del ecologismo, el respeto a la mujer, la exaltación del amor y el placer, y la armonía entre producción de consumo, le parece a tal grado vigente que le dedicaría un número de la revista (agosto de 1972):

> La tradición del «socialismo utópico» cobra actualidad porque ve en el hombre no sólo al productor y al trabajador sino al ser que desea y sueña: la pasión es uno de los ejes de toda sociedad por ser una fuerza de atracción y repulsión. A partir de esta concepción del hombre pasional podemos concebir sociedades regidas por un tipo de racionalidad que no sea la meramente tecnológica que priva en el siglo XX. La crítica del desarrollo en sus dos vertientes, la del Oeste y la del Este, desemboca en la búsqueda de modelos viables de convivencia y desarrollo.

Paz escribe para los lectores de izquierda. Son los únicos que le importan y, hasta cierto punto, son los únicos que existen. «La derecha no tiene ideas sino intereses», repetirá Paz. Casi no habla de la Iglesia, desdeña al Partido Acción Nacional (partido de profesionistas católicos –muchos de ellos afines al Eje en los cuarenta–, al que no le concede siquiera haber luchado por la democracia desde su fundación en 1939) y desprecia igualmente a la burguesía nacional. La cree capaz de entablar un pacto con el Ejército y los grupos paramilitares, para apoderarse definitivamente del PRI (no sólo dominarlo). En cuanto a la vida en Estados Unidos, su rechazo recuerda las viejas tesis finiseculares de Rodó y Darío sobre la incompatibilidad esencial entre «nosotros», modestos pero «espirituales», y «ellos», poderosos pero vacíos: «el espectáculo de Nueva York o de cualquier otra gran ciudad norteamericana –confiesa en junio de 1971– muestra que este desarrollo termina en la creación de vastos infiernos sociales».

Su interlocución deseada es con la izquierda, sobre todo con la juventud de izquierda. La generación de 1968 había crecido leyendo *El laberinto de la soledad* y se había iniciado en el amor recitando «Piedra de sol»:

> [...] amar es combatir, si dos se besan
> el mundo cambia, encarnan los deseos,
> el pensamiento encarna, brotan alas
> en las espaldas del esclavo, el mundo
> es real y tangible, el vino es vino,
> el pan vuelve a saber, el agua es agua...

Pero en aquel agosto de 1972, ocurre algo inesperado. El grupo de jóvenes escritores congregados alrededor del prestigiado crítico Carlos Monsiváis en *La Cultura en México*, de *Siempre!*, se reúnen para armar un número de crítica a Paz y a *Plural*. La curiosa consigna es: «darle en la madre a Paz». ¿Qué les incomodaba? Por un lado, la interpretación surrealista en el capítulo final de *Posdata*. Pensaban que traer a cuento a los viejos dioses y mitos para explicar la matanza de Tlatelolco era, sencillamente, falso, además de políticamente irresponsable porque atenuaba la culpa de los asesinos. ¿Por qué no había escrito un poema en lugar de un ensayo? Los jóvenes críticos comenzaban a percibir en Paz, en su prosa, una estetización de la historia y una propensión a la abstracción y generalización. Por otra parte, les molestaba el «reformismo» político de Paz, su súbito y para ellos inexplicable abandono de la vía revolucionaria. Cierto, ellos no eran revolucionarios de fusil, pero veían con simpatía y esperanza a los focos guerrilleros en el estado de Guerrero y buscaban documentar, en las huelgas o manifestaciones de descontento, señales de una inminente insurrección popular.

En agosto de 1972, esos jóvenes dirigidos por Monsiváis (entre otros David Huerta, Héctor Manjarrez, Héctor Aguilar Camín, Carlos Pereyra y yo) armamos un número titulado «En torno al liberalismo mexicano de los setenta». Pensábamos que el adjetivo «liberal» era un estigma evidente y hablamos peyorativamente de las libertades formales, la libertad de expresión y la democracia. Valores aguados. Asegurábamos que en el México revolucionario de los setenta ese pensamiento anacrónico no tenía cabida. Tratábamos, literalmente, de «expulsar a los liberales, los del discurso».

En un artículo sin firma titulado «La crítica de los papagayos», Paz responde a sus críticos con un par de «coscorrones». Les recuerda que incluso los grandes teóricos del marxismo (de Marx y Engels a Kołakowski y Kosik, pasando por Rosa Luxemburgo) jamás difamaron los conceptos de «libertad de expresión» y «democracia». Y les recuerda también que el hecho mismo de publicar sus opiniones con libertad contradice su tesis. En su ira contra el sistema, ellos estaban de ida. Su «punto de vista» era el «marxismo» y querían un cambio radical. Paz estaba de vuelta de muchas ilusiones juveniles. Este duelo intelectual fue quizá el primer indicio de un rompimiento entre Paz y la generación de 1968.

★ ★ ★

Paz, es verdad, se había vuelto reformista. Pero no era liberal, sino un peculiar socialista libertario. Paz nunca dejó de ponderar al sistema político al que había servido. Negar esa historia era negar a la Revolución mexicana. Y él era —en un sentido biológico y cultural— un hijo de la Revolución mexicana. El «sistema» había alcanzado logros económicos, educativos, culturales y sociales «muy importantes». Y en la esfera política, frente a la crónica oscilación entre anarquía y autoritarismo militar en América Latina, no era poca cosa haber logrado un «compromiso entre el caudillismo y la dictadura». Ese compromiso era la esencia del PRI que, con todos sus defectos, «no era un apéndice del imperialismo y la burguesía». Con todo, si el objetivo era construir «un socialismo democrático fundado en nuestra historia», la salida debía buscarse por fuera del PRI. La consigna era «movimiento popular más democratización».

La palabra «democratización» —no «democracia»— aparece con frecuencia en sus textos de la época. «Democratización» había sido una

voz clave en el movimiento de 1968. Paz la había hecho suya en *Posdata*.
¿Qué busca expresar con ella? Ante todo libertades plenas: de manifestación, de expresión, de participación y de crítica; justamente las libertades que el México moderno reclamaba pero que el régimen del PRI
había conculcado (o comprado) por decenios, y la represión de 1968 había aplastado. «Democratización» como el espacio libre donde se despliega la crítica. Paz, significativamente, no usa nunca la palabra voto.
No se refiere nunca a las elecciones ni siquiera para criticar el control
del gobierno sobre ellas. Simplemente no cree en la democracia occidental. Le parece razonable el rechazo de los jóvenes estadounidenses y
europeos a la democracia representativa tradicional y al parlamentarismo.
No obstante, Paz quiere la «democratización»: propiciar la pluralidad de
expresión política, el debate de ideas, la generación de proyectos alternativos.

Para que el debate de ideas fuera fructífero y veraz, los escritores debían mantener su «distancia del príncipe». Igual que Cosío Villegas, Paz
había entendido que su dependencia personal de la filantropía oficial había inhibido su capacidad crítica. Había que hacer la crítica del poder en
México, en Latinoamérica. Ése era el tema de nuestro tiempo. En mayo
de 1971, al denunciar las falsas «Confesiones» de Heberto Padilla, había
señalado:

> Nuestro tiempo es el de la peste autoritaria: si Marx hizo la crítica del ca-
> pitalismo, a nosotros nos falta hacer la del Estado y las grandes burocracias
> contemporáneas, lo mismo las del Este que las del Oeste. Una crítica que
> los latinoamericanos deberíamos completar con otra de orden histórico y
> político: la crítica del gobierno de excepción por el hombre excepcional, es
> decir, la crítica del caudillo, esa herencia hispano-árabe.

La tarea era inmensa. Pero para llevarla a cabo había que separar «La letra y el cetro» (Paz trajo a cuento casos notables de la cultura china para
ilustrar su convicción). El escritor debía hacer política, política independiente. No bastaba que el escritor (Paz prefería esta palabra a «intelectual», porque aquella suponía el ejercicio de la literatura) resistiese la
seducción del poder. Había otro poder aún más incisivo: «la fascinación

de la ortodoxia». El escritor debía abstenerse de buscar «un asiento en el capítulo de los doctores». Así, al recordar la relación de los escritores y el poder, por primera vez (*Plural*, octubre de 1972), Paz deslizó una crítica directa al mito central de su siglo y su vida, la Revolución:

> La historia de la literatura moderna, desde los románticos alemanes e ingleses hasta nuestros días, es la historia de una larga pasión desdichada por la política. De Coleridge a Mayakowski, la Revolución ha sido la gran Diosa, la Amada eterna y la gran Puta de poetas y novelistas. La política llenó de humo el cerebro de Malraux, envenenó los insomnios de César Vallejo, mató a García Lorca, abandonó al viejo Machado en un pueblo de los Pirineos, encerró a Pound en un manicomio, deshonró a Neruda y Aragón, ha puesto en ridículo a Sartre, le ha dado demasiado tarde la razón a Breton... Pero no podemos renegar de la política; sería peor que escupir contra el cielo: escupir contra nosotros mismos.

La crítica de «El cántaro roto» vuelta movimiento, acción. La mejor política de un escritor era criticar al poder personificado, al «cacique gordo» en turno (*tlatoani*, virrey, caudillo, sacerdote, presidente, banquero, líder corrupto...). Y ejercer también la crítica disidente, la crítica de las ideologías y la ortodoxia, la crítica de la Revolución.

★ ★ ★

Paz no hablaba de oposición sistemática al poder. Menos aún de oposición armada al poder. Reprobaba que García Márquez predicara «la revolución aquí y ahora». ¿Cuál debía ser entonces la distancia justa entre el escritor y el poder? La idea de Paz pasó por una prueba práctica en el mismo número de *Plural*, dedicado a «Los escritores y el poder». Se trata de la carta de Gabriel Zaid a Carlos Fuentes.

Nacido en Monterrey en 1934, ingeniero industrial, Zaid había conocido a Paz en aquel viaje de conferencias por el noreste del país. Paz se había sorprendido del talento, la inteligencia y la originalidad de aquel joven poeta. En los años sesenta, además de su poesía, Zaid comenzó a publicar breves ensayos críticos en el suplemento *La Cultura en México* de la revista *Siempre!* Sus textos parecían teoremas: el lector los terminaba diciendo «queda esto demostrado». No se detenía ante los consagrados: podía celebrar los sonetos de Pellicer o la audacia de Octavio Paz en su poema «Blanco», pero con igual naturalidad encontró confuso el libro *Corriente alterna*, y lo publicó. Quizá por influencia de C. Wright Mills, Zaid descubrió la imaginación sociológica aplicada a la literatura. No sólo las obras se convertían en temas legítimos: también los autores, las editoriales, las librerías, los procedimientos de difusión, los lectores, los libros y hasta «los demasiados libros». Así comenzaron a aparecer sus críticas al aparato cultural y a los usos y costumbres de la cultura: la pedantería académica, los golpes bajos entre escritores, la profusión de premios huecos, el protagonismo, la superficialidad, la inane poesía de protesta, las malas antologías, la seudocrítica y otras prácticas de lo que Marx llamó la «canalla literaria».

La crítica de la cultura condujo a Zaid a la crítica de la ideología en la cultura. Mientras un sector de la clase intelectual mexicana y latinoamericana soñaba con ejercer la «crítica de las armas» o entregaba «las armas de la crítica» al comandante de la Revolución cubana, Zaid –que publicó un poema contra Díaz Ordaz– fue un disidente solitario. Su rasgo más notable era la experimentación formal: idear un irónico soneto, simular un anuncio de periódico, un oficio burocrático o un alegato jurídico podía tener un efecto más letal que la más apasionada diatriba. En ocasiones podía bastar una frase, como una réplica a Fernando Benítez, a raíz de la matanza del 10 de junio de 1971, que ni siquiera el director de *Siempre!* se atrevió a publicar: «el único criminal histórico es Luis Echeverría». Tras esa censura, Zaid renunció a *Siempre!*, y meses después se incorporó al consejo de colaboración de *Plural*.

En aquel octubre de 1972, habían pasado 16 meses desde el 10 de junio sin que la investigación prometida por Echeverría se hubiese producido. Sin embargo, Carlos Fuentes (y junto con él un grupo amplio de escritores e intelectuales) seguía brindándole su apoyo público. Zaid argumentó que Fuentes hacía un desfavor al modesto poder público de los escritores poniéndolo al servicio del poder omnímodo del presidente. Y dado que el propio Fuentes había sugerido que su apoyo estaba condicionado a la investigación prometida, Zaid le sugirió poner una fecha límite a su paciencia. Fuentes se rehusó. La investigación nunca se produjo, y el tiempo mostró la complicidad (al menos) de su gobierno con los hechos de sangre. El apoyo de Fuentes fue permanente. En 1975, se convirtió en embajador de México en Francia.

Octavio Paz había predicado la necesidad de una crítica de la *pirámide* política mexicana y la necesaria búsqueda de un modelo alternativo de desarrollo. Zaid le tomó la palabra en ambos temas. Mes con mes en *Plural*, su columna «Cinta de Moebio» ofreció un análisis insuperable (por su penetración y originalidad) del Estado mexicano que en 1979 reuniría en su libro *El progreso improductivo*. Contra la sabiduría convencional, Zaid pensaba que la persistencia de la pobreza mostraba el fracaso de la oferta estatal de modernización y sustentó su tesis en una crítica puntual de la cultura del progreso (en particular la mexicana): la incongruencia o distorsión de sus ideas convencionales; la imposibilidad práctica, la demagogia o el romanticismo de sus promesas redentoras; la frustración, la injusticia, la desmesura a que arrastran sus mitologías. Nadie había pensado antes la vida política mexicana, por ejemplo, como un mercado vertical de obediencia o como una peculiar corporación parecida a la General Motors, y nadie había cuantificado las deseconomías de las pirámides burocráticas, empresariales, sindicales y académicas de México. Zaid lo hizo. Dejando al margen las *intenciones teóricas* del Estado mexicano, conectaba su experiencia de consultor de empresas con un alud de lecturas y análisis estadísticos, para auditar su *desempeño práctico* en varios aspectos: sus instituciones, sus ministerios, sus empresas descentralizadas, sus políticas económicas y sociales. Y el resultado era negativo.

Lo que seguía era diseñar un nuevo proyecto. Ésa era la segunda proposición de Paz. Zaid ofrecía perspectivas frescas para atender en sus necesidades concretas y reales a los pobres del campo y la ciudad. Había, por ejemplo, que archivar programas, suprimir instituciones que sólo se servían a sí mismas o engrosaban la nómina del Estado, y diseñar en cambio *una oferta pertinente y barata de medios de producción* que llegara a las comunidades rurales y las zonas marginadas. Entre las varias ideas que desarrolló en su columna de *Plural* estaban el apoyo a la microempresa, el establecimiento de un banco para pobres (anticipación directa del Banco Grameen de Bangladesh) y el reparto de dinero en efectivo entre la población más necesitada (la idea fue recogida por los gobiernos mexicanos a partir de los años noventa y se convertiría en el programa social de mayor éxito y reconocimiento internacional). Una vez adoptadas, las ideas de Zaid parecieron naturales. Lo cual recuerda una frase de Kant: «No falta gente que vea todo muy claro, una vez que se le indica hacia dónde hay que mirar.»

★ ★ ★

La otra crítica política que reclamaba Paz era la crítica del dogma. Agravada por el doble golpe de 1968 y 1971, atraída por la imagen y la teoría del Che Guevara, un sector de la juventud mexicana se impacientaba cada vez más, al grado de tomar las armas. Paz vio en esos jóvenes el espejo de sus compañeros de preparatoria en los años treinta: «muchachos de la clase media que transforman sus obsesiones y fantasmas personales en fantasías ideológicas en las que el "fin del mundo" asume la forma paradójica de una revolución proletaria... sin proletariado». Quiso advertirles sobre el elemento irreal y hasta suicida de su intento.

Paz criticó a la guerrilla latinoamericana con categorías marxistas: la consideraba una versión anacrónica del «blanquismo» repudiado por Marx y Engels. «Ahora está rampante en la América Latina, consagrado por la sangre de un justo trágica y radicalmente equivocado: Guevara»:

> Tal vez no sea del todo exacto llamar «blanquistas» a los extremistas latinoamericanos. Luis Blanqui fue un revolucionario romántico y su figura pertenece a la prehistoria revolucionaria (aunque algunas de sus concepciones tienen una inquietante semejanza con el leninismo). En todo caso, la ideología de los latinoamericanos es un «blanquismo» que se ignora. Pero más bien se trata de una lectura terrorista del marxismo.

Tampoco Trotski habría aprobado —según Paz— el blanquismo latinoamericano. Para demostrarlo, citaba *La revolución traicionada* (1936): «Supongamos que la burocracia soviética es desplazada del poder por un partido revolucionario... Ese partido comenzará por restablecer la democracia en los sindicatos y en los soviets. *Podrá y deberá restablecer las libertades de los partidos soviéticos...*» El subrayado era suyo. Compárense estos textos, pedía, «con las proclamas y los actos de los terroristas latinoamericanos y mexicanos».

La nueva izquierda mexicana no estaba integrada, como en los años treinta, por sindicatos obreros, el Partido Comunista, los grupos progresistas dentro del régimen (que en el cardenismo eran legión) y subsidiariamente por artistas e intelectuales. La nueva izquierda mexicana era sobre todo –ésa era la gran novedad– un contingente universitario de clase media. Para ellos, y en cierta forma aún, escribía Paz en 1973:

> La izquierda es la heredera natural del movimiento de 1968 pero en los últimos años no se ha dedicado a la organización democrática sino a la representación –drama y sainete– de la revolución en los teatros universitarios. Pervertida por muchos años de estalinismo y, después, influida por el caudillismo castrista y el blanquismo guevarista, la izquierda mexicana no ha podido recobrar su vocación democrática original. Además, en los últimos años no se ha distinguido por su imaginación política: ¿cuál es su programa concreto y qué es lo que propone ahora –no para las calendas griegas– a los mexicanos? Tampoco ha podido organizar a sus contingentes y movilizar en acciones nacionales. Todavía sigue siendo un vago proyecto la gran alianza popular independiente que muchos proponen desde 1970. Incapaz de elaborar un programa de reformas viables, se debate entre el nihilismo y el milenarismo, el activismo y el utopismo. El modo espasmódico y el modo contemplativo: dos maneras de escaparse de la realidad. El camino hacia la realidad pasa por la organización democrática: la plaza pública, no el claustro ni la catacumba, es el lugar de la política.

★ ★ ★

En octubre de 1973, Paz publica «Los centuriones de Santiago», su protesta al golpe militar en Chile. Su rechazo del militarismo latinoamericano es explícito y total. *Plural* ha seguido el proceso chileno con atención y preocupación, solidarizándose con el régimen democrático. Pero ahora *Plural* acompaña la denuncia de los hechos con el análisis, incluyendo en él la responsabilidad del extremismo de izquierda en la caída de Allende. Había sido un error enajenar a la clase media y al pequeño empresario. El panorama latinoamericano se ensombrecía y radicalizaba: por un lado, «dictadura militar reaccionaria» en Chile, militarismo populista en el Perú, dictadura tecno-militar en Brasil; en el otro extremo, ascenso de los movimientos guevaristas. «América Latina —escribió— es un continente de retóricos y violentos.» A pesar de la tragedia de Chile —o debido a ella— se decía convencido de que «el socialismo sin democracia no es socialismo».

En la navidad de 1973, en casa del crítico Harry Levin de la Universidad de Harvard, ocurre un encuentro que cataliza su propia reforma intelectual. Su amigo Daniel Bell escribiría unos años después que a todo intelectual de izquierda en el siglo XX le llegaba «su Kronstadt». El de Paz le llegó esa noche, cuando conoció a Joseph Brodsky. Sus dudas habían comenzado muy temprano, quizá en 1937, cuando Paz había querido viajar a la URSS para ver con sus propios ojos el experimento socialista. En 1951 había denunciado los campos de concentración en ese país. Su desencanto había sido paulatino y creciente, pero sus textos posteriores sobre el tema, aunque críticos, se habían movido siempre en el nivel de las opiniones más que del análisis documentado. De pronto, Brodsky trae consigo la realidad del escritor perseguido en la URSS. No representa una teoría de la disidencia: es la presencia viva de un disidente. La conversación se encaminó al origen del autoritarismo marxista. Paz se remontó a Hegel. Brodsky dijo que comenzó en Descartes «que dividió al hombre en dos y sustituyó el alma por el yo...» A los americanos, recuerda Paz, les parecía extraño el uso de la palabra *alma*. Paz comentó a Brodsky: «Todo lo que usted ha dicho recuerda Chestov, el filósofo cristiano del absurdo, el maestro de Berdiaev.» Brodsky se emocionó: «¡Qué alegría encontrar *aquí* a alguien que recuerda a Chestov! Aquí, en el corazón del cientismo, el empirismo y el positivismo lógico [...] Sólo podía ocurrir esto con un poeta latinoamericano.» El encuentro con Brodsky lo confirma en su crítica sobre Occidente, pero las evidencias sobre la suerte de los escritores en la URSS —encarnadas en Brodsky— lo inquietan profundamente. ¿Dónde se había colocado él, Paz, en todas esas décadas?

Esos mismos días, lee el *Archipiélago Gulag*. El libro cierra el círculo del cambio, y comienza el de la contrición. La circunstancia es propicia. El 31 de marzo cumplirá 60 años. En cuatro noches de febrero escribe los breves poemas que titula «Aunque es de noche». Son los poemas antiestalinistas que hubiera querido escribir cuando Osip Mandelstam escribía el suyo. «Alma no tuvo Stalin: tuvo historia / Deshabitado Mariscal sin cara, servidor de la nada.» Paz describe su era «resuelta en ruinas» en una línea: «el siglo es ideograma del mal enamorado de su trama». La lectura lo libera: «Solzhenitsyn escribe. Nuestra aurora es moral: escritura en llamas, flora de incendio, flora de verdad.» Pero él, Paz, se culpa: «Cobarde, nunca vi al mal de frente.»

Los poemas se publican en el número de marzo de *Plural*, acompañados de un ensayo capital en su obra: «Polvos de aquellos lodos». Más que un ensayo es un juicio al bolchevismo y al marxismo, un juicio a su propia tradición, a su «punto de vista», y, finalmente, un severo juicio a sí mismo. «Aquellos lodos» son los suyos, sus lecturas de juventud, sus creencias fijas, las verdades no vistas, las verdades calladas. Preside el texto un epígrafe de Montaigne: «*J'ai souvent ouy dire que la couardise est mère de cruauté.*» Con obsesiva exactitud recuerda —como para exculparse frente a sí mismo o frente a un tribunal en la historia— su denuncia de los campos de concentración en 1951 y las acusaciones de que había sido objeto por parte de la ortodoxia estalinista desde los años cuarenta, cuando *Taller* y *El Hijo Pródigo* criticaron la estética socialista y Paz peleó con Neruda: cosmopolita, formalista, trotskista. A ésas se sumaban las más recientes: agente de la CIA, «intelectual liberal», «estructuralista al servicio de la burguesía». Pero el recuento, al parecer, no lo consuela. Y como consecuencia de su intenso encuentro con Brodsky, para situar intelectualmente a Solzhenitsyn en la tradición de disidencia (y situarse él mismo, modestamente, en ella), Paz revisa la tradición de «espiritualidad rusa» emparentando a Solzhenitsyn (y a Brodsky) con Chestov, Berdiaev, Dostoievski y Soloviev, es decir, con los críticos cristianos de la Edad Moderna. Le conmueve la fuerza moral de esa tradición (la crítica de Blake, Thoreau y Nietzsche), y sobre todo menciona a los «irreductibles e incorruptibles —Breton, Russell, Camus y otros pocos, unos muertos y otros vivos— que no cedieron ni han cedido a la seducción totalitaria del comunismo y el fascismo o al confort de la sociedad de consumo». Paz, ¿se hallaba a sus propios ojos entre esos «pocos»? Sólo al final del texto lo descubriría.

Es acaso la primera vez que Paz cita a Russell. También se refiere con amplitud y por vez primera a un libro de Sajarov sobre la libertad intelectual en la URSS (publicado por Gallimard, en Francia, en 1968), y a Hannah Arendt (cuya obra *Los orígenes del totalitarismo* es de 1951), lo mismo que a dos recientes autores norteamericanos centrales para comprender la historia y el resultado de la pasión revolucionaria en Rusia: James Billington y Robert Conquest. Aunque no ignora la vertiente racista del gran escritor ruso, Paz defenderá con denuedo la obra de Solzhenitsyn sobre el universo concentracionario en la URSS frente a críticos mexicanos que la consideraban reaccionaria y hasta pro imperialista. Para Paz se trata de un testimonio insuperable en el sentido religioso del término: «en el siglo de los falsos testimonios, un escritor se vuelve testigo del hombre».

El juicio continúa. En el banquillo están sus clásicos, ante todo *El Estado y la Revolución* de Lenin, obra de cabecera. Todavía lo conmueve su «encendido semi-anarquismo», pero no puede cerrar los ojos al papel de Lenin como fundador de la Cheka ni como introductor del terror. (Aporta citas probatorias.) Por ese mismo tamiz, ya sin mayor contemplación, pasan Trotski y Bujarin, «hombres eminentes aunque trágicamente equivocados» y de ningún modo comparables a un «monstruo como Stalin». ¿Y Marx y Engels? ¿Cabía salvarlos? Parcialmente. Paz reconoce los «gérmenes autoritarios» en el pensamiento maduro de ambos, pero los considera menores en grado a los de Lenin y Trotski. El ensayo desemboca —¿quién lo diría?— en Bertrand Russell, cuya objeción central a Marx era el desastroso abandono de la democracia. Otra novedad: aunque citada en Russell, Paz escribe la palabra «democracia». No democratización, sino democracia. Y señalaba el doble rasero con el que la izquierda latinoamericana trataba a las «libertades formales», reclamando su proscripción en Chile, pero tolerándola en Rusia o Checoslovaquia (no mencionaba a Cuba). Cierto, había que combatir al imperialismo norteamericano, su racismo y el injusto sistema capitalista; había que denunciar también al cesarismo (la prisión del escritor uruguayo Onetti, los asesinatos en Chile, las torturas en Brasil). Y «la existencia de ciudad Netzahualcóyotl con su millón de seres humanos viviendo una vida sub-humana a las puertas mismas de la ciudad de México nos prohíbe toda hipócrita complacencia». Pero del mismo modo era preciso defender las libertades formales. Sin esas libertades, «la de opinión y expresión, la de asociación y movimiento, la de poder decir *no* al poder–, no hay fraternidad, ni justicia, ni esperanza de igualdad». El encuentro con Brodsky y la lectura de Solzhenitsyn lo habían hecho remontarse, por primera vez, a una tradición suya aún más antigua que sus lecturas anarquistas: la tradición liberal de su abuelo, la misma que en las páginas de *Plural*, invitado por Paz, defendía Daniel Cosío Villegas.

Y sin embargo, no había llegado aún el tiempo de afirmarse e identificarse con esa tradición. El tiempo de Paz (en el gozne de sus sesenta años) era de autoanálisis y contrición. Pensó en Aragon, Éluard, Neruda y otros famosos poetas y escritores estalinistas y sintió «el calosfrío que me da la lectura de ciertos pasajes del Infierno». Justificó su generoso impulso inicial de solidarizarse con las víctimas y oponerse al imperialismo. Pero advirtió que «insensiblemente, de compromiso en compromiso, se vieron envueltos en una malla de mentiras, falsedades, engaños y perjurios hasta que perdieron el alma».

Faltaba un acusado en el juicio: Octavio Paz. ¿Podía salvarse? No, no podía salvarse, no del todo:

> Agregaré que nuestras opiniones políticas en esta materia no han sido meros errores o fallas en nuestra facultad de juzgar. Han sido un pecado, en el antiguo sentido religioso de la palabra: algo que afecta al ser entero. Muy pocos de nosotros podrían ver de frente a un Solzhenitsyn o a una Nadezhda Mandelstam. Ese pecado nos ha manchado y ha manchado también, fatalmente, nuestros escritos. Digo esto con tristeza y con humildad.

★ ★ ★

En esos mismos días, poco antes de cumplir los sesenta años, Paz escribió uno de sus poemas más famosos: «Nocturno de San Ildefonso». Es un largo poema cuyo tema es una vuelta al paisaje de la juventud en la ciudad de México:

> Allí inventamos,
> entre Aliocha K. y Julián S.,

sinos de relámpago
cara al siglo y sus camarillas.
Nos arrastra
el viento del pensamiento,
el viento verbal,

[...]

El bien, quisimos el bien:
enderezar al mundo.

Pero la mirada de Paz no es, como en 1968, festiva y esperanzada. Ya no le alegra la vuelta a los treinta porque ha visto de frente la realidad que resultó de aquella pasión revolucionaria. Ha visto la historia, *su* historia:

Enredo circular:
todos hemos sido,
en el Gran Teatro del Inmundo;
jueces, verdugos, víctimas, testigos,
todos
hemos levantado falso testimonio
contra los otros
y contra nosotros mismos.
Y lo más vil: fuimos
el público que aplaude o bosteza en su butaca.
La culpa que no se sabe culpa,
la inocencia,
fue la culpa mayor.
Cada año fue monte de huesos.

Conversaciones, retractaciones, excomuniones,
reconciliaciones, apostasías, abjuraciones,
zig-zag de las demonolatrías y las androlatrías,
los embrujamientos y las desviaciones:
mi historia.

Cada línea, cada palabra refiere a un hecho, a un personaje, a un episodio concreto. Cada versión del zigzag recordaba a un amigo. El «bostezo en la butaca» ¿es el del Segundo Congreso de Escritores en Valencia ante la condena a Gide? ¿Fue inocente por no saber, por saber a medias, por no querer saber, por sentirse inocente? Fue culpable de inocencia: «ahora sabemos que el resplandor, que a nosotros nos parecía una aurora, era el de una pira sangrienta». Él había creído en ese esplendor, en esa aurora. Creído por demasiado tiempo. A purgar ese «pecado» dedicó las tres décadas finales de su vida. Y al tratar esos temas, sus palabras tuvieron siempre la gravedad de un profundo conflicto religioso.

XIV

A principios de 1975, influido ya de manera permanente por su espíritu de contrición y lastimado por la atmósfera intelectual de México (por lo general hostil a sus artículos críticos sobre la izquierda), Paz escribe a Tomás Segovia, antiguo secretario de redacción de *Plural*, una carta apesadumbrada. La inmersión en la ortodoxia rusa y soviética lo había llevado a mirar con ojos cada vez más críticos la huella de intolerancia y dogmatismo de la Iglesia católica en México: «¡Qué suerte la de los países hispánicos! —escribía a su amigo—. Si triunfa el Dogma, habremos pasado de la Contrarreforma —tras el breve respiro, más bien abyecto, del siglo XIX y parte del XX— a la neocontrarreforma comunista, tal vez jesuítica y sin duda más cerrada y feroz que la otra.» La impresión de vivir un nuevo oscurantismo lo lleva a mencionar los acuerdos que habían dado origen a *Plural*: «La necesidad de iniciar una crítica seria de la Mentira (el PRI como arquetipo de nuestra vida intelectual, literaria, personal e interpersonal), y [...] la necesidad de extender esa crítica al Dogma, enfermedad del espíritu que ha hecho más daño entre los intelectuales latinoamericanos que la viruela entre los indios en el siglo XVI.»

Plural había permanecido fiel a ese doble proyecto crítico: contra el PRI y contra el Dogma. En las páginas de *Plural*, Daniel Cosío Villegas no sólo criticaba sistemáticamente los usos antidemocráticos del PRI como brazo electoral de una «monarquía absoluta sexenal», sino que desnudaba el «estilo personal» —retórico, dispendioso, megalomaníaco— del «monarca» en turno. Por su parte, Zaid explicaba las graves consecuencias económicas (devaluación de cerca del 100%, sextuplicación de la deuda externa, inflación de dos dígitos, pérdida de la estabilidad y el crecimiento) que estaba provocando al país la concentración de la política económica en la presidencia. Paralelamente, con la publicación de autores como Kołakowski, Djilas, Brodsky, Aron y con los propios textos de Paz, *Plural* combatía también a la corriente ideológica dominante en México, incluida aquella que Paz llamaba «gentuza defensora del Dogma que viste a la moda guerrillera y barbuda y es revolucionaria a la Guevara». Ésa había sido la doble misión disidente de *Plural*, pero, «salvo dos o tres solitarios» que no menciona (pensaba en Cosío Villegas, Zaid y hasta cierto punto Rossi y José de la Colina), los escritores mexicanos de *Plural*, indiferentes casi todos a la crítica política e ideológica, habían «preferido dejarlo solo».

Estaba realmente solo frente a una cultura doblemente hegemónica: el nacionalismo gobiernista y el dogmatismo de izquierda. En México ser «de izquierda» y ser «gobiernista» no era un pecado. Lo ideal era ser sólo «de izquierda» sin ser «gobiernista», pero se podía ser gobiernista con tal de ser de izquierda (Fuentes, Benítez). La clave maestra consistía en no abjurar del Dogma. Paz lamentaba que el «Dogma» resultara «un excelente instrumento de venganza literaria (para) los poetastros y literatoides». Envueltos en él, los jóvenes de izquierda podían decretar que Paz ya no era «de izquierda», podían tacharlo de «gobiernista» (que no lo era), «derechista» (que lo era menos) y hasta de «liberal» (que tampoco era, propiamente, menos aún en el ámbito económico). Esa facilidad para la descalificación hacía que Paz, en su carta, tachara de «mezquina» e «infame» la vida intelectual en México. Le parecía menos «respirable» que la «España de Franco»: «En España padecen una dictadura, en México nos padecemos a nosotros.» Su solución personal era la de siempre:

Hay que escribir, escribir —negro sobre blanco— mientras los presidentes, los ejecutivos, los banqueros, los dogmáticos y los cerdos, echados sobre inmensos montones de basura tricolor o solamente roja, hablan, se oyen, comen, digieren, defecan y vuelven a hablar.

Octavio Paz

Para colmo, *Plural* remaba contra la corriente, aun en el propio diario *Excélsior*, donde Julio Scherer tenía que defenderla de quienes reclamaban que no fuera rentable y la consideraban elitista. Aun la obra reciente de Paz —*Los hijos de limo*, su ambicioso libro publicado en España sobre el ocaso de las vanguardias— había recibido sólo dos notas: «una incompetente y otra distraída, inexacta y con sus ribetes de mala intención». Tiempo atrás se había desahogado con su amigo Tomlinson:

> México me duele, pero yo les duelo a los mexicanos. A veces pienso que no me quieren, pero exagero: no existo, no pertenezco, no soy de los suyos. Lo mismo le pasó a Reyes, lo mismo le pasa a Tamayo. Su pintor es Siqueiros —lo adoran. Y su verdadero poeta debería haber sido Neruda [...] Qué mala suerte han tenido conmigo —y yo con ellos.

La vida en México le parecía casi irrespirable, pero Octavio Paz sabía ya que, en algún momento cercano, tendría que volver. Su estancia de cinco años entre 1954 y 1959 no había sido una vuelta sino un tránsito, el paréntesis de un exilio de 25 años. Así lo había vivido. Pronto tendría que tomar el camino de vuelta.

XV

Su poesía había comenzado a dar la vuelta, a estar de vuelta de las vanguardias y las experimentaciones, de vuelta a un formato más clásico aunque siempre libre, de vuelta al examen de sus creencias fundadoras, de vuelta a sus orígenes. En la misma vena de «Nocturno de San Ildefonso», en 1975 Paz escribe uno de sus poemas más extensos y celebrados: *Pasado en claro*. El poema ya no es el lugar del recuerdo, la revelación o la consagración del pasado, sino el pasadizo mágico que lleva al poeta «al encuentro de sí mismo». Y ahí aparecen, con el asombro de la primera vez, la «casa grande» de Mixcoac, «encallada en el tiempo», «el patio, el muro, el fresno, el pozo», el jardín y los árboles, los detalles (sabores, colores, tiendas) de la plaza y su hormigueo humano; aparece «la higuera, sus falacias y su sabiduría» y por primera vez aparece él, Octavio Paz, en la vigilia de la biblioteca:

A la luz de la lámpara –la noche
ya dueña de la casa y el fantasma
de mi abuelo ya dueño de la noche–
yo penetraba en el silencio,
cuerpo sin cuerpo, tiempo
sin horas. Cada noche,
máquinas transparentes del delirio,
dentro de mí los libros levantaban
arquitecturas sobre una sima edificadas.
Las alza un soplo del espíritu,
un parpadeo las deshace.

Es el niño en el primer círculo de su solitario laberinto:

Niño entre adultos taciturnos
y sus terribles niñerías,
niño por los pasillos de altas puertas,
habitaciones con retratos,
crepusculares cofradías de los ausentes,
niño sobreviviente
de los espejos sin memoria [...]

«En mi casa los muertos eran más que los vivos.» Y el poeta retrata a
unos y a otros. A su madre Josefa, «niña de mil años, / madre del mundo,
huérfana de mí», y a su tía Amalia, «Virgen somnílocua» que le «enseñó
a ver con los ojos cerrados, / ver hacia dentro y a través del muro». El
recuerdo del abuelo Ireneo es dulce y tierno, pero el de Octavio padre
es desolado:

Del vómito a la sed,
atado al potro del alcohol,
mi padre iba y venía entre las llamas.
Por los durmientes y los rieles
de una estación de moscas y de polvo
una tarde juntamos sus pedazos.

Dos líneas desgarradoras definen su vínculo. En vida, el silencio. En la muerte, el diálogo, pero un diálogo que elude el tema central, el de la muerte:

> Yo nunca pude hablar con él.
> Lo encuentro ahora en sueños,
> esa borrosa patria de los muertos.
> Hablamos siempre de otras cosas.

El tema del padre vuelve a aparecer, ennoblecido siempre por la política, en noviembre de 1975, cuando Paz concede una larga entrevista que titula precisamente «Vuelta a *El laberinto de la soledad*». En ella refiere detalles inéditos sobre la genealogía de aquel libro (por ejemplo, la influencia de Unamuno y Ortega, la obra de Roger Caillois sobre los mitos, el carácter terapéutico del libro, la lectura de *Moisés y el monoteísmo* de Freud), pero ante todo revela datos desconocidos sobre su propia genealogía personal e histórica. Al hablar del zapatismo, Paz sube el tono y remacha el vínculo filial, histórico y personal con su padre: «Mi padre pensó desde entonces que el zapatismo era la verdad de México. Creo que tenía razón.» El tema lo lleva a evocar la amistad de su padre con los campesinos del sur indio de la ciudad de México, la defensa de sus tierras, y hasta el delicioso plato precolombino («pato enlodado») que comían cuando lo acompañaba. La conjunción de tradición y revolución, propia del zapatismo, lo había «apasionado». «El zapatismo era la revelación, salir a flote de ciertas realidades escondidas y reprimidas.» Más que una revolución o una rebelión, era una revuelta —es decir, una nueva vuelta— de lo más profundo de México y hacia lo más profundo de México. «Zapata —concluía— está más allá de la controversia entre los liberales y los conservadores, los marxistas y los neocapitalistas: Zapata está *antes* —y tal vez, si México no se extingue, estará *después*.»

Poemas, entrevistas, recuperación de los orígenes históricos y familiares, del paisaje infantil y la geografía juvenil, actos de contrición, exámenes de conciencia, confesiones, formas todas de poner el pasado en claro. Presagios de su vuelta.

XVI

Ya en México, el 10 marzo de 1976 lo sorprende la muerte de Daniel Cosío Villegas. Paz había peleado con él hacia los años cincuenta y nunca había sido, propiamente, su amigo. Pero la pasión crítica los había acercado. Cosío Villegas no era «gobiernista», pero tampoco era de «izquierda». Era, en su propia definición, «un liberal de museo» y un nacionalista moderado. Gozaba de un inmenso prestigio público. Paz acude a su sepelio. Estaba solo, pensativo y serio, ocupando un segundo plano. Días después, dedica a su memoria el número 55 de *Plural* (correspondiente a abril). Allí escribe un sentido texto, «Las ilusiones y las convicciones», donde dialoga con la visión histórica de Cosío Villegas, quien consideraba que el liberalismo político del siglo XIX, expresado en la Constitución federal de 1857, era la piedra fundacional del México moderno. Pensaba también que tanto la larga dictadura de don Porfirio como los gobiernos de la Revolución habían abandonado ese proyecto de liberalismo constitucional a cambio de un Estado central y monopólico que, si bien había conducido —hasta 1970, cuando menos— la apreciable modernización material del país, había limitado severamente el progreso político. A juicio de Cosío Villegas, los fines sociales de la Revolución como la reforma agraria, la legislación laboral o la educación universal no eran incompatibles con la democracia y la libertad. De sus ensayos se desprendía que el problema central de México era la reforma política: limitar la concentración de poder presidencial y transitar a un sistema más abierto, libre y responsable. Curiosamente, Cosío Villegas no abordó propiamente el tema de la democracia electoral.

Paz vivía la historia mexicana con pasión autobiográfica, pero su enfoque y hasta sus conocimientos no eran los del historiador sino del filósofo y poeta de la historia. Hijo de la Revolución mexicana (como Cosío), Paz compartía la visión «constructiva» de sus regímenes, pero seguía considerando que el liberalismo constitucional del siglo XIX había sido un periodo «abyecto», una *caída* histórica, una imposición de una doctrina europea a una realidad ajena, una negación trágica de las raíces indígenas y españolas del país. Paz no proponía una imposible vuelta a esas raíces, pero llamaba a una síntesis creativa de los tres Méxicos: el indio, el católico/español y el moderno. (Extrañamente, nunca habló de la síntesis más saliente de la historia cultural mexicana: el mestizaje.) A su juicio, los tres Méxicos debían dialogar, pero la supresión política de los conservadores en el siglo XIX (obra de la Reforma de Juárez) había provocado que la realidad profunda que representaban se insinuara subrepticiamente en la vida política del país, entronizando la mentira. Mediante esta notable explicación casi freudiana, Paz explicaba, por ejemplo, el conservadurismo del PRI, heredero formal del liberalismo, pero heredero real del pensamiento centralista y hasta monárquico de los conservadores.

Eran, pues, dos enfoques muy distintos frente a la historia, pero estaban de acuerdo en una premisa: la necesidad de discutir libremente los problemas, las raíces, los proyectos. Cosío Villegas, el liberal nacionalista, hubiese querido que esa renovación política y moral la encabezara el propio PRI. Paz, el socialista libertario, había confiado en el surgimiento de un partido y un proyecto de izquierda, pero sus ilusiones se evaporaban. Ahora veía la trayectoria pública de Cosío Villegas —medio siglo de servicio como editor, ensayista, historiador, diplomático y crítico— y admiró su claridad y su valentía: «Cosío Villegas atravesó sonriente el fúnebre baile de disfraces que es nuestra vida pública y salió limpio, indemne [...] Fue inteligente e íntegro, irónico e incorruptible.» Como había dicho Yeats —citado en el epígrafe—: «he served human liberty».

En julio de ese año, la libertad de expresión en México sufre un golpe que confirma la crítica de Cosío Villegas: la necesidad de poner límites institucionales, legales, críticos, al poder del presidente. Cansado de las opiniones adversas que se vertían contra él en el diario *Excélsior*, Echeverría orquestó un golpe de la cooperativa contra Julio Scherer, que dejó la dirección para fundar en pocos meses una revista política independiente que haría época: *Proceso*. En solidaridad con Scherer, Paz y los escritores de *Plural* renunciaron también. Al poco tiempo, decidieron fundar una revista independiente. Para reunir el pequeño capital inicial que se requería convocaron a una rifa en la que 763 personas hicieron donativos de distinta magnitud. El premio era un cuadro regalado por Rufino Tamayo, y el triunfador fue un joven y prometedor filósofo formado en Oxford, Hugo Margáin.

Hubo un debate entre los colaboradores sobre el nombre. Octavio Paz estaba por publicar una colección de poemas en el mismo sentido introspectivo de *Pasado en claro*: la había titulado *Vuelta*. Contenía un poema del mismo título, que en un pasaje se interrogaba:

> He vuelto adonde empecé
> ¿Gané o perdí?
> (*Preguntas*
> *¿qué leyes rigen "éxito" y "fracaso"?*
> *Flotan los cantos de los pescadores*
> *ante la orilla inmóvil*

El verso en cursiva era una parte del poema de Wang Wei (699-759) en la que el pintor y poeta chino —en el otoño de su vida, ya sin «afán de regresar»— se aleja «del mundo y sus peleas» para «desaprender entre los árboles». Doce siglos atrás se había hecho las mismas preguntas de Paz, pero su avatar mexicano, en el otoño de su vida, opta por un camino distinto, que cierra el paréntesis del poema:

> Pero yo no quiero
> una ermita intelectual
> en San Ángel o en Coyoacán)

Y en efecto, la revista que estaba fundando no sería una ermita intelectual, sino una fortaleza intelectual. Alejandro Rossi propuso el nombre. A Paz no lo convenció del todo, pero aceptó. Se llamaría, naturalmente, *Vuelta*.

XVII

La revista *Vuelta* se estableció muy cerca de la «casa grande» de don Ireneo, en el mismo barrio de Mixcoac donde había crecido Paz. Ésa fue por varios años la sede de la nueva revista en la calle de Leonardo da Vinci 17, bis: una casita de dos niveles: uno abajo, minúsculo, pero suficiente para celebrar las juntas; y uno arriba, con una soleada ventana, para alojar al secretario de redacción y al corrector de pruebas. La calle colindaba con un viejo mercado y una pulquería.

El primer número salió en diciembre de 1976. El arreglo, al parecer, no implicaba una estancia definitiva de Paz en México. En sus ausencias lo cubriría Alejandro Rossi, director adjunto, auxiliado por José de la Colina como secretario de redacción. Y buscarían un «gerente o promotor» para llevar a buen término el proyecto empresarial diseñado por Zaid. Paz estaba feliz con su vuelta y su *Vuelta*. Además, a principios de 1977 terminaba de compilar su *Obra poética*. Al comienzo de 1977 había escrito un poema significativo. Lo tituló –como en una antología griega– «Epitafio sobre ninguna piedra»:

Mixcoac fue mi pueblo: tres sílabas nocturnas,
un antifaz de sombra sobre un rostro solar.
Vino Nuestra Señora, la Tolvanera Madre.
Vino y se lo comió. Yo andaba por el mundo.
Mi casa fueron mis palabras, mi tumba el aire.

Muy pronto, las circunstancias se tornan difíciles. Paz vuelve a Cambridge y en marzo es intervenido quirúrgicamente de un cáncer en las vías urinarias. La operación es exitosa, pero dejará huellas. Para entonces, Zaid y Rossi habían propuesto a un candidato para hacerse cargo del «pequeño barquito» (frase de Rossi). Paz acepta la idea y en abril me hice cargo de la secretaría de la redacción y la administración general. Paz salió airoso de la operación y regresó a México. Saldría del país con cierta frecuencia, pero ya no por largas estancias en universidades del extranjero. Ahora tenía por primera vez *su* revista; modesta, delgada, sin los suplementos a color de *Plural*, pero más suya que *Barandal, Taller, El Hijo Pródigo* y *Plural*, suya e independiente.

Desde su primer número, *Vuelta* declaró su lealtad a la poesía y la crítica, y sus principios: «Dejamos *Plural* para no perder nuestra independencia; publicamos *Vuelta* para seguir siendo independientes.» La independencia tenía que ser, ante todo, financiera. Depender por entero del gobierno (como era la tradición en México) era condenarse a la negociación de una línea editorial. Depender únicamente de los lectores y suscriptores era deseable pero ilusorio: el público lector de *Vuelta* no rebasaba las 10 000 personas. Había que buscar un equilibrio entre ambas fuentes –admitir que el gobierno se promocionara y conquistar a los lectores–, pero había también que acudir a una fuente hasta entonces impensable: la iniciativa privada. *Plural* no lo había necesitado, porque *Excélsior* financiaba toda la operación. Pero *Vuelta* no podía darse ese lujo. Y comenzó una labor ardua, prolongada y sistemática de atracción de anuncios privados. Poco a poco varias compañías nacionales y extranjeras empezaron a publicar un anuncio institucional en las páginas de la revista. Los suscriptores nacionales y extranjeros comenzaron a llegar. La revista tenía modestas utilidades. Era viable.

Por los siguientes 23 años, *Vuelta* sería su trinchera pero también su taller literario. Desde su biblioteca, en el departamento del histórico Paseo de la Reforma de la ciudad de México donde vivió durante casi todos esos 20 años, hablaba por teléfono diariamente para proponer artículos, reseñas, traducciones, relatos, poemas, pequeños comentarios. Alfonso Reyes (1889-1959), el prolífico hombre de letras que había precedido a Paz como figura tutelar de la literatura mexicana, lamentaba que «Hispanoamérica hubiese llegado demasiado tarde al banquete de la cultura universal». Paz, desde muy joven, había decidido incorporarse a ese banquete y los ecos de esa conversación, que duraba ya medio siglo, llegaban a *Vuelta* donde Ortega y Gasset, Sartre, Camus, Breton, Neruda, Buñuel eran convidados habituales. Pero no sólo se escuchaban las voces del pasado, porque ahora era *Vuelta* la que convocaba al banquete donde se sentaban animadamente Borges, Kundera, Irving Howe, Daniel Bell, Joseph Brodsky, Miłosz, Kołakowski y centenares de escritores de todos los continentes y de varias generaciones. La nómina de *Plural* incluida y multiplicada.

Por primera vez, a los 63 años de edad, en el ámbito personal parecía tenerlo todo: amor, afecto cercano de sus amigos nuevos y antiguos, estabilidad material, independencia. Las ediciones europeas de sus libros prosperaban. Algunos de sus libros, sobre todo *Libertad bajo palabra* y *El laberinto de la soledad*, eran clásicos de México. Y tenía el tiempo y la concentración suficientes para escribir una obra magna largamente planeada sobre Sor Juana Inés de la Cruz, su par literario que vivió en la segunda mitad del siglo XVII.

Su vuelta a México suscitó encuentros felices con su pasado. Un amigo andaluz (el presidente de Pedro Domecq, Antonio Ariza) se dio el gusto de festejarlo en su rancho de Texcoco, cercano a la zona que solía visitar con su padre. La sorpresa fue el manjar que Paz no probaba desde hacía 50 años: el «pato enlodado». La mayor parte de aquellos sus encuentros los provocaba él, en el espacio de *Vuelta*. Allí volvió a conversar y discutir con sus viejos amigos, y con el joven poeta que fue. Así publicó la correspondencia final de Jorge Cuesta antes del suicidio, varios ensayos sobre Villaurrutia (ilustrados por Soriano) y una nueva versión (limpia de ideología y retórica, pero más intensa) de aquel poema que había escrito en Yucatán: «Entre la piedra y la flor».

Pero su vuelta a los años treinta tenía sobre todo un carácter polémico y combativo con la fe de esos años y, precisamente por eso, consigo mismo. Sin el fervor ideológico de Paz en los treinta, no se entiende el fervor crítico de los setenta. Por eso enlazó a *Vuelta* con los autores fundamentales de la disidencia del Este (como Bukovski, Kundera, Michnik); dio voz a la Carta de los 77 en Checoslovaquia; publicó unas «anticipaciones anarquistas sobre los nuevos patrones» de la URSS (defensa de Bakunin en su polémica con Marx); reivindicó ampliamente a los primeros críticos del marxismo (Souvarine, Maurois, Serge); desenterró aquel olvidado testamento de la viuda de Trotski que había leído en París en 1951; consolidó la amplia presencia de los contemporáneos que, como él, habían tenido un pasado marxista que revisar y purgar (Kołakowski, Furet, Besançon, Bell, Howe, Jean Daniel, Castoriadis, Enzensberger); atrajo a los críticos de izquierda en habla hispana que criticaban al comunismo (Semprún, Goytisolo, Vargas Llosa) y, para escándalo de la clase intelectual de México, no sólo publicó sino trajo a México para conversar por televisión a los «nuevos filósofos» (Bernard-Henri Lévy, André Glucksmann) que en Francia habían roto con Sartre y se proclamaban seguidores de Camus.

Parecía tenerlo todo, pero una sola bendición, inscrita en su nombre, le faltaría, como le había faltado a Ireneo y a Octavio: la paz.

★ ★ ★

Paz vivía en un estado de constante exaltación. Tenía la melena de un león y como un león se batió en la querella ideológica que lo aguardaba. Había en ella un eco de las discusiones de Mixcoac entre el abuelo Ireneo y el padre Octavio. Pero ahora los papeles estaban cambiados: él tomaba el sitio de Ireneo y los jóvenes, iracundos o idealistas, tomaban el del padre Octavio o hasta el suyo mismo, el del joven bolchevique que había soñado ser héroe o mártir. Había llegado a México a deshacer equívocos, pero se encontró con el equívoco mayor: la Revolución, no la liberal o libertaria, ni siquiera la mexicana sino la marxista, había terminado por embrujar a la generación de 1968 y a su inmediata sucesora.

Más allá de las pulsiones parricidas que muchos jóvenes escritores mostraron hacia él y hacia *Vuelta*, el rechazo al hombre que los había defendido públicamente en 1968 tuvo un elemento de incomprensión. Paz entablaba su polémica con los representantes de la izquierda mexicana (estudiantil, académica, intelectual, sindical, partidaria) justamente porque seguía siendo un hombre de izquierda y porque seguiría creyendo en el socialismo: «es quizá la única salida racional a la crisis de Occidente». Pero ellos no creían ya en esas profesiones de fe: Paz, no ellos, había cambiado.

Octavio Paz, en efecto, había cambiado, aunque no en el sentido de adoptar el capitalismo o la economía de mercado, ni siquiera, propiamente, la democracia liberal. Había cambiado sus creencias de juventud, se había desilusionado del comunismo y, al menos en el ámbito europeo, no estaba solo en ese desencanto. Hacia 1977 lo acompañaba la corriente del «eurocomunismo» francés, italiano y español; lo acompañaban los protagonistas de la reciente transición democrática en Portugal y sobre todo en España, donde el PSOE, Partido Socialista Obrero Español, renunciaría al dogma de la «dictadura del proletariado». Lo acompañaban los principales intelectuales de Francia (no sólo los críticos históricos como Raymond Aron, sino muy pronto Sartre y hasta el mismísimo Althusser, padre del neomarxismo latinoamericano). Lo acompañaba Hans Magnus Enzensberger, que publicaba en *Vuelta* su poema «El naufragio del Titanic» sobre la Revolución cubana. Lo acompañaban los disidentes en la

URSS y en Polonia, Checoslovaquia, Rumania, Alemania del Este, países que Kundera llamaría de la «Europa secuestrada». Y lo acompañaban, finalmente, quienes en Occidente comprendían que la Revolución disidente de 1968 en el Este había sido más riesgosa y valiente que la de París, Londres o Berkeley. Pero los estudiantes y profesores de México no lo acompañaban: sólo en México 1968 había desembocado en una matanza. Al agravio de Tlatelolco se había sumado el 10 de junio. Y en 1973, la juventud universitaria se había cimbrado por el golpe militar contra Salvador Allende, que vivieron como en carne propia. Era la triple evidencia de que la Revolución social era el único camino.

Los textos y declaraciones de Paz en aquel periodo tuvieron, es verdad, un tono imperativo e impaciente, porque lo exasperaba la ignorancia o ceguera sobre la realidad del orbe soviético y chino (ignorancia y ceguera que habían sido, por mucho tiempo, las suyas propias), pero también porque temía que los países latinoamericanos —y sobre todo México— se precipitaran en un tobogán de violencia revolucionaria que podría derivar en una dictadura militar genocida o en un régimen totalitario como el de Castro. El primer escenario ocurría ya, desde luego, en Chile, Uruguay y Argentina. Y el segundo, al menos en su vertiente guerrillera, estaba ya en Colombia, parcialmente en Venezuela y en otros países de Centroamérica. Ninguno de los dos desenlaces era imposible en México. Si los años treinta no habían podido encontrar un espacio democrático entre esos dos extremos, los setenta debían intentarlo. Ésa fue la misión disidente de Paz: rehacer el libreto de los treinta.

Sus jóvenes críticos querían justamente lo contrario: revivir ese libreto. ¿Quiénes eran? Sobre todo universitarios, que en tiempos de Echeverría se multiplicaron y radicalizaron. La UNAM de 1977 no era la de 1968. Echeverría había tenido la obsesión de lavar sus considerables culpas en la matanza de 1968 y para ello se propuso, como prioridad, atraer a la clase académica y estudiantil, en la cual veía, no sin razón, un potencial revolucionario. El subsidio a la UNAM aumentó en un 1 688% (la inflación, presente sobre todo de 1971 en adelante, había llegado al 235%). Tras el doble agravio de 1968 y 1971, un sector de los estudiantes se impacientó lo suficiente como para emular al Che Guevara e incorporarse a la guerrilla en la agreste sierra de Guerrero o practicar el terrorismo urbano.

Contra ellos, el gobierno desató una represión feroz, la llamada «guerra sucia». Otro sector ejerció la militancia en numerosos grupos que apoyaban huelgas obreras, acudían a fábricas o entablaban contactos con la guerrilla guatemalteca que enfrentaba el militarismo más salvaje de la región. La mayoría terminó por incorporarse a las corporaciones académicas, a la propia UNAM y a otras instituciones de enseñanza superior: la Universidad Autónoma Metropolitana, el Colegio de Ciencias y Humanidades, el Colegio de Bachilleres, todas creadas en los setenta.

Al salto de escala en la composición económica, social y demográfica de las instituciones de enseñanza superior (sobre todo de la UNAM) correspondió un ascenso de la influencia del Partido Comunista Mexicano en los campus, no sólo en los profesores y alumnos, sino en el poderoso sindicato universitario. Igual que otros partidos y sectas de la izquierda, más o menos ligadas a Moscú o al trotskismo, el PCM había cruzado las décadas como una organización marginal, con cierto arraigo en sindicatos obreros de empresas del sector público (ferrocarriles, maestros). Pero en los setenta halló en las universidades un ámbito ideal para su consolidación política.

Mientras en Occidente el marxismo iba de salida, en las aulas de México (tanto en la capital como en muchas universidades de provincia) tomaba gran fuerza. Tradicionalmente, el marxismo en México había sido una doctrina de líderes sindicales (Vicente Lombardo Toledano), artistas plásticos (Rivera, Kahlo, Siqueiros), no pocos millonarios excéntricos (Víctor Manuel Villaseñor, Ricardo J. Zevada) y revolucionarios románticos (Revueltas). Pero su legitimidad académica e intelectual era reciente: databa de los años sesenta, debía mucho a la obra de Sartre y al inmenso y continuado prestigio de la Revolución cubana. Muchos profesores universitarios se habían formado en las escuelas de ciencia política de París, habían ido repetidamente a Cuba y escribían con frecuencia en su defensa. Las revistas y suplementos culturales anteriores a *Plural* —la *Revista de la Universidad* y *La Cultura en México*, entre otros— habían sido partidarios de la Revolución cubana y no dejaron de serlo, aun tras las «Confesiones» de Heberto Padilla. Toda crítica palidecía frente a sus logros educativos y sociales de la Revolución y al acto gallardo de desafiar al Imperio.

Este auge del marxismo se reflejó en los planes de estudio. Aun en facultades o escuelas tradicionalmente «apolíticas» como Arquitectura y Ciencias comenzaron a impartirse abundantes cursos de marxismo. Las carreras de economía y ciencias políticas se volvieron predominantemente marxistas. La Facultad de Filosofía se defendía un poco (había una corriente de filósofos analíticos), pero el marxismo captó muchos adeptos. Universidades nuevas como la UAM impartían marxismo en la carrera de diseño gráfico. Un brillante alumno de esa carrera se recibió con una tesis sobre Althusser: se llamaba Rafael Sebastián Guillén Vicente, viajaría (como muchos otros jóvenes) a entrenarse a Cuba y a Nicaragua, y en 1983 se adentraría en la selva de Chiapas adoptando el nombre de batalla que muchos años más tarde se volvería legendario: el «Subcomandante Marcos».

Para alimentar los planes de estudio hacía falta una oferta editorial pertinente. Esta oferta la proveyó la Editorial Siglo XXI. Su director, Arnaldo Orfila Reynal (viejo arielista argentino que había dirigido con gran tino el Fondo de Cultura Económica entre 1948 y 1965), estableció desde 1965 un vínculo cercano con Casa de las Américas en Cuba y se propuso la edición sistemática de la vulgata marxista. Se tradujo la obra completa del Che, Marta Harnecker vendió centenares de miles de ejemplares, y el neomarxismo francés (Poulantzas, Althusser) encontró decenas de miles de lectores. Otro factor que contribuyó al proceso de radicalización fue la inmigración del Cono Sur. Varios ameritados profesores e intelectuales provenientes de Chile, Argentina y Uruguay –perseguidos por sus gobiernos genocidas y agraviados profundamente por la intervención de Estados Unidos en el golpe contra Allende– se incorporaron a la universidad. Eran los nuevos transterrados de México, y alentaron la radicalidad ideológica. Finalmente, pesó mucho también la nueva actitud de la Iglesia católica, que desde el Concilio Vaticano II experimentaba un corrimiento a la izquierda. Muchos jóvenes que habían estudiado la escuela secundaria o preparatoria con los jesuitas veían con entusiasmo que su orden renunciara a la labor tradicional de educar a las élites y concentrara sus esfuerzos en atender y ayudar a los pobres de México.

A partir de 1977, el *boom* petrolero favoreció aún más el crecimiento de las universidades, que comenzaron a volverse fuentes de trabajo muy

bien remuneradas. Esa incorporación masiva a las instituciones académicas atenuó la violencia revolucionaria, pero no el «espíritu contestatario»
presente en las aulas y los cafés, las publicaciones y el arte, la canción de
protesta y los mítines. En 1978, Zaid comprobó estadísticamente que
el radicalismo político e ideológico aumentaba con los ingresos. ¿Por
qué? El propio Zaid, en la revista *Plural*, había delineado una primera
respuesta. Los universitarios mexicanos vivían «en socialismo». Criticaban a una burguesía inconsciente del modo en que su posición material
determinaba sus ideas, pero eran a su vez inconscientes del modo en
que su propia posición material en la academia (una posición alejada de
la producción de riqueza, y dependiente por entero del Estado) se pro-
yectaba en su visión de mundo, hasta hacerlos imaginar que esa posición
particular era generalizable. Esta condición los llevaba a esperar demasiado del Estado o de un futuro Estado revolucionario que volvería a
todos los mexicanos... universitarios.

Frente a este universo, Octavio Paz fue el hereje favorito. Esa posición lo ofendía profundamente y también lo mantenía en un estado
de alerta y exaltación. Desde su regreso a México vivía con la espada
desenvainada.

★ ★ ★

En septiembre de 1977, con ocasión de una huelga promovida por el
sindicato universitario (cercano al PCM) que paralizó a la UNAM, Paz tachó al PCM de ser sólo un «partido universitario», le sugirió dejar su
conducta «provocadora» y abrirse a la competencia en la plaza pública,
como hacían sus homólogos en España, Francia, Portugal y, más cerca,
en Venezuela, con el ejemplo del Movimiento Al Socialismo (MAS) de
Teodoro Petkoff. Pero su cargo más reiterado contra la izquierda fue la
«esterilidad intelectual». Y en este ámbito la responsabilidad era de quienes con sorna llamó «ulemas y alfaquíes» (dogmáticos y jurisconsultos
del islam): los intelectuales.

A su caracterización dedicó varios textos. Lamentaba su «extraño
idealismo: la realidad está al servicio de la idea y la idea al servicio de
la Historia». Todo lo que confirmaba la idea era bienvenido. Todo lo
que la contradecía o matizaba era negado. La izquierda practicaba una

evidente doble moral: justificadamente indignada y entristecida por los crímenes de la dictadura en Brasil, Argentina y Chile, callaba inexplicablemente ante lo que sucedía en Checoslovaquia, Bulgaria, Cuba o Albania. ¿Por qué, si intelectuales de izquierda intachables como Juan Goytisolo, Jorge Semprún o Fernando Savater se atrevían a abjurar de sus antiguas creencias o a retractarse de ellas, en México la ortodoxia seguía intocada? «El silencio y la docilidad de los escritores faccionarios —sentenció— es una de las causas del anquilosamiento intelectual y de la insensibilidad moral de la izquierda latinoamericana».

A fines de 1977, uno de los exponentes más destacados de esa izquierda intelectual se sintió aludido (justificadamente) y publicó un artículo contra Paz. Era el escritor Carlos Monsiváis, hombre de aguda ironía, gran cultura y formidable arrastre entre los estudiantes. En términos formales, le reprochaba su tendencia a la «generalización» y la «pontificación». En cuanto al contenido, argumentaba: Paz era suave con el PRI, la derecha y el imperialismo, y desdeñaba los movimientos sindicales y populares de izquierda; Paz encomiaba sospechosamente al tradicionalismo religioso mexicano; Paz pretendía sustituir el concepto de «lucha de clases» por la lucha entre el México «desarrollado y el subdesarrollado»; Paz pedía al escritor una inadmisible «desvinculación» de la ideología; Paz estaba obsesionado por su crítica al Estado; y Paz se negaba a reconocer «el esfuerzo épico para construir la República Popular China, el heroísmo que creó la identidad del pueblo vietnamita o la suma de significados que en América Latina acumuló y acumula la Revolución cubana. La crítica a las deformaciones del socialismo debe acompañarse de una defensa beligerante de las conquistas irrenunciables».

Su réplica fue feroz: «Monsiváis no es un hombre de ideas sino de ocurrencias.» En su prosa —agregó— aparecen «las tres funestas fu: confuso, profuso, difuso». En el método de Monsiváis, Paz advertía una retórica de la descalificación: torcer los argumentos, omitir lo que no convenía, hacer insinuaciones y exclamaciones, todo para mejor colgar en el opositor el sambenito de representar a «la derecha» o ser «de derecha», en vez del análisis de hechos concretos, la discusión de posiciones ideológicas abstractas. Paz respondió a las críticas, puntualmente: señalar la debilidad de los partidos políticos, sobre todo los de la izquierda, no equivalía a una congratulación sino a una crítica que buscaba reparar ese hecho, acercar a la izquierda mexicana a sus homólogos en España o Venezuela. Consignar la fidelidad del pueblo mexicano a la Virgen de Guadalupe no significaba que él mismo fuese un tradicionalista. Las consideraciones sobre el México marginal y el desarrollado (comúnmente utilizadas por los sociólogos del día, incluso los marxistas) no implicaban una negación de la lucha de clases. A los escritores nunca les había pedido una desvinculación ideológica, sino la responsabilidad de escuchar la voz de su conciencia, como Gide y Orwell. Era penoso tener que recordar a Monsiváis las diversas críticas de *Plural* y *Vuelta* contra las burocracias privadas, los sindicatos y otros monopolios políticos y económicos que no «cuadraban» con su descalificación. ¿Por qué omitía esas críticas? Porque el objetivo era descalificarlo. Finalmente, agradecía a Monsiváis su franqueza al referirse a los países «llamados socialistas»:

> Me acusa de autoritario en el mismo párrafo en que se atreve a imponerme como condición de la crítica al socialismo burocrático «el reconocimiento de sus grandes logros». ¿Se ha preguntado si esos «grandes logros» se inscriben en la historia de la liberación de los hombres o en el de la opresión? Desde los procesos de Moscú —y aún antes— un número mayor de conciencias se pregunta cómo y por qué una empresa generosa y heroica, que se proponía cambiar a la sociedad humana y liberar a los hombres, ha parado en lo que ha parado. El análisis y la denuncia de las nuevas formas de dominación —lo mismo en los países capitalistas que en los «socialistas» y en el mundo subdesarrollado— es la tarea más urgente del pensamiento contemporáneo, no la defensa de los «grandes logros» de los imperios totalitarios.

El intercambio tuvo una ronda más. Paz formuló su deseo para la izquierda mexicana: «tiene que recobrar su herencia legítima». Esa herencia legítima provenía del siglo XVIII, se llamaba crítica, empezando por la crítica de sí misma. Éstas eran las posturas de Paz. ¿Cabía encasillarlas como «de derecha»?

La corriente central del pensamiento revisionista y socialdemócrata —de entonces y después— diría, por supuesto, que no, pero muchos universitarios de izquierda y sus voceros intelectuales se empeñaron en hacerlo ver como tal. El historiador y ensayista Héctor Aguilar Camín publicó un artículo titulado «El apocalipsis de Octavio Paz» en el que simplemente reproducía varias de las afirmaciones de Paz como si se refutaran solas. El problema de Paz, explicó Aguilar Camín en ese texto, era que *envejecía mal*:

> Del poeta adánico de sus años veinte y treinta, al desolado clarificador de su pasado en sus años sesenta; del nacionalista sano, fundador, de *El laberinto de la soledad*, al juglar de mitos socialmente vacíos y de imágenes circulares de *Posdata*; del intelectual indisputado y deslumbrante de apenas el decenio pasado −escuela y signo de una generación− al Jeremías de las ultimas épocas. Paz es sustancialmente inferior a su pasado y está, políticamente, a la derecha de Octavio Paz.

Al paso de los años, Monsiváis se acercó a las principales posturas de Paz. Héctor Aguilar Camín las haría suyas, aún más.

Los ataques, en fin, se sucedían por escrito y en persona. Un grupo de escritores llamado «Infrarrealista» gustaba de boicotear a Paz en presentaciones públicas. Eran jóvenes iconoclastas que amaban genuinamente la poesía. De origen modesto algunos de ellos, su poeta predilecto (con buenas razones) era Efraín Huerta, el viejo compañero de Paz, hombre de izquierda que, a pesar de las diferencias ideológicas, nunca rompió con Paz. En una ocasión, Paz recitaba poemas junto a David Huerta, excelente poeta también. En su lectura, Paz reiteraba la palabra «luz» y un joven «infrarrealista» comenzó a repetir con sorna «mucha luz, cuánta luz, demasiada luz». Estaba bebido. «Venga para acá y hable», le dijo Paz. «¿Qué trae usted contra mí?» «Un millón de cosas.» Paz le indicó que eso lo discutirían afuera del recinto público. El «provocador» salió de la sala. «El alcoholismo −sentenció el poeta− no disculpa la estupidez.» Entre los infrarrealistas destacaba el escritor chileno Roberto Bolaño, que en *Los detectives salvajes* dibujó el retrato de un Paz egolátrico.

★ ★ ★

Pero no todos los malquerientes de Paz y *Vuelta* eran literarios. El 29 de agosto de 1978 la guerra de las generaciones alcanzó al círculo cercano de los colaboradores de *Vuelta*, pero no con la violencia verbal sino con la violencia real. Uno de esos colaboradores frecuentes, el joven filósofo Hugo Margáin Charles (aquel que había ganado el cuadro de Tamayo en la rifa organizada para la fundación de *Vuelta*) fue secuestrado por un comando guerrillero y apareció muerto, desangrado, con un tiro en la rodilla. El crimen nunca se aclaró ni apareció el culpable. Días después, llegó a la redacción de la revista un sobre anónimo con un escrito firmado por «J. D. A. Poesía en armas» que incluía una amenaza: «Se volverá a saber de nosotros.» El texto se titulaba «Epístola en la muerte de Hugo Margáin Charles». Condenaba la protesta pública de *Vuelta* por la muerte de Margáin: a diario, en América Latina y México, morían campesinos «ametrallados en su milpa o en camino a casa» y obreros «destrozados en una alcantarilla con veinte puñaladas». Enseguida justificaba el asesinato: Margáin era el perro que había que matar para seguir con el proceso de acabar con la rabia.

Octavio Paz sintió que había llegado su hora final, y la encaró con valentía. Escribió un poema en el que desafiaba al autor del anónimo y casi convocaba su propia inmolación. El consejo de redacción, en particular Gabriel Zaid, lo disuadió. El poema no se publicó, pero en el número de noviembre apareció una nota de la redacción titulada «Los motivos del lobo», que recogía buena parte del texto anónimo y, a partir de él, señalaba:

Más allá de las amenazas y de la cobardía de embozarse en la sombra para escupir sobre un cadáver, el mensaje es patético por su lógica circular y necrofílica: predica el asesinato de inocentes, porque si bien «la rabia purulenta la engendra el capitalismo y no el perro» («éste es solamente transmisor de la rabia»), «acabar con los perros a la larga va a traer como consecuencia que la rabia se quede sin defensa». El lobo cuida así la pureza del rebaño; mata para acabar con la muerte: «condenar la muerte lleva implícito el hecho de acabar con ella aunque sea con ella misma». No hay que condenar el asesinato, sino comprender los motivos del asesino: «Jehová condenó el acto de Caín» pero «jamás investigó los motivos del acto de Caín», que eran, naturalmente, acabar con la rabia.

El consejo de *Vuelta* clarificaba: no era cierto que todas las muertes tuvieran la misma significación: por algo la represión y el terrorismo escogían a sus víctimas y «el asesinato de un hombre cualquiera» no causaba la misma conmoción que la muerte de Federico García Lorca, el Che Guevara o Mandelstam; además, hubiera sido monstruoso que el asesinato de un hombre valioso no doliera especialmente a sus amigos. *Vuelta* no acusaba a nadie porque no tenía pruebas contra nadie. Pero condenaba el asesinato, viniese de donde viniese: los terroristas o las autoridades, la izquierda o la derecha, la estupidez aventurera o el cálculo:

El nihilista Nechaev nos repugna tanto como [...] todos esos intelectuales –filósofos, profesores, escritores, teólogos– que, sin tomar las armas, asumen posiciones equívocas que, tácitamente, son una justificación de asesinato. En fin, por condenables que sean los motivos de los ángeles exterminadores (trátese de los de Somoza y Pinochet o de las Brigadas Rojas) hay que condenarlos en primer lugar por sus actos.

★ ★ ★

A la guerrilla en México no la venció finalmente el Ejército: la doblegó la reforma política que ideó e instrumentó en 1978 un notable político liberal, Jesús Reyes Heroles, que durante los primeros años de la administración de José López Portillo (1976-1982) ocupó la Secretaría de Gobernación. Desde allí pactó la apertura de la vida parlamentaria para el Partido Comunista y otras formaciones de izquierda. A partir de ese momento, la izquierda empezó a tomar vuelo, aunque su verdadera consolidación llegaría hasta 1988, cuando un grupo disidente del PRI –encabezado por Cuauhtémoc Cárdenas, el hijo del legendario presidente– se desprendió del partido que su padre había contribuido a fundar para postularse a la presidencia y crear, el año siguiente, lo que don Lázaro hubiera podido pero nunca se atrevió: un partido que unificase a la izquierda, con las banderas de la Revolución mexicana pero sin filiación comunista.

A pesar de que la reforma política correspondía a la idea democrática que Paz venía proponiendo a la izquierda y al gobierno desde *Posdata*, la guerra ideológica no amainó. En 1979 *Vuelta* dio la bienvenida al sandinismo y en ningún momento dejó de publicar textos críticos y analíticos sobre las dictaduras genocidas en Argentina, Chile y Uruguay. De hecho, a partir de 1980, su circulación estaría prohibida en Chile, Argentina y Uruguay. Pero los denuestos contra Paz y su revista fueron constantes. A fines de los setenta (luego del asesinato de Margáin), sintiéndose acosado y aislado, Paz respondió a las críticas ampliando su presencia en los medios. Ya no sólo publicaría en *Vuelta*, sino en las páginas de *El Universal*, diario donde dos amigos suyos –José de la Colina y Eduardo Lizalde– empezaron a dirigir un suplemento literario semanal: *La Letra y la Imagen*. Al poco tiempo, Paz comenzó a aparecer también, con comentarios internacionales, en el principal noticiero nocturno de la televisión mexicana: *24 Horas*, conducido por Jacobo Zabludovsky. Su decisión era no permitir que lo «ningunearan». Esa decisión le valió nuevos ataques. Al paso del tiempo, prácticamente todos los que lo deturparon aparecieron en la televisión.

XVIII

Llevaba varios años trabajando en su libro sobre Sor Juana Inés de la Cruz. Era su vuelta definitiva al estudio del orden católico que, según explicaba en *El laberinto de la soledad*, había paliado la orfandad de los indios tras la Conquista dándoles un sentimiento de cobijo y pertenencia. Pero el escritor de los años setenta ya no es el de *El laberinto de la soledad*. La crítica de Paz al orden socialista del siglo XX lo había llevado a una conclusión incómoda: la permanencia del orden católico en el siglo XIX y XX había impedido la modernización en una medida que acaso no había ponderado de manera suficiente. Había aludido a esa faceta, es cierto, en *El laberinto de la soledad*: la escolástica petrificada, «la relativa infecundidad del catolicismo colonial» –escribió– son muestra de que «la "grandeza mexicana" es la del sol inmóvil, mediodía prematuro que ya nada tiene que conquistar sino su descomposición». Y se había preguntado: ¿dónde estaba la salud?, contestando de inmediato: afuera, en la intemperie... «los mejores han salido» para desprenderse del cuerpo de la Iglesia y respirar un «aire fresco intelectual». En la visión de Paz sobre los siglos coloniales había una dualidad inescapable, una dualidad que también era real, histórica. Pero ahora esa dualidad lo confrontaba de manera inescapable: escribía la biografía de la mujer que sin duda había sido «la mejor», pero que al final de su vida decía ser «la peor de todas»: Sor Juana.

Paz se había acercado desde los años cuarenta a esa alma gemela. Destinos paralelos e inversos; Paz y Sor Juana, dos solitarios. Separados por tres siglos, ambos habían vivido una búsqueda. Él, desde joven, en un mundo en guerra pero en un país libre, había buscado el orden, la reconciliación: el mundo de ella. Ella, desde su orden cerrado y estático, había buscado la apertura, la libertad: el mundo de él: «La solitaria figura de Sor Juana —había escrito Paz en *El laberinto de la soledad*— se aísla más en ese mundo hecho de afirmaciones y negaciones, que ignora el valor de la duda y del examen. Ni ella pudo —¿y quién?— crearse un mundo con el que vivir a solas. Su renuncia que desemboca en el silencio no es una entrega a Dios sino una negación de sí misma.»

¿Negación de sí misma o afirmación de sí misma? En *Sor Juana Inés de la Cruz o las trampas de la fe* (1982), Paz vio aquella quiebra existencial como un eco de la intolerancia ideológica del siglo XX. No podía admitir (como le señalaron algunos airados críticos católicos) que Sor Juana negara esta vida para afirmar la otra, la verdadera. Paz se negaba rotundamente a aceptarlo. Se había convencido de la convergencia entre las dos ortodoxias: la cristiana y la marxista. Ambas se sentían «propietarias de la verdad». Paz volcaba su espíritu de contrición en Sor Juana y se pregunta: ¿Por qué había obedecido la orden de su confesor y vendido su biblioteca? ¿Por qué, si la curiosidad intelectual era su alimento desde niña, la había sacrificado en el altar de la fe? ¿Por qué, si había llegado a las mayores alturas literarias, filosóficas e intelectuales de su tiempo, había llevado a cabo la oblación de su espíritu libre, muriendo al poco tiempo? Sor Juana, pensó, debió sentir la misma culpa sin fundamento de los acusados de Moscú. Por eso se había doblegado. Pero él, a diferencia de ella, no renunciaría a su libertad ni a dejar testimonio de la verdad frente a ambas ortodoxias. Frente a los guardianes de la fe católica, había escrito un libro que reivindicaba a la monja como una mártir de la libertad. Frente a la nueva clerecía de izquierda, seguiría señalando sus crímenes. En su caso, la fe no tendría posibilidad de tender trampas.

★ ★ ★

La libertad era incompatible con la ortodoxia católica, pero ¿lo era también con el cristianismo? Iván Karamazov, protagonista de su libro de cabecera, creía que sí. Dostoievski, el autor de *El gran inquisidor*, creía que no: Cristo mismo habría sido encarcelado por la Inquisición por pedir libertad. En 1979, Paz escribe un breve y extraordinario ensayo sobre el personaje más dostoievskiano de México: su amigo José Revueltas.

Paz lo había ido a visitar a la cárcel de Lecumberri en mayo de 1971, antes de su liberación: «el domingo pasado vino a verme Octavio Paz» —había escrito Revueltas a su amigo y camarada Eduardo Lizalde, que junto con él había sido expulsado del PC y de otras organizaciones comunistas—. «Como siempre magnífico, limpio, honrado, este gran Octavio [...] Nuestro tema fue, por supuesto, Heberto Padilla.» Paz, que admiraba mucho la obra de Revueltas, hubiese podido describir a su amigo con las mismas palabras. No fue casual que su tema haya sido la disidencia. Al poco tiempo, ya fuera de la cárcel, habían sondeado la posibilidad de fundar un partido político. El día de la matanza del 10 de junio estaban juntos. Revueltas susurró a su oído: «Vámonos todos a bailar ante el Cristo de Chalma.» Según Paz, esa ocurrencia extraída de la religiosidad popular era una «oblicua confesión»: Revueltas, devotamente ateo, era un marxista cristiano.

Paz lo describe como un cristiano desengañado de su fe original, pero un cristiano al fin; impregnado del catolicismo profundo de sus padres, de su infancia y el del pueblo mexicano, transfiere su fe original al marxismo y vive su pasión revolucionaria como un vía crucis rumbo al calvario. En ese recorrido por las estaciones de su sufrimiento (cárceles, privaciones sin cuento), Revueltas se topó a menudo con los dictados de la ortodoxia. Frente a ellos (sus dogmas, sus preceptos, su disciplina partidaria) no obedece, más bien duda. Pero «hay algo que distingue a las dudas y críticas de Revueltas: el tono, la pasión religiosa... Las preguntas que una y otra vez se hizo Revueltas no tienen sentido ni pueden desplegarse sino dentro de una perspectiva religiosa. No la de cualquier religión sino precisamente la del cristianismo». Es un cristiano primitivo enfrentado al mal del mundo (el capitalismo, la pobreza, la opresión, la injusticia) y también, en varios momentos, al poder de su Iglesia.

Hay una verdad de la que Revueltas nunca duda: la historia es el lugar de prueba: las almas se ganan y se pierden en este mundo. ¿Cristiana o marxista? Cristiana y marxista. El marxista Revueltas –aduce Paz– asume con todas sus consecuencias la herencia cristiana: «el peso de la historia de los hombres». Pero a diferencia de los cristianos, el marxista cree que la salvación no está allá, sino acá, en la historia. Para comprender esta visión atea de «trascender sin trascendencia», Paz vincula a Revueltas con Ernst Bloch, el filósofo marxista judío (a quien Paz equivocadamente cree cristiano). En ambos, la trascendencia divina desaparece pero, subrepticiamente, «al través de la acción revolucionaria, continúa operando». En ambos está presente, ya no «la humanización de Dios sino la divinización de los hombres».

Revueltas acudió intuitiva y pasionalmente, en un movimiento de regreso a lo más antiguo de su ser, a las respuestas religiosas, mezcladas con las ideas y esperanzas milenaristas del movimiento revolucionario. Su temperamento religioso lo llevó al comunismo, que él vio como el camino del sacrificio y la comunión; ese mismo temperamento, inseparable del amor a la verdad y el bien, lo condujo al final de su vida a la crítica del socialismo burocrático y el clericalismo marxista.

Dentro de la Iglesia católica –concluye Paz–, Revueltas «habría sido un hereje como lo fue dentro de la ortodoxia comunista [...] Su marxismo no había sido un sistema sino una pasión, no una fe sino una duda y, para emplear el vocabulario de Bloch, una esperanza».

El retrato de Revueltas era un oblicuo autorretrato. Sus vidas no podían haber sido más distintas. Aunque sus sufrimientos íntimos y existenciales eran incomparables a los sufrimientos físicos de Revueltas, Paz era también un torturado de la fe, un poseído de lo absoluto. Nacidos ambos en 1914, compartían un mismo temperamento poético y romántico, habían abrazado la misma religión laica, se habían apartado de sus dogmas y siguieron creyendo en la posibilidad de la *esperanza*. A Revueltas lo caracterizó siempre la vertiente amorosa del cristianismo. No veneraba la violencia, tampoco fue un guerrillero ni un monje armado, sino un franciscano del marxismo. Paz, hasta los años setenta, se había declarado deudor directo del marxismo. Revueltas había muerto (como el padre de Paz, «atado al potro del alcohol»). Ahora a Paz le correspondía seguir por el camino de la herejía. Porque, a semejanza de los escritores rusos que tanto amaba, la suya a esas alturas no era una mera disidencia política, sino una heterodoxia fincada en la culpa por los silencios y las cegueras, inadvertidos o no, de los años treinta y de los muchos que siguieron. Una herejía resultado de una culpa y una contrición, vividas todas en el sentido religioso, específicamente cristiano, de la palabra.

★ ★ ★

Paz hablaba poco de Dios. En materia de religión estaba más cerca de su abuelo jacobino que de su madre, la piadosa doña Josefina. En las tres religiones monoteístas veía un legado de intolerancia incompatible con su actitud de pluralidad. Le divertía contar la anécdota de un fervoroso musulmán que en el Himalaya les dijo, a Marie Jo y a él, casi a señas: «¡Moisés, *Kaputt*; Jesús, *Kaputt*; sólo Mahoma vive!» Paz pensaba que también el más reciente profeta estaba «*Kaputt*» y que la única religión coherente con el misterio de nacer y morir era el budismo. Octavio —nombre latino al fin— buscaba la sabiduría de Sócrates, no la de Salomón; releía a Lucrecio, no la Biblia; no admiraba a Constantino, sino a Juliano el Apóstata, restaurador del panteón pagano, a quien llegó a dedicarle un poema. Por su curiosidad universal en el arte, el pensamiento y la ciencia, era un hombre del Renacimiento; por su espíritu libre y hasta un tanto libertino, era un filósofo del siglo XVIII. Por su arrojo creativo y su pasión política y poética, fue un romántico revolucionario de los siglos XIX y XX.

Y sin embargo, escribió su libro mayor sobre una religiosa. Un dominico, el padre Julián, solía invitarlo a hablar sobre temas teológicos con un tercer comensal, otro heterodoxo radical, su amigo Luis Buñuel. Quiso que *Vuelta* rescatara el extraordinario debate sobre san Juan de la Cruz, «Filosofía y misticismo», publicado en *Taller* y en el que habían intervenido, entre otros y además de él mismo, Vasconcelos, el sacerdote y filósofo español José María Gallegos Rocafull y José Gaos. En 1979 Paz escribe sobre la vida de Revueltas como una atea imitación de Cristo. En 1980 murió su madre. Gabriel Zaid encargó un novenario que lo conmueve.

XIX

El marxismo se había vuelto una ideología, en el sentido que Marx daba a la palabra y con las funciones que le atribuía: «Si la ideología marxista cumple entre muchos intelectuales de Occidente y América Latina la doble función religiosa de *expresar* la miseria de nuestro mundo y de *protestar* contra esa miseria, ¿cómo desintoxicarlos?» Marx mismo había enseñado la vía: «mediante un examen de conciencia filosófico». A ese examen de la ideología marxista encarnada sobre todo en los movimientos guerrilleros de Centroamérica, se abocaría, en los años ochenta, la revista *Vuelta*. Pero esa labor no le correspondería ya a Paz, sino a Gabriel Zaid.

Dos ensayos de Zaid en *Vuelta* causaron enorme revuelo dentro y fuera del país: «Colegas enemigos. Una lectura de la tragedia salvadoreña» (julio de 1981), y «Nicaragua: el enigma de las elecciones» (febrero de 1985). Se trataba, en ambos casos, de análisis puntuales sobre los intereses materiales y de poder en los grupos revolucionarios. Zaid leyó esos conflictos como una guerra civil de universitarios y entre universitarios, a costa del pueblo que la padecía. La solución para ambos casos era la democracia: en El Salvador, aislar a los «escuadrones de la muerte» y a los guerrilleros de la muerte, para propiciar elecciones limpias. En Nicaragua, someter al voto popular el mandato sandinista.

Más de 60 revistas y diarios internacionales reprodujeron o comentaron ambos ensayos (*Dissent, Time, Esprit, The New Republic, Jornal da Tarde, 30Giorni*, entre muchos otros). Murray Kempton en *The New York Review of Books* le consagró una reseña muy elogiosa. Pero en México, no menos de 20 impugnadores (congregados entre varias publicaciones, pero particularmente en la revista *Nexos*) condenaron a Zaid: su «inerme», «audaz», «increíble lectura», desdeñando «los cambios en la conciencia de las masas en su trayecto a la revolución», había «abierto un frente de apoyo a la Casa Blanca». Otros cargos: Zaid hacía creer «que Cuba está manipulando la violencia en El Salvador»; Zaid «coincide (punto por punto) con el Departamento de Estado»; Zaid arriba a una solución «chabacana» y «absurda»: la de sacar a los violentos «para que el resto del pueblo pueda ir a elecciones y poner fin a su tragedia».

Paz salió en defensa de Zaid recordando que en casi todas las revoluciones (sin exceptuar la francesa, la mexicana o la rusa) la voluntad de las minorías violentas –a menudo enfrentadas entre sí– había prevalecido sobre la voluntad de las mayorías. En El Salvador ocurría algo similar: «el pueblo, *antes* de la toma del poder, ha mostrado igual repugnancia ante los extremos de derecha que ante los extremistas de izquierda. El pueblo, desde hace varios años, está en medio de dos minorías armadas y feroces». El común denominador de las críticas apelaba a la ideología. Según éstas, Zaid había sido incapaz de ver «la complejidad del tejido y pensar los fenómenos sociales como totalidades». Para Paz todo aquello era «verborrea y suficiencia». La apelación teórica e ideológica al «sentido de la historia» no debía servir para escamotear los hechos: «no es la crítica de Zaid la que excluye a las masas: son las élites, revolucionarias o reaccionarias, las que las excluyen por la fuerza de las armas, mientras dicen obrar en nombre de ellas».

En octubre de 1984, al recibir el Premio de la Asociación de Editores y Libreros Alemanes en Frankfurt, Paz aludió tácitamente a las tesis de Zaid al referirse, en un pasaje del discurso, a Nicaragua. Trazó en breves líneas la historia de la «dictadura hereditaria» de Somoza, que «nació y creció a la sombra de Washington». Explicó el conjunto de factores que habían determinado la caída de ese régimen y la sublevación. «Poco después del triunfo —agregó— se repitió el caso de Cuba: la revolución fue confiscada por una élite de dirigentes revolucionarios»:

> Casi todos ellos proceden de una oligarquía nativa y la mayoría ha pasado del catolicismo al marxismo leninismo o ha hecho una curiosa mezcolanza de ambas doctrinas. Desde un principio los dirigentes sandinistas que buscaron inspiración en Cuba han recibido ayuda militar y técnica de la Unión Soviética y sus aliados. Los actos del régimen sandinista muestran su voluntad de instalar en Nicaragua una dictadura burocrático-militar según el modelo de La Habana. Así se ha desnaturalizado el sentido original del movimiento revolucionario.

Paz mencionó la variada composición de los grupos antisandinistas (los indígenas misquitos, por ejemplo) y advirtió que la ayuda técnica y militar de Estados Unidos topaba con la crítica creciente del Senado y la opinión norteamericanos. En cualquier caso, las recientes elecciones en El Salvador (llevadas a cabo bajo la metralla cruzada) le parecían una muestra de la voluntad pacífica y democrática del pueblo, y el ejemplo a seguir.

En México, la reacción al discurso fue de una violencia sin precedente. Frente a la embajada de Estados Unidos en la calle de Paseo de la Reforma (a unos pasos de la casa de Paz), una multitud marchó con efigies de Ronald Reagan y Octavio Paz. Algunos gritaban: «Reagan rapaz, tu amigo es Octavio Paz». En un momento, prendieron fuego a la efigie del poeta. Al día siguiente, el gran caricaturista Abel Quezada publicó un cartón titulado «Las trampas de la fe», en el que aparecía Paz colgado de una soga, devorado por las llamas en un auto de fe, y repitiendo las palabras de su discurso: «La derrota de la democracia significa la perpetuación de la injusticia y de la miseria física y moral, cualquiera que sea el ganador, el coronel o el comisario.» Quezada apuntaba: «Los comunistas quemaron la efigie de Octavio Paz y censuraron violentamente lo que dijo... Si eso hicieron con el mejor escritor de México ahora que están en la oposición, cuando suban al poder no van a dejar hablar a nadie.»

El episodio fue la culminación de una larga y sorda persecución. José de la Colina, uno de los pocos escritores que defendieron a Paz, apuntó que la quema había sido la forma peculiar en que la «Iglesia de izquierda» celebraba el año de Orwell, y destacó el parecido de los hechos con el juicio promovido por Big Brother contra Goldstein, el «enemigo del pueblo» de *1984*. Por su parte, Paz escribió a su editor catalán Pere Gimferrer una carta:

> Mi primera reacción fue la risa incrédula: ¿cómo era posible que un discurso más bien moderado hubiera desencadenado tanta violencia? Enseguida, cierta satisfacción melancólica: si me atacan así es porque les duele. Pero, te lo confieso, a mí también me ha dolido. Me sentí (y todavía me siento, sólo que ya no me afecta) víctima de una injusticia y de un equívoco. En primer lugar, como piensan Zaid y otros amigos (también Marie José, que es una mente perspicaz), fue una acción concebida y dirigida por un grupo con el fin de intimidarme e intimidar a todos los que piensan como yo y se atreven a decirlo. Este chantaje político encontró un dócil instrumento en el fanatismo ideológico de muchos intelectuales y contó con la complicidad de algunos politicastros y de no pocos periodistas y escritorzuelos. Por último, el combustible nacional: la envidia, el resentimiento. Es la pasión que gobierna en nuestra época a la clase intelectual, sobre todo en nuestros países. En México es una dolencia crónica y sus efectos han sido terribles. A ella le atribuyo, en gran parte, la esterilidad de nuestros literatos. Es una cólera sorda y callada que a veces asoma en ciertas miradas –una luz furtiva, amarillenta, metálica... En mi caso la pasión ha alcanzado una virulencia pocas veces vista por la unión del resentimiento con el fanatismo ideológico.

* * *

En 1979, Paz había reunido sus polémicos ensayos contra el dogma y la mentira, contra la ortodoxia católica y marxista, en *El ogro filantrópico* (1979). El ensayo que daba nombre a aquél expresaba otra faceta de la dualidad de Paz, esta vez con respecto al sistema político al que había servido de 1945 a 1968. Su crítica era más suave que sus páginas de

Posdata. El recuento crítico era similar, pero agregaba que la corrupción era atribuible al patrimonialismo (la fructífera teoría sobre la permanencia de la cultura política neotomista de la monarquía española en América Latina, debida al historiador Richard M. Morse). Y recordaba desde luego crímenes imperdonables como el de 1968. Pero llegaba a una conclusión relativamente benigna: ante la incapacidad política de la izquierda para integrar un partido moderno dotado de un proyecto realista y responsable, y ante la crisis del PAN (partido de derecha que consideraba en vías de desintegración), el PRI había tenido el mérito de discurrir una reforma política que paulatinamente daría forma a la democracia mexicana. Si Paz era displicente con la derecha y combatiente con la izquierda, su actitud frente al sistema era casi optimista. Confiaba en el tránsito de México a la democracia y a la libertad, cuya unión «ha sido el gran logro de las sociedades modernas en Occidente, desde hace dos siglos». Paz pensaba, entonces, que el sistema mismo estaba disolviendo su propia dualidad: dejaría de ser ogro, sin abandonar la filantropía, en un marco de libertad.

El libro se había publicado en medio de la mayor euforia petrolera del siglo en México. El triunfalismo «faraónico» del presidente López Portillo (1976-1982) tenía pocos críticos. Uno de ellos fue el ingeniero Heberto Castillo, amigo de Lázaro Cárdenas y maestro de su hijo Cuauhtémoc. Otro fue Zaid, también ingeniero. En la febril explotación de los nuevos yacimientos y la contratación no menos indiscriminada del crédito externo por parte del enorme sector público (adueñado, para entonces, de buena parte de la economía), Zaid advirtió –en sus textos de *Vuelta*– el anuncio de la quiebra generalizada. Un frágil ladrillo soportaba el edificio: el precio del barril del petróleo. Si éste se caía, todo se caía. Y todo se cayó en septiembre de 1982.

La quiebra financiera precipitó la crisis política del sistema. El presidente López Portillo, que había anunciado al país la «administración de la abundancia», lloró en su discurso de despedida ante el Congreso y nacionalizó la banca. La opinión de izquierda aplaudió la medida como un acto valeroso y revolucionario. A contracorriente, *Vuelta* la criticó como un gesto de populismo distractivo, y apuntó que la única alternativa razonable para el país era la democracia plena. En enero de 1984, mi ensayo «Por una democracia sin adjetivos», publicado en *Vuelta*, propuso la transición inmediata a la democracia. Ya no cabía colgar a la democracia los adjetivos usuales del marxismo: «formal», «burguesa». Había que transitar a ella de inmediato y en su sentido estricto, electoral.

Un sector de la izquierda intelectual política y hasta una corriente del PRI se mostró sensible a la idea. Adolfo Gilly, miembro distinguido de la primera, la llamó «Una modesta utopía». Heberto Castillo, honrado líder del Partido Mexicano de los Trabajadores, se adhirió públicamente. Por esos días, Porfirio Muñoz Ledo y otros militantes del PRI comenzaron a formar una Corriente Democrática que sería el embrión de la coalición que en 1988 postularía a Cuauhtémoc Cárdenas para presidente y que, a partir de 1989, unificaría por fin a la izquierda mexicana en un partido único: el PRD.

Paz entró en una zona de perplejidad: no, el sistema no había sido capaz de resolver, de disolver, la dualidad. ¿Cuál era el camino?

★ ★ ★

Paz fue siempre sensible a las fechas. En su vida eran —como el título de uno de sus libros— «signos de rotación». En 1984 cumplió setenta años. Tras publicar *Tiempo nublado* (libro sobre la escena internacional, en el que equivocadamente previó el fortalecimiento del poderío militar soviético, pero predijo la insurgencia islámica) acometió, además de la preparación usual de varios libros, al menos dos tareas importantes: la edición sudamericana de *Vuelta* basada en Buenos Aires (aventura que duró algunos años) y la organización del encuentro «Más allá de las fechas, más acá de los nombres» por la televisión abierta. Paz convocó a varios colaboradores nacionales y extranjeros de *Vuelta* para hablar de los temas literarios, históricos, filosóficos y políticos que lo habían apasionado siempre. En una de las mesas, dedicada a examinar su visión de la historia mexicana, evocó el movimiento estudiantil de 1968, con cuyo espíritu libertario se había identificado:

Lo esencial —y por esto escuchó a los estudiantes el pueblo mexicano— era que hablaban de democracia. Dándose o no cuenta de ello, retomaban la vieja bandera liberal de Madero. ¿Por qué? Porque se trata de una revolución que en México no se ha hecho. Hemos tenido la revolución de la modernización, la revolución zapatista, muchas revoluciones, pero hay una revolución inédita.

Esa «revolución inédita» a la que se refirió Paz era la democracia. No era frecuente escuchar en labios de Paz un elogio de Francisco I. Madero, el «Apóstol de la Democracia». ¿Se había vuelto liberal?

Paz se consideraba liberal por su genealogía, por su distancia de la Iglesia, por su conocimiento de la Revolución francesa y la lectura de los *Episodios nacionales* de Benito Pérez Galdós, con cuyo personaje central, Salvador Monsalud, se identificaba. Pero en él, la palabra liberal —española, en su origen como sustantivo— aludía a un temple, una actitud, un adjetivo. Su liberalismo era literario más que histórico, jurídico y político. En su visión del liberalismo, como del catolicismo, había una dualidad o, mejor dicho, la misma dualidad planteada desde el extremo opuesto. Había llegado la hora de confrontarla.

El laberinto de la soledad no había negado «grandeza» a los liberales del siglo xix pero consideraba que su movimiento había precipitado una *caída* histórica. Con la Independencia y, sobre todo después, con la Reforma, México —según Paz— había perdido su filiación. Pero páginas atrás sostenía que, durante la Colonia, «los mejores» habían terminado por buscar la salud en la intemperie, desprendiéndose del cuerpo de la Iglesia para respirar un «aire fresco intelectual». ¿Caída o liberación? ¿Qué otra cosa había hecho el liberalismo del siglo xix al desprenderse de la Iglesia? ¿No habían sido los liberales, precisamente, los que en su programa reivindicaban la aspiración de libertad que Paz descubría en Sor Juana? Y si el liberalismo político original —el de su abuelo— se había opuesto al caudillismo, ¿por qué no lo había reconocido en su libro? Tanto su abuelo como su padre habían aplaudido la lucha democrática de Madero, el hombre que en 1910 había ondeado la misma bandera democrática y liberal que Ireneo Paz en 1871: «Sufragio efectivo, no reelección.» ¿Por qué Paz lo había tenido a menos, como el propio José Vasconcelos se lo había reclamado en la elogiosa reseña a *El laberinto de la soledad* en 1950?

Paz señaló siempre la falta de crítica en el siglo XVIII mexicano: pero esa crítica había existido ya, prematura y frustrada, en los jesuitas ilustrados de fines del siglo XVIII, y había existido también, mucho más sólida, en las leyes, instituciones y escritos de los liberales del siglo XIX. A esa «Reforma vacía» y a su heredero solitario, Francisco I. Madero, México debía el orden democrático constitucional que apenas vislumbraba en 1984. En esto Paz no había incurrido en una dualidad sino en una contradicción. Pero igual que en el caso de Sor Juana, al confrontar la realidad de los órdenes políticos cerrados y opresivos del siglo XX, Paz revaloraba la tradición liberal desdeñada en su libro clásico. Frente a las cámaras de televisión, declaró: «la salvación de México está en la posibilidad de realizar la revolución de Juárez y Madero». Cosío Villegas, el «liberal de museo», sonreía en el más allá.

Pero la democracia liberal no podía saciar a Paz. Era demasiado insípida y formal. No había en ella un contenido de trascendencia. Por eso en aquel programa Paz retomó su visión histórico-poética de la Revolución mexicana como una vuelta al origen y una revelación del rostro escondido de un pueblo. Y volvió a sostener la vigencia de la Revolución que le había arrebatado a su padre:

> Creo que en México sigue viva la herencia zapatista, sobre todo moralmente. En tres aspectos. En primer lugar fue una revuelta antiautoritaria: Zapata tenía verdadera aversión por la silla presidencial. Y esto es fundamental. Hay que rescatar la tradición libertaria del zapatismo. En segundo lugar, fue una revuelta anticentralista. Frente a la capital, frente a dos milenios de centralismo (es decir, desde Teotihuacán), el zapatismo afirma la originalidad no sólo de los estados y las regiones, sino incluso de cada localidad. Este anticentralismo es también muy rescatable. Y, por último, el zapatismo es una revuelta tradicionalista. No afirma la modernidad, no afirma el futuro. Afirma que hay valores profundos, antiguos, permanentes.

Había que reivindicar a los liberales Juárez y Madero. Pero había que «corregir el liberalismo con el zapatismo». Ésa era la fórmula de salvación.

«Los mexicanos debemos reconciliarnos con nuestro pasado», repetía Paz. Ya en *El laberinto de la soledad* se había reconciliado con su padre y con su revuelta zapatista, viendo en ella una «comunión de México consigo mismo», con sus raíces indígenas y españolas. Pero en las últimas décadas otro personaje se acercó a la mesa, el abuelo Ireneo. Frente al Estado mexicano corrupto, paternalista, ineficaz y autoritario, era preciso recobrar los valores democráticos y liberales. Al abrazarlos, Paz empezaba a cerrar la vuelta de la vida. Ahora sí, los tres Paz —el abuelo Ireneo, Octavio el padre y Octavio el hijo— podían sentarse a la mesa. El mantel olía a pólvora, y a libertad.

★ ★ ★

En 1985, Paz publicó un artículo en *Vuelta* titulado «El PRI: hora cumplida». Era su última llamada al sistema para abrirse a la libre competencia en las urnas. Paz no preveía y menos aún deseaba la salida del PRI del poder. Pero concebía una transición pausada en la que el PRI cediera espacios a la oposición en el Parlamento y los estados. No hablaba de alternancia de poder en el Ejecutivo y, menos aún, veía próximo el fin del PRI (que Zaid predecía en un texto paralelo). Simplemente consignaba que el país reclamaba, en efecto, una «democracia sin adjetivos».

En esos meses, el PAN, Partido Acción Nacional, que desde su fundación en 1939 había ejercido la oposición de centro derecha, se fortalecía en los estados del norte del país. Paz no le había concedido la menor vocación democrática. Lo consideraba un partido retrógrado, católico, nacionalista, heredero del conservadurismo del siglo XIX, en particular del pensador Lucas Alamán. Lo cierto es que, en términos de moral social, el PAN tuvo siempre una actitud conservadora, afín a la jerarquía católica, y en los cuarenta algunos de sus miembros habían mostrado simpatías por el Eje. Pero su desempeño político (en sus propuestas legislativas, su régimen interno) había sido democrático, y su ideología económica, más que proteccionista y estatista (como la propuesta por Alamán), había sido liberal. Paz permaneció siempre lejos del PAN, y lo criticó con frecuencia pero, a raíz de un ruidoso fraude perpetrado en 1986 por el PRI contra el PAN en el estado de Chihuahua, accedió a dar su firma para un documento que signaron los principales intelectuales de México (incluidos varios de sus antiguos críticos) pidiendo la anulación de la elección. Ese acto fue un catalizador de la transición democrática en México. A partir de él, ya no sólo el PAN sino los partidos de izquierda entendieron que la vía democrática era preferible a la revolucionaria.

XX

En junio de 1987, Paz acudió a Valencia para conmemorar, junto con un grupo numeroso de escritores y unos cuantos sobrevivientes, aquel Segundo Congreso Internacional de Escritores celebrado medio siglo atrás. El día 15 pronunció el discurso inaugural. Fue un texto particularmente intenso, por la significación que el lugar y la fecha tenían en su vida, y en la vida del siglo XX. Lo tituló «Lugar de prueba»: «la historia no es sólo el dominio de la contingencia y el accidente: es el lugar de prueba». ¿Palabras de cristiano y de marxista? No habló de las trampas de la fe, sino de las trampas de la fe en la historia. Su generación había sacralizado la historia, pero la historia, profana y azarosa, se había negado a revelar su sentido. «La historia es el error», había escrito en «Nocturno de San Ildefonso». En Valencia dijo: «estamos condenados a equivocarnos». Como el juez más severo hizo el recuento de sus equivocaciones. Admitió el grave quebranto de la idea revolucionaria, los golpes mortales que había recibido no tanto de sus adversarios sino de los revolucionarios mismos: «allí donde han conquistado el poder han amordazado a los pueblos». Pero muy pronto, el tema y el tono pasaron a un plano religioso:

> Quisimos ser los hermanos de las víctimas y nos descubrimos cómplices de los verdugos, nuestras victorias se volvieron derrotas y nuestra gran derrota es quizá la semilla de una gran victoria que no verán nuestros ojos. Nuestra condenación es la marca de la modernidad. Y más: es el estigma del intelectual moderno. Estigma en el doble sentido de la palabra: la marca de santidad y la marca de infamia.

Condena, estigma, santidad e infamia. La confesión –que eso era el discurso– recordaba la grandeza moral de aquel Congreso: el amor, la lealtad, el valor, el sacrificio que lo rodeaba. Pero recordaba también su flaqueza: «la perversión del espíritu revolucionario». Y al hablar sobre el ataque a Gide (el supuesto «enemigo del pueblo español»), en el sitio mismo de aquella infamia, Paz sintió la necesidad de expiar su culpa. Lo hizo en términos cuya precisión no dejaba lugar a la duda: «Aunque muchos estábamos convencidos de la injusticia de aquellos ataques y admirábamos a Gide, callamos. Justificamos nuestro silencio con [...] especiosos argumentos [...] Así contribuimos a la petrificación de la revolución.»

Quedaba un valor, la crítica. «La crítica que restablece la circulación entre los dos órdenes pues examina nuestros actos y los limpia de su fatal propensión a convertirse en absolutos [... e] inserta a los otros en nuestra perspectiva.» A los *otros* que conoció en la guerra de España dedicó Paz los últimos párrafos de su discurso. Los *otros* eran los rostros del pueblo español, los soldados, los trabajadores, los campesinos, los periodistas que había conocido:

> Con ellos aprendí que la palabra fraternidad no es menos preciosa que la palabra libertad: es el pan de los hombres, el pan compartido.

La frase aludía a un episodio concreto: el campesino que, bajo un bombardeo, «cortó un melón de su huerta y, con un pedazo de pan y un jarro de vino, lo compartió con nosotros». Pero la aparición de la metáfora cristiana no es casual. En España en 1937, Paz había encontrado, en la fraternidad de los hombres, en el pueblo, el pan y el vino de la Comunión. Así, de nueva cuenta, en los momentos límites, el tema cristiano, soterrado casi siempre, salía a la superficie poética. Como «Piedra del sol», donde la idea cristiana nace de pronto, en referencia a la vida misma, a su misterio: «Hambre de ser, oh muerte, pan de todos.»

★ ★ ★

En términos más terrenales, el «lugar de prueba» para su convicción democrática ocurrió en México en las elecciones de 1988. El resultado de los comicios sorprendió a todos. El candidato de una súbita coalición de izquierda, Cuauhtémoc Cárdenas, obtuvo una votación tan copiosa que el gobierno (juez y parte del sistema electoral, por aquel entonces) adujo una extraña «caída del sistema» de cómputo, presumiblemente para retrasar la emisión de resultados. Un sector amplio de la opinión pública sospechó que se tramaba un fraude, y creyó confirmar sus temores cuando los resultados oficiales favorecieron, con un inverosímil 50% del total, al candidato del PRI, Carlos Salinas de Gortari. Aunque admitía haber perdido, el candidato del PAN (Manuel J. Clouthier) se declaró en huelga de hambre, mientras que Cárdenas se vio —por algunos meses— en la disyuntiva de convocar a una insurrección contra lo que consideraba una usurpación o consentir lo ocurrido para dar pie a la fundación de un partido de izquierda. Tras varios meses de tensión, optó por la segunda vía: por primera vez en la historia política de México la izquierda tendría una representación sustancial en el Congreso y un partido sólido, unificado y moderno: el PRD.

A Octavio Paz no lo convencieron los argumentos sobre el fraude. Creía que todo aquel que examinara el asunto con imparcialidad y sin pasión llegaría a sus mismas conclusiones. «Sin duda hubo irregularidades, además torpezas y errores.» Pero había que tomar en cuenta que eran las primeras elecciones «de esta índole» —es decir, realmente competitivas— que se realizaban en México. Cabía revisar parcialmente el proceso, pero de ninguna manera acceder a la anulación de los comicios, como pedía la oposición de izquierda. Paz veía en esa indignación un maximalismo peligroso, la mentalidad del *todo o nada*. El país necesitaba una *transición*, no un cambio brusco. Aceptados los resultados, vuelta la normalidad, el país debía dotarse de un nuevo código electoral, el PRI debía aceptar perder la mayoría en alguna cámara (temas de «cocina política»), el PAN debía recoger la tradición conservadora y la izquierda, llamada *neocardenista*, debía enfrentarse al reto formidable de formar un verdadero partido y concebir un programa moderno.

Gabriel Zaid creyó que había existido un fraude, así lo publicó. No obstante, argumentó la necesidad de seguir adelante y dar paso a la presidencia de Salinas de Gortari, porque el riesgo de violencia era real. Mejor trabajar por una transición democrática que ya no era reversible que abrir paso a la violencia. Paz compartía la conclusión pero no la premisa: los alegatos eran injustificados y la agitación era «no sólo nociva sino suicida».

Y no sólo objetaba la reacción del movimiento de izquierda, también su supuesta falta de ideas y programa, y su heterogénea constitución:

> El neocardenismo no es un movimiento moderno aunque sea muchas otras cosas, unas valiosas, otras deleznables y nocivas: descontento popular, aspiración a la democracia, desatada ambición de varios líderes, demagogia y populismo; adoración al padre terrible: el Estado, y, en fin, nostalgia de una tradición histórica respetable pero que treinta años de incienso del PRI y de los gobiernos han embalsamado en una leyenda piadosa: Lázaro Cárdenas.

La izquierda sí tenía un programa. Era similar al que Paz, en su carta a Gilly de 1972, consideraba «indispensable»: la vuelta al cardenismo. Y la izquierda sí había avanzado en el sentido que Paz había reclamado desde los setenta: había renunciado a las armas, había integrado una corriente popular e independiente, y marchaba hacia la constitución de un partido. ¿Qué podía reclamarle? No la falta de programa sino el sentido del programa. A final de los años ochenta, Paz consideraba que el cardenismo representaba una vuelta al pasado y que esa vuelta no sólo detendría el desarrollo económico sino incluso el avance democrático. A sus ojos, su triunfo habría significado una restauración de la más antigua versión del «ogro filantrópico», avalada por urnas. A todas luces prefería el proyecto que Carlos Salinas de Gortari (antiguo alumno suyo en Harvard, y alguna vez colaborador de *Plural*) proponía para abrir y modernizar la economía.

Un sector de la opinión pública pensó que su argumentación era contraria a su defensa de la democracia. Paz no admitió la impugnación porque no creyó en el fraude. Y quizá también porque se había convencido, como don Ireneo en 1880, que el nuevo proyecto modernizador traería progreso a un país necesitado de un cambio.

★ ★ ★

En 1989, en el bicentenario de la Revolución francesa, el gobierno de Francia le concedió el Premio Tocqueville. En su discurso, Paz dio por cerrado el ciclo mítico de la Revolución:

Asistimos a una serie de cambios, portentos de una nueva era que, quizás, amanece. Primero el ocaso del mito revolucionario en el lugar mismo de su nacimiento, la Europa occidental, hoy recuperada de la guerra, próspera y afianzado en cada uno de los países de la Comunidad el régimen liberal democrático. Enseguida, el regreso a la democracia en la América Latina, aunque todavía titubeante entre los fantasmas de la demagogia populista y el militarismo –sus dos morbos endémicos–, al cuello la argolla de hierro de la deuda. En fin, los cambios en la Unión Soviética, en China y en otros regímenes totalitarios. Cualquiera que sea el alcance de esas reformas, es claro que significan el fin del mito del socialismo autoritario. Estos cambios son una autocrítica y equivalen a una confesión. Por esto he hablado del fin de una era: presenciamos el crepúsculo de la idea de Revolución en su última y desventurada encarnación, la versión bolchevique.

Tras la caída del Muro de Berlín en 1989, otro milagro histórico, menos ruidoso, tuvo su aparición en América Latina: la adopción generalizada de la democracia. Con la nueva era, Paz sintió que la historia había confirmado su lucha de las últimas décadas y sus convicciones. No pocos antiguos adversarios se habían bajado del barco del «socialismo real», sin dar muchas explicaciones. Él las había dado con creces ante el tribunal de la historia y de su conciencia. Algunas de las publicaciones que con mayor virulencia lo habían atacado rindieron a *Vuelta* el homenaje tácito de asumir sus posturas. Lo hicieron subrepticia y mezquinamente, sin reconocerlo, casi en silencio.

En 1990 *Vuelta* convocó en México a un encuentro llamado «La experiencia de la libertad» en donde se analizaron sin triunfalismo las luces y sombras de ese parteaguas histórico. El elenco fue tan notable como variado: Czesław Miłosz, Norman Manea, Leszek Kołakowski, Adam

Michnik, Bronisław Geremek, Agnes Heller, Jean-François Revel, Jorge Semprún, Ivan Klíma, Michael Ignatieff, Cornelius Castoriadis, Hugh Trevor-Roper, Hugh Thomas, Daniel Bell, Irving Howe, Leon Wieseltier, Mario Vargas Llosa, Jorge Edwards, Carlos Franqui, János Kornai, entre otros. *Vuelta* se empeñó en invitar a los más representativos escritores de izquierda. Acudió una decena de autores, desde el viejo marxista Adolfo Sánchez Vázquez hasta Carlos Monsiváis. Las sesiones de discusión, trasmitidas por televisión abierta y financiadas por un conjunto de empresas privadas, versaron sobre el futuro de la sociedad abierta; las tensiones religiosas y nacionales; el papel de los intelectuales y escritores; el mapa del mundo en el siglo XXI y el papel de la economía de mercado. Se editaron libros que recogieron exhaustivamente las discusiones.

El encuentro despertó interés en el público, pero un sector irreductible de la izquierda acusó a los participantes de «fascistas». El cargo los indignó. Algunos de ellos habían pasado por campos de concentración nazis. Durante sus participaciones en el encuentro, Paz volvió a insistir en su crítica al «socialismo real» y refirió con detalle la complicidad de los intelectuales mexicanos a lo largo de seis décadas, pero fue igualmente enfático en su crítica a los monopolios privados, al «ciego mecanismo del mercado», a «la dominación del dinero y el comercio en el mundo del arte y la literatura». Y en un momento de particular tensión, cuando Mario Vargas Llosa caracterizó al sistema político mexicano como «la dictadura perfecta», Paz salió en su defensa: «hemos padecido la dominación hegemónica de un partido; ésta es una distinción fundamental y esencial». Hablaba, una vez más, el hijo de la Revolución mexicana.

Ese mismo año obtuvo el Premio Nobel. Para entonces, en el orbe de habla hispana ocupaba un lugar que sólo había tenido en el siglo José Ortega y Gasset, y en varios países europeos, notablemente Francia, era reconocido como uno de los grandes «maestros del pensamiento» del siglo. Había salido del laberinto de la soledad, había disuelto un tanto la excentricidad mexicana en Occidente.

★ ★ ★

En una cena de amigos, Paz hablaba de la Revolución, el tema del siglo xx. Sin la menor intención de ofenderlo, como una reconvención cordial, su viejo amigo José Luis Martínez se atrevió a decir, en voz baja: «Octavio, tú en realidad nunca fuiste revolucionario.» Paz se levantó y reclamó en voz alta, casi con ira: «¿Qué dices? ¿Qué yo no fui revolucionario?» Martínez, con certeza, se refería a la acción revolucionaria, tanto la acción violenta de los guerrilleros como la acción militante, tal y como la había practicado Revueltas. Paz, por su parte, había practicado la Revolución a través de la poesía y del pensamiento, pero no por eso se había sentido menos revolucionario. Además, había pagado su cuota de dolor y culpa por haberlo sido.

La anécdota es significativa, no sólo por el pasado de Paz sino como revelación de una llama revolucionaria viva. El 1° de enero de 1994, Paz —y México entero— despertó con la noticia increíble de una insurrección indígena en el sureste de México. El grupo tenía como líder al «Subcomandante Marcos», y se autodenominaba zapatista.

Para Paz, esta vuelta de la historia lo llevó al extremo de la perplejidad. Aunque reaccionó de manera adversa a la «recaída de los intelectuales» que de inmediato mostraron su entusiasmo por el movimiento y criticó por principio el recurso de la fuerza, conforme pasó el tiempo sus artículos fueron revelando una sutil simpatía por lo que ocurría en Chiapas. ¿No había escrito continuos elogios a la revuelta? ¿No había reclamado una vuelta al México indígena? ¿No había criticado a lo largo de su vida los valores del mercado? ¿Y cómo condenar a un movimiento que ostentaba la efigie de Zapata? ¿Y cómo no sorprenderse ante las entregas literarias de Marcos? «La invención del escarabajo Durito, caballero andante, es memorable; en cambio sus tiradas me conquistan a medias.» Conquistar a Paz, aunque fuese «a medias», era toda una conquista. «¿Por qué ha escrito usted más sobre Marcos que sobre ninguno de nosotros?», le reclamó alguna vez Christopher Domínguez, uno de los jóvenes críticos literarios de *Vuelta*. «Porque ustedes no se han levantado en armas», respondió.

Eran ecos lejanos de su juventud. Y sin embargo, no tenía dudas: «El liberalismo democrático —escribió— es un modo civilizado de convivencia. Para mí es el mejor entre todos los que ha concebido la filosofía política.» Entonces formuló la síntesis sencilla y final de su larga pasión por la historia y la política:

Debemos repensar nuestra tradición, renovarla y buscar la reconciliación de las dos grandes tradiciones políticas de la modernidad, el liberalismo y el socialismo. Me atrevo a decir que éste es «el tema de nuestro tiempo».

★ ★ ★

En los últimos años, la historia y el azar le hicieron jugadas extrañas que lo dejaron perplejo: se esperanzó demasiado en el régimen modernizador de Salinas, se impacientó demasiado con la revuelta tradicional de Chiapas. Como a su abuelo, le preocupaba la anarquía que parece cernirse sobre México. El rostro de don Ireneo se dibujaba cada vez más en el suyo. Hubiera querido una muerte serena, como la suya, una muerte rápida sin tiempo para alcanzar «la cama ni los óleos», pero esa gracia final no le fue concedida. Había nacido en el incendio histórico de 1914, su padre «iba y venía entre las llamas», y su propio final comenzaría también bajo el signo del fuego que devoró parte de su departamento y su biblioteca en diciembre de 1996. Luego se le descubrió un cáncer en la columna (metástasis del cáncer operado en 1977) que lo ató más de un año al potro del dolor. No creía ya en las capacidades autorregenerativas del sistema. «Fui un iluso», me murmuró, y enseguida, con angustia preguntaba: «¿Qué ocurrirá en Chiapas?» «¿Qué pasará con México?» Murió el 19 de abril de 1998. Dos años después, México transitaría definitivamente a la democracia.

En una ceremonia pública de despedida, volvió por última vez a la imagen del patriarca protector, poderoso y sabio. Repitió su metáfora predilecta sobre México como un «país solar», pero recordó de inmediato la oscuridad de nuestra historia, esa dualidad «luminosa y cruel» que estaba ya en la cosmogonía de los dioses mexicas y que lo había obsesionado desde la niñez. Ojalá y hubiese un Sócrates que apartara a sus conciudadanos del demonio de su cara oscura, de la reyerta entre hombres de la misma raza, de las pasiones destructoras y les mostrara el camino recto. Un Sócrates que protegiera a los hombres y mujeres de «nuestro México» convenciéndolos de no perder la vida por nada, de ganar la vida con sus compatriotas, sus amigos, sus vecinos. Cosa rara en él, estaba predicando: «como mi abuelo, tan amante de las prédicas de sobremesa». Y de pronto, volteó al cielo nublado como queriendo tocarlo con la mano: «allí hay nubes y sol, nubes y sol son palabras hermanas, seamos dignos del sol del Valle de México». (Por un instante el sol, en efecto, disipó las nubes.) «Valle de México, esa palabra iluminó mi infancia, mi madurez, mi vejez.»

En las semanas siguientes, el padre y el abuelo se desvanecieron de su memoria. El «mantel ya olía a pólvora» y la mesa se quedó sólo con el recuerdo de la madre y la presencia de su mujer. Un día, de pronto, escuché que le susurraba: «Tú eres mi Valle de México.»

Eva Perón

La madona de los descamisados

Que la política es un teatro lo sabían los *shogunes* japoneses y los demagogos griegos, pero cuando Ronald Reagan derrotó a Jimmy Carter en el debate televisivo de 1980 el escritor cubano Guillermo Cabrera Infante pensó que las convergencias entre el cine y el poder eran más serias de lo que parecen. Exiliado de su país por Fidel Castro —consumado actor, maestro del monólogo, «tan efectivo como Hitler en mover multitudes hasta hacerlas masas móviles». Cabrera padecía en carne propia los estragos de ese coctel explosivo. Ahora el desempeño de Reagan, ese «Errol Flynn de las películas B», lo comprobaba: no basta ser actor para ser político, pero ayuda mucho, sobre todo si se es un actor de segunda o, mejor aún, un actor fallido. Aquella noche Reagan habló con naturalidad, proyectando calma, seguridad y hasta benevolencia: el americano franco que en la *high noon* de la Guerra Fría salvaría lo salvable del siglo americano. «Ha sido la mejor actuación de su carrera —escribió Cabrera Infante—, merecía el Oscar, pero sólo le dieron como consuelo la presidencia de los Estados Unidos.»

Por el escenario del siglo XX ha desfilado todo un elenco de políticos-actores, algunos estimables, la mayoría despreciable. Los actores-políticos han sido menos frecuentes pero igualmente imperiosos y perturbadores. No es casual que Chiang Ching, actriz fallida de películas baratas, haya aprovechado sus dones y su experiencia para representar con éxito una serie de papeles históricos: partidaria fervorosa del líder de Hunan, protagonista de la Larga Marcha, amante y finalmente —*happy end* prematuro— esposa omnipotente del endiosado Mao Tse-tung.

Dato curioso: la obra china era contemporánea de una que se rodaba en el otro extremo del mundo. El galán era otro dictador, el general Juan Domingo Perón, que había declarado: «el argentino que pueda hacer en la tribuna lo que Gardel en la pantalla, tendrá a Argentina en un puño». Carlos Gardel, el legendario actor y cantante de tangos, había muerto en un accidente aéreo en 1935. El escenario estaba vacío; pero no fue Perón quien tendría a Argentina en un puño, sino su pareja: otra actriz fallida de películas baratas, Eva Duarte.

★ ★ ★

Todo empezó en Hollywood. En Junín, una pequeña ciudad de la provincia argentina, una chica lee la revista *Sintonía* y recorta fotografías de la actriz Norma Shearer. La ha visto en el papel de María Antonieta. Sueña en ser como ella, en ese rol, oyendo desde la prisión los tambores de la guillotina. No tiene recursos, ni estudios, ni otras prendas físicas más allá de una piel fina, translúcida, como de alabastro. Aunque practica con denuedo la declamación escolar de versos, su dicción es deplorable. Pero nada la arredra. Ella ha decretado que va a ser actriz y que el pueblo le queda chico. El año nuevo de 1935, a los 15 años de edad, se muda a la capital de Buenos Aires.

Por casi una década ejerce su vocación con poca fortuna: papeles mudos en el teatro, roles intrascendentes en el cine, fotografías en revistas de espectáculos y postales publicitarias. En cada paso, el patronazgo del respectivo empresario que a veces la propicia y protege pero en general ejerce a costa suya el derecho de pernada. Una colega suya de la época la evocaba:

> Era una cosita transparente, fina, delgadita, con cabellos negros y carita alargada... Era tan flaca que no se sabía si iba o si venía. Por el hambre, la miseria y un poco de negligencia, siempre tenía las manos húmedas y frías. También era fría en su trabajo de actriz: un pedazo de hielo. No era una chica de despertar pasiones, era muy sumisa y muy tímida... Comía muy poco. Creo que nunca comió en su vida.

«En el teatro fui mala, en el cine me las supe arreglar: pero si en algo fui valiosa es en la radio», confesaba años después. Tenía cierta razón. La moda de los radioteatros fue una fiebre sentimental en toda Latinoamérica. Tarde a tarde, desde México hasta la Patagonia, mujeres de todas las clases sociales detenían el tiempo para escuchar la enésima versión de «La Cenicienta». La frágil Eva comenzó a destacar como heroína de estos radioteatros, donde lo único que contaba era el temple melodramático expresado en su voz: aguda, quebrada, cándida, dolorosa. Con todo, el primer semestre de 1943 fue de pesadilla: una Cenicienta desempleada y marchita. De pronto, el golpe de Estado de junio de 1943 (primero en Argentina desde 1930, y preámbulo de una larga hegemonía militar) la sacó de la postración. Con el patrocinio del coronel Aníbal Imbert obtuvo un contrato para estelarizar en Radio Belgrano una serie dedicada a dieciocho mujeres célebres, que no podían pertenecer sino a dos categorías: artistas como Sarah Bernhardt e Isadora Duncan, o, preferiblemente, emperatrices: Isabel de Inglaterra, Eugenia de Montijo, Carlota de México, Ana de Austria, Catalina la Grande de Rusia. El semanario *Antena* la presentaba ya como «la famosa actriz Eva Duarte».

Su espectacular encuentro con el príncipe azul, Juan Domingo Perón (22 de enero de 1944), cambió instantáneamente su vida, y la de Argentina. «Gracias por existir», le dijo, con pleno dominio de su papel, encarnando un milagro de radionovela vuelto realidad. Una vez establecida como amante del poderoso general Perón, que a la sazón ocupaba el Ministerio de Trabajo, Eva siguió manteniendo programas de radio y escalando peldaños en el cine. Su último papel en la pantalla fue el estelar en *La pródiga*, un típico drama español de conversión religiosa: una mujer pecadora expía su vida licenciosa ejerciendo la caridad. Los pobres la sacralizan y la llaman «la Señora», «madre de los pobres», «hermana de los afligidos». A su llegada al poder, Eva destruiría las copias de *La pródiga*, no tanto por un impulso autocrítico como por una revelación de más fondo: la encarnación radiofónica de aquellas actrices y emperatrices, aunada a la historia de *La pródiga*, había perfilado en su interior el libreto de su vida futuro. Por una vez el cine no se inspiraría en la realidad; al contrario: saldría de la pantalla para apoderarse de la realidad.

La revelación reclamaba una transfiguración física. «Péiname así, Julito, como Bette Davis», le había rogado años atrás a su peluquero, que narró la historia a Tomás Eloy Martínez, autor de la tenebrosa y fascinante novela *Santa Evita*. El peluquero, Julio Alcaraz, comenzó por peinarla como Olivia de Havilland en *Lo que el viento se llevó*, pero su nuevo papel —no en el cine, en la historia— requería algo más que un cambio de estilo. Fue entonces cuando discurrió abandonar su pasado de «morocha», teñirse el pelo y parirse a sí misma como una madona rubia. «Era un oro teatral y simbólico —escribe la autora de *Eva Perón*, la biógrafa Alicia Dujovne Ortiz— que tenía la función de las aureolas y los fondos dorados en la pintura religiosa de la Edad Media: aislar a los personajes sagrados».

«A los pobres les gusta verme linda, no quieren que los proteja una vieja mal vestida. Ellos sueñan conmigo y yo no puedo decepcionarlos.» Para no decepcionarlos, siguió los consejos de algunas damas de sociedad; contrató los servicios de un modisto local que ideó para ella su primer *tailleur* príncipe de Gales, y en Europa adoptó modelos de Dior y fragancias de Rochas. Las joyas la enloquecían o, más bien, la nutrían y tranquilizaban, pero no desdeñaba el dinero contante y sonante. Al morir poseía 1 200 plaquetas de oro y plata, tres lingotes de platino, 756 objetos de platería y orfebrería, 144 broches de marfil, una esmeralda de 48 quilates, 1 653 brillantes, 120 pulseras y 100 relojes de oro, collares y broches de platino, otras piedras preciosas, además de acciones e inmuebles, todo valuado en decenas de millones de dólares.

Uno puede revisar la colección completa de *People*, *Paris Match*, *Hola* y revistas similares (con todo y las páginas de anuncios) sin encontrar un destino cinematográfico que lejanamente se le compare. No sólo encarnaba verosímilmente a la Cenicienta, sino al hada buena y milagrosa, la antigua pecadora a quien la Providencia ha hecho justicia colmándola de fama, poder y millones; no a una millonaria cualquiera, sino a una nueva «pródiga», la «dama de la esperanza», «primera samaritana argentina». En unos meses tuvo a la Argentina en un puño, y cuando la Argentina le quedó chica buscó tener en un puño a Europa. En 1947, los reporteros bautizaron su viaje triunfal como la «Gira del Arco Iris». Rutilante a la cabeza de su cortejo real, conquistó España, tuvo un éxito menor en Italia y en otros países, pero en París, al verla entrar en Notre Dame, monseñor Roncalli –futuro papa Juan XXIII– exclamó: «È tornata l'imperatrice Eugenia.» Cuando sintió que tenía Europa en un puño, ambicionó más: «yo lo que quiero es pasar a la historia». Su súbita enfermedad le insinuó un sueño aún más amplio: la inmortalidad. Para alcanzarlo ordenó ella misma, con todo detalle, su embalsamamiento. Murió víctima de un cáncer en el útero, a los treinta y tres años de edad. Tras el impresionante servicio fúnebre al que acudieron medio millón de personas que le lanzaron 1.5 millones de rosas amarillas, alhelíes y crisantemos, su seráfica momia no tuvo descanso: como si estuviese animada de vida propia, hechizando a quien se hiciera cargo de ella, trazó un increíble periplo de casi veinte años por Argentina y Europa. Fue escondida, copiada, enterrada y desenterrada varias veces, mutilada, y terminó por acompañar a Perón en su exilio. Esta necrofílica errancia es el tema central de la novela de Eloy Martínez. Finalmente, tras el no menos increíble retorno triunfal de Perón a la Argentina en 1973, creció la presión para repatriar sus restos. Muerto el caudillo, su viuda Isabelita –que según se dice trató de absorber el espíritu de la difunta– la trajo a Argentina y ordenó su cristiana sepultura en el cementerio de la Recoleta, donde ahora reposa. ¿Reposa?

II

Si la historia de su cuerpo embalsamado perteneció al género de la novela macabra, emparentada con la serie de Drácula, la obsesión permanente de su recuerdo se bifurcaría en dos vertientes: la religiosa y la mitológica. Mucho antes de morir, Eva había convocado alrededor suyo una devoción sólo comparable, en el orbe hispánico, a la de las diversas advocaciones de la Virgen María. La idolatría llegó a extremos de histeria. La gente le escribía para «estar en su pensamiento». «Es como estar en el de Dios», decía una enferma de polio. Muchos argentinos decidieron que el mejor modo de mostrar su amor a la santa era batiendo récords: de trabajo continuo, de ayuno, de bailar tango, de ligar carambolas de billar. Tomás Eloy Martínez documenta con vivacidad estas escenas que superan el *Libro Guinness*: para pedir a Dios por la salud de Eva, un talabartero peregrina a pie mil kilómetros hasta el Cristo redentor que está en los Andes. Lo acompañan su esposa y sus tres hijos, uno de ellos de pecho. Alguien inquiere sobre su propósito, y contesta: «Si Evita muere, los abandonados van a ser miles. Gente como nosotros hay en todas partes, pero santas como Evita hay una sola». Cuando sobrevino su muerte, por largos meses las estaciones de radio argentinas detenían sus transmisiones a las 8:25 p.m., advirtiendo a los escuchas que a esa hora había entrado «Eva a la inmortalidad»; 40 000 cartas llegaron al Vaticano pidiendo su canonización (que sería denegada); el fetichismo en torno a su persona y sus objetos llegó al extremo de tratar como «sagrados» los billetes que pródigamente había repartido. No es fácil explicar este fervor colectivo. Borges observaba que «nadie es católico en Argentina, pero todos deben simular serlo [...], el catecismo ha sido reemplazado por la historia argentina». Tal vez por ese doble motivo Eva llenó un hueco de fe en la religiosidad argentina.

La hagiografía sobre Evita fue debilitándose con el tiempo, no así su mitología: se escribieron infinidad de artículos, reportajes, revelaciones y libros sobre ella, se hicieron documentales y películas, se le veneró como a nadie y como a nadie se le deturpó, la gran Santa, la gran Puta. Su aureola se mantuvo incandescente hasta que Broadway la retomó, abriendo el paso a la verdadera culminación del sueño primigenio de Eva, a que todo terminara donde todo empezó, en Hollywood.

III

Perón le había recomendado leer a Carlyle, con su «teoría de los grandes hombres» y ella reputaba ese libro –*On Heroes, Hero-Worship, and the Heroic in History*– como uno de sus favoritos. Pero no fue de los libros donde extrajo su oceánica ambición. Fue de su vida. El primer elemento que la explica fue su condición de hija no sólo ilegítima –es decir, nacida fuera del matrimonio–, sino adulterina. Juan Duarte, el padre de Evita, un administrador de haciendas de mediana fortuna, mantenía a su familia legítima en Chivilcoy, y hacía años había abandonado a la madre de Eva, Juana Ibarguren, con sus cinco hijos: un hombre, Juan, y cuatro mujeres. Doña Juana, hija ilegítima ella misma, padeció estrecheces reales para criar a su prole. Vivía con sus hijos en un cuarto del mesón que regenteaba, y cosía ajeno en su máquina Singer. El esquivo Juan Duarte no acudió siquiera al bautizo de Eva, la menor, «hija no del amor, sino de la costumbre», en palabras del propio Duarte a Juana, que transcribe Eloy Martínez. «A Evita la veía tan poco –recordaba Juana– que si se la hubiera cruzado en medio del campo no la habría reconocido.» Eva conoció a su padre en el ataúd el día en que lo enterraron, en una atmósfera de brutal repudio contra su familia.

Eva guardó su rencor por largos años. Significativamente, antes de casarse con Perón, volvió a Los Toldos, lugar de su nacimiento, removió su acta original (con el apellido Ibarguren) e hizo registrar en Junín un acta nueva con el apellido Duarte que su padre le había negado. Ya en el poder, la asaltó la obsesión de buscar novios obligatorios para mujeres de la vida galante y casar parejas con hijos que vivían amancebadas. En 1951 fue madrina de boda de 1 608 personas.

Hay otras fuentes de resentimiento, como su historia sexual. Dujovne aduce que de joven fue acosada y despreciada por un rico estanciero y –a diferencia de Eloy Martínez– descarta como imaginaria o exagerada su seducción del cantante Agustín Magaldi, que aparece tan destacada en la película. Con el tiempo corrieron innumerables frases lesivas y chistes sobre su supuesta condición de prostituta (Borges, que la detestaba, repetía uno: se quería cambiar el nombre de la ciudad de La Plata por el de «Evita Perón». Perón dudaba, pero un diputado le da la solución: «pongámosle "La Pluta"»). Lo cierto es que el papel de vampiresa le venía mal. «Quienes la conocieron –afirma Eloy Martínez– pensaban que era la mujer menos sexual de la tierra.» «No te calentabas con ella ni en una isla desierta», dijo el galán de una de sus películas. Con excepción del director de su amada revista *Sintonía*, el chileno Emilio Kantulowitz, y del propio Perón, Dujovne prueba que los amores de Evita fueron pasajeros, desdichados y, a menudo, humillantes. Poco del Ángel Azul, menos de Madonna y nada de «Goodnight and thank you, whoever». En *Santa Evita*, Tomás Eloy Martínez reconstruye los testimonios de dos amigos que la conocieron en aquel fatídico comienzo de 1943: «debilucha, enfermiza, insulsa... Tenía las tetas chicas y eso la acomplejaba. Parecía una de esas gatas callejeras que sobrevivía al frío, al hambre, a la inclemencia de los seres humanos».

Eloy Martínez, gran detective, pudo verificar que Evita estuvo internada con el nombre de María Eva Ibarguren en la clínica Otamendi y Miroli de Buenos Aires, entre febrero y mayo de 1943:

> Ella estuvo embarazada [...] Ni el padre ni ella querían tener el hijo [...] El problema fue que el aborto acabó en desastre. Una carnicería. Le rompieron el fondo del útero, los ligamentos, la trompa. A media hora cayó bañada en sangre, con peritonitis [...] En esos meses prefería estar muerta... era capaz de pegarse un tiro.

El trance era sólo un capítulo de un largo catálogo de desaires e injurias que Eva guardó en la memoria, en espera de la venganza. «Si Eva llegó a ser alguien –dice un informante a Eloy Martínez– es porque se propuso no perdonar.» La propia Madonna recogió de alguien esta frase: «Evita traía la dulzura de la venganza corriendo entre sus venas.»

Su vínculo con Perón la redimió. Él la exaltaría a la posición de poder que le permitiría revertir su destino y vengar todas las afrentas. Pero Perón no la necesitaba menos. Por su reciente experiencia como observador militar en la Italia de Mussolini –líder al que veneraba y para quien «hubiese erigido un monumento en cada esquina»–, Perón conocía la clave para tener en un puño a la Argentina: «manejar a los hombres es una técnica... un arte de precisión militar. Yo lo aprendí en Italia en 1940. Esa gente sí que sabía mandar». Lector de *Mein Kampf*, había visitado Berlín durante la guerra y, siguiendo a Goebbels, reafirmó la importancia de la oratoria y la radio en la política de masas. Eva era el socio perfecto para su empresa, la oradora que hipnotizaría a «los descamisados», cientos de miles de obreros urbanos que recientemente habían emigrado del campo a la ciudad, la vicecaudilla del movimiento «justicialista».

«A Eva yo la hice», sostenía muchos años después, en su cómodo exilio de Madrid. En un sentido es cierto. El viejo lobo, no hay que olvidarlo, era veinticinco años mayor que ella. Deportista notable, extraño autor de textos de historia militar y toponimia mapuche, un poco filósofo cínico de la historia, Perón era manipulador, carismático y astuto, más político que soldado. ¿Se amaban? Seguramente. De alguna forma. Al menos eso transmiten las cartas cruzadas, aunque en esos casos quien escribe siempre piensa en un remitente anónimo, el de la posteridad.

A partir del 17 de octubre de 1945, cuando Perón es aclamado por 300 000 personas en la Plaza de Mayo, y poco tiempo después, ya como esposa del presidente de la República, llega el momento estelar. La pareja se muda al Palacio Unzué, modesto albergue de infinitas habitaciones, apenas suficientes para acomodar el guardarropa de Eva. Desde la nueva posición podía reformar su historia desde el origen. Era como pasar de nuevo la película de su vida y rehacerla a voluntad. Empezó por legitimar su filiación. Enseguida acumuló la fortuna que sentía merecer. Nada la colmaba porque su rencor social era agudísimo. Desplegar su riqueza y poder era su modo de emular y desafiar a la sociedad estratificada y rígida que la había despreciado. Eva creció descalcificada y consciente de su desamparo: de chica se veía en la imagen de una muñeca mutilada que le regaló su madre una Navidad. Por eso apenas sorprende que tras revertir su destino haya buscado hacer lo propio con el de todos los pobres de su país.

En la Navidad de 1947 regaló cinco millones de juguetes; año con año repartió decenas de miles de zapatos, pantalones, vestidos, ollas, productos comestibles, biberones, muñecas, pelotas, triciclos; las máquinas de coser y las dentaduras postizas eran su obsesión; los primeros seis meses de 1951, la fundación que encabezaba donó 25 000 casas y tres millones de paquetes de medicinas, bicicletas y muebles. Llegó al grado de incendiar algunas «villas miseria» —casas de madera donde se hacinaban los pobres— y construirles casas nuevas que ellos a menudo maltrataban y ella, personalmente, volvía a ordenar reconstruir. «¡Ustedes tienen el deber de pedir!», exclamaba a sus extasiados beneficiarios, mientras multiplicaba no sólo los panes gratuitos sino una obra social tan alucinante como tangible y no pocas veces eficaz: ciudades de estudiantes, ciudades infantiles (especie de pre Disneylandia), institutos policlínicos, pensiones para ancianos, hospitales móviles en tren. ¿Quién pagaba la

Argentina, país exportador dependiente de Inglaterra— y terminó por afianzarse con el ascenso de Hitler. Perón formaba parte del grupo militar que en marzo de 1943 había redactado un manifiesto secreto que no dejaba duda sobre su filiación: «Hoy Alemania le está dando a la vida un sentido heroico. Es un ejemplo a seguir [...] La lucha de Hitler, tanto en la paz como en la guerra, deberá guiarnos en adelante.» El gobierno argentino apostó por el Eje, literalmente, hasta el último minuto. Cuando le declaró la guerra, el 27 de marzo de 1945, fue —según el cínico testimonio del propio Perón— para salvar vidas de los nazis. Tuvo éxito: según Dujovne, en 1947, 90 000 nazis vivían sin mayores molestias en Argentina.

Tras vincularse a Perón, Evita se mudó a una mansión suntuosa: atento regalo de un amigo de Perón, el millonario alemán Rudolf Ludwig Freude, agente nazi en Argentina. Este personaje, junto con tres compatriotas apellidados Dörge, Von Leute y Staudt, sería el protagonista del nebuloso episodio. Dujovne señala que los hechos no han sido plenamente comprobados, pero los indicios que aporta, basados en decenas de fuentes e investigaciones, son abrumadores. Se trata del desembarco del tesoro de los nazis a Argentina. La acción se desarrolla a mediados de 1945. Dos submarinos alemanes depositan en los muelles de La Plata su cargamento. Hay cuando menos dos informes precisos de su contenido, ambos coinciden: decenas de millones de dólares en ésa y otras divisas, 2 511 kilogramos de oro, 4 638 quilates de diamantes, un río de joyas, obras de arte y objetos robados a los judíos europeos, depositados en el Reichsbank de Berlín. Se dice que el *vice* Führer Martin Bormann ha ordenado el traslado a su colaborador Otto Skorzeny, jefe de los comandos de Hitler. Como siempre, la operación cuenta con el apoyo logístico y la cobertura del Vaticano. Se dice que el propio Bormann llegaría a administrar el tesoro. Nunca se sabe si llegó en efecto: hay versiones encontradas. Por lo pronto, presumiblemente, aquellos cuatro personajes son los depositarios. Según diversas fuentes —entre ellas el propio Skorzeny, que llegaría en 1948 a Argentina—, los verdaderos custodios son nada menos que Perón y Eva. En todo caso, Perón ha sido una pieza clave en la operación. Su simpatía por los nazis es abierta: según versiones, ha provisto de 8 000 pasaportes argentinos y 1 100 cédulas de identidad al agregado militar de la embajada alemana. A los refugiados de la Luftwaffe los llamaba «justicialistas del aire». En recompensa por sus servicios, los nazis le abrieron una cuenta en Suiza y le obsequiaron la mansión de El Cairo donde viviría por un tiempo, en 1960.

Hasta aquí el papel de Evita parece mudo. Pero tiempo después, durante la «Gira del Arco Iris», ocurren cosas extrañas. En Rapallo se entrevista con un alto personaje del Vaticano. Casi al mismo tiempo, un cargamento de trigo argentino desembarca en Génova. ¿Era sólo trigo? Eva sigue un itinerario desconcertante: Lisboa-París-Costa Azul-Suiza-Lisboa-Dakar. Pasa cinco días en Suiza. En Lisboa se entrevista largamente con el depuesto rey Umberto de Italia. Varias pistas recogidas por Dujovne, basadas en estudios monográficos sobre el tema y en el testimonio del propio Skorzeny, sugieren convincentemente que con ayuda del Vaticano y la intermediación del rey Umberto, Evita depositaba en Suiza al menos una parte del tesoro de los nazis. La muerte de su hermano Juan, acaecida menos de un año después de la suya, en condiciones nunca aclaradas (se dijo que había sido un suicidio, pero con toda probabilidad fue un asesinato), podría sustentar la hipótesis de que él era depositario de la cuenta bancaria secreta. Años antes, entre 1948 y 1952, habían muerto los cuatro alemanes: Dörge, Von Leute, Staudt y Freude, probablemente ejecutados por órdenes del alto mando nazi, que reclamaba el pleno uso de sus bienes. Se dice que Perón restituyó a Skorzeny parte del tesoro. La verdadera historia sigue envuelta en el misterio. Dujovne piensa que la explosión del centro comunitario israelita acaecida en Buenos Aires en 1994 está ligada a la documentación que se estaba reuniendo en torno a las redes y manejos nazis en Argentina.

Lo que no tiene misterio alguno es el apoyo directo que recibieron de Evita los genocidas del gobierno croata, ligados a Hitler. «Anduvimos por Europa de país en país —escribieron, en 1954 en la revista *Izbor*, órgano de la comunidad croata en Argentina— hasta el día en que nuestro dolor golpeó las puertas del corazón más noble que palpitaba entonces en el mundo, el de Eva Perón, que se encontraba entonces en Roma.» Entre los asesinos cobijados por el Vaticano que gracias a Evita obtuvieron una visa o un pasaporte de la Cruz Roja Internacional estaba Ante Pavelić, el líder croata, responsable de la muerte de 800 000 personas en los campos de concentración de Lobor, Mlaka, Jablanac y varios más. Llegó a Buenos Aires con nombre falso y sotana de cura −cortesía del Santo Padre− junto con sus compatriotas Vrančić −condecorado por Hitler por sus planes de deportación masiva− y Branko Benzon, que se convirtió en médico personal de Perón. Este «grupo de los *ustachis* −apunta Dujovne− colaboró con la Alianza Libertadora Nacionalista y con la policía peronista, aportándoles una experiencia en materia de torturas que esta última no hizo sino perfeccionar».

¿Cabe disculpar a Evita −como intenta tímidamente Dujovne− por su ignorancia, tan abismal como su ambición? Un testimonio perdido en el libro descarta la posibilidad. «Yo sólo voy a hablar −le dijo el informante− de lo que he visto con mis propios ojos. En 1955 la Revolución Libertadora (que derrocó a Perón) exhibió los bienes personales de Perón y Evita. Entre los objetos, encontré un lujoso cofrecito adornado con marquetería que contenía cubiertos de plata. Sobre la tapa había una estrella de nácar: la estrella de David.» Era, evidentemente, una parte del botín de los nazis, y su significación no pudo pasar inadvertida aun a la más ignorante de las hadas madrinas.

V

Los críticos de Eva Perón solían decir que había hecho «muy mal el bien y muy bien el mal». Se equivocaban en lo primero: provenía de los desheredados, por eso logró comunicarse genuinamente con un sector importante de ellos y, fugazmente, los ayudó. En lo que no se equivocaban es en lo segundo. La gestión política del peronismo fue un ejemplo de todo lo que las naciones latinoamericanas que miran al futuro con responsabilidad están buscando superar.

El peronismo fue un perfecto manual de antidemocracia. La oposición liberal (el partido Unión Cívica Radical), los grupos socialistas y comunistas, la disidencia sindical, todos fueron sistemáticamente reprimidos. Los diarios oficiales y nacionalistas −incluido el nazi *Deutsche La Plata Zeitung*− contaban con generosas franquicias. La prensa libre estuvo a un paso de desaparecer: el gobierno racionó a los diarios el papel, aduciendo una falsa escasez; forzó su compra por personas adictas, su expropiación y, en varios casos, su violento cierre. Un empresario adquirió para Evita el 51 por ciento de acciones del grupo editorial Haynes (10 diarios y revistas) con lo cual cegó una oferta mundial independiente. La Universidad de Buenos Aires fue varias veces intervenida y privada progresivamente de su autonomía. «La figura marcial de Perón y la figura angélica de su esposa, envuelta en nubes delicadamente rosadas —recuerda el historiador Tulio Halperín Donghi— comenzaron a decorar los libros de lectura para las escuelas primarias». Un admirador de Goebbels apellidado Apold, creó el aparato de propaganda peronista. De su oficina partían los eslóganes: «Perón cumple, Eva dignifica». Se inventaron concursos públicos y juegos masivos donde los villanos eran los antiperonistas.

En el mejor estilo fascista, se integró una comisión para investigar las «actividades antiargentinas» (sinónimo de antiperonista) que censuraba títulos y encarcelaba autores. Los intelectuales sufrieron persecución: la escritora Victoria Ocampo, editora de la extraordinaria revista *Sur* que por varias décadas publicó la mejor literatura de habla española, fue a dar a la cárcel, lo mismo que la madre de Jorge Luis Borges, quien a su vez fue despedido en su empleo en la Biblioteca Nacional y nombrado inspector de aves en los mercados de Buenos Aires. Las estaciones de radio debían abstenerse, sin más, de toda crítica. Radio Belgrano, la estación donde Eva había interpretado a las mujeres célebres, pasó a ser de su propiedad. Músicos, bailarinas, cantantes que no hubiesen demostrado su apego al régimen sufrían represión. En cambio prosperaron como nunca los poetas cortesanos.

Siguiendo puntualmente la vieja tradición española del poder patrimonialista, el matrimonio Perón-Evita se comportaba como el dueño único y legítimo de Argentina. Toda la familia Duarte medró a la sombra de Eva: Juan fue el influyente y corrupto secretario de Perón, un cuñado de Eva fue senador, otro director de Aduanas y otro magistrado de la Corte de Justicia. El Congreso era un apéndice de Perón y de Evita, quienes tranquilamente suprimieron la inmunidad parlamentaria. Cuando Evita visitó la Corte Suprema, su presidente le rogó con dulzura que no se sentara a su lado, en la zona reservada a los magis-

trados, sino con el público, junto a su esposa. En represalia, Evita lo
hizo echar. Luego depuró al resto del Poder Judicial. En el límite de su
carrera buscó la candidatura a la vicepresidencia de la República. Esta
vez Perón, presionado por el veto familiar, se negó a apoyarla. De haber
sobrevivido, ¿es impensable imaginarla tramando el derrocamiento de
su marido? No por casualidad había representado a Catalina la Grande.

★ ★ ★

El populismo es en sí mismo un término neutro: al margen de la
ideología, se puede aplicar a cualquier régimen que declarativamente
pretenda trabajar en favor de las vastas mayorías empobrecidas y ape-
le directamente a ellas, por encima de las instituciones. El peronismo
fue seguramente el primer régimen populista de América Latina. Lo
caracterizaron al menos tres rasgos: movilización vertical de las masas,
tendencia a privilegiar la demanda social por encima de las energía productiva de la nación (con desastrosas consecuencias económicas) y, sobre
todo, el culto al líder, al caudillo, en este caso a Juan y Eva. El peronismo
alentó a las masas a tomar el bastión del Estado. En este sentido, no parecería muy distinto al régimen mexicano de los años treinta que también incorporó a los «obreros organizados» a su estructura corporativa.
Pero el peronismo lo hizo sin apelar a ninguna ideología o vocación
de izquierda. El peronismo fue un programa vertical de distribución,
alentado por la propaganda oficial y el resentimiento social. Distorsionó
en cientos de miles de personas el sentido mismo de la responsabilidad económica. Inoculó una mentalidad becaria.

El caudillismo, el más antiguo de los males políticos del continente,
eco remoto de los jeques árabes y la guerra de reconquista española,
concentraba todo el poder en un hombre —y en este caso excepcional,
en una mujer— dotado de carisma. De ese modo, las pasiones (traumas,
obsesiones, caprichos, etc.) estrictamente personales del caudillo se transmiten a la historia nacional convirtiéndola en una especie de biografía del poder. El fenómeno ha ocurrido en casi todos nuestros países
—notablemente en México desde el siglo XIX hasta ahora—, pero en la
Argentina peronista se vivió con un acento particular, porque la incon-

trastada autoridad de Eva y Perón no tenía más diques institucionales que el veto eventual del ejército. Eva convirtió a la Argentina en el escenario de su película personal.

Pero, ¿por qué ha retenido el peronismo su prestigio? Tal vez la respuesta reside en el hecho de que Evita forzó a la elite argentina a reconocer la existencia de los pobres y la desigualdad y que, por más desorbitados que hayan sido sus programas de ayuda, permanecen en el recuerdo de esos mismos desheredados. Significativamente, Eva dejó tras de sí un arco iris de ideología: en sólo una década, pasó de ser la diosa del populismo de derecha al icono de la izquierda marxista: «Si Eva viviera, sería montonera», exclamaban los guerrilleros argentinos de los sesenta. ¿Tenían razón? Imposible saberlo, pero la historia —«esa puta», diría Perón— proveería una respuesta aterradora: durante la guerra sucia de los años setenta, muchos peronistas de izquierda morirían torturados (junto con miles de hombres y mujeres inocentes) por los dignos herederos de los nazis, los peronistas de derecha.

El peronismo no fue, en sentido estricto, una dictadura militar. Toleró elecciones y no pudo borrar a la disidencia. Pero debilitó y adulteró a las instituciones políticas y las libertades públicas e incurrió en otra seria debilidad: el chovinismo, esa concepción hiperbólica e irreal del lugar y el destino de una nación en el mundo. El chovinismo, además, es una doctrina del odio entre las naciones. Dotada de un territorio inmenso y rico, con una población letrada, sin graves desigualdades étnicas, Argentina podía haber concentrado sus energías en un desarrollo equilibrado: sin drenar su agricultura, sin apostar demasiado a la industria, sin grandes golpes de nacionalización y, sobre todo, sin derrochar su riqueza acumulada, riqueza no sólo material, sino cultural. Perdió el rumbo, víctima de una falsa ensoñación autárquica y una prevención excesiva con respecto al mundo anglosajón. El peronismo fue el gran vendedor de ese *hashish* ideológico que insinúa en los pueblos una arrogancia de la que tarde o temprano despiertan, desorientados, inseguros y, a veces, suicidas.

Populista, caudillista, chovinista (y, no del todo inadvertidamente, pro nazi), Eva Perón fue la mayor demagoga del siglo XX. Representa un poco de lo bueno de la herencia cristiana de raíz ibérica en Latinoamérica, un eco de la vieja justicia distributiva, un pie de página en la historia universal de la caridad. Pero más decididamente, esta heroína nacida dos veces en Hollywood, representa, junto con su marido, una instancia degradada de esa misma raíz y del trágico siglo XX, un capítulo de lo que Borges llamó «la historia universal de la infamia».

Che Guevara

El santo enfurecido

«Acuérdense de vez en cuando de este pequeño *condotieri* del siglo
XX», escribió el Che Guevara a sus padres en marzo de 1965, antes
de embarcarse hacia Bolivia, la estación final de su singular aventura.
La revolución que contribuyó decisivamente a realizar; la utopía comunista que a fuerza de voluntad quiso y no pudo construir; los dos,
tres, muchos Vietnames que soñó y no pudo encender; la emulación
de su trayectoria por parte de miles de jóvenes que marcharon a la
sierra para construir al «hombre nuevo» o encontrar el martirio; la secuela de desolación y sangre que dejaron las guerrillas y los ejércitos
que las combatían, todos eran trazos vagamente inscritos en la historia mucho antes del 25 de noviembre de 1956, día en que Guevara
partiera de costas mexicanas, junto con Fidel Castro y un puñado de
compañeros, rumbo a Cuba. La historia hispanoamericana anunciaba
–casi en el sentido religioso del término– a un personaje como Guevara. Y el personaje llegó a la cita, en el lugar y el momento oportu-
nos. A partir de entonces, no sólo la América hispana, sino el mundo
entero tendría amplias razones para recordar a aquel *condotiero* del siglo XX.

Aquellos años revolucionarios no pueden concebirse sin el antecedente del antiamericanismo en América Latina. El resentimiento no era
idéntico en todo el subcontinente. En el Cono Sur, tras la lectura del
Ariel de Rodó, se trataba de una ideología formulada como un conflicto
de culturas: la América hispana contra la sajona, Ariel contra Calibán.
En cambio en Centroamérica y el Caribe, donde la presencia militar,
política y comercial de Estados Unidos, sobre todo a partir de 1898,

317

fue creciente y hasta abrumadora, el conflicto se planteaba en términos prácticos: cómo lidiar con ese poder, cómo canalizarlo, limitarlo y eventualmente combatirlo. Y quizá ningún otro país vivió este drama con mayor profundidad que Cuba.

De acuerdo al historiador liberal mexicano Daniel Cosío Villegas, desde el arranque del siglo hasta los años cincuenta la memoria colectiva de muchos cubanos quedó marcada por diversos agravios objetivos (la presencia de los *marines*, la Enmienda Platt, etc.), pero el problema de fondo era la homologación total y vergonzosa que llevaban a cabo Estados Unidos de sus intereses diplomáticos y comerciales. Aun el presidente Roosevelt había consentido que en su gabinete hubiera tres ministros con intereses económicos directos en Cuba. No era casual que en 1922 un periodista cubano hubiese advertido: «el odio hacia los yanquis será la religión de los cubanos». Con esos antecedentes, Cosío Villegas lanzó en 1947 una sorprendente profecía que 12 años después se volvería realidad:

Por eso, en la América Hispánica hay dormida, quieta como agua estancada, una espesa capa de desconfianza, de rencor contra Estados Unidos. El día en que al amparo del disimulo gubernamental se lancen no más de cuatro o cinco agitadores en cada uno de los principales países hispanoamericanos a una campaña de difamación, de odio, hacia Estados Unidos, ese día toda la América Latina hervirá de desasosiego y estará lista para todo. Llevados por el desaliento definitivo, por un odio encendido, estos países, al parecer sumisos hasta la abyección, serán capaces de cualquier cosa: de albergar y alentar a los adversarios de Estados Unidos, de convertirse ellos mismos en el más enconado de todos los enemigos posibles. Y entonces no habrá manera de someterlos, ni siquiera de amedrentarlos.

En las postrimerías de la Segunda Guerra Mundial, acosados por dos extremos igualmente desdeñosos de todo lo que representara la llamada «democracia anglosajona», los liberales latinoamericanos eran casi una especie en extinción. Si bien la política del «buen vecino» y el breve episodio del panamericanismo (propiciados ambos por Roosevelt) ganaron fugaces simpatías, con el advenimiento de la Guerra Fría comenzó a darse un nuevo fenómeno de convergencia ideológica, similar al que se había operado en el siglo XIX: ahora la derecha germanófila, vencida en la guerra, se amalgamaba con la izquierda marxista en el terreno común del nacionalismo hispanoamericano.

Los Estados Unidos —como incesantemente había advertido Martí— no tuvieron ojos para conocer (no se diga respetar) a sus vecinos, y por eso desdeñaron a sus aliados potenciales, los líderes demócratas de la región. Entre ellos, ninguno más notable que Rómulo Betancourt. Desde 1929 había luchado por la democracia en su país, Venezuela, que desde tiempos de Bolívar hasta 1947 no había conocido una sola elección libre. Presidente de su país por un trienio (1945-1948), Betancourt había promovido la candidatura del escritor Rómulo Gallegos, que en efecto ganó y tomó posesión, pero al poco tiempo fue depuesto por un golpe militar. Estados Unidos, prediciblemente, apoyó al general Marcos Pérez Jiménez (Eisenhower lo premió en 1958 en Washington por sus «servicios a la democracia») y no cesó de acosar a Betancourt como un supuesto comunista. Esos atropellos no ocurrían sólo en el ámbito político. En 1953, Cosío Villegas razonó el peligro inminente de una «revolución nacionalista tardía», y en una conferencia preparada para la Universidad Johns Hopkins (que no pudo leer por habérsele negado la visa) sostuvo que el comunismo obraba en «América Latina en condiciones ideales».

El cerco de odio se cerraba sin que los Estados Unidos lo advirtieran claramente. O, si lo advirtieron, actuaron de manera contraproducente, como en Guatemala en 1954. Con el apoyo abierto de la CIA, el coronel Carlos Castillo Armas depuso violentamente al gobierno legítimo —nacionalista y reformador— de Jacobo Arbenz. En las calles de Guatemala, en los sindicatos y las aulas, se prendió la chispa definitiva que años después estallaría en la Revolución cubana. Y es allí justamente cuando un médico argentino de 26 años, incorporado a las brigadas de auxilio, observaba cuidadosamente los hechos y lamentaba que no se hubiese armado al pueblo y que el gobierno de Arbenz cayese «traicionado por dentro y por fuera [...] igual que la República española». «Es hora de que el garrote conteste al garrote —concluía—: si hay que morir que sea como Sandino y no como Azaña.» Se refería al caudillo nicaragüense de la primera guerrilla antiimperialista en América Latina (asesinado por el dictador Somoza) y al último presidente de la República española (muerto en la Francia ocupada por los nazis, tras su renuncia).

El doctor argentino venía de un larguísimo peregrinar por la América hispana. Estaba convencido de que «algún día serían derrotadas las fuerzas oscuras que oprimen al mundo subyugado y colonial». Le producía una «indignación creciente la forma en que los gringos trataban a la América Latina». Aunque no leyera a *Ariel*, en el microcosmos cultural de la ciudad de Córdoba bebió las fuentes de su antiamericanismo esencial. Esa actitud se fincaba en el desprecio cultural por los yanquis (Guevara usaba la palabra «gringos», aún más derogativa). Otra fuente original de su postura fue la atmósfera que respiró en su casa durante la Guerra Civil española. Tenía apenas 10 años de edad, pero trató refugiados españoles. Y el esposo de su tía materna era corresponsal de guerra en España. Tenía una versión de primera mano de los hechos.

II

Ernesto Guevara de la Serna nació el 14 de junio de 1928. Sus padres pertenecían a la clase acomodada. La madre, Celia de la Serna, adorada siempre por el Che, provenía de ancestros virreinales y heredó un monto sustancial a la edad de 21 años. El padre, Ernesto Guevara Lynch, descendía de linajes españoles e irlandeses y era bisnieto de uno de los grandes potentados argentinos. Aunque la fortuna familiar había mermado, en la década de los veinte las perspectivas económicas de la pareja parecían favorables. A pesar de su origen, la familia (sobre todo la madre) tenía simpatías de izquierda. Admiraba a Alfredo Palacios, aquel abogado socialista que en el Parlamento y en su bufete defendía a los trabajadores.

La familia siguió un destino itinerante debido a las azarosas aventuras empresariales del padre que, en un momento, se hizo de una vasta propiedad de yerba mate en la selva. Los indios de la región lo recordarían como «un hombre bueno», pero el negocio quebró, entre otras cosas, por mala administración. Los efectos de la crisis de 1929 incidieron también sobre la herencia de Celia. Y, para colmo, el horizonte económico y emocional se nubló desde un principio debido a una seria enfermedad que, tras una inmersión en un sitio de agua helada, contrajo Ernesto, su hijo mayor. Esa enfermedad, el asma, sería su permanente condena y su acicate. Desde muy pequeño, los ataques lo ponían al borde de la asfixia, lo forzaban a recostarse inmóvil sobre el pecho de su madre. Temerosos de la posible muerte de su hijo, los padres se mudaron a Córdoba, lugar de clima más propicio, donde Ernesto creció, entre inyecciones e inhalaciones, acudiendo a la escuela de manera irregular. De los forzados retiros que le imponía su trastorno respiratorio, Ernesto se liberaba viajando por los libros de viajes: Stevenson, Jack London y 23 obras de Julio Verne.

Pero el joven Ernesto no se resignó jamás a las limitaciones que le imponía su mal. Eligió escapar de su condición física con el solo impulso de su voluntad. Y para ello practicó el rugby, deporte predilecto de las clases altas argentinas (también jugaba golf, ya que la familia, para cuidar su salud en un clima benigno, vivió por un tiempo en unas villas adjuntas a un club). El Che editó y publicó la primera revista de rugby en Argentina, *Tackle*, y firmaba con el seudónimo de «Chang-Cho» (en alusión a «chancho», por su poco apego al baño). Jugaba en el San Isidro Club. Al paso del tiempo, su pinta «bohemia», tan diferente a la elegante rigidez que lo circundaba, le atrajo no pocas simpatías femeninas.

Por la intensidad de su juego, sus compañeros de rugby lo apodaron «Furibundo Serna». El rugby combina la resistencia del futbol soccer con la explosividad del americano. Es extraordinariamente cansado. El jugador de rugby requiere mucho mayor musculatura que el de soccer y menos que el de americano, pero mayor resistencia. Es decir, requiere el tipo de cuerpo del que carecía Ernesto Guevara −que era bajito y enclenque, por su asma−. El golpeo no es tan brutal como en el americano, aunque es mucho más constante, de modo que el peso corporal cuenta mucho y la disciplina para mantenerlo es muy intensa. Por otra parte, el rugby es un juego de equipo que demanda *accountability*: uno debe estar en la posición asignada siempre. Si uno falla, alguien se lleva las costillas rotas. Esta disciplina engendra un espíritu de equipo y una forma muy peculiar de la lealtad. Es un deporte que demanda jugar con dolor o adolorido. Sobreponerse al dolor es un requerimiento. En el rugby, un jugador debe ir más allá de lo que el cuerpo puede dar. Es un deporte sucio, lodoso, de hombres honorables y valientes. Compañerismo, disciplina y obediencia. Seguir peleando, más allá de dedos rotos o costillas quebradas, y poner el cuerpo aunque el adversario sea evidentemente más fuerte. Eso aprendió el Che.

Lidiar con los problemas mediante la sola y desnuda fuerza de voluntad se convertiría en un lema vital para Guevara. La sombra constante de su propia enfermedad, la larga y estoica lucha de su amada madre contra el cáncer, su propia impotencia en el lecho de muerte de su abuela, todo ello contribuyó seguramente para que Guevara eligiera la profesión de médico. Su desempeño fue suficiente pero sin mayor aplicación. Su pasión era leer y para ello tomaba libros prestados de la casa de su amigo Gustavo Roca, una amistad que duraría toda la vida. Gustavo era hijo de Deodoro Roca, aquel teórico de la reforma de 1918 en la Universidad de Córdoba, que acuñó la teoría del «hombre entero». Sabemos que Ernesto Guevara compartía lecturas con su amiga Tita Infante y que ella le dio a leer *Humanismo burgués y humanismo proletario: de Erasmo a Romain Rolland* de Aníbal Ponce, una de las más indelebles influencias en el posterior pensamiento guevariano. Ponce afirmaba que es responsabilidad del socialismo «la construcción de una nueva subjetividad», y predicó la necesidad de concebir al socialismo y al comunismo como una construcción permanente de «una nueva cultura y un hombre completo, íntegro, no desgarrado ni mutilado, un hombre absolutamente nuevo». Esta idea entusiasta de renovación individual debía articularse con la otra parte del impulso: la necesidad de conocer, de expandir los horizontes y hacerse de la experiencia de nuestra América.

★ ★ ★

Aunque seguía viajando por los libros —no sólo de viajes, sino ya decididamente literarios, poesía y novela en español y francés—, muy joven comenzó a viajar de verdad, acompañado de un amigo y en motocicleta, por el norte y oeste de Argentina. Más tarde amplió su radio de acción en buques de carga a Brasil, Trinidad y Tobago, Venezuela. Llevaba puntualmente un cuaderno de viajes, escribía con soltura frecuentes cartas a sus padres y a sus amores. Tuvo novias hermosas, pero también de ellas propendía a escapar («el sexo —escribió alguna vez—, es una pequeña molestia que necesita distracciones periódicas, porque si no abandona su lugar y llena todos los momentos de la vida y joroba de lo lindo»). Sus viajes y sus estudios tenían un denominador común: confrontar o aliviar el dolor humano. Visitaba y trabajaba en leprosarios. Soñaba con volverse un alergista célebre. En uno de esos recorridos tempranos escribió una frase desconcertante: «Me doy cuenta de que ha madurado en mí algo que hace tiempo crecía dentro del bullicio cotidiano: el odio a la civilización.» Se refería, desde luego, a la civilización materialista. Pero lo que finalmente poseería su imaginación y voluntad sería su personal descubrimiento de la América hispana, de su vastedad y miseria comparadas con el arrogante Coloso del Norte.

A principios de 1952 emprende un viaje aun más ambicioso. Su turismo es cada vez menos contemplativo que médico e ideológico. Quiere conocer y curar el mapa del dolor en la América hispana. En Bolivia (país que, curiosamente, vivía su primer reparto de tierra con Paz Estenssoro) advierte la persistencia de un «absurdo sentido de casta». En los caminos de Machu Picchu apunta: «Perú no ha salido del estado feudal de la Colonia: todavía espera la sangre de una verdadera revolución emancipadora.» Como es su costumbre, trabaja apasionadamente en leprosarios y flagela su enfermedad nadando cuatro kilómetros en el Amazonas.

En Perú conoce al doctor Hugo Pesce, que dirige una institución oficial para atención a leprosos. Amigo de Mariátegui y militante comprometido con sus ideas (colaboraba en *Amauta*, fue uno de los enviados de Mariátegui al Congreso de la Comintern en Argentina en 1929 y fundó con él el Partido Socialista Peruano), Pesce sería una de las influencias directas en el desarrollo intelectual del Che Guevara. Años después, Guevara le enviaría un ejemplar de *La guerra de guerrillas*, con esta dedicatoria: «Al Doctor Hugo Pesce, que provocara, sin saberlo quizás, un gran cambio en mi actitud frente a la vida y la sociedad, con el entusiasmo aventurero de siempre pero encaminado a fines más armoniosos con la necesidades de América.» Pesce le acercó las obras de Mariátegui y Guevara quedó seducido, no tanto por el marxismo sino por el peculiar acercamiento al indio, a la propiedad comunista de los primeros propietarios de las tierras, y a la raza como promesa de la nueva civilización.

La estancia peruana resulta, a la postre, uno de los procesos más decisivos para Ernesto Guevara. Es notable, por ejemplo, que el joven médico argentino haya arrancado su viaje con la intención de convertirse en un gran alergólogo o clínico y, sin embargo, en sus diarios personales no hay casi nada sobre la práctica médica. Habla de su asma, pero apenas menciona la lepra y no se hace preguntas de orden clínico sino político. Varias veces se refiere a las conversaciones con el doctor Pesce, pero el hombre que bullía adentro era un revolucionario, no un médico. Por lo demás, la lectura de Mariátegui lo cura de su involuntario racismo: «El negro, indolente y soñador —apuntaba el joven Che— se gasta sus pesitos en cualquier frivolidad o en "pegar unos palos", el europeo tiene una tradición de trabajo y de ahorro que lo persigue hasta este rincón de América y lo impulsa a progresar, aun independientemente de sus propias aspiraciones individuales.» Nunca más se vería asomo de racismo en sus escritos.

Al cabo de aquel viaje, Guevara hizo un breve y desagradable tránsito por Miami. De vuelta en Argentina, se apresuró a terminar sus estudios de medicina y partió definitivamente hacia la «América». Tras la caída de Arbenz en Guatemala, Guevara se encontraba, sin saberlo, en las puertas de su destino. En aquel tiempo comenzó a frecuentar de manera más sistemática la bibliografía marxista y a abrigar una admiración (que con el tiempo acotaría) por la Unión Soviética. Para entonces, Guevara no sólo sentía conocer de primera mano la enfermedad social que asfixiaba a la América Latina sino también a su agente directo —«los rubios y eficaces administradores, los amos yanquis»— y la única posible cura: una revolución nacionalista y social apoyada por campesinos armados como la que entrevió en las calles de La Paz. En la zona bananera de Costa Rica escribe:

Tuve oportunidad de pasar por los dominios de la United Fruit convenciéndome una vez más de lo terribles que son esos pulpos capitalistas. He jurado ante una estampa del viejo y llorado camarada Stalin no descansar hasta [verlos] aniquilados.

Cuando conoció casualmente a Rómulo Betancourt, el político liberal venezolano, Guevara formuló la pregunta obligada durante la Guerra

Fría: en caso de guerra entre Estados Unidos y Rusia, ¿por quién optaría? Betancourt se inclinó por Washington y Guevara lo tildó allí mismo de traidor. Betancourt, el personaje al que el gobierno americano consideraba comunista.

* * *

La experiencia de Guatemala es un antecedente clave para entender su espíritu guerrero. Odió que se rindiera la plaza sin pelear. Reclama armas. Se siente frustrado. Entre los jóvenes radicales atraídos por la Guatemala de Arbenz, estaba Hilda Gadea, exiliada peruana, quien se convertiría en su primera esposa. Hilda era tres años mayor y tenía más experiencia política, pero carecía de la pasión de Ernesto. En abril de 1954, le escribe a su madre: «desarrollo unas interminables discusiones con la compañera Hilda Gadea, una muchacha *Aprista* a quien yo con mi característica suavidad trato de convencerla de que se largue de ese partido de mierda. Tiene un corazón de platino lo menos». Era una relación intelectual y política entre un hijo remoto del radical Mariátegui y una hija del moderado Haya de la Torre. Guevara quería ponerle Vladimir al primer hijo que pensaba concebir con Hilda. Tras la caída de Arbenz, México –fiel a su tradición de ser puerto de abrigo para los perseguidos políticos– le otorgó asilo. En México lo esperaba la cita que definiría su vocación histórica. Estaba llamado a ser uno de esos «cuatro o cinco agitadores» que harían estallar el «hervidero» de desasosiego y odio en Latinoamérica. Poco antes había reconocido ya el escenario de su destino:

América será el teatro de mis aventuras con carácter mucho más importante de lo que hubiera creído; realmente creo haber llegado a comprenderla y me siento americano con un carácter distintivo de cualquier otro pueblo de la tierra.

«Guevara tenía entonces un aire bohemio, un humor suficiente, provocador y argentino andaba sin camisa, era algo narcisista, trigueño, de estatura mediana y fuerte musculatura, con su pipa y su mate, entre atlético y asmático, alternaba Stalin con Baudelaire, la poesía con el marxis-

325

mo.» La descripción perfecta es de Carlos Franqui, periodista enviado a México por el movimiento opositor cubano «26 de Julio» para tomar contacto con Fidel Castro, el líder exilado en México tras el legendario y frustrado ataque al cuartel Moncada. Años después, Franqui jugaría un papel muy importante en la vida cultural cubana durante los primeros años de la Revolución.

El Che había llegado a México a fines de 1954 y permanecería hasta fines de 1956, cuando el *Granma* zarpó desde el puerto de Tuxpan. Durante los Juegos Panamericanos que tuvieron sede en México, trabajó de fotógrafo deportivo; más tarde ejerció su profesión como alergista en el Centro Médico. Sus compañeros lo recuerdan escaso de conocimientos pero rebosante de pasión médica. Sus enfermos lo adoraban. En México se casa con Hilda, nace su hija y viaja incesantemente por los paisajes del país y de la imaginación. Hay 161 menciones a diversos viajes en sus cartas. Asciende volcanes, visita la zona maya, sueña con París, adonde irá «a nado, si es necesario». Es «un caballero andante», un «peregrino», «un espíritu anárquico», «un vago rematado», un «ambicioso de horizontes». De pronto, conoce al hombre que lo *fija*. Conversó con él casi diez horas:

> Fidel Castro me impresionó como un hombre extraordinario. Las cosas más imposibles eran las que encaraba y resolvía. Tenía una fe excepcional en que una vez que saliese hacia Cuba iba a llegar. Que una vez llegando iba a pelear. Que peleando iba a ganar.

En una noche el Che decide enrolarse como médico en el grupo de los futuros expedicionarios. Resuelto a embarcarse en la aventura revolucionaria, necesitaba anclar su ideología política en un puerto definitivo. En esa «nueva etapa» de su vida lee al «eje primordial... de San Carlos (Marx)», apoya abiertamente la represión rusa en Hungría, declara que las críticas del XX Congreso del PC soviético son «propaganda imperialista», toma clases de ruso, entabla una sólida amistad con Nikolái Leonov, agente de la KGB en la embajada rusa, y no sólo devora a Lenin y a Marx, los intenta poetizar:

y en la clarinada de países nuevos
yo recibo de frente el impacto difuso
de la canción de Marx y Engels.

Al margen de las cualidades literarias de su escritura −menos dudosas,
desde luego, en sus diarios que en su poesía−, es en ella donde el Che
expresa su experiencia íntima. Alguna vez había pensado escribir un libro sobre la medicina social latinoamericana. Ahora elevaría la medicina
a práctica revolucionaria. A una vieja mujer asmática llamada María, que
muere a su lado en el hospital, le jura, estrechando sus manos, con la
«voz baja y viril de las esperanzas / la más roja y viril de las venganzas /
que tus nietos vivirán la aurora». Pareciera que el asma es una metáfora
del sufrimiento de América Latina, Estados Unidos su causante, y la revolución la cura.

Los rebeldes entrenaban clandestinamente practicando el remo, la lucha, gimnasia, alpinismo y caminata. Rentaban un rancho cercano a la
ciudad de México donde se ejercitaban en el tiro al blanco. Entre ellos
estaba el asmático doctor Guevara, que como en los tiempos del «Furibundo Serna», obtenía excelentes puntos. Fue, como era de esperarse,
el mejor *tirador* del grupo. La policía mexicana los encarceló y estuvo
a punto de extraditarlos, de no haber mediado los buenos oficios del
ex presidente Lázaro Cárdenas, el reformador social y nacionalista que
intercedió ante el presidente Ruiz Cortines en favor de Fidel Castro,
«ese joven intelectual de temperamento vehemente, con sangre de luchador». A ese luchador le dedicaría Guevara un poema −ése sí decididamente cursi−, el «Canto a Fidel»:

Vámonos,
ardiente profeta de la aurora,
por recónditos senderos inalámbricos
a libertar el verde caimán que tanto amas...

Con algunas excepciones como el propio Guevara y Raúl Castro, los
expedicionarios no se declaraban marxistas. Eran «guerrilleros» en la
acepción original de ese término, acuñado en España en 1808 para de-

signar a las tropas irregulares de españoles que acosaban al invasor napo-
leónico. El Che participaba también de ese antiguo espíritu. Tenía algo
de Javier Mina, el guerrillero español que cruzó el Atlántico para luchar
contra la tiranía de su país y la independencia de México. Y algo de
Lord Byron en su aventura contra los turcos: la guerra como la forma
superior de la poesía.

III

La campaña del Che en la Sierra Maestra estableció su fama de líder
igualitario, valiente, capaz. Como comandante militar, practica con sus
hombres una disciplina estricta pero con el mismo rigor la aplica a sí
mismo. «Parsimonioso y ascético —escribe Hugh Thomas—, a Guevara se
le consideraba como el primero en pelear, el primero en atender a un
compañero herido, el primero en hacer sacrificios.» Y Carlos Franqui
recuerda:

> Objetivamente, el Che se hizo solo. Con su talento, su voluntad y su au-
> dacia... El Che convirtió a los enfermos, con armas rotas, en la segunda
> guerrilla de la Sierra. Hizo las primeras bajadas al llano. Creó el primer
> territorio libre en el Hombrito... Y aunque no era un sentimental, no olvi-
> daba que el soldado era un ser humano.

Pero también era inclemente. Muchos disidentes han relatado su severidad extrema y «furor asesino». Los ejemplos de excesos durante los años
en la Sierra Maestra están honestamente reproducidos en la excelente
biografía de Jon Lee Anderson, a diferencia de *El Che*, la visión ideali-
zada de Paco Ignacio Taibo II. Así cuenta cómo eliminó a un chivato:
«La situación era incómoda para la gente y él, de modo que acabé el
problema dándole en la sien derecha un tiro de pistola calibre 32, con
orificio de salida en el temporal derecho. Boqueó un rato y quedó
muerto»; o cómo dio instrucciones de matar a otros: «Finalmente se
prepararon para el ataque, y dejaron a Osorio al cuidado de dos hombres "con encargo de matarlo apenas iniciado el tiroteo, cosa que cum-
plieron estrictamente".» «Por más que el Che se empeñe en atribuir
motivaciones traicioneras a los desertores —escribe Anderson, al narrar

uno de esos hechos– el incidente es revelador no tanto de la moral revolucionaria como de la dureza de su personalidad en aquella época.»
«La marcha del Che a través de la Sierra Maestra estaba sembrada de
cadáveres de chivatos, desertores y delincuentes, hombres cuyas muertes
había ordenado y en ocasiones ejecutado él mismo.»

En el libro elegiaco de Paco Ignacio Taibo asistimos con vivacidad
al paulatino descubrimiento que hace el Che de los guajiros cubanos,
y apreciamos el «aura mágica» que llegó a alcanzar entre ellos. De esta
simpatía genuina pero incidental, el Che, propenso siempre a imaginar
una teoría general a partir de su experiencia personal, extraerá sus ideas
sobre el papel del campesinado en la revolución. Teoría tan novedosa
como equivocada porque, desde los tiempos del populismo ruso del
siglo XIX, la experiencia mundial probaría que los campesinos no comparten los ideales de los universitarios urbanos. Tal vez por la promesa (cumplida, en cierta forma) de liberación étnica que significaba la
revolución de Castro, los guajiros cubanos fueron una excepción y la
apoyaron entonces. No obstante, no debe olvidarse que los campesinos
de la Sierra Maestra eran muy escasos. La guerrilla no tuvo más de 2 000
o 3 000 soldados en su momento de máximo esplendor, la mayoría
combatientes de las ciudades llevados por el movimiento clandestino.
La idea de que el triunfo de la guerrilla se debió al apoyo campesino es
algo que a la postre le costaría la vida al propio Che Guevara.

Todos los cronistas de la Revolución cubana subrayan la lucha recurrente del Che en la Sierra Maestra con los severos ataques de asma.
Una vieja campesina recordaba uno de ellos: «Se quedaba tranquilo, res-
pirando bajito –dice la vieja Chana– [...] daba pena ver a ese hombre
tan fuerte, tan mozo así, pero a él no le gustaba la lástima.» Le gustaba
la acción, la descarga cósmica de adrenalina que compensaba su condición, los triunfos logrados con cargas de jugador de rugby, los embates
suicidas. El «Furibundo Serna» de los campos de rugby se convirtió en
el implacable comandante que encara y encarna a la muerte en la Sierra
Maestra: «he descubierto que la pólvora es lo único que me alivia del
asma». Siempre hubo algo adolescente en su actitud, como lo hubo en
los ideales de los años sesenta: por eso solía «escapar hacia adelante» –en
la afortunada frase de Castañeda, tomada de Franqui–, escapar hacia la
posible muerte, todo menos encarar la incómoda realidad.

Che Guevara

Aquellos héroes sintieron que su momento de gloria continuaría hasta la eternidad. Construirían una Cuba más próspera y justa, más autónoma y orgullosa, libre e igualitaria. Pero en la abstracta formulación de ese sueño, el Che Guevara iba adelante de sus compañeros, adelante del propio Fidel Castro, que en todo momento mantuvo un sentido infinitamente más agudo de la realidad política. «La guerra nos revolucionó —escribió el Che al gran novelista argentino Ernesto Sabato—, no hay experiencia más profunda que el acto de guerra.» La victoria transfiguró al Che, ahondando definitivamente los trazos de un incurable idealismo personal, inmune a cualquier refutación de la realidad: el convencimiento absoluto sobre la superioridad del mundo socialista, en particular de la URSS, sobre el Occidental; el odio casi teológico hacia el imperialismo yanqui (se oponía hasta a la venta y consumo de Coca-Cola); la posibilidad de exportar la experiencia revolucionaria a toda América y al Tercer Mundo.

Ya en el poder, Guevara trató de instrumentar la utopía aplicando, con la voluntad de «Furibundo Serna» y en toda su pureza, las teorías en las que creía (reforma agraria inmediata e integral, expropiación absoluta sin indemnización de la economía, centralización burocrática, abolición de las transacciones monetarias, etc.) que se podía edificar la utopía; la confianza en atraer el apoyo indiscriminado, permanente y sin ataduras de los países del bloque comunista, para construir la gran potencia industrial del Caribe. Cuando la realidad no resultaba como la había imaginado, Guevara no dudaba de sus premisas: más bien las ahondaba. Debido al papel central de la voluntad en su supervivencia personal, Guevara no podía tolerar fisuras en su acción y sus ideas.

Desde los días posteriores al triunfo de la Revolución, Guevara comenzó a mostrar los aspectos más oscuros del «hombre nuevo», forjado en la guerra. El gobierno de Fulgencio Batista, surgido de una traición al proceso democrático, fue sumamente cruel y represivo. Eso se espera de un tirano y de una dictadura. La crueldad revolucionaria, sin embargo, tenía un doble filo. Por un lado, mucha gente esperaba la venganza y las ejecuciones de los déspotas y prepotentes oficiales. Pero, por otro, la aspiración de justicia y la esperanza en un gobierno superior convierten el derramamiento de sangre en una nueva deuda: el nuevo régimen

330

debiera ser menos cruel. No lo fue. José Villasuso, abogado que trabajó con el Che en la prisión de La Cabaña preparando las acusaciones, relata haber escuchado decir al Che: «No demoren las causas, esto es una revolución, no usen métodos legales burgueses, las pruebas son secundarias. Hay que proceder por convicción. Es una pandilla de criminales, asesinos. Además, recuerden que hay un tribunal de Apelación.»

La triunfante Revolución cubana ejecutó a cientos de personas acusadas de ser criminales de guerra durante el régimen batistiano. Y en la prisión de La Cabaña, el Che figuraba como el principal juez de la revolución. Con frecuencia, más que juez era verdugo: actuaba muchas veces sin esperar los dictámenes de los jueces. Ser inclemente, según el Che, era una virtud revolucionaria. Tras encargarse de cientos de ejecuciones, reponiéndose apenas de un *surmenage* al lado de la mujer más hermosa de Cuba (Aleida March, que sería su segunda esposa, madre de cuatro hijos), el Che desemboca en los hechos más oscuros de su vida revolucionaria. Es la vieja película de la Rusia bolchevique que vuelve a pasar. Construye el eficaz aparato de seguridad cubano, contribuye a arrasar con todo rastro de libertad política en la prensa o la vida universitaria, detesta la crítica independiente, trabaja en el adoctrinamiento ideológico del ejército («vanguardia del pueblo cubano») y crea, en Guanahacabibes, el primer campo de trabajo en Cuba: «Allí se manda a la gente que ha cometido faltas a la moral revolucionaria de mayor o de menor grado con sanciones simultáneas [...] como un tipo de reeducación mediante el trabajo. Es trabajo duro, no trabajo bestial.» Pero entre los encarcelados se hallaban los homosexuales, los Testigos de Jehová, los pordioseros y los disidentes.

IV

En casa de Norman Mailer, durante su breve estancia en Nueva York, Guevara contó que, tras el triunfo de la Revolución, Fidel Castro tenía claro que el Ministerio de la Defensa estaría a cargo de su hermano Raúl, pero ¿y quién se ocuparía de la economía? Y decidió preguntar en una reunión con sus allegados: «¿Alguien aquí es economista?» El Che alzó la mano. Fue nombrado a la cabeza de la economía cubana y después, al ser cuestionado de nuevo acerca de sus conocimientos de economía, dijo, sorprendido: «¿economista? Yo escuché comunista».

Parece haber un acuerdo, entre sus biógrafos y los testimonios de quienes trabajaron con el Che, respecto de su falta de preparación como economista. Desde noviembre de 1959, el Che dirige el Banco Nacional de Cuba y firma «Che» en los billetes oficiales. Lo hace con estilo marcial, y así ahuyenta a casi toda la clase administrativa. Una anécdota ilustrativa proviene del antiguo presidente del Banco Central de Cuba, Salvador Vilaseca:

> Cuando fue nombrado presidente del Banco, llamó a un amigo para que fuera a trabajar con él en un cargo de importancia de esa institución. El amigo, asustado por la responsabilidad, le señaló que no creía tener condiciones para desempeñarlo, puesto que no sabía nada de banca, a lo que el Che le contestó: «Yo tampoco sé nada de eso y estoy de presidente.»

En general, pareciera que el ávido, incluso voraz lector que pudo haber sido Ernesto Guevara, simplemente no entendía en qué estaba metido. Según los más, sus conocimientos de economía no pasaban de unas cuantas ideas, un tanto confusas. Jorge Castañeda, en su libro *Compañero. Vida y muerte del Che Guevara*, detalla los desastres de la economía cubana tal como fue concebida y manejada por Guevara. Apunta la inexperiencia general, la hemorragia de las clases medias, la escasez de recursos debido al embargo norteamericano, el «caos administrativo que cualquier revolución trae consigo». Curiosamente, no atribuye el fracaso al analfabetismo económico del Che, a la abolición del mercado o al carácter estructural del desastre económico en todos los países del bloque comunista.

Más tarde, como ministro de Industria al mando vertical de 150 000 personas y 287 empresas de toda índole (azucareras, telefónicas, eléctricas, constructoras, imprentas, hasta chocolateras), puso en práctica métodos que ya habían probado su inconveniencia durante la era del «comunismo de guerra» en la URSS (1918-1921). Pero Guevara no conocía la historia elemental del país al que más admiraba. O no conectaba sus lecturas con la experiencia. Leía para escapar hacia adelante, no para aprender. Sus medidas hundieron la economía cubana en el déficit insostenible de su balanza de pagos, la escasez y racionamiento crónicos de productos de primera necesidad. Guevara nunca entendió por qué. Pero, por algunas décadas, los enormes subsidios rusos enmascararon la realidad.

El economista checoslovaco Valtr Komárek (que en 1989 se convertiría en el primer vicepresidente del gobierno federal de la Checoslovaquia poscomunista) trabajó directamente con el Che en Cuba como asesor en economía durante intensos periodos de 1964 y 1965. Komárek afirma que Guevara, aunque de posición marxista, «sabía mucho de economía norteamericana» pero no podía convencerse de que los esfuerzos del bloque comunista jamás podrían competir con la economía de mercado de los países capitalistas. «Mire, Komárek, la economía socialista es una basura, no es economía.» ¿Qué hacer? De ahí proviene, según Komárek, la particularidad de la perspectiva económica del Che Guevara: «Mire, la única oportunidad para el socialismo está en sus valores morales, tenemos que discutir sobre incentivos morales, sobre la vida humana.» La respuesta dada a Komárek es puro Che: la voluntad de transformar al mundo debe ser más poderosa que el mundo mismo. Y no será la última vez que «Furibundo Serna» se arroje de frente contra la realidad. En conversación con René Dumont —citada por Thomas—, Guevara mencionó que su objetivo era dar a los trabajadores un sentido de responsabilidad, no de propiedad, y se mostraba ya crítico del énfasis que la Unión Soviética estaba dando al incentivo material en el trabajo. Él se rehusaría a «participar en la creación de una segunda sociedad Norte Americana».

★ ★ ★

Estados Unidos era el gran comprador de la producción azucarera de Cuba. «Sólo espero en Dios que los Estados Unidos no corten la cuota en el azúcar [...] eso convertiría a Cuba en un regalo a los rusos», dijo Hemingway, poco antes de que Eisenhower, en efecto, cortara las compras de azúcar. Pero lo cierto es que para entonces los vínculos de Cuba con el bloque comunista eran irreversibles. El conflicto con Estados Unidos estalla en la primavera de 1960, cuando el gobierno cubano ya ha firmado varios acuerdos de colaboración con la Unión Soviética,

Alemania Oriental, Checoslovaquia y otros países del campo socialista, a sugerencia, entre otros, del Che Guevara. Al mismo tiempo, han comenzado a estatizarse sin indemnización grandes empresas y medios de comunicación. En el verano se produce la ruptura: Estados Unidos, convencido de que el gobierno revolucionario va hacia una alianza con el campo socialista (anunciada en un acuerdo azucarero entre La Habana y Moscú), reducen la cuota azucarera. Fidel obliga entonces a las plantas norteamericanas a refinar crudo soviético y éstas, naturalmente, se niegan. En respuesta, se emite la Ley Núm. 851 del 6 de julio de 1960 que autorizaba al gobierno a nacionalizar bienes y empresas de ciudadanos norteamericanos por vía de expropiación forzosa y sin indemnización. En consecuencia, el ministro de la URSS Anastás Mikoyán buscará rescatar la producción cubana comprometiéndose a adquirir 425 000 toneladas de azúcar en 1960 y un millón de toneladas anuales hasta 1965, además de brindar apoyo técnico para la transformación industrial y un crédito de 100 millones de dólares. La suerte estaba echada. El país se hallaba preso en el monocultivo, endulzando las tazas de té de un nuevo y gigantesco patrón.

En términos económicos, lo más sorprendente del caso es que, desde antes de 1959, Cuba sabía bien que debía empezar a reducir su fuerte dependencia de la industria azucarera: muchos exportadores azucareros como Brasil o Australia estaban en posición de absorber una parte del mercado estadounidense. La misma producción interna de Estados Unidos estaba creciendo. El Che tenía razón en afirmar que la cuota americana era un «instrumento de opresión imperialista», pero la salida —nunca debió ser— no era el monocultivo al servicio de un nuevo imperio sino una diversificación económica razonada, y sujeta al mercado. Carlos Franqui, ex director de *Revolución*, que se convertiría en uno de los disidentes más respetados, escribe en su *Retrato de familia con Fidel* (1981):

> La ganadería cubana abasteció casi normalmente de carne y leche al consumo nacional. Cuba importa cuarenta millones de dólares en grasas, cuando en su suelo se dan el maní, el girasol, la higuereta. Puede producir granos, papas, plátanos [...] frutas y vegetales. Puede aumentar su producción arrocera y algodonera. Exportar café y tabaco.

No se hizo. Al sustituir desde el inicio un comprador absoluto por otro, se dio al traste con ese proceso de diversificación y se optó por la concentración de recursos en una industria con un mercado en decadencia. El resultado fue una abrumadora dependencia del azúcar vendido a los soviéticos. Los subsidios eran generosos pero también claramente artificiales, porque los precios del azúcar declinaban a nivel mundial. Cuba llegó a producir hasta ocho millones de toneladas en un año, pero, a todo lo largo de su historia en la órbita soviética, la mayor parte de esa producción se destinaba a ese país y sus aliados. En 1990, justo antes de la caída de la URSS, el azúcar representaba el 90% de los ingresos por exportaciones de la isla. Pero, como era de esperarse, cuando la URSS cayó, con ella cayó también la industria azucarera cubana, y no ha podido recuperarse desde entonces.

V

Bajo la influencia norteamericana (y en parte también como herencia de la vieja economía esclavista), Cuba había sido, en buena medida, una sociedad racista. Una fuente de lealtad hacia los revolucionarios fue la promesa (cumplida) de liberación étnica y el ascenso en el lugar social de los guajiros. En esa lealtad —según explica el historiador Rafael Rojas— había dos elementos adicionales y concatenados. «Primero, el hecho de que la mentalidad de los cubanos seguía estando bajo la amenaza de la dominación de los Estados Unidos (por la incertidumbre política y jurídica de breves periodos de democracia interrumpidos por golpes miliares); y, segundo, por el reparto de tierras y las leyes contra el latifundio que Fidel Castro comienza a instrumentar a favor de los campesinos desde 1959.» La Ley de Reforma Agraria (del 7 de mayo de 1959) buscaba la repartición de tierra bajo la forma de la propiedad para los campesinos. Los primeros títulos de propiedad fueron entregados el 9 de diciembre de ese mismo año. «Hoy —dice el Che— se firmó el certificado de defunción del latifundio. Nunca creí que pudiera poner mi nombre con tanto orgullo y satisfacción sobre un documento necrológico de un paciente que ayudé a tratar.» Esta ley, aplaudida universalmente, no fue rechazada por el gobierno americano. En una nota del Departamento de Estado del 11 de junio el gobierno de Eisenhower reconocía el derecho del Estado cubano a expropiar grandes latifundios incluyendo algunos de compañías como la United Fruit Company, pero demandaba el cumplimiento de las indemnizaciones contempladas en la propia ley.

Pero casi inmediatamente, por inspiración de los comunistas, comenzó la creación de las granjas cooperativas. Luego de la declaración del «carácter socialista» de la Revolución de abril de 1961, la Segunda Ley de Reforma y la Segunda Declaración de la Habana de 1961 aplican la colectivización forzosa (que, en contraste con todas las demás áreas de la economía, según aduce Anderson, no fue absoluta). El viejo conflicto de las tierras toma un giro político que ahondó la distancia entre los mismos revolucionarios. Huber Matos halla en eso la traición de Castro (la traición a la promesa de la propiedad de la tierra y del giro marxista que nunca había aceptado Fidel Castro). No sólo él. Muchos de los apoyos urbanos que tuvo la Revolución fueron suprimidos o borrados, y el primer punto del disenso era precisamente el de la propiedad de la tierra.

Por lo que hace al Che, desde un principio abogó por la estatización total. De acuerdo con Franqui, su propio proyecto (sometido a Fidel) «golpeaba a muerte al latifundio y buscaba desencadenar la lucha de clases, el conflicto con Estados Unidos y (con) el capitalismo criollo. Eliminaba el reparto individual de tierras y propendía a la nacionalización estatal». Éste fue el proyecto que a la postre triunfó. «Todos eran enemigos —recuerda Franqui—, latifundistas, mayorales, encargados, inspectores, técnicos, vacas, toros, cañaverales, arrozales, haciendas, casas, maquinarias. Un ciclón dando golpes a diestra y siniestra.» El ciclón cesó. El campo cubano pasó de tener cientos de pequeños y medianos propietarios a un único dueño: el Estado.

Ya entonces se vivía en el contexto de confrontación con Estados Unidos. Una parte de la población cubana había decidido emigrar. Para principios de 1961, Jorge Domínguez y otros autores han calculado la cifra de exiliados en unas 60 000 personas.

VI

En enero de 1961, el nuevo presidente de los Estados Unidos John F. Kennedy y su equipo de políticos jóvenes y agresivos aprueban el plan para la invasión de Cuba. El 17 de abril de 1961 las fuerzas anticastristas entrenadas por la CIA desembarcan en Playa Girón. Fidel Castro en persona encabeza la resistencia y vence a los invasores en tres días. El resultado reafirma el poder y el prestigio del gobierno revolucionario en el mundo.

La gigantesca y vertiginosa transformación proyectada por el Che nunca tomó forma. Más allá de los problemas técnicos y administrativos, la capacidad laboral de Cuba fue disminuyendo de manera alarmante. Durante 1963, por ejemplo, los trabajadores de las granjas estatales trabajaron en promedio de 4.5 a 5 horas diarias, sin contar que buena parte de la maquinaria y las materias primas fueron adquiridas por el gobierno cubano sin definir su uso. Cayó la productividad y aumentó dramáticamente el ausentismo de los trabajadores (la huelga ya no era una opción posible). De pronto, la buena voluntad quedó en una serie de incentivos que terminaron siendo disuasorios, lo cual se enlaza con la interpretación del papel del campesinado en una revolución. Cuando Castro comienza a repartir tierras, lo hace con una idea política en la cabeza, no con una finalidad de producción económica. Buscaba el favor de la gente. Por contraste, cuando se trataba de incentivar el alma socialista, el resultado fue contraproducente.

Como ministro de Industria, el Che reorganizó sectores industriales en función de los productos, sin tener en cuenta si podían ser producidos con eficiencia. La conclusión fue trágica: «en las fábricas —sostiene— se está produciendo cada vez con peor calidad...» En medio de la debacle, él insiste en sus esfuerzos sobrehumanos. En una reunión de ministros despotrica sobre los problemas que enfrentaba la producción masiva en Cuba, causados por la falta de preparación y tecnología pero sobre todo por la decisión ya tomada e inapelable, que para el Che era un dogma absoluto: la abolición de la iniciativa y la inversión privadas, la desaparición total del comercio, hasta del más pequeño comercio. En una reunión de ministros se muestra «francamente enfadado y empieza a sacar cosas y ponerlas sobre la mesa: muñecas deformes que parecen viejitas, un triciclo que es una porquería, un zapato que por tener sólo dos clavos en lugar de los ocho o diez que necesita pierde el tacón, un zíper para la bragueta del pantalón (y hay 20 000 más) defectuoso, que se abre, al que burlonamente la población llama Camilo (por su fama de don Juan), una cama a la que se le salen las patas, un shampoo que no limpia el pelo, unos polvos faciales que ocultan su color, y amoniaco que hay que colar para usarlo. La conclusión es trágica: «en las fábricas se está produciendo cada vez con peor calidad...»

El Che Guevara seguía sometiéndose a un régimen personal de austeridad, y rechazó los privilegios que se le ofrecían para él y su familia. Era una forma de dejar testimonio sobre lo único que le importaba: la transfiguración del individuo a través de incentivos morales. Había que ver al Che en esos «domingos solidarios de trabajo voluntario», extenuado pero alegre, construyendo escuelas, fabricando zapatos, cargando sacos de arroz, cavando zanjas, hilando tejidos y cortando caña «al son del cántico revolucionario». Era, es verdad, una hermosa estampa igualitaria que debía mover a «la emulación» como palanca de energía productiva. A su juicio, el incentivo moral era más importante –debía serlo– que el económico. Por eso corría de fábrica en fábrica arengando a los obreros, movilizando su «conciencia social» o, cuando las cosas llegaban al extremo, «reeducándolos». Pero el trabajo voluntario no remediaba el fracaso económico ni era una ruta realista para incentivar el trabajo humano. El propio Fidel Castro lo criticaba. Según consigna Thomas, en el verano de 1965 –año en que Guevara desapareció de la escena política–, Castro habría dicho a unos trabajadores cañeros: «no podemos elegir métodos idealistas que conciben al hombre guiado sólo por el deber, porque en la realidad no es así [...] sería absurdo esperar que las grandes masas que se ganan la vida cortando caña hagan el máximo esfuerzo sólo porque se les diga que es su deber. Eso sería idealista».

Quienes entendieron muy bien el desastre fueron los rusos, que no eran los bolcheviques puros y generosos que Guevara imaginaba. Su amigo Leonov recuerda las interminables discusiones de Guevara en Moscú. Según Alexander Alexeiev, el hombre clave de la URSS en América Latina entrevistado en Moscú por Castañeda, el Che había sido «el arquitecto de la colaboración económica soviético-cubana». El siguiente paso, por supuesto, era someter la lista de compras, regalos y requerimientos en efectivo a los camaradas soviéticos. El sagaz Anatoly Dobrynin recordaría: «Guevara era imposible, quería una pequeña siderúrgica, una fábrica de automóviles. Le dijimos que Cuba no era lo suficientemente grande como para sostener una economía industrial. Necesitaban obtener divisas y la única manera de obtenerlas era haciendo lo que hacían mejor: cultivar azúcar.» Theodore Draper concluyó que desde 1960 los cubanos se habían comportado como si los soviéticos les hubiesen extendido mucho más que la línea de crédito de 100 millones de dólares que en efecto les abrieron; es decir, una cuenta abierta e indefinida. Cuando los rusos adujeron sus propios problemas económicos, Guevara los atribuyó a las desviaciones autogestionarias y descentralizadoras que lindaban peligrosamente con el veneno capitalista. Comenzaba a separarse de la URSS... por el flanco izquierdo.

La decepción del Che con la actitud soviética –que en el fondo consideraba una forma de ingratitud histórica– se ahondó con la crisis de los misiles. Guevara estuvo lejos de Castro en los momentos cruciales pero, al enterarse del acuerdo entre Jruschov y Kennedy y el retiro de los cohetes nucleares, hace una declaración perfectamente sincera que ilustra el grado en que esa ruleta rusa, de haber estado en manos de los *croupiers* cubanos, pudo haber desembocado en la tercera guerra mundial: «Si los cohetes hubiesen permanecido en Cuba, los hubiéramos utilizado todos, dirigiéndolos contra el corazón de los Estados Unidos, incluyendo Nueva York, en nuestra defensa contra la agresión.» Obviamente, consideró también las consecuencias de ese ataque, pero no lo arredraban: «Es el ejemplo escalofriante de un pueblo que está dispuesto a inmolarse atómicamente para que sus cenizas sirvan de cimiento a las sociedades nuevas.» En los días álgidos, Guevara escribió un artículo que se publicaría póstumamente y que no deja lugar a dudas sobre su resolución: «procederemos por la vía de la liberación, aunque eso cueste millones de víctimas atómicas». En el texto, entreveía la marcha del pueblo cubano «avanzando sin miedo hacia la hecatombe que significa la redención final».

El pueblo cubano, claro está, no fue ni iba a ser consultado libremente en tal circunstancia, ni en ninguna otra, pero la conflagración se evitó gracias al sentido de realidad de los soviéticos, que Guevara consideró una «destrucción jurídica» para Cuba. En una fascinante conversación que rescata Castañeda entre Anastás Mikoyán y Guevara, el vicepremier soviético refuta paternalmente sus reclamos con una frase lapidaria: «Ve-

mos vuestra disposición a morir bellamente pero pensamos que no vale
la pena morir bellamente.»

En esos años de frenesí, el poeta juvenil reaparecía en el Che, ligado
al tema de la redención y el martirio. Así se lo hace saber a León Felipe,
su poeta favorito, aquel fervoroso republicano que salió de España a raíz
de la Guerra Civil:

Maestro: Hace ya varios años, al tomar el poder la Revolución, recibí su
último libro dedicado por Ud. Nunca se lo agradecí, pero siempre lo tuve
muy presente. Tal vez le interese saber que uno de los dos o tres libros que
tengo en mi cabecera es *El Ciervo*; pocas veces puedo leerlo porque todavía
en Cuba dormir, dejar el tiempo sin llenar con algo o descansar, simplemente es un pecado de lesa dirigencia [sic]. El otro día asistí a un acto de
gran significación para mí. La sala estaba atestada de obreros entusiastas y
había un clima de hombre nuevo en el ambiente. Me afloró una gota del
poeta fracasado que llevo dentro de mí y recurrí a Ud., para polemizar a
la distancia. Es mi homenaje; le ruego que así lo interprete. Si se siente
tentado por el desafío, la invitación vale. Con sincera admiración y aprecio.
Cmdte. Ernesto Che Guevara.

León Felipe fue uno de los más íntimos apegos del Che Guevara. De
aquel libro le gustaba en particular el poema «A Cristo»:

Cristo, te amo
no porque bajaste de una estrella
sino porque me descubriste
que el hombre tiene sangre,
lágrimas, congojas...
¡llaves, herramientas!
para abrir las puertas cerradas de la luz.
Sí... Tú nos enseñaste que el hombre es Dios...
un pobre Dios crucificado como Tú.
Y aquel que está a tu izquierda en el Gólgota,
el mal ladrón...
¡también es un Dios!

VII

No sabía permanecer entre cuatro paredes, ni le venía bien empujar papeles. Por dentro lo seguía habitando la intención (no la obra) del poeta romántico y el guerrillero feroz que sólo cura el asma con la pólvora. Los fracasos económicos no habían minado su voluntad pero sí su sensación de desasosiego e impotencia. Volvería su atención a «soñar horizontes» y viajaría por el mundo como embajador de la Revolución. Apoyó a varios grupos revolucionarios en América Latina y participó en el fallido intento de plantar un foco revolucionario en su natal Argentina. El líder, elegido por él, era Jorge Masetti, conocido periodista y fundador de *Prensa Latina* pero hombre inestable sin capacidad para esa tarea. El pequeño grupo fue borrado en un santiamén y Masetti, por órdenes e inspiración del Che, caminó a su muerte.

El fracaso de la guerrilla argentina estuvo en su concepción y planeación estratégica: un país de clase media, próspero y democrático no estaba dispuesto a secundar una aventura como la que el Che proponía. Pero el problema de concepción era más profundo. El Che creyó siempre que la Revolución cubana había triunfado por el movimiento de la Sierra Maestra (y no por la unión de muchos frentes contra un dictador como Batista) y esa convicción lo llevó a repetir una y otra vez el mismo error. «Tu problema, Che, es que viviste una sola experiencia, la Sierra» −le decía Franqui, recordando la conversación en una fiesta oficial en la que el Che «sobrio, irónico, algo apartado, con el viejo uniforme raído y la pipa, su aire baudeleriano, criticaba los gastos alegres de Fidel y se defendía con su terrible lengua». «Sí, pero si no es por la guerrilla, todos ustedes hubiesen terminado muertos o liquidados, Franqui, no lo olvides.» El Che creía en el espontaneísmo campesino como factor del triunfo, Franqui le recordaba la importancia de la organización del movimiento 26 de Julio en las ciudades.

−No, Che, no lo he olvidado. Pero quizás has olvidado tú la orden que tuviste que dar y suspender.

−¿Qué orden?

−Impidiendo la salida de los campesinos y sus familias... te recuerdas, todos los campesinos se fueron.

—Tú sobrestimas el papel de la ciudad. Subestimas la importancia de la lucha guerrillera, fuente y motor de la Revolución.

«En Cuba —recuerda Franqui— los viajes eran signo de desgracia.» Pero los viajes lo ilustraban: «evolucionaba mucho, era crítico, descubría muchas verdades del socialismo real». Desde su «proverbial autonomía» criticaba duramente a las posiciones soviéticas, al burocratismo. Pero para combatir la realidad, su movimiento natural era «recurrir a un nuevo dogma». Por eso simpatizó con la Revolución china, fue partidario decidido de una revolución nueva en el Tercer Mundo y puso su esperanza en la lucha guerrillera en África. Su fe en «la lucha guerrillera como fuente y motor de la Revolución» lo mueve a buscar repetirla en otras tierras.

«Otras tierras reclaman el concurso de mis modestos esfuerzos», le escribe a Fidel en la carta de su renuncia a los cargos burocráticos para irse, en secreto y bajo una falsa identidad (ambos datos conocidos por Fidel), a su trayecto final: en abril de 1965 se marcha a llevar la revolución al mundo. Sus puertos de destino final serían el Congo y Bolivia. Tanto la planeación como la ejecución de ambas aventuras fueron desastrosas al grado de despertar la sospecha sobre la intención última, posiblemente suicida, del Che: el suicidio como un acto supremo de creatividad política. Tras su arribo clandestino al Congo encabezaría a las fuerzas leales al presidente Lumumba, recientemente asesinado. África, como América Latina, era zona caliente de la Guerra Fría, pero lo que el Che halló en el terreno lo descorazonó. Sus diarios del Congo rezuman desprecio por sus aliados de armas y desesperación por su inminente fracaso. El Che se lamenta de que sus soldados congoleños «no mostraron ningún espíritu de combate, estaban pensando simplemente en salvar la vida» e insiste hasta la intransigencia en dotar a sus guerrilleros y a los congoleños de un sentido superior de humanidad, de generosidad social. Se preocupa por dar clases acerca del socialismo, de los valores del «hombre nuevo», del deseable destino comunista, quiere infundir una valentía superior, el arrojo ciego del mártir, sin cálculo y sin ahorro: «demasiadas veces dejamos echar raíz al espíritu de autoconservación, debido a una idea errónea sobre nuestra importancia futura... [Hay que] abandonar un falso concepto de nuestra responsabilidad que nos lleve a salvarnos para el futuro». Quiere un ejército de santos, una armada de virtud... y el resultado es desolador: desánimo, cada vez menos incorporaciones, cada vez mayor deserción, hasta llegar al punto en que el Che determina castigar la deserción con pena de muerte.

En contraste con las altas miras del Che Guevara, el presidente secesionista Moisés Tshombé, cristiano, aliado de Bélgica y de ideología anticomunista, había contratado a un feroz mercenario para combatir la insurgencia guerrillera: el británico Mike Hoare —quizá la antítesis del Che que derrotó al Che— dejó escrito, en sus memorias de campaña, *Congo Mercenary*: «yo no soy más que un soldado al que importa solamente cumplir las órdenes recibidas, y las órdenes que se me dieron consisten en librar al país de esta gente. Yo no sé por qué luchan ni cuáles son sus propósitos. Pero sé que son gente salvaje, peligrosa y cruel». El mercenario no ofrecía futuro a sus soldados, ni justicia ni libertades, sino dinero en efectivo. En menos de un año reclutó casi 3 000 voluntarios, al tiempo que la guerrilla del Che decrecía alarmantemente merced a la deserción. Dice Hoare que «en un ejército de voluntarios» no puede haber un código disciplinario, de modo que «mis oficiales, y yo mismo, éramos obedecidos sencillamente porque los hombres a quienes dábamos órdenes querían obedecernos», pero «si un hombre se niega a obedecer una orden, hay muy poco que hacer». Del otro lado, el Che castigaba la deserción con la muerte, e incluso así la deserción no cesaba en las filas revolucionarias. Hoare nunca habla de sí mismo en términos de ninguna ética superior ni como parte de ningún proceso social justo. Siempre supo que era un soldado extranjero y que luchaba por dinero. El Che creía en una solidaridad humana más allá de razas y naciones. Se repetía, pues, el fenómeno que había visto respecto de la producción económica: la moral, los altos ideales, la superioridad en la promesa del hombre nuevo quedaban atropellados bajo la inmediatez de lo que, a ojos del Che, era un inexplicable egoísmo.

Al final, el Che y sus combatientes apenas salvaron la vida. Cuando sus compañeros cubanos estaban a punto de subir a una lancha para salvar la vida cruzando un lago, el Che —notando la insuficiencia del bote y la derrota— se sumió en la culpa. Consideró seriamente quedarse. Seguir luchando él solo. Establecer contacto con fuerzas amigas a cientos de kilómetros de distancia a través de la selva. Era un suicidio y en este caso no lo eligió.

★ ★ ★

En Bolivia, dos años después, quiso encender un movimiento guerrillero. La elección de Bolivia no pudo ser más desafortunada. No sólo socialmente vivía un proceso autónomo de reparto de tierras, sino que los dos grupos que podían haber ayudado al Che, los mineros y el Partido Comunista, habían indicado claramente que no se prestarían a una aventura guerrillera. En toda la historia de esta guerrilla, solo dos bolivianos colaboraron con el Che.

«Con Fidel, ni matrimonio ni divorcio», había sido la tesis del Che. En Bolivia sobrevino un desenlace distinto al divorcio y matrimonio. ¿Cuál exactamente? Mucho se ha especulado sobre la decisión de Fidel de leer en público la carta de despedida del Che, lo cual le imposibilitaba permanecer en La Habana. Para muchos analistas, el heroico e inútil sacrificio del Che fue un gran alivio para Castro. No tenía ya una conciencia moral que juzgara sus pragmáticas decisiones políticas, nadie le disputaba el carisma y podía manipular su figura y su legado hasta el paroxismo. Simon Reid-Henry tiene una opinión distinta. Cita a Carlos Franqui: «el temperamento, y no la ideología, está detrás de las diferencias, cada vez más agudas. En principio, "Fidel decía sí a todo", pero el Che no hacía nada sino por principio». Reid-Henry reafirma el compromiso de Castro con la empresa boliviana y con la elección de Bolivia como cabeza de playa revolucionaria en la Latinoamérica continental, por su centralidad geográfica, y las desventajas de otros países, con una izquierda fragmentada. Pero las divisiones de la izquierda boliviana, la falta de apoyo hacia la guerrilla, tanto de un Partido Comunista sometido a los soviéticos, como de los campesinos, darían el golpe final a la aventura boliviana del Che. Según Reid-Henry, Castro se mantuvo en contacto con los acontecimientos hasta donde le fue posible, y mantuvo la esperanza casi hasta el final, pero no podía prestar ninguna ayuda al Che cuando ya el ejército boliviano (con ayuda táctica norteamericana) cerraba el cerco.

El Che había encarado siempre a la muerte con valor. La descripción de sus horas postreras en el remoto pueblo donde un comandante boliviano ordena su ejecución no deja lugar a dudas: al menos conscientemente, el Che no quiso suicidarse. La CIA se oponía inicialmente a la ejecución (pretendía interrogar al Che) pero Félix Rodríguez, el agente que estaba en el lugar y se fotografió con su víctima, afirma en sus memorias haber recibido las órdenes radiales que transmitió a los oficiales bolivianos. También afirma haberse abrazado con el Che (otros relatos lo niegan y sostienen que el Che, reconociéndolo como un «gusano», intercambió insultos con él).

Cuando el Che advirtió la presencia de un embriagado sargento boliviano, tuvo la certeza final de su muerte. Y, al margen de los detalles, aun su enemigo Rodríguez afirma en sus memorias que el Che «se comportó con respeto hasta el final». Tal como había escrito a su madre en uno de sus viajes posteriores al triunfo de la Revolución cubana: «No tengo casa, ni mujer, ni hijos [aunque, para entonces, ya era padre de varios], ni padres, ni hermanos. Mis amigos son amigos mientras piensan políticamente como yo; y, sin embargo, estoy contento, me siento algo en la vida. Siento no sólo una fuerza interior poderosa, que siempre la sentí, sino también la capacidad de inyectarla en los demás; eso y un absoluto sentido fatalista de mi misión me quita todo miedo.» Tal vez cuando las balas terminaron con su vida, «Furibundo Serna» entendió al pie de la letra el himno cubano, ampliando su significación: morir (bellamente) por la patria (socialista universal) es vivir.

VIII

Mercancías, un listado de objetos que van de lo vulgar hasta lo votivo —tazas, camisetas, pósters, botones, llaveros, arte-objeto, arte serio, kitsch, camp, más camisetas, un tatuaje en el abdomen de Mike Tyson, otro en el brazo derecho de Diego Armando Maradona, Madonna posando como el Che... Pero ¿es responsable un hombre de lo que se haga con su imagen tras su muerte? Sería ridículo suponer que el Che Guevara es esas baratijas con su efigie.

Pero existen consonancias más profundas para la vida póstuma del Che. Hay un aspecto de su vida —la errancia, los abandonos, el martirio final en tierras extrañas, el insensato compromiso con su propia bravura— que seduce a muchas más personas de las que comparten su ideología. En su libro *Che's Afterlife*, Michael Casey entrevista al poeta cubano Omar Pérez, hijo ilegítimo del Che, aunque la mayoría de los Guevara le niega reconocimiento. Al parecer, Pérez es producto de un pasajero encuentro del Che con una hermosa veinteañera, justo antes de su partida rumbo a África. Fue un embarazo del que jamás se enteró el Che. Pérez se parece a su padre físicamente y quizás en el temperamento independiente, que terminó por llevarlo un año a los campos de trabajo forzado, como castigo a su independencia artística. Cuando su madre le reveló el nombre de su padre, Pérez tenía 25 años. Hallar vínculos con su padre se convirtió en una búsqueda incesante que lo llevó al budismo. En la entrevista que le hace Casey, cavila acerca del abandono y la partida: «¿Por qué todos se van? En cierto momento, todos nos vamos... Abandonamos todo por algo nuevo. Cambiamos de religión, creencias políticas, o ideológicas, de modo que no es una característica de una u otra persona, ni una circunstancia histórica. Es la condición humana: abandonar las cosas por algo más.» Abandonado él mismo (aunque el Che no supo de su existencia), el poeta cubano reconoce y acepta esta «condición humana» que puede ser dolorosa pero busca colocar la constante errancia del Che en un nivel más amplio: la idea del desapego (presente en la tradición cristiana, pero mucho más importante en el budismo). «¿Cuál es el objetivo final del apego?... al pasar la vida... cuando ya dijiste adiós varias veces a la familia, como hizo mi padre... quizás entonces, en medio de la nada, como en el Congo, o Bolivia, descubres otra forma del vínculo. Y es mucho más fuerte, más resistente que el amor a las mujeres, o a la bebida, o a cualquier cosa... Tiene que ver con nuestra verdadera esencia, porque lo que en verdad somos es la búsqueda de ese vínculo.» La libertad de proseguir, de ir en busca del objetivo final, el desdén por las cosas materiales y por el placer (aunque él no era un asceta convencional) es una característica del Che que atrae la simpatía de aquellos que son, o se consideran, en «busca de la verdad». Para el Che, era una libertad encadenada a sus principios abstractos, y su meta era una utópica revolución marxista, acompañada de una «transfiguración» moral del ser humano que, para él, constituía la máxima, pero alcanzable, condición humana. Y el último capítulo de su vida, aunque torpemente concebido, no fue sólo un largo calvario sino, a ojos de muchos, el progreso sobre un «camino», la búsqueda de un guerrero espiritual (pero armado) por su parcela de iluminación.

★ ★ ★

Pero el camino cristiano al calvario es, con más probabilidad, la clave para acercarse a la realidad viva del guerrillero que murió a los 39 años, a manos de sus enemigos. Cinco siglos de fe y de iconografía católicas contribuyeron decisivamente al martirologio del Che Guevara.

Poco después de su muerte, su vida, sus ideas, sus libros comenzaron a formar parte de una especie de historia sagrada en la que comulgaban jóvenes que compartían con él la misma tentación por el absoluto, las mismas creencias y odios, la misma devoción casi religiosa por la violencia y la muerte. Y, a lo largo de los años setenta y ochenta, América Latina asistió al encuentro trágico entre dos fantasmas del pasado: el omnipresente y opresivo gigante del norte y el retraído y orgulloso subcontinente del sur. En la sangrienta batalla de los gobiernos (democráticos, en su mayoría) contra los revolucionarios antiimperialistas, Guevara fue el santo patrón de los guerrilleros, el profeta armado y traicionado, el modelo a seguir.

Jorge Castañeda fue uno de aquellos poseídos: fue un militante radical, se entrenó en Cuba, defendió a la guerrilla salvadoreña. En *La utopía desarmada*, su libro sobre la izquierda latinoamericana después de la Guerra Fría (publicado en 1994), escribió que el Che representaba el heroísmo y la nobleza de miríadas de latinoamericanos clasemedieros que se rebelaban como mejor podían contra un *statu quo* que consideraban invisible. Añadía que Guevara fue un ejemplo de la angustia experimentada por los individuos que, lejos de ser excepcionales, son tan sensibles y razonables como islas en un mar de indigencia. Según Castañeda, el Che perdurará como símbolo, no de la revolución o la guerra de guerrillas, sino de la dificultad extrema, por no decir la imposibilidad, de la indiferencia.

Años más tarde, en su biografía del Che, Castañeda escribe:

El Che le entregó a un par de generaciones de las Américas las herramientas para creer, y el ardor que nutre la audacia. Pero Ernesto Guevara es también responsable por la cuota de vidas y de sangre que se tuvo que pagar... No fue el único responsable de los despropósitos guerrilleros de la izquierda latinoamericana pero fue uno de los responsables... Su muerte le permitirá ignorar cómo y por qué tantos universitarios de la emergente clase media de la región marcharon al matadero con toda inocencia.

¿Cómo explicar el cambio? Su perplejidad fue la de muchos conversos del proceso que por largas décadas creyeron de buena fe que la salida a los problemas de América Latina estaba, no en la vía política o la lucha democrática, sino en la revolución redentora. La paradoja de la guerrilla latinoamericana es que no fue una rebelión de los campesinos oprimidos, sino de la clase media educada, impaciente con la vía política. Fue una guerrilla universitaria, como señaló Gabriel Zaid («Colegas enemigos. Una lectura de la tragedia salvadoreña», *Vuelta*, julio de 1981). Esos muchachos de clase media vieron en el Che a un redentor creador de redentores. Como apuntó Gabriel Zaid en su teoría sobre «la guerrilla universitaria» (publicada en su libro *De los libros al poder*, México, Grijalbo, 1988), esos miles de jóvenes en América Latina (muchos de ellos provenientes de escuelas católicas, aunque no sea el caso particular de Castañeda) lo siguieron como en una *Imitación de Cristo*.

IX

Las resonancias cristológicas de su vida pueden pasar por la broma anecdótica como cuando los guerrilleros llegan al Río Grande, en Bolivia, y el Che grita: «Pacho, llegamos al Jordán, bautízame.» O cuando el Che se ganaba la vida vendiendo réplicas del Cristo de Esquipulas, y dice pedirle milagros. También pueden recordar al aura que lo rodeó en su época, como la frase con que Sartre lo glorifica: «el Che es el ser humano más completo de nuestra época». Más importante parece el hecho de que, tras su muerte en Bolivia, se descubriera en su diario, escrito de puño y letra y de memoria, aquel poema de León Felipe sobre Cristo encarnado en todos los hombres sufrientes. Pero hay elementos menos incidentales en el Che que apuntan en ese sentido. Y él parecía consciente de su apostolado. Cuenta Régis Debray (el guerrillero e intelectual francés que estuvo con él en Bolivia y se convertiría en el teórico de su revolución) que al «Che le gustaba compararse con un cristiano de las catacumbas frente al Imperio romano que era la América del Norte». Estos elementos provienen de un sustrato más profundo de la vida latinoamericana: la cultura católica.

La inmolación como vía de purificación y redención toca una fibra profundamente cristiana. No es imposible que el propio Che la tuviera presente. En todo caso, la asociación de la muerte del Che con el martirio cristiano se intensificó debido a un error de «relaciones públicas» por parte de los militares bolivianos. Con la intención de enmascarar la ejecución, los militares lavaron el cuerpo del Che y rasuraron su rostro. El resultado fue la célebre fotografía en la que aparece muerto ya, con el torso desnudo y el rostro dignificado por la muerte, y que resultó una copia involuntaria del famoso cuadro de Andrea Mantegna *Lamentación sobre Cristo muerto*. No sería la última vez que su imagen y su aura de martirio revolucionario tocarían fibras profundas en la sensibilidad viva (pero sobre todo en la sensibilidad subyacente) del catolicismo latinoamericano.

En una reseña de la película *Diarios de motocicleta* de Walter Salles (sobre los viajes del Che por Latinoamérica), Paul Berman sostuvo que la cinta «exuda el culto cristológico de martirio, una adoración a la persona espiritualmente superior que se encamina a la muerte. Éste es, precisamente, el culto que la Iglesia Católica latinoamericana ha promovido por siglos, con consecuencias miserables». Berman señala que el mito no coincide con el hombre, y tiene razón. Sin embargo, en el terreno de la fe católica, el icono del Che opera como la efigie de santo: su muerte testimonial recompone su vida toda. Su sacrificio salva. Su muerte como mártir lo equipara a los santos. Se vuelve estampita, medallita, efigie. Y comienza una vida que no vivió él, que no es la de Ernesto Guevara de la Serna, sino la del Che.

En el orbe ibérico y católico, la expiación implica un castigo. La veneración del sufrimiento y el martirio es una práctica cuyo sentido final es la salvación. Se salva aquel que muere dando testimonio de su fe (en griego, *martyrion* significa «testimonio»). Luego no es nada extraño que, en la versión popular, el Che se haya alzado al lugar de un santo. Murió dando testimonio de su fe. Murió por su creencia en una sociedad justa, por la igualdad de los hombres y el fin de la opresión. Los hechos objetivos de su vida pueden refutar (y de hecho refutan) ese mito, pero muchos jurarían que es verdad.

Para la vida espiritual de los católicos latinoamericanos, la iconografía de lo sagrado no es un curso de historia y tampoco tiene que ver con la realidad sino con la *verdad*. La *verdad* de un mito nunca reside en la verificabilidad de sus datos. No son pocos los casos de santos que convocan una fe importante por algo en lo que no tuvieron que ver o que tuvo una existencia dudosa. En estos países los santos son figuras de intercesión y de redención, no solamente ejemplos morales. Son espíritus que redimen y que, pese a lo que hayan sido o hayan hecho en vida, están tocados por la Gracia de Dios para encauzar una justicia a la que ni siquiera se puede apelar en este «valle de lágrimas». De ese modo, el santoral popular suele estar habitado por santos no reconocidos por el Vaticano, y podemos ver, a lo largo de toda Latinoamérica, altares de culto dedicados a narcotraficantes, actrices que murieron jóvenes, bebés muertos en la cuna, políticos asesinados, bandoleros, incluso a la «Santa Muerte», patrona de los narcotraficantes. Su trabajo no es el del ejemplo sino la operación de los milagros.

Entre los guerrilleros que siguieron al Che no faltaron quienes lo vieron como un santo e inclusive un Cristo. Uno de ellos, Roque Dalton, poeta y guerrillero salvadoreño, escribió su «Credo del Che»:

> El Che Jesucristo
> fue hecho prisionero
> después de concluir su sermón en la montaña
> (con fondo de tableteo de ametralladoras)
> por rangers bolivianos y judíos
> comandados por jefes yankees-romanos.
> [...]
> En vista de lo cual no le ha quedado al Che otro camino
> que el de resucitar
> y quedarse a la izquierda de los hombres
> exigiéndoles que apresuren el paso
> por los siglos de los siglos
> Amén.

Al realizar su sacrificio y colocarse —luego de su resurrección— «a la izquierda de los hombres», la vida ejemplar del nuevo Cristo-Che introduce en la conciencia de los hombres el imperativo moral de «apresurar el paso» o la vergüenza de no ser como él, como en el poema de Mario Benedetti:

> vergüenza tener frío
> y arrimarse a la estufa como siempre

para enfrentar esas plagas consideraron que no había un camino político sino un camino revolucionario. En su opción tuvo una gran incidencia el sustrato cristológico (o el contagio cristológico, si se quiere) del Che.

El Che interpretaba la experiencia del socialismo cubano como un acto de sacrificio encaminado a la redención, compuesto por una dimensión individual y otra histórica: «El individuo de nuestro país sabe que la época gloriosa que le toca vivir es de sacrificio; conoce el sacrificio. Los primeros lo conocieron en la Sierra Maestra y dondequiera que se luchó; después lo hemos conocido en toda Cuba. Cuba es la vanguardia de América y debe hacer sacrificios porque ocupa el lugar de avanzada, porque indica a las masas de América Latina el camino de la libertad plena» (*El socialismo y el hombre en Cuba*). Un aspecto central del sacrificio personal implicado en el socialismo era precisamente la noción de trabajo voluntario (consagrar los días de descanso, por ejemplo, a trabajar en proyectos sociales o económicos de la Revolución). El propio Che, además de ocupar múltiples puestos en el gobierno, dedicaba su tiempo libre al trabajo en los campos de caña. El epígrafe de su *Mensaje a la Tricontinental* —extraído de Martí— es revelador respecto al sentido sacrificial con que el Che investía el proceso revolucionario: «Es la hora de los hornos / y no se ha de ver más que la luz.» Y, finalmente, de acuerdo con el testimonio Régis Debray, el Che concebía la muerte, sobre todo la suya en Bolivia, como un ritual de renacimiento.

Está igualmente la idea de conversión y sacramentalidad. El Che estaba convencido de que la Revolución cubana era un ejemplo espiritual que se multiplicaría más allá de las fronteras, una suerte de «historia ejemplar» que incitaría a la conversión revolucionaria del resto del mundo. En el ámbito personal, el Che miraba su intervención en el socialismo como una especie de voto revolucionario que lo había impelido a dejar toda atadura personal y familiar.

Aun la idea del «hombre nuevo» no es ajena a la misma tradición. Es verdad que Deodoro Roca y José Ingenieros (los pensadores argentinos de principio del siglo XX) acuñaron diversas formas de apelar al «hombre» renovado y repudiar al «mediocre». Pero aun en ellos hay un contagio de la cultura católica que los permea. Para san Pablo, la fe en Cristo iba más allá de un mero cambio de rumbo en la historia personal de un individuo y representaba, en última instancia, una mutación radical de la naturaleza humana. En sus escritos y en su práctica como político y funcionario público, el Che retomó a su manera este tema paulino del «hombre nuevo». Para el Che, el socialismo transformaría la esencia misma de lo que se entiende por «humano». Una nueva conciencia del papel del individuo en la colectividad estaría acompañada de una nueva concepción del trabajo, la técnica y la economía (que, divorciada de los sentimientos de avaricia, llegaría a responder sólo a incentivos morales). En la sociedad del futuro, afirmaba el Che, «los hombres tendrán características distintas». Se suprimiría el egoísmo y el ser humano lograría «la total consciencia de su ser social, lo que equivale a su realización plena como criatura humana, rotas todas las cadenas de la enajenación» (*El socialismo y el hombre en Cuba*).

Un rasgo adicional es la certeza de vivir un tiempo apocalíptico. Los primeros cristianos estaban convencidos de que la parusía era inminente. La consumación del tiempo era un acontecimiento que llegarían a presenciar con sus propios ojos. La doctrina guerrillera del Che apela a una referencia similar. El foquismo fracasó como estrategia de lucha política y militar, entre otras razones, por su dependencia del mito de un tiempo apocalíptico. Sólo en la víspera de un Apocalipsis parecen cobrar sentido las palabras del Che en su *Mensaje a la Tricontinental*:

> ¡Cómo podríamos mirar el futuro de luminoso y cercano, si dos, tres, muchos Viet-Nam florecieran en la superficie del globo, con su cuota de muerte y sus tragedias inmensas, con su heroísmo cotidiano, con sus golpes repetidos al imperialismo, con la obligación que entraña para éste de dispersar sus fuerzas, bajo el embate del odio creciente de los pueblos del mundo!

★ ★ ★

Alguien agregaría un elemento más: el amor universal. En *El socialismo y el hombre en Cuba* el Che ofrece la medida de la autenticidad socialista en una prédica de amor universal: «El revolucionario verdadero está guiado por grandes sentimientos de amor... Nuestros revolucionarios de vanguardia tienen que idealizar ese amor a los pueblos, a las causas más sagradas y hacerlo único, indivisible». Pero se trata de un amor peculiar, un amor que sólo se cumple mediante un rito necesario de violencia y muerte.

Y es que más allá de la atracción que tuvo y sigue teniendo su mito mesiánico, y más allá también de los ecos cristológicos de su vida, al cabo de todas sus biografías, sus obras, sus exégetas, hay una historia interior del Che Guevara que se nos escapa. Era un ser volcado a la acción. Aunque fue desde niño un ávido lector, en sus diarios no deja de señalar como perdidos aquellos días en que no hace sino leer. La fruición de actuar es más fuerte que ninguna otra fuerza en su vida. Una vida llena de furia y odio, de esfuerzos extenuantes –de un perenne duelo entre su voluntad y la resistencia del mundo, el Che practica el rugby de la redención–. Y pareciera habitado por una certeza más allá de cualquier titubeo. ¿Cuándo y donde la adquirió? Fue en algún momento de su juventud. Quizás con aquella revelación, llamada «Acotación al margen», que aparece al final, añadida, en sus diarios de viaje de 1952. ¿La concibió en Miami? ¿Es una obra de ficción, un acontecimiento? ¿Un pacto fáustico? ¿Una revelación? Sin más contexto, el Che describe a un hombre, «huido de un país de Europa para escapar al cuchillo dogmatizante» y que «conocía el sabor del miedo (una de las pocas experiencias que hacen valorar la vida)... me preparó para recibir la revelación...»:

«El porvenir es del pueblo –dice el extraño europeo– y poco a poco o de golpe va a conquistar el poder aquí y en toda la tierra... Lo malo es que él tiene que civilizarse y eso no se puede hacer antes sino después de tomarlo. Se civilizará sólo aprendiendo a costa de sus propios errores que serán muy graves, que costarán muchas vidas inocentes... Usted morirá con el puño cerrado y la mandíbula tensa, en perfecta demostración de odio y combate»...Vi sus dientes y la mueca picaresca con que se adelantaba a la historia, sentí el apretón de sus manos... Ahora sabía que en el momento en que el gran espíritu rector dé el tajo enorme que divida toda la humanidad en sólo dos fracciones antagónicas, estaré con el pueblo, y sé porque lo veo impreso en la noche que yo, el ecléctico disector de doctrinas y psicoanalista de dogmas, aullando como poseído, asaltaré las barricadas o trincheras, teñiré en sangre mi arma y, loco de furia, degollaré a cuanto vencido caiga entre mis manos.Y veo, como si un cansancio enorme derribara mi reciente exaltación, cómo caigo inmolado a la auténtica revolución estandarizadora de voluntades, pronunciando el «mea culpa» ejemplarizante. Ya siento mis narices dilatadas, saboreando el acre olor de pólvora y de sangre, de muerte enemiga; ya crispo mi cuerpo, listo a la pelea y preparo mi ser como un sagrado recinto para que en él resuene con vibraciones nuevas y nuevas esperanzas el aullido bestial del proletariado triunfante.

No sabemos en qué momento escribió el pasaje. Pero algo resuena de lo que le escribe a su madre, en 1955: «en qué momento dejé el razonamiento para tener algo así como la fe, no te puedo decir». En aquella página suelta sigue resonando como lo que afirma ser: una revelación, un avistamiento de la voluntad del «gran espíritu rector». Como sea, se trata de un diálogo y un encuentro del Che consigo mismo, con una voz, otra voz, de su universo imaginario. Aquella iluminación había perfilado en el Che Guevara una certeza que sustituye a los titubeos, una forma de entrega sin preguntas, sin dudas, casi sin cavilaciones: una forma de la fe.

Había renunciado alegremente a tener casa, mujer, familia; había decidido que su única parentela fuera la de quienes pensaban políticamente como él «y, sin embargo, estoy contento, me siento algo en la vida. Siento no sólo una fuerza interior poderosa, que siempre la sentí, sino también la capacidad de inyectarla en los demás; eso y un absoluto sentido fatalista de mi misión me quita todo miedo». Se parece a un apóstol cristiano porque está dispuesto a la renuncia de todo y a seguir el camino de la fe, guiado por la confianza de poder infundir «la buena nueva» y la conversión en los demás. Pero se parece más a un cruzado (o un ayatolah) porque sólo quienes piensan como él son «su prójimo».

El Che no era un hombre de fe religiosa, pero eso no significa que no fuera un hombre de fe. No creía en los dogmas religiosos, pero repitió sus creencias como si fueran dogmas religiosos, afines a los dogmas de la religión católica. No era cristiano en términos de fe, pero desde luego tenía el formato cristiano, pertenecía a un ámbito y una civilización que ha sido erigida sobre la visión cristiana del bien, el mal, la salvación y la eterna condena. No deja de ser sorprendente que este hombre haya pasado a la historia como un libertario, o incluso como emblema del antiautoritarismo de 1968. Régis Debray, que lo acompañó a Bolivia, escribe:

Los que renuncian y los santos aprenden pronto a castigarse y prefieren la obediencia a la libertad. El dominio de sí mismo, el rostro noble del masoquismo, el Che lo llevó hasta la voluntad de la voluntad, como un formalismo de la ascesis [...] Aquello de lo que fui testigo en Bolivia va en el sentido de todos los testimonios que he podido recoger de los veteranos del Congo y de la Sierra. Con sus hombres, el «jefe exigente», de «implacable y rigurosa disciplina», no vacilaba ante el abuso del poder, con un júbilo sombrío bastante mal disimulado. Cada vez más distante, ese puro se endureció con los años. Enviar a primera línea, sin armas, a un recluta ordenándole que le coja el fusil al enemigo, con cuchillo o con las simples manos, era una de las costumbres: así lo hacía en la Sierra Maestra. Amenazar con el paredón, como desertor, a un viejo combatiente emérito que tropezó en medio de un vado y perdió su fusil en la corriente por descuido es una señal de mal carácter. Sancionar por una falta sin importancia –un bote de leche condensada birlado– a un subordinado hambriento y agotado no con cuatro horas de guardia, por la noche, en lugar de dos, sino con tres días sin comer es ya más riguroso. Como humillar a un campesino sin experiencia, ante toda la tropa, para enseñarle a andar derecho. Mirar sin pestañear a sus compañeros, en el Congo, andando con los pies descalzos en la jungla, ya que «los africanos bien que lo hacen», eso no está falto de crueldad. O bien obligar a los que se habían acostado con una negra a contraer al punto matrimonio ante él. Capricho de puritano pero que empujó a uno de ellos, ya casado en Cuba, al suicidio.

Siguiendo su trayecto, no queda sino atestiguar lo mismo: un endurecimiento que llega a ser despiadado. En sus diarios guerrilleros del Congo y de Bolivia, el Che se queja constantemente de que la gente no hace lo que debe, es decir, no lo obedece. Muchos de sus guerrilleros lo van abandonando. Incluso los más cercanos, como «Marcos», el jefe de su propia vanguardia, quien le habría dicho a Debray: «ya no soporto a este tipo. Está imposible o se ha vuelto loco. Nos trata como a críos indecentes. Pídele a Fidel que me haga volver a Cuba».

El mundo habría defraudado al Che: la vulgar realidad era de mucho peor ralea que su verdad, que la verdad que incansablemente él había tratado de revelar. Y, si hemos de creer a Komárek, el Che lo sospechaba.

En aquel *Mensaje a la Tricontinental* el Che elogia «el odio como factor de lucha; el odio intransigente al enemigo, que impulsa más allá de las limitaciones naturales del ser humano y lo convierte en una efectiva, selectiva y fría máquina de matar. Nuestros soldados tienen que ser así». ¿Qué puede seguir? El Che no era incoherente, menos aún cobarde o pusilánime. Parece saber que el final se acerca y casi tiene prisa por enfrentarlo. Su derrota no era reparable: los campesinos nunca despertaron a su alta moral, sus mismos soldados terminaban por gastarse y rendirse o por amilanarse. Esa alta moral intransigente, con la que llevó la economía, la que exigió en su guerrilla, la que no quisieron ni congoleños ni bolivianos, se desmentía en la realidad. Se acercaba el final.

La derrota ¿le vino por la cobardía circundante?, ¿por la poquedad de los comunistas bolivianos?, ¿por la traición de Fidel? O le vino porque él mismo la eligió, porque él mismo eligió el camino del mártir redentor. De haber sobrevivido en Bolivia, ¿qué le quedaba? Jamás estuvo dispuesto a negociar sus principios, no aceptaba transacción. Los salvadores no negocian. «Tal es el tabú que a mí mismo me ha costado veinte años —dice Régis Debray—, hasta confesarme esta paradoja, corroborada por cien indicios, de que el Che Guevara no fue a Bolivia para ganar sino para perder.»

¿Perdió o ganó? Tras su muerte, uno, dos, tres mil Ches salieron a imitarlo. Y ellos, ¿ganaron o perdieron? En la práctica, la opción inspirada por el Che desembocó en la derrota de los guerrilleros a manos de ejércitos salvajemente represivos. Generaciones de jóvenes se perdieron en las calles y las selvas de América Latina. Y, atrapados entre ambos extremos violentos (los poseídos y los militares), los pueblos muchas veces sufrieron hambre, enfermedad y muerte o terminaron por emigrar. Eran los amados, idealizados, sagrados sujetos de la redención, pero nadie los había consultado sobre la vía mejor para lograrla.

CUARTA PARTE

La novela y la política

Gabriel García Márquez

La sombra del patriarca

Todo dictador, desde Creón en adelante, es una víctima.
Gabriel García Márquez

Muchos años después, frente a la redacción de sus memorias, Gabriel García Márquez había de recordar la tarde remota en que su abuelo le puso en el regazo un diccionario y le dijo: «Este libro no sólo lo sabe todo, sino que es el único que nunca se equivoca.» «¿Cuántas palabras tiene?», le preguntó el niño. «Todas.»

En cualquier lugar del mundo, si un abuelo regala a su pequeño nieto un diccionario le está dando el instrumento del saber. Pero Colombia no era cualquier lugar: era una república de gramáticos. Durante la juventud del abuelo, el coronel Nicolás Márquez Mejía (1864-1936), no menos de cuatro presidentes de la república, un vicepresidente y otros magistrados –todos del bando conservador– habían publicado compendios, tratados (en prosa y verso) sobre la ortología, ortografía, filología, lexicografía, prosodia y gramática del idioma castellano. Malcolm Deas, el historiador oxoniense especialista en Colombia que ha estudiado el singular fenómeno, aduce que la obsesiva preocupación por el idioma que revelaba el cultivo de estas ciencias («sus practicantes –acota Deas– insistían en llamarlas "ciencias"») tenía su origen en una vocación de continuidad con el tronco cultural español. Al hacer suya «la eternidad de España en el idioma» buscaban asegurar, por decirlo así, el monopolio legítimo de sus tradiciones, su historia, sus autores clásicos, sus raíces latinas. Esta apropiación, precedida por la fundación en 1871 de la Academia Colombiana de la Lengua correspondiente a la española (la primera en América), fue una de las sorprendentes claves en la larga hegemonía conservadora en la historia política de Colombia (1886-1930).

El abuelo de García Márquez, figura de sus primeras novelas (*La hojarasca*, *El coronel no tiene quien le escriba*), no fue ajeno a esta historia político-gramatical. El coronel Márquez Mejía había militado en las filas del legendario general liberal Rafael Uribe Uribe (1859-1914), uno de los pocos caudillos de la historia colombiana, y cuya trayectoria inspiró a su vez el personaje del coronel Aureliano Buendía. Incansable e infortunado combatiente de tres guerras civiles, abogado, pedagogo, librero, periodista, diplomático, Uribe Uribe había sido también, previsiblemente, un esforzado gramático. Era la forma cívica de disputar el poder a los conservadores. Aprovechó una de sus estancias en prisión para traducir a Herbert Spencer y escribir un *Diccionario abreviado de galicismos, provincialismos y correcciones de lenguaje* (1887) que tuvo, al parecer, regular suerte. En 1896 se batió solo en el Parlamento contra 60 senadores conservadores. A fin de cuentas, la aplastante mayoría no le dejó otro camino que darle —según su propia frase— «la palabra a los cañones». Uribe Uribe fue el protagonista central en la sangrienta «Guerra de los Mil Días» (1899-1902), al cabo de la cual se firmó la «Paz de Neerlandia». Atestiguó la escena el coronel Márquez, quien años después solía recibir a su antiguo jefe en la casa familiar de Aracataca, cercana a esos hechos. Uribe Uribe fue asesinado en 1914. Dos décadas después, su lugarteniente regalaba a su nieto mayor no un sable ni una pistola sino un diccionario. En cualquier parte, un instrumento del saber. En Colombia, un instrumento del poder.

El poder le llegaría en efecto, por la vía de las letras, pero ni en sus más desaforados sueños pudo imaginar el coronel Márquez la prodigiosa *ars* combinatoria que aquel nieto suyo —a quien apodaba «mi pequeño Napoleón»— aplicaría a aquel diccionario «de casi dos mil páginas grandes, abigarradas y con dibujos preciosos» que «Gabito» comenzaba a leer «por orden alfabético y sin entenderlo apenas». Premio Nobel de Literatura en 1982, sus principales novelas —traducidas universalmente— fueron celebradas en su momento por V. S. Pritchett, John Leonard y Thomas Pynchon, entre muchos otros. A lo largo y ancho del mundo circulan profusamente sus ficciones, con su extraordinario poder fabulador, su encanto poético y una prosa tan flexible y rica que por momentos parece contener, en efecto, todas las palabras del diccionario. Su obra ha sido objeto de estudios, seminarios, óperas, conciertos, representaciones teatrales, adaptaciones cinematográficas y sitios de internet. Su hogar natal es destino de peregrinajes literarios. En Cartagena de Indias, el puerto amurallado donde el joven periodista García Márquez pasó años de severas privaciones, los taxistas señalan la «Casa del Premio», una de las que posee «Gabo» en varias ciudades del mundo. El cariñoso apodo no es casual: refleja la simpatía popular que ha sabido concitar alrededor suyo.

En 1996 García Márquez saldó viejas cuentas de la historia colombiana y encabezó una pequeña revolución contra los diccionarios. Para escándalo de las academias de la lengua, la Real Academia Española y las correspondientes en América, reunidas en Zacatecas, el célebre autor —como un amo y señor de «la eternidad de España en el idioma»— se pronunció por ¡la abolición de la ortografía! El desplante era la victoria final del radicalismo liberal colombiano frente a la hegemonía de los gramáticos y latinistas conservadores. Los fantasmas del general Uribe Uribe y el coronel Márquez sonreían complacidos. Y Fidel Castro sonreía también. Aunque decía compartir la «teoría escandalosa, probablemente sacrílega para academias y doctores en letras, sobre la relatividad de las palabras del idioma», celebraba que, en su cumpleaños 70, García Márquez le hubiera dado el más «fascinante» de los regalos, una «verdadera joya»: un diccionario.

«Escribo para que mis amigos me quieran», ha dicho repetidamente. Uno de sus grandes amigos es precisamente Fidel Castro. No hay en la historia de Hispanoamérica un vínculo entre las letras y el poder remotamente comparable en duración, fidelidad, servicios mutuos y convivencia personal al de Fidel y «Gabo». Ya viejo, enfermo y necesitado de ayuda, Rubén Darío, el gran poeta nicaragüense que influyó mucho en García Márquez, aceptó los mimos del dictador guatemalteco Manuel Estrada Cabrera y aun escribió para él poemas laudatorios. Las razones políticas de Fidel son tan evidentes como las de Estrada Cabrera: se miden en dividendos de legitimidad. Pero a García Márquez, que no tiene los apremios económicos de Darío, ¿qué razones lo mueven? La voluminosa biografía escrita por el profesor inglés Gerald Martin, *Gabriel*

García Márquez: A Life, arroja luz sobre los orígenes psicológicos de esa relación. Se remontan a la casa familiar de Aracataca y, en particular, al vínculo de «Gabito» con su patriarca personal, el coronel Márquez. Ahí está la semilla de su fascinación frente al poder: cifrada, elusiva, pero mágicamente real, como la historia de un diccionario que pasó del coronel al comandante, por las manos del escritor.

★ ★ ★

«La vida no es la que uno vivió, sino la que uno recuerda y cómo la recuerda para contarla», escribe García Márquez en el epígrafe de sus memorias. Así ha recordado, reelaborado y contado de varias maneras un episodio trágico en la vida de su abuelo. Ocurrió en 1908, en la ciudad de Barrancas. García Márquez lo refiere en *Vivir para contarla* (único tomo publicado de sus memorias) como un «duelo», un «trance de honor» en el que el coronel no tuvo más remedio que enfrentar a un amigo y lugarteniente suyo. Era «un gigante dieciséis años menor que él», casado y padre de dos hijos, y se llamaba Medardo Pacheco. La querella —en esta versión— se había originado debido a «un comentario infame» sobre la madre de Medardo, «atribuido» al abuelo. Éste habría dado «satisfacciones públicas» que no lograron atenuar el vociferante encono del hijo. A su vez, el coronel también se sintió «herido en su honor», por lo que habría desafiado a Medardo a muerte «sin fecha fija», habría tomado seis meses en arreglar sus asuntos para asegurar la vida de su familia y, finalmente, habría ido a encontrar el destino. «Ambos estaban armados», precisa García Márquez. Medardo cayó muerto.

Una versión anterior (1971), recogida en una entrevista con Mario Vargas Llosa, omite el duelo: «Él en alguna ocasión tuvo que matar a un hombre, siendo muy joven [...] Parece que había alguien que lo molestaba mucho y lo desafiaba, pero él no le hacía caso hasta que llegó a ser tan difícil la situación que, sencillamente, le pegó un tiro.» Según García Márquez, el pueblo justificó los hechos al grado inverosímil de hacer que uno de los hermanos del muerto durmiera «en la puerta de la casa, ante el cuarto de mi abuelo, para evitar que la familia viniera a vengarlo».

«No sabes lo que pesa un muerto», repetía el abuelo, descargando su conciencia con «Gabito», que escuchaba absorto sus historias guerreras y que ha subrayado la importancia de ese episodio en su vida: «Fue el primer caso de la vida real que me revolvió los instintos de escritor y aún no he podido conjurarlo.» Justamente para conjurarlo, optó por recrearlo «no como se vivió sino como se recuerda para contarlo».

Quizá la primera elaboración literaria del episodio fue el guión de la película *Tiempo de morir* (1965) del cineasta mexicano Arturo Ripstein. Luego de purgar años de prisión, un hombre llamado Juan Sáyago vuelve al pueblo donde mató a otro, Raúl Trueba, tras una carrera de caballos. Sáyago busca reconstruir su casa y recobrar el amor que dejó, pero los hijos del difunto, convencidos de que la muerte había sido artera, lo han esperado todo ese tiempo para vengarse. El guión disculpa al protagonista: «Sáyago no mata a un hombre desarmado»; no lo mató «a la mala»; «lo mató de frente, como a los hombres». Finalmente, Sáyago no tiene más remedio que matar de frente a uno de los hijos de Trueba y a su vez es muerto –de espaldas, a la mala y desarmado– por el otro.

En *Cien años de soledad* la escena aparece también, trasformada en una reyerta de gallos tras la cual Aureliano Buendía ordena al insolente Prudencio Aguilar ir a armarse para estar en igualdad de condiciones. Sólo así puede matarlo con un certero lanzazo. Como el coronel Márquez en la vida real, el primer Aureliano emprende con su familia un éxodo que lo llevará a fundar un nuevo pueblo: el Aracataca real, el mágico Macondo. Pero los horizontes nuevos no disipan la desgracia. Ambos personajes, el real y el imaginario, viven atenazados por el «remordimiento siniestro». Pero ambos se resisten también al arrepentimiento y repiten: «Volvería a hacerlo.»

Tras entrevistar a descendientes de testigos presenciales y recoger la memoria colectiva, Gerald Martin reconstruye una versión diametralmente distinta. «No hubo nada remotamente heroico en ello.» La madre de Medardo era la amante despechada del jactancioso coronel; el hijo agraviado quiso lavar su honor; Márquez (nada joven, tenía 44 años) escogió «la hora, el lugar y la manera de la última confrontación» y lo mató a la mala: Medardo estaba desarmado. En la *Gaceta Departamental* de Magdalena de noviembre de ese año, que Martin consultó, se menciona la prisión del coronel por «homicidio». Tras una estancia en la cárcel, como sus avatares literarios, no regresó a Barrancas (donde seguramente hubiera recibido el trato que se dio a Juan Sáyago) sino que emprendió el viaje fundacional a Aracataca en espera de que la nueva bonanza del banano le trajera la prosperidad y el olvido.

El vínculo entre el abuelo y el nieto explica la necesidad de crear aquella ficción original y aferrarse a ella. «Siempre estábamos juntos», recuerda en sus memorias García Márquez, que lo imitaba hasta en el vestir. En la casa «los únicos hombres éramos mi abuelo y yo». Alejado en su primera infancia de sus padres y rodeado de un tropel de «mujeres evangélicas» (abuela, tías, criadas indígenas), «el abuelo era para mí la seguridad completa. Sólo con él desaparecía la zozobra y me sentía con los pies sobre la tierra y bien establecido en la vida real». «Encallado en la nostalgia» de aquel abuelo rechoncho y tuerto, con sus espejuelos negros, el que festejaba el «cumpleaños» de su nieto cada mes, el que celebraba sus precoces talentos de fabulista y le hacía recontar las películas luego de ir juntos al cine, el que lo llevó a conocer el hielo, García Márquez vivió un piadoso e indulgente sentimentalismo hacia aquella figura originaria del poder. Tenía ocho años cuando el abuelo murió. «Algo de mí había muerto con él», escribió en sus memorias. Y alguna vez comentó que, desde entonces, «nada importante le había sucedido». En opinión de Martin, no exageraba: «Uno de los impulsos más poderosos en la vida futura de García Márquez fue el deseo de reinsertarse en el mundo de su abuelo», lo cual implicaba heredar «las memorias del viejo, su filosofía de vida y su moralidad política», una moralidad política que cabía en una sola frase: «Volvería a hacerlo.»

★ ★ ★

Otro elemento central en la conciencia política de García Márquez es el antiimperialismo. Se formó con hechos reales y reelaboraciones literarias en torno a la United Fruit Company. Tanto en *Cien años de soledad* como en *Vivir para contarla*, el enclave no es una mera *Company town* (con sus plantaciones, ferrocarriles, telégrafos, puertos, hospitales y flotas) sino una «maldición bíblica», un vendaval de la historia cuya «inspiración mesiánica» removió la esperanza de miles de personas (entre ellas los abuelos de García Márquez) para luego desmadrar las aguas del paraíso original, violar su quietud, exprimir y envilecer a su gente y abandonar todo a su suerte. Al partir, aquella «plaga» había dejado tras de sí sólo la «hojarasca» con «los desperdicios de los desperdicios que nos había traído». En el arranque de sus memorias, al recordar su vuelta al origen con su madre a mediados de siglo, García Márquez evocaría su paisaje infantil como un *apartheid* caribeño: la «ciudad prohibida», «privada», de los gringos, con sus «lentos prados azules con pavorreales y codornices, las residencias de techos rojos y ventanas alambradas y mesitas plegables para comer, entre palmeras y rosales polvorientos [...] Eran apariciones instantáneas de un mundo remoto e inverosímil que nos estaba vedado a los mortales».

¿Hechos históricos o buenas historias? ¿Realidad vivida o reelaborada para ser contada? Martin deja de lado que el gran animador del cultivo del banano fue el mismísimo general Uribe Uribe (profesor de economía, propulsor de la agricultura de exportación alentada por el Estado). El legendario guerrero poseía, además, una de las mayores plantaciones de café en Antioquia. Martin, en cambio, consigna que su lugarteniente Márquez fue uno de los primeros beneficiarios de ese proyecto de inversión. Su buena casa en Aracataca no tenía alberca ni cancha de tenis, pero era de cemento, contaba con varias habitaciones y era una de las más amplias del pueblo. Como recolector de impuestos para la Hacienda Municipal, «el ingreso del coronel dependía fuertemente del bienestar financiero, la intoxicación física y la resultante promiscuidad sexual de la muy despreciada "hojarasca". No podemos saber qué tan diligentemente cumplía Nicolás con su deber, pero el sistema no dejaba mucho espacio para la probidad personal». El coronel –desliza Martin en una nota– regenteaba establecimientos llamados «academias», «donde con toda libertad se disponía de alcohol y sexo» y por donde debieron transitar esas «putas inverosímiles» que serían inspiración temprana de los cuentos y novelas de su nieto hasta su última novela, *Memoria de mis putas tristes*.

Arrastrado por la fuerza de la versión «recordada», a Martin se le escapa la ambigüedad de la familia ante la Compañía, actitud de amor-odio frente a los yanquis típica del Caribe. A la Compañía se le reclamaba su abandono, no su existencia. En sus memorias, García Márquez consigna que su madre Luisa Santiaga (personificación de Úrsula en la célebre novela) «añoraba la época de oro de la Compañía bananera», sus tiempos de «niña rica», sus clases de clavicordio, de baile y de idioma inglés. Y él mismo confesaba extrañar a su bella maestra en la escuela Montessori y las expediciones a la tienda de la Compañía con su abuelo. Lo cierto, en definitiva, es que la Compañía bananera trajo consigo mucho más que hojarasca. Como explica Catherine C. LeGrand, aquel fue un crisol de cosmopolitismo y localismo, de «oro verde» y brujería, de plumas Parker, Vick VapoRub, Quaker Oats, pasta Colgate y autos Chevrolet o Ford (como el que aparece en una fotografía familiar en el libro de Martin), con pociones mágicas y medicina homeopática (como la que practicaba Eligio, el errático, impecune, desbraguetado y ausente padre de «Gabito»), de libros de rosacruces y misales católicos, de masones y teósofos, de historias diabólicas e inventos modernos, de artesanos y profesionistas, de personajes enraizados por siglos en tierra costeña y tipos venidos de Italia, España, Siria y Líbano. La madre hubiera querido que ese «falso esplendor» durara para siempre. Por eso, según las memorias, al ver de nuevo la plaza de la masacre le dice a su hijo: «Ahí fue donde se acabó el mundo.» *El* mundo era *su* mundo. El paraíso no preexistía a la Compañía. El paraíso era el mundo creado con la llegada de la Compañía, una alquimia tropical que García Márquez recrearía en sus primeras novelas y, admirablemente, en *Cien años de soledad*.

Tras el recuerdo del *apartheid* venía el del apocalipsis. Y sin duda lo fue. En 1928 y a instancias de la United Fruit, las tropas federales abrieron fuego contra una concentración de obreros huelguistas en la estación de La Ciénega, muy cercana a Aracataca, donde Gabriel García Márquez (nacido el 6 de marzo de 1927) vivía con sus abuelos. Hubo cientos de muertos. La matanza —recreada hiperbólicamente en *Cien años de soledad*— desacreditó al régimen conservador y abrió paso a partir de 1930 a una serie de gobiernos liberales, cuyas importantes reformas sociales encontraron oposición en los conservadores, que adoptaron posiciones cada vez más reaccionarias. Para las elecciones de 1946, el partido liberal en el poder se escindió en dos candidaturas, la moderada de Gabriel Turbay y la radical de un carismático líder llamado Jorge Eliécer Gaitán.

En sus populares arengas antiimperialistas Gaitán hacía continua referencia a la masacre de 1928, que había investigado y denunciado como parlamentario en aquel año. De pronto, en el marco de la Novena Conferencia Panamericana que tenía lugar en Bogotá, el 9 de abril de 1948, Gaitán fue asesinado. El estudiante de derecho Gabriel García Márquez vivió de cerca aquel episodio conocido como el «Bogotazo». Fue –como para Castro, que también estaba allí– su «Damasco político»: reabrió el agravio de 1928, ahondó su odio al imperialismo estadounidense y despertó sus simpatías por el comunismo.

Además de esas dos reelaboraciones autobiográficas y literarias –la angelical del coronel y la demoniaca de la compañía bananera–, en la conciencia política del escritor cristalizó desde muy joven un descrédito de la democracia representativa y los valores republicanos. Martin parece compartirlo: «Colombia es un curioso país en el que los dos partidos políticos han sido enemigos abiertos y acérrimos durante casi dos siglos y, sin embargo, se han unido tácitamente para asegurar que la gente carezca siempre de una genuina representación.» Esa idea de Colombia como una república simulada tampoco corresponde enteramente a la realidad. Según Malcolm Deas, desde muy temprano en el siglo XIX, en los lugares más apartados la gente en Colombia ha vivido alerta a la política nacional, participando en elecciones periódicas, limpias y competitivas, con una división de poderes real y, al menos en el siglo XX, leyes y libertades no despreciables. Salvo el efímero episodio del general Gustavo Rojas Pinilla (1953-1957), los colombianos no han admitido golpes de Estado ni dictaduras. Quizá no sea exagerado afirmar que ningún otro país de la región (ni siquiera Costa Rica, Chile, Uruguay o Venezuela en la segunda mitad del siglo XX, antes del arribo de Hugo Chávez) ha ensayado más tenazmente la democracia, a pesar de lo cual la violencia parece una segunda naturaleza.

La razón principal de la violencia fue la discordia entre liberales y conservadores, querella de valores políticos, económicos, sociales y sobre todo educativos y religiosos, presente en los países hispanoamericanos desde el siglo XIX. A pesar de su vocación democrática y republicana, Colombia falló en encontrar una fórmula de estabilidad y arrastró el conflicto hasta extenuarse. La tradición legalista y formal de los gramáticos en el poder se rompía una y otra vez por la vía de las armas.

«En Colombia —sentenció el presidente Rafael Núñez, a fines del siglo XIX— hemos organizado la anarquía.» Esa incapacidad para la concordia estalló una vez más en el «Bogotazo» de 1948, plantando en el joven García Márquez una convicción de hierro sobre la futilidad de las ideologías liberales o conservadoras. Como el coronel Aureliano Buendía, terminó por pensar que «la única diferencia actual entre liberales y conservadores es que los liberales van a misa de cinco y los conservadores a misa de ocho». Quizá desde entonces coincidió con el famoso dictamen de Simón Bolívar escrito en 1826 a su compañero y rival, el «legalista» Santander: «estoy penetrado hasta dentro de mis huesos que solamente un hábil despotismo puede regir a la América».

Un déspota hábil, un patriarca *bueno*, un nuevo Uribe Uribe pacificador y antiimperialista: ése sería su elemental ideario político. Para cumplirlo, su camino sería largo y difícil. Y su instrumento, como quería el abuelo, no serían los cañones sino las palabras.

II

Gabriel García Márquez: A Life es la historia oficial y «tolerada» de esa saga literaria y política. Se divide en tres secciones. La primera, centrada en Colombia desde 1899 hasta 1955, compite de algún modo con *Vivir para contarla* pero refresca con datos nuevos los orígenes familiares, perfila a cada personaje del mágico gineceo de Aracataca, reconstruye con detalle la vida estudiantil en el prestigiado Colegio de San José, toca las pocas alegrías y muchas miserias de la familia nuclear de García Márquez (cada año enriquecida y empobrecida con la llegada de un nuevo hermanito) y, sobre todo, las peripecias de un muchacho muy pobre en diversas ciudades (Cartagena, Barranquilla, Bogotá), rodeado de amigos periodistas y preceptores literarios, empeñado apasionadamente en perseguir un destino de escritor así fuera vendiendo enciclopedias en abonos o adaptando radionovelas. Extrañamente, Martin elude casi por completo el contexto cultural en que creció García Márquez (la impronta abierta y alegre del Caribe, con su extraordinaria liberalidad, su sensualidad carnavalesca, su «bardolatría», su musicalidad, su gusto por la broma estrafalaria, la magia negra y la muerte fácil); sobrevalora la riqueza y complejidad de su formación literaria (en realidad, buenas lecturas de Darío y el Siglo de Oro español, bastante de Faulkner y Hemingway, algo de Kafka, poco del «escabroso» Freud, menos del «farragoso» Mann) y apenas se ocupa de sus artículos periodísticos.

Aunque casi no hay cartas ni documentos de archivos privados o públicos en el libro, Martin —conocido por el clan García Márquez como el «Tío Jéral», según dice en su prólogo— entrevistó durante 17 años a más de 500 personas, familiares, amigos, colegas, editores, biógrafos, hagiógrafos y académicos proclives en su mayoría al escritor. El efecto de esos testimonios puede ser literariamente eficaz pero biográficamente dudoso. Algunos irrecusables, como el de Plinio Apuleyo Mendoza, confirman la agotadora pobreza del joven escritor, pero ¿vivió en realidad en un cuarto de tres metros cuadrados? ¿Se habituó «a un virtual olvido de sus propias necesidades corporales»? Y en otros lances, ¿se acostó de verdad con la mujer de un militar que al descubrirlo en el acto lo perdonó por gratitud a su padre homeópata? ¿Escribió *La hojarasca*, su primera novela sobre Macondo, inspirado por aquel viaje con su madre a Aracataca? Y ese viaje (tan parecido, como sugiere Martin en una nota, al comienzo de *Pedro Páramo*, la novela de Juan Rulfo que fue decisiva para el tono de *Cien años de soledad*), ¿ocurrió realmente en 1950 y fue tan crucial para su obra como sugieren las memorias? Una carta no recogida por Martin, fechada en marzo de 1952 y publicada en *Textos costeños* (primer tomo de su obra periodística), parece responder negativamente:

> Acabo de regresar de Aracataca. Sigue siendo una aldea polvorienta, llena de silencio y de muertos. Desapacible; quizá en demasía, con sus viejos coroneles muriéndose en el traspatio, bajo la última mata de banano, y una impresionante cantidad de vírgenes de sesenta años, oxidadas, sudando los últimos vestigios del sexo bajo el sopor de las dos de la tarde. En esta ocasión me aventuré a ir, pero creo que no vuelva solo, mucho menos después de que haya salido *La hojarasca* y a los viejos coroneles les dé por desenfundar sus chopos para hacerme una guerra civil personal y exclusiva.

La segunda sección abarca la trayectoria de «Gabo», desde su vagabundeo por Europa con residencia en París (1955-1957), su matrimonio (1958) con Mercedes –su sagaz y paciente novia de juventud– y sus avatares en Nueva York como periodista de Prensa Latina (la agencia cubana de noticias creada tras el triunfo de Castro), hasta el año de 1961, en que se estableció definitivamente en México, el hospitalario país (felizmente autoritario, antiimperialista y ordenado, en aquel entonces) donde nacieron sus dos hijos, Rodrigo y Gonzalo, y donde ganó por primera vez un ingreso razonable y seguro en un par de agencias de publicidad americanas (Walter Thompson y McCann Erickson), dirigió con éxito dos revistas comerciales (*La Familia* y *Sucesos para Todos*), probó suerte en el cine, publicó *El coronel no tiene quien le escriba* (1961), refrendó viejas amistades (en particular, Álvaro Mutis) e hizo muchas otras, no menos generosas y perdurables (por ejemplo, la de Carlos Fuentes), compró coche y casa propia, matriculó a sus hijos en el American School, se empavoreció ante el *writer's block*, temió ser víctima de una «buena situación» y finalmente, a los 40 años, sorprendió a generaciones de lectores con la aparición en 1967 de *Cien años de soledad*.

«Todos tienen tres vidas, una vida pública, una vida privada y una vida secreta», advirtió García Márquez a su biógrafo. Fuera de la notable revelación sobre el abuelo, el libro de Martin sólo desentraña un episodio de la «vida secreta» de García Márquez: su relación en París –prematrimonial, por supuesto– con una española, aspirante a actriz. Aunque tormentoso y desventurado, aquel amor fue importante no sólo en sí mismo sino como inspiración de *El coronel no tiene quien le escriba* y de un cuento perturbador: «El rastro de tu sangre en la nieve». Pero otros aspectos de su «vida secreta» permanecen en la penumbra. ¿Por qué truncó súbitamente su relación con Prensa Latina? Sólo los archivos cubanos, si algún día se abren, podrían arrojar luz. ¿Cuál fue la trama de su largo noviazgo epistolar con Mercedes? Imposible saberlo: ambos dicen haber quemado sus cartas. ¿Cómo evolucionó su vínculo con sus colegas? Salvo las cartas cruzadas con su entonces amigo Plinio Apuleyo Mendoza y alguna más, los archivos literarios a la mano no fueron consultados.

El recuento de la «vida privada» del escritor bohemio, cantante y bailarín deambulando por Europa contiene anécdotas conmovedoras.

¿Es verdad que «coleccionaba botellas y periódicos viejos y que un día tuvo que mendigar en el metro»? Lo cierto, como apuntó Apuleyo Mendoza, es que García Márquez parecía totalmente desinteresado en la experiencia de Europa, vivía ensimismado en sus proyectos. Según Martin, «es sorprendente cuánto de Europa del Este y del Oeste alcanzó a ver», pero el propio García Márquez lo corrigió: «Sólo vagué por dos años, sólo atendí a mis emociones, a mi mundo interior.»

En cuanto a la «vida pública», Martin sí se ocupa del periodista García Márquez –en esa época reportero estrella de *El Espectador*– aventurándose por la Europa del Este (Alemania Oriental, URSS, Polonia, Hungría). Señala, por ejemplo, su extraña fascinación ante la figura embalsamada de Stalin: «Es un hombre –escribió García Márquez– de una inteligencia tranquila, un buen amigo, con un cierto sentido del humor [...] nada me impresionó tanto como la fineza de sus manos, de uñas delgadas y transparentes. Son manos de mujer.» De ningún modo se parecía al personaje «sin corazón que Nikita Jruschov había denunciado con diatriba implacable». Martin advierte también la «intoxicación» que le produce la proximidad física de János Kádár, el hombre que reprimió la sublevación húngara, cuyos actos se empeña en justificar. Al enterarse del fusilamiento del líder Imre Nagy, García Márquez lo critica, no en términos morales sino por ser una «estupidez política». «Quizá no debería sorprendernos –dice Martin, en uno de los pocos momentos de atrevimiento crítico– que el hombre que lo escribió, alguien que en ese momento cree firmemente en la existencia de hombres "adecuados" e "inadecuados" para cada situación, y que con bastante sangre fría antepone la política a la moralidad, eventualmente haya apoyado a un líder "irremplazable" como Castro en las buenas y en las malas.» Las páginas dedicadas a la gestación de *Cien años de soledad* son francamente emocionantes, pero las conclusiones parecen exageradas: «Un espejo en el que su propio continente por fin se reconoce a sí mismo, y que funda así una tradición. Si fue Borges quien proveyó el encuadre (como un tardío hermano Lumière), fue García Márquez quien ofrece el primer gran retrato colectivo. De este modo los latinoamericanos no sólo se reconocen a sí mismos sino que también serían reconocidos en todos lados, universalmente.»

El entusiasmo con que todos leímos entonces aquella obra ya clásica llevó, en efecto, a considerarla una especie de biblia (como sostenía Fuen-

zar, Donoso, Roa Bastos, Alejo Carpentier, pero no a García Márquez) planearon publicar un libro sobre los dictadores de sus respectivos países. El proyecto no se llevó a cabo. «Me dio miedo terminar "comprendiéndolo" y "teniéndole lástima"», argumentó Monterroso, que debía recrear a Somoza. Con esos antecedentes, parecería que García Márquez acometió la redacción final de su novela del dictador más por espíritu de competencia que de contrición. Llevaba años rumiándola, tenía extensos borradores, él le «enseñaría» a Asturias «cómo escribir una verdadera novela de dictadores». A Asturias y a sus propios amigos.

Si algo prueba la relectura de *El otoño del patriarca* es que la dictadura se ajusta a las necesidades expresivas del realismo mágico. Los desplantes y arbitrariedades de un dictador, su utilización del poder como expresión personal, la embriaguez dionisiaca de su fuerza son variantes naturales de lo real-maravilloso. El patriarca «sólo sabía manifestar sus anhelos más íntimos con los símbolos visibles de su poder descomunal». Pretendía ser un taumaturgo, modificar las fuerzas de la naturaleza y el curso del tiempo, torcer la realidad. En cierto modo recuerda a *Calígula*, de Albert Camus: «Heme aquí el único ser libre en todo el Imperio romano. Regocíjense: por fin les ha venido un emperador para enseñarles la libertad [...] Yo vivo, asesino, ejerzo el poder delirante del destructor, al lado del cual el del creador parece una caricatura.»

Aquellos excesos forman parte de la memoria y la realidad de estos países. Algo sabía de esa «iconografía heredada» Alejandro Rossi. Nada proclive al realismo mágico en su aspecto más «adolescente y elemental» que, por momentos, aparecía en *El otoño del patriarca*, Rossi elogió las «imágenes intensas y hermosamente trabajadas», las «minucias y el arte» de la prosa y los «ritmos muchas veces perfectos» de la obra, pero objetó su sustancia:

> La incorporación de tantos elementos familiares convierte al libro en un elaborado y brillante ejercicio que, sin embargo, no modifica nuestra visión histórica y psicológica de la dictadura. *El otoño del patriarca* explora estéticamente una visión sobada y exhausta de nosotros mismos. Las habilidades e indudables proezas estilísticas de García Márquez casi nunca transforman los materiales de fondo, que permanecen en el subsuelo de la novela intocados por el chisporroteo literario. En este sentido es un libro barroco [...]

Una cerrada red lingüística que en ocasiones ahoga, aunque con modales impecables, a la materia narrativa.

Más allá del lenguaje, la trama no deja de registrar la subjetividad del tirano: sus nostalgias, sus miedos, sus sentimientos. Pero la simplicidad de su mundo interior resulta moralmente ofensiva: rara vez se escuchan reflexiones sobre las responsabilidades y dilemas del poder, cavilaciones sobre el mal, la abyección o el cinismo, mucho menos el atisbo de un drama de conciencia. El lugar estelar de su conciencia lo ocupan sus tragedias íntimas: la abnegación por su madre, la crónica de su lujuria y sus «amores contrariados». Casi pareciera que el dictador no tiene vida pública, sólo pasiones privadas. Inversamente, los personajes que lo rodean carecen de un espacio propio: todo lo que piensan, dicen y hacen es vida pública porque está en función del dictador. En una historia en la que el eje fundamental es el yo lírico y sentimental de un déspota, lo demás (la historia, la política, los muertos) queda reducido a un escenario para el despliegue de ese yo. Las víctimas son de utilería.

Si García Márquez se acerca al déspota no es para exponer o juzgar la complejidad interior de un hombre de Estado sino para inducir compasión por un pobre diablo, viejo y solitario. El dictador es una víctima de la Iglesia, los Estados Unidos, el desamor, los enemigos, los colaboradores, las catástrofes naturales, las inclemencias de la salud, la ignorancia ancestral, la fatalidad, la orfandad. Un caso extremo: después de violar a una mujer, ella lo consuela. Otro más: la casa de retiro para los dictadores caídos en desgracia, que dedican las tardes de su exilio al dominó. La nostalgia les asegura la impunidad. La misma novela que desdibuja la realidad del poder y deshumaniza a las víctimas convierte la dictadura en un melodrama y humaniza al dictador.

En *El otoño del patriarca*, cuya prosa es un torrente incontenible que cruza tiempos, continentes y personajes, la narrativa misma se vuelve autocrática. El libro abre con un párrafo de 87 páginas, tortura al lector (por momentos deliciosa) que García Márquez justificó diciendo: «es un lujo que puede darse el autor de *Cien años de soledad*». En el texto sólo hay espacio para la conciencia del dictador. Todo sucede en, para, desde la percepción del patriarca. Él es el narrador omnisciente y el autor de un país. Las demás conciencias son secundarias, derivadas o inexistentes. «Consagrado a la dicha mesiánica de pensar para nosotros [...] era el único de nosotros que conocía el tamaño real de nuestro destino»; «habíamos terminado por no entender cómo seríamos sin él»; «Él solo era la patria» (y la novela).

Las diferencias con *El Señor Presidente* (novela más bien surrealista: poética, política, revolucionaria) son muchas, pero acaso la central es que en la obra de Asturias no se escucha sólo la voz del tirano: se escucha a «los mendigos» callejeros, y hablan personajes civiles y militares con una vida propia que evoluciona, se indigna, se autocritica. En *El otoño del patriarca* las víctimas son parte del escenario, nunca participantes activas del relato. Sus sufrimientos se registran de paso, no se recrean. En *El Señor Presidente* sus voces se escuchan, y las experiencias de la prisión y la tortura se recogen. Al referir los abusos, la corrupción y la arbitrariedad del poder, el tono no es sólo inequívocamente crítico sino despreciativo. No hay concesión a la impunidad.

«El aspecto político del libro es mucho más complejo de lo que parece y no estoy preparado para explicarlo», dijo García Márquez al concluir la obra. Fue entonces cuando —según su biógrafo— «decidió ser mejor y hacer las cosas mejor ahora que la fama le había mostrado la verdad». Ese ascenso moral consistió en poner su fama al servicio de una causa (la Revolución cubana) encabezada por un hombre que, paradójicamente, resultaría con los años muy semejante al patriarca de la novela. «En esta obra, con su implacable y absoluto cinismo acerca de los seres humanos, del poder y de sus efectos —dice Martin—, nos vemos obligados a considerar que el poder está ahí para ser usado y que "alguien tiene que hacerlo".» A partir de esa visión «maquiavélica», de la historia —el adjetivo y el razonamiento son del mismo Martin— el biógrafo cree entender por qué García Márquez «buscaría de inmediato una relación con Fidel Castro, un libertador socialista, el político latinoamericano con mayor potencial para convertirse en la más querida de todas las figuras autoritarias del continente».

Tal vez *El otoño del patriarca* representó la definitiva conjuración literaria del episodio del abuelo, una novela en la que la palabra «tirano» se suaviza dulcemente en «patriarca», un patriarca que dicta la novela entera: sin resquicios, ni puntos, ni comas, ni aire para que nadie respire sino él. Una novela donde el fantasma de Medardo Pacheco, esa víctima de utilería con todo y su madre despechada, su mujer y sus dos hijos espectrales, desaparecen para toda la eternidad. Desaparecen y, sobre todo, no se escuchan, callan. Después de representar al patriarca en la literatura, era hora de buscarlo en la vida real. Martin lo confirma: era «Fidel Castro, representación de su propio abuelo, el único hombre a quien García Márquez no podía, no pretendería y ni siquiera querría, vencer».

De Macondo a La Habana, un milagro de realismo mágico.

★ ★ ★

En su vastísima obra periodística, García Márquez no practicó tanto el realismo mágico como el realismo socialista. Su producción abarca no menos de ocho gruesos libros que van de 1948 a 1991 y no han sido traducidos al inglés. Martin los hojea apenas, lo cual es una omisión lamentable en su biografía, dirigida sobre todo al público de habla inglesa.

La primera serie es importante para penetrar un poco en los secretos de su «gimnasia esencial», su «carpintería literaria». La segunda (1955-1957) tiene mayor contenido político, corresponde a sus reportajes sobre Europa y América, y reciben del biógrafo un poco más de atención; pero los reportajes políticos decisivos, escritos entre 1974 y 1995, reunidos en *Por la libre*, y *Notas de prensa (1980-1984)* —mil páginas en total—, merecen a Martin sólo comentarios mínimos, casi siempre laudatorios.

Tres despachos que Martin considera «memorables», pero no glosa siquiera, fueron escritos por García Márquez tras una larga estancia en la isla en 1975 y se titularon «Cuba de cabo a rabo». Los publicó en agosto-septiembre de ese año la revista *Alternativa*, que fundó en Bogotá en 1974. ¡Y vaya que eran memorables! Sabrosos, como todos los suyos, declaraban una profesión absoluta de fe en la Revolución *encarnada* en la heroica figura del comandante (a quien García Márquez, a pesar de permanecer tres meses en la isla, no conocía aún): «Cada cubano parece pensar que si un día no quedara nadie más en Cuba, él solo, bajo la dirección de Fidel Castro, podría seguir adelante con la Revolución hasta llevarla a su término feliz. Para mí, sin más vueltas, esta comprobación ha sido la experiencia más emocionante y decisiva de toda mi vida.»

Lo fue, al grado de que en 36 años García Márquez no se ha apartado públicamente de esa visión epifánica. ¿Qué vio, que cualquiera podía ver? Logros tangibles en los servicios de salud y educación (aunque no se preguntó si para alcanzarlos era necesario el mantenimiento de un régimen totalitario). ¿Qué no vio? La presencia de la URSS, salvo como generosa proveedora de petróleo. ¿Qué dijo no haber visto? «Privilegios individuales» (aunque la familia Castro se había adueñado de la isla como patrimonio personal), «represión policial y discriminación de ninguna índole» (aunque desde 1965 se habían creado los campos de concentración para homosexuales, antisociales, religiosos y disidentes, llamados eufemísticamente Unidades Militares de Ayuda a la Producción o UMAP). ¿Qué sí vio, finalmente? Lo que quería ver: a cinco millones de cubanos pertenecientes a los Comités de Defensa Revolucionaria no como los ojos y el garrote de la Revolución sino como su espontánea, multitudinaria y «verdadera fuerza» o, más claramente –en palabras de Fidel Castro, citadas con elogio por el propio García Márquez–, «un sistema de vigilancia colectiva revolucionaria para que todo el mundo sepa quién es y qué hace el vecino que vive en la manzana». Vio multitud de «artículos alimenticios e industriales en los almacenes de venta libre» y profetizó que «en 1980 Cuba sería el primer país desarrollado de América Latina».Vio «escuelas para todos», restaurantes «tan buenos como los mejores de Europa». Vio «la instauración del poder popular mediante el voto universal y secreto desde la edad de dieciséis años».Vio a un viejo de 94 años embebido en sus lecturas «maldecir al capitalismo por todos los libros que dejó de leer».

Pero sobre todo vio a Fidel.Vio «el sistema de comunicación casi telepática» que había establecido con la gente. «Su mirada delataba la debilidad recóndita de su corazón infantil [...] ha sobrevivido intacto a la corrosión insidiosa y feroz del poder cotidiano, a su pesadumbre secreta [...] ha dispuesto todo un sistema defensivo contra el culto a la personalidad.» Por eso, y por su «inteligencia política, su instinto y honradez, su capacidad de trabajo casi animal, su identificación profunda y confianza absoluta en la sabiduría de las masas», había logrado suscitar el «codiciado y esquivo» sueño de todo gobernante: «el cariño».

Aquellas virtudes se sustentaban, según García Márquez, en la «facultad primordial y menos reconocida» de Fidel: su «genio de reportero».

Todos los grandes hechos de la Revolución, sus antecedentes, detalles, significación, perspectiva histórica, estaban «consignados en los discursos de Fidel Castro. Gracias a esos inmensos reportajes hablados, el pueblo cubano es uno de los mejores informados del mundo sobre la realidad propia». Esos discursos-reportajes, admitía García Márquez, «no habían resuelto los problemas de la libertad de expresión y la democracia revolucionaria». La ley que prohibía toda obra creativa opuesta a los principios de la Revolución le parecía «alarmante» pero no, desde luego, por su limitación a la libertad sino por su futilidad: «cualquier escritor que ceda a la temeridad de escribir un libro contra ella, no tiene por qué tropezar con una piedra constitucional [...] la Revolución será ya bastante madura para digerirlo». La prensa cubana le parecía todavía deficiente en información y sentido crítico, pero se podía «pronosticar» que sería «democrática, alegre y original» porque estaría fincada en «una nueva democracia real [...] un poder popular concebido como una estructura piramidal que garantiza a la base el control constante e inmediato de sus dirigentes». «No me lo crea a mí, qué carajo. Vayan a verlo», concluía García Márquez.

Años más tarde, en una entrevista para *The New York Times*, Alan Riding le preguntó ¿por qué, si viajaba tanto a La Habana, no se establecía allí?: «Sería muy difícil para mí llegar ahora y adaptarme a las condiciones. Extrañaría demasiadas cosas. No podría vivir con la falta de información.»

Otro texto ilustrativo del periodismo político de García Márquez fue «Vietnam por dentro», que Martin no menciona en su libro. Un año antes de publicarlo, en diciembre de 1978, García Márquez había fundado «*Habeas*, Fundación para los Derechos Humanos de las Américas» con el objetivo de «activar la liberación efectiva de los prisioneros. Más que poner en evidencia a los verdugos, procurará hasta donde le sea posible clarificar la suerte de los desaparecidos y allanar a los exiliados los caminos de regreso a su tierra. En síntesis —y a diferencia de otras organizaciones igualmente necesarias— *Habeas* tendrá un mayor interés inmediato en ayudar a los oprimidos que en condenar a los opresores». En ese espíritu, era de esperarse que la tragedia de los *boat people* que huían desesperadamente de Vietnam, llamara su atención, como llamó la de Sartre y muchos otros simpatizantes del régimen vietnamita.

En una nota titulada «Relato donde no se escucha a un náufrago» a Gabriel Zaid le extrañó que en aquel viaje, que el propio García Márquez llamó «minucioso», el fundador de *Habeas* no hablara más que con una de las partes, no escuchara más que la verdad oficial. «Algo equivalente —dijo Zaid— a que, en 1968, para satisfacer su conciencia sobre el 2 de octubre, no hubiera escuchado, entre tantas verdades contrapuestas, más que la verdad de Díaz Ordaz, sus secretarios de gobernación y defensa.» En la crónica de García Márquez, en efecto, se escucha a un magistrado del Tribunal Popular de Ho Chi Minh, se escucha a un «alto dirigente», se escucha al secretario de Relaciones Exteriores del Partido Comunista, se escucha al alcalde de Cholón, se escucha al ministro del Exterior y, desde luego, se escucha al primer ministro Phạm Văn Đồng, que con «lucidez apacible [...] me recibió con mi familia a una hora en que la mayoría de los jefes de Estado no han acabado de despertar: las seis de la mañana». En «casi un mes» de estancia, el grupo tuvo ocasión de acudir a «fiestas culturales» donde «hermosas doncellas que tocaban el laúd de dieciséis cuerdas, cantaban aires plañideros en memoria de los muertos en combate», pero no tuvo tiempo para escuchar a los refugiados, ni para entrevistarlos, ofrecerles ayuda, allanar su suerte, ofrecerles caminos. «Su drama —escribió García Márquez— se convirtió para mí en un interés secundario frente a la realidad tremenda del país.» Esa «realidad tremenda» era la historia de la guerra contra el imperialismo yanqui y el peligro de una nueva guerra contra China. En ese contexto, lo que a García Márquez le parecía verdaderamente grave era que Vietnam «había perdido la guerra de la información». Para el fundador de *Habeas*, la desgracia importante no era que los centenares de miles de fugitivos se ahogaran, padecieran hambre, enfermedades, saqueos, violaciones, asesinatos. La desgracia era que el mundo lo supiera. García Márquez lamentaba que los vietnamitas (es decir, los vietnamitas importantes, los que entrevistó) no hayan «previsto a tiempo ni calculado [*sic*] el tamaño enorme de la campaña internacional por los refugiados».

Aquellos tres «memorables despachos» sobre Cuba y su texto sobre Vietnam repetían la pauta de sus remotos textos sobre Hungría e ilustraban un cartabón característico de todo su periodismo político, de entonces y después: escuchar sólo la versión de los poderosos, contrarrestar (escamotear, atenuar, distorsionar, falsear, omitir) toda información que pudiera «hacer el juego al imperialismo».

IV

A pesar de aquellos «despachos memorables» de 1975, Fidel Castro comentó a Régis Debray que aún no estaba convencido de la «firmeza revolucionaria» del colombiano. No ignoraba la negativa de García Márquez a apoyar al poeta cubano Heberto Padilla en el famoso episodio de sus «confesiones», eco tropical de los juicios de Moscú que determinó el rompimiento de buena parte de los intelectuales latinoamericanos con el régimen. Pero la reticencia persistía. García Márquez tuvo que conformarse con entrevistar al hombre fuerte de Panamá, Omar Torrijos, dictador caribeño de segunda fila pero fiel lector que opinaba así de *El otoño del patriarca*: «Es verdad, somos nosotros, así somos.» «El comentario —dijo García Márquez— me dejó atónito y feliz.» «Rápidamente —escribe Martin— los dos hombres construyeron una amistad basada en una profunda atracción emocional que evidentemente, con el tiempo, se volvió en una especie de *love affaire*.»

En 1976 García Márquez volvió a Cuba, y tras esperar durante un mes (como su legendario coronel) en el Hotel Nacional una llamada del comandante, el encuentro —esperado por el escritor durante casi dos décadas— se produjo. Una vez aceptado por Castro, y bajo su supervisión personal, escribió «Operación Carlota: Cuba en Angola», reportaje que le valió el premio de la International Press Organization. Mario Vargas Llosa (que había escrito y publicado una tesis doctoral sobre *Cien años de soledad*) lo llamó «lacayo» de Castro. Dos años después García Márquez declaró que su adhesión a la vía cubana tenía un sentido similar a la del catolicismo: «una Comunión con los Santos».

Martin dedica algunos pasajes a describir la creciente convivencia social entre el comandante y el escritor a partir de 1980. «La nuestra es una amistad intelectual, cuando estamos juntos hablamos de literatura», aseguraba García Márquez en 1981. No sólo la literatura los unía. «Comenzaron a vacacionar anualmente juntos en la residencia de Castro en Cayo Largo, donde, algunas veces solos, otras con invitados, navegaban en su lancha rápida o en su crucero *Acuaramas*. Mercedes —precisa Martin– disfrutaba particularmente estas ocasiones porque Fidel sabía tratar a las mujeres, siempre atento y con una galantería a la vieja usanza que era al mismo tiempo placentera y halagadora.» También nos instruye sobre las habilidades culinarias de Castro y la afición de «Gabo» al caviar y de Castro al bacalao.

Para la ceremonia del Nobel, Castro envió a su amigo un barco con cargamento de ron y de vuelta alojó a la familia en la casa de protocolo número seis, que se convertiría en su hogar habanero, donde «abrumaba» a sus huéspedes, como Régis Debray, con botellas de Veuve Clicquot. «No hay ninguna contradicción entre ser rico y ser revolucionario –declaraba García Márquez– siempre que se sea sincero como revolucionario y no se sea sincero como rico.»

En esta vena, no de realismo socialista sino de realismo *socialité*, Martin hubiera podido extraer mucho jugo del libro *Gabo y Fidel. El paisaje de una amistad*, de Ángel Esteban y Stéphanie Panichelli (que sólo menciona en la bibliografía). Allí se recoge el testimonio de Miguel Barnet, poeta cubano amigo de García Márquez y presidente de la Fundación Fernando Ortiz. Barnet hace la crónica de las fiestas en la «mansión de Siboney», describiendo incluso la vestimenta de «Gabo», el anfitrión. Fidel y «Gabo» –dice Barnet– «son verdaderos especialistas en cultura culinaria, y saben apreciar los buenos platos y los buenos vinos. Gabo es "el gran sibarita", por su afición a los dulces, el bacalao, los mariscos y la comida en general». Por otra parte, Manuel Vázquez Montalbán, escritor español amigo de Castro, recogió este testimonio del «gran Smith», quizás el mejor cocinero cubano: «Gabo es un gran admirador de mi cocina y me ha prometido un prólogo para el libro de mis vivencias, que está casi concluido.» En ese libro, cada uno de los platos se asocia a un personaje relevante para quien fue pensado. El de «Gabo» es «Langosta a lo Macondo», y el de Fidel Castro un «Consomé de tortuga».

Por esos días, la cartilla de racionamiento cubana (vigente desde marzo de 1962) contenía, al mes y por persona, las siguientes delicias: siete libras de arroz y treinta onzas de frijoles, cinco libras de azúcar, media libra de aceite, cuatrocientos gramos de pastas, diez huevos, una libra de pollo congelado, media libra de picadillo condimentado (de pollo), a los que se pueden sumar como alternativa en el apartado de «productos cárnicos» pescado, mortadela o salchichas.

* * *

En *El otoño del patriarca* el protagonista despreciaba a los hombres de letras: «tienen fiebre en los cañones como los gallos finos cuando están emplumando de modo que no sirven para nada sino cuando sirven para algo». Pero García Márquez, ya con casa en la isla, servía para mucho. En diciembre de 1986 estableció en San Antonio de los Baños una academia de cine: la Fundación para el Nuevo Cine Latinoamericano. (Años antes había promovido varios proyectos fílmicos, entre ellos un nueva versión de *Tiempo de morir*, nueva vindicación del abuelo, esta vez a todo color, que exhibió en 1984 la televisión colombiana.) La nueva institución –financiada por García Márquez– era importante para el régimen porque en Latinoamérica la cultura era y es una fuente decisiva de legitimidad. Entre sus visitantes estarían Robert Redford, Steven Spielberg y Francis Ford Coppola. La academia, en suma, fue una decisión sagaz y excitante:

> El cine era cordial, colectivo, proactivo, juvenil; el cine era sexy y era divertido. Rodeado de mujeres jóvenes y atractivas y de hombres energéticos, ambiciosos pero deferentes, García Márquez gozaba cada minuto. Estaba en su elemento.

Todo parecía, en efecto, una reconstrucción perfecta del paraíso macondiano anterior a la hojarasca, con la ventaja de que ahora era García Márquez quien habitaba del otro lado, del lado «americano». Para los cubanos comunes y corrientes su mansión de Siboney, sus comilonas, el champán, los mariscos, las maravillosas pastas preparadas por Castro y los paseos en yate eran –como escribió García Márquez sobre la «ciudad prohibida» de los yanquis en Aracataca– «apariciones instantáneas de un mundo remoto e inverosímil que nos estaba vedado a los mortales». Pero ningún paraíso es perfecto. Martin alude sin detallar a cierto *malicious gossip* que circulaba sobre el comportamiento del escritor en la academia, cosas «que no eran del todo propias de un hombre de sesenta años de edad».

Pero lo mejor de todo era poder caminar una vez más (como en Aracataca) de la mano del patriarca. En 1988 García Márquez publicó un perfil del «caudillo» (llamándolo así) para el prólogo de *Habla Fidel*, libro del italiano Gianni Minà. Allí vertió el más amplio homenaje literario a su héroe («Tal vez no es consciente del poder que impone su presencia, que parece ocupar de inmediato todo el ámbito, a pesar de que no es tan alto ni tan corpulento como parece a primera vista»). Ese mismo año, residiendo en La Habana, García Márquez avanzaba en la redacción de un libro sobre el destierro y la muerte de Simón Bolívar: *El general en su laberinto*. Martin sugiere que al describir a Bolívar se inspiraba en rasgos de Castro y viceversa.

El año de 1989 había empezado mal, con las reverberaciones de una carta pública firmada en diciembre del año anterior por varios escritores de renombre internacional cuya exigencia era que Castro siguiera los pasos de Pinochet y se atreviera a someter su régimen a un plebiscito. Para García Márquez (que en los setenta había expresado su desdén frente a las instituciones, leyes y libertades de la democracia «burguesa» y en diciembre de 1981 se había burlado de los «lagrimones de cocodrilo» de «los antisoviéticos y anticomunistas de siempre» tras la represión del sindicato Solidaridad en Polonia), la carta representaba un capítulo más del ascenso de «la derecha», propiciado por el papa Juan Pablo II, Thatcher, Reagan y el propio Gorbachov (a quien García Márquez había advertido del peligro de rendirse ante el imperio). Martin escribe sobre los firmantes: «Los nombres estadounidenses no son particularmente impresionantes, más allá de Susan Sontag; ni tampoco los latinoamericanos (no estaba Carlos Fuentes ni Augusto Roa Bastos, etc.).» Entre los autores norteamericanos que no impresionaron a Martin estaban Saul Bellow, Elie Wiesel y David Rieff; entre los latinoamericanos, Reinaldo Arenas (que redactó el documento), Ernesto Sabato, Mario Vargas Llosa, Guillermo Cabrera Infante y Octavio Paz; entre los europeos, Juan Goytisolo, Federico Fellini, Eugène Ionesco, Czesław Miłosz y Camilo José Cela. Pero se entiende. En la óptica del biógrafo y del biografiado, «1989 sería el año del apocalipsis».

Aún más grave para el prestigio de Cuba fue el sonado juicio contra el general de división Arnaldo Ochoa y los hermanos Antonio (Tony) y Patricio de la Guardia, bajo el cargo de narcotraficantes y traidores a la Revolución. El oscuro episodio —al que Martin dedica un par de párrafos— salió a la luz pública en junio de 1989. Según el periodista Andrés Oppenheimer, el movimiento de droga a través de Cuba comenzó en 1986 y tuvo la bendición tácita de Fidel, hasta que los servicios de inteligencia estadounidenses detectaron una operación comprometida. Castro aprovechó entonces el momento para matar cuatro pájaros de un tiro: podía deshacerse de un enemigo potencial de peso que lo criticaba (Ochoa era uno de los comandantes supremos de la intervención en Angola, veterano de las incursiones en Venezuela, Etiopía, Yemen y Nicaragua, reconocido oficialmente como «Héroe de la Revolución»), mezclando su juicio con el de los hermanos De la Guardia, ambos amigos de Fidel y adscritos al Ministerio del Interior a cargo de otro implicado, el general de división José Abrantes. A Tony de la Guardia, su «protegido», Fidel le había encomendado múltiples operaciones de inteligencia (como el depósito en Suiza de 60 millones de dólares que obtuvieron los Montoneros de Argentina en 1975, producto del pago de un secuestro). Es difícil creer que el nuevo trabajo —ordenado expresamente por Abrantes— no contara, como todo en la isla, con su bendición. Pero el fin justificó los medios.

Gabriel García Márquez era amigo íntimo de Antonio de la Guardia, personaje digno de una película de acción y pintor aficionado de quien tenía un cuadro en su casa habanera. Ese mismo año de 1989 «Gabo» le había dedicado *El general en su laberinto*: «Para Tony, que siembra el bien.» El 9 de julio, a punto de conocerse el veredicto final, Castro visitó a García Márquez. Oppenheimer reconstruye fragmentos de la larga charla: «Si los ejecutan —habría dicho García Márquez— nadie en la tierra creerá que no fuiste tú quien impartió la orden.» Más noche, el escritor recibió a Ileana de la Guardia (hija de Tony) y su esposo Jorge Masetti (el hijo del finado guerrillero Jorge Ricardo Masetti, viejo amigo y jefe de García Márquez en Prensa Latina). Llegaban para rogarle que intercediera por la vida de su amigo. «Gabo» soltó frases como «Fidel estaría loco si tuviera que autorizar las ejecuciones», les dio esperanzas, les pidió tranquilizarse y les aconsejó abstenerse de acudir a organismos de defensa de los derechos humanos. Pasaron cuatro días. Finalmente, la ejecución de Ochoa y Antonio se llevó a cabo el 13 de julio de 1989. Patricio fue condenado a 30 años de prisión. Abrantes a 20, pero murió de un ataque cardiaco en 1991.

Aunque abandonó Cuba antes de la ejecución, según testimonio recogido por la propia Ileana, García Márquez asistió «a una parte del juicio, junto con Fidel y Raúl, detrás del "gran espejo" del recinto de las Fuerzas Armadas Revolucionarias Cubanas». Ya en París, en las fiestas del bicentenario de la Revolución francesa, comentó a Mitterrand que todo había sido «un problema entre militares». Públicamente declaró tener «muy buena información» sobre la justificación del cargo de «traición» y observó que, dada la situación, Fidel no tenía alternativa.

Pocos meses antes de los hechos, al escribir las últimas páginas de *El general en su laberinto*, García Márquez había recreado a Bolívar delirando en sueños al recordar su orden de fusilamiento al bravo general Manuel Piar, mulato invencible contra los españoles y héroe de las masas. «Fue el acto de poder más feroz de su vida, pero también el más oportuno, con el cual consolidó de inmediato su autoridad, unificó el mando y despejó el camino de su gloria.» Al remate del capítulo, García Márquez pone en la boca de Bolívar las palabras de su abuelo, el coronel Márquez: «Volvería a hacerlo.»

«Ya no publico un libro si antes no lo lee el comandante», había declarado García Márquez. Por eso, sobre el pasaje específico de Bolívar y Piar, Martin se pregunta: «¿Recordaba Castro el pasaje mientras tramaba su decisión?» Claro que lo recordaba. Pero dada la «muy buena información» que siempre ha dicho tener García Márquez sobre Cuba, y dada su cercanía con De la Guardia, las preguntas interesantes no atañen al comandante sino al escritor: ¿Ignoraba García Márquez las encomiendas secretas de su amigo Tony? ¿Consideraba acaso, al escribir su novela, la posibilidad de que sus amigos fueran capturados bajo el cargo de una supuesta «traición»?

Un ciclo muy antiguo de complicidad se cerró con esa ejecución. Había comenzado con una ejecución en el círculo íntimo del niño García Márquez (la cometida por su abuelo contra su amigo y lugarteniente Medardo, hijo de su amante) y terminaba con otra ejecución en su círculo íntimo (la cometida por el comandante en la persona de su amigo Tony, «que sembraba el bien»). Así, el escritor que adoptó desde muy joven la «moralidad política» de su abuelo, el «que con bastante sangre fría antepone la política a la moralidad», el que vio a Castro como la «representación de su propio abuelo, el único hombre a quien no podía, no pretendería y ni siquiera querría, vencer», había tenido que probar su teoría en carne propia. Y había aceptado el veredicto del poder.

Nunca sabremos si Castro le recordó a García Márquez el pasaje sobre la ejecución de Piar. La escena, en todo caso, le regalaba a Fidel la legitimación de la literatura. «Cualquier escritor que adopta el punto de vista totalitario –dijo George Orwell–, que consiente la falsificación de la realidad y las persecuciones, se destruye a sí mismo en ese instante.» ¿Qué pensaría Orwell de un escritor que no sólo adopta el punto de vista totalitario sino que, literalmente, lo propone?

★ ★ ★

La amistad y las langostas han continuado. Panegirista, consejero áulico, agente de prensa, representante plenipotenciario, jefe de relaciones públicas en el extranjero, todo eso ha sido García Márquez para Castro. En 1996 cenó con el presidente Clinton para buscar el necesario acercamiento con Cuba: «Si Fidel y usted pudieran sentarse a discutir cara a cara, no quedaría ningún problema pendiente.»

Las cosas han marchado siempre bien, salvo en algunos momentos, como en 2003, cuando un movimiento de conciencia más importante y universal que la democracia pareció interponerse entre los dos amigos: los derechos humanos. En marzo de ese año, en una acción fulminante, Castro reeditó los juicios de Moscú contra 78 disidentes condenándolos a penas de entre 12 y 27 años de cárcel. (Uno de ellos fue acusado de poseer «una grabadora Sony».) Acto seguido, ordenó matar en caliente a tres muchachos que querían huir del paraíso en un lanchón. Ante el crimen, José Saramago declaró (luego se desdijo) que «hasta allí llegaba» su relación con Castro, pero Susan Sontag fue más lejos y, en el marco de la Feria del Libro de Bogotá, confrontó a García Márquez: «Es el gran escritor de este país y lo admiro mucho, pero es imperdonable que no se haya pronunciado frente a las últimas medidas del régimen cubano.»

En respuesta, García Márquez pareció marcar vagamente sus distancias: «En cuanto a la pena de muerte, no tengo nada que añadir a lo que he dicho en privado y en público desde que tengo memoria: estoy en contra de ella en cualquier circunstancia, motivo o lugar.» Pero casi de inmediato tomó distancia... de su distancia: «Algunos medios de comunicación –entre ellos la CNN– están manipulando y tergiversando mi respuesta a Susan Sontag, para que parezca contraria a la Revolución cubana.» Para remachar, reiteró un viejo argumento suyo, justificatorio de su relación personal con Castro: «No podría calcular la cantidad de presos, de disidentes y conspiradores, que he ayudado, en absoluto silencio, a salir de la cárcel o a emigrar de Cuba en no menos de veinte años.»

¿«Absoluto silencio» o complicidad absoluta? ¿Por qué los habría ayudado García Márquez a salir de Cuba si no es porque consideraba injusto su encarcelamiento? Y si lo consideraba injusto (tanto como para abogar por ellos), ¿por qué siguió (y sigue) respaldando públicamente a un régimen que comete esas injusticias? ¿No hubiera sido más valioso denunciar públicamente el injusto encarcelamiento de esos «presos, disidentes y conspiradores» y así contribuir a acabar con el sistema de prisiones políticas cubano?

Gabriel García Márquez no es un escritor de torre de marfil: ha declarado estar orgulloso de su oficio de periodista, promueve el periodismo en una academia en Colombia y ha dicho que el reportaje es un género literario que «puede ser no sólo igual a la vida sino más aún: mejor que la vida. Puede ser igual a un cuento o una novela con la única diferencia —sagrada e inviolable— de que la novela y el cuento admiten la fantasía sin límites pero el reportaje tiene que ser verdad hasta la última coma». ¿Cómo conciliar esta declaración de la moral periodística con su propio ocultamiento de la verdad en Cuba, a pesar de tener acceso privilegiado a la información interna?

Por lo que hace al juicio de la posteridad, es un tanto prematuro afirmar —como ha hecho Martin— que García Márquez es el «nuevo Cervantes». En términos morales no hay comparación. Héroe de guerra contra los turcos, herido y mutilado en batalla, náufrago y preso en Argel por cinco años, Cervantes vivió sus ideales, dificultades y pobreza con una moralidad quijotesca, y la suprema libertad de tomar sus derrotas con humor. Esa grandeza de espíritu no se ha visto en las complicidades de García Márquez con la opresión y la dictadura. No es Cervantes.

La obra de García Márquez sobrevivirá a las extrañas fidelidades del hombre que la escribió. Pero sería un acto de justicia poética que, en el otoño de su vida y el cenit de su gloria, se deslindara de Fidel Castro y pusiera su prestigio al servicio de los *boat people* cubanos. Aunque tal vez sea imposible. Esas cosas inverosímiles sólo pasan en las novelas de García Márquez.

Mario Vargas Llosa

PARRICIDIOS CREATIVOS

«Escribo porque no soy feliz, escribo porque es una manera de luchar contra la infelicidad», ha declarado a lo largo del tiempo Mario Vargas Llosa. El principal indicio sobre el origen íntimo de esa desdicha es la aparición, en el paraíso familiar de su infancia, a sus 10 años de edad, del padre idealizado al que creía muerto. Reaparición terrible, cuya sombra ominosa determinaría gran parte de su vida. Un amigo muy cercano, el gran pintor peruano Fernando de Szyszlo, recordaba que en enero de 1979, al llegar al sitio donde velaban a su padre, Mario apenas se detuvo unos segundos delante del hombre tendido en su ataúd, y sin decir palabra apresuró su salida. La literatura ha sido el medio a través del cual Vargas Llosa ha podido enfrentar esa herida temprana, vinculada en más de un sentido a la herida original de su país.

«¿Cuándo se jodió el Perú?» El creador de *Conversación en La Catedral* respondió a su propia pregunta 36 años más tarde: «El Perú es el país que se jode cada día.» Si hubiese inquirido el «porqué», la respuesta remitiría seguramente a la Conquista, que transcurrió y concluyó, como se sabe, bajo el signo de la brutalidad. El asesinato de Atahualpa y el degüello público de Túpac Amaru marcaron su destino de país dividido. Por un lado, en las costas, se asentaron los españoles, más tarde los negros y finalmente los chinos. La capital de ese país fue Lima. Por otro lado, en la sierra y el frío altiplano andino, permanecieron los indios. Su capital mítica siguió siendo Cuzco. Perú no es la única nación de América Latina que contiene dentro sí varios países, pero los países del Perú no han convivido en la relativa fusión mestiza, característica por ejemplo de México, sino «en la desconfianza y la ignorancia recíprocas, en el resentimiento y el prejuicio, en un torbellino de violencias. De violencias en plural». Esas violencias son ecos de la violencia original. Perú, el sitio mítico del Edén, nació a la historia occidental como producto de un desgarramiento.

Ese desgarramiento ha perdurado, con diversa intensidad, a través de los siglos. Bajo una superficie de rivalidades políticas, ideológicas, profesionales, personales, fluye en el Perú una corriente tumultuosa de pulsiones y pasiones sociales y raciales, un «yo recóndito y ciego a la razón, [que] se mama con la leche materna y empieza a formalizarse desde los primeros vagidos y balbuceos del peruano». Ése es el país de Mario Vargas Llosa, el que quiere y abomina, el que a veces ha prometido abandonar y olvidar, pero al que ha tenido presente siempre: «Ha sido para mí, afincado en él o expatriado, un motivo constante de mortificación. No puedo librarme de él: cuando no me exaspera me entristece y, a menudo, ambas cosas a la vez.» No ha podido librarse de él pero ha querido liberarlo –y liberarse– en las páginas de sus primeros libros; de manera fugaz, en la acción política, y finalmente en la admirable convergencia entre su obra literaria –vastísima, constante, variada, y de una calidad sostenida– y su compromiso público por la democracia y la libertad.

★ ★ ★

Aquel río turbulento de pasiones tocó muy pronto a Mario Vargas Llosa. También su vida pasó del Edén al desgarramiento. Él mismo se ha referido a los hechos en entrevistas y textos ocasionales y, con todo detalle, en su autobiografía *El pez en el agua* (1993). Nació en 1936, en Arequipa, ciudad situada al sur de Perú, en un valle de los Andes célebre por su espíritu clerical y revoltoso. Su madre, Dorita, tenía 19 años cuando de visita en Tacna conoció a Ernesto J. Vargas, un modesto encargado de la estación de radio de Panagra (Pan American-Grace Airways), 10 años mayor que ella. «Mi madre quedó prendada de él desde ese instante y para siempre.» De regreso a Arequipa, donde vivía con su familia, dio inicio una correspondencia amorosa e intensa con Ernesto, que culminó en el matrimonio de la pareja en 1935, un año después de haberse conocido.

Dorita y Ernesto se trasladaron a Lima luego de la boda. Desde el principio Ernesto manifestó su carácter tiránico: Dorita fue «sometida a un régimen carcelario, prohibida de frecuentar amigos y, sobre todo, parientes». Las violentas escenas de celos no eran el problema mayor. Ernesto era presa del mal que «envenena la vida de los peruanos: el resentimiento y los complejos sociales». A pesar de su piel blanca, ojos claros y figura apuesta, se sentía socialmente inferior a su mujer. No se trataba, o no únicamente, de una cuestión racial. De algún modo, la familia de Dorita llegó a representar para Ernesto «lo que nunca tuvo o lo que su familia perdió», y por tanto concibió hacia esa familia una terrible animadversión, que se traducía en violencia hacia su esposa. Esa aprehensión social tenía poco sustento: la familia Llosa en Arequipa, si bien gozaba de respeto, distaba de ser aristocrática. Poco después de casarse, Dorita quedó embarazada. Un día, como la cosa más normal, Ernesto le dijo sin más que se marchara con su familia a Arequipa, donde transcurriría mejor su embarazo. «Nunca más la llamó, ni le escribió, ni dio señales de vida.» Mario nació cuatro meses después. A través de unos parientes hicieron contacto con Ernesto, en Lima. Su canallesca reacción fue pedir el divorcio. Acosada por la vergüenza, en 1937 la familia Llosa se trasladó a la cercana ciudad de Cochabamba, en Bolivia, donde el abuelo se dedicó a cultivar el algodón y fue cónsul honorario del Perú.

La infancia de Mario transcurrió arropada por el amor y los mimos de los Llosa. Su padre, según le hicieron creer, había muerto, y por eso al acostarse besaba su fotografía «dando las buenas noches "a mi papacito que está en los cielos"». En Bolivia escribió sus primeros versos infantiles, que la familia celebraba. Su abuelo Pedro —«a cuyo recuerdo suelo recurrir cuando me siento muy desesperado de la especie y proclive a creer que la humanidad es, a fin de cuentas, una buena basura»— le enseñó a memorizar poemas de Rubén Darío. Su madre, todavía enamorada de Ernesto, se negó a casarse de nuevo.

Corría el año de 1945 cuando su tío, el abogado José Luis Bustamante y Rivero, embajador de Perú en Bolivia, fue electo presidente de la República. Vargas Llosa lo tendría siempre como un ejemplo de decencia y heroísmo cívico: «La admiración que tuve de niño por ese señor de corbata de pajarita [...] la sigo teniendo, pues Bustamante [...] salió del poder más pobre de lo que entró, fue tolerante con sus adversarios y severo con sus partidarios [...] y respetó las leyes hasta el extremo de su suicidio político.» El abuelo Pedro fue nombrado prefecto de Piura, lo que significó el regreso de la familia a la patria. Durante el traslado a esa ciudad, por primera vez, conoció el mar. En Piura, Mario cumplió 10 años, al lado de su madre y su abuelo.

Ese mundo de armonía quedó hecho trizas la mañana en que Dorita le informó que su padre no estaba muerto. Lo había estado hasta ese día, «el más importante de todos los que había vivido hasta entonces y, acaso, de los que viviría después». Su madre se había topado con él, accidentalmente, en un viaje a Lima. «Verlo un instante bastó para que aquellos cinco meses y medio de pesadilla de su matrimonio y los diez años de mudez de Ernesto J. Vargas se le borraran de la memoria.» Concertaron una cita. Dorita le «presentó» a su padre, lo sentaron en el asiento trasero del coche y marcharon a Lima. Vargas Llosa recordaría siempre el modelo del auto (un Ford azul) y hasta el kilómetro de la carretera donde transcurrieron los hechos. «Se está haciendo noche, se van a preocupar los abuelos», alcanzó a decir. «El hijo vive con los padres», le respondió el personaje que, como en una novela de terror, había bajado del cielo. Al conocerlo lo invadió un sentimiento de estafa. La pesadilla apenas comenzaba.

En la brumosa Lima conoció por vez primera la soledad. En esos primeros meses «siniestros» de 1947 su consuelo liberador fue la lectura. Ernesto odiaba a la familia materna de Mario y «cuando, sobreexcitado con su propia rabia, se lanzaba a veces contra mi madre, a golpearla, yo quería morirme de verdad, porque incluso la muerte me parecía preferible al miedo que sentía. A mí me pegaba, también, de vez en cuando». Junto al terror que desde entonces le inspiró su papá, surgió otro sentimiento: el odio, «la palabra es dura y así me lo pareció también entonces». El dictador familiar prohibió a Mario visitar a sus parientes y le molestaba profundamente que el niño asistiera a misa (lo que acercó a Mario, para contradecirlo, a la religión). La situación fue empeorando. «Cuando me pegaba [...] el terror me hacía muchas veces humillarme ante él y pedirle perdón con las manos juntas. Pero eso no lo calmaba. Y seguía golpeando, vociferando y amenazándome con meterme al ejército.» El pavor era tal que Mario, al advertir su llegada, se metía a la cama con la ropa puesta, fingiéndose dormido para no verlo.

En varias ocasiones, entre 1947 y 1949, madre e hijo intentaron escapar de ese infierno. Una y otra vez Ernesto se las ingenió para que regresaran al hogar, donde, tras unos días de aparente calma, continuaba el suplicio. Una tarde, su papá lo llevó a dar un paseo en auto. En una esquina se detuvo para recoger a dos muchachos, «son tus hermanos», le dijo. Eran hijos de una norteamericana que conoció en el tiempo que duró su separación de Dorita y de la cual también se había separado. De esas fugas frustradas resultó, finalmente, algo bueno. Su padre consintió en que Mario pasara los fines de semana con sus tíos y sus primos, que vivían en el barrio acomodado de Miraflores. Así transcurrió su adolescencia: asistió a bailes, salió con muchachas, fue al cine con los chicos de su barrio, que terminaron por convertirse en su segunda familia.

A finales de 1948 un golpe militar, encabezado por el general Manuel Odría (1896-1974), derrocó al gobierno democrático de Bustamante y Rivero, dando inicio al «Ochenio de Odría». El tío José Luis partió al exilio y el padre festejó el golpe como una «victoria personal». Ese mismo año otro acontecimiento decisivo, esta vez de índole espiritual, sacudió a Mario. El último día de cursos en el Colegio La Salle, uno de los maestros —«hermanos»— trató de acosarlo sexualmente. Mario salió huyendo, pero el hecho bastó para apartarlo definitivamente de la religión.

Su primera puerta activa a la libertad fue la poesía. La practicaba por oposición al padre, que asociaba la poesía con «la mariconería». Para alejarlo de la literatura, para «hacerlo hombre», Ernesto lo internó en el Colegio Militar Leoncio Prado en el Callao —al que ingresó en 1950, antes de cumplir los 14 años— con un efecto paradójico: «encerrado entre esas rejas corroídas por la humedad de La Perla, en esos días y noches grises, de tristísima neblina, leí y escribí como no lo había hecho nunca antes y empecé a ser (aunque entonces no lo supiera) un escritor».

II

Permaneció dos años en el Leoncio Prado. Era un microcosmos de la variopinta sociedad peruana en cuyo seno convivían y peleaban cholos, blancos, indios, serranos y costeños, ricos y pobres. Para ganarse unas monedas –ya que desde los 12 años había dejado de recibir dinero de su papá– escribía novelitas pornográficas, y con lo ganado frecuentó burdeles y adquirió libros a granel, entre ellos los de Victor Hugo y Alexandre Dumas. De esas lecturas nació, según afirmaría después, «esa ansiedad por saber francés y por irme a vivir un día a Francia». En 1952, durante las vacaciones de verano, por intermediación de su padre, trabajó algunos meses en *La Crónica*. Este temprano ingreso a la vida laboral fue acaso el único influjo benigno de aquel hombre oscuro cuya única virtud visible, vista por Mario a la distancia, era haber sido un *self made man*. Su hijo, un apresurado de la vida, un adulto prematuro, lo sería también.

Tras concluir su segundo año en el Leoncio Prado, significativamente, Mario olvidó inscribirse al siguiente curso. Vencido el plazo de inscripción, ninguna escuela en Lima lo aceptaba. Gracias a los contactos de su tío Lucho, se logró que la escuela San Miguel de Piura lo recibiera. Ese año en Piura, lejos del colegio militar y de la opresiva tutela del padre, es esencial para el desarrollo de su trabajo como periodista y como escritor. Piura es el primer escenario de su liberación a través de la literatura. Allí trabaja como periodista en *La Industria* y logra su primer éxito: estrena su obra *La huida del Inca*.

En Piura estrechó su relación con el singular Lucho, gracias al cual añadió a su incipiente vocación literaria una nueva dimensión social. El tío lo introdujo al socialismo, el comunismo, el aprismo, el fascismo y el urrismo («afiliados o simpatizantes del Partido Unión Revolucionaria, fundado por el general Sánchez Cerro y por Luis A. Flores, uno de los contados entusiastas que tuvo el fascismo en el Perú», *Historia secreta de una novela*). Junto al tío tomó conciencia de que «el Perú era un país de feroces contrastes, de millones de gentes pobres» y por primera vez concibió «un sentimiento muy vivo de que aquella injusticia debía cambiar y que ese cambio pasaba por eso que se llamaba la izquierda, el socialismo, la revolución». Fue entonces cuando, para frustración de la familia –que anhelaba verlo ingresar a la Universidad Católica de Lima–, decidió estudiar derecho y letras en la universidad pública de San Marcos, donde seguramente podría entrar en contacto con los revolucionarios y volverse él mismo uno de ellos. Tras un año en Piura regresa a Lima. Ha vivido muchas vidas, pero tiene sólo 17 años.

★ ★ ★

Junto al periodismo, la bohemia, la academia y la literatura, la política hizo irrupción en su vida. En la universidad se incorporó a una célula comunista:

> Habíamos hecho el ansiado contacto. En los patios de San Marcos, alguien se nos había acercado, averiguado y, como quien no quiere la cosa, preguntado qué pensábamos [...] No había pasado un mes desde que entramos a la universidad y ya estábamos en un círculo de estudios, la primera etapa que debían seguir los militantes de Cahuide, nombre con el que trataba de reconstruirse en la clandestinidad el Partido Comunista.

Su militancia resultó bastante inofensiva. Reuniones secretas, estudios de marxismo, impresión de volantes, agitación contra los militantes del APRA (Alianza Popular Revolucionaria Americana, movimiento fundado por Víctor Raúl Haya de la Torre en México, en 1924). Se veían a sí mismos como enemigos de la dictadura de Odría y simpatizantes de la revolución y el marxismo. «Estuve por lo menos en cuatro círculos y, al siguiente, llegué a ser instructor y organizador de uno de ellos». Adoptó el nombre de combate de «Camarada Alberto», estudió los textos canónicos (y algunas desviaciones heréticas) y participó en una huelga obrera (que le dio el tema de «Los jefes», incluido más tarde en el libro homónimo). En esas atmósferas sectarias el estalinismo ejercía un dominio ideológico absoluto:

> Fue esto, en parte, lo que me hartó de Cahuide. Cuando dejé de asistir a mi célula, hacia junio o julio de 1954, hacía tiempo que me sentía aburrido por la inanidad de lo que hacíamos. No creía ya una palabra de nuestros análisis clasistas, y nuestras interpretaciones materialistas que, aunque no se lo dijera de manera tajante a mis camaradas, me parecían pueriles, un catecismo de estereotipos y abstracciones.

En la literatura prevalecía el realismo socialista, cosa que hartó aún más al «Camarada Alberto». Lo fastidiaba la lectura de libros como *Así se templó el acero*, que emocionaban a sus camaradas. Él prefería obras como *Los alimentos terrestres*, de Gide. Esos gustos hicieron que alguien le dijera: «Tú eres un sub-hombre.»

Lo cierto es que su entusiasmo político de aquellos días era, según él mismo confiesa, bastante mayor que su coherencia ideológica. Tal vez por eso, cuando se resquebrajó la dictadura y la Democracia Cristiana se constituyó como partido (enero de 1956), Mario no dudó en afiliarse y aun escribir discursos para Fernando Belaúnde Terry, candidato a la presidencia. Su pasión política estaba construida sobre lecturas eclécticas y admiraciones personalizadas: lo mismo veneraba al revolucionario Sartre que al republicano Bustamante y Rivero. ¿Cómo compaginaba sus convicciones de izquierda con esa súbita adhesión democristiana? Él mismo no sabía explicarlo, pero aquella decisión presagiaba otras, muy significativas, que aguardaban en el futuro: en su fuero interno, la lucha concreta contra la dictadura pesó más que el apego abstracto hacia la revolución.

★ ★ ★

Uno de los talentos mayores de Mario Vargas Llosa ha sido trasmutar sus recuerdos en literatura. Así ocurrió en las páginas de *La ciudad y los perros*, donde recreó su experiencia estudiantil entre los militares del Leoncio Prado; en *La casa verde*, que refleja aspectos de la «selvática» vida prostibularia en Piura, y desde luego en *Conversación en La Catedral*, acaso su novela favorita, donde recreó la vida bohemia y su aprendizaje como reportero de la nota roja en *La Crónica* y en otros diarios y medios (trabajó también en la radio). En esa novela, publicada a sus 33 años, Vargas Llosa comienza a cobrar venganza literaria contra Ernesto J. Vargas, su padre, a través de un personaje egoísta y autoritario (y homosexual encubierto, a modo de mofa directa), que medra entre la galería de los malvados y perversos que dominan al Perú. La obra marca quizá el punto culminante de su producción literaria durante su etapa de militante de izquierda (con el tiempo, su posición política tendrá un giro radical), un periodo que en realidad comenzó en 1952, mientras trabajaba para *La Crónica*. Es en esa época cuando traba amistad con Carlos Ney Barrionuevo, director del suplemento literario del periódico y por quien conoció la obra de dos autores que se convertirían en poderosas influencias: André Malraux y, sobre todo, Jean-Paul Sartre. Tan importante fue la huella de este último (con libros como *¿Qué es la literatura?*), que el joven Vargas Llosa se ganó el apodo de «El sartrecillo valiente». La idea clave que lo atrajo era la del «compromiso» del escritor:

> Comprometernos como escritores [...] quería decir asumir, ante todo, la convicción de que escribiendo no sólo materializábamos una vocación, a través de la cual realizábamos nuestros más íntimos anhelos, una predisposición anímica espiritual que estaba en nosotros, sino que por medio de ella también ejercitábamos nuestras obligaciones de ciudadanos y, de alguna manera, participábamos en esa empresa maravillosa y exaltante de resolver los problemas, de mejorar el mundo.

Al margen de sus novelas, la más novelesca de sus rebeldías fue su intempestivo matrimonio con Julia Urquidi, en 1955. Mario tenía entonces 19 años. Aquel rapto amoroso, ¿fue un acto inverso y compensatorio al de su madre con su padre? En todo caso, fue una liberadora transgresión. Y ocurrió, en efecto, en la persona de su tía política por parte materna, 10 años mayor que él, de la que «Marito» se enamoró y con quien se casó a escondidas. Ernesto J. Vargas reaccionó como «perro rabioso» y Julia se refugió por un tiempo en Bolivia.

Durante ese tiempo, aparte de sus estudios, Mario publicaba sus primeros cuentos y trabajaba sin descanso. Escribió en las revistas *Turismo* y *Cultura Peruana* y en el suplemento cultural de *El Comercio*. Lo hizo abandonando sus estudios de leyes pero no los de letras en San Marcos. En Lima soportó «trabajos alimenticios», a veces soporíferos (cajero del Banco Popular, registrador de tumbas en un cementerio), y otros más formativos. Tuvo la fortuna de colaborar con el eminente historiador Raúl Porras Barrenechea. A su lado estudió la historia peruana desde los cimientos, tanto en los métodos (fichas, resúmenes, lecturas) como en los temas (crónicas, leyendas, mitos, textos clásicos, comentarios). Fue un aprendizaje invaluable de rigor y sabiduría. En 1958 pudo cumplir un sueño: su cuento «El desafío» ganó un concurso de la *Revue Française* gracias a la cual viajó a París. A su regreso, se recibió de licenciado en literatura con la tesis *Bases para una interpretación de Rubén Darío*.

Como lector y autor pasó de la poesía al teatro, el cuento y la novela. Escribió y estrenó una obra de teatro, publicó en varias revistas y suplementos culturales, entabló o afianzó genuinas amistades literarias: Carlos Ney, Sebastián Salazar Bondy, Félix Arias, Alejandro Romualdo, Luis Loayza. Aunque comenzó por desdeñar el «formalismo» de Borges, no tardó en admirarlo. Con Malraux sintió un deslumbramiento y con Sartre una especie de conversión a la ética del «compromiso». Pero fue Faulkner quien le regaló el misterio mayor de la forma: «el serpentino lenguaje, la dislocación de la cronología, el misterio y la profundidad y las inquietantes ambigüedades y sutilezas psicológicas que esa forma daba a las historias».

Casado, estudiaba y trabajaba sin descanso, pero sobre todo escribía. Desde España le llegó la noticia de que su primer libro de cuentos –*Los jefes*– había obtenido el Premio Leopoldo Alas. Viviría en París hasta 1965 trabajando como profesor de español en la Escuela Berlitz y como periodista en la Agencia France Press y en la Radiodifusión-Televisión Francesa. Un nuevo mundo se abría ante él y su mujer: en París se volcaría en la escritura.

III

¿Quién no saludó con entusiasmo el triunfo de esos valerosos barbudos que luchaban contra la dictadura, se enfrentaban al imperio y abrirían una era de dignidad e independencia para «Nuestra América»? En México no sólo la izquierda los aplaudió sino un amplio espectro que cubría al centro liberal y a la derecha: de Daniel Cosío Villegas a Vasconcelos. En 1958, Vargas Llosa había escrito manifiestos de apoyo a la Revolución, cuyo triunfo lo sorprendió en París. Junto con un centenar de entusiastas salió a la calle a celebrarlo. Lo vio y vivió, por mucho tiempo, como una histórica liberación:

Cuba me parecía realmente una forma renovada, más moderna, también más flexible y más abierta, de la revolución. Yo viví eso con muchísimo entusiasmo; además, considerando a Cuba como un modelo que podría ser seguido por América Latina. Nunca, antes de eso, he sentido un entusiasmo y una solidaridad tan poderosa por un hecho político.

En 1962 Mario Vargas Llosa viajó por vez primera a Cuba. Se encontraba en México como corresponsal de la Radio-Televisión Francesa cuando se desató la crisis de los misiles. La agencia le pidió que se trasladara a la isla. Allí vio a los aviones norteamericanos volar casi a ras de suelo. Donó sangre y sintió el delirio de la inmolación. De regreso en París, a los pocos meses, recibió la noticia de que su primera novela, *La ciudad y los perros*, inspirada en sus experiencias en el Leoncio Prado, había obtenido el Premio Biblioteca Breve de Seix Barral. Dos años más tarde, en 1964, regresó por unos meses a Perú, en donde realizó un breve e intenso viaje a la selva. No era la primera vez que lo hacía. Esas visitas dejarían una huella profunda en su literatura. *La casa verde* sucede en Piura, donde está el burdel, pero también en Santa María de Nieva, en la selva. Y en la selva conoce por primera vez la leyenda que años más tarde cristalizaría en *El hablador*. Por otra parte, en aquella estancia en el Perú, Mario se divorció de Julia Urquidi. Poco después contraería matrimonio con su prima, Patricia Llosa, con quien regresaría a su vida parisina.

«A todos, tarde o temprano, les llega su Kronstadt», escribió Daniel Bell, refiriéndose al momento de la desilusión con respecto a la Revolución soviética. El «Kronstadt» de Vargas Llosa no fue un advenimiento único sino un proceso paulatino. En un primer momento, como a tantos artistas e intelectuales de Occidente, no sólo lo cautivaron los actos de justicia social (reforma agraria, educación y salud universal, etc.) sino sobre todo el fervor cultural de la Revolución. Figuras como Jean-Paul Sartre, Simone de Beauvoir, Juan Goytisolo, Hans Magnus Enzensberger, Julio Cortázar, Mario Benedetti, Ángel Rama, José de la Colina, Carlos Rangel, Ernesto Sabato, Juan Rulfo, etcétera, llegaron a Cuba como huéspedes de honor para atestiguar los prodigios de una revolución con libertad. Vargas Llosa viajó a Cuba en cinco ocasiones. «Gradualmente fui viendo —al principio no quería ver, al principio incluso me molestaba reconocerlo– una serie de manifestaciones que indicaban que la realidad, en la práctica, no era de ninguna manera lo que la imagen, la publicidad y la ilusión nos querían hacer ver.»

En 1967, durante su tercer viaje a La Habana, aceptó formar parte del consejo de colaboradores de la revista *Casa de las Américas*. La invitación provenía de Roberto Fernández Retamar, que había sustituido en 1964 a Haydée Santamaría en la dirección de esa influyente publicación. Otros miembros eran Ezequiel Martínez Estrada, Manuel Galich, Julio Cortázar, Emmanuel Carballo, Ángel Rama, Sebastián Salazar Bondy, Mario Benedetti, Roque Dalton, René Depestre, David Viñas, Jorge Zalamea y los cubanos Edmundo Desnoes, Ambrosio Fornet, Lisandro Otero y Graziella Pogolotti. Su simpatía era aún inmensa, y se entiende: en 1965, aun Guillermo Cabrera Infante (el director de *Lunes de Revolución*, suplemento cultural de *Revolución* que había sido suprimido por el régimen y a quien Vargas Llosa había visto en París ese año) se mostraba reticente a hablar de la situación cubana, actuaba todavía como un diplomático. Los problemas eran conocidos pero «se ocultaban –recuerda Vargas Llosa– tras una muralla protectora». En esa ocasión, Mario participó en una entrevista colectiva con Fidel Castro en la que el comandante, encantador de serpientes, se mostró heterodoxo y prometió que corregiría de inmediato las desviaciones señaladas por sus amables críticos:

> Fidel, a lo largo de su charla, se refirió muchas veces a Marx, a Lenin, al materialismo histórico, a la dialéctica. Sin embargo, no he visto nunca un marxista menos apegado al empleo de fórmulas y esquemas cristalizados [...] Si de una cosa quedé absolutamente convencido en esa noche blanca, fue del amor de Fidel por su país y de la sinceridad de su convicción de estar actuando en beneficio de su pueblo [*Sables y utopías*, Aguilar, 2009].

Pero en 1967 ocurrió otro episodio que empañó el encanto. Sin que él lo supiera, sus editores habían presentado su segunda novela, *La casa verde*, como candidata al Premio Rómulo Gallegos. (El gobierno democrático que otorgaba el premio, encabezado por Raúl Leoni, había hecho frente a una invasión guerrillera inducida y apoyada activamente por el régimen cubano.) Por su estrecha vinculación con la Revolución, Vargas Llosa comentó esta postulación con Alejo Carpentier, entonces agregado cultural de Cuba en París. Carpentier viajó a Londres en secreto para entrevistarse con él y le propuso, en caso de que resultara ganador, hacer un donativo a la lucha del Che Guevara, que en ese momento se encontraba en algún lugar de la sierra boliviana. Ese gesto, según Carpentier, tendría una gran repercusión en América Latina. En su entrevista, Carpentier le leyó una carta de Haydée Santamaría, la mítica compañera de Fidel Castro en el asalto al Cuartel Moncada, en ese entonces poderosísima funcionaria del aparato cultural cubano. «Naturalmente comprendemos que un escritor tiene necesidades —le decía en la misiva Haydée Santamaría—, lo que no significa que usted tenga que perjudicarse por esta acción; la revolución le devolverá a usted el dinero discretamente, sin que esto se sepa.» La Revolución le proponía a Vargas Llosa que montara una farsa. Vargas Llosa se indignó. Finalmente, acudió a recibir el premio, pronunció un discurso en el que tomó distancia del gobierno de Venezuela e hizo un encendido elogio de la Revolución cubana:

> Dentro de diez, veinte o cincuenta años, habrá llegado a todos nuestros países, como ahora a Cuba, la hora de la justicia social. América Latina entera se habrá emancipado del imperio que la saquea, de las castas que la explotan, de las fuerzas que hoy la ofenden y reprimen. Yo quiero que esa hora llegue cuanto antes y que América Latina ingrese de una vez por todas en la dignidad y en la vida moderna, que el socialismo nos libere de nuestro anacronismo y nuestro horror.

Semanas más tarde, la funcionaria cubana pareció complacida y lo felicitaba por el «grito de Caracas». Pero ese discurso de defensa de la Revolución contenía también un pasaje premonitorio, una clara defensa de la libertad del escritor: «Es necesario que sepan que la literatura es como el fuego, significa disidencia y rebelión, que la razón de ser del escritor es la protesta, la contradicción, la crítica.»

Lo cierto es que la intervención de Carpentier había creado un distanciamiento con la Revolución. En 1968, dos episodios lo aceleraron:

las noticias que llegaban de la isla sobre el acoso oficial a los intelectuales cubanos y el apoyo irrestricto de Castro a la invasión soviética a Checoslovaquia, en agosto de aquel año. Un mes más tarde (26 de septiembre) la revista peruana *Caretas* publicó una entrevista con Vargas Llosa en la que éste habló del «socialismo de los tanques» condenando la postura pro soviética de Fidel. Vargas Llosa había vivido por unos días en Checoslovaquia durante la «Primavera de Praga» y se había entusiasmado con el experimento de libertad y democracia dentro del socialismo que intentaba el gobierno de Dubček (tan distinto a la atmósfera gris, de burocracia, tedio, corrupción y colas que Vargas Llosa había atestiguado en su paso por la URSS en 1966). Su indignación tenía un sustento en la experiencia.

Por otro lado, en octubre de ese mismo año Julio Cortázar le escribía comentándole que Carlos Franqui, Carlos Fuentes, Juan y José Agustín Goytisolo, Gabriel García Márquez, Jorge Semprún y él mismo estaban preparando una «carta a Fidel sobre los problemas de los intelectuales en Cuba». Y Cortázar remataba: «Desde luego, estás incluido entre los firmantes.» El 12 de noviembre de 1968, García Márquez, en ese entonces amigo muy cercano de Vargas Llosa, le hace saber que la carta de marras estaba ya en manos de Fidel Castro:

> Creo, sin embargo, que no servirá de nada. Fidel contestará, con la mayor fineza que le sea posible, que lo que él haga con sus escritores y artistas es asunto suyo, y que por lo tanto podemos irnos a la mierda. Sé de buena fuente que está disgustado con nuestra actitud respecto a Checoslovaquia, y ahora tiene buena oportunidad para desahogarse.

Al asumir en 1964 la dirección de la revista *Casa de las Américas*, Roberto Fernández Retamar había sustituido el original consejo de redacción por un consejo de colaboradores, a la manera de la revista argentina *Sur*. Este cambio implicaba una cercanía mayor con la publicación cubana, la asistencia a juntas anuales donde no sólo se revisaba la marcha de la revista sino se proponían formas de apoyo efectivo con la Revolución. La primera reunión se llevó a cabo en 1967, la segunda a principios de 1969. Vargas Llosa no pudo asistir a esta última y su ausencia se interpretó como un alejamiento. Por esos días Vargas Llosa escribe a Carlos Fuentes (quien, por cierto, llevaba tiempo de padecer en carne propia las suspicacias e intolerancia de la burocracia cultural cubana). Había conversado –le dice Vargas Llosa– con Fernández Retamar «para tratar de confirmar si era cierto que Edmundo Desnoes estaba preso, acusado de agente de la CIA, pero al hablar con él no me atreví a preguntárselo». Y agrega: «Estoy sumamente inquieto, apenado y asustado con lo que ocurre en Cuba y te ruego que me cuentes lo que sepas. Lo último que llegó a mis manos fueron los discursos de Lisandro Otero que me produjeron escalofríos.» Ese mismo mes de enero, desde La Habana, el consejo de colaboradores de *Casa de las Américas* en pleno (Benedetti, Carballo, Cortázar, Dalton, Depestre, Desnoes, Fernández Retamar, Fornet, Galich, Otero, Rama y Viñas) envió a Vargas Llosa una carta en la que le reclamaba su inasistencia y lo convocaba prontamente a La Habana para discutir con él «en torno a actitudes y opiniones tuyas». El clima se iba enrareciendo. En la misma línea de la carta colectiva, el 18 de enero Fernández Retamar escribe a Vargas Llosa: «Cuando ya fue evidente que no vendrías, no nos quedó más remedio que hablar de ti en tu ausencia.» El cubano subraya que su presencia era importante «más quizá que la de otros [...] porque habías hecho una pública condenación de la política exterior de la revolución; porque habías enviado a Fidel una copia de un cable colectivo, cuyo original recibió Haydée, en que intervenías, con opiniones que debías defender, en delicadas cuestiones del país; y porque ello ocurría mientras estabas en camino de ser (o eras ya) «escritor residente» en una universidad norteamericana». Vargas Llosa contesta:

> Mi adhesión a Cuba es muy profunda, pero no es ni será la de un incondicional que hace suyas de manera automática todas las posiciones adoptadas en todos los asuntos por el poder revolucionario. Ese género de adhesión, que incluso en un funcionario me parece lastimosa, es inconcebible en un escritor, porque, como tú lo sabes, un escritor que renuncia a pensar por su cuenta, a disentir y opinar en alta voz ya no es un escritor sino un ventrílocuo. Con el enorme respeto que siento hacia Fidel y por lo que representa, sigo deplorando su apoyo a la intervención soviética en Checoslovaquia,

porque creo que esa intervención no suprimió una contrarrevolución sino un movimiento de democratización interna del socialismo en un país que aspiraba a hacer de sí mismo algo semejante a lo que, precisamente, ha hecho de sí Cuba.

El asunto no terminó ahí. Julio Cortázar, quien sí acudió a la reunión en La Habana donde se criticó severamente a Vargas Llosa en ausencia, le reclama «el descuido» de no haber ido a La Habana para defender su posición. Y a mediados de 1969 agrega: «La radicalización en Cuba es muy fuerte, hay una especie de exasperación que por una parte da espléndidos resultados en el sector económico, pero que sitúa a los escritores en un maniqueísmo cada vez más simplificante del que no puede salir nada bueno...»

Con respecto a los «espléndidos resultados del sector económico», era obvio que muchos escritores veían lo que querían ver, lo que les inducían ver. Se repetía una vieja historia de autoengaño e ingenuidad en Occidente, como la que muchos intelectuales concibieron al visitar el «mundo del futuro» en los años treinta, años de represión, colectivización y hambruna. Vargas Llosa no sospechaba entonces la realidad económica debajo de la apariencia. El camino hacia su Kronstadt personal no fue político, económico o social: fue cultural. En 1971, a raíz de la detención de Heberto Padilla (y de varios intelectuales) y de su «confesión» (proceso que remedaba los procesos de Moscú), Vargas Llosa decide renunciar al comité de la revista *Casa de las Américas*, el más importante órgano cultural cubano, mediante el cual se cooptó a cientos de intelectuales latinoamericanos. Dirigió la carta a Haydée Santamaría:

> Comprenderá que es lo único que puedo hacer luego del discurso de Fidel fustigando a los «escritores latinoamericanos que viven en Europa», a quienes nos ha prohibido la entrada a Cuba «por tiempo indefinido e infinito». ¿Tanto le ha irritado nuestra carta pidiéndole que esclareciera la situación de Heberto Padilla?

En esa misma carta abundaba sobre los motivos de su distanciamiento con la Revolución:

Obligar a unos compañeros, con métodos que repugnan a la dignidad humana, a acusarse de traiciones imaginarias y a firmar cartas donde hasta la sintaxis parece policial, es la negación de lo que me hizo abrazar desde el primer día la causa de la Revolución cubana: su decisión de luchar por la justicia sin perder el respeto a los individuos.

Haydée Santamaría (que una década después se quitaría la vida en un rapto de desilusión histórica y personal) le contestó de manera tajante el 14 de mayo de 1971. «Usted –le dice– no ha tenido la menor vacilación en sumar su voz –una voz que nosotros contribuimos a que fuera escuchada– al coro de los feroces enemigos de la Revolución cubana.» Reclamaba sus «opiniones ridículas» sobre Checoslovaquia y agregaba que la carta de renuncia lo presentaba «de cuerpo entero» como «la viva imagen del escritor colonizado, despreciador de nuestros pueblos, vanidoso, confiado en que escribir bien no solo hace perdonar actuar mal, sino permite enjuiciar a todo un proceso grandioso como la Revolución cubana».

Cinco días después, Vargas Llosa publicó una aclaración pertinente. Su renuncia, provocada por un episodio que consideraba lamentable, no implicaba hostilidad contra la Revolución cubana, en cuyas realizaciones todavía creía. Su renuncia era un acto de protesta y una afirmación de la libertad como condición esencial del socialismo: «El derecho a la crítica y a la discrepancia no es un "privilegio burgués". Al contrario, sólo el socialismo puede, al sentar las bases de una verdadera justicia social, dar a expresiones como "libertad de opinión" y "libertad de creación" su verdadero sentido.»

Un par de días después, redactada por Vargas Llosa y firmada por un amplio conjunto de intelectuales, entre los que se incluían Carlos Fuentes, Italo Calvino, Juan Goytisolo, Simone de Beauvoir, Marguerite Duras, Carlos Franqui, Pier Paolo Pasolini, Jorge Semprún, Susan Sontag, Carlos Monsiváis, Alberto Moravia, José Emilio Pacheco, José Revueltas, Juan Rulfo, Jean-Paul Sartre y una veintena de escritores más, se publica una carta dirigida a Fidel Castro en la que le comunican su «vergüenza y cólera» por el caso Padilla. Años después, Vargas Llosa reflexionaría sobre el incidente:

El caso Padilla sirvió habilísimamente para que Cuba se desprendiera de cierto tipo de aliados y solamente tuviera los incondicionales, esos aliados que iban a estar con la revolución hiciese lo que hiciese, o porque eran sectarios, eran estalinistas y funcionaban como los perros de Pavlov, por reflejos condicionados, o porque eran comprables, baratos, que se compraban con un pasaje de avión, con una invitación a un congreso [...] Al día siguiente de haber roto con Cuba, empecé a recibir una lluvia de injurias, lo que para mí fue muy instructivo. Pasé, después de haber sido una figura muy popular en los medios de izquierda y en los medios rebeldes, a ser un apestado. Las mismas personas que me aplaudían con mucho entusiasmo cuando iba a dar una conferencia, si yo aparecía por allí me insultaban y me lanzaban volantes.

El «caso Padilla», admirablemente recogido en *Persona non grata* de Jorge Edwards, marcó el fin del idilio (el Kronstadt) de un sector de la intelectualidad latinoamericana y occidental con la Revolución cubana. Vargas Llosa no tenía duda de que se trataba de una «copia mala e inútil de las peores mascaradas estalinistas». Pero en muchos grandes escritores, críticos del Estado soviético y cubano, como Octavio Paz, el ideal socialista seguía vivo. En Vargas Llosa, por breve tiempo, lo estaría también.

IV

Desde 1966 Vargas Llosa había fijado su residencia en Londres. En esos años nacieron sus hijos Álvaro (1966) y Gonzalo (1967). Su hija Morgana nacería en 1974, en Barcelona. En 1971 se doctora en literatura con una tesis sobre *Cien años de soledad*, la célebre novela de Gabriel García Márquez; la tesis se publicaría ese mismo año con el título *García Márquez. Historia de un deicidio*. Los intelectuales pro castristas lo tuvieron en la mira. El crítico literario Ángel Rama, director de la prestigiada revista *Marcha*, publicó una áspera reseña sobre ese libro, que derivaría en una polémica con Vargas Llosa. Rama lo acusaba de hacer una lectura romántica e individualista de la novela de García Márquez, una interpretación contraria a la «idea del arte como trabajo humano y social, que aporta el marxismo» («A propósito de *Historia de un deicidio*. Va de retro», *Marcha*, 5 de mayo de 1972). La respuesta de Vargas Llosa revela su alejamiento de las concepciones dictadas por el crítico marxista Georg Lukács sobre el papel de la literatura en la sociedad. Casi al mismo tiempo, *Casa de las Américas* publicó un texto en el que Carlos Rincón hacía una crítica dogmática del «discurso teórico» de Vargas Llosa e intentaba restarle legitimidad luego del «caso Padilla».

Vargas Llosa se dedicó a cultivar una zona literaria más lúdica y erótica. En 1973 publica su cuarta novela, *Pantaleón y las visitadoras* (que, con tono picaresco, aborda el tema de la prostitución tolerada y fomentada por el ejército en la selva peruana) y dos años más tarde *La orgía perpetua. Flaubert y Madame Bovary*, libro que fue, a un tiempo, vindicación de la literatura y respuesta al célebre ensayo de Jean-Paul Sartre *El idiota de la familia*. En 1976 fue electo presidente del PEN Club International, organismo en el que desarrolló una intensa actividad literaria e hizo frente a la represión militar en Argentina. Al año siguiente daría a la luz *La tía Julia y el escribidor*, en la que narraba en forma novelesca su relación y matrimonio con su tía, Julia Urquidi.

Distanciado definitivamente de la Revolución cubana, Vargas Llosa comenzó a poner en tela de juicio a sus héroes intelectuales. Significativamente, como un primer parricidio creativo, bajó de su pedestal a Jean-Paul Sartre:

> Con la perspectiva que da el tiempo, uno descubre que la obra creativa del propio Sartre es un rechazo sistemático del «compromiso» que él exige al escritor de su tiempo. Ni sus cuentos de tema rebuscado, perverso y sicalíptico, ni sus novelas de artificiosa construcción influida por Dos Passos, ni siquiera sus obras de teatro –parábolas filosóficas y morales, pastiches ideológicos– constituyen un ejemplo de literatura que quiere romper el círculo de lectores de la burguesía y llegar a un auditorio obrero, ni hay nada en ellos que, por sus anécdotas, técnicas o símbolos, trascienda el ejemplo de los escritores del pasado remoto o reciente y funde lo que él llama *la literatura de la praxis*.

Al mismo tiempo, revaloró a Albert Camus. En 1965, a propósito de la aparición de los *Carnets*, había sostenido que los textos de Camus valían «no por su significación social, histórica, metafísica o moral, sino (y en todos los casos) por su excepcionalidad pintoresca» («Camus y la literatura», enero de 1965). Para el Vargas Llosa de los años sesenta, Camus había sufrido un «encanecimiento precoz». Diez años después, a propósito de un atentado terrorista registrado en Lima, volvió a las páginas de *El hombre rebelde* y declaró: «Sin negar la dimensión histórica del hombre, Camus siempre sostuvo que una interpretación puramente económica, sociológica, ideológica de la condición humana era trunca y, a la larga, peligrosa» («Albert Camus y la moral de los límites»). Vargas Llosa recordaba la conferencia de Camus en 1948: «¡Y en cuanto al famoso optimismo marxista! Nadie ha ido tan lejos en la desconfianza respecto al hombre como los marxistas, ¿acaso las fatalidades económicas de este universo no resultan todavía más terribles que los caprichos divinos?» En esta crucial relectura, publicada en la revista *Plural* y dedicada a Octavio Paz, Vargas Llosa reivindicó el individualismo, mostró su desconfianza por la interpretación mecanicista del marxismo, festejó el pluralismo y, siguiendo al Camus de *Calígula*, abominó del totalitarismo. Lo que le incomodaba era el maniqueísmo que percibía en muchos intelectuales y la propensión a adoptar la ideología como una religión, pero se sentía «en un limbo»: tenía que haber una «tercera posición» alejada de la derecha y de la izquierda, de los sables y de las utopías. Un Vargas Llosa nuevo parecía estar naciendo en esas páginas vehementes:

> Creo que en nuestros días, aquí en América Latina, aquí en nuestro propio país, ésta es una función difícil pero imperiosa para todo aquel que, por su oficio mismo, sabe que la libertad es la condición primera de la existencia: conservar su independencia y recordar al poder a cada instante, y por todos los medios a su alcance, la moral de los límites.

En términos estrictamente políticos, Vargas Llosa había simpatizado hasta cierto punto con las reformas de Velasco Alvarado en el Perú (similares a las de Lázaro Cárdenas en México) pero no dudó en enfrentarse a él cuando el régimen puso cerco a la prensa y los medios y clausuró la revista *Caretas*, donde publicaba. En Cuba o en Perú, la libertad de expresión era, para Vargas Llosa, la libertad cardinal, y esa convicción absoluta (presente aun en sus tiempos de adhesión a la Revolución cubana) fue su puerta de entrada al liberalismo más amplio. A fines de 1977 da un paso más: entrevista a Rómulo Betancourt y revalora su gobierno democrático. Un año después, su ruptura ideológica con el socialismo es ya definitiva: «Estas utopías absolutas —el cristianismo con el pasado, el socialismo en el presente— han derramado tanta sangre como la que querían lavar. Lo ocurrido con el socialismo es, sin duda, un desengaño que no tiene parangón en la historia» (en «Ganar batallas, no la guerra», conferencia leída en Lima en octubre de 1978, recogida en *Sables y utopías*). Pero no es muy clara, aún, su adhesión al liberalismo:

> No se trata de meter a todas las ideologías en el mismo canasto. Algunas de ellas, como el liberalismo democrático, han impulsado la libertad y otras, como el fascismo, el nazismo y el marxismo estaliniano, le han hecho retroceder. Pero ninguna ha bastado para señalar de modo inequívoco cómo erradicar de manera durable la injusticia, que acompaña al ser humano como su sombra desde el despuntar de la historia.

★ ★ ★

Faltaba un paso para volverse liberal. ¿Cuándo lo dio? Muchos años atrás, la reaparición del padre lo había arrojado súbitamente al infierno de la tiranía. Toda su vida había sido un remar contra esa corriente. En 1979, a los 42 años de edad, otro hecho relacionado con el padre lo precipitaría a un replanteamiento definitivo de sus valores. Las agresiones de su padre habían cesado tiempo atrás «y, aunque procuré siempre mostrarme educado con él, jamás le demostré más cariño del que le tenía (es decir, ninguno). El terrible rencor, el odio ígneo de mi niñez hacia él, fueron desapareciendo, a lo largo de los años». Pero el distanciamiento se sostuvo hasta el final, hasta enero de 1979, cuando murió el único tirano al que habría querido querer. «Mi padre, que estaba almorzando en su casa, había perdido el conocimiento. Llamamos a una ambulancia, y lo llevamos a la Clínica Americana, donde llegó sin vida» (*El pez en el agua*).

Pocos meses después, Vargas Llosa asiste en Lima a un simposio internacional organizado por Hernando de Soto en el que escuchó a economistas y pensadores como Friedrich Hayek, Milton Friedman y Jean-François Revel (cuya obra *La tentación totalitaria* lo impresionó). Para entonces, había leído los ensayos filosóficos e históricos de Isaiah Berlin sobre los «dos conceptos de la libertad» y los famosos perfiles de socialistas libertarios como Alexander Herzen en *Against the Current*. Con el tiempo leería a Karl Popper, otro gran clásico del pensamiento liberal, en particular *La sociedad abierta y sus enemigos*. Otro factor importante fue su amistad con Octavio Paz y el seguimiento puntual de la defensa del liberalismo democrático tanto en la obra de Paz como en la revista *Vuelta*, donde colaboraba con frecuencia. Pero a diferencia de Paz —otro converso del socialismo a la democracia liberal—, su crítica al socialismo real no sólo fue de orden estético, ideológico y político sino también económico. Para abordarla necesitaba una enmienda intelectual y un aprendizaje:

> La fascinación de los intelectuales con el estatismo deriva tanto de su vocación rentista [...] como de su incultura económica. Desde entonces traté, aunque de manera indisciplinada, de corregir mi ignorancia en ese dominio. En 1980, a raíz de un *fellowship* de un año en The Wilson Center, en Washington, lo hice con más orden y con interés creciente.

Era el umbral de los años ochenta. Había vivido y superado su Kronstadt, pero no permaneció en el limbo, vacío de creencias. Encontró una fe sin grandes promesas ni vuelos utópicos, un método de convivencia: el liberalismo democrático. Ese encuentro fue un despertar: le abrió horizontes, le dio una nueva y peculiar claridad sobre el carácter opresivo de los diversos fanatismos de la identidad (nacional, indígena, hispana, religiosa, ideológica, política) que plagaron el siglo XX y que, con la complicidad de los demagogos y el apoyo de muchos gobiernos, han sacrificado a pueblos e individuos.

★ ★ ★

A partir de entonces su obra adquirió una nueva dimensión: pasó de la esfera predominantemente íntima a la universal. Pero el empeño central fue siempre «exorcizar» aquellos fantasmas que habían sido también suyos y que han impedido el progreso material y moral de su país y de América Latina. Ese impulso vital de libertad frente a los fanatismos dio aliento tolstoiano a esa temprana profecía del fundamentalismo moderno que es *La guerra del fin del mundo*, obra maestra que no sólo critica el fanatismo de los milenaristas brasileños sino la insensata respuesta de la República.

El libro relata los mismos sucesos en que el brasileño Euclides da Cunha basó su más famosa novela, *Os Sertões* (*Los sertones*): un recuento sociológico e histórico de la guerra contra la República, declarada por los adeptos a un culto milenarista (sacados de los más pobres entre los pobres), que habitaron la región desértica al nordeste de Brasil. La revuelta forma parte de una serie de alzamientos semejantes que se sucedieron a lo largo de toda América Latina. En todos ellos las masas, acaudilladas por un salvador carismático que revive o manipula mitos atávicos, se alzan ferozmente contra la veloz avanzada de la modernidad. Tal fue el caso, en 1780, en Perú, de la insurrección de Túpac Amaru contra las reformas borbónicas; o de la revolución de Independencia mexicana en su primera etapa, bajo el liderazgo de Miguel Hidalgo, o, en cierta medida, del levantamiento campesino de Emiliano Zapata.

Entre 1893 y 1897, en aquel remoto y empobrecido *sertão*, Antonio Conselheiro, un profeta mesiánico que afirmaba estar inspirado por Dios (y que incluso afirmaba su propia y personal divinidad en su función de profeta) atrajo para sí la lealtad y la fe ciega de decenas de miles de miserables (incluidos los esclavos negros recién liberados) y los condujo a las zonas remotas de Bahía, ofreciéndoles refugio y una colonia de propiedad colectiva llamada Canudos, paraíso rudimentario donde podían vivir, alimentarse y permanecer a salvo de los «enemigos» de la religión. Pero la naciente República, con la aprobación de la Iglesia (para la cual, Conselheiro era un peligroso hereje) lanzó una serie de campañas contra el enclave separatista. Antonio urgió a sus seguidores a defender «la verdad de Jesús» en contra del «demonio» encarnado en la República del Brasil. La guerra desembocó finalmente en el exterminio, sin que ninguna de las partes diera ni pidiera cuartel. Las fuerzas de Conselheiro derrotaron con facilidad a varias avanzadas gubernamentales, hasta que un gran destacamento militar equipado con artillería pesada desbarató las defensas masacró a todos los hombres (los prisioneros varones fueron todos degollados) y, tras violar a muchas mujeres, las entregó a los burdeles.

La novela refleja el gran viraje en la posición política de Vargas Llosa. El fanatismo y la rigidez militante (en este caso religiosa y atávica) conduce a los fieles al desastre. Desde un mirador casi olímpico, Vargas Llosa despliega el fascinante mosaico de sus personajes, la marcha de los protagonistas colectivos hacia la tragedia y los grandes temas morales. Y con la misma maestría aborda pequeños detalles, en escenas que quedan grabadas en la memoria del lector. Ahí está, por ejemplo, el «León de Natuba», aquel personaje de *La guerra del fin del mundo:* un muchacho contrahecho y lastimosamente tullido, que se mueve como un animal sobre sus cuatro miembros. Aquel despojo humano había hallado en Canudos un lugar respetable gracias al poder de leer y escribir (adquirido nadie sabe cómo) y a su vivaz inteligencia. Aunque terriblemente ignorante, fungía como una suerte de Boswell, transcribiendo cada palabra dicha por Antonio Conselheiro. Cuando Canudos está a punto de caer vencida, en vez de aguardar a su degüello, el «León de Natuba» se yergue sobre sus «patas de atrás», alza el cuerpo de un niño muerto en los brazos de su madre (quien le había rogado arrojar el cuerpecillo dentro de una choza en llamas) y exclama: «ese fuego me espera hace veinte años», antes de arrojarse, cantando un salmo, a las llamas que lo devoran.

V

Perú abrió el decenio de los ochenta con un horizonte optimista. Tras doce años de gobierno, los militares salían de la escena convocando a un proceso electoral en que salió triunfador el mismo respetado personaje que habían depuesto en 1968: Fernando Belaúnde Terry. Pero en aquel momento pocos advirtieron el oscuro simbolismo de otro proceso, opuesto por entero a la reconquista de la democracia: la aparición de una guerrilla maoísta denominada «Sendero Luminoso» (frase tomada de José Carlos Mariátegui). Su primera manifestación pública fue la práctica ominosa de colgar perros de los postes de luz, con un letrero en el que se leía el nombre de «Deng Siao-ping», el «perro» que había traicionado a Mao Tse-tung. Aquellos actos provocaron más repugnancia que miedo, pero la guerrilla pasó muy pronto a una enfebrecida actividad asesina. Era obvio que había que tomarla con absoluta seriedad.

Encabezados desde la clandestinidad por Abimael Guzmán –un profesor universitario que se concebía a sí mismo como la «cuarta espada del marxismo», junto con Marx, Lenin y Mao–, los senderistas predicaban una forma de «pedagogía del terror» inspirada en la Revolución Cultural china y las prácticas de Pol Pot. En contraste con todas las vertientes anteriores de la tradición revolucionaria en las que el enemigo fue siempre «la clase opresora», Sendero Luminoso se singularizó por atacar al propio pueblo: campesinos que se negaban a colaborar con sus «libertadores», obreros que se atrevían a desobedecer un llamado a huelga. Frente a estas expresiones de una «falsa conciencia histórica», los senderistas no respondían con pósters o panfletos sino con pistolas y cuchillos: mutilando sumariamente a sus víctimas como advertencia.

En 1983, Vargas Llosa tuvo la oportunidad de conocer los extremos a los que aquella «pedagogía del terror» había llegado en algunas regiones del Perú. A raíz de la extraña muerte de ocho periodistas en la zona de Ayacucho (asiento de las operaciones senderistas), un sector radical de la prensa y la opinión pública inculpó al gobierno de Belaúnde Terry. En respuesta, el presidente formó una comisión investigadora de tres miembros –uno de ellos Vargas Llosa– y ocho asesores. Al cabo de 30 días en el lugar de los hechos, y después de recabar más de mil páginas de testimonios, la comisión concluyó que «los periodistas fueron asesinados por campesinos de Uchuraccay, con la probable complicidad de comuneros de otras localidades iquichanas, sin que en el momento de la matanza estuvieran presentes las fuerzas armadas». Al poco tiempo Vargas Llosa publicó en los principales diarios de Occidente su «Historia de una matanza», donde mostraba que los campesinos habían creído que los periodistas pertenecían a Sendero Luminoso. La experiencia –seguida de innumerables polémicas y diatribas– había terminado por revelarle la cruda verdad:

La realidad es que las guerras entre guerrillas y fuerzas armadas resultan arreglos de cuentas entre sectores privilegiados de la sociedad, en los que las masas campesinas son utilizadas con cinismo y brutalidad por quienes dicen querer liberarlas. Son estas masas las que ofrecen siempre el mayor número de víctimas.

Vargas Llosa terminaría por perfilar sus convicciones morales y sus ideas filosóficas contrastándolas polémicamente con las de los más conspicuos representantes de la literatura latinoamericana, aliada al totalitarismo de izquierda. Sobre Pablo Neruda, el laureado poeta chileno, lamentó:

Tengo a la poesía de Neruda por la más rica y liberadora que se ha escrito en castellano en este siglo, una poesía tan vasta como es la pintura de Picasso, un firmamento en el que hay misterio, maravilla, simplicidad y complejidad extremas, realismo y surrealismo, lírica y épica, intuición y razón y una sabiduría artesanal tan grande como capacidad de invención. ¿Cómo pudo ser la misma persona que revolucionó de este modo la poesía de la lengua el disciplinado militante que escribió poemas en loor de Stalin y a quien todos los crímenes del estalinismo –las purgas, los campos, los juicios fraguados, las matanzas, la esclerosis del marxismo– no produjeron la menor turbación ética, ninguno de los conflictos y dilemas en que sumieron a tantos artistas?

Las narraciones «elegantes y escépticas» de Alejo Carpentier, el novelista y diplomático cubano, contrastaban, a su juicio, con su servilismo frente a Castro. En junio de 1984, abundó su crítica:

Hay una extraordinaria paradoja en que la misma persona que, en la poesía o la novela, ha mostrado audacia y libertad, aptitud para romper con la tradición, las convenciones y renovar raigalmente las formas, los mitos y el lenguaje, sea capaz de un desconcertante conformismo en el dominio ideológico, en el que, con prudencia, timidez, docilidad, no vacila en hacer suyos y respaldar con su prestigio los dogmas más dudosos e incluso las meras consignas de la propaganda.

En la misma línea, enfiló su crítica contra Julio Cortázar, que había comenzado su carrera como un simpatizante de Franco y, por supuesto, contra Gabriel García Márquez. Para Vargas Llosa, García Márquez era la representación perfecta del intelectual latinoamericano empeñado en creer y hacer creer que el dilema de América Latina no se halla entre la democracia y la dictadura («marxista o neofascista») sino entre la reacción y la revolución encarnadas en los infames arquetipos que constituyen Pinochet y Castro. En la óptica de Vargas Llosa, la *inteligencia* latinoamericana, lejos de encarnar la valerosa tradición de crítica, se había convertido en guardiana de la más rígida ortodoxia, impidiendo que la opción democrática –la preferida por nuestros pueblos– adquiriera una expresión original propia, adaptada a las complejas realidades de nuestras sociedades.

La articulada expresión de este largo proceso de desencanto le valió a Vargas Llosa (igual que a Octavio Paz en México) un aluvión de críticas y descalificaciones. Pero no había vuelta posible, menos aún tras el reportaje de los hechos macabros de Uchuraccay, que para Vargas Llosa representaban una metáfora de los extremos perversos a los que conduce el celo ideológico. Embargado –en sus propias palabras– de «asombro, indignación y arrepentimiento» concibió *Historia de Mayta*. Fue su anatomía novelada del arquetípico guerrillero latinoamericano, de un prototípico redentor.

VI

Zavalita, el personaje principal de *Conversación en La Catedral* (1969), abre memorablemente la novela preguntándose «¿en qué momento se había jodido el Perú?». La pregunta parece casi optimista comparada con la visión que comparten los protagonistas de *Historia de Mayta*. La novela se desarrolla en una comunidad ficticia, afligida tanto por una guerra civil como por una internacional. El libro empieza y termina con la descripción de la basura, «el espectáculo de la miseria», que si bien era «exclusivo de las barriadas, luego también del centro, es ahora el de toda la ciudad», simbolizando no el desperdicio sino la descomposición social: drogas, el miedo que «asfixia de rejas» a los barrios, prostitución y actos de violencia cometidos por los pobres en contra de otros pobres. Todos los personajes acusan este horror, que crece a pasos agigantados y se asienta según avanza la historia. «Pero siempre se puede estar peor, no hay fondo para la desgracia». De modo que en *Historia de Mayta*, la frase memorable no es una pregunta sino una ominosa afirmación: «no hay límites para el deterioro».

En este escenario miserable, desesperanzado, aparece un *alter ego* de Vargas Llosa –un novelista peruano, que fue simpatizante de izquierdas cuando solía sentarse en los cafés de París, Madrid y otras grandes ciudades durante los años cincuenta, cuando aún creía en la inminencia de un movimiento *narodnik*, en una insurgencia campesina que cundiría por los Andes–. Quince años después, regresa a casa para dedicarse a la investigación de las circunstancias que rodearon la vida de un tal Alejandro Mayta quien, a comienzos de 1958, pocos meses antes de la victoria de Castro en Cuba, había participado en el fallido movimiento guerrillero en Jauja, la antigua capital inca. (Aunque Mayta es un personaje ficticio, el alzamiento sucedió, de hecho, en 1962.)

Utilizando en la novela los mismos métodos que Vargas Llosa empleó para su investigación de los acontecimientos en Uchuraccay, el narrador intenta reconstruir la vida de Mayta a través de una serie de testimonios individuales que, una vez reunidos, resultan conjeturas parciales, misteriosas o, simplemente, poco claras. «Porque, con cada nuevo dato, surgen más contradicciones, conjeturas, misterios, incompatibilidades.» Al final, como en el caso real de Uchuraccay, miles de detalles de los acontecimientos quedaron sin resolver. Pero, a diferencia del verdadero Vargas Llosa, el narrador de *Historia de Mayta* busca algo más que «los hechos» del caso. Anda tras «cierto simbolismo de lo que vino después, un anuncio de algo que nadie pudo sospechar entonces que vendría». La realidad insospechada –la ideología violenta– era entonces un hecho cotidiano de la vida en Perú, Colombia y varios países centroamericanos. El autor quiere identificar el arquetipo humano que habita en el corazón de este nuevo fenómeno, la personalidad del revolucionario, consagrado a un ideal absoluto y, por tanto, capaz de morir o matar. El hecho de que el mismo Vargas Llosa hubiera pasado varios años depositando sus esperanzas para Perú sobre esta clase de personas, y después combatiéndolas durante muchos años, imprime un tono profundamente personal a su narrativa.

Alejandro Mayta no llega a la revolución por vía de la carencia material ni las desventajas sociales, sino a través de una truncada vocación religiosa. Como tantos radicales latinoamericanos, ha estudiado en un bachillerato religioso (de hecho, en un seminario), auque sus maestros no fueron jesuitas –como era común en los casos de los radicales universitarios– sino salesianos. La diferencia entre ambas órdenes, aunque la novela no abunde en ello, es importante. En aquellos años, los jesuitas preparaban a los hijos de las élites para recibir el poder, mientras que los salesianos –una orden creada a fines del siglo XIX– se dedicaban a los jóvenes de clases sociales más humildes, a quienes preparaban en los oficios requeridos por los obreros, campesinos o, en el caso del Perú, los habitantes de los «pueblos jóvenes», los asentamientos suburbanos y miserables que rodean a las grandes ciudades. Los jesuitas son especialistas en dialéctica y retórica: son los hijos legítimos del Concilio de Trento (aunque después, durante el papado de Juan XXIII, los jesuitas cambiarían de rumbos entre las décadas de 1960 y 1990). Los salesianos, en cambio, exaltan la dignidad de las labores manuales: son el producto de la encíclica *Rerum novarum* de León XIII.

Mayta comienza preparándose para el sacerdocio. Asiste a misa todos los días, se persigna con notoria devoción, comulga frecuentemente. Sus amigos lo describen como «un santito». La experiencia de una educación religiosa intensiva despierta en él una sensación de piedad aderezada de culpa, pero en su juventud Mayta experimenta un proceso de conversión no muy diferente del que experimentaron Chernishevski y otros revolucionarios rusos, como el mismo Stalin: un cambio de catecismo por medio del cual los ex seminaristas pasan, sin ninguna duda interior, de una creencia dogmática a otra. La revolución se convierte en la nueva fe de Mayta; su nuevo profeta, León Trotski.

Los siete miembros de la célula trotskista, a la que Mayta termina por adherirse, leen y releen los textos sagrados (Marx, *La revolución permanente* de Trotski y *¿Qué hacer?* de Lenin) y discuten interminablemente sobre las precisas implicaciones que, para la sociedad peruana, tiene cada capítulo, pasaje e idea. A veces se asemejan a los teólogos bizantinos que solían disputar sobre el género de los ángeles y otras exhiben un pensamiento afín –de modo más débil, y sin la menor conciencia del hecho– a algunos de los momentos más tensos en la historia del mesianismo: la espera expectante del salvador que habría de restaurar la armonía universal. En el caso peruano, como en otros, las perspectivas milenaristas ofrecen una rica visión utópica, que se remonta a las ideas de Mariátegui: los campesinos serán propietarios de las tierras en que laboran, el proletariado industrial poseerá las empresas en que trabajan. Llegará el fin de toda explotación, inequidad, fanatismo e ignorancia; dejarán de existir los jefes políticos y sus patrones imperialistas; todos los bancos, escuelas privadas, negocios y todos los inmuebles urbanos serán nacionalizados. Las milicias populares sustituirán a un ejército profesional sostenido sobre las diferencias de clase. Y, en concordancia con la crítica trotskista del estalinismo:

> Los concejos obreros y campesinos impedirían, a nivel de las fábricas, de las granjas colectivas y de los ministerios, el crecimiento desmesurado y la consiguiente cristalización de una burocracia que congelara la Revolución y empezara a confiscarla en su provecho.

«Al asalto del cielo...», piensa Mayta para sí mismo, anticipándose de algún modo a lo que después se convertiría en la Teología de la Liberación. «Bajaremos al cielo del cielo, lo plantaremos en la tierra.»

Algunos llegan a considerarlo un agente de la CIA; otros imaginan que tiene conexiones con la KGB. (Para subrayar la compulsión de Mayta por la marginalidad, Vargas Llosa decide una vez más, quizás de modo innecesario, hacerlo un homosexual de clóset, que busca, de alguna manera indeterminada, lograr su propia redención sexual a través de la revolución social.) Todo esto tiende a imbuir la narrativa de una atmósfera facciosa e intolerante. Mayta celebra sus 40 años departiendo con las ratas en un desván. Es objeto de una redada policiaca, mientras se encuentra totalmente absorto en polémicas estériles y pasa el tiempo componiendo «panfletos masturbatorios». El teniente Vallejos, un oficial del ejército (que de hecho existió en la vida real), le ofrece la posibilidad de concretar la acción revolucionaria, invitándolo a unirse a la insurrección de Jauja, junto con otros conspiradores, incluido un profesor de bachillerato y un juez de paz. Quince años después, cada uno tiene una versión distinta y contradictoria de «Mayta, el trotskista» y su papel en los acontecimientos, pero todos concuerdan en que, para él, la experiencia de Jauja resultó «purificadora, redentora».

La realidad de la revolución es, por supuesto, mucho menos halagüeña que su ideal. La estupidez, los juicios erróneos, la ignorancia, el miedo, la traición, la inocencia y la inoportunidad, todo ello aborta la insurrección. Vallejos y varios de sus colaboradores más jóvenes, algunos apenas en la adolescencia, resultan muertos. Mayta es capturado y sentenciado a una larga condena.

En el último capítulo de la novela, el autor y Mayta finalmente se conocen. Quince años han pasado desde el fútil intento de insurrección en las montañas. No hay rastro de las inquietantes características del Mayta de antaño. Trabaja discretamente atendiendo una heladería en Miraflores, un barrio próspero de Lima, y mantiene esposa y cuatro hijos. En su confinamiento fue un prisionero modelo; de hecho, su orgullo y felicidad radican no en el intento de levantamiento social de años atrás (aunque tampoco se avergüenza de ello) sino en la pequeña revolución de orden, limpieza y conducta ejemplar durante su prisión. No tiene ningún deseo de hablar del pasado: «no sabe usted qué raro me resulta hablar de política, recordar hechos políticos. Es como un fantasma que volviera, desde el fondo del tiempo, a mostrarme a los muertos y a cosas olvidadas».

Su interlocutor comete quizás un error al atribuir todo esto a su apatía, irresponsabilidad moral, cinismo —al enorme agujero negro del desencanto, pues Mayta no expresa enojo o arrepentimiento por lo que ha sido. Manifiesta un genuino interés por los sucesos diarios: su familia, su vecindario, las cosas tangibles, ya no las abstracciones del ideal. Quizás sin ser del todo consciente, ha retornado a la humilde y levemente anarquista filosofía de los padres salesianos: trabajar con las propias manos, entre los pobres. Habiéndose desembarazado de su convicción juvenil —como el mismo Vargas Llosa—, parece haber experimentado todavía otra conversión: ha cambiado lo absoluto por lo real.

Mayta —el héroe de la novela y sus muchos modelos en la historia reciente— fracasó en su único intento serio de levantamiento social, pero este fracaso no era de ningún modo inevitable. La insurrección de Jauja bien pudo haber tenido un resultado distinto: «con el tiempo», uno de los testigos escépticos relata al narrador, «he llegado a darme cuenta que no era tan demente... Si el foco hubiera durado, las cosas hubieran podido pasar según el cálculo de Mayta». El propio Mayta, mucho más viejo y más sabio, niega que la rebelión hubiera sido un gesto suicida.

El fracaso de Mayta se debió a los accidentes y la falta de coordinación. «La Revolución cubana [...] mató al superego que nos ordenaba resignarnos a que "las condiciones no estuvieran dadas", a que la revolución fuera una conspiración interminable», le relata un líder comunista al narrador. «Con la entrada de Fidel a La Habana, la revolución pareció al alcance de todos los que se atrevieran a fajarse.» De manera semejante, en los años sesenta, el Che Guevara, que se «atrevió a fajarse» en Bolivia, eligió torpemente en términos tanto de geografía física como humana. Diez años después de su muerte, sin embargo, algunos revolucionarios que pertenecían al mismo universo que el joven Mayta prestarían más atención a los detalles y pretenderían ganar el poder que lo había eludido.

★ ★ ★

Al terminar *Historia de Mayta*, Vargas Llosa emprendió otro nuevo exorcismo, el del más profundo fantasma colectivo de su propia historia: los odios raciales del «archipiélago peruano», odios ancestrales de intensidad sin precedentes en Hispanoamérica, enraizados en historia, geografía, religión, barreras culturales, prejuicios, color e inmigración pero sostenidos a lo largo del siglo XX por una ideología indigenista que Vargas Llosa –no sin razón– calificó como *passé*, reaccionaria, colectivista, mágica, irracional, antimoderna y antiliberal. Fue tal el peso de esta «hermosa mentira» (el concepto de una Arcadia indígena) que Vargas Llosa no quiso abordarla escribiendo otra hermosa mentira (una novela) sino un libro extraordinariamente serio y documentado de interpretación histórica, *La utopía arcaica*.

Su crítica del indigenismo peruano se remonta hasta sus remotos orígenes coloniales. Discute en detalle su reaparición moderna en los años veinte (en Valcárcel y Mariátegui) pero se centra sobre todo en la vida y obra de José María Arguedas (1911-1969), un notable antropólogo y novelista peruano que llevó el indigenismo a nuevas alturas literarias y a los extremos de ideología radical. Con plena empatía, sin rastro de animosidad, Vargas Llosa retoma la trágica vida de este hombre a quien conoció y cuya vida quedó destrozada por la confrontación entre el mundo moderno y su amor por una versión mistificada del antiguo Perú.

Vargas Llosa sostuvo que el idílico Imperio inca –fraternal, homogéneo, imbuido de «una alegre promiscuidad colectivista– era una idealización romántica. Con todo, estos «usos y costumbres», transmitidos de generación en generación, se habían transformado en un racismo inverso (contra mestizos, negros, blancos y chinos) acompañado de aislamiento, pasividad, machismo, regionalismo y un brutal subdesarrollo. En contraste con la figura de Arguedas, Vargas Llosa propone la del sociólogo Uriel García (quien hace una defensa del «mestizaje espiritual», es decir, una solución mexicana para la condición peruana) y, sobre todo, la crítica marxista de Alberto Flores Galindo (1949-1990), quien analizó el carácter «despótico y dominante» del Imperio inca y los desarrollos recientes –que en gran medida transformaron al viejo Perú– de campesinos indígenas dejándose seducir por la propiedad privada y el mercado. Estas tendencias eran visibles en el momento en que Arguedas decidió terminar con su vida. En la opinión de Vargas Llosa, para 1986 «el indígena de carne y hueso se ha emancipado del gueto en el que tradicionalmente se le había mantenido mediante explotación, discriminación y prejuicio –tanto social como ideológico– y ha escogido la modernidad». Pero al poco tiempo, Vargas Llosa descubriría por sí mismo que esta transición a la modernidad era mucho más lenta de lo que había imaginado y que los odios ancestrales permanecían intactos.

VII

Cabalgando sobre la ola de su nueva convicción democrática y liberal, Vargas Llosa regresaría a la arena de la política con la apuesta más alta: la de contender por la presidencia de su país. El periodo del presidente aprista Alan García (que gobernó al Perú entre 1985 y 1990) fue, en varios sentidos, un desastre marcado por los males específicos del populismo: la hiperinflación, el despilfarro, los proyectos faraónicos e inconclusos, el aumento de la pobreza y la violencia constante y creciente de Sendero Luminoso, la feroz guerrilla maoísta frente a la cual el ejército libró una guerra necesaria pero no exenta de excesos. Cuando García —emulando a su homólogo mexicano, el populista José López Portillo— intentó nacionalizar los bancos, topó con resistencias infranqueables por parte de organizaciones cívicas y políticas que en 1988 consolidarían el Frente Democrático (Fredemo). Vargas Llosa parecía el líder natural de esa coalición democrática contraria al populismo estatista de García, al viejo militarismo y a las guerrillas marxistas. Un año después, Fredemo nominó a Vargas Llosa candidato a la presidencia.

En marzo de 1990 acudí a un encuentro denominado «La cultura de la libertad» organizado por Vargas Llosa en Lima. A pesar de los asesinatos de simpatizantes de la víspera, a pesar de las campañas de las que era objeto (ateo, pornógrafo, inmoral, evasor del fisco, incestuoso, ¿qué no le dijeron en esos días?), Vargas Llosa encabezaba las encuestas. En la sobremesa de las sesiones refería sus planes a Carlos Franqui, Jean-François Revel y otros amigos:

Ahora los países pueden, por primera vez, elegir la riqueza... allí está el ejemplo de las economías exportadoras de Oriente que hace tres décadas eran más pobres que el Perú... hay que desterrar el mercantilismo, privatizar los teléfonos, las aerovías, los bancos, las cooperativas agrarias, apoyar a los «informales» en la economía citadina y a los «parceleros» en el campo... hay que vencer al terrorismo organizando a la sociedad civil en rondas de defensa... hay que cobrar la educación a los privilegiados y semiprivilegiados para que la inmensa mayoría de pobres tenga acceso real y no demagógico a ella... hay que limpiar el «gigantesco basural de la palabrería populista» y devolverle sentido a las palabras... hay que denunciar a los intelectuales y académicos que desde sus cubículos en universidades y fundaciones norteamericanas practican la guerrilla de escritorio, o desde sus prebendas y puestos públicos se dedican a perpetuar la escolástica del resentimiento.

Vargas Llosa buscaba implantar, en suma, el modelo democrático y liberal de modernización. Era un momento plástico en que todo parecía posible. Y no sólo sus invitados compartíamos el entusiasmo por el «Gran Cambio» que anunciaban los espectaculares de las avenidas y los incesantes mensajes de televisión. «Es nuestra última esperanza —comentó un taxista—, es nuestra salvación.» Había, en efecto, un leve toque mesiánico en los actos y los discursos, y no era para menos. Perdida la fe religiosa en su juventud, Vargas Llosa necesitaba quizá un residuo de esa fe para embarcarse en una aventura así, con peligro para su vida y la de su familia. Su discurso de clausura reveló más bien una resignación estoica:

> En el extraño trance en que me encuentro... me digo con cierta melancolía que en los destinos individuales influyen también las circunstancias y el azar acaso tanto como la voluntad de quien los encarna. Igual que la historia de las sociedades, la de los individuos no está escrita con anticipación. Hay que escribirla a diario, sin abdicar de nuestro derecho a elegir, pero sabiendo que a menudo nuestra elección no puede hacer otra cosa que convalidar, si es posible con ética y lucidez, lo que ya eligieron para uno las circunstancias y los otros. No lo lamento ni lo celebro: la vida es así y hay que vivirla, acatándola en todo lo que tiene de aventura terrible y exaltante.

Extrañaba la vida literaria, las novelas que había pospuesto, la anónima paz de las bibliotecas. Y extrañaba todo ello con perplejidad, porque él mismo se había vuelto un personaje de una vertiginosa novela que sólo parcialmente podía controlar. Al mismo tiempo, contradictoriamente, disfrutaba la aventura porque lo aproximaba al ejemplo de Malraux, a su alianza creativa entre acción y pensamiento. Pero en su caso la acción tenía un designio particular. El literato, acostumbrado —según ha escrito repetidamente— a convocar a sus fantasmas para exorcizarlos, para someterlos al orden de su fantasía, se proponía ahora exorcizar a los demonios del Perú, no en la página en blanco de su obra, sino en la arena impredecible de la historia. Buscaba remediar los males históricos del poder... desde el poder.

En uno de los actos del encuentro, una nube de periodistas se abalanzó sobre «el Doctor». Con ojos desorbitados y casi a gritos le exigían una explicación sobre el *shock* que vendría con su presidencia. Advertí que en esa palabra se concentraba una psicosis creciente. Vargas Llosa contestaba con ironía, honestidad y decisión: «*shock* permanente es lo que hemos vivido con Alan García». Y aunque explicaba su proyecto con datos, y aunque insistía en que su política sería el comienzo de la anhelada recuperación económica, los mismos posibles beneficiarios de su proyecto, los desocupados, los parceleros, los informales, silenciosamente, desconfiaban.

Un taxista camino al aeropuerto me deslizó el nombre de Fujimori. Sentí un presentimiento, nada más. Sólo hasta leer *El pez en el agua* (su sobrio y honesto libro autobiográfico, publicado en 1993) conocería la historia que siguió a la insuficiente victoria en la primera vuelta electoral. Aunque su convicción moral y sus deducciones políticas le anticipaban la derrota en la segunda vuelta, Vargas Llosa decidió contender. Soportó «maniobras, intrigas, pactos, traiciones, mucho cálculo, no poco cinismo y toda clase de malabares» durante su campaña presidencial y después de ella, sobre todo ese «torrente de lodo», ese «vociferante muladar» de las palabras, los insultos, las mentiras, las calumnias vertidas en su contra. Lo más doloroso fue encontrar de frente, vivo, ese yo colectivo impermeable a la persuasión, hecho y contrahecho de resentimiento, desconfianza y prejuicio racial.

Al hacerlo volvió a vivir los terrores y los odios de su adolescencia encarnados esta vez en un padre colectivo: inmenso, anónimo, vociferante. El advenimiento del «chinito» (el amigo de los indios, de los cholos, de los zambos, de los negros, el enemigo del «blanco» y rico Vargas Llosa) abrió todas las compuertas para que aquella antigua corriente histórica inundara al país con «su torrente de lodo». Lodo de odio, de resentimiento, de desconfianza, de prejuicio. El debate no era ya económico o político. Era un mordisqueo de vísceras, las vísceras del racismo y la intolerancia religiosa. La Iglesia católica pagó una vieja cuota de ineficacia histórica: vivió horas de guerra civil (contra sus teólogos de la liberación) y una guerra moral contra las sectas evangélicas firmemente posesionadas de los pueblos nuevos y las aldeas serranas. Sectores de la prensa vertieron sobre la persona privada y pública de Vargas Llosa un «proliferante muladar» de calumnias que, como el deterioro del país, no tuvo límites.

En las páginas finales de *El pez en el agua*, Vargas Llosa describe una escena dolorosa de racismo revertido. Ocurrió en una pequeña localidad en el Valle de Chira, adonde acudía con algunos partidarios:

> Armada de palos y piedras y todo tipo de armas contundentes, me salió al encuentro una horda enfurecida de hombres y mujeres, caras descompuestas por el odio que parecían venidos del fondo de los tiempos, una prehistoria en la que el ser humano y el animal se confundían... rugiendo y vociferando se lanzaron contra la caravana como quien lucha por salvar la vida o busca inmolarse, con una temeridad y un salvajismo que lo decían todo sobre los casi inconcebibles niveles de deterioro a que había descendido la vida para millones de peruanos. ¿De qué se defendían? ¿Qué fantasmas estaban detrás de esos garrotes y navajas amenazantes?

Todos los fantasmas, comenzando por el primero, el de la Conquista: «fuera españoles», le gritaban. Ahí estaba, intacta, esa «salvática nomenclatura racial que decide buena parte de los destinos individuales» en el Perú, un país con pocas mediaciones cívicas y posibilidades de diálogo, «cuyas estructuras sociales están basadas en una especie de injusticia total y donde la violencia está en la base de todas las relaciones humanas».

VIII

En la segunda vuelta, Fujimori obtuvo el 56.5% de los votos, frente al 33.9% de Vargas Llosa. En la presidencia, Fujimori llevó a cabo algunas de las medidas propuestas por Vargas Llosa, con lo que logró la reactivación económica anunciada lealmente por el escritor. Tiempo después, orquestó un golpe de Estado contra el Congreso de mayoría opositora, que penosamente contaría con el apoyo de los votantes peruanos. Reelecto en 1992, Fujimori desmembraría a Sendero Luminoso –capturando a su líder, Abimael Guzmán– y comenzaría a maquinar un tercer mandato, pero finalmente caería en la más abyecta desgracia, acusado de ejercer una corrupción rampante y alentar una avalancha de violaciones a los derechos humanos durante la campaña contra la guerrilla. Tras un sonado juicio, entraría a prisión a purgar una larga condena.

Para Vargas Llosa la gran aventura política había terminado. Aunque seguiría afirmando de manera enfática sus posiciones políticas, a partir de aquel momento volvió a la creación literaria. Volvía a la literatura no como refugio sino como espacio propio de claridad y, sobre todo, de libertad. Antes de volver a la novela, elige un rito de transición, un exorcismo autobiográfico. No se trataba ya de ver el rostro de los matones de la dictadura, los torvos militares, los sacerdotes tortuosos, los líderes mesiánicos, los guerrilleros, sino el rostro de don Ernesto J. Vargas, su dictador personal, su terrorista familiar, su padre. Tácitamente lo había enfrentado en sus novelas tempranas donde la rebelión contra el padre es un tema recurrente. Ahora, en *El pez en el agua*, lo veía de frente. Al paso de esas páginas autobiográficas, narrando pausada, detalladamente la historia de su padre, Vargas Llosa vio el «terrible rencor» que llegó a sentir contra él, contra su poder arbitrario, absoluto, impredecible, y aquel «odio ígneo» se disolvió, si no en el perdón, al menos en una actitud compasiva por esa figura «recóndita y ciega a la razón».

En la literatura y en la vida, Vargas Llosa había enfrentado todos los fanatismos de identidad: de raza, religión y clase. ¿Qué demonio quedaba por exorcizar? La principal causa de tanta miseria latinoamericana: el «cruel padre» de un país entero. El dictador arquetípico, el déspota que, de diversos modos, reducía con frecuencia la historia de estos países a una mera biografía del poder. Sería la culminación del proceso creativo de Vargas Llosa.

* * *

¿Una novela más sobre dictadores? Lo precedía una larga y admirable genealogía, de Valle-Inclán a García Márquez, de Asturias a Carpentier, de Roa Bastos a Uslar Pietri. Casi todos los escritores del *boom* habían escrito una novela sobre su propio tirano, o al menos sobre su versión local del Nostromo de Conrad, ese hombre fuerte, cacique o caudillo, señor de horca y cuchillo que se apodera de la vidas, haciendas y conciencias de los pueblos. Se había interesado en la figura de Trujillo desde 1975, pero esta vez los hados —no los demonios— postergaron el compromiso hasta que el escritor hubiese atravesado personalmente los infiernos políticos, y padecido no sólo los individuales (dictatoriales, escolares o familiares) sino los colectivos, los nacidos del fanatismo de las identidades raciales, ideológicas, nacionales, sociales, religiosas. Entonces, con una madurez que se antepone a la indignación para mejor comprender y exponer la naturaleza del mal, entró a la alucinante *fiesta del Chivo*.

Dos misterios paralelos se entrelazan y enfrentan, con puntualidad de drama griego, en la novela: el poder y la libertad. En la persona de Trujillo, Vargas Llosa diseca, con ojo clínico, no sólo la psicología sino la anatomía del poder. Allí están los rasgos físicos de la dominación, la mirada paralizante, el mito del hombre que no sudaba, la manía de los uniformes y los entorchados, pero sobre todo la irrefrenable vanagloria sexual que —en un extremo casi talibánico de nuestra cultura machista— Trujillo utilizaba para imponer su control. La sujeción a través del sexo está en el centro mismo del fenómeno Trujillo. Reeditando el remoto «derecho de pernada», solía acostarse con las mujeres de sus ministros con el conocimiento o al menos una vaga complicidad de ellos, no sólo para probar la incondicionalidad de su vasallaje y obediencia sino para erigirse en un padre de familia sobre todas las familias, el hombre con derechos patrimoniales sobre su isla personal. Esa vejación obsesiva, esa esclavitud de la mujer al macho toca una fibra delicada en la imaginación de Vargas Llosa. Por eso el personaje principal de *La fiesta del Chivo* es Urania, la hija pródiga de uno de los acólitos de Trujillo. Receptáculo de una conciencia histórica triste, lúcida, obturada en sus posibilidades de felicidad, Urania conduce la novela. Vuelve a Santo Domingo décadas después del fin de aquel régimen para enfrentar sus propios aterradores fantasmas y los de su tierra natal.

La fiesta del Chivo recorre morosamente esa caterva de personajes cortesanos, entre grotescos y atroces, que segrega todo régimen dictatorial, algunos verdaderos con nombre y apellido, otros ficticios, compuestos de perfiles que se dieron en la realidad. Allí están, con lujo de detalle, el matón o policía personal (el aterrador Johnny Abbes García, ex socialista, especialista en espionaje, artista de la tortura), su administrador económico (el cínico y corrupto Chirinos), su asesor político, su leguleyo (el «Cerebrito» Cabral, padre de Urania), un modisto alcahuete

(Manuel Antonio) y el más extraño de todos, el poeta o intelectual de cámara Joaquín Balaguer, que ciego y casi paralítico a sus 95 años sigue siendo, al día de hoy, una figura mítica en la República Dominicana. («Que nadie aspire mientras Balaguer respire», anunciaba hace poco la propaganda de su partido.) Vargas Llosa refiere la abyección extrema de Balaguer cuando en un discurso sostuvo que Dios había protegido a la República Dominicana de sus desastres históricos y naturales hasta delegar esa tarea providencial en manos de Trujillo. El dictador creía puntualmente en esa interpretación. Pero, ¿también Balaguer? «Hice la política que se podía hacer», le confesó a Vargas Llosa. «Esquivé a las mujeres y la corrupción.» Soltero y solitario, versificador modernista y hombre culto, Maquiavelo hubiese admirado la discreta supervivencia de Balaguer durante las décadas del trujillismo pero más aún la relojería política que echó a andar tras el asesinato del dictador. En aquel teatro shakespeariano no se escatima la acción represiva contra los conspiradores pero después se aprovecha esa misma estela de sangre para honrarlos en muerte y desterrar –implacable y suavemente– a los herederos de Trujillo. «La política es eso –confesaba Balaguer, sin inmutarse– abrirse camino entre cadáveres.»

En su cirugía literaria, Vargas Llosa describe en detalle los procedimientos de manipulación, las variedades de la censura y la sutil gradación en el ejercicio del dominio: desde el simple extrañamiento en un ademán que deja a la víctima exánime hasta el más brutal asesinato. Con todo, el misterio mayor reside en la colaboración voluntaria, hipnótica, de las masas subordinadas a un hombre: «Trujillo les sacó del fondo del alma una vocación masoquista, de seres que necesitaban ser escupidos, maltratados, que sintiéndose abyectos se realizaban.» Había «algo más sutil e indefinible que el miedo» en la parálisis de la voluntad y del libre albedrío no sólo en el ciudadano común sino en personajes valerosos, como el general Román, que habiendo participado centralmente en la conspiración contra Trujillo y consumado ya el magnicidio, entra en un estado de parálisis, revierte la liberación de su destino y sufre, o más bien provoca voluntariamente, su espantoso e innecesario martirio. ¿Había violentado un tabú, algo sagrado? Vargas Llosa propone una respuesta al enigma: Trujillo seguía dentro de ellos dominándolos, avasallándolos.

Revelar minuciosamente los mecanismos que emplea ese fantasma fue uno de sus incentivos mayores para embarcarse en la novela.

Esa revelación no podía tomar la forma fácil de un tratamiento burlón, farsesco, extravagante o teatral, como ocurrió en el caso de otras novelas de dictadores, señaladamente *El otoño del patriarca*, obra magistral sin duda, pero donde predomina una atmósfera casi divertida u orgiástica, una suerte de interminable orgasmo del poder —no exento de desesperación y melancolía— por parte del patriarca inmortal e inasible, en su «vasto reino de pesadumbre». Significativamente, García Márquez no describe la pesadumbre: la registra, la presupone. La prosa misma —con su torrente verbal y su incesante imaginería— es una onomatopeya del poder. Vargas Llosa, en cambio, documenta con acuciosidad jurídica la pesadumbre. Su prosa es mucho más puntual y acotada, más controlada por el ojo crítico que quiere recrear desde dentro las recámaras del poder. En la tradición shakespeariana, *La fiesta del Chivo* es una novela que «no finge la irrealidad sino la realidad», y parte de fuentes, reportajes, testimonios y obras históricas de primera mano.

La distinción entre los dos tratamientos no es sólo literaria: también es moral. La erótica del poder atrae a algunos escritores, tanto en sus novelas como en su vida real. Esa fascinación consiente su trasmutación artística: el patriarca de los 5 000 hijos y 200 años de edad mueve a risa y asco —a veces incluso a lástima—; es la idea platónica del patriarca vuelta prosa poética; una idea selvática, vegetal, zoológica, telúrica. Si se acuesta con todas las mujeres es porque no ha encontrado el amor. Es una víctima múltiple: de sí mismo, de la mujer esquiva, del prestigio taumatúrgico que los otros se han construido en torno suyo, de las decenas de embajadores yanquis, de la Iglesia católica, de los implacables conspiradores que asesinaron a su esposa e hijo, de los cortesanos que lo engañan y manipulan y, sobre todo, del tiempo. En su novela, García Márquez se rinde a la piadosa y casi tierna fascinación por esa «autoridad inapelable y devastadora» que alguna vez había sido «un torrente de fiebre que veíamos brotar ante nuestros ojos de sus manantiales primarios», pero que «en el légamo sin orillas de la plenitud del otoño [...] estaba tan solo en su gloria que ya no le quedaban ni enemigos». Uno entiende su amistad con Fidel Castro.

También en Vargas Llosa hay una fascinación frente a sus personajes, incluso frente a los más crueles (como Johnny Abbes), pero es de una índole opuesta: no hay un solo momento de regodeo sino la firmeza de una vivisección definitiva, las ganas inmensas de exorcizarlos de una vez por todas en la armonía de la narración. En la novela y en la realidad, a Vargas Llosa no lo mueve la atracción por el poder sino su encauzamiento, su crítica, incluso su abolición en zonas individuales en las que el poder no vale ni debe valer nada.

Porque a diferencia también de otras novelas de dictadores, *La fiesta del Chivo* tiene protagonistas entrañables (casi todos mártires) que representan el llamado no menos misterioso de la libertad. En aquellos conspiradores que tenían agravios pendientes con el dictador, la rebeldía, sin ser menos heroica, es comprensible. Pero la contraparte perfecta del poder absoluto encarna en un personaje conmovedor, Estrella Sadhalá, árabe cristiano de convicciones absolutas que descubre gracias a su director espiritual y al nuncio apostólico que en la propia tradición católica, en el mismísimo Santo Tomás, se declara lícito el tiranicidio como recurso último ante los poderosos que han olvidado, relegado o traicionado la soberanía original del pueblo, la búsqueda del «bien común». Sin saberlo, Sadhalá descubría las fuentes originarias de un pensamiento libertario anterior, o cuando menos paralelo, al liberalismo anglosajón.

«Si hay algo que yo odio —ha dicho Vargas Llosa—, algo que me repugna profundamente, que me indigna, es la dictadura. No es solamente una convicción política, un principio moral: es un movimiento de las entrañas, una actitud visceral, quizá porque he padecido muchas dictaduras en mi propio país, quizá porque desde niño viví en carne propia esa autoridad que se impone con brutalidad.» En términos biográficos y en la historia de la literatura en habla hispana, *La fiesta del Chivo* es una defensa apasionada y definitiva de la filiación contraria, la filiación de la libertad. Esa misma filiación signó (a principios del siglo XIX) el pacto fundacional de los países latinoamericanos y a ella hemos vuelto ahora, maltrechos pero acaso más sensatos, como Urania a Santo Domingo, tras 200 años de dictaduras y anarquías, de revueltas y rebeliones, de guerrillas y revoluciones. El poder —sus representantes vivos y sus demonios— no cesará de afirmar su voluntad y su imperio. Lo hará encarnando en dictadores demagógicos o asesinos, o en colectividades fanáticas y opresivas. La literatura no podrá evitarlo, no es ese su papel, pero en su radical libertad la literatura —sobre todo la de ficción— es, como decía Orwell, el preventivo natural contra la dictadura y algo peor, letal de hecho para los tiranos en sus «vastos reinos de pesadumbre»: la literatura, no el poder, suele tener la palabra final.

La rebeldía liberal, por su propia naturaleza, no se sacia. Está en las miradas de Vargas Llosa al mundo actual, en los ensayos que brincan de un tema a otro, de un país a otro, y lo llevan a embarcarse en polémicas, a defender causas impopulares, a visitar los sótanos de la tierra. Ese compromiso intelectual —paradójicamente sartreano, en un sentido que Sartre no vislumbró ni practicó— lo ha llevado a presidir una Fundación Internacional para la Libertad, que ha dado grandes batallas por la democracia latinoamericana.

★ ★ ★

Hoy Mario Vargas Llosa ha alcanzado el Premio Nobel de Literatura del que era merecedor hace mucho tiempo. En la esfera pública, su opción por la libertad no le dejará otro camino que seguir batiéndose contra lo que él considera injusto, opresivo, cerrado. En la esfera íntima, más allá de la admiración de millones de lectores, está la lealtad de sus amigos y el calor de la familia que ha formado con Patricia Llosa. El hijo de Ernesto J. Vargas y Dorita Llosa ha revertido su historia, la ha reescrito. Y al hacerlo, ha reconstruido los años del Edén. Pero ahora el padre no es fantasmal ni lo atormentan «odios ígneos». Es, como el abuelo Pedro, un buen árbol bajo cuya sombra crecen hijos y nietos creativos y libres. Es hora, quizá, de ser feliz.

QUINTA PARTE

Religión y rebelión

Samuel Ruiz

El apóstol de los indios

A cuatro días del levantamiento zapatista del 1° de enero de 1994, un reportero preguntó a uno de los indígenas combatientes por la razón de su lucha: «Quiero que haya democracia, que ya no haya desigualdad. Yo busco una vida digna, la liberación así como dice Dios.»

El de la voz era José Pérez Méndez, campesino maya de 24 años, perteneciente al Ejército Zapatista de Liberación Nacional. Sus palabras expresaban el ímpetu y sentido del movimiento. Encabezado por universitarios −como el líder visible, el Subcomandante Marcos−, el neozapatismo se había arraigado en la zona por más de 10 años. La intención primera era convertir a Chiapas en un foco guerrillero desde el cual se pensaba controlar un territorio y expandir la revolución. Pero la rebelión, integrada por mayas chiapanecos de diversas etnias, trasmutó en unos días su vocación: no sería un movimiento militar sino un movimiento de conciencia, que alcanzaría enorme repercusión nacional e internacional.

El soldado zapatista tenía buenos motivos para desear «que haya democracia». Para el PRI, partido que gobernaba México en aquel entonces, el estado de Chiapas era una reserva segura de votos. En las elecciones nacionales, mágicamente aportaba a su favor el 97% de los sufragios. Pero esa «victoria electoral» se lograba con mucha ingeniería y poca magia: fraude directo, compra de votos, acarreo a las urnas, amenazas, presiones de los caciques locales (a veces indígenas), coludidos o identificados con los políticos del PRI y los intereses económicos (ganaderos, madereros, cafetaleros) de la región.

La protesta de Pérez Méndez se justificaba aún más tomando en cuenta la desigualdad social y la inmensa riqueza natural de su estado. Primer productor de café, ganado y cacao, tercero en producción hidroeléctrica, cuarto en reservas de gas natural, Chiapas era entonces (y en cierta medida no ha dejado de serlo) una zona explotada por el centro. De los 3.7 millones de habitantes que tenía en 1994 (27% indígenas de las cuatro etnias principales del tronco maya), 50% sufrían desnutrición, 75% ganaban menos de 1 500 dólares al año y 56% eran analfabetos. En Los Altos y la Selva Lacandona estas condiciones se acentuaban aún más, con una densidad de población de 76 habitantes por kilómetro cuadrado (casi el doble de la estatal). En esas áreas, la población indígena se acercaba al 80%.

Acaso la mayor justificación de Pérez Méndez residía en el agravio cotidiano a su dignidad. La «vida digna» era imposible en Chiapas. A diferencia de la mayor parte del país, que a lo largo de los siglos (salvo algunos enclaves) había experimentado un proceso de mestizaje cultural, social y étnico, en Chiapas y Yucatán —asientos históricos de la civilización maya— ese proceso de convergencia nunca se dio. El resultado fue la discriminación racial que, acompañada de formas de servidumbre y esclavitud, persistió hasta entrado el siglo XX. Esa tensión histórica fue la causa profunda de las feroces guerras étnicas (conocidas como «guerras de castas» o «de colores») que asolaron en el siglo XVIII y XIX la región.

Visto ya con la suficiente perspectiva, no cabe la menor duda de que el movimiento zapatista contribuyó a dignificar al indígena mexicano y a colocar sus problemas específicos en la agenda nacional. Y tampoco cabe dudar del aporte del zapatismo a la transición democrática. Sin ser, en sí mismo, un movimiento democrático, la irrupción, la autenticidad y la persistencia del zapatismo catalizaron las reformas políticas que de otra forma hubiesen tomado años. Enfrentado al riesgo de despertar los instintos revolucionarios de la historia mexicana, por vez primera en varias décadas el monolítico Estado mexicano optó por abrirse a la genuina competencia electoral. Paralelamente, y sin abjurar de sus simpatías cívicas por los zapatistas, la izquierda política, representada por el PRD (Partido de la Revolución Democrática) optó por distanciarse de la opción revolucionaria, asumiendo de manera resuelta la vía de las urnas.

En todo este proceso fue crucial el liderazgo del famoso Subcomandante Marcos. Pero su obra revolucionaria no debe oscurecer la labor
evangélica que lo precedió por casi 25 años. Se trató del trabajo cate-
quético más vasto, ordenado y profundo emprendido en México desde
la conquista espiritual del siglo XVI (aunque muy distinto a aquél en sus
perspectivas morales, eclesiológicas y teológicas). Y fue también, con
toda probabilidad, el experimento más exitoso en arraigar la Teología de
la Liberación (surgida a partir del Concilio Vaticano II) en la América
Latina. Gracias a ese proceso, decenas de miles de indígenas tomaron
conciencia de su condición social. El artífice de ese movimiento fue el
obispo Samuel Ruiz. Pero la formación de un fervoroso ejército catequista de liberación nacional tuvo otras consecuencias, menos deseables
tal vez, y más controvertidas.

II

En el despacho obispal en San Cristóbal había hacia 1994 un cuadro
rústico que representaba un encuentro imaginario entre don Samuel
Ruiz y fray Bartolomé de las Casas, el gran apóstol de los indios en el
siglo XVI. El artista los representaba casi como gemelos, con la sola diferencia de los anteojos de don Samuel.

La pintura evocaba también la tradición filial que, desde el inicio de
la Conquista, se estableció entre los indios y los sacerdotes. Los primeros padres franciscanos llegaron en 1524; poco después arribaron los
dominicos, agustinos, jesuitas, etc. A lo largo del virreinato, la relación
filial se volvió profunda y perdurable. No es casual que Hidalgo y Morelos, los héroes de la Independencia mexicana, hayan sido sacerdotes,
ni que sus ejércitos, al menos en las primeras etapas de la guerra, fuesen
indígenas. En los pueblos recónditos de México, ya fueran indígenas
o mestizos, la autoridad del sacerdote se mantuvo intocada en asuntos
espirituales y terrenales. Por eso Chiapas, museo vivo de historia mexicana, era el lugar natural para la reaparición de una figura mítica: el
sacerdote que, invocando la doctrina tomista de la guerra justa, llama a
los oprimidos a levantar la voz —y en última instancia las armas— contra
sus opresores.

Son muchos los paralelos que cabe trazar entre las dos vidas. Las crónicas que refieren la llegada del obispo Bartolomé de las Casas a su diócesis lo describen como un «buen teólogo y consumado jurista [...] Tenía el alma atribulada por el trato de los indios esclavos que se compraban y vendían como hatos de ovejas [...] Predicaba como apóstol enseñándoles los medios de su salvación que era poner fin a un trato tan ilícito». A juicio del propio Samuel Ruiz, la realidad atroz que encontró al llegar en 1960 no era «genéricamente distinta» de la que vio Las Casas. En una comunidad fue informado de que todos los niños habían muerto en un santiamén por efecto de una epidemia de fiebre desatendida por los servicios oficiales de salud; en las fincas, algunos patrones azotaban a sus peones, y en San Cristóbal de Las Casas, orgulloso bastión de los *coletos* (nombre que se le da a la población blanca en la región), los indios bajaban de las aceras para ceder el paso a los blancos que seguían refiriéndose a ellos con un asco racial en el que resonaba el eco de la frase brutal que escuchó fray Bartolomé a su llegada: «perros indios».

Para «poner fin a un trato tan ilícito», ambos obispos trajeron padres dominicos a su diócesis. Esta orden religiosa fue la primera en condenar las injusticias cometidas contra los indios (por ejemplo, en el Caribe) y la primera en debatir la legitimidad moral de la Conquista. Ambos obispos se malquistaron con los poderes eclesiásticos de su época: fray Bartolomé con no pocos evangelizadores de otras órdenes, don Samuel con los viejos monseñores y demás sacerdotes tradicionales que veían atónitos cómo rehusaba hospedarse en las casas grandes de las fincas y prefería dormir con los peones. Ambos idealizarían, en sus obras, a las comunidades indígenas: si en su *Apologética historia sumaria* Las Casas equiparó ventajosamente el grado de civilización de los pueblos precolombinos con el alcanzado en Europa, Samuel Ruiz –conocedor, a diferencia de Las Casas, de las lenguas indígenas– practicó, la etnografía comparada y creyó encontrar evidencias de adelanto aun en los aspectos más opresivos de las culturas indígenas, como el ejercicio del poder político o la condición de la mujer.

En ambos se escuchaban resonancias de los profetas bíblicos. Las Casas predicó en la Corte española contra la esclavitud y el trabajo forzado, puso en entredicho la legitimidad de la Conquista como un acto «injusto, inicuo, tiránico y digno de todo fuego infernal» y profetizó que la «ira de Dios» se volvería contra España para destruirla. Con idéntico celo y similar unidad de propósito, Ruiz –a quien sus padres tuvieron el propósito expreso de destinarlo al servicio del templo, como el profeta Samuel– transfiere esa misma visión condenatoria no sólo al Estado virreinal sino al Estado liberal del siglo XIX y al nacional-revolucionario del XX. Todos, a su juicio, relegaron a los indios y a los pobres.

En el ataque de Samuel Ruiz había componentes ajenos al indigenismo. Su querella era también un capítulo del viejo y permanente conflicto entre la Iglesia y el Estado, las dos «majestades» que chocaron entre sí en tiempos de los monarcas Borbones y llegaron a las armas en el siglo XIX y el XX. Con la victoria liberal en la guerra de Reforma (1858-1861), la separación de la Iglesia y el Estado se volvió un precepto constitucional definitivo, pero el conflicto renació durante la Revolución mexicana y, de manera particularmente feroz, en los años veinte, los años de la guerra de los Cristeros. En aquel conflicto, conocido también como la «Cristiada», los campesinos católicos del occidente mexicano se levantaron en armas contra el gobierno jacobino del general Plutarco Elías Calles.

Raúl Vera, obispo coadjutor de Ruiz que hacia 1998 trabajaba en el proceso de canonización de Las Casas, casi beatificaba en vida a Samuel Ruiz: «no he convivido con una persona más justa: No puede callar, ejerce su profecía en su misión de pastor, es un hombre asumido místicamente y misteriosamente por los ojos de Dios». «Es un profeta creador de profetas», afirmaba entonces Miguel Concha, provincial de la orden de los dominicos en México. Y en efecto, no fueron pocos los profetas que Ruiz formó en su diócesis, sino miles de catequistas y cientos de diáconos permanentes, indígenas muchos de ellos, que por tres décadas sembraron en sus comunidades (o recogieron de ellas) la «Palabra de Dios».

Durante del siglo XVI y aún en los siglos siguientes, los padres de las diversas órdenes convirtieron a los indios no sólo mediante la prédica sino también con obras de teatro, música, imágenes y esculturas. La fe entrando por los sentidos. El nuevo movimiento catequístico en Chiapas era una variación sobre el mismo tema: se propuso hacer conscientes a los indios de su centenaria opresión. Fray Toribio de Benavente, Motolinía, el más famoso oponente franciscano de fray Bartolomé, temió en su momento que los escritos de Las Casas fuesen leídos «mañana por los indios». El mañana llegó en el siglo XX, gracias a Ruiz y sus catequistas. Fray Bartolomé tuvo motivos personales (su culpa de haber sido encomendero) para sentirse poseído de santa ira y, tras una súbita iluminación, dedicó su vida a la defensa de los indios. La ira y vocación de don Samuel tienen orígenes personales (familiares, locales, políticos), pero igual que su ilustre antecesor, también vivió su momento de conversión.

III

Samuel Ruiz nació en 1924 en Irapuato, en el Bajío agrícola del centro de México. Fue el primogénito de una familia fervientemente católica que, como tantas, habían sufrido pérdidas materiales, enfermedad, exilio y muerte con la Revolución mexicana. Su madre, Guadalupe García, fue *espalda mojada* y trabajó en la cosecha de uva en California donde conoció a su marido Maclovio Ruiz. Se casaron en San Bernardino. De vuelta a México, el matrimonio procreó cinco hijos. Se mantenían con una pequeña tienda de abarrotes en Irapuato, pero en la crisis de fines de los veinte la madre emigró llevando a sus hijos a la ciudad de México donde estableció una tienda en el popular mercado de Tepito.

Muchos elementos convergieron para que Samuel cumpliera la vocación religiosa inscrita en su nombre. Estudió la primaria en colegios católicos de Irapuato y en 1937, a los 13 años de edad, ingresó al prestigiado Seminario de León, fundado tras el fragor de la guerra de Reforma. A partir de 1923, la ciudad de León ostentaba, al pie del cerro del Cubilete, uno de los símbolos mayores del catolicismo mexicano: la estatua de Cristo Rey. A mediados de los años veinte, en León se incubaba la Cristiada, cuyos años álgidos fueron 1926-1929 y cuyo saldo final fue de 70 000 muertos. A partir de la siguiente década, León se convertiría en capital de un movimiento radical de derecha que, en su talante antidemocrático y racista y sus preferencias ideológicas, no es excesivo calificarlo como fascista: el sinarquismo.

Durante la Cristiada, Ruiz no asistía a la escuela: los templos permanecían cerrados y tomaba clases privadas con una religiosa. En 1945 recorrió con otros seminaristas la plaza de armas de León donde el gobierno había cercado un mitin sinarquista, asesinando a decenas de personas cuyos cadáveres se habían arrojado a la fosa común. El padre de Ruiz, pro cristero y militante activo del sinarquismo, sufrió encarcelamiento por desprender de la puerta de su tienda la propaganda del partido oficial. El joven Ruiz veía en el sinarquismo «un movimiento que cimbraba, una etapa necesaria de educación cívico-política de la sociedad». Tiempo después se apartaría de esa posición. Los descendientes ideológicos del sinarquismo rechazarían el catolicismo social y la Teología de la Liberación que Ruiz propugnaría y encarnaría tenazmente. Pero el hecho de provenir de una familia sinarquista determinó sin duda su permanente rechazo al Estado secular.

Los primeros 35 años de su vida no presagiaban su conversión en segundo apóstol de los indios. En el Seminario de León, mostró considerable inteligencia y aplicación, prendas que en 1947 le permitieron pasar al Colegio Pío Latinoamericano de Roma, la mayor escuela de sacerdotes para la región, dirigida por jesuitas. Estudió dos años en la Universidad Gregoriana y tres más, decisivos en su formación, en el Pontificio Instituto Bíblico de Roma. Fue entonces –afirmaba Ruiz– cuando «comencé a entrever que la Biblia es el único libro escrito para un pueblo pobre en busca de la Tierra prometida». De vuelta a México en 1951, esperó tres años para convertirse en rector del seminario donde había estudiado. En 1959, sus superiores lo designaron para hacerse cargo de la diócesis de San Cristóbal de Las Casas, obispado que en ese entonces comprendía las dos terceras partes de Chiapas, uno de los más pobres y atrasados del país.

El 25 de enero de 1960 fue consagrado obispo y en 1962 fue uno de los 2 692 obispos que asistieron al Concilio Vaticano II, acontecimiento que Ruiz consideró «histórico, pastoral». Poco antes de que diera inicio el concilio, don Samuel recordaba haber tenido una primera «revelación». El papa Juan XXIII se había referido ya a los dos «puntos focales» del concilio (el anuncio del Evangelio en un mundo sin sensibilidad religiosa y la búsqueda del ecumenismo), pero de pronto «Juanito» –como le llamaba Ruiz— habló de «un tercer punto luminoso»: ante los países en vías de desarrollo la Iglesia descubre lo que es y lo que tiene que ser. Para el obispo de Chiapas, aquel «anuncio» del papa implicaba un mandato: «allí se clarifica y determina la misión constitutiva de la Iglesia: si no está en una adecuada relación con el mundo estructural de la pobreza dejará de ser la Iglesia de Jesucristo».

En 1964 se tomó la medida práctica de reducir la dimensión de la diócesis. Samuel Ruiz auspició la desaparición de la diócesis de Chiapas (fundada en 1539) y su división en la diócesis de Tuxtla y la suya propia, la de San Cristóbal de Las Casas, correspondiente al 48% del territorio de Chiapas, el de mayor densidad indígena. Un año antes, Ruiz había convocado a los dominicos para trabajar en su diócesis. En 1966, por orden del obispo, aquellos «apóstoles» establecieron la Misión Chamula. Además de las acciones propiamente sacramentales y de evangelización, emprendieron diversas obras: un centro de salud, una escuela de economía doméstica nocturna, una granja comunal, talleres de artesanía, una ladrillera. En 1967, Ruiz dividió su diócesis en seis zonas según criterios étnico-lingüísticos: chol, tzotzil, centro, sur, sureste y la zona tzeltal. Pero el paso decisivo consistió en la formación de catequistas. En los años sesenta, se formaron cerca de 700 catequistas indígenas en esas escuelas. Samuel Ruiz los visitaba cada domingo para celebrar misa y hasta jugar con ellos: «estaba flaco —recordaba uno de ellos— y era muy bueno para el básquet». Las altas autoridades eclesiásticas estaban al tanto y aprobaban sus medidas.

La «opción preferencial por los pobres» tuvo su formulación clásica en la Segunda Conferencia Episcopal Latinoamericana que se llevó a cabo en Medellín, Colombia, en 1968. La nueva teología incorporó algunos elementos del marxismo que consideraba científicos: la lucha de clases como hecho objetivo social, el capital como trabajo enajenado, la ideología como visión no científica o condicionada por intereses de clase. Adicionalmente, intentaba descubrir cuál era «el plan de Dios» en la Biblia y pretendía «activar la energía transformadora de los textos bíblicos». Por último, la Teología de la Liberación buscaba una salida práctica para que el pueblo pobre y oprimido lograse su liberación a través de métodos pacíficos y de lucha, sin excluir —de acuerdo con la tradición tomista de la «guerra justa»— la apelación a la fuerza como último recurso.

IV

Desde fines de los años cincuenta, las comunidades de Las Cañadas en la Selva Lacandona —hogar de muchos catequistas y futuro teatro de la revuelta zapatista— vivían una experiencia de desarraigo y colonización. Sus habitantes provenían, en efecto, de diversas zonas de la diócesis. La mayoría habían sido peones acasillados de las fincas agrícolas de las inmediaciones de la selva. Debido a los recientes incentivos oficiales a la ganadería extensiva, los patrones habían optado por abandonar la agricultura y despedir a sus peones. Impregnados hasta la médula de un concepto caciquil de la política, señorial de la economía y racista de la sociedad, los miembros de la oligarquía local (finqueros y políticos del PRI) empleaban todos los medios a su alcance para impedir el asentamiento en sus latifundios y bloquear el reparto agrario. Sin horizontes de trabajo, muchos indígenas vieron su oportunidad en la selva. Otros colonos se habían quedado sin empleo de las fincas cafetaleras del Soconusco que comenzaban a contratar mano de obra guatemalteca. Unos más, en fin, probablemente habían dejado sus comunidades por efecto del crecimiento demográfico. El gobierno mismo alentaba a grupos tzeltales, tojolabales, choles y tzotziles a colonizar la selva. Fue así como la población de la selva pasó de casi 37 000 habitantes en 1950 a más de 75 000 en 1970 y a casi 225 000 diez años después.

Los catequistas de la diócesis comenzaron a trabajar en esas zonas mediante un novedoso método de «sembrar» preguntas y «cosechar» respuestas inspirado en la obra *Pedagogía del oprimido* del pedagogo brasileño Paulo Freire. Para éste, la enseñanza liberadora debía centrarse en «la apropiación de la Palabra»: «La "Palabra de Dios" me invita a recrear el mundo no para la dominación de mis hermanos sino para su liberación.» Aplicado en Chiapas, el proceso se conoció desde entonces como la «Palabra de Dios» y convirtió al catequista en un *tijuanej*, que significa «el animador, el provocador, el estimulador». Habían encontrado el método, les faltaba el contenido.

Alrededor de esas fechas, en uno de sus habituales recorridos por la zona de Ocosingo, al marista Javier Vargas (que encabezaba el esfuerzo de los catequistas) se le ocurrió que la experiencia que los agentes estaban compartiendo con los catequistas y los indios —la salida de las fincas, el largo y azaroso errar por la selva y la construcción de nuevos poblados– era «igual a la que nos relata la Biblia»: «las comunidades de la selva estaban viviendo su Éxodo». (La idea de los sacerdotes y los indios como encarnaciones de Moisés y el pueblo elegido tenía antecedentes en las misiones jesuitas del Paraguay, en el siglo XVII.) Entonces pensaron en sustituir el catecismo del padre Ripalda –el del Concilio de Trento– por un nuevo catecismo –más acorde con el Concilio Vaticano II– que tuviera «todas las fuentes de la "Palabra de Dios": la Biblia misma y la tradición, pero también "el propio historial de los indios, sus tradiciones, su cultura, donde está en germen la Palabra de Dios"». Con el contenido de un nuevo éxodo y el método *tijuanej* para «cosechar la "Palabra de Dios" en las comunidades», se comenzó a elaborar un nuevo catecismo.

El resultado fue un documento fundacional en la conversión masiva de muchos indios a una forma autóctona de la Teología de la Liberación: *Estamos buscando la libertad. Los tzeltales de la selva anuncian la buena nueva.* El texto, modestamente impreso, de poco más de cien páginas, contiene oraciones, cantos y lecturas en torno a cuatro formas de opresión: económica, política, cultural y religiosa. El contenido central está en las «lecturas», pensamientos breves hilvanados por una idea rectora. Hay frecuentes citas bíblicas, sobre todo de los profetas y del Nuevo Testamento. Al recordar la opresión económica vivida en las fincas, se las compara con el Egipto del Faraón y se evoca a Dios:

Tú dijiste a los antiguos israelitas cuando vivían como esclavos: «He visto los sufrimientos de mi pueblo. He oído que me piden ayuda llorando. Vengo para librarlos de sus opresores y llevarlos a una tierra buena y espaciosa que da muy buenos frutos» (Ex. 3:7-8). Por eso nos reunimos hoy para pedirte, Señor, que vengas a ayudarnos también a nosotros.

La opresión era política, porque las leyes favorecían a los ricos; era cultural, porque los *caxlanes* (los blancos o criollos) despreciaban las lenguas y tradiciones de los indios, que a menudo se despreciaban a sí mismos. Era religiosa, porque estaba demasiado centrada en actos externos de culto que minaban la fuerza de los hombres y no honraban a Dios. La única solución era fortalecer la comunidad: «Vivimos en comunidad, tenemos una cultura, valemos mucho [...] La comunidad es vida, me lleva a la libertad [...] el buen cristiano es el que hace crecer el mundo para bien de sus hermanos...» Una lectura daba un paso más: Dios mismo está presente en la comunidad, habla a través de los que hablan y, en última instancia, *es* la comunidad.

El Catecismo del Éxodo terminaba con una pregunta que no recordaba a la Biblia sino a Lenin: «¿Qué hacer?» En 1974, con ocasión del quinto centenario del natalicio de Bartolomé de las Casas, el gobierno estatal puso el escenario para la acción: convocó a un Congreso Nacional Indígena y pidió el apoyo de la diócesis. Samuel Ruiz lo dio, con resultados sorprendentes. Con meses de anticipación, seis representantes de la diócesis visitaron diversas comunidades. Hubo 1 400 delegados de más de 500 comunidades. Las sesiones se llevaron a cabo en las cuatro lenguas indígenas que se comunicaban gracias a la eficaz labor de un grupo de traductores. Era la primera vez que las comunidades, siempre aisladas, tenían contacto entre sí. Un viejo lloraba porque en su vida «nunca le habían preguntado nada». Alguien vinculó el congreso con la labor catequética previa de la Iglesia y lo llamó «hijo de la "Palabra de Dios"». El congreso tuvo seguimiento en asambleas itinerantes y viajes de solidaridad por el país y el extranjero. Se editó un periódico y se compuso un himno en aquellas lenguas: «En un solo corazón todos caminamos, en un solo corazón todos construimos nuestra liberación».

Un pequeño contingente de militantes políticos asistió al congreso. No pertenecían a la diócesis, eran universitarios de izquierda: antropólogos y sociólogos provenientes –según Vargas– del «reviente del 68». Habían estado en la zona «más invisibles que visibles [...] no con una idea de clandestinidad, pero estaban porque olían, sentían la fuerza social de los indígenas». Eran los hermanos mayores del futuro Subcomandante Marcos, que tenía 11 años en aquel entonces. Fueron ellos quienes introdujeron el marxismo en algunos documentos del congreso. Pretendían dirigirlo, pero era claro que ante el abandono histórico de Chiapas y la debilidad de sus instituciones políticas, el liderazgo pertenecía a la Iglesia, cuya cabeza era el obispo Ruiz, nuevo protector de los indios. En marzo de 1977, el congreso dio por cerrado su ciclo afirmando su fe en la «abolición de la propiedad privada». No era el fin sino el principio de una «siembra» política que apenas comenzaba: «Bartolomé de las Casas —dijeron sus dirigentes— ahora somos nosotros, son nuestras comunidades, son las comunidades indígenas unidas.»

Inspirados por el movimiento catequístico y dueños ya de una revelación religiosa sobre su postración social, muchos indígenas —especialmente los de la Selva Lacandona— comenzaron a ver al gobierno como el enemigo. A las crecientes solicitudes de reparto de tierras o de regularización de la tenencia, el gobierno local respondió con amenazas, a menudo cumplidas, de desalojo y violencia. Las autoridades no advirtieron que en la selva se estaba configurando un nuevo tipo de comunidad: más austera y solidaria, y mucho más combativa. Un absurdo decreto del presidente Luis Echeverría, fechado en 1972, les había dado una cohesión adicional: en un supuesto acto de reparación histórica hacia los últimos sobrevivientes de la cultura maya (que en realidad ocultaba intereses muy particulares de explotación de maderas tropicales), el gobierno otorgó 614 321 hectáreas a 66 familias lacandonas. Se afectaba así a cerca de 4 000 familias indígenas no simbólicas sino vivas, establecidas en la región. Las comunidades lucharían tenazmente contra ese decreto.

A fines de los setenta, la diócesis dio un paso adicional en su proceso de renovación: la elevación de los diáconos o *tuhuneles*. Un catequista no podía impartir sacramentos, pero podía aspirar a convertirse en diácono o *tuhunel* (que significa «servidor») e impartir así los sacramentos del bautismo, la unción de los enfermos, la eucaristía, así como atestiguar matrimonios a nombre de la Iglesia. La nueva función, abierta a hombres casados, era vitalicia y provocó el entusiasmo de muchas comunidades porque correspondía a una viejísima aspiración «de cuando teníamos nuestros jefes, nuestros sacerdotes, nuestra religión». Ése había sido, justamente, uno de los motivos centrales de la rebelión de 1712 en la que los tzeltales no sólo lucharon por derrocar al gobierno local o resistirse al oneroso tributo, sino —caso excepcional en el periodo colonial en México— por acabar con el dominio español y retomar el control de su vida religiosa.

A juicio del historiador Juan Pedro Viqueira, esa remota guerra dejaría una huella imborrable en la zona tzeltal de Los Altos de Chiapas (una de las zonas neurálgicas del zapatismo, junto a la Selva Lacandona):

impidió la ladinización (es decir el mestizaje) que se dio en otras regiones del estado y en todo el país, y afianzó en los indios el deseo de mantenerse como un grupo aparte, distinto a quienes los habían reprimido salvajemente; por otro lado, aquella guerra habría reforzado la actitud de temor y desprecio que la población ladina de San Cristóbal abrigaba hacia los indios.

Para la diócesis de Samuel Ruiz, la institución de los *tuhuneles* representaba un paso más hacia la construcción de la Iglesia futura: el retorno a la Iglesia autóctona, a la Iglesia primitiva anterior al Concilio de Nicea (325 d.C.), momento en el que la Iglesia comenzó a adoptar una estructura institucional dejando de ser una constelación comunitaria de apóstoles y fieles. «Sin vanagloria —concluye ahora don Samuel— puedo afirmar que si un antropólogo visitara las comunidades, vería que las figuras del catequista y el *tuhunel* pertenecen casi a la tradición y forman parte de la propia cultura.»

En don Samuel se reflejaba, en forma simultánea, una añoranza de la Iglesia comunitaria primitiva y el uso de las estructuras y formas posteriores de poder. Ejercía a plenitud los tres atributos de su investidura: profeta, sacerdote y rey. Como profeta, su prédica fustigaba la injusticia y anunciaba la liberación. Como pastor y sacerdote, cuidaba de sus ovejas, las consolaba y las conducía hacia lo sagrado. Como rey, era el soberano poderoso, el pontífice a quien se rinde pleitesía. La llegada de Samuel Ruiz —a quien su grey llama *Tatic*, padre, en tzeltal— era el acontecimiento mayor en la vida de las comunidades. Todos se organizaban con un mes de anticipación para recibirlo. Las mujeres compraban sus peinetas, sus collares y las telas y listones para hacerse sus mandiles de colores. Los hombres preparaban la ermita y la casa donde dormiría el *Tatic*. A su arribo se formaba una fila de hombres y otra de mujeres. El obispo pasaba y toda la comunidad, uno a uno de los fieles, le besaba el anillo episcopal, símbolo de su investidura. Ese día sacaban los estandartes, sacrificaban las reses para la comida y adornaban con juncia la ermita y el lugar donde dormiría el obispo. En la misa, todos rezaban alabanzas que hablaban de la liberación a través de Dios y del Evangelio.

En 1974, al cumplir los 50 años de edad, Ruiz publicó *Teología bíblica de la liberación*. En el corazón de la obra hay un recorrido puntual por dos libros claves del Antiguo Testamento: el Éxodo y los Profetas, esos «apasionados de la justicia de Dios —como los llama don Samuel— poseídos de su clarividencia, portadores de sus juicios y de sus promesas de salvación». En ambos tratamientos, pensando en Chiapas y sus indios, Ruiz consigna e interpreta la presencia absorbente de dos protagonistas: el pueblo pobre y oprimido y el Dios justiciero que los libera.

No obstante, las enseñanzas de la «Palabra de Dios» tenían un carácter excluyente. En algunos reportes sometidos por los catequistas de las zona tzeltal a la diócesis, se fustigaba a quienes no mostraban su aquiescencia con la nueva prédica: los que se resisten al método *tijuanej*, los que tienen posiciones políticas opuestas, los no organizados, los que denotan influencias de sectas protestantes, los hermanos que no dicen sus pensamientos en las juntas, los que opinan que el contenido del curso no es la «Palabra de Dios», los seguidores de la letra de la Biblia, que no da vida.

V

Era evidente que la gran organización catequética creada para liberar a los indios de su atraso y pobreza necesitaba una organización política que diese salida a la energía social acumulada. Hacia 1976, en una visita a Torreón, Samuel Ruiz conoció a un grupo de jóvenes maoístas encabezados por Adolfo Orive, un economista que había visitado China en los tiempos de la Revolución Cultural. Había fundado una organización (Política Popular) que luchaba por el socialismo con métodos distintos de los leninistas: creía en la transformación de las relaciones sociales, no en la revolución violenta. «Me pareció que tenía lucidez», recordaba Ruiz, quien se impresionó por los métodos y alcances y logros de la organización de base. Acto seguido, los invitó a Chiapas, donde ya operaban grupos de activistas provenientes de la escuela agrícola de Chapingo, ligados a agentes de la diócesis y de tendencia similar a la de Orive. Al llegar a Chiapas, Orive advirtió que los sacerdotes podían dedicarse a la pastoral mientras que los brigadistas se encargarían de la organización política. Y se estableció la división del trabajo. Unos 40 militantes se fueron a vivir a las comunidades. Además de coordinar la lucha agraria, comenzaron a poner en práctica pequeños proyectos de producción de miel y a establecer convenios y esquemas de comercialización de café para librar a los indios de sus explotadores tradicionales, los «coyotes».

Hacia mediados de 1978, la «organización» —como se conocía a los militantes, también llamados brigadistas o «norteños»— se había ganado el apoyo de miles de catequistas, que creyeron en sus habilidades para introducir mejoras tangibles. Pero pronto ocurrió un primer enfrentamiento político con la diócesis. Los brigadistas criticaban el poder vertical de los agentes religiosos en las comunidades. En respuesta, la diócesis los expulsó de Ocosingo. Tiempo después habría una temporal reconciliación, pero el problema de competencia estaba planteado: «la "organización" (los brigadistas) trabajaba con gran abnegación y entrega —afirmaba uno de los misioneros jesuitas— pero nosotros no les íbamos a entregar las comunidades». A los brigadistas se les tachaba de «reformistas» y «economicistas». Sus proyectos recordaban al «becerro de oro» descrito en las Sagradas Escrituras, un engaño que postergaba la lucha de las comunidades por liberarse de la opresión capitalista y alejaba a los campesinos de la construcción del hombre nuevo.

La actitud de aquellos agentes de pastoral convergía con la de los miembros de la CIOAC (Central Independiente de Obreros Agrícolas y Campesinos), ligada al Partido Comunista. A diferencia de la «lucha paso a paso» de los brigadistas de Orive —de filiación maoísta—, ellos creían en la «lucha al golpe», como las invasiones de tierras y ranchos.

A pesar del desencuentro creciente con la diócesis, los brigadistas continuaron su labor hasta principio de los ochenta. Fundaron una organización denominada «Unión de Uniones» que firmó contratos con el gobierno federal y gestionó créditos para la pequeña producción y distribución de café por parte de los campesinos. Con todo, la crisis financiera de 1982 que orilló a la quiebra al gobierno federal y coincidió con una caída vertical de los precios del café dio al traste con muchos de estos proyectos. Los brigadistas perdieron apoyo popular. Algunos, como el propio Orive, salieron de Chiapas. A despecho de los reveses recientes (motivados por causas externas), habían llegado a la conclusión de que el proceso autogestionario servía para resolver problemas prácticos, no como instrumento revolucionario ni como estrategia de liberación. Pero habían dejado tras de sí una organización (la Unión de Uniones) que años más tarde aprovecharía el gobierno de Carlos Salinas de Gortari.

La diócesis seguía creyendo en el paradigma socialista. Sus convicciones se orientaban cada vez más hacia el cambio de estructuras. El proceso de radicalización de la diócesis, constante a lo largo de la década, se fincaba sobre todo en la interpretación que hacía de los procesos revolucionarios en Centroamérica. La llegada de los sandinistas al poder, el recrudecimiento de la represión militar en Guatemala, el ascenso que parecía incontenible de la guerrilla salvadoreña, el asesinato del obispo Óscar Arnulfo Romero, amigo de Samuel Ruiz, todo apuntaba a la necesidad de ensayar «la lucha al golpe». Fue entonces, en 1980, cuando la diócesis creó un brazo doctrinal más militante. Se llamó Slop («Raíz» en maya tzeltal) y reclutó voluntarios entre los catequistas más cercanos a Ruiz. Su objetivo era la defensa propia de los pueblos indígenas, pero sus carencias en la teoría y práctica de las armas los llevaría muy pronto a abrir las puertas a un grupo de fuereños que sí las dominaban: era un residuo del Frente de Liberación Nacional fundado en 1969 en Monterrey, reprimido por el gobierno en la llamada «guerra sucia». Este grupo de guerrilleros universitarios llegaría a la selva en 1983 y procedería a fundar el Ejército Zapatista de Liberación Nacional. A lo largo de seis años (1983-1989) Slop y el EZLN trabajarían codo a codo. Según diversos testimonios, el ingreso en 1983 a la selva de los dirigentes del neozapatismo (entre ellos, el Subcomandante Marcos) hubiese sido impensable sin la aquiescencia de Slop.

En su libro *Religión, política y guerrilla en Las Cañadas de la Selva Lacandona*, Ma. del Carmen Legorreta Díaz –asesora, por muchos años, de la Unión de Uniones– reprodujo varios testimonios de ex milicianos que evidenciaban el deslizamiento que muchos catequistas hacían de la «Palabra de Dios» al imperativo de tomar las armas: «Se llegaba a la conclusión de que el pueblo de Dios luchaba con las armas, pero no porque se dijera en la Biblia sino porque se orientaba con las preguntas. Los profetas [...] también lucharon en Egipto [...] y sacaron a los pueblos indígenas amolados [...] porque creyeron en Dios... y en la lucha armada...»

Según Lázaro Hernández, el líder indígena más poderoso de la diócesis y *tuhunel de tuhuneles*, «don Samuel no estaba de acuerdo con la guerra, sí con la lucha social [...] Don Samuel no te preguntaba nada. Hasta 1988 es pura religión». Con el sobrenombre de «Jesús» (los jefes zapatistas adoptaron pronto este tipo de nombres bíblicos: David, Daniel, Moisés, Josué y, claro, Marcos), Lázaro se incorporó al EZLN en 1984. Había recorrido todas las estaciones del proceso diocesano y, dada la naturaleza clandestina del zapatismo, podía ser miembro de la Unión de Uniones y de hecho llegaría a presidirla en 1991. Marcos —que para 1988 era ya el segundo hombre en la dirección zapatista, encargado específicamente de la preparación de la guerra— confió en que Lázaro infiltraría a la «reformista» Unión de Uniones (convertida ya para entonces en ARIC: Asociación Rural de Interés Colectivo). Pero había llegado la hora de la confrontación entre la diócesis y el zapatismo.

Además del obvio conflicto de clientelas —similar, pero mucho más grave, al que había ocurrido una década antes con los «norteños»—, la querella tenía que ver con Marcos, que desenmascaraba su actitud antirreligiosa. Se le hacían cargos gravísimos a los ojos de la diócesis: celebraba matrimonios revolucionarios y blasfemaba con frecuencia diciendo que «Dios y su Palabra valen madres». Al parecer la diócesis intentó construir en 1988 a través de Slop una fuerza autónoma e intensificó su crítica a los líderes zapatistas tachándolos de caxlanes. Presumiblemente, intentó una compra de armas. La fallida maniobra estuvo a cargo de Lázaro. Al descubrirla, Marcos convocó a una reunión de avenencia con Lázaro pero acto seguido «Marcos tomó medidas draconianas contra sus adversarios. Expulsaron a familias enteras de sus pueblos o, en el mejor de los casos, los trataron como apestados y les prohibieron participar en las actividades de las comunidades». En muchos casos, los diáconos negaron los sacramentos a los fieles que se rehusaban a incorporarse al EZLN. En cuanto a Ruiz, no existe evidencia de su apoyo explícito a la violencia, aunque sí de su apoyo a los activistas armados de Slop. El plan diocesano de 1986 mencionaba que la condición injusta de los indios podría desembocar en una «nueva explosión...» Ruiz, es la verdad, tenía una posición abierta y ambigua frente a la lucha al golpe. En todo caso, no quería que el control se le fuese de las manos.

Samuel Ruiz

La discordia entre el EZLN y la diócesis se ahondó en 1989 con los cambios en la escena mundial: la caída del Muro de Berlín, el fin del comunismo en Europa del Este y la derrota en las urnas de los sandinistas. El año anterior —cuando Marcos visitó Cuba, en septiembre de 1988— había marcado el cenit del poder del zapatismo en la selva, pero de pronto, por efecto de la prédica de Slop, los logros económicos y sociales de la ARIC-Unión de Uniones y el natural desgaste del movimiento, había comenzado un proceso de deserción. El zapatismo cundía sobre todo entre los más jóvenes, los hijos de los primeros colonos de la selva que querían sobrepasar la hazaña de sus padres y soñaban con un cambio total en sus vidas: «después de la guerra nosotros mandaremos». Pero otros milicianos se volvían remisos de la «Palabra de Dios» aliada al zapatismo. A pesar de las señales adversas del contexto internacional y del debilitamiento de sus cuadros en los otros enclaves del país, Marcos reafirmó su convicción revolucionaria y tachó a Samuel Ruiz de «modista», porque «seguía las modas». Se refería a las fluctuaciones ideológicas del obispo. En efecto, cuando el contexto parecía favorable —como en 1986 y 1987, cuando consideró viable la mediación de la violencia para «caminar a la Tierra prometida»—, parecía inclinarse por la antigua idea escolástica de la *guerra justa*, pero si el contexto cambiaba corregía su visión. Y el contexto, en efecto, había cambiado.

En el fondo del conflicto entre Marcos y don Samuel —el profeta armado y el desarmado— resonaba el choque de los dos antiguos órdenes medievales —el clero y la milicia—, desdeñosos ambos del orden moderno que, en el enclave feudal de Chiapas, prácticamente no existía: el orden civil.

VI

El reloj y los hechos avanzaban hacia el 1° de enero de 1994. Marcos había hecho una famosa declaración: «aquí no va a haber ARIC, no va a haber "Palabra de Dios", no va a haber gobierno de la república, aquí va a haber Ejército Zapatista de Liberación Nacional». Don Samuel, por su parte, lamentaba que «esas gentes vinieron a montarse en un caballo ensillado». El zapatismo alentó asociaciones que emprendieron marchas

454

de protesta hasta la capital, desestimó el fin de la guerrilla en El Salvador y aprovechando las recientes medidas del gobierno de Salinas (la gestión del Tratado de Libre Comercio, la reforma al artículo 27, que implicaba la privatización de tierras ejidales), esparció la idea de que el gobierno estaba provocando deliberadamente la muerte colectiva de los campesinos y los indios de México. En Chiapas, unos vendieron sus reses para comprar armas, otros dejaron el movimiento, otros siguieron creyendo en la «lucha paso a paso», sobre todo cuando la ARIC daba pasos firmes al combatir el rezago agrario, introducir proyectos de caficultura, solucionar definitivamente la situación de 26 comunidades afectadas por el Decreto de la Comunidad Lacandona, crear un ambicioso proyecto de educación, gestionar la creación de clínicas y la aportación oficial de tiendas y vehículos de transporte.

El 6 de agosto de 1993, 5 000 combatientes realizaron un simulacro de guerra en la selva. Mientras tanto, don Samuel actuaba como un azorado aprendiz de brujo: predicaba contra «esa organización maldita que preconiza la guerra y la muerte» e instruía a los catequistas y *tuhuneles* de todas las regiones con un mensaje extraído del Evangelio según san Marcos, el mismo al que había recurrido, con propósitos distintos, en 1980: «el proyecto armado es un proyecto de muerte contrario a Dios, quien quiere un camino de vida».

En aquel septiembre de 1993, la revista *Proceso* publicó una entrevista en la que el padre Mardonio Morales advertía sobre la existencia de un ejército guerrillero en Chiapas y lamentaba que los modernos equipos de radiocomunicación comprados hacía años por la diócesis estuviesen en manos de los guerrilleros, pero exculpaba a Samuel Ruiz: «de repente se dio cuenta de que existía toda una organización militar. Lo ha denunciado claramente [...] yo creo que la situación lo rebasó». En el número siguiente, fray Gonzalo Ituarte lo rebatió: «es una fantasía descabellada: resulta que un grupito de fuereños radicales llega y mediante reuniones secretas manipula y engaña a toda una diócesis, integrada por gente bien formada, con carreras universitarias, entre ellas nada menos que a don Samuel Ruiz».

Ambos tenían razón. Ruiz y su diócesis conocían perfectamente los pasos y golpes del zapatismo, pero el movimiento lo había rebasado. En algunos de sus sermones, don Samuel y su vicario Gonzalo Ituarte usaban dibujos con imágenes de árboles para hablar de la historia local e insertarla en la nacional y la mundial. Se mostraba gráficamente «cómo nos tiene controlado el gobierno capitalista» desde la raíz hasta la copa (teléfonos, sectas religiosas, radios, periódicos, y demás instrumentos de la ideología), pasando por el tronco (partidos políticos, instituciones, los tres poderes donde está sostenido el gobierno: Ejecutivo, Legislativo y Judicial). A su lado, aparecía la lista de ocho países que apoyaban el imperialismo. El segundo árbol era el de los indígenas de Chiapas, «débil, pero allí vamos». En su raíz estaba la formación, la capacitación, el *tuhunel*, y los métodos de alimentación y abono. Su tronco lo componían organizaciones como la *Quiptic*. En la copa y las ramas estaba el pueblo *pobre* que Ruiz encontró en 1960, la *tradición* indígena y la presencia de Dios que llegó en 1962 con la nueva pastoral de Ruiz: *Sk'op Dios*. El último árbol era aún más simple: en la raíz estaba Slop. El tronco era el campesino. Y la copa estaba plagada de un parásito, *majanté*, que amenazaba con comerse la raíz y matar el árbol: esa plaga era «Z». Todas las admoniciones fueron inútiles. El *majanté* estalló la rebelión el 1° de enero de 1994.

En sus primeras declaraciones públicas tras el estallido de la rebelión, Samuel Ruiz justificó al movimiento que para entonces había alcanzado un notable reconocimiento nacional e internacional. Los indígenas, a su juicio, habían recurrido a las armas porque habían llegado al límite de su resistencia. Cuando para sorpresa de muchos Salinas de Gortari declaró un cese al fuego unilateral, tanto el gobierno como los zapatistas pidieron la intermediación de Samuel Ruiz. Su ambigüedad frente a la lucha al golpe rendía dividendos: los zapatistas lo respetaban y el gobierno lo consideraba un mediador legítimo. En 1994, Mijail Gorbachov sugirió su nombre para el Premio Nobel. De haberse logrado entonces la paz en Chiapas, Ruiz lo habría obtenido.

La rebelión provocó el éxodo de 22 000 indígenas de la selva ajenos al zapatismo o miembros de la ARIC-Unión de Uniones. Muchos de ellos habían puesto banderas blancas en sus casas. En los meses siguientes, don Samuel recibió un número indeterminado de cartas y oficios de esos refugiados pidiendo su auxilio contra todo tipo de abusos: saqueos, desalojos, amenazas, apropiaciones de terrenos, casas y bienes, violaciones, clausura de escuelas, impedimentos para comerciar o asistir a actos religiosos. La diócesis apenas respondió a estos llamados. Al recordarle esas cartas, Ruiz explicaba, con evidente parcialidad: «Hubo mala intelección entre quienes pensaron que los zapatistas los querían correr: en realidad los querían defender.»

Había quedado atrás la querella entre la diócesis y el EZLN. Ruiz se refería ahora a la «guerrilla con tintes pacíficos», una inmensa asamblea comunitaria, el nuevo pueblo de Israel en marcha hacia la Tierra Prometida. «Marcos sigue contando con la confianza de don Samuel —apuntaba el vicario Ituarte—, hay una identidad entre ambos, con la diferencia de la opción armada. Marcos ha aprendido a respetar la fe y los zapatistas se levantan la máscara para comulgar.»

Lo visité en el verano de 1994. Al inquirir sobre su involucramiento en la génesis de la guerrilla, don Samuel me respondió: «De las causas supe todo. Los indios perdieron el miedo.» ¿Hubo reclutamiento de catequistas por parte del EZLN? «No es un misterio: la causa zapatista merece apoyo, el país lo vio así, había orden expresa a los catequistas de dejar de serlo si se incorporaban al EZLN: algunos enviaron por escrito su renuncia. Buscaban el establecimiento del Reino de Dios.» Sus palabras remitían a los días del pacto original entre los zapatistas y la diócesis, con la Iglesia como autoridad suprema. Así lo dio a entender a los periodistas Bertrand de la Grange y Maite Rico, al admitir su trabajo en común por seis años, entrenando a hombres y mujeres para la lucha armada.

Don Samuel no era un demócrata ni pretendía serlo. Reprobaba en su esencia el proceso electoral: el PAN era un partido de gente rica o de clase media; si el PRD representaba a los obreros, la experiencia inglesa demostraba que éstos podían votar por el partido conservador, y del PRI no cabía ni hablar. «No hay esquemas —apuntó—, hay que buscar la articulación nacional más allá de los partidos. Lo importante es que la sociedad civil aparezca y se exprese. Yo tengo la esperanza de que ocurra un milagro. O si no, sobrevendrá una inmolación.» Durante los siguientes cuatro años, Ruiz apeló incansablemente a la «sociedad civil» nacional: encabezó los trabajos de la Comisión Nacional dedicada al tema indígena y realizó más de 30 viajes en busca de apoyo internacional para su causa. Siempre pensó que la democracia liberal no es una verdadera alternativa: «El PRD es igual al PRI. Usa los mismos métodos de cooptación. Para hacerse propaganda utilizó una imagen mía abrazando a una militante.»

Al referirse a sí mismo, Ruiz hablaba con humildad: «el santo no lo es, si se cree santo». No creía en la importancia de su figura más allá de «haber dado voz a quienes no la tienen, al verdadero sujeto de la historia, a los indios». Cuando me despedí de él sentí que pertenecíamos a dos mundos muy distintos. Yo admiraba su lucha social, pero su apelación a la violencia justa sancionada por la Divinidad –por más ambigua y sutil que hubiese sido– me parecía inadmisible. En culturas donde la sacralidad es absoluta y englobante, sólo exacerba la propensión a la intolerancia, a la muerte ajena o la propia, siempre en nombre de Dios. Luego de tres conversaciones junto a la catedral, sentí que había conocido a una genuina encarnación de Isaías o Amós. No obstante, en su actitud y su prédica me faltaba el mensaje de amor de los Evangelios. Y, sin embargo, Ruiz irradiaba carisma: de haber permanecido dos días más en San Cristóbal, habría terminado por convertirme al evangelio indigenista de don Samuel.

Los paralelos entre Samuel Ruiz y fray Bartolomé de las Casas se extienden más allá de su fervor social y su compromiso con la justicia, su valor y huella en la historia. Comprende también la extraña ambigüedad de su legado. Sin la santa ira de fray Bartolomé, la servidumbre y esclavitud de los indios hubieran tomado carta de naturalización en la América española. Pero ¿cómo olvidar este pasaje de la *Historia de las Indias*, del propio Las Casas, el clérigo Bartolomé de Las Casas:

> [...] como venido el rey a reinar tuvo mucho favor [...] y los remedios de estas tierras se le pusieron en las manos, alcanzó del rey que para libertar a los indios se concediese a los españoles de estas islas que pudiesen llevar de Castilla algunos negros esclavos. Determinó el Consejo que debía darse licencia para que pudiesen llevar 4 000.

«La humanidad es Una», había proclamado fray Bartolomé... con excepción de los africanos. Su legado es la gloria de haber sido «el Protector de los Indios», y la infamia de haber traído a los primeros esclavos negros a la América española.

«El Reino es de los hombres que siguen la Palabra de Dios», diría don Samuel Ruiz... con excepción de los remisos señalados ya desde el Catecismo del Éxodo: los bloqueados ideológicamente, los doctrinarios, los espiritualistas, los moralistas, los ingenuos, los desarticulados, los reformistas, los dicotómicos, los que se apegan a la letra. El peligro evidente de aquella doctrina redencionista era su carácter excluyente. La intolerancia ante lo diverso y lo plural entrañaba el peligro latente de un estallido. Y el estallido llegó, en la matanza de Acteal.

En las elecciones del año 2000, los catequistas de la «Palabra de Dios» y los zapatistas armados hubiesen podido aliarse con las fuerzas institucionales de la izquierda para luchar por una legislación que, en el marco de la democracia electoral, apoyase de manera mucho más efectiva a los pobres de México, sobre todo a los indios, que han sido los pobres entre los pobres. No ocurrió. Aquel año, México y Chiapas acudieron a las urnas. Pero ni Samuel Ruiz ni el Subcomandante Marcos creyeron nunca en la democracia. Creyeron en la redención. Y esa fe irreductible marcó el ocaso final del zapatismo.

Aquel año Samuel Ruiz se retiró de su función eclesiástica. Murió mucho tiempo después, el 24 de enero de 2011. Su memoria, en no pocos mexicanos, convoca respeto y aún reverencia. Dada la dirección actual de la Iglesia es improbable que llegue a ser canonizado. Pero para los indios en la diócesis de Chiapas, el recuerdo de don Samuel permanecerá al lado de fray Bartolomé de las Casas, como su segundo apóstol.

Subcomandante Marcos

ASCENSO Y CAÍDA DE UN GUERRILLERO

El 1° de enero de 1994 los mexicanos despertamos al año nuevo con la sorpresa de un levantamiento indígena. Era como si se precipitara sobre nosotros un meteorito, pero no del espacio sideral sino del pasado. Encabezaba aquel súbito movimiento un misterioso personaje enmascarado, el «Subcomandante Marcos». Tras la definitiva derrota guerrillera en América Latina, a cinco años de la caída del Muro de Berlín, la aparición en México de un foco guerrillero era casi inimaginable. El país acababa de firmar el Tratado de Libre Comercio con Estados Unidos y Canadá, y parecía enfilarse, con paso firme, hacia la modernidad. Pero aún más pasmoso era el carácter autóctono del levantamiento. Parecía corresponder puntualmente a la famosa descripción de Octavio Paz en *Corriente alterna*: no era una rebelión ni una revolución sino una revuelta, una vuelta al origen y a la raíz, un regreso del pasado, al más antiguo pasado: el indígena.

Durante siete años, el movimiento conquistó las primeras planas nacionales e internacionales. Hoy casi ha desaparecido, pero dejó una huella profunda. Para intentar comprenderlo, para calibrar sus logros y fracasos, es imprescindible acercarse al perfil y las ideas de Marcos. Porque igual que en muchos otros momentos y periodos de la historia mexicana, el neozapatismo fue también, hasta cierto punto, una proyección social de las historias personales de sus líderes (caudillos, caciques, presidentes). Y al lado de esa biografía, es preciso conocer la historia y la difícil circunstancia del estado mayoritariamente indígena donde estalló la revuelta: Chiapas. «Todo en Chiapas es México», rezaba la propaganda

461

oficial a principios de los ochenta. Uno de los efectos positivos de la rebelión zapatista de enero de 1994 fue haber despertado la conciencia mexicana sobre la falsedad de esa afirmación. Muy poco en Chiapas era característico de México. Una expresión más justa hubiera sido: todo en Chiapas es Perú, no el Perú actual sino el que había sido por siglos.

En la superficie histórica, el origen y destino de los dos grandes virreinatos parece similar: ambos habían sido cunas de grandes civilizaciones y sufrieron una conquista traumática, y los dos se abandonaron a una larga siesta colonial, cautivos de la metrópoli española. En el siglo XIX, Perú y México vivieron (muy diversos) movimientos de independencia, proyectaron constituciones liberales, perdieron una guerra con sus vecinos y alternaron regímenes dictatoriales con fugaces interludios democráticos. Ya en el siglo XX, las diferencias se vuelven acusadas por la ausencia en Perú de una revolución social como la mexicana. México, además, vivió un proceso de mestizaje que a lo largo de los siglos atenuó las diferencias de color y etnia. Por contraste, en el Perú persistió más viva y presente la cultura indígena, con todo y sus poderosos mitos. Todavía en 1956 José María Arguedas documentó el fascinante mito de «Incarri» –fusión de inca y rey: la cabeza exangüe del rey inca yace en la superficie, pero debajo, silenciosamente, el cuerpo se reconstituye para vengar la amarga derrota de su pueblo y reconstruir la utopía arcaica–.

Al escribir sobre la rebelión de Rumi Maqui, el joven José Carlos Mariátegui había tenido una revelación: lo antiguo podía ser lo nuevo, «la revolución ha reivindicado nuestra más antigua tradición». Años después, al vincular esa antigua tradición con el marxismo, afirmó que el socialismo americano no debía ser una mera copia o una imitación sino «una creación heroica». Había que dar a la luz un socialismo indoamericano fincado en la realidad propia y la propia lengua. Su objetivo explícito era la reconstrucción del Perú sobre cimientos indígenas. La revolución que profetizaba no era sólo económica sino espiritual: «La fuerza de los revolucionarios –escribió en 1925– no está en su ciencia, está en su fe, en su pasión, en su voluntad. Es una fuerza religiosa, mística, espiritual. Es la fuerza del mito.» La tonalidad religiosa era esencial en Mariátegui. Pero con toda su capacidad profética difícilmente habría sospechado que el levantamiento que deseaba y entreveía no ocurriría en el Perú de su tiempo sino en el México de fin de siglo.

★ ★ ★

En Chiapas, la revolución marxista-indigenista que profetizó Mariátegui arribó finalmente al escenario de la historia. Allí, en la región de Los Altos y la Selva Lacandona, la población indígena (no sólo en el sentido étnico sino cultural; es decir, aquella que conscientemente vivía en los usos y costumbres de sus antepasados indígenas) correspondía al 79% del total, porcentaje similar al del Perú en tiempos de Rumi Maqui. Por contraste, en la ciudad de San Cristóbal de Las Casas, sólo el 33% de la población era indígena. Las condiciones de aquel Perú de principio del siglo xx y de Chiapas a fin de siglo eran sin duda semejantes: la misma demografía dual, la misma geografía del odio –la ciudad blanca y la alta sierra indígena–, la tenue influencia histórica de la religión católica, la similar nomenclatura estamental y discriminatoria, las mismas rebeliones milenaristas (las de Chiapas ocurrieron en 1712 y 1867) libradas contra la población blanca y destinadas a restaurar el esplendor prehispánico. En el resto de México (salvo excepciones y a despecho de la mitología indigenista, tan extrema y falaz como su contraria, la hispanista) el problema propiamente racial había sido razonablemente resuelto desde hacía más de un siglo gracias a aquel proceso de mestizaje que fue no sólo étnico sino sobre todo cultural. Por todo ello, más que los agravios de raza o color, los impulsos profundos de la Revolución mexicana fueron el nacionalismo económico y una honda vocación de igualdad social.

En buena parte del territorio mexicano, el problema de la tierra –«la liquidación de la feudalidad», como diría Mariátegui– se atacó de raíz en un sentido similar al que proyectó el pensador peruano. México, de hecho, restauró, en el ejido, «los elementos de socialismo práctico que [existían en la] agricultura y la vida indígena». Y si esa reforma estuvo lejos de alcanzar el bienestar general, al menos reivindicó socialmente y dignificó moralmente al campesino. No es casual, en fin, que tanto en Chiapas como en el Perú ambas experiencias –mestizaje y reforma agraria– hayan ocurrido

En sus años universitarios (1977-1981) no sólo sobrevivió a la lectura de Althusser: escribió sobre él. Su antídoto —rara cualidad en un revolucionario— fue el humor, no sólo la ironía o el sarcasmo sino el descubrimiento de lo risible en lo humano, empezando por él mismo. Su tesis sobre los libros de texto como instrumentos de dominio —fechada «en algún lugar muy cerca de la Ciudad Universitaria»— y su propia derivación al diseño gráfico —hechura de carteles, redacción de comunicados y volantes y, más tarde, docencia del diseño al servicio de las causas populares— pueden verse como el embrión de una práctica revolucionaria a través de la crítica cultural y la creación artística. También a principios de los años veinte —como Mariátegui pudo constatar— los artistas rusos, europeos y en especial italianos habían puesto el arte plástico y el diseño al servicio de la revolución. Instintivamente, Marcos los seguía. Tal vez su gran popularidad con la izquierda italiana tuvo ese remoto origen.

Marcos estuvo en Nicaragua a principio de los ochenta, primero con su maestro Alberto Híjar (profesor de estética y marxismo) como parte de unos cursos culturales, y más tarde en el poblado de San Juan, donde se le recordaba por su austeridad: «era reservado y culto... una criatura como sacerdotal». Su siguiente estación fue Cuba, donde al parecer no sólo aprendió el arte y la técnica de la guerrilla, sino que afinó su conocimiento del icono revolucionario al que evidentemente quería emular: «Quería conocer los menores detalles de la vida del Che en el monte, en Bolivia, en África: sus lecturas, su forma de escribir, lo que comía, cómo repartía los alimentos, cómo fumaba pipa, qué tabaco utilizaba, cómo ejercía la medicina en las poblaciones [...] ¡Quería saber hasta cómo respiraba!»

Al conocerlo en La Habana, un alto funcionario cubano comentó: «Es un nuevo Che.» En efecto, cuando llegó a la Selva Lacandona, Guillén (que probablemente había adoptado ya el nombre de Marcos por un guerrillero caído que le enseñó historia de México) usaba la clásica boina del Che, fumaba pipa, contaba a los indios que era médico y les distribuía medicinas. Pero su inspiración guevarista iba mucho más allá de las apariencias: estaba en el corazón mismo del proyecto guerrillero en Chiapas. Esta vez el «foco» prendería, no sólo por su conveniencia geográfica (la inaccesible selva) sino por el fermento revolucionario que ya animaba a las comunidades indígenas de Los Altos de Chiapas, en particular en «las Cañadas».

Marcos no tuvo necesidad de predicar su evangelio. Durante más de 10 años se concentró en el objetivo militar de su proyecto (la revolución marxista en México). Pudo hacerlo, en parte, porque el terreno teológico-político estaba abonado. Desde principio de los años setenta, la instrucción ideológica de los indios había estado a cargo de la diócesis de San Cristóbal de Las Casas, encabezada por el obispo Samuel Ruiz y sus evangelistas dominicos, jesuitas y maristas. Se denominaba la «Palabra de Dios», consistía –en esencia– en una interpretación marxista de los Evangelios y llegaría a ser el experimento práctico más exitoso en la Teología de la Liberación en América Latina.

Los panfletos que distribuían entre las comunidades indígenas las homologaban con el pueblo de Israel, oprimido por el moderno faraón del capitalismo mundial y sus lacayos locales. En algunas instancias, estos panfletos apoyaban de manera explícita a los guerrilleros de Centroamérica. Cuando, con el apoyo del obispo Samuel Ruiz, Marcos arribó –con un puñado de compañeros– a la Selva Lacandona, encontró que los indios (sobre todo los catequistas del evangelio liberador y sus fieles catequizados) se sentían espiritualmente preparados para embarcarse en una guerra prolongada. Sin esa élite indígena local, el foco se habría apagado antes de brillar. Antes de integrarse al EZLN (Ejército Zapatista de Liberación Nacional), esos indígenas habían formado parte de un ejército informal, fervoroso y previo: el Ejército Catequista de Liberación Nacional.

III

A su gurú literario Carlos Monsiváis, Marcos le declaró: «El EZLN se prepara para el 1 de enero pero no para el 2 de enero» (*La Jornada*, 8 de enero de 2001). Verdad sin máscaras. Cuando Marcos grababa fascinado a los indígenas que el 12 de octubre de 1992 derribaban la estatua de Diego de Mazariegos en San Cristóbal, no intuía ser un personaje extraído de Mariátegui: pensaba en sí mismo como un revolucionario más de la estirpe nacida en las universidades rusas del siglo XIX o un émulo del Che Guevara. Con todo, escribe entonces textos impregnados de redentorismo en los que no deja de haber una tonalidad y hasta una imaginería proveniente del mundo indígena que por casi una década lo había rodeado y acogido.

En los primeros comunicados del EZLN no predominaba el mensaje indigenista: hablaban de socialismo y revolución. De pronto, el 2 de enero (o el 5 o el 6), para su pasmo personal y el de un amplio sector de la opinión mexicana, Marcos advierte que «algo nuevo ha nacido», «otra cosa». No es sólo la expresión pública de simpatía o al menos comprensión hacia los alzados, ni el repudio general a quienes (como el viejo líder obrero Fidel Velázquez) pedían el «exterminio de los encapuchados». Era la súbita aparición, a fines del siglo XX, de un viejo tema, de una vieja profecía –o tal vez melodía– latinoamericana, indoamericana: no ya «la palabra de Dios» sino la de Mariátegui.

Marcos debió haber leído a Mariátegui en la universidad. Era texto obligado en sus cursos de marxismo o historia de América Latina. Pero en lo que respecta al tema indígena su seguimiento del libreto mariateguiano no tenía por qué ser deliberado y consciente: era un desenlace natural a la revelación del 2 de enero. A partir de entonces, apoyado en un uso genial de los medios masivos (y montado, más tarde, en la oportuna aparición de internet), Marcos y los zapatistas –esos enemigos de la globalización– hicieron un uso imaginativo de los medio modernos y colocaron la cuestión indígena en un lugar prominente de la agenda internacional, relacionándola además, de manera directa, con dos productos políticos de alta aceptación en círculos contestatarios: la globalifobia y el multiculturalismo.

Mariátegui habría aplaudido la utilización de los medios para la causa indígena. Corresponden a la técnica surrealista de demolición del orden burgués y a la propuesta de una vuelta creativa al origen indígena que tanto predicaba. Hay muchas otras facetas que habría aplaudido. En esencia, la creatividad gramsciana en la revolución cultural de Marcos. Aquí habría que distinguir cuando menos cuatro elementos: teatrales, literario-periodísticos, históricos y cinematográficos. El pasamontañas, desde luego, fue un invento extraordinario, símbolo con todas las ventajas de una maravillosa marca: distinto, misterioso, sencillo, barato, útil, reproducible en sí mismo o en pósters y camisetas. Como hallazgo de mercadeo revolucionario, su éxito estaba asegurado porque era *made in Mexico*, país donde la máscara ha sido un elemento cultural intacto a través de los siglos. Y sin embargo nadie en México –hasta Marcos– lo había pensado para esos efectos.

La siguiente revelación ocurrió en el discurso mismo, sobre todo a partir del texto «¿De qué nos van a perdonar?» El eco en la prensa doctrinaria y los lectores universitarios fue inmediato, y con altas y bajas se sostuvo muchos años. Había un poderoso fabulador y un panfletista «en algún lugar de la selva chiapaneca», un cuentista y un ensayista (admirado por Octavio Paz); desigual, prolijo, sentimental, incisivo, hilarante, imaginativo, cursi a veces, obsedido en demasía por los temas de la muerte (como notó el propio Fidel Castro), pero había un escritor. En la medida en que la izquierda mexicana era entonces –y en cierta medida sigue siendo– más cultural que social y más social que política, la simbología y el discurso de Marcos fueron, en verdad, revolucionarios.

Marcos impregnaba sus escritos de un marcado tono bíblico. Sus citas, en especial las poéticas, abrevaban con naturalidad de un abanico que iba de Shakespeare a Lewis Carroll, de Paul Éluard a Neruda. Lo mismo acudía a la cultura *pop* que a la tradición oral de los mayas, a los cómics de Walt Disney y a los autores clásicos de la izquierda literaria en América Latina. En suma, un auténtico coctel posmoderno. Pero a pesar de su talento, en Marcos –a diferencia de su maestro Mariátegui– la literatura era un medio, no un fin, un atributo al servicio de la causa revolucionaria.

Puertas adentro de México, sus escritos emocionaron a un sector de la clase media –sobre todo universitaria– y conmovió a varios grupos indígenas, aunque no con la intensidad de la zona chiapaneca. Fuera del país, y en especial en Italia, los textos de Marcos revitalizaron a la izquierda occidental luego de la traumática caída del Muro de Berlín. José Saramago, el gran autor portugués, escribió un embelesado prólogo a los textos reunidos de Marcos titulado *Nuestra arma es nuestra palabra*. En la imaginación de Saramago, Chiapas era la Nueva Jerusalén, los zapatistas el pueblo de Israel, Marcos el redentor, don Samuel Ruiz san Juan Bautista y él, Saramago —presumiblemente—, uno de los apóstoles. Y Saramago no estaba solo en su entusiasmo: varios respetables intelectuales de Occidente pensaban de modo similar. «Pocos hombres han ganado su indignación tan cabalmente como Marcos», escribió Norman Mailer en la cubierta de *Our Word Is Our Weapon*, versión inglesa de aquella obra. Kurt Vonnegut consideró que Marcos era «el Tom Paine de nuestro tiempo».

Saramago, al menos, visitó realmente Chiapas. Pero en su piadoso peregrinar por los caminos de la selva sólo vio lo que quiso ver: una sociedad polarizada entre indios y militares. No vio la compleja verdad: una sociedad indígena polarizada entre zapatistas y no zapatistas. México no era un país dividido entre indios explotados y no indios explotadores. En México el problema mayor no es de índole racial sino social y económica: la pobreza y la desigualdad. Y más recientemente, la criminalidad y el narco.

Marcos creó, como quería Mariátegui siguiendo a Sorel, la «fantasía que opera sobre un pueblo disperso y pulverizado» para «suscitar y organizar su voluntad colectiva». Fiel a la prédica del ideólogo peruano (la apelación al mito, la influencia estética italiana), Marcos recurría siempre a la historia mexicana, a aquello que llamaba «nuestro resguardo histórico»: la vinculación explícita con el zapatismo, desde luego, pero también la nueva puesta en escena de la Convención de Aguascalientes. El congreso al que convocó en 1994 tuvo lugar en un sitio rebautizado como Aguascalientes. Al hacerlo, Marcos buscaba recrear una famosa convención de caudillos y generales, sobre todo villistas y zapatistas, que se había congregado 80 años antes en la ciudad de Aguascalientes. De manera consistente, quiso enmarcar su movimiento en la corriente revolucionaria de la historia mexicana, aunque esta misma corriente fuese la fuente de legitimidad del Estado al que combatía. Desde su primer comunicado, fechado el 2 de enero de 1994, sus referencias históricas fueron constantes: los comandantes zapatistas eran los nuevos «insurgentes», como Hidalgo y Morelos, los padres fundadores de la patria independiente. Las figuras predilectas de Marcos eran los caudillos revolucionarios: Pancho Villa pero sobre todo Emiliano Zapata. Alrededor de Zapata, Marcos intentó crear una leyenda: mezclando la lucha por la tierra con las antiguas creencias mayas de un hombre primigenio y divino llamado «Votán» (que significa «el corazón del pueblo»), Marcos trató de crear un mito integral, zapatista e indígena, que era la suma encarnada de todos los héroes populares de México: «Es todo en nosotros... caminando está. Votán Zapata guardián y corazón del pueblo. Amo de la noche... señor de la montaña... Nosotros... Votán, guardián y corazón del pueblo. Uno y muchos es. Ninguno y todos. Estando viene. Votán Zapata guardián y corazón del pueblo.»

Gabriel Zaid llamó al neozapatismo una «guerrilla posmoderna». Había un director de cine oculto tras la máscara, un cineasta que esperaba cambiar la máscara por la cámara. Su vida ha sido su mejor película. En la entrevista con Monsiváis lo confesó claramente, postulando de paso todo un programa gramsciano para que la izquierda se regenere y pueda así enfrentar la hegemonía neoliberal: «El problema de la izquierda es construirse un referente cultural, histórico, intelectual y político. Allí es donde extrañamos el trabajo de los intelectuales [...] Creemos que el sector intelectual, progresista, de izquierda tiene todavía un camino que construir. El reto es grande y muy rico, qué envidia, qué ganas de entrarle. Y no sólo en el aspecto intelectual, también el cultural, el cine.»

IV

La Realidad. Éste era el nombre que Marcos dio al pequeño pueblo donde los zapatistas establecieron su cuartel general. La expresión era, a un tiempo, esperanzada y arrogante. El problema era que La Realidad no correspondía a la realidad. Una cosa era la creación de un mito y otra, muy distinta, la posibilidad de hacer operar ese mito en una realidad desmitificada. Cierto, La Realidad de Marcos no estaba exenta de realidad. Los indígenas que la construyeron eran tan reales como sus ancestrales agravios. Los encabezaba, además, un hombre extraordinariamente creativo y resuelto. Pero cómo podría La Realidad compaginarse con la realidad.

Marcos, que tantos hombres había sido, no fue nunca un ideólogo. Mariátegui prescribía para Perú la reforma agraria como paso previo a la adopción (readopción habría dicho él, dados los antecedentes incaicos) del socialismo. Pero Mariátegui —como Marcos— había sido un hijo de su tiempo. Él podía mirar a la Revolución rusa como el amanecer de la historia; Marcos no. Ese Marcos socialista murió tal vez, tardíamente, el 1° de enero de 1994, tres años después de la Unión Soviética. El 2 de enero nació el otro Marcos, el indigenista, el que todos conocimos. Un poeta en armas, un publicista genial, un romántico en la sierra, todo ello y más, menos un ideólogo.

A Marcos, experto en revelar lo oculto y ocultar lo evidente, no podía ocultársele el derrumbe del socialismo real y la inviabilidad de esa utopía. Por eso se quedó con la suya: «Lo fundamental de nuestra lucha es la demanda de los derechos y la cultura indígena, porque eso somos. Aquí estamos, todavía seguimos, resistimos.» Con el peso de esas palabras, Marcos —como el grupo «Panteras Negras» en los años sesenta— intentó transformar la política de identidad en un programa revolucionario. Lo logró, de manera efímera.

¿Qué significaba, concretamente, en la realidad, este planteamiento hecho desde La Realidad? Un admirable proyecto social que en la práctica se volvía algo confuso y contradictorio. «No necesitamos que nos den nada», decía Marcos, desdeñando «la política de ventanilla», ésa que sólo arrancaba al gobierno «una tienda, una clínica más». Las viejas críticas al «reformismo», al «economicismo», a los que «venden su alma y dignidad por unos denarios», resonaban en este planteamiento que —nuevo eco de Mariátegui— propendía al pensamiento religioso y mesiánico. Un brillante y malogrado escritor de izquierda peruano, Alberto Flores Galindo, criticó estas visiones que volteaban la espalda al progreso económico y social fragmentario pero efectivo —que proviene con las inversiones, las escuelas, las tiendas, las clínicas—, y buscaban el restablecimiento o permanencia de modos de vida arcaicos, supuestamente superiores, pero en realidad opresivos: «Sólo quienes no han tenido el riesgo de soportar el tifus pueden lamentar la llegada de una carretera o la implantación de una posta médica en un pueblo.» Es claro que viviendo en la selva por casi 20 años, Marcos había visto el dolor humano, pero su rechazo a actos de reivindicación que consideraba indignos («queremos que esto cambie, no que nos den caridad») complicaba aún más la solución del conflicto.

471

Porque ¿quién decidía cuándo un acto de reparación a los indígenas era pertinente, genuino o suficiente? ¿Se había consultado libremente a todos los indígenas de Chiapas para averiguarlo?

V

Lo cual lleva al meollo de la cuestión, el tema de la democracia. Desde los primeros comunicados Marcos y los zapatistas reiteraron innumerables veces su adhesión a la democracia. Pero se trataba de una adhesión vacía: en las elecciones locales de 1995 y 1997, los zapatistas bloquearon el proceso. Más tarde, en el año 2000, Marcos urgió a sus huestes a abstenerse de votar. E hizo lo mismo en la votación de 2006, a pesar de que el candidato de la izquierda pidió su apoyo. En su óptica, la democracia implicaba que la nación reconociese constitucionalmente el derecho de las comunidades indígenas a ser diferentes. El razonamiento parecía impecablemente democrático: afirmaba el respeto elemental que las mayorías deben a las minorías, en este caso la mayoría no indígena del país, la mayoría mestiza, a las minorías indígenas. Pero ¿qué ocurría cuando en la realidad (y en La Realidad) algunos aspectos esenciales de los «usos y costumbres» de las comunidades atentaban contra las minorías internas de esas comunidades?

Cuestionado por Monsiváis, Marcos llegó a aceptar: «algunos usos y costumbres no sirven a las comunidades indígenas: la compraventa de mujeres, el alcoholismo, la segregación de las mujeres y jóvenes en la toma de decisiones colectivas, que sí es más colectiva que en las zonas urbanas pero es también excluyente. Hay que eliminar el alcoholismo, la venta de mujeres, el machismo, la violencia en el hogar». Por respeto a los usos, costumbres y tradiciones de los pueblos indígenas –todos ellos arraigados en antiguas creencias religiosas–, Marcos insistía en que los cambios debían ser graduales. Pero si esos usos y costumbres dañaban la vida individual, ¿era deseable esperar?, ¿y qué proceso cabía implantar para transformarlos? Con el solo hecho de reconocer la necesidad de esos cambios, Marcos caía en contradicción. Si la mayoría en el país debía conceder a la minoría indígena su derecho a la diferencia, la mayoría indígena –en cualquier localidad o comunidad– estaba obligada a conceder el mismo derecho a sus propias minorías internas: derechos individuales inalienables como la libertad de expresión, de movimiento y de residencia. Sin embargo, en muchas comunidades indígenas esos derechos han sido inexistentes. Personas con credos u opiniones diferentes sufrían (sufren aún) exclusión, ostracismo y aún la muerte.

Marcos prefería esquivar estos temas. Aceptarlos era admitir la dimensión mítica de su empresa. «El balance de mi papel está por hacerse.» Tenía razón. Cierto, en 1994 había habido muertos en ambos bandos, indígenas y no indígenas (y de ellos hasta Marcos se olvidó a veces), pero al comenzar el siglo XXI, el balance histórico de su figura parecía positivo. Y es que, sin el sacudimiento del 1° de enero de 1994, México no habría tomado conciencia de su problema indígena y los sucesivos gobiernos (Zedillo, Fox, Calderón) no habrían canalizado los recursos de toda índole (escuelas, carreteras, servicios médicos) que han llevado a esas comunidades.

En el año 2000 México logró la alternancia de poder. Más de 40 millones de mexicanos acudieron a las urnas. Era el triunfo evidente de la idea democrática, pero Marcos (a quien en 1995 un millón de personas habían pedido que pasara de la guerrilla a la política) se negó a dar el paso. ¿Qué opción le quedaba? En el año 2001, como correspondía a una democracia plural y tolerante, una gran marcha zapatista recorrió el país y arribó a la ciudad de México. Los medios cubrieron ampliamente sus hechos y dichos, entre ellos una histórica comparecencia de comandantes indígenas en el Congreso. En una entrevista con Gabriel García Márquez, Marcos había declarado que las armas no eran ya una opción viable. La marcha fue su instante de gloria pero tuvo el efecto inesperado de desmitificar el movimiento, de volverlo algo ordinario y normal. Por otra parte, la opinión pública aprobó el giro pacifista que el presidente Fox imprimió a su política frente al movimiento. El ejército se replegó de la zona pero, incomprensiblemente, los zapatistas no cedieron un ápice. Ni siquiera la nueva legislación indígena aprobada por el Congreso logró convencerlos. Cuando la gente le preguntaba a Marcos cuál era el paso siguiente, contestaba: «la línea es que no hay línea».

En cuanto a Marcos, todavía en el año 2001 habría podido intentar un cambio acaso más profundo y perdurable del que llevó a cabo en los años noventa. Su guerrilla, que había pasado de la selva al internet, podía transformarse (como se lo pidió un plebiscito de 1.5 millones en 1995) en una fuerza política formal. Y él, Marcos, podía convertirse en el esperado líder de la izquierda mexicana. Por desgracia, Marcos nunca consideró esa opción. Prefirió aferrarse a su mito, hasta que el mito comenzó a agotarse. Y para colmo, el liderazgo de la izquierda cayó en manos de un nuevo líder civil, no menos legítimo, aguerrido y carismático que Marcos: Andrés Manuel López Obrador. Cuando en plena campaña presidencial de 2006 Marcos descalificó públicamente a López Obrador (restándole votos que le hubiesen dado el triunfo), un amplio sector de la izquierda repudió su actitud. Para los zapatistas, el horizonte finalmente se cerró: la atención pública se había erosionado, la democracia se consolidó, y los indígenas insurgentes (mermados, desanimados) se replegaron cada vez más.

Marcos siguió siendo una figura popular entre muchos jóvenes mexicanos pero más como una enigmática celebridad que como un ejemplo a seguir. Otros líderes insurgentes de la historia latinoamericana (Túpac Amaru, Che Guevara) habían muerto a manos de sus enemigos. Pero Marcos eligió el camino más romántico: la penumbra y la desaparición, el paso a la leyenda. Por muchas razones (filosóficas, políticas, generacionales, culturales), Marcos –que tendrá ahora 54 años y acaso vive anónimamente en la ciudad de México– debió haber guiado quizá su movimiento hacia la vida cívica. Pero optó por seguir al pie de la letra el evangelio redentor de José Carlos Mariátegui. El mito, con todo, se deslavó. En algún momento de 2010, un antiguo partidario suyo envió a los diarios una foto suya sin máscara. La imagen se publicó en las primeras planas pero a nadie le importó un comino.

El paso del tiempo no fue del todo ingrato con Chiapas. Los sucesivos gobiernos volcaron recursos económicos y de infraestructura al estado. La democracia avanzó también. Los zapatistas se resignaron a compartir el poder con otros grupos en Chiapas, que se convirtió en un mosaico democrático: hay municipios (como el mismísimo Ocosingo, antiguo bastión zapatista) que pasaron al PAN; otros son del PRI y muchos del PRD; hay municipios autónomos (controlados por el neozapatismo) y hay municipios duales, de poder compartido. La violencia política ha disminuido. Pero además de esa adopción de la democracia, muchos chiapanecos comenzaron a «votar con los pies» emigrando a las ciudades de México y a Estados Unidos.

Marcos, según se dice, padece una enfermedad a pesar de la cual —se rumora también— visita con frecuencia La Realidad, cuartel que sin los reflectores internacionales es muy distinto al que fuera en los años noventa. También la realidad mexicana de hoy es muy distinta, más cruda y violenta que la de esa época pero un poco más sensible a la postración de los indios. Y esa conciencia en *esta* realidad es algo que los mexicanos debemos a aquel estallido sorprendente del 1° de enero de 1994, a la prédica de Samuel Ruiz y al tránsito fulgurante del Subcomandante Marcos por el escenario de la historia.

SEXTA PARTE

El caudillo posmoderno

Hugo Chávez

LA HISTORIA COMO AUTOBIOGRAFÍA

La sacralización de la historia es costumbre antigua en la América hispana. En estos países católicos, las historias nacionales (sus héroes y sus villanos) se volvieron paráfrasis inmediatas de la Historia Sagrada, con sus martirologios, sus días de guardar y sus retablos colmados de santos laicos. Pero en Venezuela, donde la presencia de la Iglesia fue menos rica e influyente que en México, Perú o Ecuador, la transferencia de lo sagrado a lo profano fue más intensa acaso por la falta de «competencia» con las figuras estrictamente religiosas como la Virgen de Guadalupe o los santos patronos de los pueblos mexicanos. Adicionalmente, la piedad cívica de Venezuela tuvo la particularidad de ser monoteísta, es decir, de centrarse en la vida y milagros de un solo hombre deificado: Simón Bolívar.

Además de los desfiles, discursos, ceremonias, concursos, inauguraciones, pompas, develación de monumentos, publicaciones iconográficas y demás actos sacramentales en honor de Bolívar que prohijaron los sucesivos gobiernos de Venezuela (oligárquicos, ilustrados, civiles, militares, dictatoriales), desde 1842, a sólo 12 años de su muerte, nació un culto popular espontáneo y perdurable. Lo alimentaba una suerte de penitencia por la culpa de haberlo dejado morir en tierras colombianas. Bolívar habría sido endiosado por el mismo pueblo que, con su rechazo a su proyecto de la Gran Colombia (que unificaba originalmente a Venezuela, Colombia, Ecuador y Panamá), lo condenó al ostracismo. Esta versión caribeña del *Moisés y el monoteísmo* de Freud fue repetida casi intacta por el cardenal de Caracas en 1980. Desde la silla de su cátedra, aseguró que todas las desdichas de Venezuela, las innumerables guerras civiles (más de 150 en 150 años de vida independiente) y las dictaduras padecidas en los siglos XIX y XX (más prolongadas y feroces que las de cualquier otro país de América Latina), provenían de la «traición» cometida contra Bolívar.

Oficial, popular, inducido, espontáneo, neoclásico, romántico, positivista, nacionalista, internacionalista, militar, civil, religioso, mítico, providencialista, patriotero, venezolano, andino, iberoamericano, panamericano, universal, el culto a Bolívar se volvió el lazo común de los venezolanos, la liturgia central de su Sagrada Escritura. Otros héroes santificados ocupaban el altar, pero siempre a su sombra y no siempre adorados: el precursor de la independencia Francisco de Miranda, el fiel mariscal Sucre, el general Páez (brazo derecho en la guerra, adversario en la paz, fundador de la definitiva República de Venezuela). Incluso en círculos académicos esta imagen inmaculada prevaleció hasta los años sesenta del siglo XX. Cuando en 1916 un joven médico se atrevió a sugerir la probable epilepsia de Bolívar, la condena intelectual por aquel acto de «ateísmo patriótico» contra la fe bolivariana «religión augusta, admirable, excelsa», fue implacable: «¿Cómo es posible —se dijo— que un venezolano suba al empíreo para separar a Bolívar del lado de César, y colocarlo en el averno, al lado de Calígula?»

★ ★ ★

Desde muy joven, Hugo Chávez veneraba a Bolívar, pero no sólo a Bolívar. Siempre había sido un venerador de héroes. En su modesta niñez en la pequeña ciudad de Barinas, situada en los llanos occidentales del país, Chávez había admirado intensamente a Chávez, es decir, al «Látigo» Chávez, famoso pitcher que había llegado fugazmente a las ligas mayores y había muerto en un accidente de avión. Según sus copiosas versiones autobiográficas, al ingresar (en 1971, a los 17 años) a la Academia Militar, Chávez acudió a la tumba del «Látigo» para pedirle perdón *personalmente* porque nuevos héroes suscitaban su voluntad de emulación: el Che Guevara y Fidel Castro. En 1974 estrechó la mano del general Juan Velasco Alvarado, presidente del Perú, y soñó para Venezuela una revolución similar, hecha «por militares para el pueblo». Su panteón personal incluía a Ezequiel Zamora (popular caudillo de la Guerra Federal de mediados del siglo XIX) y a su propio bisabuelo, un rebelde de borrosa trayectoria de principios del siglo XX. En su imaginación épica (reflejada en innumerables anécdotas personales) lo interesante del aquel pasado poblado de héroes era que le hablaban precisamente a él y que, en última instancia, terminaban siempre por reencarnar en él. «Te voy a decir una cosa que ni le he dicho a nadie –confesó a varios compañeros–, yo soy la reencarnación de Ezequiel Zamora.» Hay quien dice que siempre ha temido morir como él: a traición de un disparo en la cabeza.

También con sus héroes contemporáneos necesitaba el contacto directo. En una entrevista de 2005, el presidente Chávez recordaba sus primeros encuentros con Fidel. «Dios mío, quiero conocer a Fidel –había rezado en la cárcel, tras su fallido golpe de Estado en febrero de 1992– cuando salga y tenga libertad para hablar, para decir quién soy y qué pienso.» El primer encuentro se produjo finalmente en La Habana: Fidel lo esperó personalmente en la escalinata del avión. Desde entonces, Chávez comenzó a verlo «como a un padre», y sus propios hijos como un abuelo. El abuelo Fidel. Un sueño literario hecho realidad:

> El día en que entró a la casita de la abuela en Sabaneta tuvo que agacharse. La puerta es bajita y él, un gigante. Yo lo veía, ¿no? Y le comenté a (mi hermano) Adán. Mirándolo allí, como si fuera un sueño: «esto parece una novela de García Márquez». Es decir, 40 años después de la primera vez que escuché el nombre de Fidel Castro, él estaba entrando en la casa donde nos criamos... ¡Ay Dios mío!

Hilvanando su propia genealogía con los héroes de la patria, durante los 15 años en que pacientemente tramó su conspiración revolucionaria (1977-1992), Chávez se fue convirtiendo, en efecto, en una criatura del realismo mágico. Él sería texto supremo (ya presagiado en otros) en la Sagrada Escritura de la Historia venezolana.

★ ★ ★

El cadete Chávez había sido un oficiante de la mitología histórica bolivariana, pero no de un modo ceremonial o académico sino autobiográfico y teatral. En 1974, según consta en textos suyos recogidos en 1992 bajo el título de *Un brazalete tricolor*, su arrebato lírico a propósito del libertador había ido más allá de las imágenes reverenciales (pictóricas, verbales o escultóricas) de la historia neoclásica de bronce, más lejos que las equiparaciones románticas y patrióticas de Bolívar con Alejandro, César o Napoleón; más lejos aún que las grandilocuentes imágenes oficiales sobre «la apoteosis al semidiós de Sudamérica». En ese año, el cadete Chávez escribió una apología del héroe que comenzaba con esta frase insólita: «el 23 de junio, víspera del aniversario de la gran Batalla... de Carabobo, Simón Bolívar hizo parir a la patria».

Según explica el historiador venezolano Elías Pino Iturrieta en *El divino Bolívar* (2003), para el joven Chávez Bolívar era Dios Padre, la Patria era la Virgen y el Niño Dios o el producto de esa cópula trascendental era el Ejército libertador que, en un salto a través de los siglos, era el mismo ejército al que Chávez pertenecía. En 1978, la ocurrencia desembocaría en su corolario natural: el Ejército bolivariano (el de Bolívar y el de Chávez que, místicamente, eran ya el mismo) volvía a la escena histórica para lavar el honor «de la humillada madre», dar continuidad a la Independencia y culminar la obra pendiente:

> Es tu joven hijo, Venezuela —escribía Chávez—, que recoge en su seno la gente de tu pueblo, para adiestrarlo y enseñarlo a amarte y defenderte... Es tu semilla, Patria... Es tu reflejo, país de héroes... tu reflejo glorioso. A medida que pasen los años, nuestro Ejército debe ser la proyección inevitable del desarrollo social, económico, político y cultural de nuestro pueblo.

Tras aquel primer contacto personalísimo y filial (aunque todavía colectivo) con Simón Bolívar, su padre metahistórico, el 17 de diciembre de 1983, Hugo Chávez pronunció un provocador discurso que le valió la reprimenda de sus superiores y acto seguido discurrió una escenificación que se ha vuelto famosa en Venezuela: el juramento del «Samán de Güere». Chávez instó a cuatro compañeros a realizar una representación místico-teatral en la que vinculó su proyecto revolucionario con la memoria del prócer. A la sombra de un añoso árbol donde, según la leyenda, descansó Bolívar, parafraseó el juramento del año 1805 que Bolívar había hecho en presencia de su mentor Simón Rodríguez, frente al Monte Sacro de Roma: «Juro por el Dios de mis padres, juro por mi patria, juro por mi honor, que no daré tranquilidad a mi alma ni descanso a mi brazo hasta no ver rotas las cadenas que nos oprimen y oprimen al pueblo por voluntad de los poderosos.» 1805 se convertía en 1983. Chávez había cambiado sólo dos palabras: en vez de "los poderosos", la oración de Bolívar se refería al «poder español».

En los ejercicios militares que encabezaba, Chávez ordenaba a sus subalternos comenzar el día con un pensamiento entresacado al azar de un libro de frases de Bolívar y repetía esas oraciones como citas de un evangelio pertinente por encima del tiempo y para todas las circunstancias. Su movimiento revolucionario tenía las siglas de Bolívar. En la primera entrevista que concedió tras su golpe de Estado, mirando desde la rendija de su prisión al Panteón Nacional en cuyo altar mayor reposan los restos del héroe, el comandante pronunció estas palabras sacramentales: «Bolívar y yo dimos un golpe de Estado. Bolívar y yo queremos que el país cambie.» No eran metáforas. El comandante hablaba en serio.

Cargado de aquella imaginería histórica encarnada en él, al salir de la cárcel en 1994, Chávez desplegó el activismo político febril que cinco años más tarde lo llevaría a la presidencia por la vía electoral. Pero en las reuniones de trabajo comenzó a ocurrir uno de esos hechos desconcertantes, muy naturales en la literatura existencial de Chávez: colocaba una silla en la cabecera sin permitir que nadie se sentara en ella. La mira fijamente. Sólo él escucha al inasible convidado: el libertador Bolívar.

Si bien la admiración por Bolívar era apasionada y genuina, la adopción del mito fue cerebral. En algunas entrevistas de la época, Chávez se refirió a la «mistificación» de que era objeto el «hombre» Bolívar. Chávez entonces se proclamaba «revolucionario antes que bolivariano». Pero su revolución necesitaba una «ideología». También él la necesitaba, «pero no tenía tiempo ya». ¿Qué hacer? Urgía al menos una «bandera ideológica». La encontró en su innato culto al héroe. Los revolucionarios de Nicaragua habían adoptado la efigie de Augusto César Sandino, legendario guerrillero nacionalista de los años veinte. Chávez sabía que en México el Subcomandante Marcos había invocado recientemente, con mayor éxito, a Emiliano Zapata. Pero Bolívar significaba mucho más para el pueblo de Venezuela: no un héroe sino un semidiós. Con todas sus letras, Chávez declaró: «Si el mito de Bolívar sirve para motorizar ideas y pueblos, está bien...» También Fidel Castro bendeciría la «bandera», en la primera visita de Chávez a La Habana: «si las luchas hoy se llaman bolivarianismo, estoy de acuerdo, y si se llaman cristianismo, estoy de acuerdo». Pero ni el propio Castro imaginaría los extremos a los que Hugo Chávez, una vez en el poder, llevaría el culto al héroe.

★ ★ ★

En América Latina los poetas son profetas. En febrero de 1999, en su toma de posesión, Hugo Chávez citó una famosa línea de Pablo Neruda, la convirtió en el eje de su discurso y orquestó a partir de ella la más impresionante escenificación teológico-política vista en la America Latina. Sermón y homilía, texto larguísimo colmado de citas de Bolívar aplicadas al presente, pleno de tonalidades religiosas y giros grandilocuentes —extremados aun dentro de los permisivos parámetros de la retórica latinoamericana—, Chávez anunciaba (en el sentido cristiano) que su llegada al poder no era sólo un triunfo electoral o político, ni siquiera un triunfo histórico. Era infinitamente más: una parusía, la vuelta a la vida de los muertos y de la Patria, la resurrección anunciada por el apóstol Pablo (Neruda): «Es Bolívar que resucita cada cien años. Despierta cada cien años cuando despiertan los pueblos.»

Acto seguido, en aquel discurso, Chávez retomó la vieja idea de la culpa histórica centrándola en la abrumadora (y real) pobreza de su pueblo y decretó la nueva y perentoria verdad histórica: la república que nació en 1830 «traicionando el Cóndor» (Bolívar) se había condenado a sí misma por casi 170 años. Los matices de ese pasado republicano (que a pesar de las guerras y dictaduras había tenido también periodos de libertad cívica y progreso material) desaparecían por completo, condenados al infierno igual que la democracia electoral que, contra viento y marea (enfrentando golpes de Estado de la derecha y guerrillas de la izquierda, respetando el estado de Derecho, las libertades cívicas y la alternancia, propiciando un progreso económico y social efectivo), se había construido en Venezuela desde 1959: para Chávez ese «modelo político nefasto» también tenía que morir. Venezuela contemplaba ahora el milagro mayor, la «vuelta del Cóndor», la «resurrección... que no es otra cosa que llevar adelante la revolución social bajo el faro luminoso de Bolívar». Era la primera postulación de un Bolívar nuevo, un Bolívar revolucionario, embrión ya del Bolívar socialista.

El primer sacramento cívico de aquella «refundación nacional» fue un bautizo bendecido por la presencia encarnada de Bolívar, «nuestro Padre infinito», «genio de América», «hombre sideral», «alfarero de repúblicas», «verdadero grandísimo héroe de este tiempo», «verdadero dueño de este proceso». Bajo su advocación, la nueva República de Venezuela agregaría la palabra «Bolivariana» a su nombre y la nueva Constitución estaría «basada en la doctrina de Bolívar», omnisciente, eterna, infalible.

Desde entonces, el paroxismo (propagandístico, mediático, comercial) del culto a Bolívar no tendría límites: las masas chavistas se concentrarían en las plazas de Caracas para escenificar colectivamente la escena del juramento en el «Samán de Güere»; las masas corearían el mensaje «¡Alerta, alerta, alerta, que camina la espada de Bolívar por América Latina! ¡Bolívar vive, Bolívar sigue!»; las masas escucharían a Bolívar opinando a través de los siglos sobre todos los temas: el petróleo, el movimiento obrero, la revolución social, la bondad y necesidad del socialismo; las masas comenzarían a adquirir plátanos y arroz «bolivarianos», a comprar gallinas «bolivarianas», a cortarse el pelo en barberías «bolivarianas».

«Nosotros hemos buscado audazmente un nuevo referente. Original y autóctono: el bolivarismo», explicaba Chávez en las entrevistas que concedió en los años noventa. La indudable «audacia» ha sido objeto de varios análisis antropológicos que buscan desentrañar las razones de su éxito. Algunos antropólogos lo atribuyen a la naturaleza taumatúrgica del culto bolivariano en ciertos ámbitos populares. Pino Iturrieta ha recogido alucinantes testimonios de estos Bolívares secretos y mágicos. El Bolívar poseído por el alma de un ser sobrenatural dotado de pode-

res de cura y salvación llamado Yankay; el Bolívar en quien encarnan
los caciques indios vencidos en la Conquista; el Bolívar cristológico;
el Bolívar de las leyendas populares, supuesto hijo de una esclava negra
de los cacaotales; el Bolívar de la teología de la liberación que, habiendo muerto pobre, trae una promesa de redención a los desposeídos; el
Bolívar sincrético de las antiguas religiones africanas de Venezuela, que
ocupa el centro de una «Corte Libertadora» presidida por el culto de
la «Reina María Lionza» (la santa fundamental en Venezuela), adorada
por quienes buscan el amor, la salud, el dinero, la suerte. En ceremonias
animistas, los chamanes invocan a Bolívar para condenar «a los partidos
políticos», para traer la igualdad, la paz, la liberación, para «bendecir a los
guerrilleros del vecindario y anunciar el reino de la felicidad dirigido
por los militares».

Impregnado de esas variantes de la religiosidad popular, utilizándolas
instintiva y calculadamente para su causa, Chávez ejerció desde entonces
las funciones de mago o taumaturgo, de mesías y de santo, pero su audacia mayor fue potenciar el culto bolivariano para colocarse él mismo en
el lugar de Supremo Sacerdote y así apropiarse del carisma de Bolívar.
Rastreando en la historia del cristianismo, Pino Iturrieta ha encontrado un símil apropiado: «Ahora un tropical Constantino ha impuesto la
identificación absoluta entre un pueblo y una deidad nacional.»

II

¿En que tradición se inscribe el delirio bolivariano de Hugo Chávez?
Según su propia versión, su destino se le reveló hacia 1977, con la lectura de *El papel del individuo en la historia* de Plejánov. En diversas ocasiones ha narrado su iluminación: «Leí a Plejánov hace mucho tiempo,
cuando estaba en una unidad antiguerrillera en las montañas [...] y me
causó una honda impresión. Recuerdo que era una noche estrellada
maravillosa en las montañas y lo leía en mi tienda de campaña con la luz
de una antorcha.» Una y otra vez acudía a él «buscando ideas (sobre) el
papel del individuo en los procesos históricos». El ejemplar que guardaba era el mismo «librito que logró sobrevivir a los huracanes y a los

años; el mismo librito y la misma rayita que uno le puso allá, y la misma flechita y el mismo forro con que yo lo camuflaba para que los superiores míos no me dijeran "¿qué hace usted leyendo eso?". Lo leía por allá, escondido, con una linterna por las noches».

En los años ochenta «leía de todo –decía Herma Marksman, su compañera– pero le gustaban especialmente las historias de grandes líderes». Las historias y las teorías. En una entrevista de 1995 Chávez apuntó: «los hombres podemos ubicarnos... en puestos protagónicos que aceleran, retardan, le dan un pequeño toque personal... al proceso. Pero creo que la historia es producto del ser colectivo de los pueblos. Y me siento entregado absolutamente a ese ser colectivo». En términos coloquiales, con frecuencia se ha referido a sí mismo como un mero «instrumento del ser colectivo». A partir de esta interpretación personal de Plejánov, Chávez elaboró su defensa del caudillismo: «Si toman conciencia real, se abstraen de su persona y ven el proceso desde lejos, si dedican su vida, su esfuerzo, a colectivizar a través de su poder "mítico"... se puede justificar la presencia del caudillo.» Esa óptica explicaba su admiración por Castro. Aunque en ese momento todavía se preguntaba si la dependencia de un proceso a un hombre era «una maldición o un virus que se repite», en su visita a Cuba (1995) lo había conmovido la identificación del pueblo con el líder, del «colectivo» con el caudillo. Viajando por el oriente de la isla, en un restaurante, una señora lo había reconocido y abrazado, diciendo estas palabras: «Caramba, usted habló con mi jefe, usted habló con Fidel.» Para Chávez «ése es el mensaje del pueblo, a mí me llena eso que uno recoge directamente del pueblo, ese pueblo de la calle». Ese «mensaje» que para él resulta «prioritario» no era la expresión del pueblo sobre el pueblo, sino la expresión del pueblo sobre el líder. ¿Dónde había quedado la tesis de Plejánov? Chávez no tenía dudas: bastaba que el líder se declarara sinceramente servidor del colectivo, y que un sector del colectivo lo aceptara sinceramente como tal, para que se cumpliera «el papel del individuo en la historia».

¿Qué era, en la práctica, «el colectivo»? ¿Tenía partes o era un todo homogéneo? Y esas partes, ¿qué tan libres eran para formar su criterio? ¿Podían disentir del caudillo? ¿Cómo se medía la eficacia del caudillo al servicio del «colectivo»? ¿Podía cambiar la opinión del «colectivo» a través del tiempo? ¿Podía criticar al caudillo? ¿Podía limitar, vigilar, revocar su mandato? ¿Podía elegir otro caudillo, o ninguno? Esas preguntas no pasaban por la mente del joven comandante recién liberado. Lo importante era la unión mística entre el colectivo y el líder, la adoración del colectivo al líder, la disolución del colectivo en el líder. Por eso le parecía natural y hasta deseable que Castro tuviese «un peso enorme en la problemática que rodea la isla»: «las generaciones se han acostumbrado a que Fidel lo hace todo. Sin Fidel no pareciera que hubiese rumbo. Es como el todo». Castro resultaba un ejemplo de cómo los caudillos «se abstraen de su persona, ven el proceso desde lejos y dedican su vida a colectivizar a través de su poder "mítico"». Y Castro tenía derechos históricos a ser ese «todo»: era un héroe, el gran héroe de América Latina.

También Chávez proponía «abstraerse» de su persona, como Fidel Castro se ha abstraído, por casi 50 años. Él también era un héroe, tal vez no un guerrillero triunfante y mítico como Fidel, pero sí un militar con alma de guerrillero. Él también proponía «colectivizar a través de su poder mítico»: «El cuerpo nacional está picado. Las manos por allá, las piernas por allá, la cabeza más allá de la montaña, el cuerpo de lo que es el colectivo. Ahora, si pasar por esta vida y dejar algo hecho en función a la reintegración de ese cuerpo, de pegar las manos con los brazos y darle vida, un motor a ese pueblo, a ese colectivo, yo creo que se justifica haber vivido.» Su compañera Herma Marksman vio la transfiguración de otro modo: notó que un «fulgor mesiánico» se había apoderado de su antiguo compañero. Y según otro amigo revolucionario, Chávez «estaba convencido de cumplir una misión terrenal guiada por una fuerza superior al ser humano». Con reticencias, Chávez desmentía apenas esa imagen: «Yo no creo en Mesías, ni creo en caudillos, aunque de mí se dice que soy eso, yo no sé si lo soy, a lo mejor tengo un poco de eso...» El caudillo heroico sirviendo al colectivo, el colectivo identificado con el heroico caudillo. Ser como «el todo». Ésa era su interpretación del librito aquel que había logrado sobrevivir a los años y los huracanes.

★ ★ ★

El presidente Chávez ha sido un asiduo lector de Plejánov, pero tal vez no ha sido el mejor lector de Plejánov. Ha leído a su manera *El papel del individuo en la historia,* pero acaso no conoce bien el papel de Plejánov en la historia. Considerado el padre del marxismo ruso, Gueorgui V. Plejánov (1856-1918) había escrito ese libro hacia 1898, cuando atravesaba una luna de miel con su discípulo V. I. Lenin (1870-1924), con quien editaba la revista *Iskra.* Populista bakuniniano en sus inicios, Plejánov se había exilado del zarismo en 1880 refugiándose en Ginebra. No volvería a pisar suelo ruso hasta 1917. Creador del término «materialismo dialéctico», Plejánov creía en las leyes inmutables de la historia y pensaba que, siguiendo la misma trayectoria de los países occidentales europeos, Rusia superaría sus condiciones feudales hasta alcanzar un estadio de capitalismo maduro, condición imprescindible para luego evolucionar a la definitiva dictadura del proletariado. En 1889 había hecho su primera aparición en el Congreso de la Segunda Internacional. En 1895, Lenin había viajado a Suiza para conocerlo.

Siguiendo a Carlyle, Plejánov creía en la existencia de los «grandes hombres» como «iniciadores». La libertad de un líder era la elección consciente que éste podía hacer de una acción, en conformidad con las leyes invariables del progreso histórico:

> Si sé en qué dirección están cambiando las relaciones sociales debido a ciertos cambios en el proceso socioeconómico de producción, sé también en qué dirección está cambiando la mentalidad social; en consecuencia, puedo influir en ella. Influir en la mentalidad social significa influir en los sucesos históricos. De ahí que, en cierto sentido, yo *pueda hacer historia,* y no necesite esperar a que «ésta sea hecha».

La idea de Plejánov sobre el «papel del individuo en la historia», ya sea como *iniciador, visionario* o *expeditador,* pudo provenir de Hegel, que en su *Filosofía de la historia* habla de los «hombres históricamente mundiales». A estos seres esenciales para el desarrollo del Espíritu, a estos adelantados de la Historia a quienes les es dado un poder adivinatorio, sus congéneres los «siguen porque sienten el poder irresistible de su propio espíritu interno, encarnado en ellos». Pero de esta condición Hegel ex-

traía la conclusión de que las reglas comunes de la ética no eran aplicables a los grandes hombres. «La coerción heroica —apuntaba Hegel en su *Filosofía del derecho*— es una coerción justa.» La equivalencia moral entre «Might» y «Right» (el poder y el derecho) fue también una clave doctrinaria de Carlyle: «El poder y el derecho —escribió— ¿no son una y la misma cosa?» Lenin estaba de acuerdo con ella, Plejánov no. Y en esa diferencia esencial radicó su separación.

Con la llegada del nuevo siglo y en el marco del Segundo Congreso de la Internacional de 1903 en Bruselas, las diferencias entre ambos se ahondaron hasta el rompimiento. Lenin tomó el liderazgo absoluto del movimiento, con el apoyo del grupo que, a partir de entonces, sería conocido como el de los «bolcheviques». «De esa materia están hechos los Robespierres», declaró Plejánov, que los acusaría de «confundir la dictadura del proletariado con la dictadura sobre el proletariado». Al poco tiempo renunció a la dirección de *Iskra* dejándola en manos de Lenin. Su texto postrero fue un profético «yo acuso» titulado «Centralismo o bonapartismo»:

> Imaginemos que el Comité Central reconocido por todos nosotros tuviera el derecho, todavía en discusión, de «liquidación». Podría entonces ocurrir lo siguiente. Convocada la celebración de un congreso, el Comité Central «liquida» en todas partes a los elementos con los que no está satisfecho, elige igualmente a las criaturas con las que está satisfecho, y con ellas constituye todos los comités, garantizándose así una mayoría totalmente sumisa en el congreso, sin más dificultades. El congreso formado por las criaturas del Comité Central grita afablemente «¡Viva!», aprueba todos sus actos, buenos o malos, y aplaude todos sus proyectos e iniciativas. En este caso, en realidad, no habría en el partido ni una mayoría ni una minoría, porque entonces habríamos llevado a la práctica el ideal político del Sha de Persia.

Plejánov vivió los siguientes años progresivamente solo, perplejo ante el nuevo fenómeno del poder absoluto concentrado en un partido de vanguardia, comandado a su vez por una persona inapelable, un «Sha de Persia». Este fenómeno le parecía contrario a las leyes de la historia. Por eso llamaba a Lenin «alquimista de la revolución» y lo consideraba «un demagogo de pies a cabeza». Pero la concentración de poder en un líder le parecía también un hecho contrario a los principios humanistas del socialismo. En *El papel del individuo en la historia*, Plejánov había escrito: «No es solamente para "principiantes", no solamente para "grandes" hombres que se abre un amplio campo de actividad. Se abre para todos aquellos que tienen ojos para ver, oídos para oír y corazones para amar a sus vecinos. El concepto de grande es un concepto relativo. En sentido ético, es grande todo aquel que, por emplear la frase bíblica, "da la vida por sus amigos"». Esta grandeza, Plejánov no la encontraba en Lenin.

En la tradición soviética, Plejánov era un disidente equivocado: «Después de 1903 no supo comprender la nueva época, se apartó del marxismo revolucionario, adoptó una posición conciliadora frente a los oportunistas y luego se hizo menchevique. Adoptó una posición negativa frente a la Gran Revolución Socialista de Octubre». Según Lenin, la actitud de su antiguo aliado constituía «el colmo de la vulgaridad y de la bajeza». Fuera de esa ortodoxia (ahora sólo vigente en Cuba) a Plejánov se le recuerda como el primer intelectual de importancia, antes que Trotski, en sonar la alarma contra el marxismo-leninismo, cuyo triunfo presenció desde la oposición, apoyando nada menos que a Kerenski, meses antes de morir. De Lenin dijo en su *Testamento político*: «No haber comprendido la meta real de este fanático maximalista ha sido mi más grande error.»

Si Plejánov hubiera vivido hasta finalizar el siglo XX, no es improbable que su postura ante Fidel Castro (que de manera explícita proviene del marxismo-leninismo) habría sido exactamente igual que su postura ante Lenin. Plejánov hubiese criticado al caudillo que es el «todo». Y ese Plejánov que reivindicaba los valores del humanismo, ese Plejánov que se negaba a supeditar la sociedad a su líder y representó la crítica marxista clásica al espíritu dictatorial de Lenin y el leninismo, ese Plejánov... no es el Plejánov que por 30 años ha venido leyendo y releyendo en el «mismo librito, la misma rayita, la misma flechita y el mismo forro» el comandante Hugo Chávez. Él puede pensar que es plejanovista. Pero Plejánov, es seguro, no habría sido chavista.

III

A juzgar por sus escritos políticos, tampoco el maestro de Plejánov habría sido chavista. Un corolario a la famosa confrontación de Marx con el bonapartismo (reflejada en su obra *El dieciocho brumario de Luis Bonaparte*, publicada en 1852) atañe directamente al libreto histórico-épico del presidente Chávez. Los hechos arrancan en Londres, hacia 1857. Marx recibe de su editor en Nueva York, Charles A. Dana, la solicitud de escribir un artículo sobre Simón Bolívar para *The New American Cyclopaedia*. Aunque los temas militares no son su especialidad sino la de Engels (que a menudo escribía los textos que Marx cobraba), y aunque siente una marcada (y repugnante) aversión racial por los atrasados y bárbaros países hispanoamericanos, Marx acepta la encomienda. Escribe de prisa, con su habitual filo sarcástico, basado en pocas fuentes, todas adversas al libertador. La versión final de su recorrido biográfico incomoda al propio Dana, que sin embargo la publica en 1858. En ella aparece Bolívar —entre otras facetas negativas— como un palurdo, hipócrita, chambón, mujeriego, traidor, inconstante, botarate, un aristócrata con ínfulas republicanas, un ambicioso mendaz que se rodeaba de una corte de pacotilla y cuyos contados éxitos militares se habían logrado gracias a los asesores irlandeses y hannoverianos que había reclutado como mercenarios. Que había una animosidad casi personal de Marx a Bolívar es casi obvio. En una carta a Engels, Marx reitera sus juicios, llama a Bolívar «canalla, cobarde, brutal, miserable» y lo compara con Soulouque, el extravagante caudillo haitiano que en 1852 se había hecho coronar emperador bajo el nombre de Faustino I. Este texto de Marx contra Bolívar ha sido siempre una pesadilla para la izquierda latinoamericana. ¿Cómo explicarlo? Y, sobre todo, ¿qué hacer con ese antecedente, ahora que el presidente Chávez ha decretado que Bolívar es el antecedente expreso, el profeta inspirador del «socialismo del siglo XXI»?

El libro *El Bolívar de Marx* (publicado en 2007 y escrito en paralelo por dos autores venezolanos serios, de posiciones encontradas: la historiadora liberal Inés Quintero y el filósofo marxista Vladimir Acosta) ofrece una elegante confrontación intelectual sobre el tema. Quintero hace una historia de la recepción del texto de Marx en América Latina, donde la izquierda se ha empeñado mucho en entender, criticar, deslindar y relativizar el texto de Marx sobre el libertador. Por desgracia, no le ha bastado demostrar que está plagado de errores, peripecias mal narradas, interpretaciones psicológicas discutibles, tergiversaciones, sarcasmos racistas, juicios apresurados. Siempre ha quedado un sustrato incómodo e inquietante. La vertiente ortodoxa pro soviética de los años treinta consideraba que el texto era simplemente intocable: recogía la palabra de Marx, que era sagrada. Tras la era de Stalin, del mismo campo soviético llegó una tibia retractación: Marx, siempre infalible, había fallado en esta única ocasión por lo limitado y sesgado de sus fuentes. Para entonces, varios autores destacados de la izquierda latinoamericana habían intentado una reivindicación de Bolívar para las izquierdas. Y vaya que era necesaria: al menos hasta la tercera década del siglo XX, Bolívar había sido patrimonio casi exclusivo de las derechas, que reclamaban para su causa no sólo su hazaña libertadora, sino su paulatino convencimiento –probado con creces en diversos actos, declaraciones y constituciones, sobre todo la de Bolivia en 1826, en la que se proclamó presidente vitalicio– de que sólo la dictadura podía poner orden en las anárquicas, violentas e ingobernables naciones de la América hispana.

Esa convicción dictatorial de Bolívar (embrionaria en sus inicios, pero marcada ya en la última década de su vida) es precisamente la que Marx reprobó con la mayor vehemencia. En el fondo de su texto se escucha un eco claro de *El dieciocho brumario de Luis Bonaparte*:

> La Constitución, la Asamblea Nacional, los partidos dinásticos, los republicanos azules y los rojos [...] el trueno de la tribuna, el relampagueo de la prensa diaria, toda la literatura, los nombres políticos y los renombres, intelectuales, la ley civil y el derecho penal, la *liberté, égalité, fraternité* [...] todo ha desaparecido como una fantasmagoría al conjuro de un hombre.

En su penetrante ensayo sobre el texto, Vladimir Acosta reconoce expresamente esta liga y encuentra otra: al reprobar a Bolívar, Marx arremetía contra el bonapartismo, pero también contra Hegel: «Terrible polemista –dice Acosta–, Marx convierte su odio teórico y político contra el Estado hegeliano y su odio empírico contra el bonapartismo encarnado en Napoleón III en odio personal contra Bolívar.»

En el artículo de Marx saltan a la vista las referencias directas o indirectas de Marx al autoritarismo de Bolívar. La palabra «dictadura» aparece en varias partes, con indudable carga crítica. En un momento se refiere a Bolívar con el epíteto de «Napoleón en retirada». Y al narrar los hechos de Bolívar en Bolivia, el país que llevaría su nombre, Marx escribe:

> En este país, sometido a las bayonetas de Sucre, Bolívar dio curso libre a sus tendencias al despotismo y proclamó el Código Boliviano, remedo del Código Napoleónico. Proyectaba trasplantar ese código de Bolivia al Perú, y del Perú a Colombia [...] con la intención real de unificar América del Sur en una república federal, cuyo dictador sería él mismo [...] dando así alcance a sus sueños de que la mitad del mundo llevara su nombre...

Según documenta Quintero, esa vertiente autoritaria de Bolívar (que para Marx era consustancial al personaje) no fue sólo la inspiración ideológica de la derecha hispanoamericana y venezolana, sino también del fascismo italiano y español. Mussolini y Franco se reconocieron expresamente en el cesarismo de Bolívar. Por eso la izquierda tenía que reivindicar al prócer expropiado por esas corrientes, pero dada su propia historia autoritaria (vastamente probada en el siglo XX) no tenía mucho que decir sobre ese punto concreto y esencial, salvo insistir en los errores del texto o su evidente sesgo europeísta. La nueva vía abierta fue apropiarse del héroe por la vía del iberoamericanismo y deslizar paulatinamente (a partir de citas aisladas) a un Bolívar antiimperialista. El paso siguiente lo dio el advenimiento de Hugo Chávez al poder: la «vuelta del Cóndor».

Hasta aquí ambos historiadores se atienen a la verdad empírica. Pero al referirse al presente y al uso que el régimen de Hugo Chávez hace de la historia, las visiones se bifurcan radicalmente y se vuelven un reflejo de la polémica intelectual que desgarra a Venezuela. Vladimir Acosta revela las razones que tuvo Marx en atacar a Bolívar, pero no explica sus propias razones en adoptar el libreto bolivariano de Hugo Chávez. Ese vacío lo precipita en la contradicción. Tras justificar con sensatez la concentración de poder en Bolívar como una necesidad habitual en tiempos de guerra, Acosta sostiene que los historiadores «de derecha» han privado a Bolívar de su historicidad, pero acto seguido priva a Bolívar de su necesaria historicidad al avalar la interpretación particularísima (y la apropiación) que Chávez ha hecho del libertador. A ese acto de fe, Acosta lo llama «rescate para el pueblo» de la «grandeza humana política y la vigencia iberoamericana de Bolívar». El ideario del gran personaje ya no es histórico sino metahistórico: «unidad de la patria grande que permitirá a nuestros pueblos conquistar la independencia plena y enfrentar la amenaza de imperios más poderosos que el español». El estimable filósofo no ve en la elaboración «bolivariana» del presidente algo semejante a la actitud ahistórica y «sacralizadora» que él mismo reclama a «la derecha»; por el contrario:

> Su gesta y lo mucho que sobrevive de su pensamiento se han incorporado en forma activa a esa lucha de la mayoría del pueblo venezolano y de otros pueblos sudamericanos, para alcanzar la democracia, la igualdad, la independencia y la soberanía que la gesta libertadora les ofreciera y que les fueran negadas por las oligarquías criollas únicas beneficiadas por el proceso independentista, y que ahora parece posible conquistar.

Para refutarlo, Inés Quintero cita un discurso del propio presidente Chávez en el que reclama a quienes toman *El capital* de Marx como un catecismo desprendido de su circunstancia («Date cuenta, chico —dijo Chávez—, que esto fue escrito por allá por 1800 y tanto [...] date cuenta que el mundo ha cambiado») y exhibe su contradicción al confrontar esas mismas palabras con el uso que Chávez ha querido dar a Bolívar como profeta del «socialismo del siglo XXI». Quintero no sólo prueba así el doble rasero del bolivarianismo, sino que aporta datos concretos y verificables del «uso arbitrario, selectivo y anacrónico del discurso de Bolívar sin considerar las circunstancias y especificidad histórica en las cuales le correspondió vivir».

La discusión entre Acosta y Quintero no es académica. Acosta entiende muy bien y reivindica el uso de Bolívar por el presidente Chávez. A sus ojos no es un uso: es la reanudación objetiva, real, histórica, de un proceso antiguo de liberación continental interrumpido. Acosta descubre el motivo antihegeliano de Marx, pero él mismo se coloca en una posición hegeliana. Para Inés Quintero, el problema no está sólo en la utilización ahistórica, falsificada e interesada de Bolívar que hace Chávez para apuntalar el «socialismo del siglo XXI», sino en algo más delicado, su creciente utilización política:

> Si Bolívar sirve para justificar el «socialismo del siglo XXI», perfectamente bien puede ser útil para refrendar el fin de la alternabilidad republicana y la puesta en marcha de un régimen dictatorial alegando, como se ha hecho, que se está siguiendo al pie de la letra el ejemplo y la palabra del padre de la patria.

Más allá de esta polémica, las ideas de Marx que importan a nuestra circunstancia quedan como una losa. Todos estamos presos en nuestra circunstancia pero hay temas humanos que trascienden a esas circunstancias, no porque «vuelen» en «el Espíritu» de una a otra, sino porque son permanentes y universales. De otra suerte no podríamos leer a Aristóteles, a Shakespeare o al propio Marx. Y lo que parece claro es que para Karl Marx, el crítico del poder, la concentración del poder absoluto en manos de un hombre era, en cualquier contexto (ya sea en la Francia burguesa o en la bárbara Latinoamérica), una aberración histórica. Porque su doctrina suponía una afirmación colectiva (emancipadora, igualitaria) de la sociedad civil, Marx no sólo abjuraba del poder político personal. Le incomodaba también su propio poder personal. Mucho tiempo después de sus escritos sobre Napoleón III y Bolívar, en noviembre de 1877, Marx escribe a Guillermo Bloss:

> Engels y yo no damos un penique por la popularidad. Como prueba de ello citaré, por ejemplo, el siguiente hecho: por repugnancia a todo culto a la personalidad, durante la existencia de la Internacional, nunca permití que se publicaran los numerosos y molestos mensajes que recibía de diversos países en reconocimiento de mis méritos. Nunca las respondimos, salvo para amonestarlos. La primera afiliación mía y de Engels a la sociedad secreta de los comunistas se realizó bajo la única condición de que se elimi-

nara de los estatutos todo lo que contribuyese a la postración supersticiosa ante la autoridad.

Marx había sido mucho más que un *iniciador* y un *visionario* de la historia; Marx había cambiado la Historia del mundo, pero el papel trascendental que jugó en ella no incluía el culto al poder unipersonal, el culto a los héroes, menos aún el culto a sí mismo. Por eso, al margen de sus sesgos y errores, el polémico texto de Marx sobre Bolívar se explica por sus convicciones políticas, unas convicciones que no cabe relativizar con esquemas historicistas, unas convicciones válidas para todo tiempo y lugar.

«Yo no conozco el marxismo, nunca leí *El capital*, no soy marxista ni antimarxista», había dicho Hugo Chávez en 1995. Decía la verdad. Chávez, en efecto, no era marxista ni conocía al Marx incómodo, al Marx crítico del poder. Marx criticaba la supeditación de la sociedad civil al líder único. Criticaba el ahogo de las libertades y las instituciones políticas, el «espantoso organismo parasitario» del Estado, el culto a la personalidad, la demagogia y el espíritu plebiscitario. Y, por si fuera poco, criticaba el uso político del pasado: «La revolución social del siglo XIX no puede sacar su poesía del pasado, sino solamente del porvenir [...] La revolución del siglo XIX debe dejar que los muertos entierren a sus muertos, para cobrar conciencia de su propio contenido.»

Punto por punto, la crítica de Marx parece haber sido escrita pensando en el proyecto de Chávez (ya parcialmente instrumentado) para Venezuela.

En 1995 Chávez no era marxista. Ya en la presidencia, el posmarxismo internacional lo ha cobijado e inspirado. Chávez es ahora el paladín del «socialismo del siglo XXI», un socialismo que saca la «poesía del pasado», que «no entierra a sus muertos» ni cobra otra conciencia de su «propio contenido», salvo en el propósito de emular los fallidos experimentos históricos del socialismo real mediante el uso de una «acumulación primitiva del capital» que no tuvieron esos países: la del petróleo. Marx, el crítico del poder, tampoco habría sido chavista.

IV

Si no es en la tradición socialista ni marxista, ¿a dónde corresponde la filiación histórica del presidente Chávez? La política de los hombres prácticos suele ser la teoría de algún historiador difunto. En el caso del Hugo Chávez, ese autor inadvertido no es Plejánov, mucho menos Marx. Es Thomas Carlyle, cuya doctrina histórica y política, condensada en su obra *De los héroes y el culto de los héroes* (*On Heroes and Hero Worship and the Heroic in History*, 1841), profetizó y legitimó el poder carismático en el siglo XX, el mismo poder que Chávez representa con brillo inigualado en el siglo XXI. A despecho de lo que quisieran los teóricos actuales del posmarxismo que lo frecuentan, Chávez no pertenece al árbol de la genealogía marxista ni socialista, sino a otro árbol aún más anacrónico, una corriente ideológica que no ve la historia en términos de lucha de clases sociales o de masas ni siquiera de razas o naciones, sino de héroes que guían al «pueblo», lo encarnan y redimen. Me refiero al fascismo.

La Venezuela Bolivariana y su líder máximo tienen varios motivos específicos para reconocerse en Carlyle y olvidarse para siempre de Plejánov y Marx. Y es que, a diferencia de Marx, Carlyle admiró a Bolívar. Lamentando en 1843 la falta de biografías sobre «el Washington de Colombia», Carlyle escribió esta pequeña aunque resplandeciente viñeta sobre el prócer:

Litografías melancólicas nos lo presentan como un hombre de cara larga y frente cuadrada; de aspecto adusto y considerado, conscientemente considerado, y una nariz de forma un tanto aguileña; con una quijada de terrible angulosidad; y unos ojos oscuros y hondos, quizá demasiado juntos (circunstancia esta que sinceramente deseamos sea culpa sólo de la litografía): éste es el Libertador Bolívar. Un hombre pleno de duras batallas y duras cabalgatas, múltiples logros, aflicciones, heroísmos e histrionismos en este mundo; un hombre muy aconsejado y de gran aguante; ahora muerto y sepultado. De quien, excepto esa melancólica litografía, el culto público europeo sabe más bien nada. Y sin embargo, ¿no voló de aquí para allá, algunas veces de la manera más desesperada, con una caballería salvaje vestida con sábanas, con la Guerra de Liberación «hasta la muerte»?... Con tal caballería, y artillería e infantería al parejo, Bolívar ha cabalgado, peleando todo el camino, a través de tórridos desiertos, pantanos calientes, a través de grietas gélidas más allá de la curva del hielo perpetuo –más millas de las que Ulises jamás navegó, que lo sepan los Homeros por venir. Ha cruzado los Andes más de una vez, una hazaña análoga a la de Aníbal, y parecía no darle demasiada importancia. Con frecuencia derrotado, expulsado de tierra firme, siempre regresaba, fieramente combatía de nuevo. Logró, en las regiones del Cumaná, la «victoria inmortal» de Carabobo, y otras. Bajo su mando se consumó la definitiva «inmortal victoria» de Ayacucho en Perú, donde la Vieja España, por última vez, quemó pólvora en esas latitudes y después huyó para no volver. Era Dictador, Libertador, casi Emperador si hubiera vivido. Unas tres veces, ante el solemne parlamento colombiano, depuso su dictadura con la elocuencia de Washington; e igual número de veces lo retomó por ser un hombre indispensable. En tres, o por lo menos dos ocasiones, en diferentes lugares, laboriosamente construyó una Constitución Libre: compuesta por «dos cámaras y un gobernante supremo vitalicio con libertad para nombrar a su sucesor», la más razonable de las constituciones democráticas que uno podría redactar; y en dos, o por lo menos en una ocasión, la gente, en juicio, la declaró desagradable. Era, de antaño, conocido en París, en los círculos disolutos, en los filosófico-políticos y en otros allí. Ha brillado en muchas felices *soirée* parisinas, este Simón Bolívar. Y en sus últimos años, en el otoño de 1825, cabalgó triunfante a Potosí y a las fabulosas ciudades incas, con nubes de indígenas portando plumas que daban brincos y lanzaban gritos de guerra a su alrededor. ¡Y «cuando el famoso Cerro, la montaña metalífera, se pudo avistar, todas las campanas tañeron y hubo un estruendo de artillería», cuenta el General Miller! Si éste no es un Ulises, *polytlas* y *polymetes*, ¿en dónde ha habido uno? ¡En verdad un Ulises cuya historia valdría su tinta, si el Homero capaz de hacerla apareciera!

Este concepto homérico de Bolívar y su equiparación con Washington (que curiosamente retomó Fidel Castro en un discurso ante Chávez) debería valerle a Carlyle una estatua bolivariana en Caracas.

Pero más allá de su viñeta sobre Bolívar, la vigencia de Carlyle en el régimen bolivariano y, sobre todo, en la mente y la actitud de su líder máximo, está en el concepto del héroe como actor central de la historia. Las revoluciones —pensaba Carlyle— necesitan del héroe para darle nuevo sentido a la vida colectiva, al «colectivo». Sobre su fe trascendental en el gran hombre (proveniente de Fichte, quien había sostenido que «la divina idea» aparece encarnada en unos cuantos individuos) Carlyle acuñó su famosa frase: «El culto de los héroes es un hecho inapreciable, el más consolador que ofrece el mundo de hoy [...] La incredulidad sobre los grandes hombres es la prueba más triste de pequeñez que puede dar un ser humano.» Y la fórmula que resumía toda su filosofía —mejor dicho su teología— de la historia:

> Los Grandes Hombres son inspirados Textos de este divino Libro de las Revelaciones, del cual un Capítulo es completado de época en época y es nombrado por algunos Historia; de aquellos inspirados Textos los numerosos hombres talentosos y los innumerables hombres sin talento son los mejores o peores Comentarios exegéticos.

En cualquier discurso del líder máximo de la Revolución Bolivariana resuenan los mismos motivos referidos originalmente a Bolívar, pero poco a poco transferidos a su héroe mayor: él mismo. Chávez ha creído también que la historia latinoamericana es una Sagrada Escritura poblada por unos cuantos héroes que cumplen una misión trascendental para la cual están dotados de fuego divino: el Che Guevara y Fidel Castro. Desde joven ha creído que la historia de su país ha sido (al menos hasta su llegada, hasta la «vuelta del Cóndor», hasta la «resurrección nacional») la biografía de Bolívar. Y, a partir de su apoteósico discurso de toma de posesión en 1999, una biografía más se inscribía en la Sagrada Escritura, la suya propia, la de Hugo Chávez.

El comandante ha creído en todo ello con una perseverancia y un fervor que acaso no tenga precedente en la historia política latinoamericana. En una de aquellas primeras entrevistas al salir de la cárcel, confesó: «A mí me gusta la historia como ciencia, como referencia de lo que fue, para ver lo que es, y posiblemente será, la esencia y existencia de los hombres, de los pueblos.» ¿En qué consistía esa «ciencia»? En ser el oráculo del pasado y descifrar la Sagrada Escritura de los héroes:

encontrar la solución de los problemas presentes en el ideario y la vida de Bolívar (una campaña, una frase). Y ¿en qué podría consistir la futura «esencia y existencia» de los pueblos? En ver realizado a plenitud el «ser colectivo», bajo la modesta guía del caudillo:

> Los hombres podemos ubicarnos en un momento determinado en puestos protagónicos que aceleran, retardan, le dan un pequeño toque personal y un toque distintivo al proceso. Pero creo que la historia es producto del ser colectivo de los pueblos. Y me siento entregado absolutamente a ese ser colectivo.

Eso decía el comandante Hugo Chávez en la antesala del poder. Su sueño era darle «un pequeño toque personal, un pequeño toque distintivo» al proceso revolucionario.

★ ★ ★

Quien descubrió la clave latinoamericana de Carlyle fue el gran escritor argentino que de joven aprendió alemán, en 1917, llevado por la germanofilia de Carlyle. Treinta años después, releyendo la última conferencia de aquella serie, Jorge Luis Borges anotó: «Carlyle defiende con razones de dictador sudamericano la disolución del parlamento inglés por los mosqueteros de Cromwell.» Borges se refería al pasaje en el que Carlyle describe cómo en 1653, tras la decapitación del rey Carlos I, el puritano revolucionario Oliver Cromwell (1599-1658) —héroe predilecto de Carlyle— pierde la paciencia con el Parlamento compuesto de «pequeños pedantes legalistas», con todo y sus «caducas fórmulas constitucionales» y su «derecho de elección», y finalmente lo disuelve para volverse, con «el poder de Dios», el lord protector de Inglaterra.

Borges supo leer a Carlyle con ojos latinoamericanos, revelar la semejanza de Cromwell con nuestros prototipos antidemocráticos: caudillos, revolucionarios y dictadores. Pero lo notable es que la vinculación advertida por Borges tuvo su contraparte en la realidad: Carlyle tuvo también una inspiración latinoamericana. En los años en que compilaba los discursos inéditos de Cromwell, Carlyle se dolía de que en el

siglo XIX no hubiera aparecido un líder semejante a aquella «alma grande, fervorosa, sincera, que rezaba siempre antes de sus grandes empresas».
«Se desgañitó nuestra época gritando cuanto pudo –escribió Carlyle–,
produciéndose confusión y catástrofe porque el gran hombre no acudió
al llamamiento.» De pronto, hacia 1843, Carlyle dejó de desgañitarse y
descubrió por azar, en un remoto país sudamericano, a un «héroe» digno de llamarse así, un «salvador de su época», un «Fénix de la resurrección»: José Gaspar Rodríguez Francia, dictador vitalicio de Paraguay.
El caso le impresionó tan vivamente que interrumpió su obra para aco-
meter –basado en escasos testimonios de viajeros alemanes– la biografía
de aquel «único hombre veraz». Carlyle escribió una sola biografía de un
contemporáneo: la del Doctor Francia. Lo llamó el «Cromwell de Sudamérica», el «hombre enviado por el cielo», el «fiero cóndor». Admiró
su mando firme y espiritual, sus «oficios divinos sobre el Paraguay», su
severidad, su desprecio por las formas intelectuales y las instituciones
políticas heredadas del racionalismo del siglo XVIII: «De rostro cobrizo,
inexorable, el Doctor Francia mete de golpe un embargo sobre todo
aquello (urnas para los votos, juzgados, estallidos de elocuencia parlamentaria) y de la manera más tiránica le dice a la libertad constitucional, "Hasta aquí, no más".» Pero sobre todo Carlyle encomió su deseo
de perpetuarse: «Mi contrato de arrendamiento con Paraguay es de por
vida», había dicho Francia. «A través de él –escribió Carlyle– Oliver
Cromwell, muerto hace doscientos años, comienza de nuevo a hablar.»
Un dictador sudamericano le había devuelto a Carlyle la fe en la posibilidad contemporánea y futura de los héroes.

En la teología histórica de Carlyle, Borges creyó advertir el legado
de Carlyle al siglo XX: una teoría política que llevaba a los hombres a
postrarse ante esos «intoxicados de Dios», ante esos «inspirados» por él,
ante esos «reyes» por ley natural, porque encarnaban la única esperanza de una nueva realidad que pudiera acabar con la «farsa» circundante.
Bajo el supuesto determinista de que el héroe no es un protagonista
más ni una consecuencia de la historia sino su causa, Borges extrajo
el corolario político: «una vez postulada la misión divina del héroe, es
inevitable que lo juzguemos (y que él se juzgue) libre de obligaciones
humanas [...] Es inevitable también que todo aventurero político se

crea héroe y que razone que sus desmanes son prueba fehaciente de que lo es». La fecha del texto de Borges sobre Carlyle, prólogo a la traducción de *De los héroes*, es significativa: 1949. Cuatro años después del fin de la Segunda Guerra Mundial, la teoría de Carlyle parecía revelarle su final significación: «Los contemporáneos no la entendieron, pero ahora cabe en una sola y muy divulgada palabra: nazismo.» Hay que notar que Borges no estaba solo en esa percepción. La habían señalado, entre otros, Chesterton (*The End of the Armistice*, 1940) y Bertrand Russell (*The Ancestry of Fascism*, 1945). La defendió también Hugh Trevor-Roper en 1981 en su ensayo «Thomas Carlyle's Historical Philosophy». Pero en todo caso no sólo Alemania, también Rusia e Italia habían «apurado hasta las heces» esa «universal panacea», la «entrega incondicional del poder a hombres fuertes y silenciosos». Con la única salvedad de que Evita –igual que Chávez, que le ha erigido una estatua– no era precisamente silenciosa, Borges hubiera podido agregar a la lista la Argentina de Perón, por quien en 1979 confesó sentir un «odio contemporáneo». Los resultados, en todos los casos, eran los mismos: «el servilismo, el temor, la brutalidad, la indigencia mental y la delación».

★ ★ ★

En su sincero aunque calculado culto de Bolívar y en su sacralización idolátrica de la historia, el comandante Hugo Chávez pertenece a esa genealogía intelectual. En la teoría política también es su legítimo hijo. En su régimen el protagonista no es el «colectivo». Como cualquiera puede comprobar en cualquier rincón de Venezuela y en cualquier instante, en su régimen el protagonista es el «héroe», es él mismo, es Hugo Chávez.

El fascismo cree fundamentalmente en el «jefe de hombres», en la revolución, en los ejércitos, los símbolos y los mitos. El fascismo no cree en la democracia y sus instituciones y libertades, los parlamentos, la deliberación, la crítica. Desde antes de asumir el poder, Hugo Chávez defendió la necesidad del líder carismático: «El caudillo es el representante de una masa con la cual se identifica, y al cual esa masa reconoce sin que haya un procedimiento formal, legal de legitimación.» «Esto no tiene otro nombre que una revolución», había dicho en su discurso inaugural, y lo había cumplido. «Revolucionario antes que bolivariano», predicaba hacer tabla rasa con todo el pasado posterior a la muerte de Bolívar y anterior a su propio ascenso y equiparaba la dictadura militar con la «maloliente democracia». Para él, todos los regímenes militares de Venezuela anterior al suyo eran «en el fondo esencialmente lo mismo» que los gobiernos democráticos de Rómulo Betancourt o Rafael Caldera: «con gorra o sin gorra, a caballo o en Cadillac o Mercedes Benz, detrás de ese presidente, está el mismo esquema dominante en lo económico, en lo político, la misma negación [...] del derecho de los pueblos para protagonizar su destino. La revolución que él representaba sepultaría el "modelo político nefasto [...] de los últimos cuarenta años" y devolvería al pueblo el mando de su destino». Casi al mismo nivel que su fe en el caudillo y su convicción revolucionaria, en Chávez ha estado presente la identidad militar: «Nuestro movimiento nació en los cuarteles. Ése es un componente que no podemos olvidar nunca, nació allí y las raíces se mantienen allí.» Desde el inicio fue evidente que adoraba las paradas militares y veía al país y la sociedad bajo la especie de una estructura castrense obediente y vertical. En cuanto al valor del mito, el símbolo y el rito, Chávez anunció su importancia desde un principio: «Si ese mito de Bolívar sirve para motorizar ideas y pueblos, en función de un proceso revolucionario, bueno, lo dirá el proceso, porque si para algo ha de servir eso, ojalá que no sea para seguir explotando un pueblo, sino para transformarlo.» La escenificación teológico-política de la «resurrección» bolivariana ha sido continua, desde su toma de posesión hasta el presente.

Sobre la democracia liberal siempre tuvo opiniones tajantes: «La democracia liberal no sirve, pasó su tiempo, hay que inventar nuevos modelos, nuevas fórmulas [...] La democracia es como un mango podrido: hay que tomarla como semilla y sembrarla.» En torno a los partidos de oposición representados en los parlamentos, en una concentración popular anterior a su primera elección llegó a exclamar: «nosotros, ustedes y yo, vamos a envolver a los [opositores socialdemócratas] en una bola gigantesca de [...] no lo puedo decir porque es una grosería». Y la multitud contestaba: «¡De mierda!» Años más tarde diría: «La oposición no volverá al poder, ni por las buenas ni por las malas.» Sobre el carácter, si no eterno ni vitalicio sí al menos largo, muy largo, de su gestión, en su visita a Cuba en 1999 sugirió que el horizonte de su proyecto era «de veinte a cuarenta años». Y entre los 69 artículos de su reforma que el plebiscito rechazó en diciembre de 2007 estaba la posibilidad de reelegirse indefinidamente, de hacer que su contrato sobre Venezuela fuera de por vida.

V

Para delinear su ideología bolivariana, Chávez pudo no haber leído a Carlyle, pero a quien sí leyó con detalle es a su «gran amigo» el sociólogo argentino Norberto Ceresole. Lo conoció al salir de la cárcel, viajó con él por Venezuela y por muchos años lo tuvo como consultor cercano. Como prueba viviente de la identidad histórica de ambos extremos, Ceresole se movía a sus anchas entre la izquierda soviética y la derecha neonazi. Consejero de Juan Velasco Alvarado, «Montonero» y portavoz de Perón durante su exilio en Madrid, líder en el movimiento militar ultraderechista de los «Carapintadas», miembro de la Academia de Ciencias de la URSS, profesor en la Escuela Superior de Guerra de la URSS, representante de Hezbolah en Madrid, neonazi militante y por tanto vociferante negador del Holocausto, Ceresole fue autor de varios libros de geopolítica inspirados explícitamente por el general del Tercer Reich Karl Haushofer. En uno de ellos, *Terrorismo fundamentalista judío* (publicado en 1996, cuando frecuentaba a Chávez), relanzó la teoría de una conspiración judía internacional activamente empeñada en dominar a Latinoamérica. Ceresole profetizaba el estallido de una guerra entre Irán y el eje Washington-Londres-Tel Aviv. Impedido a librarla solo, Irán convocaría en su ayuda a un «Estado grande y poderoso» que «por supuesto será el Estado Alemán». «Berlín emergerá de sus cenizas y veremos volar el Ave Fénix.» En su definitiva resurrección, el «Imperio alemán» se aliaría con Rusia, Japón y el mundo musulmán. En esa reedición de la Segunda Guerra Mundial, Latinoamérica se liberaría de su yugo histórico tradicional («Angloamérica») y de su yugo secreto: el de los «judíos globalizantes» que han penetrado las estructuras políticas de la región. Apoyada por «Eurasia», América Latina ampliaría su *Lebensraum* con un ejército supranacional. «Nosotros estamos revisando todo el planteamiento que hace Norberto Ceresole, en sus estudios y trabajo –explicó Chávez en 1995– [...] Nuestro planteamiento refiere la creación de un cuerpo armado latinoamericano.»

Profeta del «Fénix alemán», negador del Holocausto y enemigo de los «judíos» Marx y Adam Smith [*sic*], no lo habría incomodado la inserción del comandante en la genealogía fascista. En su obra *Caudillo, ejército, pueblo. La Venezuela del presidente Chávez* (1999), Ceresole escribió:

> En Venezuela el cambio se canalizará a través de un hombre, de una «persona física» y no a través de una idea abstracta o de un partido [...] El pueblo de Venezuela generó un caudillo. El núcleo del poder actual es precisamente esa relación establecida entre el líder y la masa. Esta naturaleza única y diferencial del proceso venezolano no puede ser tergiversada ni malinterpretada. Se trata de un pueblo que le dio una orden a un jefe, un caudillo, un líder militar.

¿Chávez es fascista? Uno de los personajes más respetados de la izquierda democrática venezolana, el periodista y escritor Teodoro Petkoff, ha reflexionado sobre el tema:

> Chávez no es fascista, pero tiene elementos fascistoides: el culto al líder providencial, a la tradición y a la violencia; la manipulación de la historia para sus fines políticos, el desconocimiento de la legalidad y las formas republicanas en nombre de la voz popular, su presencia permanente y opresiva en los medios, el discurso brutal y agresivo contra el adversario, que eso sí es nazi y que (no sé si lo ha leído) proviene de Carl Schmitt, el teórico nazi para quien la ecuación fundamental de la política es amigo/enemigo. Y Chávez, para los enemigos: ni pan ni agua. Además, es militar, un hombre formado para aniquilar al enemigo.

Según Petkoff, el discurso inaugural de Chávez en 1999 contenía alusiones textuales a las ideas de Hitler para liquidar la democracia liberal.

Se sabe —explica Petkoff— que en esa época Chávez leía *Mein Kampf* y que uno de sus oficiales allegados recomendaba acercarse a la obra de Hitler (no a la de Marx) como inspiración del régimen.

La opinión de Petkoff tiene un peso específico. No sólo la suscribe un antiguo guerrillero insospechable de proclividades «capitalistas», un hombre que en los años sesenta sufrió prisión, que ha luchado medio siglo por el socialismo desde todas las tribunas y trincheras. Petkoff tiene una legitimidad adicional, quizás irrepetida en América Latina. Con su hermano Luben (que luchó por Cuba, amó a Cuba y mantuvo siempre su vínculo con la isla), Teodoro proviene de una familia de comunistas europeos, el padre búlgaro, la madre polaca. Ambos llegaron a Venezuela en los años veinte y plantaron en sus hijos el espíritu revolucionario. En otras palabras, no sólo la Revolución cubana marcó la vida de Petkoff, también la revolución original, la Revolución rusa. Y es desde esa legitimidad biográfica como juzga a Chávez. En sus palabras y su tono no hay rencor ni «odio de clase». Hay, eso sí, pasión crítica contra el líder que, en su culto a la persona (a *su* persona), a la violencia, a la agresividad y al belicismo, ha terminado por parecerse a otros torvos líderes de la Europa del siglo XX y ha manchado el noble ideal del socialismo democrático con la escoria de doctrinas nazi-fascistas que niegan (y al hacerlo, simbólicamente, suprimen) a quien piensa distinto, al adversario, al otro. Este veredicto de Petkoff sobre Chávez valida, en retrospectiva, el que hubieran pronunciado Plejánov y Marx.

★ ★ ★

En el centro de la vida pública venezolana impera desde hace 10 años un hombre. No es el presidente de Venezuela: es su propietario. A partir de los viejos paradigmas ha inventado uno nuevo: una suerte de personalismo autoritario mediático y posmoderno. Pero más allá de todos los símiles, más allá de las posibles tipologías y más allá de los papeles formales que desempeña (presidente, comandante), Chávez quisiera ser —en su fuero más íntimo— el «héroe» del siglo XXI. Se ha acostumbrado a vivir inyectado de adrenalina histórica, de una heroína que él mismo genera. Esa «heroicidad», piensa él, le da derecho a la ubicuidad, la

Epílogo

¿Democracia o redención? Ése es el dilema. Curada de fantasías, la moderna América Latina parece inclinada ya definitivamente hacia la democracia. Pero la nostalgia del orden perdido y la aspiración a un utópico orden futuro siguen entre nosotros.

En 1984, cuando la pasión revolucionaria en México y Centroamérica estaba al rojo vivo, sostuve una conversación televisiva con Octavio Paz. Acababa de cumplir 70 años. Aunque hablamos de muchos temas, mi interés se centraba en la tensión (y, en cierta forma, la contradicción) que percibía yo entre su adopción, relativamente tardía, del liberalismo político y su permanente admiración por los tres pasados antiguos de México: el español, el católico y el indígena. En *El laberinto de la soledad* se había referido al siglo xix (siglo liberal por excelencia, mexicano y latinoamericano) como el lugar histórico de una desafortunada ruptura con aquellos pasados. En cambio, durante los tres siglos de la Colonia «todos los hombres y todas las razas encontraron sitio, justificación y sentido». La Colonia representaba el lugar histórico de una *comunión*, palabra central en el vocabulario poético de Paz. Comunión: el reverso de la soledad, la salida del laberinto. ¿Cómo conciliaba en su interior ambas actitudes?

Había nacido −contestó con cierto orgullo filial− en el liberalismo; era hijo de liberales y sus primeras lecturas fueron los enciclopedistas franceses y los liberales mexicanos. Pero su liberalismo se había roto en la juventud:

Nací en el gran desorden que es y ha sido el siglo xx: guerras mundiales, conflictos civiles, quiebras del capitalismo y la democracia. Nací *en* y con la crítica moderna, la de los revolucionarios y la de los conservadores, al mundo moderno. Por todo esto, los de mi generación sentimos nostalgia por lo que he llamado, sin mucha precisión, el *orden*.

A esas alturas, luego de haber publicado su gran libro sobre Sor Juana Inés de la Cruz, Paz estaba muy consciente de su ambivalencia. No podía ignorar los aspectos oscuros de la larga etapa colonial (despotismo, ortodoxia, Inquisición, jerarquización, corporativismo, ausencia de libertad y crítica), pero sentía nostalgia (repitió la palabra) por aquel «orden vivo, social y espiritual» característico de la Nueva España monárquica y católica. Si bien reconocía los progresos que el liberalismo había traído a México (separación de la Iglesia y el Estado, supresión de muchos privilegios, establecimiento de la igualdad entre los hombres ante la ley), pensaba que el liberalismo, por sí solo, «no podía suscitar el nacimiento de un nuevo orden, una nueva sociedad y una civilización». Es decir, no podía compararse con otra «revolución bastante más profunda», la introducción del cristianismo en México:

El cambio del politeísmo al cristianismo fue un paso mucho más radical que cambiar el orden católico por el liberal. El cristianismo penetró profundamente en la conciencia de los mexicanos. Fue fértil. Y si negó el mundo indígena, también lo afirmó, lo recogió, lo transformó, y creó muchas cosas. Fue muy fecundo en el campo de las creencias y de las imágenes populares.

Paz no encontraba esa «fertilidad» en el liberalismo. Para él, el liberalismo del siglo xix había sido una «revolución» superficial, de intelectuales y de una minoría de la clase media, sin verdadero arraigo en la sociedad: «cambió las leyes y las instituciones; no logró cambiar al país profundo».

¿Qué entendía Paz por la palabra *orden*? «Mi idea del orden era orgánica, una armonía entre las creencias, las ideas y los actos... Pensaba como en arquetipos, esos momentos de mediodía de las civilizaciones, esas épocas de armonía.» Nada menos había esperado Paz de la acción política: el establecimiento de un nuevo orden, es decir, *una redención*. Por décadas creyó que la Revolución mexicana y sobre todo la Revolución socialista podían restablecer ese orden. Y no estuvo solo en esa creencia: varias generaciones de pensadores, escritores, maestros, estudiantes y guerrilleros latinoamericanos creyeron lo mismo. Por eso no se concebían a sí mismos como simples reformadores sino como redentores.

La crítica moderna del liberalismo decimonónico en la que Paz se inscribía (la de Pound y Eliot, Spengler y Freud) irrumpió en el Occidente europeo a raíz de la Primera Guerra Mundial y llegó a América Latina en los años veinte. Esa crítica, aunada al prestigio de la Unión Soviética y al aura del marxismo (que atrapó la imaginación y la esperanza de Occidente como una nueva religión), encontró terreno fértil en América Latina debido, entre otros muchos factores sociales, a los agravios causados por la crisis del 1898 y a la prolongada secuela de conflictos políticos, militares, económicos y culturales entre las dos Américas, la de «Ariel» y la de «Calibán». Pero quizá el «malestar de la cultura» europea, el atractivo de las nuevas ideologías redentoristas y el antiamericanismo iberoamericano, siendo tan importantes, no expliquen por sí solos aquella «nostalgia del orden» que cundió a todo lo largo de nuestro siglo XX y ha llegado, disminuida pero viva, a nuestros días. Tal vez esa aspiración provenía también de la supervivencia misma de aquel orden, de la impronta mental de las dos antiguas Majestades: la Monarquía y la Iglesia, la espada y la cruz.

El monarquismo sobrevivió en estos países, en distinta forma y medida, como una mentalidad soterrada, como una cultura política, compuesta por nociones de «Estado», «pueblo», «soberanía popular» y «Revolución» muy distintas, opuestas, de hecho, a las nociones anglosajonas de los mismos términos. Un historiador estadounidense admirado y publicado por Paz, Richard M. Morse (1922-2001), trazó el contrapunto en su obra *El espejo de Próspero* (1982). Si en el terreno de la filosofía política —adujo Morse— la «otra América» se había fincado sobre los pilares de Locke y Hobbes (el fundamento de la razón humana y la conciencia individual como fuente de potestad política, la práctica de la tolerancia civil, la idea de un contrato social para limitar la violencia natural y organizar la vida en común), la ideología política *subyacente* en la América hispana provenía de la obra de los neoescolásticos que habían renovado el tomismo, como el jesuita Francisco Suárez (1548-1617).

A diferencia del Estado hobbesiano, el Estado tomista replanteado por Suárez no es una selva de egoísmos, sino un «todo ordenado en el que las voluntades de la colectividad y el príncipe se armonizan a la luz de la ley natural y en interés de la felicidad ciudadana y el bien común». Se trata de un concepto paternal, tutelar y corporativo de la política, la idea del Estado como una «arquitectura orgánica», un «cuerpo místico», cuya cabeza corresponde a la de un padre que ejerce con plenitud la «potestad dominativa» sobre sus súbditos. En el fondo de esta concepción hay otra idea igualmente medieval: la sociedad y el cuerpo político son concebidos como si estuvieran ordenados por preceptos objetivos y externos de la ley natural, no por los dictados de conciencias individuales. El «pueblo» –punto central– es el depositario original de la soberanía (proveniente de Dios), pero en un pacto político primigenio no sólo delega esa soberanía, sino que la transfiere por entero, de hecho la enajena, al príncipe o monarca. A partir de ese proceso (de alguna forma similar al de la transustanciación mística), el príncipe se vuelve el centro que coordina la vida social del reino.

Esta enajenación del poder del pueblo al monarca es total y difícilmente revocable: el monarca puede hacer su «real gana» y el pueblo está tan obligado como él por el pacto que han celebrado. Mientras el príncipe se atenga a las condiciones del pacto y a las normas de justicia, el pueblo no puede recabar para sí la autoridad que ya cedió. Con todo, la teoría dejaba una rendija a la terminación del pacto: si a juicio del pueblo el príncipe se comporta como un «tirano», el camino (en esa sociedad en la que la crítica pública era inexistente y el voto individual inconcebible) era la deposición, la insurrección y, sólo en último término, el «tiranicidio». Pero para llegar a ese improbable extremo (nunca practicado en la historia monárquica española, sí en la inglesa y francesa), la tiranía y la injusticia debían ser «públicas y manifiestas».

En todo caso, la «soberanía original» proveniente de Dios residía en el pueblo que dadas las circunstancias podía elegir el camino de la insurrección. Más de un siglo y medio antes que Rousseau, Suárez había reelaborado una teoría similar a la «voluntad general» que tan decisiva resultó en el estallido, curso y desenlace de la Revolución francesa. La voz de ese «nosotros» colectivo (que no es la suma de los «yoes» ni el mandato libre y democrático de las conciencias individuales en las urnas electorales, sino un «todo» indivisible e inapelable, una «*vox Dei*», la «voluntad de la nación» reunida en la plaza pública) ha llegado hasta nosotros, de manera nítida, a través del teatro del Siglo de Oro. La literatura en lengua española es la única gran literatura en donde existe, casi como género, la insurgencia del pueblo en contra de sus gobernantes. Pero la insurrección no toca al monarca, recipiendario del Pacto original, sino que se dirige contra el funcionario incidental que ejerce de gobierno en el poder local. Hay por lo menos 94 obras en este género.

Además de aquel legado político, en la vida civil de Latinoamérica estaba (y sigue estando) la presencia de la otra Majestad colonial, la Iglesia católica: sus actitudes, su cultura e instituciones. La doctrina oficial católica ha tendido a oscilar entre la lógica integrista de una sociedad jerárquica, intolerante y cerrada, y la lógica de un colectivismo popular, orientado al desagravio de la sociedad oprimida por la pobreza, la desigualdad, la injusticia. Esta última vertiente, representada por los primeros misioneros del Nuevo Mundo como Bartolomé de las Casas, fue recogida por las élites universitarias en el siglo xx. En estos países (fundados y educados por los misioneros franciscanos, dominicos o jesuitas), la ética misionera se transfirió de la esfera religiosa a la laica, de los padres redentores a los redentores civiles y revolucionarios.

Aunque muchos políticos y pensadores latinoamericanos resintieron la relativa «infertilidad» –como diría Paz– del liberalismo del siglo xix, varias repúblicas, como Chile, Argentina, Uruguay, Colombia, Costa Rica y más tarde Venezuela, dejaron atrás el caudillismo (uno de los males endémicos de la región, a raíz de las guerras de Independencia) y siguieron edificando de manera consistente meritorios regímenes democráticos y constitucionales. En todos los casos, estas democracias debieron sortear otro mal endémico, el militarismo, que nunca reclamó para sí más «legitimidad» que la fuerza bruta. Pero pronto tuvieron ante sí otra constelación política con buenas cartas de legitimidad: la re-

A partir de Vasconcelos la inspiración del antiguo orden es clara. Sin esa herencia no se explica la oferta educativa del Estado tutelar, una obra «redentora» explícitamente inspirada en la obra de los misioneros del siglo XVI; sin la cultura católica tampoco se entiende el marxismo autóctono e indigenista de Mariátegui (que él mismo calificó como una nueva «religión»); ni la conexión justiciera de Eva Perón con sus *descamisados* durante su vida y después de muerta; ni la vocación cristológica del Che y su secuela de santificación; ni el marxismo original de Paz, seguido de una culpa que lo llevó a asumir la defensa de la libertad con pasión de cruzado. Tampoco se entiende, desde luego, la Teología de la Liberación llevada a la práctica por el obispo Samuel Ruiz (reencarnación, para muchos, de Bartolomé de las Casas). En cuanto al histriónico Subcomandante Marcos (marxista, altermundista, cuentista, guerrillero), podría advertirse en él la aspiración a un orden anterior y primigenio, la arcaica utopía indigenista.

Donde no parece haber huella del universo católico es en la vida y obra de nuestros dos novelistas mayores, pero en ambos resulta crucial la otra encarnación de la Majestad colonial: la del monarca todopoderoso, «consustanciado» con el pueblo (como decían los neoescolásticos del siglo XVII). García Márquez ha venerado, literaria y personalmente, esa figura de poder; Vargas Llosa la ha criticado y combatido.

Hugo Chávez no es un nostálgico de nada: es un extraño coctel de ideologías redentoras, teorías heroicas y autoritarismos caribeños, sin traza alguna de convicción liberal o democrática. Su sueño es precisamente la monarquía absoluta fincada en el «socialismo del siglo XXI»: la nueva y definitiva «consustanciación» del caudillo con el pueblo, sólo lograda por Fidel Castro (que no por casualidad fue alumno de los jesuitas). Chávez se ve a sí mismo como un redentor continental y ha estado a un ápice de presentarse ante su pueblo ya no sólo como el vicario terrenal del divino Bolívar, sino como su reencarnación.

Curiosa pretensión, porque la «República Bolivariana» contradice esencialmente a Bolívar, republicano clásico que abjuraba del pasado monárquico por haber condenado a los «moradores del hemisferio» a una «posición puramente pasiva, a una existencia política nula». Cuando el general Páez le propuso coronarse, rechazó la idea. No sólo eso:

Bolívar repudió expresamente la «continuación de la autoridad en un mismo individuo» porque «frecuentemente ha sido el término de los gobiernos democráticos». Adversario de la revolución social, enemigo del radicalismo jacobino y del terror, Bolívar creía necesario «rechazar las olas populares» e impedir «las invasiones que el pueblo intenta contra la jurisdicción y la autoridad de sus magistrados». «La República —dijo— ha levantado al país a la gloria y la prosperidad, dado leyes y libertad. Los magistrados de Colombia no son Robespierre ni Marat.» Rechazaba, en suma, la matriz teológico-política española, pero, como el arquitecto político que fue, temía que el carácter centrífugo de las nuevas repúblicas federalistas alentara la tiranía, el caudillismo, la insurrección popular y aun la anarquía. Por eso alentó a los legisladores del Congreso de Bolivia a aprobar una carta que delinease un «gobierno paternal» y centralista, con un ejecutivo fuerte, pero en un contexto libre, democrático y republicano. (El paradigma «tomista», podría decirse, acotado por las leyes.) Y en cuestiones religiosas, actuó también como un hijo de la Ilustración: «Dios y sus ministros son las autoridades de la religión que obra por medios y órganos exclusivamente espirituales; pero de ningún modo el Cuerpo Nacional, que dirige el Poder Público a objetos puramente temporales.» Chávez, su supuesto avatar en el siglo XXI, piensa de otra manera: ha llegado a proclamar que Cristo hubiera sido su partidario.

★ ★ ★

Curado, aunque nunca del todo, de aquella nostalgia del orden, retomando todos sus hilos biográficos e históricos, Octavio Paz había escrito en 1982 a propósito del régimen de Cuba y sus numerosos partidarios:

> La idea de la misión universal del pueblo español, defensor de una doctrina reputada justa y verdadera, era una supervivencia medieval y árabe; injertada en el cuerpo de la monarquía hispánica, comenzó por inspirar sus acciones pero acabó por inmovilizarla. Lo más extraño es que esta concepción teológico-política haya reaparecido en nuestros días. Aunque ahora no se identifica con una revelación divina: se presenta con la máscara de una

supuesta ciencia universal de la historia y la sociedad. La verdad revelada se ha vuelto «verdad científica» y no encarna ya en una Iglesia y un Concilio sino en un Partido y un Comité.

Esos días ya no son nuestros días. Desde 1989, por primera vez en su historia, todos los países de América Latina, con la sola y obvia excepción de Cuba, han optado por la democracia. Muchos regímenes tienen un marcado acento de vocación social e incluso, como el caso del Chile de la última década o el Brasil de hoy, reclaman para sí el calificativo de socialistas. Estos regímenes convergen con el ideario final de Octavio Paz. «El liberalismo democrático —escribió, en uno de sus últimos textos— es un modo civilizado de convivencia. Para mí es el mejor entre todos los que ha concebido la filosofía política.» Pero a su juicio no bastaba:

> Debemos repensar nuestra tradición, renovarla y buscar la reconciliación de las dos grandes tradiciones políticas de la modernidad, el liberalismo y el socialismo. Me atrevo a decir que éste es «el tema de nuestro tiempo».

La frase refleja, creo, el consenso actual en América Latina. Al mismo tiempo, la región parece ya definitivamente liberada de dos males endémicos de su vida política: el caudillismo y el militarismo. Pero el orden antiguo, compuesto de absolutismo político y ortodoxia ideológica e incompatible con la democracia, no ha muerto. Está vivo en Venezuela, Nicaragua y Bolivia; en menor medida, en Ecuador y Argentina; y potencialmente en México y el Perú.

¿Democracia o redención? Mientras haya pueblos sumidos en la pobreza y la desigualdad, aparecerán redentores (por lo general, universitarios) que sueñen con encabezarlos y liberarlos. Ante ellos, sólo cabe oponer la insípida, la fragmentaria, la gradualista pero necesaria democracia, que ha probado ser mucho más eficaz para enfrentar esos problemas.

Fuentes

JOSÉ MARTÍ

Mi fuente principal para escribir el perfil de Martí fueron sus cartas, sus artículos y, en mucho menor medida, sus poemas. Trabajé la edición electrónica de las *Obras completas*, La Habana, Centro de Estudios Martianos y Karisma Digital, 2001 (CD-ROM). Sin embargo, la lectura de los textos se hizo sobre la edición de las *Obras completas* de Lex, impresa en La Habana en 1946, así como en varias colecciones fundamentales. La más importante fue su *Epistolario* en cinco volúmenes, La Habana, Editorial de Ciencias Sociales, Colección Textos Martianos, 1993. También los tres volúmenes de sus *Obras escogidas*, La Habana, Editorial de Ciencias Sociales, 2002. Igualmente *Nuestra América*, Caracas, Biblioteca Ayacucho, 1985, y su *Poesía completa. Edición crítica*, México, UNAM, 1998 (para la cita de *Ismaelillo* y la carta rimada a Serafín Sánchez). Aproveché también el *Diario de soldado*, recuento biográfico de Fermín Valdés Domínguez, amigo cercano de Martí, publicado en 1972 por la Universidad de La Habana, parte del cual se puede leer en línea (http://jose-marti.org/jose_marti/biografia/amigos/fvd/fvdamistadmarti.htm).

Para las ideas sobre la República: «La República Española ante la revolución cubana» en *Obras completas, Volumen 1. Cuba. Política y Revolución I. 1869-1892* (que incluye *El presidio político en Cuba* y *La República española ante la revolución cubana*). La mayor parte de los artículos que recojo, escritos en Estados Unidos (y a menudo sobre la vida en Estados Unidos, incluido el texto sobre Marx y su idea de la violencia revolucionaria), están en los cuatro volúmenes de *En los Estados Unidos. Escenas norteamericanas, Obras completas* (del volumen 9 al 12), así como el volumen 13, *Norteamericanos. Letras, pintura y artículos varios*. Del primer tomo tomé la cita sobre la Estatua de la Libertad («Escenas Norteamericanas», 1886) y sus «Bases del Partido Revolucionario Cubano» de 1892. La cita sobre la prosperidad de las ideas en Estados Unidos se publicó por primera vez en la revista *The Hour*, Nueva York, 10 de julio de 1880.

Un retrato biográfico profundo de Martí está en la notable novela de Francisco Goldman, *The Divine Husband*, Nueva York, Atlantic Monthly Press, 2004. Entre el cúmulo de biografías sobre Martí, consulté sobre todo la del mexicano Andrés Iduarte, *Martí, escritor*, México, Joaquín Mortiz, 1982. Para la estancia en México: Alfonso Herrera Franyutti, *Martí en México. Recuerdos de una época*, México, Consejo Nacional para la Cultura y las Artes, 1996. Para su sitio en la historia del modernismo: Pedro Henríquez Ureña, *Las corrientes literarias en la América Hispana*, México, Fondo de Cultura Económica, 1979, así como Emir Rodríguez Monegal, «La poesía de Martí y el modernismo: examen de un malentendido» en *Número*, 1a. época, núm. 22, enero-marzo de 1953, pp. 38-67. La historia de su desdichada vida amorosa y su relación con su hija están en José Miguel Oviedo, *La niña de Nueva York*, México, Fondo de Cultura Económica, 1989. Su papel en la historia cubana en Hugh Thomas, *Cuba or The Pursuit of Freedom*, Nueva York, Da Capo Press, 1998; Rafael Rojas, *José Martí: la invención de Cuba*, Madrid, Editorial Colibrí, 1997. Su uso por la Revolución cubana en Enrico Mario Santí, «José Martí y la Revolución cubana» en *Vuelta*, núm. 121, diciembre de 1986. Para la posición de Martí en la cultura del Caribe, aproveché el gran libro de Gordon K. Lewis *Main Currents in Caribbean Thought: The Historical Evolution of Caribbean Society in its Ideological Aspects, 1492-1900*, Lincoln, University of Nebraska Press, 2004. Para el impacto literario y espiritual de Martí, aproveché las cartas y notas de Miguel de Unamuno publicadas en el Archivo José Martí, Ministerio de Educación, núm. II, tomo IV, enero-diciembre de 1947. Para su trágico fin: Guillermo Cabrera Infante, *Mea Cuba*, México, Editorial Vuelta, 1993.

JOSÉ ENRIQUE RODÓ

Una fuente principal del ensayo es la obra del propio José Enrique Rodó: *Obras completas*, edición con introducción, prólogo y notas por Emir Rodríguez Monegal, segunda edición, Madrid, Aguilar, 1967 (de este prólogo procede la descripción que de Rodó hace Arturo Giménez Pastor). También *José Enrique Rodó: La América Nuestra*, compilación y prólogo de Arturo Ardao, La Habana, Casa de las Américas, 1970. Utilicé igualmente la edición de Ayacucho de 1993 de *Ariel* y *Motivos de Proteo*. La correspondencia está en la *Obra póstuma*, tomo 17 de las *Obras completas*. También me serví (por ejemplo, para la carta a su amigo Piquet) de *El que vendrá* [Antología], edición digital de la Biblioteca Virtual Miguel de Cervantes (http://bib.cervantesvirtual.com/FichaObra.html?Ref=2029).

De las biografías e interpretaciones sobre Rodó, consulté, además del excelente prólogo de Rodríguez Monegal a las *Obras completas*, un libro del mayor especialista en Rodó: Carlos Real de Azúa, *Medio siglo de Ariel (su significación y trascendencia literario-filosófica)*, Montevideo, Academia Nacional de Letras, 2001. También me fue muy útil David A. Brading, *Marmoreal Olympus: José Enrique Rodó and Spanish American Nationalism*, Cambridge, Centre of Latin American Studies/University of Cambridge, 1998.

Sobre la caída del Imperio español: Sebastián Balfour, *El fin del imperio español (1898-1923)*, Barcelona, Crítica, 1997. Un documento central del antiimperialismo: «To the person sitting in darkness» de Mark Twain, publicado en *North American Review* en febrero de 1901 (*Tales, Speeches, Essays, and Sketches*, Nueva York, Penguin, 1994). Sobre la Constitución de 1824 y Lorenzo de Zavala: AA.VV., *La Independencia de México. Textos de su historia*, vol. II. *El constitucionalismo: un logro*, México, SEP/Instituto Mora, 1985. Encontré la cita de Simón Bolívar en *Discursos y proclamas*, Caracas, Biblioteca Ayacucho, 2007. También importa la «Carta de Jamaica» en *Doctrina del libertador*, Biblioteca Ayacucho, Caracas, 1976. La cita de Domingo Faustino Sarmiento: *Viajes*, Madrid, UNESCO/ALLCA/FCE, 1993. Los textos de Justo Sierra: *En tierra yanqui*, México, Tipográfica de la Impresora del Timbre, 1897. Sobre la reacción española a la derrota de 1898: Ángel Ganivet, *El porvenir de España*, en *Obras completas*, vol. II, Madrid, Aguilar, 1957. En torno al desencuentro ideológico y cultural de las dos Américas, el artículo de Tulio Halperín Donghi: «Dos siglos de reflexiones sudamericanas» y otro mío: «Mirándolos a ellos», ambos en *La brecha entre América Latina y Estados Unidos*, México, Fondo de Cultura Económica, 2006.

El célebre poema de Rudyard Kipling «The White Man's Burden» apareció en *McClure's Magazine*, 12 de febrero de 1899. Sobre Calibán, pero en el orbe latino y en la América hispana: Rubén Darío en un artículo aparecido en *El Tiempo*, de Buenos Aires, el 20 de mayo de 1898, que fue recogido en AA.VV. (Ricardo Gullón, editor), *El modernismo visto por los modernistas*, Barcelona, Labor, 1980. También Ernest Renan, «Caliban» en *Drames philosophiques*, París, Calmann-Lévy, 1923. La cita de Groussac es de *Del Plata al Niágara*, Administración de la Biblioteca de Buenos Aires, 1897.

Sobre la influencia de *Ariel* en América Latina, las obras de Pedro Henríquez Ureña, *Las corrientes literarias en la América Hispana*, México, Fondo de Cultura Económica, 1949; *Obra crítica*, México, Fondo de Cultura Económica, 1981; y *La utopía de América*, México, Fondo de Cultura Económica, 1989. También Emir Rodríguez Monegal, «El maestro de la Belle Époque» en *Revista de la Universidad de México*, vol. 26, núm. 2, octubre de 1971. Sobre Rodó en España: Rafael Altamira, prólogo a *Liberalismo y jacobinismo* de José Enrique Rodó, Barcelona, Editorial Cervantes, 1926.

El poema «A Roosevelt» de Rubén Darío está en *Poesías completas*, México, Fondo de Cultura Económica, Biblioteca Americana, 1984. Sobre Alfredo Palacios, Mariátegui escribe el ensayo «Alfredo Palacios», *Temas de Nuestra América, Obras completas*, vol. 12, Lima, Amauta, 1959.

De Manuel Ugarte consulté «El peligro yanqui» en *El País* de Buenos Aires, 19 de octubre de 1901, Biblioteca Nacional de la República Argentina. Su «Carta abierta al presidente de los Estados Unidos» se publicó en la mayoría de diarios latinoamericanos. Su obra está recogida en *La nación latinoamericana*, Caracas, Biblioteca Ayacucho, 1978. Sobre la Reforma Universitaria de 1918: *La Reforma Universitaria (1918-1930)*, Caracas, Biblioteca Ayacucho, que no está fechado. Sobre Deodoro

Roca: Fernando Pedró, «Entre influencias y olvidos» en *Asterión XXI/ Revista cultural* (www.asterionxxi.com.ar/numero4/deodororoca.htm). De interés general en el tema: François Bourricaud, «Las aventuras de Ariel» en *Plural*, núm. 13, octubre de 1972. Sobre Carlyle en Rodó, sus libros *Motivos de Proteo* (1909) y *El mirador de Próspero* (1913). Sobre Carlyle en América Latina: Francisco García Calderón, *Las democracias latinas de América*, Caracas, Biblioteca Ayacucho, 1979. El relato de los últimos años de Rodó se hizo a partir de las biografías citadas.

JOSÉ VASCONCELOS

Una versión previa de este ensayo apareció en *Mexicanos eminentes*, México, Tusquets, 1999. La fuente principal sobre Vasconcelos sigue siendo su clásica autobiografía en cuatro tomos. La consulté en la edición original de Ediciones Botas: *Ulises criollo* (1935), *La tormenta* (1936), *El desastre* (1938) y *El proconsulado* (1939). De gran valor son las *Cartas políticas de José Vasconcelos*, editadas por Alfonso Taracena, México, Clásica Selecta Editora Librería, 1959; así como la recopilación de Claude Fell, *La amistad en el dolor. Correspondencia entre José Vasconcelos y Alfonso Reyes: 1916-1959*, México, El Colegio Nacional, 1995.

Para el entorno cultural e intelectual antes, durante y después de la Revolución mexicana aproveché mis libros *Caudillos culturales en la Revolución mexicana*, México, Siglo XXI, 1976, y *Daniel Cosío Villegas. Una biografía intelectual*, México, Joaquín Mortiz, 1980. Para su infancia, juventud y vida familiar realicé en 1988 varias entrevistas con sus hijos Carmen y José Ignacio Vasconcelos. Consulté además dos excelentes artículos de John Skirius: «Génesis de Vasconcelos» en *Vuelta*, núm. 37, diciembre de 1979, y «Mocedades de Vasconcelos» en *Vuelta*, núm. 43, mayo de 1980. Para la etapa en la Secretaría de Educación Pública, el libro de Claude Fell: *Los años del águila (1920-1925)*, México, UNAM, 1989. Para el movimiento de 1929, entrevisté a Andrés Henestrosa y Alejandro Gómez Arias en mayo de 1989 y consulté la exhaustiva obra de Skirius: *José Vasconcelos y la cruzada de 1929*, México, Siglo XXI, 1978. También el texto del propio Henestrosa: «La campaña presidencial de 1929» en *Excélsior*, febrero de 1982.

De la amplísima bibliografía de Vasconcelos —ensayos, tratados, discursos, cuentos, conferencias—, así como de su labor como editor de revistas, consulté por orden cronológico: «Don Gabino Barreda y las ideas contemporáneas», conferencia del Ateneo de la Juventud, 1911; «La intelectualidad mexicana», conferencia, Lima, 1916; *Divagaciones literarias*, México, 1919; *Estudios indostánicos*, México, Ediciones México Moderno, 1920; *Prometeo vencedor*, México, sin editorial, 1920; «Cuando el águila destroce a la serpiente» en *El Maestro*, septiembre de 1921; *Pitágoras. Una teoría del ritmo*, México, Editorial Cultura, 1921; «Un llamado cordial» en *El Maestro*, abril de 1921; *El movimiento educativo en México*, México, Dirección de Talleres Gráficos, 1922; el discurso pronunciado el Día del Maestro en 1924; «La revulsión de la energía» en *La Antorcha*, 1924; *La raza cósmica*, 1925 (empleé la 3ª edición de Austral de 1966); «Democracy in Latin America», conferencia dictada en la Universidad de Chicago en 1926; *Pesimismo alegre*, Madrid, Aguilar, 1931; *La Antorcha*, segunda época, 13 números: abril de 1931 a septiembre de 1932; *La sonata mágica*, Madrid, Impr. de J. Pueyo, 1933; «La inteligencia se impone» en *Timón*, núm. 16, 8 de junio de 1940; *Páginas escogidas*, México, Ediciones Botas, 1940; *El viento de Bagdad*, México, Letras de México, 1945; «Declaración póstuma» en *Índice*, agosto de 1959.

Para su relación con la Alemania nazi consulté: Itzhak Bar-Lewaw, *La revista Timón y José Vasconcelos*, México, Casa Edimex, 1971. Sobre su etapa final: Sergio Avilés Parra, «Siempre he sido cristiano» en *El Mañana*, 24 de enero de 1948; Emmanuel Carballo, «Vasconcelos, voz calmante en el desierto» en *México en la Cultura*, suplemento de *Novedades*, 4 de enero de 1959; entrevista a Vasconcelos en *Señal*, semanario católico, 5 de julio de 1959.

Entre los libros que lo aluden consulté, entre otros, Daniel Cosío Villegas, *Ensayos y notas*, México, Editorial Hermes, 1966; Jorge Cuesta, *Poemas y ensayos*, tomo III, México, UNAM, 1964; Manuel Gómez Morin, *1915*, México, Editorial Cultura, 1927; Alfonso Reyes, *La filosofía helenística*, México, Breviario 147, Fondo de Cultura Económica, 1959, y *Obras completas*, tomos III, IV y XII, México, Fondo de Cultura Económica; y Julio Torri, *Diálogo de los libros*, México, Fondo de Cultura Económica, 1980.

JOSÉ CARLOS MARIÁTEGUI

La obra de Mariátegui ha sido publicada en una colección de 20 tomos: *Obras completas de José Carlos Mariátegui*, Lima, Amauta –en adelante, citadas como O.C.–, aunque incluye obras de varios autores sobre Mariátegui (vols. 10 y 20) y sobre el proyecto de la revista *Amauta* (vol. 19). Con frecuencia recurrí también a una página de internet que ofrece algunos de los libros, y parte de otros: www.patriaroja.org.pe/docs_adic/obras_mariategui. También con frecuencia recurrí a la edición facsimilar de la revista *Amauta* (Editora Amauta; de 1926 a 1930, todos los números, del 1 al 32).

Las fuentes principales sobre la vida de José Carlos Mariátegui: María Wiesse, *Etapas de su vida*, O.C., vol. 10 (1987); Aníbal Quijano, *Introducción a Mariátegui*, México, Era, 1982; y Armando Bazán, *Mariátegui y su tiempo*, O.C., vol. 20 (1969). Guillermo Rouillon D., *La creación heroica de José Carlos Mariátegui, La Edad de Piedra (1894-1919)*, tomo 1, Lima, Editorial Arica, 1975, me aportó abundante información sobre las primeras etapas de la infancia y juventud de Mariátegui. Y vi un documental biográfico, producido por tvPerú: «Sucedió en el Perú: José Carlos Mariátegui» (www.youtube.com/watch?v=2oUc6TQgjj0&p=AED877BBD07839A7&playnext=1&index=1).

El caso del poeta José Santos Chocano y el joven intelectual Edwin Elmore es recordado por los colaboradores, incluido Mariátegui, en el número 3 de la revista *Amauta*. Todas las citas provienen de la edición facsimilar de la revista *Amauta*, Editora Amauta, 32 números, 1926-1930. Las disputas vasconcelistas están documentadas en «Poetas y bufones» en las *Obras completas* de José Santos Chocano, Madrid, Aguilar, 1972, y fueron reconstruidas por José Emilio Pacheco en «Leopoldo Lugones y el amor en la hora de la espada» en *Letras Libres*, núm. 10, octubre de 1999.

El famoso discurso de Manuel González Prada está asequible en la red (http://es.wikisource.org/wiki/Discurso_en_el_Politeama); los ya citados María Wiesse y Aníbal Quijano describen la influencia de González Prada sobre Mariátegui y Haya de la Torre. La época que Mariátegui llama «edad de piedra», es decir, su relación con Abraham Valdelomar, la revista *Colónida* y su paso por varios periódicos, está narrada por sus biógrafos, en especial por Guillermo Rouillon D. Es la época en que toma primer contacto con Rumi Maqui. Véase de Mario Vargas Llosa, *La utopía arcaica*, México, Fondo de Cultura Económica, 1996.

Las influencias y hallazgos de Mariátegui en París y en Italia están tratados en *La escena contemporánea*, *O.C.*, vol. 1 (1957) —donde detalla su relación estética y moral con el fascismo, la guerra, con Barbusse, Sorel, Rolland, entre sus grandes influencias— y en las *Cartas de Italia*, *O.C.*, vol. 15 (1969). La cita de Richard M. Morse proviene de *El espejo de próspero. Un estudio de la dialéctica del nuevo mundo*, México, Siglo XXI, 1982. Y es en esta época cuando comienza a conformar el peculiar marxismo de su *Defensa del marxismo*, *O.C.*, vol. 5 (1959), y donde detalla su relación intelectual con Croce, Gentile y Gramsci. Cito la opinión de Mariátegui sobre el fascismo de sus *Cartas de Italia*, y tomo la interpretación del surrealismo de otro libro de Mariátegui, *El artista y la época*, *O.C.*, vol. 6 (1957).

La relación entre Mariátegui y Víctor Raúl Haya de la Torre, y sus posiciones ante el APRA, es tratada por sus biógrafos —sobre todo los ya citados— y la posición final de Mariátegui se halla en el número 17 de *Amauta*. Consulté también de Víctor Raúl Haya de la Torre sus *Obras completas*, Lima, Juan Mejía Baca, 1984, y un par de libros incidentales: Felipe Cossío del Pomar, *Víctor Raúl. Biografía*, Lima, Pachacútec, 1995, y Antenor Orrego, *El pueblo continente. Ensayos para una interpretación de América Latina*, Lima, Centro de Documentación Andina, 1985. La opinión de Mariátegui sobre la Revolución mexicana puede consultarse en *Temas de nuestra América*, *O.C.*, vol. 12 (1959).

Su análisis sobre Perú es indesligable de su indigenismo, del pensamiento utopista y del marxismo. Si bien en general utilicé las obras de la editorial Amauta, para su obra maestra, los *7 ensayos de interpretación de la realidad peruana*, seguí la edición de Aníbal Quijano, con notas y cronología de Elizabeth Garrels, Caracas, Biblioteca Ayacucho, 2ª edición, 1995. Junto a esta obra leí *El alma matinal y otras estaciones del hombre de hoy*, *O.C.*, vol. 3 (1950), la *Defensa del marxismo*, vol. 5 (1959), *Peruanicemos al Perú*, *O.C.*, vol. 11 (1970), *Temas de nuestra América*, *O.C.*, vol. 12, y finalmente su *Ideología y política*, *O.C.*, vol. 13 (1959). De manera incidental, como lecturas importantes sobre política, hay que considerar su *Historia de la crisis mundial. Conferencias pronunciadas en 1923*, *O.C.*, vol. 8 (1959).

La empresa editorial Amauta, como productora de libros y de la revista, además de la misma edición facsimilar, tiene asignado el tomo 19 de las *Obras completas* de Mariátegui; se trata de un índice general y cuenta con la narración de la empresa, desde sus orígenes hasta su conclusión, tras la muerte de su fundador. Desde luego, mi fuente principal fue siempre la revista misma, en la edición facsimilar ya citada.

La cita sobre la intervención de los trabajadores para hacer cesar la guerra está en el «Elogio de Lenin» de *Historia de la crisis mundial*, *O.C.*, vol. 8 (la conferencia original fue pronunciada el sábado 26 de enero de 1924). La cita acerca del mito y la religión marxista proviene de *El alma matinal*. La cita sobre Roosevelt y Thoreau es de «El Ibero-americanismo y Pan-americanismo» en *Temas de nuestra América*.

Junto con los *7 ensayos*, *Peruanicemos al Perú* es la otra fuente principal de su propuesta indigenista; sin embargo, es necesario tener en cuenta la obra de Luis Valcárcel, *Tempestad en los Andes*, Lima, Polémica, 1927, de donde Mariátegui recoge la descripción de los *ayllu* y los *curacas*. Las disputas de Mariátegui con Luis Alberto Sánchez son ampliamente tratadas en Alberto Flores Galindo, *Buscando un Inca*, Lima, Horizonte, 1988. El mismo Alberto Flores Galindo es autor de otro libro que explica a profundidad las distancias y diferencias de Mariátegui con los demás grupos y ortodoxias marxistas, *La agonía de Mariátegui. La polémica con la Komintern*, Lima, Centro de Estudios y Promoción del Desarrollo, 1980.

OCTAVIO PAZ

Octavio Paz se abstuvo de escribir una autobiografía formal: lo disuadió, según me dijo alguna vez, su difícil vida amorosa antes de conocer a Marie Jo, su segunda mujer. No obstante, refirió a su vida familiar y, con mayor detalle, a su vida literaria, diplomática, artística y política en *Itinerario*, Fondo de Cultura Económica, 1993; también en varias entrevistas reunidas en *Pasión crítica*, Seix Barral, 1985, y de manera cifrada en varios poemas, notablemente en «Nocturno de San Ildefonso» (1976) y sobre todo en «Pasado en claro» (1975). Tampoco existe una biografía completa de Octavio Paz, pero sí varios acercamientos meritorios. El más completo y, para mí, sin duda el más útil (sobre todo para la etapa 1929-1943) es el libro de Guillermo Sheridan: *Poeta con paisaje. Ensayos sobre la vida de Octavio Paz*, México, Era, 2004. Otras fuentes de interés son el prólogo de Enrico Mario Santí a *Primeras letras*, México, Vuelta, 1988 (libro –publicado también en Barcelona por Seix Barral ese mismo año– que reúne buena parte de los ensayos críticos y artículos periodísticos de Paz anteriores a 1944) y su estudio introductorio a *El laberinto de la soledad*, Madrid, Cátedra, 1993. Las antologías poéticas que utilicé de Paz son *Libertad bajo palabra* –en dos ediciones: México, Tezontle, 1949 y México, Fondo de Cultura Económica, 1960– y *Obra poética (1935-1988)*, Barcelona, Seix Barral, 1990. Para los principales poemas de Octavio Paz posteriores a 1957 consulté también la excelente versión bilingüe de *The Collected Poems of Octavio Paz (1957-1987)*, editada por Eliot Weinberger, Nueva York, New Directions, 1991, 688 pp.

La principal antología de ensayos que utilicé fue Octavio Paz, *México en la obra de Octavio Paz*, Fondo de Cultura Económica, 1987. Se trata de una compilación en tres tomos: *El peregrino en su patria*, *Generaciones y semblanzas* y *Los privilegios de la vista*. Me fue utilísima, por supuesto, la excelente *Bibliografía crítica de Octavio Paz (1931-1996)*, compilada por Hugo Verani (El Colegio Nacional, 1997), así como las *Obras completas* reunidas por el propio Octavio Paz, publicadas por el Fondo de Cultura Económica en 15 tomos. Con todo, por lo general, preferí utilizar las ediciones anteriores de sus libros que tenía leídas y anotadas. A lo largo de mi ensayo, recojo recuerdos y anécdotas sobre su vida que el propio Paz me narró a lo largo de los 23 años de nuestra relación de trabajo y amistad. Salvo una entrevista formal, fueron comentarios incidentales de los que no conservo grabación.

El poema introductorio «Canción mexicana» pertenece a «Intermitencias del Oeste» y está en *Ladera este (1962-1968)*, Joaquín Mortiz, 1969. No existe tampoco una biografía de su abuelo Ireneo Paz. Existen datos aislados de interés en Napoleón Rodríguez, *Ireneo Paz, liberal jalisciense* (del cual existe una versión ampliada publicada bajo el título de *Ireneo Paz, letra y espada liberal*, Fontamara, 2002) y sobre todo en *Hoguera que fue*, compilación de Felipe Gálvez, UAM, 2004. Pero don Ireneo sí escribió sus memorias, al menos para la larga etapa rebelde de su vida. Por iniciativa de su nieto, el libro se publicó con un revelador prólogo suyo con el título original de *Algunas campañas*, El Colegio Nacional/Fondo de Cultura Económica, 1997. Los datos que obtuve de don Ireneo provienen también de diversas fuentes periodísticas, como el facsímil de la revista *El Padre Cobos* y el periódico *La Patria*, sobre todo entre 1904 y 1911. El propio Octavio Paz recordó la vida con su abuelo en *Itinerario*, así como en sus poemas autobiográficos y en su texto «Estrofas para un jardín imaginado» (Ejercicio de memorias) en *Vuelta*, agosto de 1989.

Tampoco existe una biografía formal del padre del poeta, Octavio Paz Solórzano, aunque la recopilación de Felipe Gálvez es muy útil no sólo por las noticias de su vida, sino por la colección de textos de Paz Solórzano sobre la revolución zapatista. El padre de Paz publicó varios artículos no reunidos y algunos libros. Entre ellos destaca una biografía de Zapata que el hijo hizo publicar en 1986: Octavio Paz Solórzano, *Zapata. Tres revolucionarios, tres testimonios*, tomo II (México, EOSA, prólogo de Octavio Paz [Lozano]). Entre los artículos de Paz Solórzano que aproveché por su contenido ideológico y autobiográfico están: «Los motivos fundamentales de la revolución» en *Crisol*, 7 de enero de 1929; «Emiliano Zapata. 10 de abril de 1919» en *La Prensa*, 10 de abril de 1932; «Quién era Zapata» en *El Heraldo de México*, 1922; «Quién era Zapata, por qué se lanzo a la Revolución» en *Magazine para Todos*, *El Universal*, 23 de junio de 1929. Las cartas cruzadas entre Octavio Paz y el cuartel de Emiliano Zapata provienen del Archivo Condumex. Las noticias sobre la muerte de Paz Solórzano el 8 de marzo de 1936 provienen de *El Universal*, «El Licenciado Paz muerto bajo las ruedas de un tren» en *El Universal*, 13 de marzo de 1936. Del periódico *La Patria*, entre mayo de 1911 y junio 1914, extraje varios hechos significativos de la rebelde vida de Paz Solórzano. Las alusiones al padre son escasas en *Itinerario* y muy dramáticas y reveladoras en la poesía. Al aludir a ellas, en el cuerpo del texto indico el título del poema. Para la etapa infantil

«Contemporáneos» consulté una vasta bibliografía (Panabière, Sheridan) y de José Luis Martínez «El momento literario de los contemporáneos» en *Letras Libres*, núm. 15, marzo de 2000.

La obra de Sheridan es excelente para los meses que Paz pasó en la Guerra Civil en España, pero también *Itinerario* tiene varios datos de interés. Con todo, para mí lo más revelador fue la obra que Elena Garro publicó en 1992: *Memorias de España, 1937*, Siglo XXI Editores. Estoy persuadido de que es una fuente primaria y en general confiable (salvo en las alusiones íntimas) sobre esa etapa fundamental en el desarrollo intelectual de Paz. Muy útil fue también *Octavio Paz en España, 1937*, antología de textos y poemas prologada por Danubio Torres Fierro, México, Fondo de Cultura Económica, 2007.

Entre 1938, cuando regresa de España, y 1944, cuando parte a San Francisco que sería la primera estación de un largo exilio, Paz publicó ensayos y artículos en varios periódicos (*El Popular, Novedades*), revistas publicadas por amigos mexicanos (*Futuro, Letras de México, Tierra Nueva*), en *Sur*, la revista literaria argentina, y en dos importantes revistas mexicanas que dirigió: *Taller* (1938-1941) y *El Hijo Pródigo*, que Paz dirigió en sus primeros números (1943). Una parte de esos textos está recogida en *Primeras letras*. Para el tono de la época alrededor de la Segunda Guerra Mundial, además de los artículos combativos de Paz en *El Popular* (como «Las enseñanzas de una juventud», 23 de julio y 3 de agosto de 1938), aproveché editoriales de ese periódico y textos de amigos de Paz en ese mismo diario: Octavio Novaro, «La Nueva Educación en Alemania», 24 de julio de 1938; Ángel Miolán, «Habla León Felipe», 29 de agosto de 1938; José Alvarado, «Generación de impostores», 23 de agosto de 1939; Alberto Quintero Álvarez, «La paz por la juventud», 24 de julio de 1938; y «Resonante triunfo de la URSS en beneficio de la paz mundial», titular del 23 de agosto de 1939. Un retrato significativo del joven Paz en esos años es «Imagen primera del poeta», de José Luis Martínez, en *Luz espejeante. Octavio Paz ante la crítica*, selección y prólogo de Enrico Mario Santí, México, UNAM y Ediciones Era, 2009. La trayectoria de Paz como maestro y en la burocracia la compulsé en el Archivo Histórico de la Comisión Nacional Bancaria y en el Archivo Histórico de la Secretaría de Educación Pública.

El encuadre de la cultura y la vida literaria a partir de 1941 (en tiempos de Manuel Ávila Camacho) proviene de varias fuentes escritas y orales, entre ellas mi libro *Daniel Cosío Villegas. Una biografía intelectual* y el ensayo «Cuatro estaciones de la cultura mexicana», en *Mexicanos eminentes*, México, Tusquets, 1999. Entre las crónicas más útiles para la época está la de José Luis Martínez «La literatura mexicana en 1942», *Literatura Mexicana, siglo XX, 1910-1949*, México, Antigua Librería Robredo, 1949. Otras fuentes: Elena Poniatowska, *Juan Soriano, niño de mil años*, México, Plaza y Janés, 1998; los artículos de Paz sobre Soriano (reunidos en *Los privilegios de la vista*) y sus puntuales balances editoriales en «Antevíspera: *Taller*, 1938-1941» y «Poesía e historia (Laurel y nosotros)», ambos reunidos en *Sombras de obras*, Barcelona, Seix Barral, 1983. El *affaire* Neruda-Paz está sabrosamente narrado en la obra citada de Sheridan y en Gerardo Ochoa Sandy, «Cuando los intelectuales llegan a las manos. Los pleitos a bofetadas de Neruda-Paz, Novo-Usigli, Arreola-Rulfo, Cuevas-Icaza y García Márquez-Vargas Llosa» en *Proceso*, 26 de diciembre de 1992. La película *El rebelde* de 1943, basada en un guión de Jean Malaquais y dirigida por Jaime Salvador, contiene dos sorprendentes canciones de Paz, y se puede conseguir con facilidad. El testimonio más revelador sobre su actitud crítica ante el *establishment* cultural y político mexicano está en su correspondencia con Octavio Barreda. Para su posición intelectual y política (ya en una primera transición heterodoxa), la carta a Victor Serge del 6 octubre de 1944 (que me proporcionó Adolfo Gilly). Sus artículos sobre Revueltas, Vasconcelos, Pellicer, Cernuda, José María Velasco, «Poesía de comunión y poesía de soledad», etc., están recogidos en *Primeras letras*.

La estancia de Paz en San Francisco está cubierta en *Crónica trunca de días excepcionales*, México, UNAM, 2007, y en Froylán Enciso, *Andar fronteras. El servicio diplomático de Octavio Paz en Francia (1946-1951)*, México-Buenos Aires-Madrid, Siglo XXI, 2008. Las cartas a Barreda son testimonio de primera mano sobre su estado de espíritu, y sobre todo su carta a Victor Serge. Para su tránsito por Nueva York y la larga etapa parisina extraje información del libro de Rosas Lopátegui y (con prevención crítica) de las memorias de la hija de Octavio Paz y Elena Garro, Helena Paz Garro: *Memorias*, México, Océano, 2003. La edición que utilicé para el análisis de *El laberinto de la soledad* fue la primera, de Cuadernos Americanos, publicada en 1949. Sobre el impacto del libro: José Vasconcelos, «Octavio Paz» en *Todo*, 6 de abril de 1950, y Alejandro Rossi: «50 años [de] *El laberinto de la soledad*» en *Letras Libres*, núm. 120, diciembre de 2008.

Sobre la redacción de *El laberinto de la soledad* está el citado prólogo de Santí y la entrevista de Claude Fell a Octavio Paz: «Vuelta a *El laberinto de la soledad*» en *Plural*, noviembre de 1975. Sobre la vida en París, un testimonio clave son las cartas cruzadas con José Bianco. Hay también información útil en la correspondencia con Alfonso Reyes y en los libros de Garro y de Paz Garro. Sobre su vínculo con Buñuel: Octavio Paz, «Buzón entre dos mundos. De Octavio Paz a Luis Buñuel» en *Vuelta*, núm. 201, agosto de 1993; y José de la Colina: «Buñuel/Paz: Vasos comunicantes» (manuscrito). Sus principales ensayos de los cincuenta están en *Las peras del olmo*, Barcelona, Seix Barral, 1957. Su texto sobre los campos de concentración en la URSS que apareció por primera vez en octubre de 1950 en *Sur*, se recogió en *El ogro filantrópico: historia y política (1971-1978)*, México, Joaquín Mortiz, 1979. Para su vida cotidiana, literaria y diplomática durante los años cincuenta en México, las cartas con Bianco son fundamentales. También Elena Poniatowska, *Las palabras del árbol*, México, Joaquín Mortiz, 2009. Detalles de su vida con Garro en María Zambrano, *Esencia y hermosura. Antología*, Barcelona, Galaxia Gutenberg, 2010. Sus inquietudes editoriales en los cincuenta están en las cartas a Bianco, y en los sesenta en *Octavio Paz-Arnaldo Orfila. Cartas cruzadas*, México, Siglo XXI, 2006. Su vínculo editorial con Francia: Octavio Paz, *Jardines errantes. Cartas a J. C. Lambert 1952-1992*, Barcelona, Seix Barral, 2008. Y con España: Octavio Paz, *Memorias y palabras. Cartas a Pere Gimferrer, 1966-1997*, Barcelona, Seix Barral, 1999. Para su posición en la literatura mexicana de los años sesenta, «De José Gaos a Octavio Paz», 12 de diciembre de 1963, archivo de El Colegio de México; «Efraín Huerta enjuicia a los escritores mexicanos de hoy» en *El Heraldo de México*, 8 de mayo de 1966; Juan García Ponce, "Figura de poeta", en «Homenaje a Octavio Paz» en *La Cultura en México*, suplemento de *Siempre!*, México, 16 de agosto de 1967; Elena Poniatowska, «Octavio Paz ante el detector de mentiras» en *Siempre!*, 18 de octubre 1967. Sobre su latente simpatía revolucionaria en los años cincuenta conversé con José de la Colina. Para su distancia crítica con la Revolución cubana, dos trabajos de Rafael Rojas: «Lecturas cubanas de Octavio Paz» en *Vuelta*, núm. 259, junio de 1998, y «El gato escaldado. Viaje póstumo de Octavio Paz a La Habana», Anuario de la Fundación Octavio Paz, núm. 1, 1999. La traducción de «El cántaro roto» es de Hank Heifetz. Para su vida cotidiana en los años sesenta en la India, consulté la correspondencia inédita de Paz con José Luis Martínez. También conversé con su esposa Marie José. Sus ensayos principales de la época –incluido su texto sobre la rebeldía, la rebelión y la revolución– están en *Corriente alterna*, México, Siglo XXI, 1967.

El entusiasmo de Paz con el movimiento estudiantil de 1968 está reflejado en su correspondencia con José Luis Martínez y sobre todo en sus cartas a Charles Tomlinson (12 de junio, 3 de agosto y 27 de septiembre de 1968, todas en la Universidad de Texas en Austin). Varios textos suyos aluden directamente al tema, en especial en *Postdata*, México, Siglo XXI, 1970. Su relación con el gobierno mexicano y en particular con la Secretaría de Relaciones Exteriores, en el archivo Antonio Carrillo Flores en Condumex, recogida en «Un sueño de libertad: Cartas a la Cancillería» en *Vuelta*, núm. 256, marzo de 1998. Su vínculo con Revueltas en José Revueltas, *Las evocaciones requeridas*, *Obras completas*, tomos 25 y 26, Ediciones Era, 1987. Su principal crítica al régimen en esos años en *Postdata*. Sobre su postura al llegar a México en 1971: Jacobo Zabludovsky, «Echeverría, un hombre que sabe escuchar el rumor de la historia, declara Octavio Paz» en *Siempre!*, México, 14 de abril de 1971, y «Respuestas a diez preguntas», julio de 1971, recogido en *El ogro filantrópico*.

A partir de la fundación de *Plural*, incorporo hechos y atmósferas que viví personalmente. En primer lugar como adversario de Paz, a quien Héctor Aguilar Camín y yo criticamos en *Siempre!* (*La Cultura en México*, agosto de 1972). La respuesta no se hizo esperar: «La crítica de los papagayos» en *Plural*, núm. 11, agosto de 1972. Sobre la fundación de *Plural* hablé con el propio Paz, con Gabriel Zaid, Alejandro Rossi y Julio Scherer. La importante obra crítica de Gabriel Zaid en los años de *Plural* está en *Cómo leer en bicicleta*, México, Joaquín Mortiz, 1975, y *El progreso improductivo*, México, Siglo XXI, 1979. La obra de Alejandro

Rossi en *Plural* se reunió en *Manual del distraído*, México, Joaquín Mortiz, 1978. Para el trabajo cotidiano en *Plural* son reveladoras las *Cartas a Tomás Segovia (1957-1985)*, México, Fondo de Cultura Económica, 2008. Para la historia de la revista *Plural*, John King publicó «Política en *Plural* (1971-1976)» en *Letras Libres*, núm. 112, abril de 2008. Casi todos los combativos ensayos y artículos publicados entre 1971 y 1975 en *Plural*, en diarios o en entrevistas que cito en mi texto están en *El ogro filantrópico*. Entre ellos: «Carta a Adolfo Gilly» en 5 de febrero de 1972; «Debate: presente y futuro de México», marzo de 1972; «¿Por qué Fourier?», agosto de 1972; «Los escritores y el poder», octubre de 1972; «La mesa y el lecho», octubre de 1972; «La letra y el cetro», octubre de 1972; «El parlón y la parleta», marzo de 1973; «Aterrados doctores terroristas», junio de 1973; «Los centuriones de Santiago», agosto de 1973; «Nueva España: orfandad y legitimidad», octubre de 1973; «A cinco años de Tlatelolco», octubre de 1973; «Polvos de aquellos lodos», marzo de 1974, y «Gulag: Entre Isaías y Job», diciembre de 1975.

Para la vida de Cosío Villegas repasé mi libro *Daniel Cosío Villegas. Una biografía intelectual*. El obituario de Paz sobre Cosío: «Las ilusiones y las convicciones» en *Plural*, abril de 1976. El poema autobiográfico «Nocturno de San Ildefonso» apareció en *Plural* y en su libro *Vuelta*, Barcelona, Seix Barral, 1976. Los prolegómenos de la vuelta definitiva de Octavio Paz a México están en sus *Memorias y palabras. Cartas a Pere Gimferrer 1966-1997*, Barcelona, Seix Barral, 1999. El mismo tema, tratado poéticamente, está en *Pasado en claro*, México, Fondo de Cultura Económica, 1975, y en los poemas de *Vuelta*. Su retrospectiva de *El laberinto de la soledad* en la entrevista con Claude Fell data de esos meses.

Conocí a Octavio Paz la mañana del 10 de marzo de 1976, en el funeral de Daniel Cosío Villegas, que había sido mi maestro. A raíz del fin de *Plural* —revista en la que yo ya escribía— me acerqué al grupo que planeó con Paz la publicación de *Vuelta*. Mi incorporación a esa revista como secretario de redacción ocurrió a principios de 1976. Mi relación con la revista y con Paz duró hasta su muerte en abril de 1998. Muchos datos y episodios que narro aquí son de primera mano.

Sus primeros textos polémicos en *Vuelta* los reunió en *El ogro filantrópico*. Entre estos textos destacan «Vuelta», diciembre de 1976; «Discurso en Jerusalén», julio de 1977; «La universidad, los partidos y los intelectuales», septiembre de 1977, y el ensayo «El ogro filantrópico», agosto de 1978. Todos ellos y la entrevista que le hizo Julio Scherer («Suma y sigue» en *Proceso*, 5 y 12 de diciembre de 1977) provocaron la sonada polémica con los intelectuales de izquierda, en particular con Carlos Monsiváis. Los textos de Monsiváis y Paz aparecieron en *Proceso*, semana a semana, entre el 19 de diciembre de 1977 y el 23 de enero de 1978. También, el texto de Héctor Aguilar Camín, «El apocalipsis de Octavio Paz» en *Nexos*, octubre de 1978. El episodio de la amenaza guerrillera está en «Los motivos del lobo» en *Vuelta*, 18 de septiembre de 1978. El libro de Xavier Rodríguez Ledesma, *El pensamiento político de Octavio Paz*, México, UNAM y Plaza y Valdés, 1996, recoge con amplitud la polémica.

El libro *Sor Juana Inés de la Cruz o las trampas de la fe* lo publicaron Seix Barral en 1982 y el Fondo de Cultura Económica en 1983. El ensayo «Cristianismo y revolución», sobre José Revueltas, está en *Hombres en su siglo*, Barcelona, Seix Barral, 1984. Los ensayos de Gabriel Zaid sobre la guerrilla en El Salvador y la falta de elecciones en Nicaragua que provocaron las grandes polémicas con la izquierda en los años ochenta están en *De los libros al poder*, México, Grijalbo, 1988. Los ensayos políticos de Paz en la misma etapa («PRI: Hora cumplida», su discurso en la Feria del Libro de Frankfurt) están reunidos en *México en la obra de Octavio Paz: El peregrino en su patria*. Mi texto «Por una democracia sin adjetivos», que también provocó polémicas, apareció en *Vuelta*, núm. 86, enero de 1984. Las principales polémicas que se dieron entre las revistas *Nexos* y *Vuelta* se reflejaron fielmente en la revista *Proceso*, y en otras publicaciones como *Unomásuno* y *La Jornada*. La visión internacional de Paz a punto de cumplir los 70 años está en *Tiempo nublado*, Barcelona, Seix Barral, 1983. Aproveché la reseña que escribí sobre ese libro, que apareció traducida en *Salmagundi* (primavera-verano de 1986). Mi entrevista biográfica con Paz ocurrió en marzo de 1984, y la recogí en *Travesía liberal*, México-Barcelona, Tusquets, 2003. Los textos incidentales de Paz sobre el sexenio de Carlos Salinas de Gortari y la caída del Muro de Berlín están en *Pequeña crónica de grandes días*, México, Fondo de Cultura Económica, 1990. Su discurso con ocasión del Premio

Fuentea

Tocqueville es «Poesía, mito, revolución» en *Vuelta*, núm. 152, julio de 1989. Del «Encuentro Vuelta: La experiencia de la libertad» se publicaron memorias en siete volúmenes (México, Vuelta, Fundación Cultural Televisa y Espejo de Obsidiana Ediciones, 1991). También la introducción de Paz: «El siglo XX: La experiencia de la libertad» en *Vuelta*, núm. 167, octubre de 1990. Sobre el levantamiento del EZLN, Paz escribió en *Vuelta*: «Chiapas, ¿nudo ciego o tabla de salvación?», febrero de 1994; «Chiapas: hechos, dichos, gestos», marzo de 1994, y «La selva lacandona», febrero de 1996. Sus palabras a Marie Jo, las escuché personalmente.

EVA PERÓN

Las fuentes principales del ensayo fueron el libro de Alicia Dujovne Ortiz *Eva Perón: A Biography*, traducido por Shawn Fields, Nueva York, St. Martin's Griffin, 1997, y el de Tomás Eloy Martínez *Santa Evita*, traducido por Helen R. Lane, Nueva York, Alfred A. Knopf, 1996. Aproveché también a Michael Casey, *Che's Afterlife: The Legacy of an Image*, Nueva York, Vintage, 2009. Consulté aspectos de la historia argentina de la época con el historiador Enrique Zuleta Álvarez y el doctor Vicente Massot.

CHE GUEVARA

Utilicé la edición de las *Obras completas* de Ernesto «Che» Guevara en tres tomos, Buenos Aires, Legasa, 1995 y 1996. También consulté *Diarios de motocicleta. Notas de un viaje por América Latina*, Buenos Aires, Planeta, 2004; *Otra vez. Diario inédito del segundo viaje por Latinoamérica*, Barcelona, Ediciones B, 2001; *Pasajes de la guerra revolucionaria: Congo*, México, Mondadori, 1999, y *El socialismo y el hombre nuevo*, México, Siglo XXI, 1977. Varias cartas del Che están en la red, *Che, Guía y Ejemplo: Epistolario* (www.sancristobal.cult.cu/sitios/Che/epistolario.htm). La cita que abre el ensayo es de la carta a sus padres de marzo de 1965. La cita sobre los fusilamientos en La Cabaña procede de José Vilasuso (http://che-nunca.fortunecity.com/Filevilasuso.html).

Las tres principales biografías del Che que utilicé fueron: Jon Lee Anderson, *Che Guevara: A Revolutionary Life*, Nueva York, Grove Press, 1997; Paco Ignacio Taibo II, *Ernesto Guevara, también conocido como el Che*, México, Planeta y Joaquín Mortiz, 9ª reimpresión, 1997, y Jorge G. Castañeda, *La vida en rojo. Una biografía del Che Guevara*, Madrid, Alfaguara, 1997. También consulté Michael Lowy, *El pensamiento del Che Guevara*, México, Siglo XXI, 1971 (16ª ed., 1997).

Para los agravios de Cuba con Estados Unidos: Daniel Cosío Villegas, «Rusia, Estados Unidos y América Latina», *Ensayos y notas*, tomo I, México, Hermes, 1966, y «Estados Unidos falla en Cuba», *Ensayos y notas*, tomo II, México, Hermes, 1966. Para la infancia en Córdoba y el entorno familiar consulté con los historiadores Tulio Halperín Donghi y Carlos Sempat Assadourian, y aproveché el útil guión de Luis Altamira, *La infancia del Che. Documental*, Madrid, Del Taller de Mario Muchnik, 2003. Para su vocación de lector: Ricardo Piglia, *El último lector*, Barcelona, Anagrama, 2005. Sobre el fermento ideológico en Córdoba: *Deodoro Roca, el hereje*, selección y estudio preliminar de Néstor Kohan, Buenos Aires, Editorial Biblos, 1999, y Deodoro Roca, «Manifiesto liminar» [de la Reforma Universitaria de 1918], Córdoba, Editorial Universitaria de Córdoba, 1998. Los escritos de Hugo Pesce aparecen a menudo en *Amauta*, la revista de Mariátegui.

Para el Che en México: Carlos Franqui, *Retrato de familia con Fidel*, Barcelona, Seix Barral, 1981. La referencia a Lázaro Cárdenas está en mi libro *Lázaro Cárdenas: El general misionero*, México, Fondo de Cultura Económica, 1987, p. 195. Para el Che en la Sierra Maestra, el propio Franqui y Hugh Thomas, *Cuba or The Pursuit of Freedom*, Nueva York, Da Capo Press, 1998. Para la época de la Cabaña, consulté Álvaro Vargas Llosa, «La máquina de matar. El Che Guevara, de agitador comunista a marca capitalista» en *Letras Libres*, núm. 98, febrero de 2007.

Sobre el pensamiento económico del Che: Carlos Tablada, «La creatividad en el pensamiento económico del Che» en *Nueva Internacional*, núm. 2, 1991, pp. 71-99 y Michael Lowy, *El pensamiento del Che Guevara*, México, Siglo XXI, 1971 (19ª ed., 2007). La gestión económica del Che, en los trabajos de Carmelo Mesa-Lago: «Availability and Reliability of Statistics in Socialist Cuba, Part 1» en *Latin American Research*

Review, 4:1 y 4:2, primavera de 1969; «Ideological, Political and Economic Factors in the Cuban Controversy on Material Versus Moral Incentives» en *Journal of Interamerican Studies and World Affairs*, 14:1, 1972, y «Problemas estructurales, política económica y desarrollo en Cuba, 1959-1970» en *Desarrollo Económico*, 13:51, 1973. Consulté también para el tema Huber Matos, *Cómo llegó la noche*, Barcelona, Tusquets, 2002; Héctor Rodríguez Llompart, «Che comunista y economista» en *El Economista de Cuba*, diciembre de 2007; Hugh Thomas, Georges A. Fauriol y Juan Carlos Weiss, *La revolución cubana: 25 años después*, Madrid, Playor, 1984, y Robert S. Walters, «Soviet Economic Aide to Cuba: 1959-1964» en *International Affairs*, 42:1, 1966. Las conversaciones, intervenciones y entrevistas de Valtr Komárek en el «Encuentro Vuelta: La experiencia de la libertad», organizado por la revista *Vuelta* en 1990, me dieron la oportunidad de documentar por primera vez de una fuente directa las ideas y actitudes económicas del Che. Sobre la Reforma Agraria consulté Rafael Rojas, *Tumbas sin sosiego. Revolución, disidencia y exilio del intelectual cubano*, Barcelona, Anagrama, 2006.

Para actitudes y anécdotas del Che guerrillero: Carlos Franqui, *El libro de los doce*, México, Era, 1966; Daniel Alarcón Ramírez «Benigno», *Memorias de un soldado cubano. Vida y muerte de la Revolución*, Barcelona, Tusquets, 1997; Jorge Masetti, *El furor y el delirio. Itinerario de un hijo de la Revolución cubana*, Barcelona, Tusquets, 1999; y dos libros de Régis Debray: *La guerrilla del Che*, México, Siglo XXI, 9ª ed., 2004, y el más desencantado *Alabados sean nuestros señores*, Buenos Aires, Sudamericana, 1999. Para el análisis de los mercenarios en el Congo: Mike Hoare, *Congo Mercenary*, Boulder, Paladin Press, 1967. La relación entre Fidel y el Che está tratada con profundidad en Simon Reid-Henry: *Fidel and Che: A Revolutionary Friendship*, Nueva York, Walker & Company, 2009. En torno a la discusión sobre la visión revelada al Che sobre su destino revolucionario: Alma Guillermoprieto, «El ángel desalmado», *Historia escrita*, traducción de Laura Emilia Pacheco, México, Plaza y Janés, 2001. Sobre la guerrilla universitaria: Gabriel Zaid, *De los libros al poder*, México, Grijalbo, 1988. Sobre su legado: Michael Casey, *Che's Afterlife: The Legacy of an Image*, Nueva York, Vintage, 2009. Sobre su martirologio: Guillermo Cabrera Infante, *Mea Cuba*, México, Editorial Vuelta, 1993.

GABRIEL GARCÍA MÁRQUEZ

Las fuentes principales del ensayo son la autobiografía de Gabriel García Márquez, *Vivir para contarla*, México, Editorial Diana, 2002, y la biografía de Gerald Martin: *Gabriel García Márquez: A Life*, Nueva York, Alfred A. Knopf, 2009. También consulté dos obras de Plinio Apuleyo Mendoza: *Un García Márquez desconocido*, Bogotá, Emecé Editores-Editorial Planeta Colombiana, 2009, y en coautoría con García Márquez, *El olor de la guayaba*, Barcelona, Mondadori, 1996, 168 pp. (conversación, en tono de memorias, de la amistad entre ambos). Igualmente importante es Pedro Sorela, *El otro García Márquez: los años difíciles*, Madrid, Mondadori, 1988. Algo menos interesante Stephen Minta: *García Márquez: Writer of Colombia*, Nueva York, Harper & Row, 1987. Para la popularización biográfica: Mariana Solanet, *García Márquez for Beginners*, Nueva York, Writers & Readers, 2001.

Las obras de ficción que consulté principalmente, por orden cronológico, fueron: *La hojarasca*, México, Editorial Diana, 1986; *El coronel no tiene quien le escriba*, México, Ediciones Era, 1968; *Cien años de soledad*, Barcelona, Mondadori, 1987; *El otoño del Patriarca*, México, Editorial Diana, 1991, y *El general en su laberinto*, México, Editorial Diana, 1994. Las obras de no ficción (periodismo, crónica, ensayo, artículo) consultadas fueron: *Obra periodística 1. Textos costeños*, Santafé de Bogotá, Grupo Editorial Norma, 1997; *Obra periodística 2. Entre cachacos*, Santafé de Bogotá, Grupo Editorial Norma, 1997; *Obra periodística 3. De Europa y América*, Santafé de Bogotá, Grupo Editorial Norma, 1997; *Por la libre. Obra periodística 4 (1974-1995)*, Barcelona, Mondadori, 1999, y *Notas de prensa: 1980-1984*, Santafé de Bogotá, Grupo Editorial Norma, 1995.

Para la historia de Colombia consulté Malcolm Deas: *Del poder y la gramática*, Bogotá-Caracas-Quito, Tercer Mundo Editores, 1993; Marco Palacios y Frank Safford, *Colombia. País fragmentado, sociedad dividida. Su historia*, Bogotá, Grupo Editorial Norma, 2002. Para la figura de Uribe Uribe: Edgar Toro Sánchez: *El liderazgo de Rafael Uribe Uribe. La modernización de la Nación y el Estado*, Bogotá, Federación Nacional de Cafeteros de Colombia, 2008. Para la huella de la United Fruit: Gilbert M. Joseph, Catherine C. LeGrand y Ricardo D. Salvatore (editores):

Close Encounters of Empire: Writing the Cultural History of U.S.-Latin American Relations, Durham, Duke University Press, 1998, y Stacy May y Galo Plaza: *The United Fruit Company in Latin America*, Washington, National Planning Association, 1958.

Para la cultura del Caribe reflejada en la obra de García Márquez, el libro de Pedro Sorela. Octavio Paz sobre García Márquez, véanse las entrevistas de Rita Guibert y de Julián Ríos en Octavio Paz, *Obras completas*, Círculo de Lectores y Fondo de Cultura Económica, tomo 15. El texto de Mario Vargas Llosa sobre García Márquez comparándolo con Amadís: *Sables y utopías. Visiones de América Latina*, México, Aguilar, 2009. Sobre la novela de dictadores: Augusto Monterroso, *La palabra mágica*, México, Era, 1983. Sobre *El otoño del patriarca*: Alejandro Rossi, «Vasto reino de pesadumbre» en *Plural*, septiembre de 1975. Sobre el García Márquez periodista: Charles Lane, reseña sobre *News of a Kidnaping*, *The New Republic*, 25 de agosto de 1997, y Gabriel Zaid, «Relato donde no se escucha a un náufrago» en *Vuelta*, núm. 41, abril de 1980. Para la relación de García Márquez con Cuba y Fidel: Juan Goytisolo, *Coto vedado* y *En los reinos de Taifa*, Barcelona, Ediciones Península, 2002; Andrés Oppenheimer, *La hora final de Castro: la historia secreta detrás de la inminente caída del comunismo en Cuba*, Madrid, Vergara Editor, 2001. Para la amistad entre el escritor y el comandante: Ángel Esteban y Stéphanie Panichelli, *Fidel and Gabo: A Portrait of the Legendary Friendship between Fidel Castro and Gabriel García Márquez*, Nueva York, Pegasus Books, 2009.

El episodio de los balseros ejecutados: *La Jornada* del 2, el 14, el 28, el 29 y el 30 abril de 2003. Y las palabras de Susan Sontag en la recepción del Premio de la Paz en Frankfurt (www.stecyl.es/prensa/031015_ep_Sontag_titere_con_cabeza.htm).

MARIO VARGAS LLOSA

La fuente principal del texto es Mario Vargas Llosa, *El pez en el agua*, México, Seix Barral, primera reimpresión en México, 1993. También la conversación que sostuve con Fernando de Szyszlo en Lima en 2003 y con Vargas Llosa en la ciudad de México, en marzo de 2010. Otra fuente general: Ricardo A. Setti, *Diálogo con Vargas Llosa*, México, Kosmos Editorial, segunda edición, 1989.

Las principales obras de Vargas Llosa que consulté para este ensayo son *La guerra del fin del mundo*, Barcelona, Alfaguara, 1997; *La utopía arcaica. José María Arguedas y las ficciones del indigenismo*, México, Fondo de Cultura Económica, 1996; *Historia de Mayta*, Barcelona, Seix Barral, 1984, y *La fiesta del Chivo*, Bogotá, Alfaguara, 2000.

Sobre el Perú variopinto y conflictivo: Mario Vargas Llosa, «El país de las mil caras», *Contra viento y marea III (1964-1988)*, México, Seix Barral, primera reimpresión, 1990. Sobre sus primeras décadas políticas y literarias: *Literatura y política*, México, ITESM/Ariel, 2001, e *Historia secreta de una novela*, Barcelona, Tusquets, 1971.

Aspectos de la relación con Cuba en Mario Vargas Llosa: *Sables y utopías. Visiones de América Latina*, México, Aguilar, 2009. También en «La literatura es fuego», discurso al recibir el Premio Rómulo Gallegos, en *Revista Nacional de Cultura (181)*, año XXIX, Caracas, julio-septiembre de 1967. Su correspondencia con García Márquez, Carlos Fuentes, Roberto Fernández Retamar y Haydée Santamaría está en los archivos de Mario Vargas Llosa en Princeton (legajos). La «Carta a Haydée Santamaría», *Sables y utopías*.

Sobre su polémica con la Revolución cubana: Ángel Rama, «A propósito de *Historia de un deicidio*. Va de retro» en *Marcha*, 5 de mayo de 1972. La versión de su primera esposa sobre el matrimonio de ambos: Julia Urquidi, *Lo que Varguitas no dijo*, La Paz, Ediciones Última Hora, 1983. Su desencanto con Sartre y el encuentro con Camus: Mario Vargas Llosa, *Entre Sartre y Camus*, Puerto Rico, Ediciones Huracán, 1981 y «La rebelión perpetua», entrevista de Danubio Torres Fierro con Mario Vargas Llosa publicada en *Plural* (1975).

Sobre sus cambios hacia el liberalismo económico y su simpatía por las ideas de Hernando de Soto: Mario Vargas Llosa, «La revolución silenciosa», *Contra viento y marea III (1964-1988)*. Su importante reportaje de los ochenta «Sangre y mugre de Uchuraccay», también en *Contra viento y marea III (1964-1988)*. Algunas impresiones sobre la campaña presidencial fueron de primera mano: estuve presente en Perú en marzo de

1990. Sobre los claroscuros de la campaña: Alma Guillermoprieto, *Desde el país de nunca jamás*, Barcelona, Debate, 2011, y Alan Riding, «The Misadventures of Mario Vargas Llosa» en *The New York Times*, 15 de mayo de 1994. Sobre su visión del poder y las dictaduras, véanse mis conversaciones con Vargas Llosa publicadas en *Letras Libres*: «La fragilidad democrática en Latinoamérica», núm. 85, enero de 2006; «Utopías», núm. 61, enero de 2004, y «La seducción del poder», núm. 19, julio de 2000, y por último el perfil que escribí sobre él, «Vida y libertad», publicado en noviembre de 2010 en el número 143 de la revista.

SAMUEL RUIZ GARCÍA

El texto sobre Samuel Ruiz (recogido en una versión previa en mi libro *Mexicanos eminentes*, México, Tusquets, 1999) fue, en principio, una investigación de campo. Visité Chiapas en dos ocasiones, septiembre de 1994 y octubre de 1998. Allí conocí al grupo que trabajaba y debatía en la diócesis de San Cristóbal de Las Casas, y sostuve dos entrevistas con el propio obispo Samuel Ruiz (27 de julio de 1994 y 26-28 de septiembre de 1998). En la segunda ocasión me entrevisté con varios protagonistas del fenómeno teológico-político del neozapatismo: el padre Diego Andrés Lockett, 28 de septiembre de 1998; fray Gonzalo Ituarte, 27 de septiembre de 1998; fray Raúl Vera, 25 de septiembre 1998, y Javier Vargas, 6 y 12 de octubre de 1998. También en esa semana conversé con dos académicos especialistas en la historia, sociedad y política de Chiapas: Juan Pedro Viqueira y Jan de Vos.

De la pluma de Samuel Ruiz consulté: *Teología bíblica de la liberación*, México, Editorial Jus-Librería Parroquial, 1975, y *En esta hora de gracia. Carta pastoral con motivo del saludo de S.S. el Papa Juan Pablo II a los indígenas del continente*, México, Ediciones Dabar, 1993.

Los libros y artículos utilizados sobre la rebelión en Chiapas fueron: John Womack Jr., *Chiapas, el obispo de San Cristóbal y la revuelta zapatista*, México, Cal y Arena, 1998, y *Rebellion in Chiapas: An Historical Reader*, Nueva York, New Press, 1999. También Bertrand de la Grange y Maite Rico, *Marcos, la genial impostura*, México, Aguilar, 1998; Carlos Fazio, *El* caminante, México, Espasa-Calpe, 1994; Carlos Tello Díaz, *La rebelión de las Cañadas*, México, Cal y Arena, 1995; Ma. del Carmen Legorreta Díaz, *Religión, política y guerrilla en Las Cañadas de la Selva Lacandona*, México, Cal y Arena, 1998. Dos textos de Xóchitl Leyva y Gabriel Ascencio Franco, *Lacandonia al filo del agua*, México, CIESAS/CIHMECH/UNAM/UNICACH/FCE, 1996, y el testimonio de don Eustaquio en «Catequistas, misioneros y tradiciones en Las Cañadas», en Juan Pedro Viqueira y Mario Humberto Ruz (eds.), *Chiapas. Los rumbos de otra historia*, México, UNAM/CIESAS/CEMCA/Universidad de Guadalajara, 1995. Reyna Matilde Coello Castro, *Proceso catequístico en la zona tzeltal y desarrollo social (un estudio de caso)*, Tlaxcala, Universidad Autónoma de Tlaxcala, 1991. Dos reportajes importantes en la revista *Proceso:* 13 y 20 de septiembre de 1993. De gran importancia, el folleto «Estamos buscando libertad. Los tzeltales de la selva anuncian la buena nueva» (Misión de Ocosingo, Altamirano, 1972-1974).

Las fuentes históricas sobre el tema indígena en la historia mexicana fueron: fray Antonio de Remesal, *Historia general de las Indias Occidentales y particular de la gobernación de Guatemala*, México, Porrúa, 1988. Dos obras de fray Bartolomé de Las Casas: *Del único modo de atraer a todos los pueblos a la verdadera religión*, México, Fondo de Cultura Económica, 1992, y su *Historia de las Indias*, México, Fondo de Cultura Económica, 1992. También fray Toribio de Benavente Motolinía, *Carta al emperador. Refutación a Las Casas sobre la Colonización Española*, México, Jus, 1949; José Fernando Ramírez, *Noticias de la vida y escritos de Fray Toribio de Benavente o Motolinía*; Juan de Palafox y Mendoza, «De la naturaleza del indio. Al rey nuestro señor», *Obras del Ilustrísimo, Excelentísimo y Venerable Siervo de Dios, don Juan de Palafox y Mendoza*, y Genaro García, «Semanario Patriótico Americano», *Documentos históricos mexicanos*, México, INEHRM, 1985.

Sobre los indios en Chiapas consulté: Jan de Vos, «El encuentro de los mayas de Chiapas con la teología de la liberación» en *Eslabones*, Colima, Universidad de Colima, julio-diciembre de 1997, y «El Lacandón: una introducción histórica» en Juan Pedro Viqueira y Mario Humberto Ruz (editores). También Jesús Morales Bermúdez, «El Congreso Indígena de Chipas: un testimonio», *Anuario 1991*, Tuxtla Gutiérrez, Instituto Chiapaneco de Cultura, 1992. De gran interés es el libro citado de Juan Pedro

Viqueira y Mario Humberto Ruz, y en particular los ensayos de Viqueira
en esa obra: «Los altos de Chiapas: una introducción general» y «Las causas de una rebelión india: Chiapas, 1712». Consulté igualmente, de Pablo
Iribarren, *Misión Chamula, San Cristóbal de las Casas*, edición en offset,
1980, y Paulo Freire, *Pedagogía del oprimido*, México, Siglo XXI, 1984.

SUBCOMANDANTE MARCOS

A partir del 1º de enero de 1994 y hasta mediados de 2001, el Subcomandante Marcos y el movimiento zapatista tuvieron una gran relevancia en la vida política mexicana. En ese periodo, seguí el movimiento
muy de cerca, tanto con las visitas a Chiapas y el texto sobre Samuel
Ruiz como con artículos publicados en la prensa. Parte del material que
utilizo en este ensayo proviene de esos artículos, reunidos en mi libro
Tarea política, México, Tusquets, 2000. También en mi libro *Mexico: Biography of Power*, Nueva York, Harper Collins, 1997, me ocupo con cierta
amplitud del movimiento hasta 1996.

Las fuentes principales que utilicé relativas a la (hasta ahora) misteriosa biografía de «Marcos» son Bertrand de la Grange y Maite Rico, *Marcos,
la genial impostura*, México, Aguilar, 1998, y Carlos Tello Díaz, *La rebelión
de las Cañadas. Origen y ascenso del EZLN*, México, Cal y Arena, reimpresión corregida y aumentada, 2000.

También consulté: Manuel Vázquez Montalbán, *Marcos: el señor de
los espejos*, México, Aguilar, 1999; Marco Levario Turcott, *La guerra en el
papel*, México, Cal y Arena, 1999, y Subcomandante Marcos e Yvon Le
Bot, *El sueño zapatista*, México, Plaza & Janés, 1997.

La discusión sobre el indigenismo peruano y mexicano, el mito de
«Incarri» y la figura de Rumi Maqui están en Mario Vargas Llosa, *La
utopía arcaica. José María Arguedas y las ficciones del indigenismo*, México,
Fondo de Cultura Económica, 1996. Para la historia de las rebeliones
indígenas en Chiapas, Juan Pedro Viqueira Albán, *María Candelaria, India natural de Cancuc*, México, Fondo de Cultura Económica, 1993, y
Juan Pedro Viqueira y Mario Humberto Ruz (eds.), *Chiapas. Los rumbos*

de otra historia, México, UNAM/CIESAS/CEMCA/Universidad de Guadalajara, 1995.

Para la historia de la rebelión, además de los libros biográficos mencionados, John Womack Jr., _Rebellion in Chiapas: An Historical Reader_, Nueva York, New Press, 1999; Subcomandante Marcos (editado por Juana Ponce de León), _Our Word is Our Weapon. Selected Writings_, Nueva York, Seven Stories Press, 2001, Elena Poniatowska y Carlos Monsiváis, _EZLN. Documentos y comunicados_, México, Ediciones Era, 1994.

Para la perspectiva del movimiento zapatista en el marco de la democracia: Juan Pedro Viqueira y Willibald Sonnleitner (coordinadores), _Democracia en tierras indígenas. Las elecciones en los Altos de Chiapas (1991-1998)_, México, Colmex-CIESAS-IFE, 2000. Una crítica a las percepciones ideológicas del zapatismo en Juan Pedro Viqueira, «Los peligros del Chiapas imaginario» en _Letras Libres_, núm. 1, enero de 1999. La perspectiva actual, en Marco Estrada Saavedra y Juan Pedro Viqueira, _Los indígenas de Chiapas y la rebelión zapatista. Microhistorias políticas_, México, El Colegio de México, 2010.

Para la crítica del indigenismo desde una moderna perspectiva de izquierda: Alberto Flores Galindo, _Buscando un inca. Identidad y utopía en los Andes_, Lima, Horizonte, 1986. Para una apreciación literaria de Marcos, consulté Christopher Domínguez Michael, «El prosista armado» en _Letras Libres_, núm. 1, enero de 1999. Para la caracterización sociológica del neozapatismo aproveché Gabriel Zaid, «Chiapas: la guerrilla posmoderna» en _Claves de Razón Práctica_, núm. 44, julio de 1994.

HUGO CHÁVEZ

Mi ensayo es una síntesis de mi libro _El poder y el delirio_. Apareció en 2008 en dos ediciones: Caracas, Editorial Alfa, y México, Tusquets Editores. Para los aspectos del uso de la historia y los mitos heroicos, el ensayo actual reelabora tres capítulos principalmente: «Venerador de héroes: biografía y mitología», «Marxismo o fascismo: crítica ideológica» y «La batalla por el pasado: historia o propaganda». En el ensayo aprovecho también materiales varios del libro, como algunas de las entrevistas

de otra historia, México, UNAM/CIESAS/CEMCA/Universidad de Guadalajara, 1995.

Para la historia de la rebelión, además de los libros biográficos mencionados, John Womack Jr., _Rebellion in Chiapas: An Historical Reader_, Nueva York, New Press, 1999; Subcomandante Marcos (editado por Juana Ponce de León), _Our Word is Our Weapon. Selected Writings_, Nueva York, Seven Stories Press, 2001, Elena Poniatowska y Carlos Monsiváis, _EZLN. Documentos y comunicados_, México, Ediciones Era, 1994.

Para la perspectiva del movimiento zapatista en el marco de la democracia: Juan Pedro Viqueira y Willibald Sonnleitner (coordinadores), _Democracia en tierras indígenas. Las elecciones en los Altos de Chiapas (1991-1998)_, México, Colmex-CIESAS-IFE, 2000. Una crítica a las percepciones ideológicas del zapatismo en Juan Pedro Viqueira, «Los peligros del Chiapas imaginario» en _Letras Libres_, núm. 1, enero de 1999. La perspectiva actual, en Marco Estrada Saavedra y Juan Pedro Viqueira, _Los indígenas de Chiapas y la rebelión zapatista. Microhistorias políticas_, México, El Colegio de México, 2010.

Para la crítica del indigenismo desde una moderna perspectiva de izquierda: Alberto Flores Galindo, _Buscando un inca. Identidad y utopía en los Andes_, Lima, Horizonte, 1986. Para una apreciación literaria de Marcos, consulté Christopher Domínguez Michael, «El prosista armado» en _Letras Libres_, núm. 1, enero de 1999. Para la caracterización sociológica del neozapatismo aproveché Gabriel Zaid, «Chiapas: la guerrilla posmoderna» en _Claves de Razón Práctica_, núm. 44, julio de 1994.

HUGO CHÁVEZ

Mi ensayo es una síntesis de mi libro _El poder y el delirio_. Apareció en 2008 en dos ediciones: Caracas, Editorial Alfa, y México, Tusquets Editores. Para los aspectos del uso de la historia y los mitos heroicos, el ensayo actual reelabora tres capítulos principalmente: «Venerador de héroes: biografía y mitología», «Marxismo o fascismo: crítica ideológica» y «La batalla por el pasado: historia o propaganda». En el ensayo aprovecho también materiales varios del libro, como algunas de las entrevistas que realicé a mi paso por Venezuela. En general, el grueso de la información sobre temas como elecciones, relación con los medios, el lugar de Chávez como fenómeno mediático, el estado de la economía y la política económica, la situación de PDVSA (la empresa petrolera estatal) proviene pues de *El poder y el delirio*, pero en algunos casos actualicé la información al estado que guardaba en junio de 2010.

Entre las biografías de Chávez, me fue muy útil la de Cristina Marcano y Alberto Barrera, *Hugo Chávez sin uniforme*, México, Debate, 2007. Aunque es una hagiografía de Chávez, el libro de Bart Jones, *¡Hugo! The Hugo Chávez Story from Mud Hut to Perpetual Revolution*, New Hampshire, Steerforth Press, 2007, contiene datos relevantes.

Las ideas políticas de Hugo Chávez antes de asumir el poder están exhaustivamente recogidas en las entrevistas de Agustín Blanco Muñoz, *Habla el Comandante Hugo Chávez Frías*: Caracas, UCV, 1998. También de interés: Rosa Miriam Elizalde y Luis Báez, «Entrevista a Hugo Chávez Frías: "Soy sencillamente un revolucionario"», *Chávez nuestro*, La Habana, Editorial Abril, 2005. Entre los textos del propio Chávez destaco para este ensayo: *El libro azul*, Caracas, Ministerio del Poder Popular para la Comunicación e Información, 2007, *Un brazalete tricolor*, Caracas, Ediciones Vadell, 2004, su «Discurso de toma de posesión», 2 de febrero de 1999 (www.analitica.com/bitblioteca/hchavez/toma.asp), y el «Discurso en el Paseo de los Próceres», 2 de febrero de 1999 (www.analitica.com/bitblioteca/hchavez/los_proceres.asp).

Sobre el culto venezolano a Bolívar: Germán Carrera Damas, *El culto a Bolívar. Esbozo para un estudio de la historia de las ideas en Venezuela*, Caracas, Editorial Alfa, 2003; Elías Pino Iturrieta, *Nada sino un hombre. Los orígenes del personalismo en Venezuela*, Caracas, Editorial Alfa, 2007, y del mismo Pino Iturrieta *El divino Bolívar*, Caracas, Alfadil Ediciones, 2006.

Sobre la historia venezolana tuve una larga conversación (reflejada en el libro) con tres grandes historiadores de Venezuela: Simón Alberto Consalvi, Germán Carrera Damas y Elías Pino Iturrieta. Consulté también estas obras de Consalvi: *El precio de la historia y otros textos políticos*, Caracas, Comala.com, 2007, *Reflexiones sobre la historia de Venezuela*, Caracas, Comala.com, 2007, y *El carrusel de las discordias*, Caracas, Comala.com, 2003.

Sobre la huella aparente de Plejánov, la huella real de Carlyle y la crítica de Marx a la teoría del «gran hombre en la historia» y a Bolívar en particular, consulté: Jorge Plejánov, *El papel del individuo en la historia*, Buenos Aires, Editorial Intermundo, 1959. También Samuel H. Baron, *Plekhanov in Russian History and Soviet Historiography*, Pittsburgh, University of Pittsburgh Press, 1995. La expresión de Hegel está en *The Philosophy of Right and the Philosophy of History*, Chicago, Great Books of the Western World, Encyclopaedia Britannica, 1975.

De Thomas Carlyle: *De los héroes y hombres representativos*, traducción y estudio preliminar de Jorge Luis Borges, México, W. M. Jackson Inc., 1974, sus *Selected Writings*, The Penguin English Library, 1971, y *Past and Present* (con introducción de G. K. Chesterton), Oxford University Press, 1944. Sobre Carlyle: Bertrand Russell, *In Praise of Idleness and Other Essays*, Londres, Routledge, 1996, así como el prólogo de Borges a *De los héroes y hombres representativos*. Sobre Carlyle en América Latina: Francisco García Calderón, *Las democracias latinas de América. La creación de un continente*, Caracas, Biblioteca Ayacucho, 1979, y José Enrique Rodó, *Ariel* y *Motivos de Proteo*, Caracas, Biblioteca Ayacucho, 1976. El texto de Marx que consulté: *El dieciocho brumario de Luis Bonaparte*, Moscú, Editorial Progreso, 1981.

El texto de Marx sobre Bolívar en la *New American Encyclopedia*, de 1858, puede hallarse bajo la entrada «Bolívar y Ponte» en internet (www.marxists.org/archive/marx/works/1858/91/bolivar.htm); también en Carlos Marx, *Simón Bolívar*, Madrid, Sequitur, 2006. La polémica sobre el texto está en Inés Quintero y Vladimir Acosta, *El Bolívar de Marx*, Caracas, Editorial Alfa, 2007. Una reflexión del mismo tema: Ibsen Martínez, «Marx und Bolivar» en *Letras Libres*, edición española, núm. 52, enero de 2006.

Crítica de la izquierda a Chávez: tres trabajos de Teodoro Petkoff: *El socialismo irreal*, Caracas, Alfa, 2007, «Sólo nosotros somos gente» en *Peripecias*, núm. 75, 28 de noviembre de 2007, y «Pensamiento único» en *Tal Cual*, 3 de abril de 2008.

Sobre el petróleo y el papel estatal en la economía: Francisco Rodríguez, «An Empty Revolution – The Unfulfilled Promises of Hugo Chávez» en *Foreign Affairs*, marzo-abril de 2008, Ramón Espinasa, «Venezuela: Desempeño del sector petrolero, 1997-2007 y primer semestre 2008» en *Analítica*, 15 de septiembre de 2008. Artículos relacionados: Agence France-Presse (AFP), 15 de marzo de 2010: «Papel estatal en la economía venezolana es cada vez mayor» (www.portafolio.co/archivo/documento/CMS-7415728); *El Universal* de México, 24 de enero de 2010: «Venezuela suspende otros 5 canales de TV» (www.eluniversal.com.mx/notas/653892.html); *Amnistía Internacional*, 5 de abril de 2010: «Gobierno de Venezuela persigue a opositores» (www.amnistia.cl/web/ent%C3%A9rate/gobierno-de-venezuela-persigue-opositores); y *El Nacional*, 1° de agosto de 2009: «Circuito CNB fuera del aire por decisión de Conatel» (http://el-nacional.com/www/site/p_contenido.php?q=nodo/92527/Nacional/Cabello-anuncia-cierre-de-34-emisoras-de-radio).

Sobre las misiones: Scott Johnson, «La Venezuela de Chávez» en *Letras Libres*, núm. 79, julio de 2005. Álvaro Vargas Llosa, «Inside Chavez's Missions» en *The Independent Institute*, 23 de enero de 2008.

Sobre la corrupción: Gustavo Coronel, «Corrupción, administración deficiente y abuso de poder en la Venezuela de Hugo Chávez» en *The Cato Institute*, 27 de noviembre de 2006 (www.elcato.org/node/2080). Transparencia Internacional, *Índice Nacional de Percepción de la Corrupción* (www.transparency.org). Reyes Theis, *Lucha contra la corrupción presenta escasos avances*, *El Universal* de Caracas, 22 de marzo de 2010 (http://politica.eluniversal.com/2010/03/22/pol_art_lucha-contra-la-corr_1801920.shtml).

Sobre el pensamiento de Norberto Ceresole su *Caudillo, ejército, pueblo*, Madrid, Al-Ándaluz, 2000.

Sobre el antisemitismo: Travis Pantin, «Hugo Chávez Jewish Problem» en *Commentary*, julio-agosto de 2008 (www.commentarymagazine.com/article/hugo-chavezs-jewish-problem). Daniel Shoer Roth, «Judíos venezolanos: ¿en la mirilla de Chávez?» en *Analítica*, 6 de febrero de 2006 (www.analitica.com/va/vpi/9360288.asp).

Sobre el apoyo de los estudiantes a Chávez: María de Lourdes Vásquez, «Unidad gana elecciones estudiantiles en la UCV» en *El Universal* de Caracas, 6 de noviembre de 2009 (www.partidounnuevotiempo.org/cms/index.php?option=com_content&task=view&id=3203&Itemid=

Índice onomástico

Bosch, José, 155, 158, 169, 170, 226
Brasil:
  dictadura en, 90, 247, 268
  tortura en, 249
Breton, André, 126, 173, 178, 199, 208-209, 242, 248, 261
Brodsky, Joseph, 236, 247-248, 250, 253, 261
budismo, 73, 277, 346
Buendía, Aureliano, 362, 365, 370
Bujarin, Nikolái, 172, 249
  El ABC del comunismo, 161
Bulgaria, sucesos en, 268
Bulnes, Francisco, 54
Bunge, Carlos Octavio, 54
Buñuel, Luis, 209, 261, 278
Bustamante y Rivero, José Luis, 393, 395, 398
Byron, George Gordon, Lord, 328

Cabada, Juan de la, 166
Cabrera, Luis, 148
Cabrera Infante, Guillermo, 36-38, 299, 385, 402
Cahuide (guerrero inca), 397
Caldera, Rafael, 504
Campos, Juan Manuel, 109
Campos, Julieta, 236
Camus, Albert, 199, 225, 248, 261-262, 375, 409-410
Cárdenas, Cuauhtémoc, 272, 282-283, 289
Cárdenas, Lázaro, 121, 130, 159-160, 162, 164, 173, 180, 217, 233, 282, 290, 327, 410

Cardoza y Aragón, Luis, 163
Carlyle, Thomas, 15, 50, 489-490
  y Bolívar, 498-499
  y Cromwell, 501-502
  On Heroes and Hero Worship, 60-61, 304, 498, 503
Carpentier, Alejo, 375, 403, 416, 428
carrancistas, 66, 71, 145, 148
Carranza, Venustiano:
  en Agua Prieta, 76, 149
  muerte de, 137
  y Estados Unidos, 72
  y la Revolución, 137, 145, 148
Carrillo Flores, Antonio, 228-229
Carroll, Lewis, 468
Casa de España, 179
Casa de las Américas, 219, 266
Casa de las Américas (revista), 402, 404-406, 409
Casey, Michael, *Che's Afterlife*, 345-346
Caso, Antonio, 71, 101, 158
Castañeda, Jorge, 329, 332, 338-339, 347-348, 351
Castañeda, Leopoldo, 153
Castilla, Ramón, 61
Castillo, Heberto, 282-283
Castillo Armas, Carlos, 319
Castillo Nájera, Francisco, 198-199
Castro, Raúl, 327, 331, 387
Castro Ruz, Fidel, 103, 218, 299, 336, 404, 418, 468, 514-515, 360

Ripstein, Arturo, 365
Riva Agüero, José Mariano de la, 112
Rivadavia, Bernardino, 61
Rivas Mercado, Antonieta, 94, 97
Rivera, Diego, 83-86, 154-155, 173, 207-208, 265
Roa Bastos, Augusto, 375, 385, 428
Robespierre, Maximilien, 516
Roca, Deodoro, 59, 322, 352
Roca, Gustavo, 322
Rodó, José Enrique, *40*, 41-43, 51-54, 56, 58-63, 514
 Ariel, 14, 43, 48, 50, 52-55, 57, 59, 70, 91
 carrera parlamentaria de, 59
 El mirador de Próspero, 60-62
 En tierra yankee, 46
 ensayo sobre Bolívar, 60
 escritos de, 41, 70
 herencia de, 42
 influencia de, 54-56, 59, 62, 89, 107, 118, 239
 influencias sobre, 51, 53, 56, 60
 muerte de, 63
 nacimiento y formación de, 41-42
 Revista Nacional de Literatura y Ciencias Sociales, 41
 sobre juventud y educación, 54, 57-58
 viajes de, 63
 y guerra con España, 43
Rodríguez, Carlos Rafael, 170
Rodríguez, Félix, 345

Rodríguez, José Ignacio, 31
Rodríguez, Simón, 483
Rodríguez Francia, José Gaspar, 502
Roe, Carlos, 118
Rolland, Romain, 79, 113, 119, 322
Román, José, 430
Romero, Óscar Arnulfo, 452
Roosevelt, Franklin D., 318
Roosevelt, Theodore, 55, 129, 318
Rossi, Alejandro, 236, 253, 259-260, 375
Ruskaya, Norka, 112
Rousseau, Jean-Jacques, 193, 513
Rousset, David, 210-211
Ruiz Cortines, Adolfo, 216, 327
Ruiz, Samuel, 437, 439-459
 como profeta, sacerdote y rey, 449
 muerte de, 459
 nacimiento y primeros años de, 442-443
 Teología bíblica de la liberación, 449
 y el Concilio Vaticano II, 439, 443, 446
 y el Congreso Nacional Indígena, 447
 y el movimiento catequístico, 441-442, 444, 447, 449, 450-452, 455, 457-459
 y la «guerra justa», 439, 444
 y la Teología de la Liberación, 439, 443-444, 446, 466
 y Las Casas, 439-444, 447-448

Singerman, Berta, 83
Siqueiros, David Alfaro, 84, 86, 169, 177, 208, 254, 265
Skorzeny, Otto, 309-310
socialismo:
disminución del apoyo del, 290-291
indoamericano, 462
utópico, 238
y alejamiento del comunismo, 119
y democracia, 245
Sociedad de las Naciones, 118
Sócrates, 80, 277, 294
Solana, Rafael, 156
Solórzano, Rosa, 138
Soloviev, Sergei, 248
Solzhenitsyn, Aleksandr, *Archipiélago Gulag*, 247-250
Somoza, Anastasio, 272, 279, 320, 375
Sontag, Susan, 236, 385, 388, 407
Sorel, Georges, 117, 120, 122, 469
Soriano, Juan, 183-184, 191, 262
Soto, Hernando de (economista), 412
Soulouque, Faustin-Élie, 493
Stalin, Joseph:
críticas a, 173, 248, 288
figura embalsamada, 373
Hitler y, 176-177, 180
purgas realizadas por, 172, 274
solidarizarse con las víctimas de, 250
Trotski y, 173, 177

Suárez, Francisco, 512-513
Sucre, Antonio José de, 480, 494
Sur (revista), 181, 184, 186, 198-199, 210, 212, 218, 312, 404
surrealismo, 116, 173, 178, 208, 213, 219, 223, 226, 416
Szyszlo, Fernando de, 391

Taibo II, Paco Ignacio, 328-329
Taller (revista), 175-179, 182, 184, 191, 235, 248, 260, 278
Tamayo, Rufino, 207-208, 254, 258, 271
Tejeda, Adalberto, 158
Teología de la Liberación, 15, 420, 439, 443-444, 446, 466; *véase también* Ruiz, Samuel
Texas, anexión de, 47
Texas, República de, 44
Thatcher, Margaret, 385
Thomas, Hugh, 292, 328, 333, 338
Thoreau, Henry David, 129, 248
Tibertelli de Pisis, Bona, 220
Tiempo, El, 50, 112, 117
Timón (revista), 99-100, 191
Tlatoani, 230, 242
Tolstói, León, 79, 87-88, 102
Tomás de Aquino, santo, 432
Tomlinson, Charles, 226, 228-229, 234, 254
Torres Bodet, Jaime, 82, 220
Torri, Julio, 78, 89
Torrijos, Omar, 382
Toussaint, Manuel, «Bocetos coloniales», 68

NOTICIA DE UN SECUESTRO
de Gabriel García Márquez

En 1990, temiendo la extradición a Estados Unidos, Pablo Escobar —cabecilla del cartel de Medellín— secuestró a diez conocidos colombianos para usarlos como moneda de cambio. Con el ojo de un poeta, Gabriel García Márquez describe la peligrosa prueba de los secuestrados y el increíble drama de las negociaciones para su liberación. Con intensidad cinematográfica, lenguaje impresionante y rigor periodístico, García Márquez evoca la enfermedad que afecta a su amado país y muestra cómo penetra cada estrato social, desde el más humilde campesino hasta el mismo presidente.

No Ficción/Periodismo

¡BASTA DE HISTORIAS!
*La obsesión latinoamericana con el pasado
y las doce claves del futuro*
de Andrés Oppenheimer

Periodista cardinal y siempre dispuesto a desafiar las modas políticas del momento con inteligencia y humor, Andrés Oppenheimer demuestra que mejorar la educación, la ciencia, la tecnología y la innovación no es tarea imposible. Pero sí tremendamente necesaria. La razón es simple: el XXI será el siglo de la economía del conocimiento. Contrariamente a lo que pregonan presidentes y líderes populistas latinoamericanos, los países que avanzan no son los que venden materias primas ni productos manufacturados básicos, sino los que producen bienes y servicios de mayor valor agregado. *¡Basta de historias!* es un agudo viaje periodístico que aporta ideas útiles para trabajar en la principal asignatura pendiente de nuestros países y la única que nos podrá sacar de la mediocridad económica e intelectual en la que vivimos: la educación.

Política

NARCOMEX
Historia e historias de una guerra
de Ricardo Ravelo

En esta incisiva y apasionante investigación periodística, Ricardo Ravelo nos presenta todos los ángulos esenciales para entender la guerra más sangrienta que ha vivido México en el último siglo: las rutas de la droga, el lavado de dinero, las complicidades oficiales, el cambio de bando de la fuerzas armadas, la impunidad, la vida de los capos, sus abogados y sus oscuros negocios. *Narcomex* se articula en dos ejes: en el primero se exponen los antecedentes y la historia del conflicto por el que atraviesa el país desde que la guerra contra el crimen organizado fue declarada. En el segundo, Ravelo narra las historias de sus protagonistas: los capos, las fuerzas del Estado, los abogados y otros actores de la sociedad civil, enlazados en esta vorágine interminable.

Periodismo/México

EN LA BOCA DEL LOBO
La historia jamás contada del hombre que hizo caer al cártel de Cali
de William C. Rempel

Durante la década de los 80 y comienzo de los 90, un enorme porcentaje de la producción mundial de cocaína estaba en manos de dos sindicatos criminales colombianos: el cártel de Medellín, que presidía el despiadado Pablo Escobar, y el cártel de Cali. Los dos grupos se enfrentaron en una sangrienta guerra hasta que Escobar fue asesinado en diciembre de 1993. Cuando el camino quedó libre para los de Cali, Jorge Salcedo, un ex comandante del ejército, recibió la misión de proteger a los capos. Salcedo aceptó pero hizo un pacto consigo mismo: nunca mataría a nadie. Sin embargo, la noche en la que colocaron una pistola en su mano con una orden de ejecución llegó a un momento crucial. Se trataba de una orden directa del padrino que lo ponía en una situación imposible —matar o morir. Pero existía una tercera opción, la más arriesgada y difícil: provocar la caída del cártel.

Crimen Verdadero

VINTAGE ESPAÑOL
Disponibles en su librería favorita.
www.randomhouse.com